THE YALE EDITION

OF

HORACE WALPOLE'S

CORRESPONDENCE

EDITED BY W. S. LEWIS

VOLUME THREE

HORACE WALPOLE'S

CORRESPONDENCE

WITH

MADAME DU DEFFAND
AND WIART

I

EDITED BY W. S. LEWIS

AND

WARREN HUNTING SMITH

NEW HAVEN
YALE UNIVERSITY PRESS
LONDON : HUMPHREY MILFORD : OXFORD UNIVERSITY PRESS
1939

ADVISORY COMMITTEE

LIST OF SUBSCRIBERS

Brown University, John Hay Memorial Library, Providence, Rhode Island
Bryn Mawr College Library, Bryn Mawr, Pennsylvania
John N. Bryson, Esq., Oxford
Bucknell University Library, Lewisburg, Pennsylvania
Messrs J. and E. Bumpus, Ltd, London
Charles Eaton Burch, Esq., Washington, D. C.
Butler University Library, Indianapolis, Indiana
Calhoun College Library, Yale University, New Haven, Connecticut
California State Library, Sacramento, California
Cardiff Public Library, Cardiff
The Right Honourable, the Countess of Carlisle, London
Carnegie Library of Pittsburgh, Pittsburgh, Pennsylvania
Laurence R. Carton, Esq., Towson, Maryland
Catholic University Library, Washington, D. C.
The Honourable Sir Evan Charteris, k.c., London
Cicero Public Library, Cicero, Illinois
Claremont Colleges Library, Claremont, California
Clark University Library, Worcester, Massachusetts
Cleveland Public Library, Cleveland, Ohio
Coe College Library, Cedar Rapids, Iowa
Colby College Library, Waterville, Maine
Colgate University Library, Hamilton, New York
College of St. Teresa Library, Winona, Minnesota
College of Wooster Library, Wooster, Ohio
Colorado College, Coburn Library, Colorado Springs, Colorado
Columbia University Library, New York, New York
Connecticut College, Palmer Library, New London, Connecticut
Connecticut State Library, Hartford, Connecticut
Reginald G. Coombe, Esq., Greenwich, Connecticut
Roy Coventry, Esq., De Quetteville, Guernsey
Thomas R. Coward, Esq., New York, New York
Dartmouth College, Baker Memorial Library, Hanover, New Hampshire
Davenport College Library, Yale University, New Haven, Connecticut
Deighton Bell and Company, Ltd, Cambridge
Denver Public Library, Denver, Colorado
Des Moines Public Library, Des Moines, Iowa
Detroit Public Library, Detroit, Michigan

MRS ROBERT CLOUTMAN DEXTER, Belmont, Massachusetts
CHARLES D. DICKEY, Esq., Chestnut Hill, Philadelphia, Pennsylvania
DICKINSON COLLEGE LIBRARY, Carlisle, Pennsylvania
MRS FRANK F. DODGE, New York, New York
DRAKE UNIVERSITY LIBRARY, Des Moines, Iowa
DREW UNIVERSITY LIBRARY, Madison, New Jersey
DUKE UNIVERSITY LIBRARY, Durham, North Carolina
EDINBURGH PUBLIC LIBRARY, Edinburgh
EDINBURGH UNIVERSITY LIBRARY, Edinburgh
RODNEY R. ELLIS, Esq., Poultney, Vermont
EMORY UNIVERSITY LIBRARY, Emory University, Georgia
ENOCH PRATT FREE LIBRARY, Baltimore, Maryland
GEORGE R. M. EWING, Jr, Esq., New York, New York
FARMINGTON VILLAGE LIBRARY, Farmington, Connecticut
HENRY FIELD, Esq., D.SC., Chicago, Illinois
MAURICE FIRUSKI, Esq., Salisbury, Connecticut
HARRY HARKNESS FLAGLER, Esq., Millbrook, New York
MRS MARGARET MITCHELL FLINT, Westport, Connecticut
FLORIDA STATE COLLEGE FOR WOMEN LIBRARY, Tallahassee, Florida
FORBES LIBRARY, Northampton, Massachusetts
FORDHAM UNIVERSITY LIBRARY, New York, New York
FRANKLIN AND MARSHALL COLLEGE LIBRARY, Lancaster, Pennsylvania
FREE LIBRARY OF PHILADELPHIA, Philadelphia, Pennsylvania
DONALD T. GAMMONS, Esq., Boston, Massachusetts
GEORGETOWN UNIVERSITY, RIGGS MEMORIAL LIBRARY, Washington,
    D. C.
GLASGOW UNIVERSITY LIBRARY, Glasgow
HOWARD L. GOODHART, Esq., New York, New York
PHILIP L. GOODWIN, Esq., New York, New York
R. GRANT, Esq., Edinburgh
MRS WILLIAM GREENOUGH, Newport, Rhode Island
LAUDER GREENWAY, Esq., Greenwich, Connecticut
MRS OCTAVIA GREGORY, Parkstone, Dorset
WILLIAM V. GRIFFIN, Esq., New York, New York
FARNHAM P. GRIFFITHS, Esq., San Francisco, California
MAITLAND F. GRIGGS, Esq., New York, New York
GRINNELL COLLEGE LIBRARY, Grinnell, Iowa
GROSVENOR LIBRARY, Buffalo, New York
GROTON SCHOOL LIBRARY, Groton, Massachusetts
SIDNEY LEWIS GULICK, Jr., Esq., Oakland, California
HACKLEY PUBLIC LIBRARY, Muskegon, Michigan

Mrs W. S. McNEILL, Richmond, Virginia
MANCHESTER PUBLIC LIBRARIES, Manchester
ANTHONY F. MARRECO, Esq., London
EDWARD MARTIN, Jr, Esq., New York, New York
MIAMI UNIVERSITY LIBRARY, Oxford, Ohio
WILLIAM DAVIS MILLER, Esq., Wakefield, Rhode Island
MILLS COLLEGE LIBRARY, Oakland, California
MINNEAPOLIS ATHENAEUM, Minneapolis, Minnesota
PAUL MOSER, Esq., Chicago, Illinois
MOUNT HOLYOKE COLLEGE LIBRARY, South Hadley, Massachusetts
MOUNT UNION COLLEGE LIBRARY, Alliance, Ohio
A. R. MOWBRAY AND COMPANY, LTD, Leeds
MUNICIPAL UNIVERSITY OF OMAHA LIBRARY, Omaha, Nebraska
MERRILL CALVIN MUNYAN, Esq., Durham, North Carolina
COLONEL H. L. NATHAN, London
THE NATIONAL CENTRAL LIBRARY, London
NATIONAL LIBRARY OF IRELAND, Dublin
A. E. NEERGAARD, Esq., M.D., New York, New York
NEWBERRY LIBRARY, Chicago, Illinois
NEW HAMPSHIRE STATE LIBRARY, Concord, New Hampshire
NEW HAVEN PUBLIC LIBRARY, New Haven, Connecticut
NEW JERSEY COLLEGE FOR WOMEN LIBRARY, New Brunswick, New
    Jersey
CHARLES NEWMAN, Esq., New York, New York
NEW YORK PUBLIC LIBRARY, New York, New York
NEW YORK STATE LIBRARY, Albany, New York
NEW YORK UNIVERSITY LIBRARY, New York, New York
NORTH TEXAS STATE TEACHERS COLLEGE LIBRARY, Denton, Texas
NORTHWESTERN UNIVERSITY LIBRARY, Evanston, Illinois
OBERLIN COLLEGE LIBRARY, Oberlin, Ohio
OHIO STATE UNIVERSITY LIBRARY, Columbus, Ohio
OHIO WESLEYAN UNIVERSITY, CHARLES ELIHU SLOCUM LIBRARY, Dela-
    ware, Ohio
ASHLEY W. OLMSTED, Esq., Buffalo, New York
PEABODY INSTITUTE LIBRARY, Baltimore, Maryland
PENNSYLVANIA STATE COLLEGE LIBRARY, State College, Pennsylvania
Miss MARION B. PHILLIPS, San Bernardino, California
PHILLIPS ACADEMY LIBRARY, Andover, Massachusetts
PHILLIPS ACADEMY, DAVIS LIBRARY, Exeter, New Hampshire
L. F. POWELL, Esq., Oxford
PRINCETON UNIVERSITY LIBRARY, Princeton, New Jersey

PROVIDENCE ATHENAEUM, Providence, Rhode Island
PRUSSIAN STATE LIBRARY, Berlin
PURDUE UNIVERSITY LIBRARY, Lafayette, Indiana
QUEENS UNIVERSITY OF BELFAST LIBRARY, Belfast
READING UNIVERSITY LIBRARY, Reading
REDWOOD LIBRARY AND ATHENAEUM, Newport, Rhode Island
RHODE ISLAND STATE COLLEGE LIBRARY, Kingston, Rhode Island
RICE INSTITUTE LIBRARY, Houston, Texas
The Reverend T. LAWRASON RIGGS, New Haven, Connecticut
THE ROYAL LIBRARY, Stockholm
RUTGERS UNIVERSITY LIBRARY, New Brunswick, New Jersey
ST. BONAVENTURE COLLEGE, FRIEDSAM MEMORIAL LIBRARY, St. Bona-
  venture, New York
ST. LOUIS PUBLIC LIBRARY, St. Louis, Missouri
ST. LOUIS UNIVERSITY LIBRARY, St. Louis, Missouri
ST. MARY'S COLLEGE, Strawberry Hill, Middlesex
ST. OLAF COLLEGE LIBRARY, Northfield, Minnesota
ST. PETERS COLLEGE LIBRARY, Jersey City, New Jersey
Mrs JAMES SALLADE, Ann Arbor, Michigan
SAN BERNARDINO VALLEY JUNIOR COLLEGE LIBRARY, San Bernardino,
  California
SAN FRANCISCO PUBLIC LIBRARY, San Francisco, California
PAUL S. SCHOEDINGER, Esq., Durham, New Hampshire
SEATTLE PUBLIC LIBRARY, Seattle, Washington
GEORGE SHERBURN, Esq., New York, New York
SMITH COLLEGE LIBRARY, Northampton, Massachusetts
Mrs THEODORE J. SMITH, Geneva, New York
WILLARD SMITH, Esq., Oakland, California
P. H. B. OTWAY SMITHERS, Esq., London
SOUTH AFRICAN PUBLIC LIBRARY, Capetown
SOUTHWESTERN COLLEGE LIBRARY, Memphis, Tennessee
T. M. SPELMAN, Esq., Harrison, New York
STANFORD UNIVERSITY LIBRARIES, Stanford University, California
STATE TEACHERS COLLEGE LIBRARY, Oshkosh, Wisconsin
STATE TEACHERS COLLEGE LIBRARY, Superior, Wisconsin
STATE UNIVERSITY OF IOWA LIBRARIES, Iowa City, Iowa
JAMES STRACHEY, Esq., London
STRATFORD LIBRARY ASSOCIATION, Stratford, Connecticut
SWARTHMORE COLLEGE LIBRARY, Swarthmore, Pennsylvania
HENRY C. TAYLOR, Esq., Coldspring Harbor, Long Island, New York
TEXAS STATE COLLEGE FOR WOMEN LIBRARY, Denton, Texas

THACHER SCHOOL LIBRARY, Ojai, California
TRANSYLVANIA COLLEGE LIBRARY, Lexington, Kentucky
TULANE UNIVERSITY LIBRARY, New Orleans, Louisiana
UNION COLLEGE LIBRARY, Schenectady, New York
UNIVERSITY CLUB LIBRARY, New York, New York
UNIVERSITY COLLEGE LIBRARY, Hull
UNIVERSITY OF ALABAMA LIBRARY, University, Alabama
UNIVERSITY OF ARIZONA LIBRARY, Tucson, Arizona
UNIVERSITY OF BIRMINGHAM LIBRARY, Birmingham
UNIVERSITY OF BUFFALO, LOCKWOOD MEMORIAL LIBRARY, Buffalo, New York
UNIVERSITY OF CALIFORNIA AT LOS ANGELES LIBRARY, West Los Angeles, California
UNIVERSITY OF CALIFORNIA LIBRARY, Berkeley, California
UNIVERSITY OF CHICAGO LIBRARIES, Chicago, Illinois
UNIVERSITY OF CINCINNATI LIBRARY, Cincinnati, Ohio
UNIVERSITY OF COLORADO LIBRARY, Boulder, Colorado
UNIVERSITY OF CONNECTICUT LIBRARY, Storrs, Connecticut
UNIVERSITY OF DURHAM LIBRARY, Durham
UNIVERSITY OF FLORIDA LIBRARY, Gainesville, Florida
UNIVERSITY OF GEORGIA LIBRARIES, Athens, Georgia
UNIVERSITY OF ILLINOIS LIBRARY, Urbana, Illinois
UNIVERSITY OF KANSAS LIBRARY, Lawrence, Kansas
UNIVERSITY OF KENTUCKY LIBRARY, Lexington, Kentucky
UNIVERSITY OF LIVERPOOL LIBRARY, Liverpool
UNIVERSITY OF LONDON LIBRARY, London
UNIVERSITY OF MARYLAND LIBRARY, College Park, Maryland
UNIVERSITY OF MICHIGAN LIBRARY, Ann Arbor, Michigan
UNIVERSITY OF MINNESOTA LIBRARY, Minneapolis, Minnesota
UNIVERSITY OF MISSOURI LIBRARY, Columbia, Missouri
UNIVERSITY OF NEBRASKA LIBRARY, Lincoln, Nebraska
UNIVERSITY OF NEW HAMPSHIRE, HAMILTON SMITH LIBRARY, Durham, New Hampshire
UNIVERSITY OF NEW MEXICO LIBRARY, Albuquerque, New Mexico
UNIVERSITY OF NORTH CAROLINA LIBRARY, Chapel Hill, North Carolina
UNIVERSITY OF NORTH DAKOTA LIBRARY, Grand Forks, North Dakota
UNIVERSITY OF NOTRE DAME LIBRARY, Notre Dame, Indiana
UNIVERSITY OF OKLAHOMA LIBRARY, Norman, Oklahoma
UNIVERSITY OF OREGON LIBRARY, Eugene, Oregon
UNIVERSITY OF PENNSYLVANIA LIBRARY, Philadelphia, Pennsylvania

TABLE OF CONTENTS

VOLUME I

LIST OF ILLUSTRATIONS

VOLUME I

Grateful acknowledgment is made to Lord Waldegrave, the Bodleian, the Musée Condé, and the Librairie Plon for permission to reproduce illustrations listed here.

INDEX OF ILLUSTRATIONS

In front of each volume will be found a descriptive list of the illustrations in that volume. Since some of these are pictures of groups where several people appear, or of manuscripts which are in several different hands, this general index may facilitate reference.

I. PORTRAIT INDEX

II. HANDWRITING INDEX

III. INDEX OF MISCELLANEOUS THINGS ILLUSTRATED

INTRODUCTION

PREVIOUS EDITIONS OF THE LETTERS TO WALPOLE

THE *graces of the most polished style, which, however, are less beautiful than the graces of the wit they clothe—* with these words, Madame du Deffand was introduced as a letter-writer by her first editor, publisher, and printer, who was Horace Walpole himself. She said that she had written better letters than the one which he chose,[1] and later editors, apparently agreeing with her, have until now omitted it from the text of her correspondence. After Madame du Deffand's death, Walpole thought of paying her a further tribute 'in the manner of the French éloges,' as a preface to a selection of her letters and papers. Various things deterred him:

There are many reasons against printing them at present—and what blindness would it be in me to talk of *some time hence?* I am not only past sixty-four, but nervous and lame. . . . When the body grows so weak, would not it be vanity to suppose that the faculties are unhurt? . . . I have not been in France these five years, have lost the habitude of the language, and have now no communication at all there, nor any one to consult for assistance. Indolence and diffidence of myself increase these objections. I may perhaps select the best papers and letters, and arrange them so, that they may be published hereafter; which I should also prefer, as I have a thorough aversion to hurt anybody living by making public anecdotes in which they are concerned.[2]

After apologizing for his French, he adds that 'an English preface and English notes to a French book would be a strange patchwork.' Nevertheless, it was just this patchwork which his literary executrix produced in her edition of Madame du Def-

---

1. Her letter to him in Madame de Sévigné's name, first printed in Walpole's *Description of Strawberry Hill,* 1774.

2. Walpole to Lort 2 Nov. 1781. Walpole's rough draft of his 'éloge' is doubt-

less the essay which he wrote in Madame du Deffand's MS *Recueil de divers ouvrages,* and which is printed here as Appendix 3f.

fand's letters, and which we are producing here. Whatever Miss Berry's reason was, we feel that this French correspondence which is merely part of Walpole's complete correspondence should conform in editorial style to a work which is predominantly English.

Since the first edition of her general correspondence (1809), and the first edition of her letters to Walpole (1810), Madame du Deffand has occupied the foremost position among French letter-writers of the eighteenth century, rivalled only by Voltaire and Mlle de Lespinasse. Of all her correspondences, the most famous one has been that with Walpole, in whom her epistolary skill met a wit of equal rank, and to whom she gave the final and deepest devotion of her life. She did him the concluding honour of leaving him her papers, thus making English-speaking people the custodians of her literary reputation. The best editors of her letters to Walpole have been two Englishwomen—Mary Berry, whose edition of 1810 was the source of all the subsequent French editions, and Mrs Paget Toynbee, who did the monumental and almost complete edition of 1912.

Walpole had been dead ten years, and Madame du Deffand twenty-seven, when Miss Berry started to sort the letters for publication. She had the advantage of an intimate friendship with Walpole in the last years of his life, and she had the use of his extant letters to Madame du Deffand, which she quoted in her foot-notes. She had visited Paris four times. Also she had the assistance of the Bishop of Rodez and Madame de Cambis, French refugees who had known Madame du Deffand; Sydney Smith 'cut and slashed' her preface. Miss Berry had no intention of printing a complete text, nor would any publisher of the time have encouraged such an undertaking; her edition is simply a selection.[3]

Madame du Deffand's latest biography appears in the series of 'grandes pécheresses.' Although Mary Berry had social genius ('she could even make Frenchmen hold their tongues; she could

3. See *Extracts from the Journals and Correspondence of Miss Berry*, 1866, ii. 333, 350, 378–9, 405, 413, 416, 421.

even make Englishmen talk,' writes Strachey), she was not sympathetic to a 'grande pécheresse.' Madame du Deffand had been a survivor from the dissolute days of the Regency; Miss Berry (though her language in old age was considered shocking) was a precursor of the Victorians. Her selection of the letters was excellent; her foot-notes were usually accurate; but it must have entertained Madame Récamier's contemporaries to read that Madame du Deffand 'had the disreputable honour of pleasing the Regent Duke of Orleans, and of being, for a short time, the object of his licentious and degrading love.'

In Paris, the four little volumes made almost as great a sensation as Napoleon's campaigns,[4] and went through four editions in seventeen years. These editions were all defective, because Napoleon had suppressed a passage in the first one,[5] and other omissions had been made later. Since many of Madame du Deffand's circle were still alive, the subject had a contemporary interest as well as the flavour of romance which the 'ancien régime' was already acquiring. After the first two editions, the French editors discarded Miss Berry's preface and introduction, which, in the next two editions, were replaced by a life of Madame du Deffand by Adolphe Thiers. No further editions appeared until Barrière reproduced Miss Berry's text almost completely in 1864, and Lescure did so (less completely) in the following year. Neither of these editors included the four and a half letters which Sainte-Aulaire had printed in 1859.

In 1901, the discovery by Mr Logan Pearsall Smith[6] of the original manuscripts of Madame du Deffand's letters to Walpole revealed nearly five hundred unpublished letters and nearly three hundred from which Miss Berry had omitted large portions. Mrs Paget Toynbee received permission to edit them. It is always comparatively easy for succeeding editors to improve upon their predecessors, but Mrs Toynbee exceeded the usual improvement. She gave a much more complete and accurate

4. See Charles de Remusat, *L'Angleterre au 18e siècle*, 1856, ii. 1–2.
5. See Mme du Deffand to Walpole 11 May 1772, n. 7.

6. See his *Unforgotten Years*, Boston, 1939, pp. 247–54.

text, she introduced biographical notes and an excellent biographical index, she retained most of Walpole's notes and the best of Miss Berry's. The thoroughness of Mrs Toynbee's edition has made our task much easier.

W. S. L.

W. H. S.

MADAME DU DEFFAND'S LIFE

MARIE DE VICHY was born 25 Sept. 1696,[1] early enough for her to remember Madame de Sévigné's correspondents, though Madame de Sévigné herself had just died. Marie's family were titled, but neither rich nor important; her grandmother's second marriage to a Duc de Choiseul, and her aunt's to a Duc de Luynes, were their chief alliances. She was probably born at Champrond, the ancestral château in Burgundy, where her father and her eldest brother lived. She once stayed there with her brother, and she also tried living with her other brother, the Abbé, but neither experiment was a success. Her husband, her widowed sister, and her sister's son were in turn tested as house companions, and, sooner or later, dismissed; she never quarrelled with them, but she was soon tired of them. On the other hand, her personal maid spent thirty-eight years in her service, and her secretary, who had served her nearly thirty years, wept beside her death-bed.

1. In this study of Madame du Deffand's life, the following facts are established for the first time:

(1) The date of her birth, now placed a year earlier than in most biographies. The evidence for this change is given *post* v. 368 n. 23.

(2) The date of her legal separation from her husband. Many biographies state that the rift occurred in 1722, but the legal separation has never been dated; indeed the Marquis de Ségur doubts that the separation was ever legal. The inventory in Appendix 2 describes the deed of separation, and fixes the date as 2 Jan. 1721.

(3) The details of her financial status,

given in n. 2 below. These come from the inventory in Appendix 2, and are supplemented by the details given in her letter of 8 March 1770. Since she made many changes in her investments, and the income from them often varied, it is impossible to be precise about the amount of her income at any given time.

A bibliography of books about Madame du Deffand is given below. Of these, the introduction to Miss Berry's edition (1810), and that to Lescure's edition (1865), the studies by the Marquis de Ségur and Humbert de Gallier, and *Letters to and from Mme du Deffand and Julie de Lespinasse* (1938) (by the present editors) are the most important sources of facts.

Her education at the Convent of La Madeleine de Traisnel, near Paris, was inadequate according to our standards and her own. Her chief acquirements there were knowledge of the Bible and skepticism in religion (Massillon was uselessly summoned to combat the latter). She continued quoting the Bible and scoffing at miracles all her life, but with religion, too, she never openly quarrelled; she was merely bored. Her niece, she said, was at least devout, and that was being something.

Her secular education was acquired in later years by reading, and by attending the theatre. Though she knew no language but her native one, she read many English and Latin classics in translation. Her taste was that of the early eighteenth century, and she was unsympathetic to the trends of thought that came afterwards; she preferred Voltaire's early works to his later ones just as she preferred Lulli's music to that of Gluck. She rarely pursued a subject or a book after it began to bore her, and she was easily bored.

Her marriage, 2 Aug. 1718, to Jean-Baptiste-Jacques-Charles du Deffand de la Lande, Marquis de Chastres, was a welcome release from convent life, but was otherwise a failure. The deed of separation between the couple was dated 2 Jan. 1721. She plunged into the dissipated society of the Regency, and (according to Walpole) was the Regent's mistress for a fortnight. Another of his mistresses, Madame d'Averne, obtained for Madame du Deffand two pensions on the Hôtel de Ville in 1723. The Regent's successor, the Duc de Bourbon, was not intimate with Madame du Deffand, but his mistress, Madame de Prie, was her friend; Madame du Deffand accompanied Madame de Prie into exile at Courbépine, in 1726. During an affair with Delrieu de Fargis, Madame du Deffand achieved two brief reconciliations with her husband (in 1724–5 and again in 1728), and then formed a permanent liaison with Hénault. Her charm and intelligence made her a valued guest at the Duchesse du Maine's little court at Sceaux, where she spent many summers, writing character sketches and impromptu verse, and taking part in endless entertainments. She passed her winters in a small house on the Rue de

Beaune, where she gathered a circle of friends. In 1747, she gave her salon a more spacious setting by renting an apartment in the Convent of the Filles de St-Joseph, on the Rue St-Dominique. Her income[2] and her supper parties grew bigger.

The approach of total blindness in 1752 drove her to Champrond in hopes that country life would restore her health and sight. It failed to do so, and she returned to Paris in the following year, quite blind. At her brother's château, however, she had met young Julie de Lespinasse, who was probably his illegitimate daughter, and certainly his wife's natural sister. Madame du Deffand was struck by Julie's intelligence, and by her unhappy situation as a sort of governess to the Vichy children, and invited her to come to Paris as a companion. While this project was being decided, Julie went to the Convent des Chazeaux at Lyon as a boarder, and Madame du Deffand, in the course of a long and festive visit to the Bishop of Mâcon, joined her at Lyon for ten days in April 1753. It was not until 1754 that the opposition of the Vichys was overcome, and Julie was established in Madame du Deffand's convent in Paris.

This association lasted ten years. It was happy at first, but Madame du Deffand's exacting nature, her constant demands upon Julie's services as reader, and her habit of staying up all night exasperated Julie, who moreover was intoxicated by the partiality shown her by d'Alembert, Turgot, and other habitués of Madame du Deffand's salon. She began receiving these visitors in her own rooms before Madame du Deffand was awake, and the inevitable discovery of her treachery produced a rupture and permanent enmity between the two women. Mlle de Lespinasse,

2. At her separation, she had been given 50,000 livres invested in the 'aides et gabelles,' yielding 1,250 livres a year. In 1723 Mme d'Averne obtained for her two pensions yielding together 6,750 livres (reduced, 1726, to 4,950). Her grandmother, Mme de Choiseul, left her in 1728 the sum of 92,588 livres (yielding, according to Mlle d'Aïssé, 4,000 a year) which was probably reinvested in the annuities of 4,600 (placed by Hénault, 1741), and of 3,000 (on the Hôtel de Ville, 1750). On her husband's death in 1750 she regained her dowry of 4,000 livres a year. Her aunt, Mme de Luynes, left her in 1764 a legacy producing 6,500 a year, which was increased by another 1,000 livres by converting some of the money into an annuity; at the same time, the Queen granted her a pension of 6,000 a year; her total income in 1769 was about 38,000 livres. This was reduced in 1770 to 35,000, but was soon increased by investments in annuities, many of which reverted after her death to her servants.

who was protected by friends, started a rival salon, taking with
her d'Alembert, Turgot, and other former satellites of Madame
du Deffand, and even enticing Hénault himself into disloyalty
to his old friend.

Madame du Deffand was now left with her more aristocratic
friends—the Choiseuls, Madame de Luxembourg, the Prince de
Beauvau, etc.—and with the aged and distrusted Hénault. Her
salon became therefore more conservative, more interested in
wit and gossip than in ideas, while 'la Lespinasse' became the
'Muse de l'Encyclopédie.' This was the state of affairs in 1765,
when Walpole first met Madame du Deffand and began the
friendship which was to give new vitality to both the salon and
its mistress.

In those years, the salon reached its highest fame, though ac-
tually its best days were over. Madame du Deffand still corresponded with Voltaire, whose bust (in plaster, repaired) adorned
her 'cabinet de toilette.' The prime minister of Denmark, the
King of Sweden, the Holy Roman Emperor, and Benjamin
Franklin visited her; Gibbon, Fox, and Burke supped with her;
when Schuwalof returned to Russia, Catherine the Great told
him to make himself as much at home as he had been with Madame du Deffand. Obviously, such visitors were attracted by
something more than Madame du Deffand's lavish suppers, although she spent nearly half her income on food, and employed
(in her later years, at least) an excellent cook. She attracted them
rather by her succinct and caustic comments, by her intellectual
honesty, and by that strange gaiety which sometimes flames with
peculiar brightness in unhappy people. As she grew older, these
qualities became legendary, in spite of the tales of rapacious
friendships and jealous revulsions which her associates could tell.

Englishmen and tea played an increasingly large part in
her life. The Neckers were the last important additions to her
circle of friends, and by that time it was getting hard for her to
find a constant supply of company. Nevertheless her last days
were spent amid a throng of guests, and her final illness found
them chattering by her bedside; even in delirium, she babbled of

future supper parties. Wiart, her secretary, gives a touching picture of her decline, and was probably the only sincere mourner at her death, which occurred on 23 Sept. 1780. Her dog and her manuscripts went to Walpole.

W. H. S.

MADAME DU DEFFAND AND HORACE WALPOLE

There has been much speculation upon why Walpole wished his letters to Madame du Deffand destroyed. Two reasons have been preferred, that he was ashamed of his French and that he was ashamed of his scoldings of her. In spite of Madame du Deffand's repeated praise of his easy and charming style, self-consciousness about his French was probably a factor in Walpole's decision to have his letters ultimately destroyed.

As to the other reason, if Walpole had been unwilling to have posterity know of his severity, he would have destroyed Madame du Deffand's side of the correspondence as well as his own. Miss Berry printed some of the scoldings in her notes, which he would have forbidden her to do had he been ashamed of them. In suppressing his letters he did himself an injustice, for undoubtedly Madame du Deffand's endless complaints have exaggerated the number and the nature of the scoldings[1] and have minimised the many passages of affectionate solicitude which we know that he wrote her.

There must have been other reasons for his decision. There were the letters, a great pile of them, informative, amusing, in a language not his own, containing many passages which would delight posterity, containing others which would count against him. One does not trespass upon fiction to picture him turning these letters over and over, reading here and there, weighing the decision in his mind. These were perhaps the best letters he had ever written, but their Anglicisms would make him a little ridiculous in France. They were letters to a lady, and ladies were treated with courtesy in public if not always so in private. Above all, these letters showed a great deal of himself, a great deal too

1. See, for example, i. 44, 52. HW was hardly 'insolent.'

much of himself, for we may assume that he let himself go in
them to a greater extent than in any of his other correspondences.[2] In spite of his interdiction of such words as love and
friendship, the correspondence could hardly have continued
without some relaxation upon his part which, in the light of
later perusal, may well have appeared silly. In fact, we know
that he did disclose himself completely to her before he suspected that his letters were opened at the post office, for on 17
June 1767 she writes, 'Rien n'est si étrange qu'un Anglais,
quand il est comme vous, tout à découvert, mais je serais bien
fâchée que vous eussiez le moindre voile avec moi.' Walpole was
eager to transmit a true picture of his time to posterity, but he
did not wish to transmit an intimate picture of himself. It was
the fear of ridicule again, the mask which Macaulay immor-
talised. Walpole was ready to pose for Reynolds and Lawrence,
but he was not, so to say, willing to present himself to the candid
camera. His early letters to Mann were probably too revealing,
because he got them back from time to time and revised them for
posterity. A third correspondence in which he may have exposed
himself was with his sister, Lady Mary Churchill. He must have
written her hundreds of intimate letters, not one of which has
been printed, and if they have survived and are discovered one
may expect to find a strict injunction against their being published. In no correspondence have we more than a fleeting
glimpse of the man who read Shakespeare with as deep an in-
sight as was given to anyone of his day.

So the decision was finally made, after Miss Berry's arrival,
and it was a compromise. He would not destroy the letters himself, but he would leave them to her as his literary executrix and
she would destroy them after she had made a judicious use of
them in her edition of Madame du Deffand's letters to him. She
proved to be over-scrupulous in the matter. There can be little
doubt that Walpole would have sanctioned a far greater use of
his letters.

Madame du Deffand's letters to Walpole are of a comparatively simple pattern. They may be picked up anywhere and the

2. See ii. 358.

pattern traced in a few pages. They are like a wall-paper composed of three or four figures which, looked at as a whole, gives the effect of variety, but examined in detail proves to be decorated with only the three or four figures. The pattern of Madame du Deffand's letters to Walpole may be simplified to three sections: (1) affectionate statement, mingled with self-analysis, (2) bewildered and angry defense of herself, (3) impersonal recital of the 'proper names' demanded by Walpole, followed by (1). The pattern is the same in 1780 as in 1766, one does not feel that the principals have progressed at all in their relationship, but they have seasoned, they have settled down into a routine of affection and exasperation.

Critics have agreed that Walpole comes off badly in this correspondence as it now stands, and he does, if one expects him to behave as a man of gallantry would have done when offered the love of a veteran 'pécheresse.' Even if we had every line he wrote to Madame du Deffand, we should undoubtedly find that his conduct had fallen below the normal male standard. If one, however, regards the relationship as what it was, a filial relationship, it becomes much easier to understand.

It is not necessary to psychoanalyse Horace Walpole to discover that he was what is known as 'a mother's boy.' His mother died in his twentieth year, but modern readers do not have to be told that the mother-son business (of which they are perhaps a little tired) may continue throughout life. It did so in Walpole's case. There is reason to believe from Mann's letters that Walpole had an affair with the Grifoni in Florence, but apart from this no hint of any liaison of any sort has yet been discovered. As is customary in such cases, Walpole, however, until his old age (when he reversed the process and 'acquired' the Berrys, forty-odd years his junior) formed sentimental attachments with older women, Lady Suffolk, Lady Hervey, etc. These were, I believe, 'surrogates' for his mother. The most articulate of them was Madame du Deffand.

Perhaps the futility of the Great World was never so clearly demonstrated as in her incisive letters. The philosophical glory of Madame du Deffand's salon had departed with Mlle de Lespinasse. What was left was the daily calling and supping, the violent endearments and the violent quarrels, the parade of friendship and love which, as Walpole saw, was seldom more than a *façon de parler,* and we agree with Madame du Deffand that it was a 'société infernale.' Its triviality is made interesting to us chiefly because of our knowledge of what the future was preparing for it. Madame du Deffand had no choice but to live in it because, as she deplores over and over, she had no means of escape in herself. Boredom was the greatest evil on earth, it could not be conquered, but it could be temporarily outdistanced. Society was her métier, and her successes at it kept off the demon while she was employed. At home she had her pets and her servants; above all, she had her correspondence with Walpole. This is what occupied her thoughts through the long nights when her insomnia—due, Walpole suggested, to overeating—left her a helpless prey to her boredom. One must pity her then, however much she may have brought her sufferings upon herself. She said, 'Je suis faite pour déplaire' (i. 380).

She spent an immense number of those sleepless hours thinking of Walpole, wondering what he would say next. She had never met anyone like him, he broke all the rules. She esteemed him for his honesty, she liked him for his wit, she marvelled at him because he was never bored, she loved him because she could not dominate him. He was unpredictable; gentle and affectionate when she feared a scene, 'outrageous' without warning. He was utterly fascinating; boredom fled at the thought of him. Had he succumbed to her exigence, all would have been over, and she would have cared as little for him as for those hundreds of others who had sat by her tonneau and had had their minds and hearts picked to pieces by her. Without the frequent thunderstorms, the stream of this correspondence would have soon dried up.

Madame du Deffand's great claim upon our admiration is, we suggest, her penetration. Her observations upon mankind rival in wit those of her other great correspondent, Voltaire, and her descriptions of people are rivalled by none. Her summaries of Charles James Fox (whom she did not like) and of Selwyn and

Craufurd (whom she did like) are masterpieces. Her 'Portrait' of Walpole is the most valuable passage ever written upon him; her comments upon him which occur throughout the correspondence are more revealing of his character and personality than are those made by any other person. She saw deeper than did 'Gilly' Williams, George Hardinge, Pinkerton, Miss Hawkins, and Miss Berry, because she saw Walpole with a deeper attachment. She was not long in recognising the filial nature of his affection for her. 'Je serai votre mère' (i. 46). Before his second visit she was calling him her son (i. 330, 334).

Posterity has been too ready, one suspects, to accept Madame du Deffand's reports of Walpole's scoldings, in the absence of the scoldings themselves. The 'cruelest' thing that he ever said to her seems to have been, 'Je suis refroidi,' and one can hardly blame him. She was demanding, she romanticised, she promised faithfully not to continue doing what he had a right to ask her not to do, and she did it again before she had finished her letter. So exacting did Rousseau find her attentions that he said he preferred her hatred to her friendship, and, accordingly, he received it. Walpole was too fearful of ridicule, but he did not know how far her extravagances might be reported. Although somewhat 'Italianate,' he was Englishman enough at heart to be embarrassed by effusiveness, especially when there was some possibility that it might make him the subject of entertainment in two capitals, but it must be admitted that his handling of the situation was hardly grown-up. At its most skillful it suggests the affectionate young nephew being particularly thoughtful of a worldly old aunt; at its worst, as in the affair of the pretended letter from Madame de Sévigné, it suggests a screaming child 'going' limp or rigid in the throes of a temper-tantrum.

Why did he continue the tragi-comedy? Instead of toiling across to Paris on long, uncomfortable journeys for which his health was increasingly unsuited, instead of answering faithfully week after week letters which often exhausted his patience, why didn't he give it all up?

He kept on for various reasons. He was pleased at being singled out by the wittiest woman in Paris, thus enjoying the great-

est social triumph that any Englishman of his time had there. He
delighted in her stories of historic figures, for he never tired of
accumulating facts about the great. This was the tie that bound
him to Lady Suffolk, and both ladies had enjoyed Royal favours.
He delighted in bulletins of the latest Paris gossip which he
could be the first to repeat to his English friends. There were
these reasons, and there was another for which he has never been
given full credit: Horace Walpole was essentially 'a nice person.'
He was flattered by Madame du Deffand's interest in him, of
course, but he was touched by her blindness and by her love for
him. The man who was adored by dozens of nieces and nephews,
by his servants and by his neighbours, was throughout his life
sensitive to the sufferings of those near him. He knew that his inability to return her love was a torment to her and it became one
to himself. When only nineteen he had written what are perhaps
the most revealing lines he ever wrote on himself:

> *Seeds of poetry and rhyme*
> *   Nature in my soul implanted;*
> *But the genial hand of time,*
> *   Still to ripen 'em is wanted;*
> *Or soon as they begin to blow,*
> *My cold soil nips the buds with snow.*

If for 'poetry and rhyme' one reads 'love,' one comes to the tragedy which appears in this correspondence, even in its mutilated
form, for the genial hand of time never did thaw the cold soil.
Walpole could not meet the force of her passion, a humiliating
thing. He could not do so because of the force which drew him
helplessly to her, the transference to her of his filial affection.

It is no wonder that many people of many generations have
been absorbed by this strange affair, and it is no wonder that
they have despised Walpole's part in it. Even Strachey, the
warmest of Walpole's modern admirers, finds his treatment of
Madame du Deffand indefensible. It is bad enough when it is
the man who is wooed; it is farcical when he flees. When, in addition, the lady is twenty years the senior and has the tongue of an
asp, one would suppose that the limits of farce had been reached,
but this lady was blind and therefore the farce becomes a trag-

edy. So dreadful an affliction do we consider blindness that it excuses everything. The blind are in a privileged class; for them the rules that bind the rest of humanity are suspended; anyone who opposes them in any way is convicted of cowardice from the start. Walpole has had every intelligent critic from his own time to ours defending him in the Chatterton affair, but posterity has turned from him in disgust when it has considered his 'treatment' of Madame du Deffand.

Posterity takes delight in seeking out a man's weaknesses and in triumphing over him. Dr Johnson's compulsion to touch posts has probably given more pleasure to posterity than has *Rasselas*. By focussing upon the great man's faults, we transcend him in greatness. Horace Walpole is easy game in such an exercise, and what of it? To attempt to thread our way through the complexities of his personality is an entertaining exercise, but a precarious one. Why didn't he destroy Madame du Deffand's letters which have proved so damaging to his reputation as a man? Was it vanity at having over eight hundred love letters from the most brilliant woman of her time? Was it because he saw that these letters were an invaluable historical record essential to his scheme to transmit the eighteenth century to posterity? Or was it that he felt that these letters were works of art, fit to rank with Madame de Sévigné's, and so entitled to existence in their own right? Doubtless it was a combination of all of these things, but we may be certain of one thing, that he saw how badly he appeared in them. He must have been tempted to burn the lot, but he didn't, and this should be counted for him.

'Vous m'y traitez,' Madame du Deffand wrote (i. 383), 'comme un enfant qu'on craint toujours de gâter.' In this way Walpole sought to make the ordeal easier for them both, unconsciously reversing their real relationship. They avoided 'madame' and 'monsieur,' except when they were angry, by calling each other 'ma petite' or 'ma pupille' and 'mon tuteur'; but Walpole's description of Madame du Deffand to others, 'my dear old blind woman,' is that of a man referring to a nanny whom he has never entirely outgrown.

W. S. L.

THE MANUSCRIPTS OF THE LETTERS; PROBABLE FATE OF WALPOLE'S LETTERS TO MADAME DU DEFFAND

THE complete correspondence between Madame du Deffand (and her household) and Walpole probably consisted of some 1,700 letters, of which 955 exist, whole or in part, and are printed here.

(A) Madame du Deffand to Walpole, 840 letters.

(I) 825 letters and parts of 3 others (19 Oct. 1766, 9 Oct. 1771, 3 May 1779) are edited from the original MSS in the Bodleian at Oxford, MS Toynbee D 1–14. They were kept in a cedar chest at Strawberry Hill and were sold, 30 April 1842, lot 107, for £157 10s. to D. O. Dyce-Sombre, whose widow (later Lady Forester) died in 1893 leaving them to her nephew, W. R. Parker-Jervis. They were bought by Hobbs for Dr Paget Toynbee at Sotheby's, 12 March 1920, for £20, and given to the Bodleian. Miss Berry printed 338 letters (52 of them complete) in 1810. Mrs Toynbee published them all (with slight omissions) in 1912.

(II) 4 letters (5 Aug. 1766, 4 April 1767, 15 June and 12 Nov. 1777) and part of another (9 Oct. 1771) are edited from Sainte-Aulaire's *Correspondance complète de Mme du Deffand,* Paris, 1866. Miss Berry had given these letters to Sainte-Aulaire, who first printed them, 1859. The originals are missing.

(III) 5 letters (9 June, 15 June, 20 June, 11 July, and 6 Aug. 1779) and parts of two others (19 Oct. 1766 and 3 May 1779) are edited from Miss Berry's edition of 1810. The originals are missing.

(IV) 1 letter (? May 1766, in the name of Mme de Sévigné) is edited from the original MS, now WSL. It was sold at Strawberry Hill, 1842, to Strong, resold, 1876, by James Robins, and sold by Sabin to WSL (1926). It was printed by Walpole in his *Description of Strawberry Hill,* 1774, 1784, reprinted, 1798, in his *Works* ii. 485, and by Mrs Toynbee in a foot-note, 1912.

(V) 1 letter (10 April 1771), hitherto unpublished, was bought by WSL (1937) from the estate of Richard Bentley, and is edited from the original. It formed part of what appears to have been the collection of HW's MSS bequeathed by him to Miss Berry.

(VI) 1 letter (?19 April 1766) is edited from a facsimile in Miss
Berry's edition, 1810. The original is missing.

(B) Wiart to Walpole, 14 letters edited from the original MSS (see
A.I. above) in the Bodleian. One letter (22 Oct. 1780) was partly
printed by Miss Berry in a note to her notice on Mme du Deffand,
in her edition, 1810, i. pp. lxii–lxiv. All were printed by Mrs
Toynbee in 1912, 11 in the text, and 3 in the notes.

(C) Mlle Sanadon to Walpole, 1 letter, edited from the original MS
in the Bodleian (see A.I. above), printed by Mrs Toynbee in a note
to her edition, 1912.

(D) Walpole to Mme du Deffand, 100 letters.

(I) 1 fragmentary letter, 16 July 1766, is edited from Wiart's MS
copy, now WSL. It was with the other MSS in the cedar chest (see
A.I. above) and was sold by Mr Parker-Jervis, and resold by
Maggs Brothers to WSL in 1933. Printed by Mrs Toynbee in the
text of Walpole's letters, 1904, and in a note to Mme du Deffand's letters, 1912. The original is missing.

(II) 11 letters, complete or in large fragments (2 June 1772, 25
Feb., 30 March, 13 April, 27 April, 28 May, 1 July, 11 Sept., 19
Sept. 1773, 1 March, 12 April 1774), and parts of 2 fragmentary
letters (7 Nov. 1771, 18 May 1773) are edited from copies made
by the French secret service at the post office. The copies are
now in the Archives des Affaires Étrangères in Paris. All but 3
were printed by Mrs Toynbee in the notes to Mme du Deffand's
letters, 1912, and reprinted by Dr Toynbee in the supplement to
Walpole's letters, 1918. The originals are missing.

(III) 56 fragmentary letters (5 May, 20 May, 10 June, 10 Oct., 18
Oct., 22 Oct. 1766, 10 Feb., 13 March, 28 April, 26 May, 30
June, 11 July, 7 Aug. 1767, 22 Jan., 18 Feb., 4 March, 11 March,
8 April, 4 July, 26 July, 12 Aug., 22 Sept. 1768, 5 Feb., 6 April,
6 June 1769, 30 Jan., 9 Feb., 16 March, 7 June, 20 June, 8 July,
27 Nov. 1770, 18 Jan., 24 April 1771, 14 Feb., 28 Feb., 6 March,
13 March, 10 April 1772, ca 17 Jan., 1 Feb., 5 March, ca 8 June,
ca 3 Aug., ca 13 Aug., ca 5 Oct., ca 26 Oct., ca 18 Nov., ca 6 Dec.,
21 Dec. 1773, ca 25 April, 1 May, 31 May, ca 19 July, ca 9 Aug.,
25 Nov. 1774) and parts of 10 other fragmentary letters (30 May
1767, 21 June 1768, 21 March 1769, 13 Nov., 11 Dec. 1770,
7 Nov. 1771, ca 19 Feb., 18 May 1773, ca 22 March 1774, 4 July
1774) are edited from foot-notes to Miss Berry's edition, 1810.

Mrs Toynbee reprinted them in foot-notes to her edition of Mme du Deffand's letters, 1912, and Dr Toynbee reprinted them in the supplement to Walpole's letters, 1918. The originals are missing.

(IV) 2 fragmentary letters (3 June, 19 June 1766), and parts of 2 fragmentary letters (12 May, 30 May 1767) are edited from quotations in Mme du Deffand's letters to other correspondents in Sainte-Aulaire's edition of 1866 (see A.II. above), and are not in Toynbee. The originals are missing.

(V) 10 fragmentary letters (18 April 1766, 7 Feb., 1 March, 8 Oct. 1771, 27 March, 3 July 1772, 11 Dec. 1775, 18 June, ca 2 July 1776, ca 20 May 1777) and parts of 8 fragmentary letters (12 May 1767, 21 June 1768, 21 March 1769, 13 Nov., 11 Dec. 1770, ca 19 Feb. 1773, ca 22 March, 4 July 1774) are edited from quotations made in Mme du Deffand's answers which are among the MSS in the Bodleian (see A.I. above). The originals are missing.

(VI) 6 letters (26 Dec. 1774, 4 Jan., 13 Jan., 19 Jan., 27 Jan., 31 Jan. 1775) are edited from the original MSS, now WSL. These were with the papers in the cedar chest (see A.I. above), and were bought at the Parker-Jervis sale, Sotheby's, 12 March 1920, by Messrs Maggs Brothers. The first of these, a dictated letter, was sold to WSL with other MSS in 1933. The other five, forming lot 392 at the Parker-Jervis sale, were bought for £25. 10s. by Maggs Brothers who bound them together and offered them for sale at £200. They formed lot 427 at a sale at the American Art Galleries, 12 May 1932, where they were sold to the Brick Row Book Shop (for WSL) for $295. They were all printed in Mrs Toynbee's edition of Walpole's letters, 1904, and reprinted in the notes to her edition of Mme du Deffand's letters, 1912.

(VII) 2 fragmentary letters (22 Feb. 1771, 14 Dec. 1772) are edited from Walpole's rough drafts: on the back of Mme du Deffand's letter of 10 Feb. 1771 in the Bodleian (see A.I. above); and with Huber's silhouettes (see iii. 438).

(VIII) 1 letter (21 Nov. 1771) was copied at the post office (see D.II. above) and is edited from a transcript made by M. Abel Doysié from that copy.

Besides some 700 missing letters from Walpole to Madame du Deffand, there must have been at least two missing letters from him to Mlle Sanadon (26 May and 16 June 1772) and one from

her (? May 1772), at least one missing letter from him to Wiart
(? Oct. 1780) and one from Wiart to him (19 Nov. 1775), and
at least ten missing letters from Madame du Deffand to him
(four letters of Dec. 1766, ca 6 Nov., ca 24 Nov. 1768, ca 6 May,
26 Dec. 1770, ca 7 April 1773, and 20 Aug. 1775).

Madame du Deffand's letters to Walpole were bound by
Maltby of Oxford for Mr Parker-Jervis in fourteen volumes, half
red morocco. They are mainly written on large quarto sheets,
though some of the later ones are on smaller paper. One letter
and parts of four others were written in her own hand, in pencil;
the others were dictated to her amanuenses and were written in
ink. Wiart, her secretary, wrote most of the letters for her, but
Colmant, a footman, usually wrote the passages which were dictated early in the morning before Wiart was awake. Colmant
died in 1778, and was replaced by Pétry, a reader from the In-
valides, for early morning dictation. Wiart continued to write
the afternoon letters, with occasional assistance from St-Jean and
Common, footmen. Madame du Deffand's earlier letters gen-
erally fill all four sides of the folded sheet, but the later ones
tend to leave several sides blank, which gave Walpole the oppor-
tunity to write pencilled memoranda (and Miss Berry to add
foot-notes) on the blank spaces. About a third of the letters have
the address and Madame du Deffand's seal (her coat-of-arms,
stamped in red or black wax) on the back: the others were evidently enclosed in envelopes.

Walpole re-read the letters with care, cut out some passages
with scissors (as is shown by his replacing some of the deleted
words), dated several letters, and made many annotations in ink.
His pencilled memoranda on the backs of letters were made soon
after he received them. Miss Berry read the letters after Walpole's death, and marked the ones which she thought suitable for
publication. The pencilled ⧾, ⧾, and × on the tops of many
letters are probably her marks. She also wrote brief summaries in
pencil at the top of several letters. She numbered in ink the letters and pages which she decided to print; she touched up the
handwriting, corrected the spelling, indicated the capitalization,

and crossed out many passages (some of which she later replaced by encircling them with red ink). Her notes to the earlier letters were written on separate slips of paper, but she wrote many of her later notes on the letters themselves, since she used the originals as 'copy' for the printer. She gave some letters to the Bishop of Rodez for correction; a few notes by him, mostly on separate slips of paper, are with the MSS. In three cases he asked Miss Berry to put back passages which she had deleted, but she did not do so.

Mrs Toynbee inserted her copies of the pages which were in Madame du Deffand's own hand, and wrote some directions to her copyist. The pages were numbered in pencil at this time; Miss Berry had already numbered in ink the pages which she printed.

Walpole's side of the correspondence was partly destroyed by Madame du Deffand, and it will be shown below that his other letters were returned to him and were probably destroyed by Miss Berry. His six surviving original letters were apparently sent separately when the others were returned to him in Feb. 1775, and were over-looked by Miss Berry in her holocaust.[1] They, too, are in quarto sheets. Five of them were bound by Sangorski and Sutcliffe. Wiart's copy of Walpole's letter of 16 July 1766, and Walpole's dictated letter of 26 Dec. 1774 are unbound. The former shows signs of editing by Madame du Deffand, but Walpole's original Anglicisms are printed here, with the corrections in the foot-notes.

The six surviving original letters, and Wiart's copy of the seventh, supplemented by quotations in Miss Berry's foot-notes, are not all that exists of Walpole's side of the correspondence. Madame du Deffand herself often quoted his letters in her replies. On the back of Madame du Deffand's letter of 10 Feb. 1771 at the Bodleian is apparently the rough draft of Walpole's reply of 22 Feb., some of which has been deciphered. Two other fragmentary Walpole letters and parts of two more were quoted

1. See Madame du Deffand to Walpole 5 Feb. 1775. Other letters were apparently returned to him in 1769 (see Madame du Deffand to Walpole 13 Oct. 1769, n. 3).

in letters by Madame du Deffand to other correspondents, which Sainte-Aulaire printed.

Fourteen letters have a more interesting history. In 1909, Monsieur P. Van der Vrecken de Bormans, who was writing a life of the Duc de Guines, wrote Mrs Toynbee that copies of about a dozen Walpole letters existed in a French 'dépôt public.' These letters had been copied by the French postal authorities, and had been deposited in the French archives. He offered to transcribe them in return for information from English libraries. In due time, copies of eleven letters arrived, one of them in two copies. M. de Bormans did not say where he had found them. He looked for others, but apparently without success.

When the present editors were searching for these eleven copied letters, a copy of Walpole's hitherto unpublished letter of 2 June 1772 was found at the Archives des Affaires Étrangères. It is here printed for the first time. Shortly afterwards, the eleven copies came to light, together with copies of two letters previously unpublished (though one had been partly quoted in a letter printed by Sainte-Aulaire). There were also copies of seven letters from Mme du Deffand to Walpole, all of which had already been printed.

The question which has haunted all editors of this correspondence since Miss Berry has been, 'Were the rest of Walpole's letters really destroyed?' Lescure, reading Miss Berry's statement that the letters were at her disposal, assumed that they still existed. In 1899, Mrs Toynbee advertised for them in the *Intermédiaire des chercheurs et curieux,* in which the present editors have also advertised for any Walpole letters existing in France, but without success. Similar advertisements in the same periodical for the papers of the Marquis de Sainte-Aulaire have been equally fruitless. If Walpole's letters to Madame du Deffand had survived, their most likely resting-place would have been the cedar chest at Strawberry Hill. The sale catalogue mentions, indeed, letters from Walpole among Madame du Deffand's manuscripts which she had bequeathed to him, but the mention is such a brief one that it doubtless refers to his six surviving letters and the copied seventh. Had all his letters been there, one can imagine the richness of the description in that lush catalogue —furthermore, the letters would have been with the other manuscripts in the possession of Col. Parker-Jervis.

It is assumed that Miss Berry, Walpole's literary executrix, destroyed the letters to Madame du Deffand from the beginning of the correspondence to the end of 1774, and those of March–Sept. 1780, in accordance with Walpole's instructions to her. These letters had been returned to him at his request, and it is presumed that he gave Miss Berry permission to use them in editing Madame du Deffand's letters to him. This she did, rather sparingly, in her foot-notes. Madame du Deffand says that she herself destroyed the letters from Feb. 1775 to Sept. 1778. Wiart says that she destroyed in March 1780 the letters which then remained; he sent the later ones back to Walpole. Sainte-Aulaire caused some confusion by twice stating that Miss Berry, when she gave him Madame du Deffand's four and a half letters which he printed in 1859, told him that she had destroyed the rest of Madame du Deffand's letters to Walpole. As the rest are in existence, she either told Sainte-Aulaire that she had destroyed *Walpole's* letters and he misunderstood her, or possibly Miss Berry thought that she was giving him the half-dozen Walpole letters, instead of the du Deffand ones, and so told him in good faith that she had destroyed the rest. It is rash to declare that certain manuscripts no longer exist, but we may do so in this case with more confidence than is usually justified.

W. S. L.
W. H. S.

MADAME DU DEFFAND'S BEQUEST TO WALPOLE

MADAME DU DEFFAND had often shown her manuscripts to Walpole, particularly the 'portraits' of her circle of friends. On 2 Jan. 1771, she asked his permission to leave him this collection in her will. Upon receiving his consent, she made her will, 13 Feb. 1771, of which Pont-de-Veyle was probably to be the executor. Her will of 1773 doubtless repeated the bequest to Wal-

pole, and so did her last will, dated 24 Jan. 1780 (Appendix 2),
in which she bequeathed him her 'brochures, feuilles volantes et
manuscrits dont Wiart a fait le catalogue jusqu'à présent, et que
je lui ferai continuer à l'avenir.' The Prince de Beauvau was to
send this legacy to Walpole, without being held accountable for
doing so—'il pourra même faire copier ce que bon lui semblera.'

The inventory of her effects, made after her death, designates
the manuscripts as item 97 of her library. The papers were in 18
bundles, valued altogether at 100 livres. Their catalogue is listed
as item 29 in the inventory of her legal documents.

Madame du Deffand's executor and heir, the Marquis d'Aulan, apparently disputed with Beauvau the bequest of manuscripts. It was decided that Beauvau could claim, for Walpole,
all papers specifically catalogued, but that Aulan would receive
the rest.[1] The Duchesse de Choiseul and the Abbé Barthélemy
withdrew their letters from the collection before receiving permission to do so, thereby losing Walpole's friendship.[2]

Walpole was never officially notified of the bequest; he was
not told the exact terms of the will, and apparently he was never
given the catalogue of the manuscripts left to him. The notifica-
tion came through his cousin, Thomas Walpole, who was in
Paris. Horace Walpole, on hearing from Thomas, wrote to
Aulan accepting the bequest, and wrote Thomas to collect from
Beauvau all the papers except such letters of the Chevalier de
Boufflers as he (Beauvau) might want to withdraw. Walpole particularly requested the 'portraits,' and the letters of the Abbé
Barthélemy. Evidently it did not occur to him, at first, that Madame du Deffand's other correspondents had any right to their
letters, though he himself had been so eager to reclaim his own
correspondence from her. On second thought, however, he decided to return the letters of Madame de Choiseul and Barthélemy, only to find that those letters had already been removed.

The Prince de Beauvau suggested withdrawing any 'portraits'
which might compromise living people. Walpole (through

---

1. See HW to the Hon. Thomas Walpole
29 Dec. 1780, and 25 March 1781, and the
Duc de Guines to HW 12 Feb. 1781.

2. See HW to the Hon. Thomas Walpole
3 Jan. 1784.

Thomas Walpole) asked to have them all, and assured Beauvau that they would be kept private. Beauvau then suggested that Walpole print some of the papers to save the trouble of copying them—this suggestion was likewise vetoed. In March 1781, they were still disputing over the papers. By September, Walpole had received 'all the papers of my old friend that I ever shall receive.'

This collection, augmented by Madame du Deffand's letters and enclosures to Walpole, remained in the cedar chest at Strawberry Hill, and is described in the sale catalogue of 1842 (see below). It is also described in the sale catalogue (see below) of the Parker-Jervis sale in 1920, when most of the manuscripts were bought by Messrs Maggs Brothers, and were subsequently acquired by W. S. Lewis. The exceptions were the letters to Walpole (now at the Bodleian), the *Œuvres de Voltaire,* a parcel of pamphlets, and a few miscellaneous letters (see below).

The Prince de Beauvau doubtless withdrew some papers, as Walpole had suspected. Pages 254–261 and 288–9 have been cut out of the *Recueil de lettres,* including (according to the index) two letters from Beauvau himself, a letter from the Chevalier de Boufflers, a letter from the Comte de Broglie, and part of a letter from Broglie to Beauvau. Some of the copies which Beauvau made of the papers were printed in 1809. Others apparently strayed into the collection which Sainte-Aulaire acquired from Comte Joseph d'Estourmel, which also included Madame de Choiseul's letters and part of the Abbé Barthélemy's. Madame du Deffand's letters to Craufurd were acquired later by Sainte-Aulaire. The rest of her correspondence with Barthélemy passed to Barthélemy's family, and is now in the possession of Comte Élie de Dampierre. Her letters to Selwyn are in the Society of Antiquaries, London. Her correspondence with the Aulan family and other relatives is partly in the Archives de la Drôme and the Archives de Roanne, and partly in the collection of a 'savant érudit dauphinois,' who allowed M. Humbert de Gallier to print extracts. Her letters to Hume are in the Royal Society of Edinburgh; his letter to her was formerly in the collection of Sir Wathen Waller.

Madame du Deffand's bequest of manuscripts to Walpole has twice been offered at public auction: the first time at Strawberry Hill (when the entire lot was sold without division to Dyce-Sombre), and the second time at the Parker-Jervis sale. The extracts from the two sale catalogues are given below, the first being from the Strawberry Hill Sale Catalogue, Sixth Day, lot 107; the second being from Sotheby, Wilkinson, and Hodge's *Catalogue of Valuable Autograph Letters and Historical Documents . . . on Sale March 10–12 1920.* The numbers following the lots in the Strawberry Hill Sale are the numbers of corresponding items in the second sale, as nearly as they can be identified.

Strawberry Hill Sale, 30 April 1842

Sixth Day. 107. The whole of the highly interesting and valuable manuscripts bequeathed to the Hon. Horace Walpole, by the justly celebrated Marie de Vichy, afterwards Madame du Deffand, who died in 1780. . . .

In this collection there are upwards of 800 letters by her to Horace Walpole, of the greatest interest. . . . The whole have been carefully preserved in the same state as they were left by Lord Orford, and are contained in a large cedarwood chest. They are divided into volumes and packets, and numbered from I. to XIII. as under. They will be offered in one or thirteen lots, as may be determined upon at the time of sale. (387)

I. A large folio vol., bound in green vellum, *Œuvres de M. le Chevalier de Boufflers,* in prose and verse. (390)

II. A folio vol., bound in vellum, *Recueil de lettres choisies de différentes personnes.* (390)

III. A folio vol., bound in calf, and 1 ditto in blue paper, *Lettres de M. de Voltaire à Madame du Deffand.* (389)

IV. A small 4to vol., in green vellum, *Journal de Madame du Deffand.* (390)

V. A small 4to vol., bound in red morocco, with a silver lock, and *Recueil de divers ouvrages, par Madame du Deffand.* (388)

VI. A large bundle or packet of manuscript papers, *Mélanges de différentes pièces,* Letters, Songs, Fables, etc., some very curious. (394)

VII. A ditto, *Mélanges de différentes pièces, vers et prose.* (395)

VIII. A ditto, *Mélanges de différentes pièces, lettres etc., vers et prose.* (395)

IX. A large parcel or bundle of manuscripts, *Mélanges de toutes de* [sic] *pièces, vers et prose,* amongst them will be found letters from D. Hume, M. de Voltaire, Madame de Staal, and Président Lambert, many of them of the highest interest. (394)

X. A large packet of manuscripts, *Mélanges de différentes pièces,* plays, poems, fables, letters etc. by different authors, some of which are very curious. (394)

XI. A packet containing several hundred original letters, addressed to Madame du Deffand, by Voltaire, Rousseau, de l'Isle, Montesquieu, Madame de Staal, Horace Walpole, the Président Hénault, Baron Bernstorff, etc. highly valuable and interesting.[3]

XII. *Seven large packets,* containing upwards of eight hundred original letters written by Madame du Deffand to Horace Walpole. . . . (387)

XIII. Five bundles or packets of printed works, pamphlets, tracts, plays, poems, etc. many of which are extremely rare and curious. (395)

The Parker-Jervis Sale, Sotheby's, 12 March 1920

387 LETTERS OF MADAME DU DEFFAND TO HORACE WALPOLE, 1766–1780. 838 letters, many annotated by Horace Walpole, all, except two letters and portions of three others, written for Madame du Deffand, who was blind, by a valet-de-chambre, Wiart, or others, with five letters to Walpole from Wiart after his mistress's death, *newly and handsomely bound in 14 volumes quarto, half red morocco.* [Bought for £20 by Hobbs. Now at the Bodleian.]

388 DU DEFFAND (Madame). Recueil de divers ouvrages, about 272 pp. 4to, with about 7½ pp. 4to of auto. notes by Horace Walpole and the inscription 'Ce Livre, avec tous ses autres manuscrits, me fut légué par la célèbre Marie de Vichy, Marquise du Deffand, 1780, Horace Walpole,' *finely bound in French contemporary red morocco, gold tooled, with silver lock and original key, and flap doublé with green morocco, also tooled in gold.* [Bought for £42 by Messrs Francis Edwards. Now WSL.]

3. The Montesquieu and Hénault letters are (391), the Walpole letters are (392), the rest are (394).

389 VOLTAIRE (F. M. A. de), and Mme du Deffand. Copies of their letters, *in two folio volumes, calf and blue paper respectively, the former with auto. signed inscription and auto. notes, by Horace Walpole.* [Bought for £19 by Stokes; probably in possession of Messrs J. Pearson, ca 1926.]

390 DU DEFFAND (Mme). Copies of letters addressed to her by various correspondents, about 414 pp., *with signed auto. inscription and auto. notes by Horace Walpole, vellum, folio;* Journal, *Juillet,* 1779, *green vellum, sm. 4to;* Œuvres de M. le Chevalier de Boufflers, about 22 pp., *green vellum, 4to.* (3). [Bought for £1 1s. by Messrs Maggs. Now WSL.]

391 MONTESQUIEU (Charles de Secondat, Baron de), 1689–1755, celebrated French writer, two A.L.s. 3½ pp. 4to, 1751–3, to Mme du Deffand, *with seals;* and three L.s. and copy of a letter to the same and Président Hénault. (6). [Bought for £13 by Fatio.]

392 WALPOLE (Horace). Five A.L. in French, 18 pp. 4to, *January 4,* 13, 19, 27 and 31, 1775, to Mme du Deffand, *The only original Letters from him to Mme du Deffand known to exist.* [Bought for £25 10s. by Messrs Maggs. Now WSL.]

393 VOLTAIRE (F. M. A. de). Copy in the handwriting of Horace Walpole, of a letter from him to Walpole, 5½ pp. 4to, *Château de Ferney, July* 15, 1768, AN EXTREMELY FINE LETTER, with a few words in English, criticizing Walpole's Richard III, and giving his views of French, English and Classical literature. [Bought for £40 by Messrs Maggs. Now in the Folger Shakespeare Library, Washington, D. C.]

394 DU DEFFAND (Madame). A very large collection of MSS relating to her, including a few of her letters to various correspondents, a number of letters addressed to her, including some from Voltaire (L.s. or copies, possibly some A.L.s.), others from Mlle de Lespinasse, the Chevalier d'Aydie, a large number of pieces in prose and verse, epigrams, burlesques, poems, tales, satires, etc., some pieces annotated in Horace Walpole's writing. *A large parcel.* [Bought for £17 by Messrs Maggs. Now WSL.]

395 A similar collection of printed matter, including Eighteenth Century pamphlets in prose and verse, treatises about the Jesuits, etc. *A large parcel.* [Bought for 10s. by McKenzie.]

NEW MATERIAL IN THE PRESENT EDITION

THE present editors have been able to add to the correspondence certain portions of text which the Toynbees omitted. The chief of these are a long unpublished letter from Madame du Deffand of 10 April 1771, and three unpublished letters from Walpole of 2 June 1772, 27 April 1773, and 28 May 1773. Considerable parts of two letters (23 Sept. 1771 and 22 July 1778), sentences from twelve letters,[1] phrases or clauses from nineteen others,[2] besides many single words, were omitted by previous editors and are to be found in the original MSS in the Bodleian. The fragmentary Walpole letter of 22 Feb. 1771 was found there, on the back of Mme du Deffand's letter of 10 Feb.; that of 14 Dec. 1772 was found with Huber's silhouettes in New York. The Toynbees omitted a long clause from Walpole's letter of 11 Sept. 1773, copied at the French post office.

Besides these unpublished pieces, the present edition includes a few published ones which are not in Toynbee. Walpole's letters of 3 and 19 June 1766, and parts of his letters of 12 and 30 May 1767 were quoted by Madame du Deffand in letters printed by Sainte-Aulaire. The Toynbees omitted slight parts of Walpole's letters of 26 July 1768 and 6 April 1769, which they copied from Miss Berry's notes; they did not transcribe the short note of ?19 April 1766 which Miss Berry had printed in facsimile.

To the foot-notes, the present editors have added Walpole's notes to Wiart's copy of Madame du Deffand's letter of 15 July 1780, and many unprinted foot-notes which he wrote upon the original letters. They have restored his original phrasing of passages apparently corrected by Madame du Deffand in Wiart's copy of his letter of 16 July 1766. They have included the memoranda which he often scribbled on the backs of letters, and the addresses and postmarks of the letters when these existed.

1. 4 Sept. 1766, 4 March, 23 May 1767, 30 Oct. 1768, 7 March, 15 July 1770, 24 March 1771, 21 Feb., 10 March 1775, 3 Jan. 1776, 26 Oct. 1777, 6 June 1779.

2. 24 July 1766, 5 July, 8 Nov., 9 Nov. 1767, 21 July, 27 Sept. 1768, 7 April, 20 Dec. 1769, 4 July, 6 Aug., 12 Aug. 1770, 9 Jan. 1771, 14 Oct., 30 Oct. 1773, 13 March, 26 June 1774, 19 March, 9 Nov., 7 Dec. 1777.

Walpole's letters to Madame du Deffand (complete, fragmentary, and missing) are here first arranged chronologically from dates supplied by his lists of letters in *Paris Journals,* by Madame du Deffand's Journal, and by information in her letters to Walpole and others. Information from these sources about missing letters (including thirty-three descriptions of letters and sixteen more quotations from letters) is put with the headings of those letters. Six letters misplaced by Mrs Toynbee have been placed correctly, and, in four cases, fragments which Dr Toynbee (in his supplement to Walpole's letters) prints as separate letters are shown to be parts of the same letter. Postmarks and numbers help to establish the dates of some letters.

The most important heretofore unpublished pieces appended to the letters are Walpole's *Paris Journals,* Madame du Deffand's journal for the last year of her life, the inventory of her furniture and investments, and many poems and letters from her bequest to Walpole, including descriptions of Madame du Deffand by Walpole himself. Heretofore unpublished material in the notes has been chiefly derived from Madame du Deffand's correspondence with George Selwyn and with the Abbé Barthélemy, and from Lady Mary Coke's unpublished journals.

W. S. L.
W. H. S.

ACKNOWLEDGMENTS

OUR first indebtedness is to Dr Craster and Mr Hill of the Bodleian, who put the originals of Madame du Deffand's letters to Walpole at our disposal. Through their great kindness, Dr Smith and Dr Bernard had every facility immediately accorded them in their researches.

To Mrs Percival Merritt of Boston, Mass., we owe Walpole's heretofore unpublished *Paris Journals.* Mr Merritt was a lifelong student and collector of Horace Walpole, and some years before his death in 1931 he acquired the *Paris Journals.* In 1932 Mrs Merritt very kindly offered them to me to edit, and I was at work upon them when the *Yale Edition of Horace Walpole's Correspondence* was initiated. Mrs Merritt, who has now given her husband's Walpole collection to the Harvard College Library, has generously permitted me to include the *Paris Journals* in this correspondence, where they properly belong. These are the only journals of Walpole's which have been discovered, and their importance cannot be exaggerated. Thanks to them we know what Walpole did on every day of his French visits, whom he met and where he met them, what he bought and how much he paid for it, and the minute details of his travelling. They are not literary journals, but they are of great interest, not only to the Walpolian student, but to the social historian as well. They complete the gaps made in the correspondence and are the most valuable supplement which the correspondence could have. They are, for the most part, merely a succession of names—Boufflers, Luxembourg, Choiseul, Mirepoix, la Vallière and a thousand more—but in their repetition one loses the sense of masquerade which tends to hide the eighteenth century from us under its wigs and buckles. Day in and day out, night in and night out, these names recur without any embellishment; and in the morning Hume calls, or Adam Smith, or Boswell. It is the register of the old régime which is hurrying on to its appointed end. Mr and Mrs Merritt were among my earliest Walpolian friends, and it is with peculiar satisfaction that I acknowledge the initial appearance in print of this invaluable manuscript.

The Delegates of the Clarendon Press, through Dr Chapman's unfailing interest, granted us the use of Mrs Toynbee's papers relating to her edition.

The Earl of Home has permitted us to use the seventeen unpublished volumes of Lady Mary Coke's journals in his possession. These cover the years 1775–1791. Extracts from them will be found in this correspondence and we shall continue to use them in the future correspondences, where they will afford what is probably the most important contemporary commentary upon Walpole's text in existence.

The Society of Antiquaries, through Mr H. S. Kingsford, have again put us in their debt, this time by allowing us to use Madame du Deffand's unpublished letters to George Selwyn, which form part of the Cily-Trevelyan Collection.

We wish to thank the Comte and Comtesse Élie de Dampierre for the use of the Abbé Barthélemy's unpublished letters to Madame du Deffand. Madame de Dampierre, en route to California, brought the photostats of the letters to New York that we might have them in time. The Duc de Mouchy very kindly opened his library at Château Mouchy to us. Among his family papers, which are in the process of being catalogued, there may appear some which will throw further light upon the relations between his ancestor, the Prince de Beauvau, and Walpole. Mr Arthur Rau of Paris has rendered us invaluable service in France during the past five years.

General Daille, after continued researches, succeeded in identifying the 'invalide' who came to read to Madame du Deffand as Nicolas-Antoine Pétry. The Office de Documentation at Paris has made many valuable discoveries, including Walpole's letters copied at the post office, now in the Archives des Affaires Étrangères, and Madame du Deffand's inventory; in particular, we wish to thank M. Fernand Masse (who found copies of twenty letters by Walpole and Madame du Deffand), and Mlle Germaine Braunstein. M. Abel Doysié found and transcribed for us the copy of Walpole's letter of 21 Nov. 1771. Messrs George Simpson Eddy and Stuart W. Jackson of New York and Dr Louis Gottschalk of the University of Chicago furnished us with information about Benjamin Franklin which we could not have found elsewhere.

Miss Ethelwyn Manning and Miss Alice Farley of the Frick Art Reference Library in New York have been tireless in tracing portraits of Mme du Deffand, and the class of Miss Rose Phelps at the University of Illinois Library School has again traced quotations which had escaped us. The Pierpont Morgan Library has helped us in the matter of Mme de Boufflers's miniature and Gibbons's snuff-box.

We are indebted to the following for photographs or photostats of objects (which are identified in the text) in their possession: The British Museum; the Musée Condé, Chantilly; H. R. Creswick, Esq., of St Ives; Harvard College Library; the Louvre; Librairie Plon, Paris; Dr James Strachey of London; the Earl Waldegrave, Chewton Priory, Bath; the Musée des Vosges, Épinal; and Émile-Paul frères, Paris.

Dr Yale Kneeland of New York answered some of our medical queries; Mrs William Greenough of New York lent us Orliac's *Chanteloup* and a Cochin print. Mr R. T. H. Halsey of New Haven informed us of Duché's portrait of Madame du Deffand. The Introduction has been read by Mr R. W. Ketton-Cremer, Mr Archibald MacLeish, Professor Notestein and Dr Beatrice M. Hinkle. Mr Leonard Bacon has given us many hours of his time in an exceedingly careful reading of the proofs, which saved us from many slips.

Professor Albert G. Feuillerat and Dr Andrew R. Morehouse of the French Department at Yale have read all the proofs entirely through and have made numberless additions and corrections. Mr Feuillerat has been unsparing of his time and interest, both in New Haven and in France. He has been our guide and friend; at every turn of the undertaking we have had the benefit of his great learning and experience.

Dr Jules Bernard assisted Dr Smith at the Bodleian and has been of the greatest help in seeing the proofs through the press. Dr R. W. Chapman read some of the proof, and so did Miss Adèle Mali and Miss Alice V. R. S. Smith of Geneva, N. Y., Dr George L. Lam of Yale, and Mr W. D. Patton of the University of Maryland.

Mrs Nicholas Moseley, with her usual skill, has accomplished the difficult task of indexing these six volumes. In the course of this work, she has saved us from many errors. The staff of the Yale Library have assisted us in innumerable ways, particularly in the purchasing of books and periodicals which we needed.

Above all, I wish to acknowledge my indebtedness to Dr Smith. Dr Smith has worked on the correspondence uninterruptedly for five years; my contribution has been largely a supervisory one while I have been more actively engaged with the Cole and Montagu correspondences and in acquiring new letters and materials for the entire project. Except for the first half of the *Paris Journals,* Dr Smith has performed all the preliminary labours of editing, and to him, rather than to me, belongs whatever scholarly distinction our edition of this correspondence may enjoy.

W. S. L.

METHOD

THE proofs have been collated with the originals of all letters known to exist, or with photostats of them. In the absence of originals we have used what appear to be the best copies (unless otherwise stated, the letters are printed from originals in Wiart's hand, in the Bodleian). Cross-references to the letters are made by giving the date of the letter, preceded by *post* or *ante*. Papers, letters, poems, etc., which are sent with Madame du Deffand's letters are printed in the text if they are copied on the letter itself, and in the notes or appendix if they are enclosures on a separate sheet. One enclosure (Appendix 41) includes a few sentences addressed directly to Walpole. Wherever there is a specific reference to a missing letter, that letter has been indicated by a heading with approximate date, but, since nearly all of Madame du Deffand's letters are in reply to those of Walpole, there are doubtless many missing letters by him between 1772 and 1779 which are not specifically mentioned, and which therefore have no headings. The dates of Walpole's missing letters, up to Oct. 1772, come from his lists in *Paris Journals*. Those after 1 July 1779 are mostly dated from references in Madame du Deffand's Journal.

Madame du Deffand's own spelling is as bad as her handwriting. Wiart was the most literate of her secretaries, but even he continually confuses person, number, gender, and tense. The spelling, punctuation, and most flagrant grammatical errors have been silently corrected in all editions of the letters and are kept in their corrected form here; it is unnecessary to reproduce the mistakes of a blind woman and her uneducated secretaries. Archaisms, like the use of 'oi' and 'ay' for 'ai,' have been modernized. Proper names are usually spelled phonetically in the MSS, and show extraordinary variation. They are corrected here. A few of Madame du Deffand's peculiar expressions (like 'D'où vient,' without a connecting 'que') are retained without correction.

Madame du Deffand sometimes abbreviates proper names. 'M. de L.' is often used for 'Maréchale de Luxembourg.' In such cases, the abbreviations are silently expanded, unless Walpole expanded them himself, a fact which is indicated in a foot-note. In cases where the correct spelling of a proper name is doubtful, the original spelling is retained, and variants are provided in the notes.

Biographical notes, without reference, are from the *Nouvelle biographie générale* or the *Dictionnaire de la noblesse* by La Chesnaye Desbois and Badier (in the case of French people), or from the *Dictionary of National Biography* or the *Complete Peerage* or *Complete Baronetage* (in the case of English people). Other sources quoted in the biographical foot-notes may be assumed to be supplemented by these reference works.

All English books, it is to be assumed, are published at London, and all French books at Paris, unless otherwise stated.

Square brackets indicate editorial emendation; angular brackets, the restoration of the manuscript where it has been mutilated.

When a reference is made to Madame du Deffand's manuscripts bequeathed to Walpole, it is to be assumed that these are now in the possession of W. S. Lewis, unless otherwise stated.

Walpole's own foot-notes are signed 'HW,' Miss Berry's 'B,' Mrs Toynbee's 'T.'

W. S. L.

W. H. S.

BIBLIOGRAPHY

I. EDITIONS OF THE LETTERS

Letters of the Marquise du Deffand to the Hon. Horace Walpole, afterwards Earl of Orford, from the Year 1766 to the Year 1780. To which are added Letters of Madame du Deffand to Voltaire, from the Year 1759 to the Year 1775. Published from the originals at Strawberry-Hill, London: Printed for Longman, Hurst, Rees, and Orme, 39, Paternoster Row. 1810. [4 vols, 12mo, ed. Mary Berry.]

Lettres de la Marquise du Deffand à Horace Walpole, depuis Comte d'Orford, écrites dans les années 1766 à 1780 auxquelles sont jointes des lettres de Madame du Deffand à Voltaire, écrites dans les années 1759 à 1775. Publiées d'après les originaux déposés à Strawberry Hill. À Paris chez Treuttel et Würtz, rue de Lille, N° 17; Et à Strasbourg, même Maison de commerce. 1811. [4 vols, 8vo, ed. Artaud de Montor.]

The same, 1812.

Lettres de la Marquise du Deffand à Horace Walpole . . . auxquelles sont jointes des Lettres de Madame du Deffand à Voltaire . . . Publiées d'après les originaux . . . Nouvelle édition augmentée des extraits des Lettres d'Horace Walpole. À Paris, chez Ponthieu, libraire, Palais-royal, Galerie de Bois. 1824. [4 vols, 8vo, with introduction by Adolphe Thiers.]

The same, 1827.

Correspondance inédite de Mme du Deffand, précédée d'une notice par le Marquis de Sainte-Aulaire. Paris. Michel Lévy frères, libraires-éditeurs, Rue Vivienne, 2 bis. 1859. Réproduction et traduction réservées. [2 vols 8vo.]

Lettres de la Marquise du Deffand à Horace Walpole, écrites dans les années 1766 à 1780 . . . publiées d'après les originaux déposés à Strawberry-Hill. Nouvelle édition augmentée des extraits des lettres d'Horace Walpole (revue et complétée sur l'édition originale de Londres 1810) et précédées d'une notice sur Madame du Deffand par M. A. Thiers. Paris. Librairie de Firmin Didot frères, fils, et c^ie, imprimeurs de l'Institut, Rue Jacob, 56. 1864. [2 vols 12mo, in the *Bibliothèque des mémoires pendant le 18ème siècle*, ed. Jean-François Barrière.]

Correspondance complète de la Marquise du Deffand avec ses amis le Président Hénault, Montesquieu, d'Alembert, Voltaire, Horace Wal-

pole, classée dans l'ordre chronologique et sans suppressions, augmentée des lettres inédites au Chevalier de l'Isle, précédée d'une histoire de sa vie, de son salon, de ses amis, suivie de ses œuvres diverses
et éclairée de nombreuses notes par M. de Lescure. Ouvrage orné de
deux portraits gravés par Adrien Nargeot et de plusieurs fac-simile.
Paris, Henri Plon, imprimeur-éditeur, 8, Rue Garancière, 1865. Tous
droits réservés. [2 vols 8vo.]

Correspondance complète de Mme du Deffand avec la Duchesse de Choiseul, l'Abbé Barthélemy et M. Craufurt, publiée avec une introduction par M. le Mis de Sainte-Aulaire. Nouvelle édition revue et considérablement augmentée. Paris. Michel Lévy frères, libraires-éditeurs,
Rue Vivienne, 2 bis, et Boulevard des Italiens, 15, à la librairie nouvelle. 1866. Tous droits réservés. [3 vols 8vo.]

The same. Troisième édition revue et considérablement augmentée.
Paris. Calmann Lévy, éditeur, ancienne maison Michel Lévy frères,
Rue Auber, 3, et Boulevard des Italiens, 15, à la librairie nouvelle.
1877.

The Letters of Horace Walpole, fourth Earl of Orford, chronologically
arranged and edited with notes and indices by Mrs Paget Toynbee.
In sixteen volumes with portraits and facsimiles. Oxford. At the
Clarendon Press. 1903–5. [16 vols 8vo.]

Lettres de la Marquise du Deffand à Horace Walpole (1766–1780).
Première Édition Complète, Augmentée d'environ 500 Lettres In-
édites. Publiées d'après les Originaux, avec une Introduction, des
Notes, et une Table des Noms par Mrs Paget Toynbee, Éditeur des
Lettres d'Horace Walpole. Londres. Methuen et Cie. MDCCCCXII.
[3 vols 8vo.]

Supplement to the Letters of Horace Walpole, fourth Earl of Orford,
chronologically arranged and edited with notes and indices by Paget
Toynbee, M.A., D.Litt., F.R.Hist.Soc., in two volumes with portraits
and facsimiles. Oxford. At the Clarendon Press. 1918. [2 vols 8vo.]

II. WORKS ABOUT MADAME DU DEFFAND

Aimery de Pierrebourg, Marguerite, Baronne de Pierrebourg ['Claude
Ferval']: *Madame du Deffand*. Paris, 1933.

Aïssé, Charlotte-Élisabeth: *Lettres*. Paris, 1873.

Aldington, Richard: *Literary Studies and Reviews*. London, 1924.

Arbaud, Léon: 'Madame du Deffand' in *Le Correspondant*, 1865. lxvi.
685–717.

Asse, Eugène: *Mademoiselle de Lespinasse et la Marquise du Deffand*.
Paris, 1877.

Aynard, Joseph: 'Horace Walpole et Madame du Deffand' in *Le Journal des débats,* feuilleton du 30 nov. 1912.

Bellesort, André: *Les Grands salons littéraires.* Paris, 1928.

Belloc-Lowndes, Marie: 'Madame du Deffand and Horace Walpole' in the *Quarterly Review,* 1913. ccxviii. 513–31.

Bradford, Gamaliel: *Portraits of Women.* Boston, 1916.

Brandes, Georg: *Die Liebe im 18 Jahrhundert.*

Caro, Edme-Marie: 'Deux types de femmes de l'autre siècle' in the *Revue des deux mondes,* 1871. II. xcii. 256–73.

Caussy, Fernand: 'Lettres inédites de Madame du Deffand à Maupertuis' in *Le Correspondant,* 1908. ccxxxiii. 33–45.

Clergue, Helen: *The Salon.* New York. [1907.]

Coquelin, Louis: 'Mme du Deffand' in *Larousse mensuel,* Nᵒ 319, pp. 496–8, Sept. 1933.

Davray, Henry D.: 'Lettres anglaises' in the *Mercure de France,* 1913. cii. 431–5.

Deschanel, Paul: *Figures de femmes.* Paris, 1889.

Desportes, Fernand: 'Correspondance inédite de Madame du Deffand' in *Le Correspondant,* 1860. xlix. 109–44.

Du Deffand, Marie de Vichy, Marquise: *Correspondance inédite avec d'Alembert, Montesquieu, le Président Hénault, la Duchesse du Maine; Mesdames de Choiseul, de Staal; le Marquis d'Argens, le Chᵉʳ d'Aydie, etc. Suivie des lettres de M. de Voltaire à Mme du Deffand.* Paris, 1809. 2 vols 8vo.

—— *Unpublished Correspondences.* London, 1810. 2 vols. ed. Mary Meeke.

—— *Lettres à Voltaire,* ed. Joseph Trabucco. Paris, 1922.

—— *Letters to and from Madame du Deffand and Julie de Lespinasse,* ed. Warren H. Smith, New Haven, 1938. Miscellaneous Antiquities Number Fourteen.

'Ferval, Claude' (*see* Aimery).

Feuillet de Conches, Félix-Sébastien: *Les Salons de conversation au XVIIIᵉ siècle.* Paris, 1882.

Gallier, Humbert, Comte de: *Filles nobles et magiciennes.* Paris, 1913.

—— *Gens de cour.* Paris, 1921.

Giraud, Victor: 'La Sensibilité de Madame du Deffand' in the *Revue des deux mondes,* 1933. VIII. xvi. 688–703.

Hall, Evelyn Beatrice ['S. G. Tallentyre']: *The Women of the Salons.* London, 1901.

Hamel, Frank: *Famous French Salons.* London, 1908.

Harman, Roland N.: 'Madame du Deffand' in the *Georgetown University French Review,* Feb. 1934, pp. 57–61.

Hayward, Abraham: 'Madame du Deffand and her Correspondents' in the *Quarterly Review*, 1878. cxlvi. 141–81.

Herpin, Clara-Adèle-Luce ['Lucien Perey']: *Le Président Hénault et Madame du Deffand*. Paris, 1893.

Hervé, Georges: 'Les Correspondantes de Maupertuis' in the *Revue de Paris*, 1911, v. 751–78.

Irvine, Lyn Ll.: *Ten Letter-Writers*. London, 1932.

Jal, Auguste: *Dictionnaire critique de biographie*. Paris, 1872.

Jaloux, Edmond: 'L'Ami de Madame du Deffand' in *Le Temps*, 26 mai 1933.

Jebb, Camilla: *A Star of the Salons*. New York, 1908.

Kavanagh, Julia: *Woman in France during the Eighteenth Century*. London, 1850.

Koven, Anna de: *Horace Walpole and Madame du Deffand*. New York, 1929.

Landrieux, ——: 'Marie de Vichy-Chamrond, Marquise du Deffand' in the *Galerie française*. Paris, 1823. iii. 277–82.

Lescure, François-Adolphe-Mathurin de: *Les Femmes philosophes*. Paris, 1881.

—— *Les Maîtresses du Régent*. Paris, 1860.

Lewis, Wilmarth Sheldon: *Horace Walpole's Letter from Madame de Sévigné*. Farmington (Ct), 1933. Miscellaneous Antiquities Number Eight.

—— *Le Triomphe de l'amitié*. Farmington (Ct), 1935. Miscellaneous Antiquities Number Ten.

Machen, Arthur: 'A Lady's Letters to Horace Walpole' in the *Evening News*, London, 31 Oct. 1912.

Mason, Amelia Gere: 'The Women of the French Salons' in the *Century Monthly Magazine*, 1890. xl. 878–91.

Maurois, André: 'Madame du Deffand et Horace Walpole' in *Conferencia*, 15 février 1927, pp. 197–209.

Montbas, Hugues, Vicomte de: 'Le Gazetier de Chanteloup' in the *Revue de Paris*, 1935. xlii. i. 357–85, 571–600.

Monval, Georges et Jean de: 'Un Portrait inédit de la Comtesse de Boufflers par la Marquise du Deffand' in the *Revue de Paris*, 1909. vi. 469–80.

'Perey, Lucien' (*see* Herpin).

Rageot, Gaston: *Madame du Deffand*. Paris, 1933. 'Collection les grandes pécheresses.'

Rathery, Edme-Jacques-Benoît: 'Lettres de l'Abbé le Blanc et de la Duchesse de Choiseul' in *La Correspondance littéraire*, 1859. iv. 50–3.

Rémusat, Charles-François-Marie, Comte de: *L'Angleterre au dix-huitième siècle*. Paris, 1856. ii. 6.

Royde-Smith, Naomi Gwladys: *The Double Heart*. London [1931].

Saint-Amand, Imbert de: 'Une Biographie nouvelle de la Marquise du Deffand' in the *Revue des deux mondes*, 1866. II. lxii. 266–72.

Sainte-Beuve, Charles-Augustin: *Causeries du Lundi*. 2d ed. Paris, 1852–62, i. 325–40, ii. 96–112.

—— *Nouvelle galerie de femmes célèbres*. Paris, 1865.

Scherer, Edmond-Henri-Adolphe: *Études sur la littérature contemporaine*. Paris, 1863–5.

Ségur, Pierre-Marie-Maurice-Henri, Marquis de: 'Une Trouvaille' in *Le Gaulois*, 8 novembre 1912.

—— 'Madame du Deffand et Horace Walpole' in the *Revue hebdomadaire*, 1913. xxii. i. 301–27.

—— *Esquisses et récits*. Paris [1908].

—— *Julie de Lespinasse*. Paris [1905].

Strachey, Giles Lytton: *Books and Characters*. London, 1922.

—— *Characters and Commentaries*. London, 1933.

Strowski, Fortunat: 'Madame du Deffand et Horace Walpole' in *Le Correspondant*, 1912. ccxlix. 887–902.

'Tallentyre, S. G.' (*see* Hall).

Thomson, John Cockburn and Katherine ['Grace and Philip Wharton']: *The Queens of Society*. London, 1860.

Tinker, Chauncey Brewster: *The Salon and English Letters*. New York, 1915.

Toynbee, Paget: 'Mme du Deffand, Hume and Rousseau' in the *Times Literary Supplement*, N° 959, 3 June 1920.

—— 'Mme du Deffand and Hume' in *Modern Language Review* xxiv. 447, Oct. 1929.

—— 'Horace Walpole in Paris' in the *Times* (London), N° 43732, 16 Aug. 1924, pp. 11–12.

—— [Note on Castellane] in the *Times Literary Supplement*, xx. 499, 4 Aug. 1921.

Walpole, Horace: *Lettres . . . écrites à ses amis pendant ses voyages en France*, ed. by the Comte de Baillon. Paris, 1872.

Ward, Mrs Humphry: *Lady Rose's Daughter*. New York, 1903.

Watson, Paul Barron: *Some Women of France*. New York, 1936.

Weiss, Jean-Jacques: *Essais sur l'histoire de la littérature française*. Paris, 1865, pp. 274–301.

'Wharton, Grace and Philip' (*see* Thomson).

Wormeley, Katherine Prescott: *Letters of Mlle de Lespinasse*. Boston, 1902.

W. H. S.

LIST OF NICKNAMES

Abbé, le grand	Abbé Barthélemy
Altesse, l'	Prince de Conti
Baron, le	Baron de Gleichen
belle Comtesse, la ⎱	
Bellissima ⎰	Mme de Forcalquier
Burrhus	Marquis de Castellane
Carrousel, les dames du	⎰ Duchesses de la Vallière and
	⎱ de Châtillon
comédienne, votre	Mrs Clive
complaisante, la	Mme Berthelot
dame, la	Mme du Barry
demoiselle, la	Mlle de Lespinasse
dieu de la Pagode, le	Prince de Conti
Éléazar, le bon	General Irwin
Flore-Pomone	Mme de Marchais
Geoffrinska, la	Mme Geoffrin
grand'maman	Duchesse de Choiseul
grand-papa	Duc de Choiseul
grosse Duchesse, la ⎱	
Grossissima ⎰	Mme d'Aiguillon, dowager
Idole du Temple, l'	Comtesse de Boufflers-Rouverel
incomparable, l'	Prince de Bauffremont
jeune Duc, ⎰ le	
⎱ votre	Duke of Richmond
Lindor	George Selwyn
Marquis, le	Marquis de Castellane
Morfontaine, M. or Mlle de	Duc de Choiseul
	⎰ Mme de Boisgelin (oiseau fille)
	⎪ Marquise de Boufflers (oiseau
oiseaux, les ⎫	⎪ mère)
oiseaux de Steinkerque, les ⎭	⎪ Vicomtesse de Cambis (oiseau
	⎱ nièce)
Paysan du Danube, le	David Hume
petit Comte, le	Comte de Broglie
petit Milord, le	Earl of Carlisle
petit oncle, le	Baron de Thiers
petite sainte, la	Comtesse de Choiseul-Beaupré
Pomone	Mme de Marchais
Pompom	Auguste-Nicolas-Marie Wiart

Président, le	Hénault
Prince, le	{ Prince de Bauffremont { Prince de Beauvau
Prince Geoffrin	Stanislas II of Poland
pupille, votre	Madame du Deffand
Saint-Chrysostome, Mlle } Sanadona, la	Mlle Sanadon
Sénèque	Abbé Barthélemy
sourde, votre	Lady Suffolk
tuteur, mon	HW

CUE-TITLES AND ABBREVIATIONS

(Abbreviations used in the Index are to be found in a table prefixed to the Index in Volume VI)

b.	Born.
B [with page reference] .	Madame du Deffand's Letters, ed. Mary Berry, 1810.
B	Mary Berry.
Bibl. Nat. Cat. . .	Catalogue de la Bibliothèque nationale, Paris, 1897—.
BM Cat. . . .	British Museum Catalogue, London, 1881—.
Bn	Baron.
Bt	Baronet.
ca	*circa.*
Capt.	Captain.
C–D	*Le Dictionnaire de la noblesse,* Paris, 1863–77, 19 vols, by François-Alexandre-Aubert de la Chesnaye-Desbois, and —— Badier.
Col.	Colonel.
COLE . . . . (similarly for other Walpole correspondences)	*The Yale Edition of Horace Walpole's Correspondence; the Correspondence with the Rev. Wm Cole,* New Haven, 1937, 2 vols.
Country Seats . .	*Horace Walpole's Journals of Visits to Country Seats, &c.,* in *The Walpole Society,* Oxford, vol. xvi, 1928.
d.	died.
D	Madame du Deffand.
D.	Duke.
dau.	daughter.
'Description of SH' .	Horace Walpole, *A Description of the Villa of Mr Horace Walpole at Strawberry Hill near Twickenham,* in vol. ii of *The Works of Horatio Walpole, Earl of Orford,* London, 1798, 5 vols.
Dict. de Paris . .	*Dictionnaire historique de la ville de Paris,* Paris, 1779, 4 vols, by Pierre-Thomas-Nicolas Hurtaut, and —— Magny.
DNB	*Dictionary of National Biography,* ed. Leslie Stephen and Sidney Lee, London, 1908–9, 22 vols.

D's Journal . . . Madame du Deffand's Journal (*see* v. 421)
E. . . . . Earl.
eld. . . . . elder, eldest.
fl. . . . . flourished about the year.
GEC . . . . George Edward Cokayne, *The Complete Peer-age*, London, 1887–98, 8 vols; *The Complete Peerage* revised by Vicary Gibbs et al., 1910—; *The Complete Baronetage*, Exeter, 1900–9, 6 vols.
Gen. . . . . General.
GM . . . . *The Gentleman's Magazine.*
Grimm . . . *Correspondance littéraire, philosophique et critique par* [Friedrich Melchior von] *Grimm, Diderot, Raynal, Meister, etc.,* ed. Maurice Tourneux, Paris, 16 vols, 1877–82.
Hon. . . . . the Honourable.
HW . . . . Horace Walpole.
K.B. . . . Knight of the Bath.
Kt . . . . Knight.
La Fontaine, *Fables* . Jean de la Fontaine, *Fables,* Boston, 1841, 2 vols.
La Grande encyclopédie La Grande encyclopédie, ed. Berthelot, Hart-wig, Devenbourg, Paris, 31 vols, 1886–1902.
Lalanne . . . Marie-Ludovic-Chrétien Lalanne, *Diction-naire historique de la France,* Paris, 1872.
Last Journals . . Horace Walpole, *The Last Journals of Horace Walpole during the Reign of George III from 1771–1783,* ed. Archibald Francis Steuart, Lon-don, 1910, 2 vols.
Lévis, *Souvenirs* . . Gaston-Pierre-Marc, Duc de Lévis, *Souvenirs et portraits 1780–1789,* Paris, 1813.
Lt . . . . Lieutenant.
m. . . . . married.
M. . . . . Marquess.
Maj. Gen. . . . Major General.
Mem. of Geo. III . . Horace Walpole, *Memoirs of the Reign of King George the Third,* ed. G. F. Russell Barker, London, 1894, 4 vols.
Mme de Sévigné, *Lettres* Marie de Rabutin-Chantal, Marquise de Sévigné, *Lettres,* ed. Louis-Jean-Nicolas Mon-merqué, Paris, 14 vols, 1862–6.
MONTAGU . . . see above under COLE.

M.P. . . . . Member of Parliament.

MS in Society of Anti- manuscript letter in the Cily-Trevelyan Col-
quaries lection, Society of Antiquaries, London.

MS Cat. . . . Horace Walpole, 'Catalogue of the Library of
Mr Horace Walpole at Strawberry Hill, 1763.'
Unpublished MS, in possession (1938) of Lord
Walpole, Wolterton Park, Norwich.

NBG . . . . *Nouvelle biographie générale,* ed. Jean-Chré-
tien-Ferdinand Hoefer, Paris, 46 vols, 1853–66.

n.c. . . . . of a new creation.

now WSL . . . in the possession of W. S. Lewis, Farmington,
Conn.

OED . . . . *New English Dictionary on Historical Princi-
ples,* ed. Sir James A. H. Murray, Oxford,
1888–1933, 14 vols.

Office de documentation Information supplied by the Office de documentation of the Amis de la Bibliothèque Na-
tionale, Paris.

p., pp. . . . . page, pages.

Paget Toynbee . . *Supplement to the Letters of Horace Walpole,*
ed. Paget Toynbee, Oxford, 1918, 2 vols.

pt . . . . part

Paris Jour. . . . Horace Walpole's *Paris Journals (see* v. 255).

Rép. de la Gazette . Anatole, Marquis de Granges de Surgères,
*Répertoire historique et biographique de
France depuis l'origine jusqu'à la Révolution,*
Paris, 1902–6, 4 vols.

Rev. . . . . The Reverend.

S–A [with page reference] Louis-Camille-Joseph de Beaupoil, Marquis de
Sainte-Aulaire, *Correspondance complète de
Mme du Deffand,* Paris, 1866, 3 vols.

S–A . . . . The Marquis de Sainte-Aulaire.

'Short Notes' . . Horace Walpole, 'Short Notes of the Life of
Horatio Walpole, youngest son of Sir Robert
Walpole Earl of Orford and of Catherine
Shorter, his first Wife,' first printed in Walpole's *Letters* to Mann, London, 1843, iv. 335–
358, reprinted by Mrs Paget Toynbee, *Letters
of Horace Walpole,* Oxford, 1903–5, i. pp.
xxiv–lvi.

sold SH . . . *A Catalogue of the Classic Contents of Strawberry Hill Collected by Horace Walpole,* 25

	April–21 May 1842. The roman and arabic numerals which follow these entries indicate the day and lot number: e.g., sold SH v. 2 = sold at the Strawberry Hill Sale, fifth day, lot 2.
Soleinne . . .	Charles Brunet, *Table des pièces de théâtre décrites dans le catalogue de . . . M. de Soleinne,* Paris, 1914.
St-Allais . . .	Nicolas Viton de Saint-Allais and Ange-Jacques-Marie Poisson de la Chabeaussière, *Nobiliaire universel de France,* Paris, 1872–5, 20 vols.
T	Mrs Paget Toynbee.
T–B	Ulrich Thieme and Felix Becker, *Allgemeines Lexikon der bildenden Künstler,* Leipzig, 1907—.
Toynbee . . .	Mrs Paget Toynbee, *Lettres de la Marquise du Deffand à Horace Walpole,* Londres, 1912, 3 vols.
Vct	Viscount.
Voltaire, *Œuvres* . .	*Œuvres complètes de Voltaire,* ed. Louis-Émile-Dieudonné Moland, Paris, 1877–85, 52 vols.
Woelmont de Brumagne	Henri de Woelmont, Baron de Brumagne, *Notices généalogiques,* Paris, 1923–35, 8 vols.
Works . . .	Horace Walpole, *The Works of Horatio Walpole, Earl of Orford,* London, 1798, 5 vols.
WSL	W. S. Lewis.

LIST OF LETTERS IN DU DEFFAND CORRESPONDENCE

THE missing letters (which are almost entirely HW's) are marked by an asterisk after the date; those which are missing or incomplete in Mrs Toynbee's edition,[1] but which are supplied or completed in ours, are marked 'missing' or 'incomplete' in the third column. The dates of letters by Madame du Deffand or her household are printed in italics. Letters which Mrs Toynbee prints in her foot-notes are marked 'n.' The fragments of HW's letters which Madame du Deffand quotes in her replies are indicated in the third column by a dagger.

	YALE	TOYNBEE		YALE	TOYNBEE
? April*	i. 1		3 June	i. 60	missing
? April	i. 1	i. 1	*3 June*	i. 61	i. 58
17 April*	i. 1		*7 June*	i. 63	i. 61
18 April	i. 2	i. 8†	8 June	i. 65	i. 63
ca 19 April	i. 2	missing	10 June	i. 72	i. 60n.
19 April	i. 3	i. 2	15 June*	i. 72	
20 April*	i. 7		*17 June*	i. 73	i. 70
21 April	i. 7	i. 8	19 June	i. 79	missing
23 April	i. 10	i. 12	*21 June*	i. 79	i. 76
25 April*	i. 20		24 June*	i. 85	
30 April	i. 21	i. 22	*28 June*	i. 85	i. 82
2 May*	i. 25		3 July*	i. 87	
2 May	i. 25	i. 26	*9 July*	i. 88	i. 84
5 May	i. 29	i. 36n.	11 July*	i. 90	
5 May	i. 29	i. 30	*16 July*	i. 90	i. 88
10 May	i. 34	i. 35	16 July	i. 94	i. 86n.
13 May*	i. 36		*19 July*	i. 98	i. 92
14 May	i. 36	i. 38	*24 July*	i. 99	i. 93
18 May	i. 39	i. 41	25 July*	i. 103	
20 May	i. 43	{ i. 37n. / i. 51n. }	*30 July*	i. 103	i. 96
21 May	i. 45	i. 45	31 July*	i. 106	
May	i. 51	i. 68n.	*5 Aug.*	i. 106	i. 99
25 May	i. 52	i. 50	7 Aug.*	i. 111	
26 May*	i. 54		*12 Aug.*	i. 111	i. 103
26 May	i. 54	i. 53	14 Aug.*	i. 115	
1 June	i. 58	i. 56	*19 Aug.*	i. 115	i. 108
			21 Aug.*	i. 119	

1. Of Mme du Deffand's letters, 1912.

		YALE	TOYNBEE		YALE	TOYNBEE	
1766	ca 27 Aug.	i. 119	i. 112	23 Nov.	i. 184	i. 170	176
	28 Aug.*	i. 120		26 Nov.	i. 187	i. 173	
	4 Sept.	i. 121	i. 113 in-complete	28 Nov.*	i. 189		
				30 Nov.	i. 189	i. 174	
	5 Sept.*	i. 130		4 Dec.*	i. 191		
	7 Sept.	i. 131	i. 122	5 Dec.	i. 191	i. 177	
	11 Sept.	i. 132	i. 123	11 Dec.*	i. 194		
	16 Sept.*	i. 135		12 Dec.	i. 194	i. 179	
	19 Sept.*	i. 135		23 Dec.*	i. 197		
	21 Sept.	i. 135	i. 126	Dec.* (4 letters)	i. 197		
	22 Sept.*	i. 137		30 Dec.*	i. 197		
	24 Sept.	i. 137	i. 128				
	24 Sept. from Wiart	i. 140	i. 130n.	4 Jan.	i. 198	i. 182	176
				7 Jan.	i. 200	i. 185	
	26 Sept.*	i. 141		9 Jan.*	i. 203		
	28 Sept.	i. 141	i. 131	10 Jan.*	i. 203		
	28 Sept.*	i. 142		16 Jan.	i. 203	i. 187	
	30 Sept.	i. 143	i. 132	18 Jan.	i. 213	i. 195	
	? Sept.	i. 148	i. 136	20 Jan.*	i. 215		
	3 Oct.*	i. 148		22 Jan.	i. 215	i. 197	
	5 Oct.	i. 149	i. 137	27 Jan.*	i. 221		
	6 Oct.*	i. 150		30 Jan.*	i. 221		
	10 Oct.	i. 150	{ i. 141n. / i. 143n. }	3 Feb.	i. 222	i. 203	
				6 Feb.*	i. 230		
	12 Oct.	i. 151	i. 139	? Feb.	i. 230	i. 211	
	18 Oct.	i. 153	i. 151n.	10 Feb.	i. 232	i. 209n.	
	19 Oct.	i. 153	i. 141	15 Feb.	i. 232	i. 213	
	20 Oct.	i. 156	i. 143	17 Feb.	i. 234	i. 214	
	22 Oct.	i. 161	i. 155n.	17 Feb.*	i. 238		
	27 Oct.	i. 161	i. 148	18 Feb.	i. 238	i. 218	
	27 Oct.*	i. 165		20 Feb.	i. 240	i. 220	
	30 Oct.	i. 165	i. 152	22 Feb.*	i. 247		
	2 Nov.	i. 170	i. 157	24 Feb.	i. 247	i. 227	
	5 Nov.	i. 170	i. 157	3 March*	i. 248		
	6 Nov.*	i. 174		4 March	i. 248	i. 228 in-complete	
	12 Nov.	i. 175	i. 161				
	13 Nov.*	i. 178		5 March	i. 252	i. 231	
	14 Nov.	i. 178	i. 165	7 March*	i. 254		
	19 Nov.	i. 183	i. 169	8 March	i. 254	i. 233	
	21 Nov.*	i. 184		10 March*	i. 258		

	YALE	TOYNBEE		YALE	TOYNBEE	
767 11 March	i. 258	i. 237	23 June	i. 313	i. 285	1767
13 March	i. 260	i. 235n.	28 June	i. 316	i. 288	
13 March	i. 261	i. 239	29 June	i. 317	{ i. 292n. / i. 293n. }	
17 March	i. 266	i. 243	5 July	i. 318	i. 290	
18 March	i. 269	i. 247	7 July*	i. 322		
20 March*	i. 271		11 July	i. 322	i. 292n.	
21 March	i. 271	i. 249	13 July	i. 322	i. 294	
24 March*	i. 273		19 July	i. 325	i. 297	
25 March	i. 274	i. 251	21 July*	i. 327		
27 March	i. 275	i. 252	26 July	i. 327	i. 299	
31 March*	i. 278		28 July*	i. 331		
4 April	i. 279	i. 256	3 Aug.	i. 331	i. 302	
7 April*	i. 281		4 Aug.*	i. 334		
10 April*	i. 282		7 Aug.	i. 335	i. 305n.	
12 April	i. 282	i. 259	9 Aug.	i. 335	i. 306	
19 April	i. 283	i. 260	12 Aug.	i. 339	i. 309	
21 April*	i. 285		14 Aug.*	i. 340		
26 April	i. 285	i. 262	18 Aug.*	i. 341		
28 April	i. 287	{ i. 263n. / i. 264n. }	?18 Aug.*	i. 341		
3 May	i. 287	i. 263	23 Aug.	i. 341	i. 311	
5 May*	i. 291		24 Aug.	i. 343	i. 312	
10 May	i. 291	i. 267	8 Oct.*	i. 344		
12 May	i. 293	i. 269† incomplete	9 Oct.*	i. 344		
17 May	i. 293	i. 269	9 Oct.	i. 344	i. 313	
19 May*	i. 296		11 Oct.*	i. 349		
23 May	i. 296	i. 271 incomplete	12 Oct.*	i. 349		
26 May	i. 298	i. 275n.	13 Oct.*	i. 350		
30 May	i. 299	{ i. 273n. incomplete / i. 277n. }	14 Oct.	i. 350	i. 318	
31 May	i. 300	i. 273	17 Oct.	i. 352	i. 320	
6 June	i. 303	i. 276	19 Oct.*	i. 354		
8 June*	i. 307		21 Oct.	i. 355	i. 323	
14 June	i. 307	i. 279	24 Oct.*	i. 357		
17 June	i. 307	i. 280	27 Oct.	i. 357	i. 325	
19 June*	i. 309		1 Nov.	i. 362	i. 330	
19 June	i. 309	i. 282	3 Nov.*	i. 366		
23 June*	i. 312		7 Nov.*	i. 366		
			8 Nov.	i. 367	i. 333	
			9 Nov.	i. 371	i. 337	
			13 Nov.	i. 376	i. 342	
			16 Nov.*	i. 381		

	YALE	TOYNBEE		YALE	TOYNBEE	
1768						
15 July	ii. 109	i. 464	19 Nov.	ii. 160	i. 508	**1768**
19 July	ii. 112	i. 468	ca 24 Nov.*	ii. 162		
21 July	ii. 116	i. 471	25 Nov.*	ii. 162		
22 July*	ii. 118		30 Nov.	ii. 162	i. 510	
23 July	ii. 118	i. 473	2 Dec.*	ii. 165		
26 July	ii. 119	i. 472n.	7 Dec.	ii. 165	i. 513	
27 July	ii. 120	i. 474	13 Dec.*	ii. 167		
3 Aug.	ii. 122	i. 476	15 Dec.	ii. 167	i. 514	
5 Aug.*	ii. 125		20 Dec.*	ii. 172		
10 Aug.	ii. 125	i. 479	23 Dec.*	ii. 172		
12 Aug.	ii. 128	{ i. 484n. / i. 487n.	27 Dec.	ii. 172	i. 519	
17 Aug.	ii. 129	i. 481	30 Dec.*	ii. 176		
23 Aug.	ii. 132	i. 484	5 Jan.	ii. 176	i. 522	**1769**
26 Aug.*	ii. 136		6 Jan.*	ii. 180		
29 Aug.*	ii. 137		9 Jan.	ii. 180	i. 526	
10 Sept.*	ii. 137		12 Jan.	ii. 183	i. 528	
11 Sept.	ii. 137	i. 489	14 Jan.	ii. 185	i. 530	
ca 18 Sept.	ii. 139	i. 491	16 Jan.*	ii. 186		
19 Sept.*	ii. 140		24 Jan.*	ii. 186		
22 Sept.	ii. 141	i. 491n.	25 Jan.	ii. 187	i. 532	
27 Sept.	ii. 141	i. 492	29 Jan.	ii. 190	i. 535	
30 Sept.*	ii. 145		31 Jan.*	ii. 194		
4 Oct.*	ii. 145		5 Feb.	ii. 194	i. 546n.	
5 Oct.	ii. 145	i. 495	6 Feb.	ii. 194	i. 538	
10 Oct.*	ii. 147		9 Feb.*	ii. 198		
12 Oct.	ii. 147	i. 498	13 Feb.	ii. 198	i. 541	
14 Oct.*	ii. 148		17 Feb.*	ii. 204		
16 Oct.	ii. 148	i. 498	22 Feb.	ii. 204	i. 547	
17 Oct.*	ii. 149		24 Feb.*	ii. 206		
18 Oct.	ii. 149	i. 499	1 March	ii. 206	i. 549	
23 Oct.	ii. 151	i. 501	2 March*	ii. 207		
24 Oct.*	ii. 152		10 March*	ii. 208		
30 Oct.	ii. 152	i. 501 incomplete	12 March	ii. 208	i. 550	
31 Oct.	ii. 155	i. 504	14 March	ii. 209	i. 552	
1 Nov.*	ii. 157		16 March	ii. 211	i. 554	
ca 6 Nov.*	ii. 157		21 March	ii. 213	{ i. 557n. / i. 558n. / i. 558†	
8 Nov.*	ii. 157		25 March*	ii. 215		
13 Nov.	ii. 157	i. 506	26 March	ii. 215	i. 556	
18 Nov.*	ii. 159					

		YALE	TOYNBEE		YALE	TOYNBEE	
1769	1 April	ii. 216	i. 557	5 Oct.*	ii. 272		176
	6 April	ii. 220	i. 56on. in-complete	6 Oct.	ii. 272	i. 606	
				7 Oct.*	ii. 276		
	7 April	ii. 221	i. 561	8 Oct.*	ii. 276		
	12 April*	ii. 224		9 Oct.*	ii. 276		
	12 April	ii. 224	i. 564	10 Oct.*	ii. 276		
	14 April*	ii. 226		10 Oct.	ii. 276	i. 609	
	15 April	ii. 226	i. 566	13 Oct.*	ii. 279		
	18 April*	ii. 229		13 Oct.	ii. 279	ii. 1	
	23 April	ii. 229	i. 570	17 Oct.	ii. 283	ii. 4	
	25 April*	ii. 230		20 Oct.*	ii. 288		
	26 April	ii. 230	i. 568	23 Oct.	ii. 288	ii. 9	
	2 May*	ii. 232		27 Oct.*	ii. 294		
	3 May	ii. 232	i. 571	31 Oct.	ii. 294	ii. 14	
	10 May	ii. 233	i. 572	2 Nov.	ii. 296	ii. 16	
	11 May*	ii. 236		3 Nov.*	ii. 303		
	16 May	ii. 236	i. 575	10 Nov.*	ii. 303		
	18 May*	ii. 238		12 Nov.	ii. 303	ii. 22	
	24 May	ii. 239	i. 577	14 Nov.*	ii. 305		
	26 May*	ii. 241		15 Nov.	ii. 306	ii. 24	
	30 May	ii. 241	i. 579	19 Nov.*	ii. 308		
	6 June	ii. 244	i. 584n.	19 Nov.	ii. 308	ii. 26	
	11 June	ii. 245	i. 582	25 Nov.	ii. 311	ii. 29	
	13 June*	ii. 247		27 Nov.	ii. 312	ii. 29	
	18 June	ii. 247	i. 584	28 Nov.*	ii. 313		
	20 June*	ii. 248		4 Dec.	ii. 314	ii. 31	
	25 June	ii. 249	i. 585	5 Dec.*	ii. 316		
	30 June*	ii. 252		10 Dec.	ii. 316	ii. 33	
	1 July	ii. 252	i. 588	12 Dec.*	ii. 320		
	4 July	ii. 254	i. 591	19 Dec.*	ii. 320		
	6 July*	ii. 260		20 Dec.	ii. 320	ii. 37	
	11 July	ii. 260	i. 595	24 Dec.	ii. 323	ii. 39	
	13 July*	ii. 263		26 Dec.*	ii. 325		
	18 July	ii. 263	i. 598	26 Dec.	ii. 325	ii. 41	
	20 July*	ii. 266					
	25 July*	ii. 266		2 Jan.*	ii. 330		177
	26 July	ii. 266	i. 601	2 Jan.	ii. 330	ii. 45	
	2 Aug.	ii. 268	i. 602	5 Jan.*	ii. 332		
	4 Aug.*	ii. 270		8 Jan.	ii. 332	ii. 47	
	4 Aug.	ii. 270	i. 605	9 Jan.*	ii. 336		
	11 Aug.*	ii. 271		12 Jan.	ii. 336	ii. 50	

	YALE	TOYNBEE		YALE	TOYNBEE
770					**1770**
12 Jan.*	ii. 339		7 May*	ii. 405	
15 Jan.	ii. 339	ii. 53	13 May	ii. 405	ii. 112
17 Jan.	ii. 344	ii. 58	15 May*	ii. 408	
19 Jan.*	ii. 346		18 May*	ii. 408	
23 Jan.*	ii. 346		19 May	ii. 408	ii. 115
24 Jan.	ii. 346	ii. 60	23 May	ii. 413	ii. 118
29 Jan.	ii. 349	ii. 62	25 May*	ii. 414	
30 Jan.	ii. 357	ii. 61n.	29 May	ii. 414	ii. 119
6 Feb.*	ii. 357		6 June	ii. 417	ii. 121
9 Feb.	ii. 358	ii. 74n.	7 June	ii. 419	ii. 125n.
10 Feb.	ii. 359	ii. 69	13 June	ii. 420	ii. 124
14 Feb.	ii. 362	ii. 72	15 June*	ii. 422	
16 Feb.*	ii. 363		19 June	ii. 423	ii. 127
21 Feb.	ii. 363	ii. 73	20 June	ii. 426	ii. 126n.
23 Feb.*	ii. 364		27 June	ii. 426	ii. 129
24 Feb.	ii. 364	ii. 74	28 June*	ii. 429	
27 Feb.*	ii. 367		4 July	ii. 429	ii. 132
28 Feb.	ii. 367	ii. 77	8 July	ii. 431	{ ii. 135n.
2 March*	ii. 371				ii. 137n. }
3 March	ii. 371	ii. 81	15 July	ii. 433	ii. 135 in-
4 March	ii. 375	ii. 84			complete
7 March	ii. 376	ii. 85 in-	16 July*	ii. 436	
		complete	22 July	ii. 436	ii. 138
8 March	ii. 383	ii. 92	24 July*	ii. 437	
9 March*	ii. 387		29 July	ii. 437	ii. 140
16 March	ii. 387	ii. 97n.	30 July*	ii. 440	
21 March	ii. 387	ii. 95	6 Aug.	ii. 440	ii. 142
23 March*	ii. 390		6 Aug.*	ii. 452	
28 March	ii. 390	ii. 98	12 Aug.	ii. 452	ii. 153
29 March*	ii. 394		13 Aug.*	ii. 455	
4 April	ii. 394	ii. 102	21 Aug.*	ii. 455	
6 April*	ii. 397		22 Aug.	ii. 455	ii. 155
10 April*	ii. 397		31 Aug.*	ii. 458	
11 April	ii. 397	ii. 105	3 Sept.	ii. 458	ii. 158
14 April	ii. 399	ii. 106	4 Sept.*	ii. 460	
17 April*	ii. 401		7 Sept.*	ii. 460	
22 April	ii. 401	ii. 108	11 Sept.*	ii. 460	
24 April*	ii. 402		12 Sept.	ii. 460	ii. 160
1 May*	ii. 402		14 Sept.*	ii. 462	
1 May	ii. 403	ii. 110	16 Sept.*	ii. 462	
ca 6 May*	ii. 405		16 Sept.	ii. 462	ii. 161

		YALE	TOYNBEE		YALE	TOYNBEE	
1770	19 Sept.	ii. 463	ii. 162	10 Jan.	iii. 8	ii. 199	177
	23 Sept.	ii. 463	ii. 163	12 Jan.*	iii. 11		
	24 Sept.*	ii. 465		18 Jan.	iii. 12	ii. 197n.	
	27 Sept.*	ii. 465		19 Jan.	iii. 12	ii. 202	
	27 Sept.	ii. 465	ii. 164	22 Jan.*	iii. 16		
	30 Sept.	ii. 466	ii. 165	27 Jan.	iii. 16	ii. 206	
	2 Oct.*	ii. 467		28 Jan.*	iii. 18		
	2 Oct.	ii. 467	ii. 166	1 Feb.*	iii. 19	ii. 208	
	5 Oct.*	ii. 472		4 Feb.*	iii. 22		
	9 Oct.	ii. 473	ii. 172	7 Feb.	iii. 22	{ ii. 213†	
	16 Oct.*	ii. 475				{ ii. 214†	
	21 Oct.	ii. 475	ii. 174	10 Feb.	iii. 22	ii. 211	
	29 Oct.*	ii. 476		14 Feb.*	iii. 23		
	5 Nov.	ii. 476	ii. 174	15 Feb.	iii. 24	ii. 212	
	6 Nov.*	ii. 478		21 Feb.	iii. 29	ii. 217	
	13 Nov.	ii. 478	{ ii. 179n.	22 Feb.	iii. 31	missing	
			{ ii. 180†	27 Feb.	iii. 32	ii. 219	
	14 Nov.	ii. 479	ii. 176	1 March	iii. 35	ii. 228†	
	15 Nov.*	ii. 481		7 March	iii. 36	ii. 223	
	20 Nov.*	ii. 481		8 March*	iii. 37		
	21 Nov.	ii. 481	ii. 178	10 March	iii. 38	ii. 225	
	23 Nov.	ii. 483	ii. 180	13 March	iii. 42	ii. 229	
	25 Nov.	ii. 485	ii. 182	16 March*	iii. 46		
	27 Nov.	ii. 487	ii. 178n.	22 March*	iii. 46		
	2 Dec.	ii. 488	ii. 184	24 March	iii. 46	ii. 233 in-	
	4 Dec.*	ii. 489				complete	
	11 Dec.	ii. 489	{ ii. 185n.	26 March	iii. 47	ii. 234	
			{ ii. 190†	30 March*	iii. 52		
	12 Dec.	ii. 490	ii. 186	30 March	iii. 52	ii. 238	
	14 Dec.	ii. 493	ii. 188	2 April*	iii. 55		
	17 Dec.	ii. 494	ii. 190	ca 2 April	iii. 55	ii. 241	
	18 Dec.*	ii. 497		5 April*	iii. 57		
	25 Dec.*	ii. 497		10 April	iii. 57	missing	
	26 Dec.*	ii. 497		11 April	iii. 63	ii. 242	
	31 Dec.*	ii. 497		12 April*	iii. 64		
				19 April*	iii. 64		
1771	2 Jan.	iii. 1	ii. 192	24 April	iii. 64	ii. 244n.	
	4 Jan.*	iii. 2		24 April	iii. 65	ii. 243	
	8 Jan.*	iii. 2		1 May	iii. 66	ii. 244	
	8 Jan.	iii. 3	ii. 194	3 May*	iii. 68		
	9 Jan.	iii. 3	ii. 194	8 May	iii. 69	ii. 246	

	YALE	TOYNBEE		YALE	TOYNBEE	
771			25 Oct.*	iii. 124		**1771**
10 May*	iii. 71		27 Oct.	iii. 124	ii. 296	
15 May*	iii. 71		30 Oct.	iii. 126	ii. 298	
15 May	iii. 71	ii. 249	6 Nov.	iii. 129	ii. 300	
21 May	iii. 75	ii. 252	7 Nov.	iii. 130	{ ii. 302n. / ii. 304n. }	
25 May*	iii. 78					
ca 29 May	iii. 78	ii. 254	13 Nov.	iii. 133	ii. 302	
31 May*	iii. 80		15 Nov.*	iii. 135		
5 June	iii. 80	ii. 256	15 Nov.	iii. 135	ii. 305	
7 June*	iii. 81		20 Nov.	iii. 140	ii. 310	
12 June	iii. 81	ii. 257	21 Nov.	iii. 143	ii. 315n.	
17 June*	iii. 82		27 Nov.	iii. 144	ii. 312	
19 June	iii. 82	ii. 258	29 Nov.*	iii. 147		
20 June*	iii. 84		2 Dec.	iii. 147	ii. 316	
23 June	iii. 85	ii. 260	3 Dec.*	iii. 151		
26 June	iii. 86	ii. 262	10 Dec.*	iii. 151		
27 June	iii. 88	ii. 264	10 Dec.	iii. 151	ii. 320	
28 June*	iii. 89		ca 13 Dec.	iii. 155	ii. 323	
30 June	iii. 89	ii. 264	13 Dec.*	iii. 157		
5 July*	iii. 90		17 Dec.*	iii. 157		
2 Sept.*	iii. 90		17 Dec.	iii. 157	ii. 326	
3 Sept.	iii. 90	ii. 265	24 Dec.*	iii. 161		
3 Sept.	iii. 92	ii. 267	28 Dec.*	iii. 161		
4 Sept.*	iii. 94		29 Dec.	iii. 161	ii. 329	
5 Sept.*	iii. 94					
5 Sept.	iii. 94	ii. 269				
9 Sept.*	iii. 99		5 Jan.	iii. 163	ii. 331	**1772**
10 Sept.	iii. 99	ii. 273	6 Jan.*	iii. 165		
15 Sept.	iii. 101	ii. 275	6 Jan.	iii. 165	ii. 333	
22 Sept.	iii. 102	ii. 276	12 Jan.*	iii. 171		
23 Sept.*	iii. 103		16 Jan.	iii. 171	ii. 339	
23 Sept.	iii. 103	ii. 277 in-complete	17 Jan.*	iii. 174		
			24 Jan.*	iii. 174		
29 Sept.	iii. 112	ii. 284	27 Jan.	iii. 174	ii. 341	
30 Sept.*	iii. 114		31 Jan.*	iii. 178		
1 Oct.	iii. 114	ii. 286	7 Feb.*	iii. 178		
8 Oct.	iii. 115	ii. 293†	7 Feb.	iii. 178	ii. 345	
9 Oct.	iii. 115	ii. 287	12 Feb.	iii. 182	ii. 349	
11 Oct.	iii. 119	ii. 291	14 Feb.	iii. 185	ii. 352n.	
15 Oct.*	iii. 121		19 Feb.	iii. 185	ii. 351	
20 Oct.	iii. 121	ii. 294	21 Feb.*	iii. 186		
23 Oct.	iii. 123	ii. 296	21 Feb.	iii. 187	ii. 352	

1772	YALE	TOYNBEE		YALE	TOYNBEE
27 Feb.	iii. 194	ii. 359	11 June	iii. 250	ii. 407
28 Feb.	iii. 198	ii. 363n.	12 June*	iii. 252	
6 March	iii. 199	ii. 363n.	13 June	iii. 252	ii. 409
11 March	iii. 200	ii. 363	16 June* to Mlle Sanadon	iii. 254	
13 March	iii. 201	{ ii. 367n. { ii. 368n.			
17 March	iii. 201	ii. 365	16 June	iii. 254	ii. 411
20 March*	iii. 204		23 June*	iii. 258	
20 March	iii. 204	ii. 367	23 June	iii. 258	ii. 415
27 March	iii. 207	ii. 375†	28 June	iii. 261	ii. 417
27 March	iii. 207	ii. 370	3 July	iii. 262	ii. 419†
1 April	iii. 211	ii. 374	8 July	iii. 262	ii. 418
3 April*	iii. 213		21 July*	iii. 264	
3 April	iii. 213	ii. 376	25 July	iii. 264	ii. 420
7 April*	iii. 216		30 Aug.	iii. 265	ii. 421
10 April	iii. 216	ii. 377n.	3 Sept.	iii. 265	ii. 421
12 April	iii. 216	ii. 379	ca 8 Sept.*	iii. 266	
14 April	iii. 217	ii. 380	13 Sept.	iii. 266	ii. 422
17 April*	iii. 222		16 Sept.*	iii. 268	
22 April	iii. 223	ii. 384	25 Sept.*	iii. 268	
24 April*	iii. 227		30 Sept.	iii. 268	ii. 423
29 April	iii. 227	ii. 388	ca 9 Oct.*	iii. 271	
1 May*	iii. 229		12 Oct.*	iii. 271	
6 May	iii. 229	ii. 390	14 Oct.	iii. 271	ii. 426
7 May*	iii. 233		20 Oct.*	iii. 274	
11 May	iii. 233	ii. 394	21 Oct.	iii. 275	ii. 429
15 May*	iii. 236		25 Oct.	iii. 275	ii. 430
20 May	iii. 236	ii. 396	26 Oct.*	iii. 277	
? May* from Mlle Sanadon	iii. 244		28 Oct.	iii. 277	ii. 431
			1 Nov.	iii. 278	ii. 432
			4 Nov.	iii. 278	ii. 432
26 May* to Mlle Sanadon	iii. 244		ca 11 Nov.*	iii. 279	
			11 Nov.	iii. 279	ii. 433
			15 Nov.	iii. 281	ii. 435
27 May	iii. 244	ii. 404	ca 16 Nov.*	iii. 286	
2 June	iii. 247	missing	16 Nov.	iii. 286	ii. 440
			23 Nov.*	iii. 289	
3 June from Mlle Sanadon	iii. 248	ii. 406n.	29 Nov.	iii. 289	ii. 442
			30 Nov.	iii. 291	ii. 444
			1 Dec.*	iii. 293	

		YALE	TOYNBEE		YALE	TOYNBEE	
1772	6 Dec.	iii. 293	ii. 446	18 May	iii. 354	ii. 494n.	1773
	ca 8 Dec.*	iii. 294		23 May	iii. 356	ii. 497	
	13 Dec.	iii. 295	ii. 447	28 May	iii. 359	ii. 500	
	14 Dec.	iii. 438		28 May	iii. 359	missing	
	19 Dec.	iii. 299	ii. 451	1 June	iii. 361	ii. 500	
	23 Dec.	iii. 304	ii. 456	ca 8 June	iii. 366	ii. 509n.	
	27 Dec.*	iii. 305		12 June	iii. 367	ii. 505	
				16 June	iii. 371	ii. 508	
1773	3 Jan.	iii. 305	ii. 456	20 June	iii. 372	ii. 510	
	5 Jan.	iii. 306	ii. 457	ca 22 June*	iii. 375		
	10 Jan.*	iii. 310		27 June	iii. 375	ii. 513	
	11 Jan.	iii. 310	ii. 461	30 June	iii. 376	ii. 514	
	ca 17 Jan.	iii. 316	ii. 468n.	1 July	iii. 379	ii. 511n.	
	20 Jan.	iii. 316	ii. 466	7 July	iii. 380	ii. 516	
	24 Jan.*	iii. 318		14 July	iii. 381	ii. 518	
	25 Jan.	iii. 318	ii. 467	ca 20 July*	iii. 383		
	1 Feb.	iii. 321	ii. 469n.	25 July	iii. 383	ii. 520	
	1 Feb.	iii. 321	ii. 470	27 July	iii. 384	ii. 520	
	5 Feb.*	iii. 324		1 Aug.	iii. 387	ii. 523	
	7 Feb.	iii. 324	ii. 473	ca 3 Aug.	iii. 389	ii. 524n.	
	ca. 11 Feb.	iii. 328	ii. 476	8 Aug.	iii. 390	ii. 524	
	17 Feb.	iii. 329	ii. 477	ca 10 Aug.*	iii. 392		
	ca 19 Feb.	iii. 332	⎰ ii. 480n. ⎱ ii. 482† ⎰ ii. 484–5†	ca 13 Aug.	iii. 393	⎰ ii. 525n. ⎱ ii. 526n.	
	24 Feb.	iii. 333	ii. 479	15 Aug.	iii. 393	ii. 528	
	25 Feb.	iii. 334	ii. 477n.	ca 31 Aug.*	iii. 394		
	26 Feb.	iii. 335	ii. 481	5 Sept.	iii. 394	ii. 529	
	5 March	iii. 341	ii. 484n.	11 Sept.	iii. 396	ii. 529n.	
	10 March	iii. 341	ii. 487	19 Sept.	iii. 398	ii. 534n.	
	12 March*	iii. 342		20 Sept.	iii. 399	ii. 531	
	18 March	iii. 342	ii. 488	26 Sept.	iii. 402	ii. 534	
	30 March	iii. 343	ii. 487n.	3 Oct.	iii. 403	ii. 536	
	31 March	iii. 343	ii. 488	ca 5 Oct.	iii. 406	⎰ ii. 538n. ⎱ ii. 539n.	
	ca 7 April*	iii. 345		9 Oct.	iii. 408	ii. 538	
	13 April	iii. 345	ii. 490n.	ca 15 Oct.*	iii. 409		
	21 April	iii. 347	ii. 491	24 Oct.	iii. 409	ii. 540	
	27 April	iii. 347	missing	ca 26 Oct.	iii. 411	ii. 544n.	
	2 May	iii. 349	ii. 491	30 Oct.	iii. 411	ii. 541	
	ca 7 May*	iii. 351		1 Nov.	iii. 414	ii. 544	
	12 May	iii. 351	ii. 494	2 Nov.	iii. 414	ii. 544	

		YALE	TOYNBEE		YALE	TOYNBEE	
1773	7 *Nov.*	iii. 416	ii. 547	12 April	iv. 36	ii. 599n.	177
	ca 9 Nov.*	iii. 419		*13 April*	iv. 39	ii. 597	
	13 Nov.	iii. 419	ii. 549	*17 April*	iv. 40	ii. 598	
	17 Nov.	iii. 420	ii. 550	*24 April*	iv. 42	ii. 602	
	ca 18 Nov.	iii. 422	{ ii. 549n. ii. 553n.	ca 25 April	iv. 43	{ ii. 598n. ii. 601n.	
	22 Nov.	iii. 424	ii. 552	*27 April*	iv. 45	ii. 603	
	28 Nov.	iii. 428	ii. 555	*30 April*	iv. 45	ii. 604	
	ca 30 Nov.*	iii. 428		1 May	iv. 47	ii. 607n.	
	5 *Dec.*	iii. 428	ii. 556	8 May	iv. 47	ii. 605	
	ca 6 Dec.	iii. 430	ii. 555n.	*11 May*	iv. 50	ii. 608	
	ca 12 Dec.	iii. 430	ii. 557	*15 May*	iv. 51	ii. 609	
	14 Dec.*	iii. 433		*18 May*	iv. 54	ii. 612	
	ca 19 Dec.	iii. 434	ii. 561	ca 25 May*	iv. 57		
	ca 21 Dec.	iii. 436	ii. 559n.	*29 May*	iv. 57	ii. 614	
	28 Dec.*	iii. 437		*31 May*	iv. 58	ii. 618n.	
	29 Dec.	iii. 437	ii. 564	*ca 1 June*	iv. 59	ii. 615	
				5 June	iv. 59	ii. 616	
1774	*1 Jan.*	iv. 1	ii. 566	*6 June*	iv. 60	ii. 617	
	11 Jan.	iv. 4	ii. 569	*8 June*	iv. 61	ii. 618	
	17 Jan.	iv. 5	ii. 570	13 June*	iv. 62		
	ca 25 Jan.*	iv. 8		15 June*	iv. 62		
	26 Jan.	iv. 8	ii. 573	*19 June*	iv. 62	ii. 618	
	29 Jan.	iv. 10	ii. 575	*22 June*	iv. 63	ii. 619	
	31 Jan.	iv. 12	ii. 577	*26 June*	iv. 66	ii. 622	
	6 *Feb.*	iv. 13	ii. 578	ca 27 June*	iv. 69		
	9 *Feb.*	iv. 16	ii. 580	3 July	iv. 69	ii. 624	
	13 Feb.	iv. 17	ii. 581	ca 4 July	iv. 69	{ ii. 623n. ii. 625†	
	20 Feb.	iv. 19	ii. 583				
	26 Feb.	iv. 20	ii. 584	*9 July*	iv. 70	ii. 625	
	1 March	iv. 24	ii. 589n.	*17 July*	iv. 74	ii. 629	
	ca 5 March*	iv. 24		ca 19 July	iv. 76	ii. 632n.	
	5 March	iv. 25	ii. 587	*24 July*	iv. 77	ii. 631	
	6 March*	iv. 28		*25 July*	iv. 78	ii. 632	
	13 March	iv. 28	ii. 590	*31 July*	iv. 79	iii. 1	
	14 March	iv. 29	ii. 591	7 *Aug.*	iv. 80	iii. 2	
	ca 22 March	iv. 31	{ ii. 593n. ii. 601†	ca 9 Aug.	iv. 82	iii. 5n.	
				14 Aug.	iv. 83	iii. 4	
	27 March	iv. 31	ii. 593	*24 Aug.*	iv. 86	iii. 7	
	3 *April*	iv. 34	ii. 595	ca 31 Aug.*	iv. 88		
	7 April*	iv. 36		*1 Sept.*	iv. 88	iii. 9	

		YALE	TOYNBEE			YALE	TOYNBEE	
774	2 Sept.	iv. 89	iii. 10		5 Feb.	iv. 152	iii. 62	1775
	4 Sept.	iv. 90	iii. 11		ca 10 Feb.	iv. 154	iii. 64	
	11 Sept.	iv. 92	iii. 12		12 Feb.	iv. 156	iii. 66	
	20 Sept.	iv. 94	iii. 14		ca 16 Feb.*	iv. 158		
	ca 28 Sept.*				21 Feb.	iv. 158	iii. 68 in-	
	(2 letters)	iv. 96					complete	
	2 Oct.	iv. 96	iii. 16		ca 24 Feb.*	iv. 161		
	10 Oct.*	iv. 99			27 Feb.	iv. 162	iii. 71	
	10 Oct.	iv. 99	iii. 18		1 March	iv. 163	iii. 72	
	12 Oct.	iv. 99	iii. 19		2 March*	iv. 165		
	16 Oct.	iv. 101	iii. 20		10 March	iv. 165	iii. 74 in-	
	ca 18 Oct.*	iv. 103					complete	
	23 Oct.	iv. 104	iii. 23		ca 11 March*	iv. 170		
	ca 25 Oct.*	iv. 105			16 March	iv. 170	iii. 79	
	26 Oct.	iv. 105	iii. 24		19 March	iv. 172	iii. 81	
	28 Oct.	iv. 107	iii. 26		26 March	iv. 173	iii. 82	
	30 Oct.	iv. 109	iii. 28		ca 29 March*	iv. 174		
	6 Nov.	iv. 111	iii. 30		2 April	iv. 174	iii. 83	
	ca 10 Nov.*	iv. 112			ca 3 April*	iv. 176		
	15 Nov.	iv. 112	iii. 31		4 April	iv. 176	iii. 84	
	25 Nov.	iv. 114	iii. 35n.		8 April	iv. 178	iii. 87	
	4 Dec.	iv. 114	iii. 33		ca 10 April*	iv. 180		
	8 Dec.*	iv. 117			ca 18 April	iv. 180	iii. 88	
	11 Dec.	iv. 117	iii. 35		30 April	iv. 182	iii. 91	
	ca 13 Dec.*	iv. 119			7 May	iv. 184	iii. 92	
	17 Dec.	iv. 119	iii. 37		9 May	iv. 186	iii. 94	
	23 Dec.	iv. 122	iii. 40		16 May*	iv. 188		
	26 Dec.	iv. 124	iii. 40n.		17 May	iv. 188	iii. 96	
	29 Dec.	iv. 125	iii. 43		20 May	iv. 190	iii. 97	
					28 May	iv. 194	iii. 102	
775	2 Jan.	iv. 126	iii. 45		4 June	iv. 196	iii. 103	
	3 Jan.	iv. 128	iii. 48		11 June	iv. 198	iii. 105	
	4 Jan.	iv. 131	iii. 40n.		12 June*	iv. 199		
	11 Jan.	iv. 133	iii. 51		18 June	iv. 199	iii. 106	
	13 Jan.	iv. 135	iii. 43n.		25 June	iv. 200	iii. 107	
	19 Jan.	iv. 138	iii. 45n.		1 July	iv. 202	iii. 109	
	19 Jan.	iv. 140	iii. 55		3 July*	iv. 206		
	21 Jan.	iv. 142	iii. 57		9 July	iv. 206	iii. 112	
	27 Jan.	iv. 143	iii. 48n.		ca 11 July*	iv. 208		
	28 Jan.	iv. 146	iii. 58					
	31 Jan.	iv. 150	iii. 51n.					

		YALE	TOYNBEE		YALE	TOYNBEE
1775	16 July	iv. 208	iii. 114	13 Jan.	iv. 256	iii. 159
	ca 18 July*	iv. 209		14 Jan.*	iv. 257	
	19 July	iv. 210	iii. 115	16 Jan.	iv. 258	iii. 161
	23 July	iv. 211	iii. 117	23 Jan.*	iv. 260	
	ca 25 July*	iv. 213		24 Jan.	iv. 261	iii. 163
	30 July	iv. 213	iii. 119	25 Jan.*	iv. 262	
	5 Aug.	iv. 215	iii. 120	1 Feb.	iv. 262	iii. 165
	20 Aug.*	iv. 217		5 Feb.	iv. 263	iii. 166
	12 Oct.	iv. 217	iii. 122	ca 9 Feb.*	iv. 264	
	12 Oct.*	iv. 218		10 Feb.	iv. 264	iii. 167
	13 Oct.	iv. 218	iii. 122	ca 14 Feb.*	iv. 266	
	18 Oct.	iv. 221	iii. 125	16 Feb.	iv. 266	iii. 169
	23 Oct.	iv. 224	iii. 128	21 Feb.	iv. 269	iii. 172
	ca 24 Oct.*	iv. 225		25 Feb.	iv. 271	iii. 174
	25 Oct.	iv. 225	iii. 129	ca 26 Feb.*	iv. 273	
	28 Oct.*	iv. 227		ca 1 March*	iv. 274	
	29 Oct.	iv. 227	iii. 131	3 March	iv. 274	iii. 176
	30 Oct.*	iv. 229		4 March	iv. 276	iii. 179
	2 Nov.	iv. 230	iii. 133	10 March	iv. 281	iii. 183
	ca 7 Nov.*	iv. 233		ca 12 March*	iv. 283	
	8 Nov.	iv. 233	iii. 137	17 March	iv. 283	iii. 186
	10 Nov.	iv. 234	iii. 138	ca 19 March*	iv. 286	
	13 Nov.*	iv. 236		21 March	iv. 286	iii. 188
	15 Nov. from Wiart	iv. 236	iii. 141n.	26 March*	iv. 290	
	19 Nov.	iv. 237	iii. 139	27 March	iv. 290	iii. 192
	ca 19 Nov.* to Wiart	iv. 239		31 March	iv. 292	iii. 194
	21 Nov.*	iv. 239		ca 1 April*	iv. 294	
	26 Nov.	iv. 239	iii. 142	ca 2 April*	iv. 294	
	4 Dec.	iv. 242	iii. 145	3 April	iv. 294	iii. 196
	11 Dec.	iv. 243	iii. 149†	7 April	iv. 295	iii. 197
	11 Dec.	iv. 243	iii. 146	8 April	iv. 297	iii. 198
	12 Dec.	iv. 244	iii. 147	19 April	iv. 303	iii. 205
	17 Dec.	iv. 246	iii. 149	24 April	iv. 306	iii. 207
	26 Dec.	iv. 248	iii. 151	27 April	iv. 307	iii. 208
				5 May	iv. 309	iii. 210
				12 May	iv. 311	iii. 212
1776	3 Jan.	iv. 252	iii. 155 incomplete	15 May	iv. 312	iii. 214
				19 May	iv. 315	iii. 216
				ca 20 May*	iv. 317	
	10 Jan.	iv. 254	iii. 158	22 May	iv. 317	iii. 218

	YALE	TOYNBEE		YALE	TOYNBEE	
1776			27 Oct.	iv. 370	iii. 267	1776
ca 28 May*	iv. 319		29 Oct.*	iv. 371		
ca 29 May*	iv. 319		3 Nov.	iv. 372	iii. 268	
3 June	iv. 320	iii. 220	? Nov.*	iv. 374		
ca 4 June*	iv. 320		ca 19 Nov.*	iv. 374		
5 June	iv. 320	iii. 221	27 Nov.	iv. 374	iii. 271	
9 June	iv. 326	iii. 226	1 Dec.	iv. 376	iii. 272	
10 June*	iv. 329		9 Dec.	iv. 377	iii. 274	
18 June	iv. 329	iii. 225†	ca 13 Dec.*	iv. 380		
18 June	iv. 330	iii. 229	ca 17 Dec.*	iv. 380		
20 June	iv. 332	iii. 232	18 Dec.	iv. 380	iii. 276	
23 June	iv. 333	iii. 233	22 Dec.	iv. 382	iii. 279	
30 June	iv. 334	iii. 234	23 Dec.*	iv. 384		
ca 2 July	iv. 336	iii. 235†	29 Dec.	iv. 384	iii. 281	
7 July	iv. 336	iii. 235	31 Dec.	iv. 385	iii. 282	
ca 10 July*	iv. 337					
14 July	iv. 338	iii. 237	5 Jan.*	iv. 387		1777
ca 15 July*	iv. 340		5 Jan.	iv. 387	iii. 283	
? 18 July	iv. 340	iii. 155	7 Jan.*	iv. 388		
20 July	iv. 341	iii. 239	8 Jan.	iv. 388	iii. 284	
28 July	iv. 343	iii. 241	13 Jan.	iv. 389	iii. 285	
4 Aug.	iv. 344	iii. 242	15 Jan.	iv. 392	iii. 288	
11 Aug.	iv. 347	iii. 245	ca 17 Jan.*	iv. 393		
18 Aug.	iv. 348	iii. 246	ca 21 Jan.*	iv. 394		
ca 22 Aug.*	iv. 350		22 Jan.	iv. 394	iii. 290	
22 Aug.	iv. 350	iii. 248	25 Jan.	iv. 396	iii. 292	
26 Aug.	iv. 351	iii. 249	26 Jan.	iv. 398	iii. 294	
1 Sept.	iv. 352	iii. 250	1 Feb.	iv. 399	iii. 295	
7 Sept.	iv. 354	iii. 252	ca 5 Feb.*	iv. 401		
15 Sept.	iv. 356	iii. 254	9 Feb.	iv. 402	iii. 297	
ca 17 Sept.*	iv. 358		12 Feb.	iv. 402	iii. 298	
17 Sept.	iv. 359	iii. 256	ca 18 Feb.*	iv. 408		
22 Sept.	iv. 360	iii. 258	19 Feb.	iv. 408	iii. 303	
ca 24 Sept.*	iv. 362		ca 25 Feb.*	iv. 409		
29 Sept.*	iv. 362		26 Feb.	iv. 410	iii. 304	
29 Sept.	iv. 362	iii. 259	1 March	iv. 411	iii. 306	
7 Oct.*	iv. 364		9 March	iv. 414	iii. 308	
7 Oct.	iv. 364	iii. 261	12 March	iv. 416	iii. 310	
13 Oct.	iv. 367	iii. 264	16 March	iv. 418	iii. 312	
20 Oct.	iv. 368	iii. 265	ca 18			
ca 22 Oct.*	iv. 369		March*	iv. 420		
23 Oct.	iv. 369	iii. 266				

		YALE	TOYNBEE		YALE	TOYNBEE	
1777	19 March	iv. 420	iii. 313	? Sept.	iv. 473	iii. 364	177
	ca 22 March*	iv. 422		ca 2 Sept.*	iv. 473		
	23 March*	iv. 422		7 Sept.	iv. 473	iii. 364	
	23 March	iv. 422	iii. 316	ca 9 Sept.*	iv. 475		
	27 March	iv. 425	iii. 318	14 Sept.	iv. 475	iii. 365	
	31 March	iv. 425	iii. 318	ca 16 Sept.*	iv. 476		
	5 April	iv. 429	iii. 321	21 Sept.	iv. 477	iii. 367	
	8 April*	iv. 431		25 Sept.	iv. 479	iii. 369	
	13 April	iv. 432	iii. 324	28 Sept.	iv. 480	iii. 370	
	16 April	iv. 433	iii. 325	6 Oct.	iv. 481	iii. 371	
	20 April	iv. 435	iii. 327	6 Oct.	iv. 481	iii. 371	
	27 April	iv. 437	iii. 329	12 Oct.	iv. 483	iii. 373	
	ca 6 May*	iv. 438		13 Oct.*	iv. 484		
	6 May	iv. 438	iii. 330	ca 22 Oct.	iv. 485	iii. 374	
	11 May	iv. 440	iii. 332	26 Oct.	iv. 486	iii. 376	
	ca 13 May*	iv. 441		26 Oct.	iv. 487	iii. 377	
	18 May	iv. 442	iii. 334	2 Nov.	iv. 488	iii. 378	
	ca 20 May	iv. 444	iii. 338†	ca 4 Nov.*	iv. 489		
	25 May	iv. 444	iii. 336	ca 7 Nov.*	iv. 489		
	27 May	iv. 445	iii. 337	9 Nov.	iv. 489	iii. 379	
	ca 27 May*	iv. 448		12 Nov.	iv. 490	iii. 379	
	1 June	iv. 448	iii. 340	14 Nov.*	iv. 493		
	8 June	iv. 450	iii. 342	19 Nov.	iv. 493	iii. 382	
	15 June	iv. 451	iii. 343	23 Nov.	iv. 494	iii. 384	
	22 June	iv. 453	iii. 344	1 Dec.	iv. 495	iii. 385	
	29 June	iv. 454	iii. 346	ca 2 Dec.*	iv. 496		
	2 July	iv. 455	iii. 347	5 Dec.	iv. 496	iii. 387	
	ca 7 July*	iv. 456		7 Dec.	iv. 497	iii. 388	
	9 July	iv. 456	iii. 347	10 Dec.	iv. 498	iii. 389	
	13 July	iv. 457	iii. 349	14 Dec.	iv. 500	iii. 390	
	13 July	iv. 458	iii. 349	ca 16 Dec.*	iv. 501		
	21 July*	iv. 461		20 Dec.*	iv. 501		
	27 July	iv. 461	iii. 352	24 Dec.	iv. 501	iii. 391	
	3 Aug.	iv. 463	iii. 355	29 Dec.	iv. 502	iii. 391	
	ca 5 Aug.*	iv. 464					
	10 Aug.	iv. 464	iii. 356	6 Jan.	v. 1	iii. 392	1778
	17 Aug.	iv. 467	iii. 358	7 Jan.*	v. 3		
	ca 19 Aug.*	iv. 468		8 Jan.	v. 3	iii. 394	
	23 Aug.	iv. 468	iii. 359	12 Jan.*	v. 4		
	31 Aug.	iv. 471	iii. 362	12 Jan.	v. 4	iii. 395	
				19 Jan.	v. 7	iii. 397	

	YALE	TOYNBEE		YALE	TOYNBEE
1778 30 Dec.	v. 96	iii. 481	6 June	v. 146	iii. 527 incomplete
1779 4 Jan.*	v. 100		9 June	v. 148	iii. 528
6 Jan.	v. 100	iii. 484	13 June*	v. 149	
8 Jan.	v. 101	iii. 485	13 June	v. 149	iii. 529
14 Jan.	v. 104	iii. 489	15 June	v. 151	iii. 531
18 Jan.	v. 105	iii. 488	20 June*	v. 152	
25 Jan.	v. 106	iii. 490	20 June	v. 152	iii. 532
31 Jan.	v. 108	iii. 492	27 June	v. 154	iii. 539
7 Feb.	v. 110	iii. 494	29 June*	v. 155	
ca 16 Feb.*	v. 111		4 July*	v. 156	
17 Feb.	v. 112	iii. 495	5 July	v. 156	iii. 534
ca 20 Feb.*	v. 114		11 July*	v. 157	
21 Feb.	v. 114	iii. 497	11 July	v. 157	iii. 535
28 Feb.	v. 115	iii. 498	12 July	v. 159	iii. 487
ca 1 March*	v. 117		20 July*	v. 159	
7 March	v. 117	iii. 503	22 July*	v. 160	
13 March	v. 118	iii. 504	22 July	v. 160	iii. 537
21 March	v. 122	iii. 507	24 July	v. 161	iii. 537
ca 28 March*	v. 124		29 July*	v. 162	
28 March	v. 124	iii. 509	30 July	v. 162	iii. 541
ca 4 April*	v. 125		ca 6 Aug.*	v. 163	
5 April	v. 125	iii. 501	6 Aug.	v. 163	iii. 541
11 April	v. 127	iii. 510	12 Aug.*	v. 165	
12 April	v. 128	iii. 511	17 Aug.	v. 165	iii. 543
17 April*	v. 130		19 Aug.*	v. 167	
18 April	v. 131	iii. 513	20 Aug.	v. 167	iii. 545
25 April*	v. 134		26 Aug.*	v. 168	
25 April	v. 134	iii. 517	30 Aug.	v. 168	iii. 546
1 May*	v. 136		2 Sept.*	v. 170	
3 May	v. 136	iii. 518	3 Sept.	v. 170	iii. 548
ca 10 May*	v. 140		9 Sept.*	v. 172	
10 May	v. 140	iii. 522	10 Sept.	v. 172	iii. 549
17 May	v. 142	iii. 523	ca 16 Sept.*	v. 174	
23 May	v. 143	iii. 524	18 Sept.	v. 174	iii. 551
ca 25 May*	v. 144		23 Sept.*	v. 175	
30 May	v. 144	iii. 525	23 Sept.	v. 175	iii. 552
31 May*	v. 146		ca 30 Sept.*	v. 176	
ca 6 June*	v. 146		1 Oct.	v. 177	iii. 553
			ca 7 Oct.*	v. 179	

		YALE	TOYNBEE		YALE	TOYNBEE	
1779	8 Oct.	v. 180	iii. 556	5 March*	v. 210		1780
	ca 14 Oct.*	v. 181		6 March	v. 211	iii. 584	
	14 Oct.	v. 182	iii. 558	13 March	v. 212	iii. 585	
	ca 21 Oct.*	v. 183		22 March	v. 214	iii. 587	
	24 Oct.	v. 183	iii. 559	24 March*	v. 217		
	27 Oct.*	v. 184		30 March*	v. 217		
	30 Oct.	v. 184	iii. 560	4 April	v. 217	iii. 590	
	4 Nov.*	v. 186		5 April*	v. 220		
	5 Nov.	v. 186	iii. 562	7 April*	v. 220		
	10 Nov.*	v. 187		13 April*	v. 220		
	18 Nov.*	v. 187		16 April	v. 220	iii. 593	
	19 Nov.	v. 187	iii. 563	20 April*	v. 221		
	24 Nov.	v. 188	iii. 564	20 April	v. 222	iii. 594	
	26 Nov.*	v. 191		24 April*	v. 224		
	3 Dec.	v. 191	iii. 566	28 April	v. 224	iii. 596	
	9 Dec.	v. 192	iii. 567	4 May*	v. 226		
	10 Dec.*	v. 193		4 May	v. 226	iii. 598	
	15 Dec.*	v. 193		11 May*	v. 227		
	20 Dec.	v. 193	iii. 568	11 May	v. 227	iii. 599	
	23 Dec.	v. 194	iii. 569	20 May	v. 228	iii. 600	
	24 Dec.*	v. 196		24 May*	v. 229		
	30 Dec.*	v. 196		27 May	v. 229	iii. 601	
				1 June*	v. 230		
1780	ca 6 Jan.	v. 196		2 June from			
	7 Jan.	v. 196	iii. 571	Wiart	v. 230	iii. 602	
	ca 9 Jan.	v. 197	iii. 571	9 June*	v. 231		
	14 Jan.*	v. 198		13 June	v. 231	iii. 603	
	15 Jan.	v. 198	iii. 573	18 June	v. 232	iii. 604	
	20 Jan.*	v. 199		20 June*	v. 233		
	25 Jan.	v. 199	iii. 574	25 June	v. 233	iii. 605	
	ca 3 Feb.*	v. 201		28 June*	v. 234		
	3 Feb.	v. 202	iii. 576	30 June	v. 234	iii. 606	
	ca 10 Feb.*	v. 203		7 July	v. 235	iii. 608	
	11 Feb.	v. 204	iii. 578	15 July	v. 237	iii. 609	
	18 Feb.*	v. 204		ca 16 July*	v. 238		
	21 Feb.	v. 205	iii. 579	ca 23 July*	v. 239		
	24 Feb.*	v. 207		23 July	v. 239	iii. 611	
	24 Feb.	v. 207	iii. 581	3 Aug.*	v. 240		
	ca 2 March*	v. 209		3 Aug.	v. 240	iii. 612	
	4 March	v. 209	iii. 583				

1780		YALE	TOYNBEE		YALE	TOYNBEE	178
	13 Aug.*	v. 241		10 Sept. from			
	17 Aug.	v. 241	iii. 613	Wiart	v. 246	iii. 617	
	20 Aug.*	v. 242		ca 10 Sept.*	v. 247		
	22 Aug.	v. 242	iii. 613	13 Sept. from			
	27 Aug. from			Wiart	v. 247	iii. 617	
	Wiart	v. 243	iii. 614	17 Sept. from			
	27 Aug.*	v. 244		Wiart	v. 248	iii. 618	
	30 Aug. from			20 Sept. from			
	Wiart	v. 244	iii. 615	Wiart	v. 249	iii. 619	
	3 Sept. from			27 Sept. from			
	Wiart	v. 245	iii. 615	Wiart	v. 250	iii. 620	
	6 Sept. from			? Oct.* to			
	Wiart	v. 245	iii. 616	Wiart	v. 251		
	8 Sept.*	v. 246		22 Oct. from			
				Wiart	v. 251	iii. 620	

To Madame du Deffand, ? April 1766

Missing. Written by HW when he was in Paris, and answered in D's letter below, where it is called 'votre billet.'

From Madame du Deffand, Wednesday ? April 1766

Mrs Toynbee dates this letter 16 April on the assumption that it was written the day before HW left Paris, but it may have been written any Wednesday for several weeks previous.

Address: À Monsieur Monsieur Walpole.
Postmark: Sent by hand.

Ce mercredi, à 7 heures du matin.

SI vous êtes encore dans l'intention de me voir aujourd'hui venez de bonne heure, c'est-à-dire sur les deux ou trois heures. J'ai cent mille choses à vous dire, et je ne saurais causer à mon aise quand je sens qu'on est pressé de s'en aller.

Vous avez raison d'aimer Mme de Choiseul[1] (*aimer*, pardonnez-moi ce mot, nous sommes convenus de sa signification), elle pense de vous comme moi,—elle en parle comme j'en parlerais si vous ne me l'aviez défendu. Vous avez tort de nous quitter, je suis sûre que vous trouveriez à l'avenir beaucoup d'agrément ici.

Votre billet[2] m'a serré le cœur, et a augmenté en moi ce mot[3] que vous m'avez interdit. Je ne saurais suivre ni vos conseils ni votre exemple; je pourrais ajouter, ni mon expérience. Il en arrivera ce qui pourra, mais je serai votre amie en dépit de vous et du bon sens.

To Madame du Deffand, Thursday 17 April 1766

Missing. Written at Chantilly, the night of HW's arrival there, on his way to England. He had left Paris at four o'clock that afternoon, after a seven months' sojourn, and had reached Chantilly at nine o'clock (see *Paris Journals*). D considered this the most affectionate letter which he ever wrote her, although his let-

1. Louise-Honorine Crozat du Châtel (1735–1801), m. (1750) Étienne-François de Choiseul-Stainville, Duc de Choiseul, minister of foreign affairs, an office which he, in alternation with his cousin, the Duc de Praslin, had held since 1758 (see Gaston Maugras, *Le Duc et la Duchesse de Choi-*seul, 1902; *La Disgrâce du Duc et de la Duchesse de Choiseul*, 1903; HW to Gray 25 Jan. 1766 and the Bishop of Rodez's comment on that letter; Appendix 5a).
2. Missing (see above).
3. Amour (T).

ter from Clermont, 5 Oct. 1769, almost replaced it in her affections (see *post* 6 Oct. 1769). She answered it, 19 April.

To Madame du Deffand, Friday 18 April 1766

Phrase quoted by D in her reply, *post* 21 April 1766. Written at Amiens, which HW reached at 5 P.M. on his way to England. He dined there, and then went on to Abbeville, which he reached at midnight (see *Paris Journals*).

[VOUS êtes] livrée à des indiscrétions et des emportements romanesques.

From Madame du Deffand, ? Saturday 19 April 1766

Not in Toynbee. Edited from a facsimile of D's handwriting, B. i. facing p. 1. Reproduced from that facsimile in D's *Correspondance,* ed. Mathurin-François-Adolphe de Lescure, 1865, i. facing p. clxix; in André Maurois, 'Madame du Deffand et Horace Walpole,' *Conferencia,* 15 Feb. 1927, p. 206; in Anna de Koven, *Horace Walpole and Madame du Deffand,* New York, 1929, p. 118. The original is missing and was probably separated from the other MSS when it was sent to be reproduced. It is not printed in any edition of D's letters, though Mrs de Koven prints an English translation below her facsimile. This fragment is undated, but it is evidently the first letter which D wrote to HW in her own hand. Since she speaks, *post* 19 April 1766, of having written 'quatre lignes' in her own hand the night before and since B places the facsimile opposite the beginning of that letter, it is evident that this fragment is the one mentioned there. 'Quatre lignes' is merely a general phrase; the fragment occupies seven lines. The facsimiles all give the impression of a letter written in ink, which is misleading, since the existing specimens of D's *griffonnage* are written with a sort of crayon and give a much fainter impression (see illustration, *post* 12 Nov. 1766).

JE veux essayer de vous écrire de ma main. Si vous pouvez lire mon griffonnage,[1] vous me le direz, et je m'en servirai dans l'occasion. Cela serait fort heureux, mes insomnies deviendront mes bonnes nuits.

1. D seldom wrote to HW in her own hand. One complete letter (*post* Feb. 1767), and parts of four others (*post* 30 April 1766, 21 June 1766, 12 Nov. 1766, and 26 June 1768) are the only specimens of her handwriting in the MSS at Oxford. Sometimes, as in the case of *post* 30 Sept. 1766, she started a letter herself, but Wiart, finding it too illegible, copied it for her. She speaks, *post* 19 April 1766, of the de- vice which she used for guiding her hand. She usually wrote on rough paper, with a sort of crayon, in a script which was large and irregular, but fairly legible. She signed her name in ink to occasional letters (see illustration, iv. 395), but her letters to regular correspondents like Walpole are unsigned. Her will and codicil were signed by her, 'nonobstant la perte de sa vue' (see Appendix 2).

From Madame du Deffand, Saturday 19 April 1766

Nº 1. Ce samedi 19 avril 1766.[1]

J'AI été bien surprise hier en recevant votre lettre:[2] je ne m'y attendais pas; mais je vois que l'on peut tout attendre de vous.

Je commence par vous assurer de ma prudence; je ne soupçonne aucun motif désobligeant à la recommandation que vous m'en faites; personne ne sera au fait de notre correspondance, et je suivrai exactement tout ce que vous me prescrirez. J'ai déjà commencé par dissimuler mon chagrin; et, excepté le Président[3] et Mme de Jonzac,[4] à qui il a bien fallu que je parlasse de vous, je n'ai pas articulé votre nom. Avec tout autre qu'avec vous, je sentirais une sorte de répugnance à faire une pareille protestation; mais vous êtes le meilleur des hommes, et plein de si bonnes intentions qu'aucune de vos actions, qu'aucune de vos paroles, ne peuvent jamais m'être suspectes. Si vous m'aviez fait plus tôt l'aveu de ce que vous pensez pour moi, j'aurais été plus calme, et par conséquent plus réservée. Le désir d'obtenir, et de pénétrer si l'on obtient, donne une activité qui rend imprudente: voilà mon histoire avec vous; joignez à cela que mon âge, et que la confiance que j'ai de ne pas passer pour folle, doit donner naturellement la sécurité d'être à l'abri du ridicule. Tout est dit sur cet article; et comme personne ne nous entend, je veux être à mon aise, et vous dire qu'on ne peut aimer plus tendrement que je vous aime; que je crois que l'on est récompensé tôt ou tard suivant ses mérites; et comme je crois avoir le cœur tendre et sincère, j'en recueille le prix à la fin de ma vie. Je ne veux point me laisser aller à vous dire tout ce que je pense; malgré le contentement que vous me donnez, ce bonheur est accompagné de tristesse, parce qu'il est impossible que votre

1. D thought that this letter was a continuation of her previous one (see below).

2. HW to D 17 April 1766 (missing).

3. Charles-Jean-François Hénault (1685–1770), président de la première chambre des enquêtes, author of the *Nouvel Abrégé chronologique de l'histoire de France* (see *Mémoires du Président Hénault*, ed. François Rousseau, 1911; 'Lucien Perey,' *Le Président Hénault et Mme du Deffand*, 1893; Henri Lion, *Le Président Hénault*, 1903). HW, who had met him often in Paris, 1765–6, describes him as 'very old, deaf, and almost gone' (*Paris Jour.*, 17 Sept. 1765. See also HW to Conway 6 Oct. 1765).

Hénault had been D's *cavalier servant* since 1730, and they continued to meet, almost daily, though there had never been much real affection between them. 'Lucien Perey' refers to their somewhat mysterious relationship as a 'liaison semi-conjugale.' Copies of many letters and poems by Hénault are in D's bequest to HW. See Appendix 5b.

4. Élisabeth-Pauline-Gabrielle Colbert (d. 1786), m. (1736) François-Pierre-Charles Bouchard d'Esparbez de Lussan, Marquis de Jonzac, son of Hénault's sister (*Rép. de la Gazette*). She lived with Hénault. HW had met her often in Paris (*Paris Jour.*).

absence ne soit bien longue. Je veux donc éviter ce qui rendrait cette lettre une élégie; je vous prie seulement de me tenir parole, de m'écrire avec la plus grande confiance, et d'être persuadé que je suis plus à vous qu'à moi-même. Je vous rendrai compte, de mon côté, de tout ce qui me regarde, et je causerai avec vous comme si nous étions tête-à-tête au coin du feu.

Je donnai avant-hier au soir votre lettre à Jean-Jacques[5] à l'oncle[6] et à la nièce; moyennant trois ou quatre mots qu'on y a changés, elle est parfaite. L'oncle m'a envoyé dix ou douze lignes qu'il croyait pouvoir y être ajoutées et moi je trouve que cela la gâterait; je suis sûre que vous penserez de même. Je vous l'envoie toujours, parce qu'il est possible que vous en puissiez faire usage dans d'autres occasions.

Mes excuses d'aller à Montmorency[7] ont été très bien reçues, peut-être irai-je lundi. Mon rhume n'a point eu de suite, ce n'a été qu'une fonte. Je soupai hier chez le Président avec Mme de Mirepoix,[8] M. et Mme de Caraman,[9] *votre bonne amie* Mme de Valentinois,[10] et M. Schuwalof;[11] on ne proféra pas votre nom. Je soupe ce soir chez Mme Dupin,[12] avec Mme de Forcalquier,[13] et demain je ne souperai pas

5. HW to Rousseau in the name of Émile. Wiart's MS copy of this letter is in D's *Recueil de lettres,* bequeathed to HW. To this copy, HW wrote the MS note: 'Cette lettre fut supprimée parce que l'auteur ne voulait pas pousser la querelle plus loin.' See Appendix 6.

6. M. le Président Hénault et Mme de Jonzac (HW).

7. Chez la Maréchale de Luxembourg (HW).

8. Anne-Marguerite-Gabrielle de Beauvau-Craon (1707–91), m. (1) (1721) Jacques-Henri de Lorraine, Prince de Lixin; m. (2) (1739) Pierre-Louis de Lévis de Lomagne (d. 1757), Duc de Mirepoix, Maréchal de France. HW had known her parents in Florence, and had met her when her second husband was ambassador to England; he had renewed his acquaintance during his recent visit to Paris. See *Paris Jour.;* S–A iii. 477; HW to Gray 25 Jan. 1766; Lévis, *Souvenirs,* p. 61; Appendix 5c.

9. Victor-Maurice de Riquet (1727–1807), Comte de Caraman, m. (1750) Marie-Anne-Gabrielle-Josèphe-Françoise-Xavière d'Alsace-Hénin-Liétard (1728–1810), who was Mme de Mirepoix's niece. The Caramans and their eight children led a happy domestic life at Roissy, near Paris. See *L'Illustration,* 1 Dec. 1934, St-Allais ix. 349; *Almanach de Gotha,* 1796, p. 17; Woelmont de Brumagne ii. 744.

10. Marie-Christine-Chrétienne de Rouvroy de Saint-Simon (1728–74), m. (1749) Charles-Maurice Goyon-de-Matignon de Grimaldi Comte de Valentinois. 'Mme de Valentinois haïssait les Anglais' (HW).

11. Ivan Ivanovitch Schuwalof (1727–97) (see *La Grande encyclopédie; Mem. of Geo. III* i. 119; Prince Paul Dolgorouky [Piotr Vladimirovitch Dolgorukov], *Handbook of the Principal Families in Russia,* 1858, p. 105). His last name is usually so spelled, although 'Shuvalov' would be more correct, and, in a letter to D (with the MSS at Oxford), he spells his name 'Schuvaloff.' HW had a portrait of him, sold SH xvii. 37.

12. Louise-Marie-Madeleine Fontaine (1707–99), m. (1724) Claude Dupin (see Gaston de Villeneuve-Guibert, *Le Portefeuille de Madame Dupin,* 1884). Of the ladies mentioned in this letter, she is the only one whom HW does not mention in *Paris Jour.* 1765–6.

13. Marie-Françoise-Renée de Carbonnel de Canisy (1725–ca 96), m. (1) (1737) An-

avec vous.[14] J'ai regardé sur mon livre de poste, et j'ai vu qu'il est très possible que vous soyez dimanche de bonne heure à Londres:[15] ce que j'ai vu dans ce même livre, c'est que la poste de Paris pour Calais ne part que le dimanche, mais celle de Calais pour Paris arrive le mardi et le samedi.

Je ne vous prie point de m'écrire souvent: Saint Augustin a dit:[16] 'Aimez, et faites ce qu'il vous plaira.' C'est certainement ce qu'il a dit de mieux.

Je n'ai pas du tout dormi de la nuit, et je vous ai écrit les quatre premières lignes de cette lettre avec une écritoire[17] que je crois ne vous avoir pas montrée: je pourrai en faire usage quelquefois, si vous ne les trouvez pas effacées.

Je vis hier Vernage,[18] qui arrivait de Versailles, et qui n'y doit retourner que lundi. La Reine[19] est mieux, et ce mieux augmente un peu chaque jour. Elle crache moins, elle a peu de fièvre, mais il faut que ces deux accidents cessent pour qu'on soit sans crainte. On a actuellement quelque espérance; si le frisson revient tout est perdu, il démontrerait une nouvelle suppuration.

Je reçus hier au soir une lettre de M. de Beauvau.[20] Il me marque

toine-François de Pardaillan de Gondrin, Marquis d'Antin, m. (2) (1742) Louis-Bufile de Brancas, Comte de Forcalquier (d. 1753) (Woelmont de Brumagne iii. 151–2).

14. Madame du Deffand had, at this time, a supper at home every Sunday evening, at which Mr Walpole, during his stay at Paris, had always made one of the company (B).

15. HW did not reach London until Tuesday 22 April 1766, at half-past four (*Paris Jour.*).

16. 'Dilige et quod vis fac' (St Augustine, *In Epistolam Joannis ad Parthos*, Cap. 4, Tractatus vii, in J. P. Migne, *Patrologia*, Paris, 1835, xxxv. 2033). D used this same quotation in a letter to Maupertuis, 22 June 1747 (*Le Correspondant*, 1908, iv. 40).

17. 'Madame du Deffand, au moyen d'une petite machine très simple, écrivait fort bien et se passait de secrétaire: son écriture était grosse, mais très lisible' (Mme de Genlis, see Appendix 3i). Mme Necker says that D made several copies of the most insignificant notes (Edmond and Jules de Goncourt, *La Femme au 18e siècle*, 1862, p. 346). See Voltaire to D 5

May 1756 on D's writing machine (Voltaire, *Œuvres* xxxix. 41). D's 'quatre premières lignes,' are her letter of *ante* ?19 April 1766, apparently sent separately.

18. Médecin de la Reine (HW). Michel-Louis Vernage (1697–1773) (Wilhelm Haberling, Hübotter, und Vierodt, *Biographisches Lexikon der hervorragenden Ärzte*, Berlin, 1929–34).

19. Marie-Catherine-Sophie-Félicité Leszczyńska (1703–68), m. (1725) Louis XV of France. Through her, D received a pension of 6,000 livres a year, in recognition of her aunt's services to the Queen. The aunt, Mme de Luynes, had died in 1763, when the pension was begun. As there was no assurance that it would be continued after the Queen's death, D's anxiety about the Queen's health had a special poignancy. Two notes from the Queen to Mme de Luynes are represented in D's bequest to HW by two MS copies of each. See Appendix 5d.

20. Charles-Juste de Beauvau-Craon (1720–93), Prince de Beauvau, son of the Princesse de Craon whom HW had known at Florence. D's will permitted him to copy her MSS before sending them to HW

de l'amitié, me fait des reproches de ce que je ne lui écris point, et m'invite à aller souper avec lui. Je pourrai bien y aller de dimanche en huit ou bien en quinze, mais ce ne sera pas avec vous. Pourquoi ne suis-je pas anglaise? Je ne saurais dire; pourquoi n'êtes-vous pas français? Je ne voudrais pas que vous en eussiez le caractère.

Souvenez-vous que vous êtes mon tuteur, mon gouverneur; n'abandonnez point mon éducation; je serai toujours très soumise, mais surtout ne me laissez jamais ignorer tout ce que je dois faire et dire qui pourra contribuer à faciliter et à accélérer votre retour.

Mandez-moi quand vous aurez vu M. Craufurd.[21] Je soumets tous mes jugements aux vôtres, mais je suis fort trompée si vous n'êtes pas faits l'un et l'autre pour vous aimer beaucoup.

Je reviens à votre lettre à Jean-Jacques. Elle est parfaitement bien et du meilleur ton du monde. Je parie que je reconnaîtrais actuellement votre style à ne m'y méprendre. Je ne serais pas fâchée qu'il s'élevât une petite guerre entre vous et Jean-Jacques; vous-pourriez bien être sûr que vous auriez les rieurs et tous les gens d'esprit et de goût de votre côté. Qu'est-ce que fait et qu'est-ce que dit le Paysan du Danube?[22] Le reverrons-nous bientôt? Comment se porte M. Conway?[23]

Adieu, monsieur, n'oubliez pas de me parler de votre santé. Je numéroterai mes lettres, numérotez les vôtres;[24] c'est le moyen de savoir s'il ne s'en égare point.

Je croyais que Wiart[25] avait commencé cette lettre après ce que

which he did so thoroughly that he forfeited HW's friendship.

21. John Craufurd (d. 1814) of Drumsoy and Auchinames in Scotland, M.P. for Old Sarum, 1768, and intimate friend of C. J. Fox and Boswell (John Burke, *Landed Gentry*, 1851, i. 277). He was usually called 'le petit Craufurd' by D, and 'Fish' Craufurd by his English friends. He had been in Paris during HW's recent visit, and had left for England, 27 Jan. 1766, carrying letters, and '2 toothpick cases and an egg' (*post* v. 379). D's letters to him are in S-A. See HW to Craufurd 6 March 1766 where HW lectures him on their friendship in the same way that he lectures D. See also *post* 21 May 1766.

22. M. Hume (HW). David Hume (1711–76), who had been in Paris as secretary at the English embassy under Lord Hertford, and had remained as chargé

d'affaires until the arrival of the Duke of Richmond, the new ambassador. HW's attitude towards him is habitually patronising (see *Paris Jour.*). Hume was very popular in French society (see Grimm vi. 458, 1 Jan. 1766). D calls him *le Paysan du Danube* in allusion to La Fontaine's fable (xi. 7) describing a rough but shrewd person.

23. M. Conway, secrétaire d'état (HW). Hon. Henry Seymour Conway (1719–95), HW's cousin (Richard A. Austen-Leigh, *Eton College Register*, 1927, p. 80).

24. HW did so, beginning with his letter of 25 April 1766.

25. Jean-François Wiart (see Appendix 2). 'Madame du Deffand's valet de chambre, who was her secretary, and read and wrote all her letters for her. He came into her service before the year 1758, remained with her till her death in 1780, and seems to have been a most faithful and attached

j'avais écrit; il n'aurait pas pu, à ce qu'il dit; ainsi je vous l'envoie séparément.

To Madame du Deffand, Sunday 20 April 1766

Missing. Written at Calais. Answered, 24 April.

From Madame du Deffand, Monday 21 April 1766

Nº 2. Ce lundi 21 avril 1766, en réponse à votre
lettre d'Amiens.[1]

SI vous étiez français, je ne balancerais pas à vous croire un grand fat; vous êtes anglais, vous n'êtes donc qu'un grand fou. Où prenez-vous, je vous prie, que *je suis livrée à des indiscrétions et des emportements romanesques?* Des *indiscrétions,* encore passe: à toute force cela se peut dire; mais pour des *emportements romanesques,* cela me met en fureur, et je vous arracherais volontiers ces yeux qu'on dit être si beaux, mais qu'assurément vous ne pouvez pas soupçonner de m'avoir tourné la tête. Je cherche quelle injure je pourrais vous dire, mais il ne m'en vient point; c'est que je ne suis pas encore à mon aise en vous écrivant; vous êtes si affolé de cette sainte de Livry[2] que cela me bride l'imagination; non parce que je prétende à lui être comparée, mais je me persuade que votre passion pour elle vous fait paraître sot et plat tout ce qui ne lui ressemble pas. Revenons aux emportements romanesques: moi, l'ennemie déclarée de tout ce qui y a le moindre trait, moi qui lui ai toujours déclaré la guerre, moi qui me suis fait des ennemis de tous ceux qui donnaient dans ce ridicule, c'est moi qui en suis accusée aujourd'hui! Et par qui le suis-je? par Horace Walpole, et par un certain petit Craufurd, qui n'ose pas s'expliquer si clairement, mais qui y donne un consentement tacite. Ah! fi, fi, messieurs, cela est bien vilain; je dirai comme mes chers compatriotes, quand on leur raconte quelque trait

servant' (B). He is not further identified. The earliest known letter in his hand is D to Mme d'Aulan 18 March 1752 (Pierre-Marie-Maurice-Henri, Marquis de Ségur, *Esquisses et récits,* 1908, p. 81).

1. HW to D 18 April 1766 (missing).

2. Madame de Sévigné (HW). She is called 'sainte de Livry' because HW, who admired her extravagantly, had made a pilgrimage to her former home at Livry, near Paris (*Paris Jour.,* 2 April 1766).

dur et féroce: *cela est bien anglais;* mais apprenez, et retenez-le bien, que je ne vous aime pas plus qu'il ne faut, et je ne crois point par-delà vos mérites. Revenez, revenez à Paris, et vous verrez comme je me conduirai. J'ai, je vous l'avoue, une grande impatience que vous puissiez juger par vous-même du succès de vos leçons et des effets de mon indignation. Je commence dès à présent un nouveau plan de conduite; je ne prononce plus votre nom; cela m'ennuie un peu, je vous l'avoue; j'aurais bien du plaisir de pouvoir lire vos lettres avec quelqu'un qui en sentirait le mérite, et avec qui j'en pourrais rire; mais en vérité, quand je me livrerais, à bride abattue, à toute mon imprudence naturelle, je ne trouverais personne qui fût digne de cette confidence. Depuis votre départ, tout ce qui m'environne me paraît être devenu encore plus sot; je crains de tomber dans un ennui insupportable. Quand vous étiez dans les mêmes lieux que moi, je devinais ce que vous pensiez, vous saviez ce que je pensais, et nous ne tardions pas à nous le dire. Ce temps est passé, et Dieu sait quand il reviendra. Soyez Abélard si vous voulez, mais ne comptez pas que je sois jamais Héloïse! Est-ce que je ne vous ai jamais dit l'antipathie que j'ai pour ces lettres-là? J'ai été persécutée de toutes les traductions qu'on en a faites et qu'on me forçait d'entendre; ce mélange, ou plutôt ce galimatias de dévotion, de métaphysique, de physique, me paraissait faux, exagéré, dégoûtant. Choisissez d'être pour moi tout autre chose qu'Abélard; soyez, si vous voulez, Saint François de Sales; je l'aime assez, et je serai volontiers votre Philothée.[3] Mais laissons tout cela.

Savez-vous que j'espère une lettre de vous, de Calais?[4] mais celle que j'attends avec le plus d'impatience, c'est celle qui sera datée de Londres.[5]

Mon dimanche, hier, fut pitoyable; je comptais sur trois Broglie[6] qui ne vinrent point, parce que leur vieil oncle l'abbé[7] était à l'agonie, et il est mort aujourd'hui à six heures du matin; Mme d'Aiguil-

3. Louise Duchâtel (d. 1645), m. (1600) Claude de Charmoisy (see Henry Bordeaux, *Portraits de femmes et d'enfants,* 1909, pp. 3–86). She is called 'Philothée' in *L'Introduction à la vie dévote,* by Saint Francis de Sales (1567–1622). See Jules Vuy, *La Philothée de Saint François de Sales,* 1878; and Xavier Dufresne in *Le Correspondant,* cxiii. 531–6, 10 Nov. 1878.

4. HW to D 20 April 1766 (missing).

5. HW to D 25 April 1766 (missing).

6. Victor-François (1718–1804), Duc de Broglie, Maréchal de France; Charles-François (1719–81), Comte de Broglie; Charles de Broglie (1733–77), Bishop of Noyon. D uses 'Broglio' an antiquated form of these brothers' name. HW had met them all in Paris (*Paris Jour.*).

7. Charles-Maurice de Broglie, Abbé of Mont-St-Michel, died at Paris, 21 April 1766, in his 84th year (*Rép. de la Gazette*).

Mr. Horace Walpole.

F. Falconet del. 1768

PARISET'S ENGRAVING
FROM FALCONET'S DRAWING, 1768

lon[8] ne vint point. Je remplaçai tout cela par le Duc de Villars[9] et par M. Schuwalof. Je veux qu'on dise de ce dernier que j'en ai la tête tournée, et que j'ai absolument oublié les Anglais pour les Russes. Mme d'Aiguillon part vendredi pour Rueil,[10] elle ne viendra plus à Paris qu'en passant. Je devais aller à Montmorency[11] aujourd'hui, mais j'ai le prétexte de mon rhume pour m'en dispenser. Je passerai la soirée chez le Président avec une compagnie déplorable, mais je rappellerai un refrain de chanson que Chardin[12] rapporte dans ses Voyages,[13] faite pour le rappel d'un ministre qui avait été exilé:—

'Lui à l'écart tous les hommes étaient égaux.'[14]

Mais je me laisse aller à un sot babil, et j'oublie Jean-Jacques. J'approuve vos réflexions; mais la gentillesse de votre lettre,[15] une petite pointe de malignité, étouffaient en moi le sentiment intérieur que ce n'était pas bien fait de tourmenter un malheureux qui n'avait eu aucun tort avec vous.[16] Sa lettre[17] est impertinentissime, ses protecteurs et protectrices mériteraient bien d'être bafoués, mais vous voulez la paix. Vous êtes excessivement sensible, vous voulez revenir ici (n'est-ce pas?), vous n'y voulez pas trouver la moindre épine. Faisons donc le sacrifice de cette lettre; il me coûtera plus qu'à vous. Si Mme de Forcalquier[18] en était digne, je vous demanderais la permission de la lui faire voir; mais elle n'entend rien à rien, et je vois avec beaucoup de chagrin que le premier jugement qu'en avait porté

8. Anne-Charlotte de Crussol de Florensac (1700–72), m. (1718) Armand-Louis Vignerot du Plessis-Richelieu, Duc d'Aiguillon (d. 1750) (Dictionnaire de biographie française, 1933–; Appendix 5e). HW knew her in Paris, and corresponded with her afterwards (Paris Jour.). She is called 'la Grosse Duchesse' or 'Grossissima' by D, who, in earlier days, had disliked her (see D to Maupertuis 21 Nov. 1747, Le Correspondant, 1908, iv. 43). Mme d'Aiguillon's house blocked the view from D's windows (ibid.).

9. Honoré-Armand (1702–70), Duc de Villars.

10. Country seat of Mme d'Aiguillon's son, the Duc d'Aiguillon, north-west of Paris.

11. Chez Mme la Maréchale de Luxembourg (HW).

12. Jean Chardin (1643–1713).

13. Journal du voyage du Chevalier Chardin en Perse et aux Indes, 1686.

14. 'Him set aside, all men but equals are.'
(Sir John Chardin's Travels in Persia, 1927, p. 10.)

15. HW to Rousseau in the name of Émile (see ante 19 April 1766).

16. This second letter Mr Walpole never printed, nor made public, for the reasons mentioned above (B).

17. Rousseau's letter to the editor of the St James's Chronicle, dated 7 April 1766, printed in the St James Chronicle, No. 796, 10 April 1766, in French and English. The French version was copied in D's MS Recueil de lettres, bequeathed to HW, and was reprinted in Grimm vii. 11, 1 April 1766, with slight variations and a wrong date, and in Jean-Jacques Rousseau's Correspondance, ed. Dufour, 1924–34, xv. 152.

18. Expanded by HW from Wiart's 'F * * *.'

M. Craufurd était la pure vérité. Elle me lut, samedi dernier que je soupai avec elle chez sa bonne amie Mme Dupin, un petit ouvrage de sa façon en forme de lettre, qui est une apologie de la vieillesse, par où elle prouvait qu'on pouvait être amoureux de quelqu'un de cent ans; cela me dégoûta si fort, que je fus sur le point de chercher à lui démontrer qu'on ne pouvait pas l'être de quelqu'un de quarante. Ce bel ouvrage m'était adressé; je la pressai de me le donner, mais elle fit semblant de le jeter au feu, et moi de croire qu'il était brûlé; et cela vous épargne l'ennui de le lire, car je comptais bien vous l'envoyer.

La Reine depuis cinq ou six jours va toujours de mieux en mieux; mais toujours du pus, toujours de la fièvre, et tout est perdu, comme je vous l'ai déjà mandé, s'il survient un frisson. Les enfants[19] se portent bien; c'était une indigestion d'une poularde farcie qu'on lui avait laissé manger. Mme la Dauphine[20] n'est pas bien, elle fut saignée samedi au soir pour une grosse fièvre et un crachement de sang. Le crachement a cessé, mais son état est fort inquiétant.

Tout Montmorency revient demain après souper. Je sais que cela ne me fait nul plaisir; je vous dirai dans quelques jours si cela ne me fera nulle peine.

Adieu, mon cher tuteur, je ne m'en tiens pas à ce nom-là, ce n'est qu'en attendant qu'il m'en vienne un autre.

J'aime assez à être votre chère petite.[21]

Donnez-moi quelques instructions sur les jours qu'il faut mettre mes lettres à la poste.[22]

From MADAME DU DEFFAND, Wednesday 23 April 1766

N° 3. Ce mercredi 23 avril 1766, à 9 heures du matin.

JE n'attendrai point que j'aie reçu une lettre de Londres pour vous écrire; nous sommes convenus que j'en passerais mon envie aussitôt qu'elle me prendrait. Il faut que je vous dise que j'ai bien du regret que votre jolie lettre[1] à Jean-Jacques soit en pure

19. The Dauphin's children.
20. Marie-Josèphe de Saxe (1731–67), m. (1747) the Dauphin Louis (d. 1765) son of Louis XV.
21. HW's term of affection for D.
22. D's 'livre de poste' apparently told

how long the post took, from Paris to London, but not the days of collection (*ante* 19 April 1766).

1. Une seconde lettre que M. Walpole supprimait (HW). See *ante* 19 April 1766.

perte, cependant c'est le parti le plus sage; mais voici ce que j'imagine, c'est de la montrer à ma grand'maman[2] et de lui en donner une copie en lui en demandant le plus grand secret et en lui donnant seulement la permission de la faire voir à son mari[3] si elle juge que cela lui fera plaisir, et qu'il n'en parlera point. Cela vous rendra agréables à l'un et à l'autre, et je suis très certaine que la grand' maman ne la communiquera pas, même à son mari, si après mes représentations et les réflexions que je lui ferai faire elle juge qu'il y ait le moindre inconvénient pour vous et pour moi. Elle passa hier chez moi et ne me trouva pas; je viens de lui écrire et je lui mande qu'en partant vous m'aviez chargée du soin de lui faire votre cour, que j'emplirais quatre pages de tout ce que vous pensez et de tout ce que vous sentez pour elle, qu'il n'y a qu'à elle que je puisse avoir l'obligation de votre retour, qu'elle seule peut vous attirer ici. N'allez pas me gronder, c'est la première fois que je parle de vous, et excepté à ma grand'maman je n'en parlerai à personne, et en vérité je n'y aurai pas de mérite, car il n'y a personne qui en soit digne.

Depuis votre départ, les soirées que je passe chez le Président[4] sont exécrables; la nièce Jonzac[5] tient la cour de Charlemagne; l'autre nièce[6] celle du Roi Guillemot:[7] c'est la plus grande dignité à droite, la plus grande trivialité à gauche, et le plus grand ennui au centre, je vous le jure! Quelle différence pour moi de ne vous plus avoir ici! Cependant, c'est vous qui me soutenez; quand on aime et qu'on est aimé on est au dessus de tout.

De tous les habitants de Montmorency je n'ai encore vu que Pont-de-Veyle;[8] il m'a assuré que j'étais parfaitement bien avec la Maré-

2. La Duchesse de Choiseul (HW). D's maternal grandmother had married, as her second husband, a Duc de Choiseul. D therefore liked to pretend that the present Duchesse de Choiseul, who was young enough to be her granddaughter, was her grandmother. The relationship between the present Duc and D's step-grandfather was very remote.

3. Étienne-François de Choiseul-Stainville (1719–85), Duc de Choiseul, minister of foreign affairs (see *ante* ? April 1766, n. 1).

4. Hénault (HW).

5. Expanded by HW from Wiart's 'J***.'

6. Mme d'Aubeterre (HW). Marie-Françoise Bouchard d'Esparbez de Lussan (1720–72), m. (1738) Henri-Joseph Bouchard d'Esparbez de Lussan, Vicomte and Marquis d'Aubeterre. Her mother was Hénault's sister (*Rép. de la Gazette*).

7. Substituted by Wiart for 'Roi Petau.' 'Au temps du Roi Guillemot' was an expression for very remote epochs; Guillemot was also the name for a stupid bird, and D remarks that Mme d'Aubeterre 'jabote comme une pie.' (See *post* 22 May 1768; *Grand dictionnaire universel du XIXe siècle* xiii. 1299.)

8. Antoine Ferriol (1697–1774), Comte de Pont-de-Veyle, poetaster. He was one of D's oldest friends. See HW to Gray 25 Jan. 1766, and Appendix 5f. HW printed a translation of his play, *Le Somnambule*, at Strawberry Hill, 1778 (COLE ii. 111, n. 6).

chale,⁹ et que la petite Comtesse¹⁰ avait daigné parler de moi. Ses
soupers des mercredis et jeudis recommencent, elle désire que j'y
vienne les jeudis; il s'établit des soupers pour les vendredis alternativement chez le Président et chez moi; ce sera la compagnie la plus
merveilleuse, gare que ce ne soit la plus ennuyeuse.

J'ai un beau projet dans la tête. Nous allons avoir un bel appartement vacant à Saint-Joseph:¹¹ je veux le faire louer à l'Évêque de
Tréguier,¹² et dans ses temps de résidence en disposer à ma fantaisie;
—devinez quel usage je prétends en faire; cette idée n'est nullement
absurde, et il dépendra de vous qu'elle ne soit pas chimérique.¹³ J'ai
une grande impatience d'avoir des nouvelles de votre arrivée; je suis
inquiète du passage; je donnerais les deux lettres que j'ai reçues pour
celle que j'attends. Je compte que vous n'oublierez aucune circonstance de tout ce que vous verrez, direz, et ferez; faites en sorte que
je puisse être toujours avec vous, et que je puisse vous suivre chez
Milady Hervey,¹⁴ chez M. Conway, que je vous vois baiser les quatre
pattes de vos souverains,¹⁵ mais surtout que je sois en tiers entre vous
et mon petit Craufurd. À propos, il est bien soigneux pour les commissions qu'on lui donne: il a remis ma lettre à M. Taaffe¹⁶ le 15 ou

9. Madeleine-Angélique de Neufville
(1707–87), m. (1) (1721) Joseph-Marie, Duc
de Boufflers; m. (2) (1750) Charles-Fran-
çois-Frédéric de Montmorency-Luxembourg (d. 1764), Duc de Luxembourg, Maréchal de France. See ibid., Hippolyte
Buffenoir, *La Maréchale de Luxembourg*,
1924; Lévis, *Souvenirs*, p. 54, Appendix 5g.

10. De Boufflers (HW). Marie-Charlotte-
Hippolyte de Camps de Saujon (1725–
1800), m. (1746) Édouard, Comte (later
Marquis) de Boufflers-Rouverel (see HW
to Gray 25 Jan. 1766 and B's note below;
P.-E. Schazmann, *La Comtesse de Boufflers*, 1933; Lévis, *Souvenirs*, p. 260, Appendix 5h. 'The Comtesse de Boufflers
had been patroness of Rousseau, and
brought up her son according to the prin-
ciples of his *Émile* — with very bad success. She and Rousseau broke upon the
latter's quarrel with David Hume' (HW's
MS note to D's MS *Recueil de lettres*).

11. 'Espèce de couvent fondé par Madame de Montespan, et dont les religieuses
louaient plusieurs appartements. Mme du
D. occupait le petit appartement de cette
fondatrice, maîtresse du Roi, au-dessous
de la grande, et y demeurait jusqu'à sa

mort en 1780. Le petit appartement avait
une tribune qui donnait dans la chapelle'
(HW's note to D's MS *Recueil de lettres*).
See Appendix 1.

12. Joseph-Dominique de Cheylus (1719–
97) (see Pius Bonifacius Gams, *Series Epis-
coporum*, Ratisbon, 1873, p. 508).

13. HW never stayed in D's convent during his visits to Paris.

14. Mary Lepell (1706–68), m. (1720)
John (d. 1743), Lord Hervey, eld. son of the
1st E. of Bristol.

15. Les chiens et les chats (HW).

16. John Taaffe (d. 1773), Irish gamester, former suitor of Mlle de Lespinasse.
Some of D's correspondence with him
about Mlle de Lespinasse is in her collection of MSS bequeathed to HW. See W. H.
Smith, *Letters to and from Mme du Deffand . . .*, New Haven, 1938, pp. xv–xvii,
54–61. He is often confused with his
brother Theobald, also a gamester, who
was in France with him, 1754 (see Charles-
Philippe d'Albert, Duc de Luynes, *Mémoires*, 1860–5, xiv. 7) and who apparently
survived him (see HW to Lady Ossory 17
Dec. 1777). John's death is mentioned *post*
3 Oct. 1773.

le 16 de ce mois, mais j'ai vu avec plaisir que les lettres de Londres ici pouvaient n'être que quatre jours en chemin. J'ai reçu hier 22 une lettre de M. Taaffe datée du 18; cela m'assure que j'en aurai de vous samedi prochain.

Je compte aller voir aujourd'hui Milady George;[17] j'ai prié M. Schuwalof de m'y mener.

Nous avons ici votre Prince Héréditaire;[18] il arriva dimanche. Il soupa en très petite compagnie chez Mme de Nieukerke;[19] le lendemain lundi chez M. de Soubise,[20] où était Mme de Mirepoix, qui perdit soixante louis. Je fus chez cette Maréchale hier au sortir de chez le Président, elle m'avait priée à souper, elle était tête à tête avec le Chevalier de Boufflers;[21] il était assez raisonnable. Il a réellement beaucoup d'esprit, mais ses succès, qui ne sont pas toujours mérités, nuiront à ses progrès: il pourra bien n'acquérir aucune connaissance, aucun discernement, aucun goût, et en vieillissant être fort peu de chose.

Pour moi, je suis fort ennuyeuse, convenez-en; adieu, je vous quitte, mais ce ne sera pas sans retour.

Je ne montrerai votre lettre de Jean-Jacques à la grand'maman qu'après avoir reçu votre permission.

À 2 heures après midi.

Vous allez être furieux contre moi, et vous écrier 'Ma chère petite est incorrigible, la voilà qui est retombée dans ses mêmes fautes; elle

---

17. Lennox (HW). Louisa Ker (1739–1830), m. (1759) Lord George Henry Lennox, brother to the 3d D. of Richmond (see GM 1830, ii. 648).

18. De Brunswic (HW). Karl Wilhelm Ferdinand (1735–1806), Prince (later D.) of Brunswick, husband of George III's sister Augusta, and consequently called 'votre' by D.

19. Sophie-Gertrude Adélaïde-Dorothée-Catherine-Albertine-Frédérique-Élisabeth de Nieukirchen de Nyvenheim (1733–1805), m. (1) (1760) Gerhard Pater (but called Mme de Nieukerke after her separation from him); m. (2) (1779) Jean-Louis Quentin de Richebourg, Marquis de Champcenetz. See Woelmont de Brumagne ii. 839; Pierre Manuel, *La Police de Paris*, 1791, ii. 201–12; Armand-Louis de Gontaut, Duc de Lauzun, *Mémoires*, 1858, p. 286; Stéphanie-Félicité Ducrest de Saint-

Aubin, Comtesse de Genlis, *Mémoires*, Bruxelles, 1825, ii. 31–2; Henriette-Louise, Baronne d'Oberkirch, *Mémoires*, 1869, i. 349; Maria Theresa and Florimond-Claude-Charles, Comte de Mercy-Argenteau, *Correspondance secrète*, 1874, i. 324–5. HW had met her once in Paris (*Paris Jour.*).

20. Charles de Rohan (1715–87), Prince de Soubise, had been defeated by the Prince of Brunswick at Wilhelmstadt in 1762.

21. Stanislas-Jean de Boufflers (1737–1815), Chevalier de Boufflers, later Marquis de Remiencourt, 'distinguished for his liveliness in society, and his talent for occasional poetry' (B). See Nesta H. Webster, *The Chevalier de Boufflers*, 1916. A volume of MS copies of his letters and verses was bequeathed by D to HW, now WSL.

a écrit à sa grand'maman toute sorte[22] d'impertinences'—et vous serez autorisé à le croire par sa réponse que je vous envoie! Eh bien! vous aurez tort; je n'ai dit que le pur nécessaire—mais sauf votre respect, ne feriez-vous pas bien de répondre par un joli petit billet aux douceurs qu'on me charge de vous dire?

Jeudi 24, en réponse à lettre de Boulogne et de Calais.[23]

Quand vous me disiez qu'il ne fallait point aimer, j'étais en colère, j'étais inquiète, je voulais vous faire changer de façon de penser; depuis que vous me tenez un autre langage je suis tantôt contente, et tantôt dans la crainte. Votre dernière lettre m'alarme; vous me préparez à des lacunes dans notre correspondance; je vous vois environné de toutes sortes de distractions; vous ne me donnerez plus de leçons, vous me perdrez de vue; j'ai dû m'y attendre, et je ne m'y trouve point préparée. À quoi servent donc les réflexions et l'expérience? À rien, rien du tout, Monsieur; il n'y a que ceux qui sont nés sans sentiment à qui elles soient propres. Me voilà retombée dans mon état ordinaire; vous m'en avez retirée pour un moment, mais comment ai-je pu me flatter d'avoir inspiré un attachement qui résisterait à l'absence? Qu'est-ce que je puis espérer de cette reconnaissance que vous prétendez me devoir? A-t-elle quelque fondement, et ne voyez-vous pas que c'était mon plaisir que je cherchais dans tout ce que j'ai pensé et fait pour vous? Oh! non, il ne faut pas se faire d'illusion; je puis, sans me flatter, prétendre à obtenir d'un homme tel que vous quelque préférence sur des gens aussi ridicules, aussi sots, et aussi impertinents que ceux qui vous ont passé ici en revue: mais en doit-il résulter que vous deviez m'aimer? Non; la bonté de votre cœur peut vous engager à me plaindre—mais voilà tout; cela n'est pas suffisant pour mon bonheur, mais j'aurais tort si je ne convenais pas que c'est une diversion à mes peines. Quand, par exemple, je passe les soirées entre la cour de Charlemagne et celle du Roi Guillemot, je me recueille en moi-même et je me dis, 'Tandis que je suis ici un objet de dédain ou d'envie, il y a un homme dans l'univers qui ne pense pas de même pour moi: il connaît tous mes défauts, mais ils ne lui déplaisent pas; je pourrai le revoir, et il n'est peut-être pas impossible que je ne retrouve en lui l'amitié et l'indulgence qu'il m'a marquées; c'est peut-être même mes défauts qui ont produit sa bienveillance; ils lui ont fait connaître quel était son ascen-

---

22. Changed to 'toutes sortes' by HW.   23. HW to D 20 April 1766 (missing).

dant; les petits progrès journaliers de ses leçons ont flatté son amour-propre—de plus, on est sensible à être aimé, ne fut-ce que de la Tulipe.'[24]

Voilà mes pensées, mais ce sont mes pensées agréables; je vous supprimerai celles qui sont tristes, elles ne serviraient qu'à hâter le malheur que je crains; je finis donc cet article, traitez-le de roman si vous l'osez.

Je vous envoie l'original de la lettre de Mme de Choiseul; je n'en ai gardé que la copie. Vous pouvez montrer cette lettre si vous en avez envie à qui vous jugerez à propos; on verra le cas que Mme de Choiseul fait de votre nation et de vous en particulier; et vous, Monsieur, convenez, je vous prie, que me voilà bien autorisée dans ma façon de penser. Je travaille toujours (et je le sais bien) à me donner des rivales, et j'ai d'autant plus de tort que je suis fort susceptible de jalousie—mais quand on n'a pas par soi-même d'attraits assez puissants pour attirer ce qu'on aime, on se sert de tous les moyens qu'on trouve, sans être arrêté par les inconvénients qui en peuvent être la suite. Encore du roman; il vous était réservé de produire en moi ce nouveau genre.

Je serai, dites-vous, trois ou quatre ordinaires sans recevoir de vos lettres: je ne sais d'où vient, mais je ne saurais le croire; cependant je me rappelle que je vous ai vu souvent la tête bien troublée, et qu'alors vous ne saviez plus ce qu'il y avait dedans. Dans ces moments de trouble je me trouverai perdue comme une aiguille dans une botte de foin: la comparaison n'est pas noble, mais je ne me pique pas d'avoir le bon ton; je laisse cet avantage aux divinités; celle du Temple[25] a reçu une lettre[26] de son saltimbanque;[27] il est établi dans un magnifique château[28] proche de Londres: il appartient à un milord[29] dont on n'a pu me dire le nom. Son protecteur,[30] son guide,

24. Chien de Mme du Deffand (HW).

25. Mme de Boufflers (HW). The Comtesse de Boufflers was the intimate friend of the last Prince of Conti, and aimed at becoming his wife. The Prince, being Grand Prieur de l'Ordre de Malte in France, and living at the Temple, Mme de Boufflers became, in the lively mind of Mme du Deffand, *l'Idole du Temple*. She made a second visit to England at the beginning of the French Revolution in 1789, and was resident here some time with her daughter-in-law the Comtesse Amélie de Boufflers, celebrated for her skill on the harp (B).

26. Rousseau to Mme de Boufflers, 5 April 1766 (Jean-Jacques Rousseau, *Correspondance*, ed. Dufour, 1924–34, xv. 148).

27. Rousseau (HW).

28. 'Je suis dans la maison d'un galant homme' (Rousseau to Mme de Boufflers, ibid. xv. 149). Rousseau was at Wootton, Derbyshire, visiting Richard Davenport, whose house was not a 'magnifique château' nor 'proche de Londres.'

29. Richard Davenport (ca 1705–71). (David Hume, *Letters*, ed. J. V. T. Greig, Oxford, 1932, ii. 23n.) Davenport was not a 'milord.'

30. M. David Hume (HW).

doit revenir, dit-on, à la fin du mois prochain;[31] il sera installé de nouveau dans la dignité de grand-prêtre ou de suisse de sa charmante déesse. Je vais prier cette déesse à souper chez moi pour vendredi 2 de mai; la Maréchale de Luxembourg[32] l'a décidé ainsi. Si la grand'maman y vient et son époux, ils ne seront pas fort aises de la trouver, mais je vous ai consulté, et il me semble que vous m'avez dit qu'ayant été priée chez elle tout le carême, je ne pouvais pas me dispenser de la prier à mon tour. Vous me direz si je vous ai bien entendu.

Il me faut des nouvelles de M. Conway, de M. Pitt,[33] enfin de tout ce qui vous intéresse; je vous en manderais d'Espagne[34] si j'en savais, mais je n'en entends pas dire un mot. On ne parle ici que du Prince Héréditaire; tout le monde le verra, et on est passionné du désir de le voir—c'est un ennui qu'il faudra souffrir pendant deux mois, terme de son séjour ici.

Vous dites que vous chargerez Wiart cet été de vous chercher un appartement. Je crois qu'actuellement c'est votre intention, car j'ai foi en vous, et cette foi n'est pas faite pour transporter les montagnes, mais devrait bien pouvoir vous transporter ici; enfin nous verrons ce qui en sera.

J'ai l'esprit bien troublé, et je ne serai tranquille que lorsque j'aurai reçu une lettre de Londres; ce passage dans l'instant où le vent avait de l'humeur me déplaît infiniment; s'il vous était arrivé quelque accident, si j'allais apprendre que vous êtes malade, s'il se passe quelque poste sans que j'aie de vos nouvelles—je ne saurais résister à tout cela.

Excepté le dimanche, je ne sais quel autre jour part notre poste: je n'ose le demander à personne. Je voulais aller chez Milady George, je ne puis me résoudre à y aller seule. M. Schuwalof m'avait promis de me venir prendre hier pour m'y mener: il l'a oublié. Enfin, je suis dans toutes les ténèbres où l'on peut être, mais je regrette bien plus le flambeau qui éclairait mon esprit que ceux qui éclairaient ma tête.

Adieu, mon cher tuteur; ne m'appellez pas 'Madame,' cela m'est insupportable.

Je ne sais pas si cette lettre, ou plutôt ce volume, est finie; je ne la fermerai que samedi pour la faire partir dimanche.

31. He did not return then.
32. Expanded by HW from Wiart's 'L.'
33. William Pitt (1708–78), 1st E. of Chatham.

34. D enclosed a letter from Saragossa (see below, and Appendix 7).

Je ne vous dis rien de M. Craufurd; je vous donne mes pleins pouvoirs.

Je croyais avoir fini, mais il faut que je vous dise que je fus voir hier la Maréchale de Luxembourg. J'y fus avec mon ami Le Monnier,[35] il lui trouva quatre-vingts ans; elle était triste et languissante, elle me fit des reproches fort doux de ne l'avoir point été voir, et elle me demanda si vous étiez parti d'un ton fort pathétique, et qui aurait fait entendre à Marivaux,[36] *Je vous plains, je partage votre chagrin.*[37]

Ce samedi 26, à midi.

Je me sens d'une tristesse profonde; si je ne reçois pas de lettre tantôt, qu'on ne les rende que demain, ou que vous ne m'ayez pas écrit, gare le retour des vapeurs. Ma journée d'hier fut épouvantable; tout m'y déplut. Je fus rendre visite à Milady George, qui depuis votre départ avait passé deux fois chez moi. Je voulais m'assurer des procédés de la poste, et la prier de me faire avertir quand il partirait des courriers. Je la trouvai tête-à-tête avec Mme de Caraman, j'en fus ravie; cette Caraman a quelque chose d'aisé et de naturel—cependant je crois qu'elle pourrait bien ne rien valoir; il me sembla qu'elle se moquait un peu de moi aux questions que je fis à la Milady, et à la proposition que je lui fis de venir souper chez moi de dimanche en quinze; dimanche prochain je n'aurais eu personne de sa connaissance, celui d'après j'irai à Versailles, et le dimanche d'ensuite qui sera le 11 de mai j'aurai Mme de la Vallière[38] que la Milady connaît, et cette Caraman. Je sortis avec elle et nous fûmes ensemble chez Mme de la Vallière. Je ne puis trop vous rendre ce qu'elle me dit, mais il me sembla qu'elle ne s'éloignait pas de trouver du ridicule au souper que j'avais proposé. Vous auriez le temps d'écrire à la Milady que je vous ai mandé que je lui avais rendu visite, que je l'avais priée à souper, mais qu'il y a une commodité dans ce pays-ci, c'est qu'on peut aisément sous le plus petit prétexte se dégager des engagements qu'on a pris, et que vous lui conseillez si cela la gêne et l'embarrasse, de ne s'en pas contraindre, et de s'envoyer excuser.

35. Probably Pierre-Charles Le Monnier (1715–99), astronomer, whom HW had met three times in Paris (*Paris Jour.*).

36. Pierre Carlet de Chamblain de Marivaux (1688–1763), dramatist.

37. Not found.

38. Anne-Julie-Françoise de Crussol (1713–93), m. (1732) Louis-César de la Baume le Blanc, Duc de la Vallière (S–A iii. 473). 'She had been one of the handsomest women in France, and preserved her beauty even to old age' (B). See Appendix 5i. HW had often met her in Paris (*Paris Jour.*).

Pendant le chemin je parlai à Mme de Caraman de Mme de Bussy,[39] du repatriage de son ménage, je demandai si elle avait permission de voir Mme de Boufflers; elle me dit qu'oui, et commença un éloge de cette divinité qui dura depuis l'Hôtel de Brancas[40] jusqu'au Carrousel:[41] cela me déplut et me donna de l'humeur. J'oubliais de vous dire que la Milady me demanda si j'avais eu de vos nouvelles; je répondis très naturellement que cela ne se pouvait pas, que vous ne deviez être arrivé à Londres que le dimanche, et qu'ainsi je ne pouvais en avoir avant samedi. Elle me dit que vous ne pouviez y être arrivé que le lundi, qu'elle avait reçu une lettre de vous[42] datée du dimanche, que vous ne faisiez que d'arriver à Calais, et que vous ne deviez vous embarquer que le soir. J'eus l'air d'apprendre toutes ces circonstances, et de n'y prendre pas plus d'intérêt que Mme de Caraman.

Au sortir de chez Mme de la Vallière je fus chez le Président attendre toute la belle compagnie. Les premiers qui arrivèrent furent la Comtesse de Broglie[43] et l'Abbé son beau-frère,[44] lequel d'un ton fort sot et goguenard me demanda si vous viendriez? Je lui dis que je ne le croyais pas. 'Eh! pourquoi donc?' dit-il.—'Parce qu'il est à Londres.'—'Ah! mon Dieu! je prends part à votre douleur.'—'Vous êtes bien bon, Monseigneur.'—'Et M. Craufurd, le reverrez-vous?'—'Je n'en sais rien.'—'Et pourquoi,' dit la Comtesse, 'ne reviendrait-il pas?'—'Je n'en sais rien, Madame,'—et je tourne le dos et je parle à d'autres. Les Maréchales arrivèrent, et le reste de la compagnie; on arrangea les jeux. La Maréchale de Luxembourg[45] fut mille fois plus mauvaise joueuse qu'à son ordinaire. La Maréchale de Mirepoix[46] et elle dans ce moment-ci se détestent; c'est une société infernale. Le Président par-dessus tout a pour moi la plus parfaite indifférence, il ne m'est pas même attaché par habitude; loin de me savoir gré des soins que je lui rends, je sens qu'il croit remplir un devoir en me laissant la maîtresse de venir chez lui quand il me plaît—enfin, que

39. —— de Messey, m. (1765) Charles, Marquis de Bussy. She was Mme de Caraman's cousin. HW tells an anecdote about her in *Paris Jour.*

40. The Paris residence of the English ambassador, the Duke of Richmond. It was on the Rue de l'Université (*Almanach royal*, 1766, p. 134).

41. The Place du Carrousel, near the Tuileries; Mme de la Vallière lived there.

42. HW to Lady George Lennox 20 April

1766 (missing), written at Calais, where HW was detained by the tide until the morning of 21 April (*Paris Jour.*).

43. Louise-Augustine de Montmorency (b. 1735), m. (1759) Charles-François, Comte de Broglie. HW had met her often in Paris (*Paris Jour.*).

44. The Bishop of Noyon.

45. Expanded by HW from Wiart's 'L.'

46. Expanded by HW from Wiart's 'M.'

vous dirai-je? je regorge de dégoût et d'ennui. Je ramenai la Maréchale de Mirepoix[47] chez elle; j'y descendis, je causai une heure avec
elle; je n'en fus pas mécontente. Elle hait la petite Idole,[48] elle hait la
Maréchale de Luxembourg: enfin, sa haine pour tous les gens qui me
déplaisent me fit lui pardonner l'indifférence et peut-être la haine
qu'elle a pour moi. Convenez que voilà une jolie société, un charmant commerce—mais la prudence que je crois observer à l'excès me
mettra au-dessus de tout.

Mes projets sur M. de Tréguier sont à vau l'eau; l'appartement
que je prétendais lui faire avoir est loué à Mme de la Galissonnière.[49]

Je vis avant-hier Mme d'Aiguillon, qui est partie hier pour tout
l'été, mais elle reviendra presque tous les samedis à Paris, soupera
chez moi les dimanches. Elle m'a fort invitée d'aller souvent à Rueil.
Il y a fort longtemps que je n'ai vu Mme de Forcalquier; je la verrai
aujourd'hui ou demain au plus tard.

Je soupe ce soir chez les Montigny.[50] Que vous dirai-je de plus sur
ce qui me regarde? Rien, si ce n'est que je m'ennuie à la mort, et que
si vous changez pour moi, il ne me reste qu'à me pendre.

Je vous envoie une relation de ce qui s'est passé à Saragosse;[51] vous
en êtes peut-être mieux instruit que nous ne le sommes ici. Adieu
jusqu'après l'arrivée de votre lettre. J'augmenterai ce volume de la
réponse que j'y ferai.

Ce dimanche 27, à midi.

Point de lettres hier; j'envoyai à l'Hôtel de Brancas, on n'en avait
point reçu. Si je n'en ai point aujourd'hui je serai bien mal à mon
aise; votre passage, votre arrivée, votre santé, voilà ce qui m'occupe
et m'inquiète: le roman vient bien loin après. J'ai eu des vapeurs
hier presque aussi noires que celles qui me firent aller en province il
y a quatorze ans.[52] À tout moment mes yeux se remplissent de larmes,
tout ce qui m'environne me paraît ennemi. Mais cet état n'est pas ac-

---

47. Expanded by HW from Wiart's 'M.'
48. Mme de Boufflers (HW).
49. Marie-Juliette-Antoinette de Lauzon (1698–1786), widow of Roland-Michel Barrin, Marquis de la Galissonnière; or Marie-Anne de Jacques de la Borde (1712–73), m. (1730) Charles Vincent Barrin, Marquis de la Galissonnière; or Marie-Anne de Menon de Turbilly (b. ca 1720), m. Charles-Joseph-René-Éléonor-Henri Barrin, Marquis de la Galissonnière; or Bonne-Laurence-Élisabeth de Mauger (1740–1825), m. Athanase-Scipion Barrin,

Marquis de la Galissonnière (*Rép. de la Gazette;* Woelmont de Brumagne vii. 53–5).
50. Jean-Charles-Philibert Trudaine de Montigny (1733–77), and his wife, Anne-Marie-Rosalie Bouvard de Fourqueux (d. 1776) (*Rép. de la Gazette;* Capitaine Andrieux, *Trudaine,* Clermont-Ferrand, 1922). HW had met them several times in Paris (*Paris Jour.*).
51. See Appendix 7.
52. When D's sight was failing, in 1752, she left Paris to visit her brother at Cham-

compagné d'insomnie; j'ai bien dormi cette nuit; ce serait un soulagement si je ne faisais pas des rêves affreux. Je ne sais si je vous ai avoué ma faiblesse: ils me font impression; je ne vous ai jamais conté l'histoire qui en est la cause. Enfin, j'ai fait de vilains rêves cette nuit; vous y étiez pour quelque chose, et il me semble que cela m'annonce de grands malheurs. Vous vous moquerez de moi et c'est ce que je désire.

Je me rappelle tout ce que vous m'avez dit, et toute l'horreur que vous marquez avoir pour l'amitié; je meurs de peur que vous n'eussiez raison. Je ne sais plus où j'en suis, je ne me trouve point assez vieille; je voudrais avoir cent ans—ou ce qui serait encore mieux, je voudrais être morte. Mon souper de ce soir me déplaît horriblement. Je resterai seule avec Mme de Forcalquier; je n'aurai rien à lui dire, à moins que je n'aie reçu une lettre ostensible. Je la vis hier, elle me trouva si triste, si accablée, qu'elle me crut bien malade. Enfin si elle ainsi que bien d'autres m'ont souvent ennuyée, je le leur rendrai bien à l'avenir. Le Président me rendit une visite hier; il fut deux heures chez moi; je ne puis vous dire l'effet qu'il me fit. J'abuserais de votre patience de vous dire toutes mes pensées; il y a de la folie, de l'indiscrétion, et du manque de considération d'écrire une lettre qui serait un volume, cependant je ne fermerai celle-ci qu'à cinq heures; je n'y ajouterai rien si je n'ai point de vos nouvelles.

Ce dimanche, à 3 heures.

Le facteur vient de passer, point de lettre, point de vos nouvelles; je ne puis m'empêcher d'être inquiète et de craindre qu'il ne vous soit arrivé quelque accident. Comment ne m'auriez-vous pas écrit *J'arrive, je me porte bien?* Cela aurait suffi, et m'aurait garantie de tous chagrins et de toutes inquiétudes. Je ne vous en dirai pas d'avantage; je vais fermer ma lettre, et je me propose de ne vous plus écrire que quand j'aurai reçu de vos nouvelles.

To MADAME DU DEFFAND, Friday 25 April 1766, N° 1

Missing. Probably written from Arlington Street where HW was to stay before going to SH (see HW to Mann 20 April 1766). Beginning with this letter, HW numbered his letters to D when recording their dates in *Paris Journals*. The letters themselves were also numbered, and D, *ante* 19 April 1766, implies that this was done to verify the loss of a letter. Answered 30 April.

prond, hoping to benefit by the change of life. She was bored, however, by life in the provinces, and her sight grew steadily worse. She returned to Paris in 1753.

From Madame du Deffand, Wednesday 30 April 1766

Ce mercredi, à 5 heures du matin.*ᵃ*

ME[1] voilà retombée dans mes insomnies, et c'est pour ne me pas pendre que je me laisse aller à vous écrire. J'étais résolue à attendre de vos nouvelles. Mais que faire en un gîte à moins que l'on n'y songe?[2] Je songe donc: à qui songé-je? Hélas! hélas! à vous, qui ne songez guère à moi. Voilà deux[3] postes depuis que vous êtes à Londres qui ne m'apportent rien. N'allez pas croire que c'est encore du roman d'en être fâchée; je ne le suis que parce que je suis inquiète. J'ai vu La Jeunesse.[4] S'il ne s'était séparé de vous qu'à Douvres (comme vous me l'aviez dit que cela serait) je saurais des nouvelles de votre passage. J'ai été cependant ravie de voir ce pauvre La Jeunesse. Mais . . . brisons là—gare le roman. Je n'attends plus de vos lettres. Vous ne lirez les miennes, j'en suis sûre, que quand vous serez à Strawberry-Hill. Vous leur sacrifierez quelquefois la grande patience,[5] et vous direz, 'J'aime encore mieux celle que je quitte que celle que je prends,' et vous aurez raison. J'ai vu ce soir la grand'maman. Ho! je vous en demande pardon; mais j'ai parlé de vous à bride abattue. J'aurais voulu que vous eussiez entendu tout ce qu'elle a dit de vous. Je lui * ai fait l'aveu que je vous avais envoyé sa lettre; malgré toute sa modestie, et comme vous dites, son humilité, j'ai vu qu'elle en était fort aise; elle désire votre retour, elle n'a jamais vu personne qui eût tant de douceurs, de grâce, de politesse, de gaîté, un meilleur ton que l'Horace de nos jours. L'Abbé Barthélemy[6] applaudit à tout ce qu'elle dit. On parla d'une nouvelle feuille de Fréron[7] où il s'agis-sait de vous et de Jean-Jacques; on lut votre article, et je le de-

---

a. Dated '30 avril 1766' by HW.

1. The beginning of this letter, up to the asterisk, is in D's handwriting; various touches to make the writing more legible were added by Wiart, who finished the letter for her.

2. D is paraphrasing La Fontaine: 'Car que faire en un gîte à moins que l'on ne songe?' (*Fables* ii. 14).

3. 'Deux' is in Wiart's hand.

4. Domestique français de M. Walpole (HW).

5. Jeu de cartes (HW).

6. Jean-Jacques Barthélemy (1716–95), antiquarian, numismatist, and writer. He was a devoted friend of Mme de Choiseul, at whose house HW first met him, 2 Feb.

1766 (*Paris Jour.*), and he is frequently mentioned in this correspondence as 'l'Abbé' or 'le grand Abbé.' HW's copy of Barthélemy's most famous work, *Le Voyage du jeune Anacharsis en Grèce,* in 4 vols quarto, 'splendidly bound,' was sold SH i. 119 to Pickering. His correspondence with D has been discovered (see *Revue de Paris,* 1935, i. 357) and is now in the possession of Comte Élie de Dampierre, Château de Plassac, Ch.-Inf.

7. Élie-Catherine Fréron (1719–76), critic and journalist. His *Année littéraire,* 1766, ii. 140–3 contains *Extrait du Saint James's Chronicle; lettre du Roi de Prusse à Jean-Jacques Rousseau.*

mandai pour vous l'envoyer. La grand'maman me dit que M. de Choiseul, après l'avoir lu, avait dit que ce n'était pas vous qui aviez écrit ce qui est à la suite de la lettre de Rousseau. Je dis tout bas à la grand'maman que M. de Choiseul avait bien raison, et que je pourrai bien dans quelque temps l'en convaincre parfaitement.

Je continuerai ma lettre cet après-dîner, je ne suis point en train d'écrire, et il faut que je dorme.

À 2 heures après midi, en réponse à votre lettre[8] de Londres, No. 1er.

Non, vous n'aurez jamais de tort, j'en suis persuadée, et je fais serment que vous ne recevrez jamais de moi ni reproches ni plaintes.

Je suis fâchée de toutes les perplexités[9] que vous éprouvez. Je hais votre M. Pitt, mais je suis contente de la considération[10] qu'on a pour vous. Je dirai sans fatuité que si l'on avait autant de discernement que moi, vous seriez le premier homme, non seulement de l'Angleterre, mais de l'univers; ce n'est point flatterie, c'est que l'esprit, les talents, et l'extrême bonté ne se sont jamais trouvés réunis qu'en vous. Vous me ferez un plaisir extrême de ne me laisser rien ignorer de tout ce qui vous intéresse; notre correspondance ne saurait être trop intime, et jamais, jamais vous n'avez eu ni ne pourrez avoir une amie plus tendre, plus constante et plus sincère que moi, mais à la vérité plus inutile; il n'y a que votre amitié qui puisse me donner quelque valeur. Si je n'avais pas l'espérance de vous revoir, je ne sais pas ce que je deviendrais; excepté Devreux et Wiart,[11] tout ce qui m'environne me paraît armé contre moi.

Je soupai hier à l'Hôtel de Luxembourg,[12] et je pensais à l'ennui que vous auriez si vous étiez dans cette cohue. Il n'y a en vérité dans

---

8. HW to D 25 April 1766 (missing).

9. 'At this juncture I returned to England, April 22d, and found everything in the utmost confusion. The Duke of Grafton, as I have said, determined to resign; Mr Conway very ill, and sick of the fatigue of his office, which he executed with inconceivable and scrupulous attention; Lord Bute's faction giving no support; and the court discouraging all men from joining the administration. A greater embarrassment had fallen on the ministers: Mr Pitt was grown impatient for power; and after having discouraged Lord Rockingham from seeking his aid or protection, began

to wonder that he was not courted to domineer; and he betrayed his ambition so far as to complain that the administration had had his support, and now neglected him' (*Mem. of Geo. III* ii. 223. See also, HW to Mann 23 April 1766).

10. 'The night I arrived, the Duke of Richmond came to me to entreat Mr Conway to go on without Mr Pitt, who had offended both the Administration and the City. . . .' (ibid. ii. 226).

11. Femme et valet-de-chambre de Mme du Deffand (HW). See *post* i. 166.

12. The Maréchale de Luxembourg's house, on the Rue Saint-Marc, on the site

mon pays que la grand'maman, encore ne dois-je pas trop compter sur elle; elle est bonne pour tout le monde, toutes les qualités qu'elle a sont des vertus; il n'y a que pour son mari qu'elle a des sentiments. Ne manquez pas de lui écrire, elle en sera très flattée. Elle n'aime point le Paysan;[13] elle me demanda hier si je croyais qu'il serait autant à la mode à son retour qu'il l'avait été? Je lui dis que non, et qu'on le laisserait bientôt là quand on connaîtrait qu'il ne donnait point la réputation d'esprit à ceux qui vivaient avec lui.

Je distribuerai tous vos compliments. Je fais une réflexion; vous ne m'avez point dit tous les ridicules qu'on me donne—mais de quelle nature peuvent-ils être?[13a] Le soin que vous prenez de me les éviter m'étonne. Comment n'a-t-on pas le droit à mon âge de laisser voir l'estime et l'amitié qu'on a pour quelqu'un? Mais enfin il ne faut ne scandaliser personne, et surtout ne point exciter l'envie ni la jalousie.

Je me sens toute hébétée aujourd'hui, les embarras que vous avez dans la tête se communiquent à mon esprit, et comme je ne vois pas clairement sur quoi ils portent, cela fait un brouillard, un brouil-lamini qui m'offusquent.

Adieu, je vous demande pardon d'être si bête.

Voilà une adresse que Mme de Jonzac vous envoie; c'est pour une table à thé. Je vous ferai savoir à qui il faudra l'adresser quand elle sera faite.

La Reine va toujours de mieux en mieux, mais elle a toujours un peu de fièvre, et elle crache toujours un peu de pus.[14]

Je ne me porte pas trop bien, et vous devez juger que je m'ennuie beaucoup.

Je ne vous écrirai plus de ma main parce que j'imagine que vous ne pouvez pas lire mon griffonnage. Mandez-moi combien il y a de Londres à votre campagne.[15] Je suis ravie de la bonne santé de M. Craufurd, quoiqu'elle ne m'annonce pas le plaisir de le revoir; je veux croire qu'il m'honore de quelque estime, et que quand vous le rencontrerez, il m'honorera de quelque souvenir. Mandez-moi s'il doit faire un voyage en Écosse,[16] et dans quel temps.

later occupied by the Théâtre des Variétés (Hippolyte Buffenoir, *La Maréchale de Luxembourg*, 1924, pp. 23–4).

13. M. Hume (HW).

13a. Doubtless more of the 'falsehood and spite' to which HW to Craufurd 6 March 1766 refers.

14. The Queen evidently had an attack of tuberculosis, to which she succumbed in 1768 (see *post* 26 June 1768).

15. Strawberry Hill was at Twickenham, nine miles from London.

16. See D to Craufurd 3 June 1766 (S–A i. 34).

Est-ce que vous croyez que la divinité[17] trouverait bon qu'un de ses adorateurs[18] eût demandé de mes nouvelles? Je ne m'en vanterai pas. Cette divinité doit souper chez moi vendredi avec les Maréchales,[19] la petite Biron[20] et la troupe facétieuse, Donnezan,[21] d'Albaret,[22] Chevalier de Boufflers, etc. Je doute que cela me divertisse beaucoup.

On commence à se calmer un peu sur le Prince Héréditaire; on se moque de ceux qui sont empressés à lui donner des fêtes, et la belle Duchesse[23] est à la tête de ceux à qui on donne le plus de brocards.

Mandez-moi comment vous avez trouvé votre château, et dites-moi avec cette vérité sur laquelle je compte, en qui j'ai foi, si je dois jamais vous revoir. Pourquoi ne feriez-vous pas comme M. Stanley?[24] Il a une petite maison à Paris, et c'est votre La Jeunesse[25] qui en est le concierge, mais il prétend que cela ne l'empêchera pas de vous servir quand vous reviendrez ici.

Pourquoi a-t-on donné un emploi à Jean-Jacques?[26] Combien vaut-il? Quel est son protecteur?

S'il arrive les changements, que vous prévoyez, quels seront les successeurs?[27] Soyez bien sûr, qu'excepté Wiart, personne ne saura ce que vous m'écrivez.

17. Mme de Boufflers (HW).
18. Lord Holdernesse (HW). Robert Darcy (1718–78), 4th E. of Holdernesse. A copy of his letter to Hénault is in D's MS *Recueil de lettres,* bequeathed to HW.
19. Mmes de Mirepoix and de Luxembourg.
20. Amélie de Boufflers (1751–94), guillotined in the Revolution, dau. of the Duchesse de Boufflers, m. (1766) Armand-Louis de Gontaut, Comte de Biron, later Duc de Lauzun, and finally Duc de Biron. Her wedding took place when HW was in Paris, and he went to see Mme de Choiseul in the dress which she wore at the wedding (*Paris Jour.*). For descriptions of her, see Jean-Jacques Rousseau, *Confessions,* Part II, Book x; Henriette-Louise, Baronne d'Oberkirch, *Mémoires,* 1869, i. 240; Gaston Maugras, *Le Duc de Lauzun et la cour de Louis XV,* 1893, and *Le Duc de Lauzun et la cour de Marie-Antoinette,* 1895; Mathurin-François-Adolphe de Lescure, 'La Duchesse de Lauzun' in *Le Correspondant* cxxxvi. 433, 10 Aug. 1884.

21. Charles-Armand d'Usson (ca 1731–1811), Marquis de Donnezan, amateur comedian. See Woelmont de Brumagne i. 820; Jean-Nicolas, Comte Dufort de Cheverny, *Mémoires,* 1909, i. 91; S–A ii. 452 n.
22. Probably Joseph de Ponte d'Albaret (d. 1792), brother of the Vicomte d'Albaret. See *Dictionnaire de biographie française,* 1933–; Charles Collé, *Journal et mémoires,* 1868, iii. 300.
23. De la Vallière (HW).
24. Hans Stanley (ca 1720–80), former English chargé d'affaires at Paris where HW met him often in 1765–6 and 1767 (*Paris Jour.*).
25. Laquais de louage (HW).
26. Rousseau was still in England, and Conway, who was secretary of state, had procured a secret pension of £100 a year for him at Hume's instigation (see HW to D *post* 16 July 1766).
27. The fall of Rockingham's ministry, which HW foresaw, occurred in July, 1766 (*Mem. of Geo. III* ii. 248).

Remarquez, je vous prie, que mes lettres seront cachetées avec l'empreinte de votre tasse.[28]

L'adorateur de la divinité c'est Milord Holdernesse; vous ne l'auriez peut-être pas compris.

To Madame du Deffand, Friday 2 May 1766, N° 2

Missing. Presumably written from Arlington Street. Answered, 6 May.

From Madame du Deffand, Friday 2 May 1766

N° 5. Paris, vendredi 2 mai 1766, à 9 heures du matin que je n'ai pas encore commencé à dormir.

CETTE date vous dit l'état de ma santé; je ne sais plus qu'y faire, car on ne peut être plus sobre.

Souvenez-vous que vous m'avez permis de vous écrire à propos de bottes, et dès que l'envie m'en prendrait. J'ai déjà distribué plusieurs de vos compliments; à Mme d'Aiguillon,[1] en lui donnant pour excuse de ce que vous ne lui avez pas écrit, vos devoirs, vos affaires, et de plus une migraine. Elle dit qu'il faut que vous n'écriviez point par le même ordinaire à toutes trois, qu'il suffit d'une lettre ou à moi, ou à elle, ou à Mme de Forcalquier, qu'elle nous servira à toutes. J'ai fort approuvé cette économie, et je lui ai promis de vous la conseiller; jugez si je lui tiendrai parole. Mme de Forcalquier a reçu vos compliments avec une grande affection, et m'a bien recommandé de vous dire mille choses de sa part.

Le Président, après bien des *heins* et des répétitions qu'il a fallu lui faire, vous est bien obligé et il vous fait ses compliments. J'ai dit à Mme de Jonzac que j'avais été surprise de ne point trouver son nom à la tête de ceux à qui vous vouliez qu'on parlât de vous, qu'elle était placée toute la dernière, mais que vous disiez que c'était à dessein parce que vous vouliez qu'elle ne fût point confondue dans la foule; j'ai vu son contentement, et que sa vanité en a été très flattée. Pont-de-Veyle a été fort sensible; vous lui plaisez beaucoup. Il désire de vous revoir, et je vous dirai dans quelque temps tout ce qu'il m'a

28. De porcelaine, que M. Walpole lui avait donnée (HW).

1. HW had written to Mme d'Aiguillon, 29 April 1766 (missing).

dit à cette occasion. J'ai dit à Mme de Caraman que vous m'aviez chargé de beaucoup de choses pour elle et pour M. de Caraman. 'Tout de bon?' s'est-elle écriée.—'Rien n'est si vrai, Madame.'— 'Ah! j'en suis bien flattée: quelqu'un d'aussi recherché, d'aussi fêté qu'il l'a été, se souvenir de moi! J'en suis bien touchée et bien reconnaissante'—tout cela du meilleur ton. Je vous le prédis, mon cher tuteur, vous serez la coqueluche à votre retour! Mais n'est-ce point une chimère que ce retour? Je suis inquiète des réflexions que vous avez été faire à Strawberry Hill, et de ce que vous aurez conclu de la comparaison de l'un et l'autre monde; vous me le direz avec votre vérité accoutumée. Mon Dieu! qu'il est doux de n'entendre que la vérité, c'est un plaisir perdu pour moi tant que vous serez absent, il n'y a que Pont-de-Veyle qui ne l'estropie pas, mais nous ne traitons pas beaucoup de matières. Nous avons un peu parlé de la divinité; elle ne se soucie plus guère des Anglais; les Italiens vont avoir leur tour. En politique, en morale, en sentiments, en principes, c'est la Mlle du Plessis[2] de Mme de Sévigné, *elle est justement toute fausse.* Je tâcherai d'être de même ce soir avec elle; je vous manderai demain matin comment ma soirée s'est passée. Je ne me trouve pas le style historique; je sais bien pourquoi: c'est que tout ce que je vous raconte m'intéresse bien peu, et que je fais effort pour ne vous pas parler de ce qui m'intéresse beaucoup. Adieu, je vais tâcher de dormir.

Ce samedi, à 4 heures après midi.

J'ai attendu le passage du facteur, j'espérais une lettre; en effet on m'en a apporté une, mais elle était de la femme de chambre[3] de Mme Elliot[4]—jugez du plaisir qu'elle m'a fait.

Mon souper d'hier a été très flegmatique, c'est-à-dire très froid—non pas ce qui était sur la table, mais ce qui était autour. Je ne vous ai point regretté; j'aurais été embarrassée de votre ennui. Je fis vos compliments aux Maréchales: je vous fais les leurs. La divinité parla de la lettre de Jean-Jacques;[4a] elle dit qu'elle n'était point de lui; mais

2. 'La divine Plessis est justement et à point toute fausse' (Mme de Sévigné to Mme de Grignan, 19 July 1671, Mme de Sévigné, *Lettres* ii. 286). She was probably Angélique du Plessis d'Argentré (1641–1720) (Louis-Pierre d'Hozier, *Armorial général*, 1865–1908, Registre VII, pt ii. 449).

3. Mme Dumont (see *post* 21 May 1766).

4. Corrected by HW from Wiart's 'Heliote.' Agnes Dalrymple (d. 1778), m. (1746) Gilbert Elliot (d. 1777), 3d Bt, 1766. HW, on his recent visit to Paris, had met Elliot and his two sons (who were studying there), but he does not mention Mrs Elliot (*Paris Jour.*).

4a. To the *St James's Chronicle* (see *ante* 21 April 1766, n. 17).

comme elle ne m'adressait point la parole, je ne fis pas semblant de l'entendre. Nous avions trois facétieux, et nous n'eûmes point de facétie. Voilà en vérité tout ce que vous aurez de moi aujourd'hui. Je suis triste et froide, il me semble que vous ne m'aimez plus, que je ne dois plus m'attendre à vous revoir. Je tombe petit à petit dans le découragement; nous verrons ce que produira votre première lettre. J'aime cent fois mieux vos lettres que celles de Mme de Sévigné, parce qu'elles sont de vous, parce qu'elles sont à moi, et parce qu'il y a plus de variété dans ce que vous sentez et pensez. Je fais faire une belle petite boîte pour les conserver.[5] Je suis malheureuse de ne pouvoir pas les lire moi-même,[6] elles seraient mon occupation et mon amusement; j'attends des volumes de Strawberry Hill.

La divinité nous dit hier que M. Beauclerk[7] avait perdu huit mille louis;[8] cela me fait frémir pour M. Craufurd. La Maréchale de Mirepoix a gagné deux cents louis au voyage qu'elle a fait ces jours-ci à Bellevue.[9]

Adieu, mon cher tuteur, je ne vous aime pas aujourd'hui comme un roman, mais cependant je pense toujours à vous.

Ce dimanche 4, à 3 heures.

Le facteur n'est pas encore passé, mais je n'espère point de lettre, et si j'en recevais je n'aurais pas le temps d'y répondre, je vais à Versailles. Je partirai à 5 heures, avec l'ami Pont-de-Veyle; j'irai dans l'antichambre de la Reine, j'ai la certitude de ne la point voir. Je ferai ensuite une visite à la grand'maman. J'aurais été bien aise de lui faire voir la lettre d'Émile, mais je ne veux rien faire sans votre permission. Je souperai entre le Prince, la Princesse,[10] M. de Toulouse,[11] et Pont-de-Veyle; cela vaudra mieux que ma soirée d'hier. La

5. See *post* 1 June 1766. This was not sent to HW when his letters were returned.

6. Elle était aveugle (HW).

7. Corrected by HW from Wiart's 'Baukler.' Topham Beauclerk (1739–80).

8. Beauclerk became a member of Brooks's in 1764 and of White's in 1765, and undoubtedly gambled at both places, but there seems to be no contemporary confirmation of this statement, and it is almost certainly an exaggeration.

9. Château de Mme de Pompadour, que le Roi avait acheté (HW).

10. De Beauvau (HW). Marie-Sylvie de Rohan-Chabot (1729–1807), m. (1) (1749) Jean-Baptiste-Louis de Clermont d'Amboise, Marquis de Renel; m. (2) (1764) Charles-Juste de Beauvau-Craon, Prince de Beauvau. See S–A iii. 396; Philip Thicknesse, *Observations on the French Nation*, 1766, pp. 86–7; Jean-François Marmontel, *Mémoires*, 1891, ii. 368–9; HW to Craufurd 6 March 1766; Lévis, *Souvenirs* 94; *Paris Jour.*; Appendix 5j.

11. L'Archevêque de Toulouse, neveu de Mme du Deffand (HW). Étienne-Charles de Loménie de Brienne (1727–94), Archbishop of Sens, 1788, and Cardinal, 1789, was D's nephew, only in the loose sense by which cousins of a younger generation

compagnie qui se rassemble chez le Président est tout ce qu'il y a de pis au monde; il n'y a que vous, absolument que vous, qui puissiez la rendre supportable. Votre petite Pologne[12] n'y est presque jamais. Je lui fis l'autre jour vos compliments et vos amours; elle m'a laissé carte blanche pour lui faire dire tout ce que je voudrais: je vous la remets entre les mains.

Je viens de parodier les deux premiers couplets de *La Fée Urgèle*:[13]—

Absente de mon bon ami,
Je ne suis pas tranquille;
Son retour dans ce pays-ci
Me paraît difficile;
Strawberry Hill le charmera,
Madame Hervey le retiendra,
Il oubliera
Plus n'écrira
À sa pauvre pupille.
Il oubliera
Plus n'écrira
À la petite-fille.

Si vous êtes véritablement bon homme, comme je le crois, vous ne me négligerez point.

---

were styled nephews. His grandmother, the Comtesse de Brienne, was half-sister to D's mother. See C–D; Appendix 5k; Grimm vii. 4, 1 April 1766; Louis-Philippe, Comte de Ségur, *Mémoires*, 1824–6, iii. 284–5; Jean-François Marmontel, *Mémoires*, 1891, iii. 131–53; Maria Theresa and Florimond-Claude-Charles, Comte de Mercy-Argenteau, *Correspondance secrète*, 1874, ii. 411; Lévis, *Souvenirs*, p. 97; *Catholic Encyclopedia*, New York, 1907–14. HW had met him several times in Paris, and later described him as 'atheist and lover of his niece' (*Paris Jour.*), and as 'Cardinal de *l'ignominie*' (HW to Conway 27 Sept. 1791). He complained of the Archbishop's coldness to D (see HW to Craufurd 6 March 1766). MS copies of two letters from the Archbishop to D are in D's *Recueil de lettres*, bequeathed to HW. To the second of

these letters, HW has written a marginal note: 'L'Archevêque étant habile, et encore plus politique, Mme du Deffand croyait qu'il deviendrait premier ministre. Par les paroles *pourrait le devenir moins* [in his letter to D, 6 Nov. 1776] il laisse croire qu'il n'était pas fort éloigné de s'y attendre.'

12. Mme Czernieski, que M. Walpole appelait Mme de Pologne (HW). HW had met Mme Czernieski many times in March and April, 1766; the spelling of her name varies (*Paris Jour.*). She has not been identified.

13. Comic opera by Favart, with music by Duni (Soleinne). HW saw it twice in Paris: on 7 Dec. 1765, when he admired a 'pretty scene of a Gothic castle and grove by the seaside,' and again on 25 Jan. 1766 (*Paris Jour.*).

To Madame du Deffand, Monday 5 May 1766, N° 3

Fragment, B i. 24n, so dated in *post* 10 May 1766, but dated 6 May in *Paris Journals*. Probably written at Arlington Street.

JE vis dans un tourbillon, dont il m'est impossible de vous rendre compte. Je vais à la Cour, je reçois des visites, j'en rends; je cours toute la matinée, je dîne, je joue, j'entends parler politique, on me demande des conseils, je les donne, on ne les suit pas—enfin, comment vous détailler tout cela? Si vous avez des fois trouvé ma tête troublée; actuellement c'est un chaos.[1]

From Madame du Deffand, Monday 5 May 1766

N° 6. Paris, lundi 5 mai 1766, à midi.

J'AI un million de choses à vous dire, et j'ai une extinction de voix, et peut-être un peu de fièvre. Mon voyage de Versailles s'est passé à merveille; je n'ai point vu la reine; elle se porte fort bien,[1] mais elle ne voit encore personne. J'ai été plus d'une grande heure tête-à-tête avec la grand'maman;[2] elle a été charmante: concluez de là qu'elle m'a beaucoup parlé de vous, et comme il me convient qu'on en parle: son mari est prévenu que vous êtes très aimable. Mme de Beauvau, chez qui j'ai soupé, vous aime autant que feu mon ami Formont,[3] c'est-à-dire à la folie. Pont-de-Veyle ne cesse de vous louer; enfin tout ce qui m'environne vous regrette, vous désire, et est charmé de vous. Jugez, mon cher tuteur, combien cela me rend heureuse! Expédiez toutes vos affaires, et revenez me trouver; vous aurez mille et mille agréments dans ce pays-ci, je vous en suis caution. Un motif de plus doit vous y engager; vous êtes le meilleur homme

---

1. No letters between HW's arrival from France and this letter have been found, to any correspondents, and the ingredients of this *tourbillon* are unknown.

1. 'La Reine se porte de mieux en mieux' (*Mercure historique* clx. 561, May 1766).

2. Duchesse de Choiseul (HW).

3. Jean-Baptiste-Nicolas de Formont (d. 1758), writer of light verse, and counsellor of the parliament of Normandy. He corresponded with both Voltaire and D. Six letters from Formont to D, and a fragmentary copy of his letter to Hénault, are among the MSS bequeathed by D to HW. Copies of the six letters to D, and a copy of a letter from Formont to d'Alembert, are in D's MS *Recueil de lettres* in which HW's marginal note calls him 'grand ami de Mme du Deffand.' See Appendix 5l.

du monde; ce doit être pour vous un grand plaisir de faire le bonheur de quelqu'un qui n'en a jamais eu de véritable dans sa vie. Vous me rendrez dévote, vous me ferez reconnaître une Providence, vous réparerez toutes les injustices que j'ai éprouvées, vous dissiperez tous mes chagrins, tous mes ennuis, je ne craindrai plus mes ennemis, leurs armes deviendront des épingles, nous nous moquerons des faux dieux, nous renverserons peut-être leurs autels.

Notre Paysan devient déjà celui de tout le monde; on rit des succès qu'il a eus. Mais il y a un autre homme ici, un Irlandais,[4] à qui je ne veux pas de bien, mais qui va avoir du chagrin: sa protection et celle de son frère[5] ne [le][6] sauveront pas de la potence; les conclusions du rapporteur de leur protégé[7] concluent à la mort; il sera interrogé aujourd'hui sur la sellette; toutes les apparences annoncent sa condamnation, on dit qu'il sera jugé mercredi.

Je vis aussi hier le mari de la grand'maman et la belle-sœur;[8] il est question d'un souper chez moi pour la fin de la semaine prochaine: je fus contente de tout le monde, mais pour la grand'maman, elle

4. Dillon, Archevêque de Narbonne (HW). Arthur Richard Dillon (1721–1806), son of the Hon. Arthur Dillon, colonel in the French army. He died in exile in England (see *La Grande encyclopédie*, and Gaston Maugras, *Le Duc de Lauzun et la cour de Louis XV*, 1893). Lally, mentioned later in this sentence, was a cousin of Archbishop Dillon.

5. Lord Dillon (HW). Henry Dillon (1705–87), 11th Vct Dillon.

6. B inserted this.

7. Lally (HW). Thomas Arthur Lally (1702–66), Baron de Tollendal, and cousin of the Dillons through his mother, had served in the Dillon regiment, and in India, where he was defeated and captured by the English. He returned to France to answer complaints about his administration in India; was convicted of treason, and executed. Though Lally had been imprudent, his honesty seems unquestionable; his enemies secured his condemnation by unfair means, and his memory was rehabilitated by the efforts of his son during the next reign. A copy in Wiart's handwriting of Lally's sentence accompanies this letter:

'La Cour, etc., déclare Thomas-Arthur Lally dûment atteint et convaincu d'avoir trahi les intérêts du Roi, son état et la compagnie des Indes; d'abus d'autorité, et de plusieurs exactions et vexations envers les sujets du Roi, étrangers et habitants de Pondichéry; pour réparation de quoi et autres cas résultant du procès, l'a privé de son état, honneur et dignité; l'a condamné et condamne à avoir la tête tranchée sur un échafaud, qui pour cet effet sera placé en Place de Grève; ses biens acquis et confisqués au profit du Roi; sur iceux préablement levé dix milles francs au profit des pauvres de la Conciergerie, et trois cent mille livres aux pauvres de Pondichéry, suivant la distribution qui en sera ordonnée par le Roi.'

8. La Duchesse de Gramont (HW). Béatrix de Choiseul-Stainville (1730–94), guillotined in the Revolution, sister of the Duc de Choiseul, m. (1759) Antoine-Antonin, Duc de Gramont. HW disliked her (see HW to Gray 25 Jan. 1766), but the Bishop of Rodez gave B a more favourable account (see HW to Gray 25 Jan. 1766, n.). See also Charles-François Hénault, *Mémoires*, 1911, p. 272; and Étienne-François, Duc de Choiseul, *Mémoires*, 1904, p. 201. HW's original MS (now WSL) of his description of her in *Mem. of Geo. III* iv. 9 adds to the phrase 'notorious for one that ought to have been the most secret' the words 'her intrigue with her brother.'

n'est qu'adorable; elle aime mon tuteur comme si elle avait autant de discernement que moi. Donnez-moi donc bien vite la permission de lui lire la lettre d'Émile;⁹ elle est digne de cette confidence, et je vous réponds de sa discrétion; je ne veux rien jamais faire sans votre aveu, je veux toujours être votre chère petite, et me laisser conduire comme un enfant: j'oublie que j'ai vécu, je n'ai que treize ans. Si vous ne changez point, et si vous me venez retrouver, il en résultera que ma vie aura été très heureuse; vous effacerez tout le passé, et je ne daterai plus que du jour que je vous aurai connu.

Si j'allais recevoir de vous une lettre à la glace, je serais bien fâchée et bien honteuse. Je ne sais point encore quel effet l'absence peut produire en vous; votre amitié était peut-être un feu de paille: mais non, je ne le crois pas; quoi que vous m'ayez pu dire, je n'ai jamais pu penser que vous fussiez insensible; vous ne seriez point heureux ni aimable sans amitié, et je suis positivement ce qu'il vous convient d'aimer. N'allez pas me dire qu'il y a du roman dans ma tête; j'en suis à mille lieues, je le déteste; tout ce qui ressemble à l'amour m'est odieux, et je suis presque bien aise d'être vieille et hideuse,¹⁰ pour ne pouvoir pas me méprendre aux sentiments qu'on a pour moi, et bien aise d'être aveugle pour être bien sûre que je ne puis en avoir d'autres que ceux de la plus pure et sainte amitié; mais j'aime l'amitié à la folie; mon cœur n'a jamais été fait que pour elle. Mais voilà assez parlé de moi; parlons de vous et de vos affaires. Avez-vous vu votre cousin?¹¹ quelle est sa position? en est-il content? êtes-vous content de lui? Je ne suis pas assez au fait des choses que je désire savoir, pour pouvoir vous bien interroger: dites-moi tout ce qui vous intéresse, si vous voulez me satisfaire. Adieu pour le moment présent; je reprendrai cette lettre demain après l'arrivée du facteur, pour vous répondre ou pour me plaindre.

Ce mardi 6, à trois heures et demie.

Voilà le facteur, voilà une lettre;¹² dois-je dire me voilà contente?

9. See *ante* 21 April 1766.

10. Carmontelle's portrait, which HW pronounced a perfect likeness of D (see *post* 18 Feb. 1768) is not 'hideuse.' Hénault wrote that 'elle avait été d'une figure charmante' (Charles-François Hénault, *Mémoires*, 1911, p. 130). Lady Mary Coke said 'she has remains of beauty' (Lady Mary Coke, *Letters and Journals*, Edinburgh, 1889–96, ii. 119). Mlle d'Aïssé, at an earlier date, said, 'Elle est belle, elle a beaucoup de grâces' (Pierre-Marie-Maurice-Henri, Marquis de Ségur, *Esquisses et récits*, 1908, p. 48). Voltaire called D's eyes 'bien brillants et bien beaux' (Voltaire to Formont 29 Feb. 1754, Voltaire, *Œuvres* xxxviii. 180).

11. Général Conway, secrétaire d'État (HW).

12. Probably *ante* 2 May 1766.

je n'en sais rien. Ou vous êtes au point que je désire, ou vous vous jouez de moi; je ne sais pas lequel c'est des deux; est-ce vérité, est-ce contre-vérité? suis-je à vos yeux intéressante ou ridicule?

Vous avez trop d'esprit, trop de supériorité sur votre pupille, vous me troublez, vous m'inquiétez, je ne sais plus où j'en suis. Vous devenez pour moi une nouvelle connaissance, vous n'êtes plus le même que vous étiez au coin du feu, vous voltigez, vous êtes un sylphe, une illusion. Je serai obligée de m'en tenir à mes rêves; j'en fais souvent de vous contre mon ordinaire, car je n'ai pas coutume de rêver la nuit à ce qui m'occupe le jour, mais enfin j'ai rêvé de vous trois ou quatre fois depuis votre départ, et notamment cette nuit. J'étais à côté de vous, vous ne me disiez mot, et vous aviez l'air de me savoir gré de ce que je ne vous parlais pas. Vous étiez sérieux, sévère, et je ne vous croyais pas insensible; vous m'avez quittée, et voilà tout, et voilà en effet comme je crois que vous êtes. Ce que je vous écrivis hier ne laisse aucune équivoque sur ce que je pense pour vous; je vous y renvoie, et je n'en veux plus parler. Je suis très mécontente de vous, et notre correspondance deviendra pénible et très peu satisfaisante si vous ne mettez pas pied à terre, et si vous ne répondez pas bêtement à toutes mes bêtises. Vous ne me dites rien sur Mme de Choiseul, vous me laissez perdre le souvenir de ce que je vous ai écrit, et vous vous exposez par là à de très ennuyeuses répétitions. Est-ce que vous n'auriez pas dû me dire que vous avez écrit à Mme d'Aiguillon? Elle arriva hier chez moi toute boursouflée, toute essoufflée, d'une lettre[13] qu'elle avait reçue de vous en anglais. Vous lui parlez de projets de retour, et excepté dans votre lettre de Chantilly[14] vous ne m'en avez pas dit un mot dans toutes les autres. Vous êtes pour moi un logogriphe; j'en tiens tous les rapports, toutes les lettres, et je n'en puis composer le mot; je n'ignorais pas que vous eussiez infiniment d'esprit, mais je n'en connaissais pas tous les genres; vous m'en découvrez un nouveau; il m'étonne, il m'embarrasse; le Walpole d'Angleterre n'est plus le Walpole de Paris; enfin, enfin vous troublez mon pauvre génie: les emportements que vous ne cessez de me reprocher, cette discrétion que vous jugez si nécessaire, tout cela m'est un peu suspect; mon amour-propre en est un peu blessé; j'aimerais mieux la vérité toute crue et toute nue; je n'ai pas besoin qu'on me dore la pilule. Ecrivez-moi donc comme à une bête, mais à une bête bonne enfant, à qui l'on peut tout dire, pourvu

13. HW to Mme d'Aiguillon 29 April   14. HW to D 17 April 1766 (missing).
1766 (missing).

qu'on lui dise la vérité. Est-ce que vous pensez que je croie devoir être aimée de préférence à tout? non, non, je me rends plus de justice, et je suis bien décidée à me contenter de tout, à me résoudre à tout, et je m'attends à tout. Ne serait-ce pas une folie à moi de prétendre trouver en vous ce que vous prétendez qui est en moi, du roman, de la folie, des chimères, etc.?

Vous êtes donc assez content de l'état des affaires? Tant mieux; je m'intéresse à votre gouvernement plus qu'au nôtre.

M. de Lally[15] est actuellement sur la sellette; il sera peut-être jugé dès aujourd'hui; je vous dirai son sort avant de fermer cette lettre.

Adieu, mon cher tuteur; ne m'inspirez pas tant de crainte ni de respect.

Il faut que je vous dise une chose que je répugne à vous dire; je garde vos lettres, et je ne serais pas fâchée que vous gardassiez les miennes; je me flatte que je n'aî pas besoin de vous assurer que ce n'est pas que je pense qu'elles en vaillent la peine, mais c'est pour me préparer l'amusement de revoir par la suite ce que nous nous sommes dit l'un à l'autre; je viens d'acquérir un petit coffre pour serrer les vôtres: encore un roman, direz-vous; allez, allez, mon tuteur, vous êtes insupportable.

Ce mercredi, à dix heures du matin.

M. de Lally fut hier jugé à trois heures et demie, voilà sa sentence: ils étaient trente-cinq juges, toutes les voix ont été à la mort, et deux à la roue; les gens du roi, au nombre de quatre, délibérèrent pour leurs conclusions; il y en eut trois pour la mort et un à l'absolue décharge: tous les Dillon et leurs consorts partirent pour Versailles immédiatement après le jugement: on dit qu'ils n'obtiendront point la grâce.

Il faut que je vous dise encore que je suis fort étonnée que vous ne me parliez point de la lettre de Mme de Choiseul[16] que je vous ai envoyée. Je viens de relire votre lettre, elle me donne un prodigieux désir de jeter la mienne au feu, mais *scripsi quod scripsi;* ce sera le dernier dans ce genre; si vous voulez me faire plaisir, vous brûlerez toutes celles que vous avez.

Je ne me porte point bien. Mon médecin[17] sort d'ici, il prétend que j'ai de la fièvre, il veut que je ne mange point et que je garde ma

---

15. Corrected by HW from Wiart's 'Lalie.'

16. See *post* 13 May 1766.

17. Probably Bouvart (see *post* 13 Oct. 1775).

chambre. Je veux bien ne point manger, mais je veux sortir. Il dit que cela me fera mal, mais je ne m'en soucie guère.

Mettez une enveloppe à vos lettres, parce que le cachet se trouve sur l'écriture.

From MADAME DU DEFFAND, Saturday 10 May 1766

N° 7. Paris, samedi 10 mai 1766, à quatre heures après midi.

VOUS ne sauriez imaginer à quel point je vous respecte et je vous suis soumise. Je réprime tous mes premiers mouvements de haine, de colère, d'impatience; vous jugez bien que ce n'est que de ce dernier dont j'ai à me défendre avec vous. Il est quatre heures; j'avais résolu de ne point demander si le facteur avait des lettres; et j'ai exécuté pendant trois heures cette résolution; à la fin j'ai succombé en mourant de peur de faillir inutilement; me voilà bien rassurée. Je suis on ne peut pas plus contente de votre lettre du 5; j'en avais besoin. Mille nuages s'étaient formés dans ma tête; j'avais relu ces jours-ci toutes vos lettres; je ne sais dans quelle disposition j'étais, mais j'en avais conclu que vous me trouviez une folle, une extravagante, une ridicule. Je prenais le parti de ne vous jamais écrire plus d'une page; je ne voulais plus abuser de votre patience ni de votre excessive bonté, je ne voulais rien devoir à vos vertus. Je me flatte peut-être trop aujourd'hui, mais je suis rassurée; je vous jure, je vous promets, mon cher tuteur, de ne me jamais fâcher contre vous; je vous avoue que je serai attristée et ennuyée quand je n'aurai point de vos nouvelles, mais je serai très persuadée que vous n'aurez pas eu le temps de m'en donner. Je sais aussi que vous n'abuserez point de l'excès de cette confiance et de cette facilité.

Je puis donc me dire, pendant mes insomnies et dans tous les moments de la journée, que j'ai un ami sincère et fidèle, qui ne changera jamais parce que je ne puis pas changer; il connaît mes défauts, mes désagréments, qu'est-ce que le temps peut y ajouter? Rien, cela est impossible.

Je ne puis concevoir ce que le peu d'habitude que vous avez de notre langue peut vous empêcher de dire; personne, non, personne au monde ne s'exprime mieux que vous, avec plus de clarté, plus de facilité et d'énergie; vous serez ravi de revoir vos lettres, je vous en réponds. Vous peignez le tourbillon[1] où vous êtes, de façon que je

1. See *ante* 5 May 1766.

crois vous y voir. Il vous fatigue, j'en conviens, mais il ne vous ennuie pas; vous aurez trop de peine à le quitter. Comme vous ne voulez pas me tromper, vous ne me dites pas un mot de vos projets de retour; ce que vous en écrivez aux autres ne me persuade point; si je perdais l'espérance de vous revoir, je tomberais dans l'abîme des vapeurs. Depuis quelques jours il n'y a que votre idée qui m'en garantit; je ne me porte pas bien, mais cela ira mieux à l'avenir.

Je suis obligée d'interrompre cette lettre, parce qu'il faut que je me lève; demain je la reprendrai, et je vous parlerai de Lally, et je vous donnerai des nouvelles de la Reine; le Président[2] est allé la voir aujourd'hui.

Ce dimanche, à deux heures.

La Reine est guérie, mais elle est encore faible, elle a reçu le Président à merveille; il lui a demandé quand je pourrais la voir; ce ne sera pas sitôt: elle n'a pas encore vu les princes du sang.

Lally fut exécuté avant-hier, vendredi, à cinq heures du soir; le Roi avait accordé à sa famille qu'il le serait à la nuit. Il fit plusieurs tentatives pour se tuer; la première fut un coup qu'il se donna, à deux doigts au-dessous du cœur, avec la moitié d'un compas qu'il avait caché dans la doublure de sa redingote; la seconde, en voulant avaler un petit instrument de fer, que les uns disent avoir été fait exprès, et d'autres que ce n'était qu'un cure-dent; enfin la crainte qu'il ne trouvât quelque moyen de finir avant l'exécution, et de perdre une telle occasion pour l'exemple, détermina à envoyer à Choisy représenter au Roi cet inconvénient. Il ordonna qu'on avançât l'exécution, et comme on eut peur aussi qu'il n'avalât sa langue, on lui mit un bâillon. Il est mort comme un enragé. Il devait être conduit à l'échafaud dans un carrosse noir; mais comme il n'arriva pas à temps (l'heure étant avancée), on le mit dans un tombereau; il a reçu deux coups; le peuple battait des mains pendant l'exécution. On a jugé hier trois autres officiers, Gadeville,[3] Chaponay[4] et Pouilly,[5] le premier à être blâmé, les deux autres hors de cour et de procès. Le public craignait fort que Lally n'obtînt sa grâce, ou qu'on ne commuât sa peine; il voulait son supplice, et on a été content de tout ce qui l'a rendu plus ignominieux, du tombereau, des

2. Hénault was superintendent of the Queen's household.

3. Armand-Antonin-François-Édouard Fretaud de Gadeville (d. 1786) (*Mercure historique* clx. 653, June 1766; *Journal de Paris*, 1786, i. 508).

4. Jacques-Hugues de Chaponay (*Mercure historique*, loc. cit.; St-Allais xiii. 280).

5. Jacques Poully (*Mercure historique*, loc. cit.).

menottes, du bâillon;[6] ce dernier a rassuré le confesseur, qui craignait d'être mordu; il a été seulement envoyé par delà les monts. Il y a quelques personnes qui sont affligées, mais en petit nombre; c'était un grand fripon, et de plus, il était fort désagréable; il a été condamné tout d'une voix. Cet événement est l'unique sujet des conversations.

J'ignore si j'aurai ce soir la Milady.[7] Je n'en ai pas entendu parler depuis le jour que je vous en ai écrit. Oh! je ne crains point qu'on m'accuse d'anglomanie; hors vous et M. Craufurd je n'ai laissé rien voir qui puisse y donner lieu. Mais à propos, M. Craufurd où est-il donc? Est-ce que vous ne le voyez pas? J'en serais étonnée, je suis sûre qu'il vous aime beaucoup, mais son Milord Ossory,[8] le hasard, le quinze, peuvent faire de grandes diversions. Pour moi, il m'a oubliée; j'en suis fâchée, mais j'ai dû m'y attendre.

J'ai fait vos commissions à Mmes de Jonzac et de Forcalquier; des remercîments, des compliments, beaucoup de désirs de vous revoir, infiniment de goût et d'amitié, voilà ce que je suis chargée de vous dire de leur part.

J'ai encore mal dormi cette nuit, je me sens accablée et triste, et nullement en train d'écrire. Adieu, mon cher tuteur. Je crois que je vous aimerai encore quand je serai morte, puisque je sens que je vous aime beaucoup aujourd'hui où je ne suis pas trop en vie.

To MADAME DU DEFFAND, Tuesday
13 May 1766, N° 4

Missing. Probably written at Arlington Street. Answered 18 May.

From MADAME DU DEFFAND, Wednesday 14 May 1766

N° 8. Paris, ce mercredi 14 mai 1766.

J'AI la tête perdue, mon cher tuteur; ce n'est pas que je devienne folle, mais je deviens tout à fait imbécile; c'est peut-être l'effet de la discrétion que vous m'avez tant recommandée et que j'observe scrupuleusement. À force de m'interdire de dire ce que je pense je parviens à ne plus penser; je me recherche et je ne me trouve plus,

---

6. See *post* 20 May 1766.
7. Lady George Lennox (HW).
8. John Fitzpatrick (1745–1818), 2d E. of Upper Ossory, whom HW met several

times in Paris in the autumn of 1765 (*Paris Jour.*). See HW to Lady Mary Coke 15 Oct. 1765), and to Selwyn 2 Dec. 1765.

je suis dans un abattement, dans un découragement qui vous ferait pitié. Pour sortir de ce misérable état, je pense à vous, et j'en retombe davantage dans l'abîme: je ne vois que notre séparation, qui me paraît devoir être éternelle. Toutes les raisons qui me faisaient compter sur votre amitié disparaissent. Comment vous aurais-je plu? Qu'est-ce qui peut vous attacher à moi? Mon amitié pour vous? Belle raison; n'en inspirez-vous pas à tous ceux qui vous connaissent? Ce séjour-ci ne vous plaît point, qu'est-ce qui pourrait vous y faire revenir? Le dégoût de tout ce qui vous environne? mais ce dégoût ne vous jette point dans l'ennui, dans l'inaction, il n'arrête point tous les mouvements de votre âme; vous avez une compagnie qui vous plaît, vous avez des talents, des occupations de tout genre. Non, mon tuteur, je ne vous reverrai plus; ce n'était pas la peine que vous vinssiez me ressusciter, me donner du ressort, pour me faire mourir deux fois. Vous voyez à quel point je suis triste, c'est une espèce de désespoir. Hier et avant-hier je voulus vous écrire; je déchirai ma lettre. J'attendais hier de vos nouvelles; point de courrier d'Angleterre. Il arrivera peut-être aujourd'hui, mais puis-je espérer qu'il m'apporte une lettre? Non, je n'y compte pas, et c'est avec toute vérité que je vous assure que je ne serai point fâchée contre vous. Il serait absurde, injuste, et fou que je prétendisse avoir de vos nouvelles tous les ordinaires; je vous demande même en grâce de ne vous point laisser aller à votre excessive bonté; je désire que vous ne m'écriviez que quand vous n'aurez rien à faire, et que ce pourra être pour vous un amusement. Quand votre absence aura duré quelques mois je crains bien que vous ne découvriez que votre amitié pour moi n'était qu'une préférence que vous me donniez sur des gens qui vous étaient insupportables, ou parfaitement indifférents; enfin, quoiqu'il en soit, il manque pour le présent à notre amitié le plus grand fondement, qui est l'habitude. Voilà toutes les pensées qui me creusent la tête.

Je passai il y a quelques jours une soirée entre l'oncle et la nièce.[1] L'oncle s'endormit, la nièce me lut un extrait d'un papier de Londres, où il y avait un conte allégorique sur Jean-Jacques.[2] C'était Mme de Chabot[3] qui [le] lui avait envoyé, elles croyaient toutes deux

1. Le Président Hénault et Mme de Jonzac (HW).

2. In the *St James's Chronicle*, No. 803, 25 April 1766, is printed 'A Tale,' in French, to which is prefixed this notice: 'The following is sent to us as taken from an ancient Greek manuscript. The French reader will easily see who it is levelled against; and for such as do not understand that language we have subjoined an English translation.' The tale describes a quack, who leaves Athens because his pills are no longer popular there, and goes to Sparta, where he is at first well received, and then treated with ridicule.

3. Lady Mary Apolonia Scolastica Staf-

qu'il pouvait être de vous: je me récriai contre. Cette nièce prétend vous aimer beaucoup, elle fit votre éloge, elle espère vous revoir, vous lui avez promis la surveille de votre départ de revenir ici au mois de février. 'Au mois de février!' m'écriai-je, et je restai consternée. Je n'en suis point relevée, et depuis ce moment-là je n'existe plus, je me reproche tout ce que j'ai pensé, senti, et cru; je me suis perdue dans un labyrinthe dont je ne sortirai plus—mais laissons tout cela, on se dégoûtera bien de moi sans que je travaille à y contribuer.

On n'est occupé ici que du jugement de M. de Lally. Le public en est content, mais les frondeurs se joignent aux parents, aux amis, et crient *Tolle!*[4] Ils disent qu'il n'y avait point de preuves suffisantes pour une telle condamnation. Qu'est-ce qu'on entend par trahir les intérêts du Roi, etc.? Quelles sont les preuves qu'on a d'aucunes connivences? Si l'on en a, pourquoi ne les fait-on pas connaître? On répond à cela, toute la conduite ne la prouve-t-elle pas? Non, ce peut être celle d'un malhabile homme, d'un fou, etc. Pour moi, à qui cela ne fait rien, je ne sais s'il a été bien ou mal jugé, mais ce que je sais très bien, c'est qu'il serait fort heureux qu'on fût délivré de tous ses semblables; et que s'il était fou, il est singulier qu'il ait agi si conséquemment contre les intérêts de l'État et de la Compagnie des Indes. Je voudrais savoir ce que vous en pensez.

Nous sommes assourdis de tout ce qu'on dit du Prince Héréditaire, des fêtes qu'on lui donne, des agréments qu'on lui trouve. Chacun lui découvre la ressemblance de ce qu'on a trouvé de plus aimable, et de tout ce que je recueille je conclus qu'il est très médiocre; il semble *qu'il soit né français,* en voilà assez: je n'en demande pas davantage.

Milord[5] et Milady George soupèrent dimanche chez moi. Je fus fort aise de retrouver votre terroir. J'aurais voulu leur plaire, mais comme de raison je leur ai été fort indifférente. La Milady me dit qu'elle n'avait point encore eu de vos nouvelles. Le Milord, avec qui je causai toute la soirée (parce qu'il ne joua point) me dit que vos affaires étaient en bon train, que le Duc de Grafton[6] n'avait point

ford-Howard (1721–69), dau. of the 2d E. of Stafford, m. (1744) Guy-Auguste de Rohan-Chabot, Comte de Chabot. Lady Mary Coke says that 'she is a great favourite, no body more agreeable' (Lady Mary Coke, *Letters and Journals,* Edinburgh, 1889–96, ii. 22), and that 'I never knew anybody more sensible or agreeable' (ibid. iii. 69).

4. 'Exclamavit autem simul universa turba, dicens: Tolle hunc, et dimitte nobis Barabbam' (*Luke* xxiii. 18) (T).

5. Lord George Henry Lennox (1737–1805), brother of the 3d D. of Richmond.

6. Augustus Henry Fitzroy (1735–1811), 3d D. of Grafton, who resigned as secretary of state, 23 May 1766, and became prime minister in the following August.

'On the 27th [April] the Duke of Graf-

remis sa place, et qu'on ne savait point encore ce qu'il ferait. Comme nous parlions de tout cela, Mme d'Aiguillon arriva, et fit compliment au Milord sur ce que M. le Duc de Richmond[7] avait la place du Duc de Grafton, qui s'était retiré, que c'était M. Craufurd qui l'avait mandé au Chevalier de Redmond:[8] le Milord assura qu'il n'en était rien. Adieu, j'attends l'arrivée du facteur pour fermer ma lettre.

Le facteur est arrivé; il dit qu'il n'y a point de lettres d'Angleterre, ainsi je vous dis adieu jusqu'à samedi ou dimanche. Mandez-moi quand vous m'écrirez si M. Craufurd sera à Londres les premiers jours du mois prochain. Je ne m'informe point s'il a le projet de faire un tour ici; il n'y a nulle apparence.

From Madame du Deffand, Sunday 18 May 1766

N° 9. Paris, dimanche 18 mai 1766.

OH! vous avez raison, j'ai mérité l'insolentissime correction que vous me faites, mais vous avez dû voir par ma dernière lettre[1] que j'étais en disposition de me corriger. J'avais déjà fait des réflexions très judicieuses, et pris des résolutions que j'ai déjà suivies. Remarquez, s'il plaît à votre sévérité, que je ne vous ai pas écrit une

ton came to me, and Mr Conway and I persuaded him to defer his resignation a few days; though he said he could not trust the King . . .' (Mem. of Geo. III ii. 227).

'The Duke of Grafton, however, gave notice to the King that he would resign. The King begged him to defer it for a few days' (ibid. ii. 228).

7. Charles Lennox (1735–1806), 3d D. of Richmond, ambassador to France 1765–6 when HW was in Paris and saw him often (Paris Jour.). Through his great-grandmother, who was mistress to Charles II, the Duke could claim to be Duc d'Aubigny in the French peerage, and his efforts to have this title recognized by the parliament of Paris brought him often to France, where he met D. She calls him 'le jeune duc' in her letters, and, like HW, was greatly attached to him. The Duchess of Richmond was the step-daughter of HW's cousin, Henry Conway, and consequently HW had a special interest in Richmond's career.

'In the room of the Duke of Grafton I resolved to try to make the Duke of Rich-

mond Secretary of State. Not that I could flatter myself with the duration of the system; but as I knew the Duke had better talents than most of the ministers, and would be more moderate, I thought he would be likely to bring them to such a temper as might prevent their dissolution then, and would be of use to them if they remained in power' (Mem. of Geo. III ii. 229).

8. Jean de Redmond (ca 1709–78), lieutenant-général, and chevalier (Rép. de la Gazette; Philip Thicknesse, Useful Hints, 1768, pp. 190–1). HW frequently met him in Paris, and dined with him, 10 Jan. 1766. He later spoke of him as 'that fool Redmond' (Paris Jour.). Redmond was a favourite of Mme d'Aiguillon (see post 17 May 1767); he translated the preface to HW's Historic Doubts (see post 8 March 1768); D considered him a bore (see post 2 Nov. 1769).

1. Ante 14 May 1766.

panse[1a] d'a jeudi, vendredi et samedi. J'étais déterminée à laisser passer cet ordinaire-ci sans vous écrire si je n'avais pas aujourd'hui de vos nouvelles. Votre lettre est originale, et je suis fâchée de ne me pas mieux porter. J'y répondrais comme il convient, mais vous me tuez à terre.

Depuis huit ou dix jours je suis malade sans savoir ce que j'ai; je suis comme la malade imaginaire de Dufresny,[2] je ne mange rien, et tout ce que je mange me fait mal; je suis toute engourdie, toute hébétée; mais je vois avec plaisir que vous vous portez fort bien. Vous êtes actuellement comme le poisson dans l'eau. Je perds toute espérance, et si vous aviez l'érudition de nos opéras vous sauriez que

'Quand on est sans espérance, on est bientôt sans amour.'[3]

Rassurez-vous donc pour l'avenir; plus d'amitiés, plus de douceurs; je le jure, j'en fais serment; plus de question sur ce que vous ferez, plus de curiosité sur ce que vous faites, encore bien moins sur ce que vous pensez. Je vous attendrai au mois de février, ou je ne vous attendrai plus du tout, si vous l'aimez mieux. Êtes-vous content? Est-ce comme cela qu'il faut être?

Je vous envoie des chansons du Chevalier de Boufflers sur une ambassade qu'il fit de la part du Roi Stanislas[3a] à la Princesse Christine[4] quand elle fut à Remiremont; ne les rendez point publiques. J'ai corrigé ma parodie, 'pupille' et 'fille' ne riment point: voici comme elle est aujourd'hui; j'y ai ajouté le troisième couplet:—

Absente de mon bon ami
  Je ne suis pas tranquille;
Son retour dans ce pays-ci
  Me paraît difficile.
Strawberry Hill l'enchantera,
Madame Hervey le retiendra.
  Il m'oubliera,
  Plus n'écrira
  À sa pauvre pupille;
Plus n'écrira, il m'oubliera
  Comme chose inutile.

1a. 'Pensée' in the MS.
2. D probably means *La Malade sans maladie* by Charles Rivière Dufresny (1648–1724).
3. Not found.
3a. Stanislas I (Leszczyński) (1677–1766),

ex-King of Poland, father of the Queen of France.
  4. Sœur de Madame la Dauphine (HW). Marie-Christine (1735–82), Abbess of Remiremont, dau. of Friedrich Augustus of Saxony, King of Poland (C–D; Wilhelm

> J'éviterais bien de l'ennui
> Si je ne pensais plus à lui.
> Il n'aime rien,
> Il en convient,
> Et même il en fait gloire;
> Mais je ne saurais le croire.
>
> Absente de mon bon ami, etc.

Ceci est un vieux péché que le repentir efface.

J'ai eu pitié de Lally par humanité, mais c'était un haïssable et méchant homme. Je ne sais si j'ai le cœur anglais ou français, je vous en laisse le juge. Je ne sais pas même aujourd'hui si je suis morte ou en vie.

Je viens de recevoir une lettre de M. Selwyn,[5] et une de Mme Elliot en anglais: je la ferai traduire ce soir par Mmes d'Aiguillon et de Forcalquier. Les vôtres n'ont pas besoin d'être traduites; j'entends fort bien votre langue et je démêle bien le littéral et le figuré. Vous ne compterez sur mon amitié, dites-vous, que quand je vous devrai de la reconnaissance; il n'y a que vous qui sachiez dans quel mois cela arrivera; vous me l'apprendrez quand vous le jugerez à propos, mais si vous avez tant d'envie de m'obliger, et si vous avez le cœur aussi bon que je me l'imagine, vous ne persisterez pas à être sans projet, ou à les rendre impénétrables.

Mais dites-moi donc, qu'est devenu M. Craufurd? Est-ce que vous ne le voyez point? Je suis un peu étonnée de n'entendre point parler de lui.

J'eus hier à souper Mme de Luxembourg, elle arrivait de l'Isle Adam[6] et elle y retourne demain. Elle est dans l'adoration de l'Idole; cette idole est plus idole que jamais, l'Héréditaire lui a rendu de grands hommages et il retournera mercredi dans son temple.[7] Il

Karl, Prinz von Isenburg, *Stammtafeln*, Berlin, 1935). The verses, and an account of their composition, may be found in Laetitia Matilda Hawkins, *Memoirs*, 1822, iii. 207–9; Gaston Maugras, *Les dernières années du Roi Stanislas*, 1906, p. 361; Nesta H. Webster, *The Chevalier de Boufflers*, 1916, pp. 30–1.

5. George Augustus Selwyn (1719–91), the wit, HW's life-long friend. D wrote him, 29 June 1776 (MS in Society of Antiquaries).

6. Residence of the Prince de Conti north of Paris, on the Oise. The château was destroyed in the Revolution.

7. Mme de Boufflers lived with the Prince de Conti in the Temple.

'According to letters from Paris of the 16th, the Hereditary Prince of Brunswick has been lately magnificently entertained at Bagnolet by the Duke of Orléans; after which he supped at the Temple with the Prince of Conti and passed some days at Chantilly with the Prince of Condé . . .' (*London Chronicle* xix. 505, 27 May 1766).

dînera mardi chez M. de Paulmy[8] avec nos plus illustres académiciens, et samedi chez le Président avec la même compagnie; il ira ensuite à l'Académie française. Son voyage à Chantilly a été des plus brillants; on dit que nos plus jolies dames lui font mille coquetteries, entre autres celle[9] à qui vous aviez donné d'abord toute préférence et la femme[10] de celui à qui vous devez donner à dîner[11] demain à Strawberry Hill; ces deux dames se placent toujours à table à ses côtés. On dit qu'il est fort poli: mais par tout ce que j'en entends dire je n'ai pas la plus petite curiosité de le voir.

Pourquoi donc vos affaires n'avancent-elles point? Ma curiosité n'a d'objet que l'intérêt que vous y pouvez prendre.

Aurons-nous Milord Holdernesse pour ambassadeur?[12] Reverrons-nous le Paysan?[13] Vous répondrez à tout cela si vous voulez, mais ce que je vous prie de me dire c'est si M. Craufurd est à Londres et s'il y sera encore longtemps; informez-vous-en, je vous supplie, parce que j'ai quelque raison pour cela; vous voyez que je ne vous dis pas tout, vous devez être content. Ce qui m'a le plus choquée dans votre lettre,

8. Marc-Antoine-René de Voyer (1722–87), Marquis de Paulmy, son of the Marquis d'Argenson, writer, bibliophile, and member of the French Academy. Choiseul says of him: 'rien de plus chétif en esprit, en figure, en maintien, en talents; il est fait précisément pour recevoir les coups de pied d'une parade' (Étienne-François, Duc de Choiseul, *Mémoires*, 1904, p. 140). Cardinal de Bernis says: 'C'est un honnête homme; mais d'un côté il a trop d'amour-propre pour se laisser gouverner par des gens capables, et de l'autre il n'est pas assez fort pour se gouverner lui-même' (François-Joachim de Pierre, Cardinal de Bernis, *Mémoires*, 1903, ii. 166–7).

9. Mme d'Egmont (HW). Jeanne-Sophie-Élisabeth - Louise - Armande - Septimanie Vignerot du Plessis-Richelieu (1740–73), dau. of the Maréchal de Richelieu, m. (1756) Casimir Pignatelli d'Egmont, Comte d'Egmont (Maximilien Buffenoir, *Sur les pas de la Comtesse d'Egmont*, 1930). See HW to Lady Hervey 14 Sept. 1765, to the Countess of Suffolk 6 Dec. 1765, to Lady Hervey 2 Jan. 1766, to Conway 12 Jan. 1766, and to Gray 25 Jan. 1766. Mme Geoffrin praised Mme d'Egmont so often to Stanislas II of Poland that the latter requested a portrait. Mme Geoffrin re-

plied: 'La figure de Mme d'Egmont est charmante, mais son grand charme est quand elle parle, ce qu'elle fait avec une grâce qu'on ne peut rendre ni en peinture, ni en sculpture' (Stanislas to Mme Geoffrin 1 Jan. 1768, and Mme Geoffrin to Stanislas 8 Feb. 1768 in *La Correspondance de Stanislas-Auguste Poniatowski et de Mme Geoffrin*, 1875, pp. 320–2).

10. Mme de Lillebonne (HW). Françoise-Catherine-Scholastique d'Aubusson de la Feuillade (b. 1733), m. (1752) François-Henri d'Harcourt (1726–1804), Comte de Lillebonne and later (1783), Duc d'Harcourt (C–D; Louis-Pierre d'Hozier, *Armorial général*, 1908–12, iii. 'Le Veneur' p. 40). HW had met her twice in Paris (*Paris Jour.*).

11. The Comte de Lillebonne had gone to England early in March 1766 (see HW to Anne Pitt 7 March 1766).

12. Lord Rochford succeeded the Duke of Richmond as English ambassador to France.

13. Hume. 'It is said that Lord George Lennox is coming home from Paris, having been sent for; and that the management of affairs in the absence of an ambassador, will devolve on Mr Hume' (*London Chronicle*, 24 May 1766, xix. 496).

c'est cinq ou six *Madame*. Il y avait un homme à qui ses amis avaient donné le sobriquet de *Bacha;* c'était un grand seigneur.[14] Un personnage de très petit état s'avisa de l'appeler ainsi. Il lui dit, 'Monsieur, ceux que j'appelle *monsieur* ne m'appellent point *Bacha*.'

Je ne vous appellerai d'aucun nom aujourd'hui et je ne vous nommerai mon tuteur que quand vous ne me nommerez que 'ma bonne' ou 'ma petite.' Adieu, adieu.

P.S. Je ne vous enverrai les couplets de M. le Chevalier de Bouf-flers que dans ma première lettre; je n'ai pas pu en avoir la musique.

To Madame du Deffand, Tuesday 20 May 1766, N° 5

Two fragments, B. i. 27n, 37n. Although printed by Dr Toynbee as two letters, 'May 1766,' both must belong to the same letter. The first replies to *ante* 10 May 1766, and is answered *post* 25 May 1766; the second fragment replies to *ante* 14 May 1766 and is also answered *post* 25 May 1766. *Paris Journals* show that HW to D 20 May 1766 is the only letter that could satisfy the requirements of either fragment, those of 13 May and 26 May being either too early or too late. Probably the first fragment was written at Strawberry Hill in reply to *ante* 10–11 May, and the second at Arlington Street where he found *ante* 14 May awaiting him. This letter is marked ✕ in *Paris Journals*.

AH, madame, madame, quelles horreurs[1] me racontez-vous là! Qu'on ne dise jamais que les Anglais sont durs et féroces—véritablement ce sont les Français qui le sont. Oui, oui, vous êtes des sauvages, des Iroquois, vous autres. On a bien massacré des gens chez nous, mais a-t-on jamais vu battre des mains pendant qu'on mettait à mort un pauvre malheureux, un officier général,[2] qui avait langui pendant deux ans en prison? un homme, enfin, si sensible à l'honneur, qu'il n'avait pas voulu se sauver! si touché de la disgrâce qu'il cherche à avaler les grilles de sa prison plutôt que de se voir exposé à l'ignominie publique; et c'est exactement cette honnête pudeur qui fait qu'on le traîne dans un tombereau, et qu'on lui met un bâillon à la bouche comme au dernier des scélérats. Mon Dieu! que je suis aise d'avoir quitté Paris avant cette horrible scène! je me serais fait dé-

14. Charles-Anne-Sigismond de Mont-morency-Luxembourg (1721–77), Duc d'Olonne, son of the Duc de Boutteville (T; St-Allais iii. 295).

1. See *ante* 10 May 1766.
2. Lally.

chirer ou mettre à la Bastille. Oui, ma chère Pupille, rendez-vous à l'anglomanie. Notre populace compatit au moins aux malheureux qu'il s'est fait donner en spectacle.

À mon retour de Strawberry Hill,[3] je trouve votre lettre,[4] qui me cause on ne peut pas plus de chagrin. Est-ce que vos lamentations, Madame, ne doivent jamais finir? Vous me faites bien repentir de ma franchise; il valait mieux m'en tenir au commerce simple: pourquoi vous ai-je avoué mon amitié? C'était pour vous contenter, non pas pour augmenter vos ennuis. Des soupçons, des inquiétudes perpétuelles!—vraiment, si l'amitié a tous les ennuis de l'amour sans en avoir les plaisirs, je ne vois rien qui invite à en tâter. Au lieu de me la montrer sous sa meilleure face, vous me la présentez dans tout son ténébreux. Je renonce à l'amitié si elle n'enfante que de l'amertume. Vous vous moquez des lettres d'Héloïse,[5] et votre correspondance devient cent fois plus larmoyante. 'Reprens ton Paris;' je n'aime pas 'ma mie au gué'[6] oui, je l'aimerais assez au gai, mais très peu au triste. Oui, oui, m'amie, si vous voulez que notre commerce dure, montez-le sur un ton moins tragique; ne soyez pas comme la Comtesse de Suze,[7] qui se répandait en élégies pour un objet bien ridicule. Suis-je fait pour être le héros d'un roman épistolaire? et comment est-il possible, Madame, qu'avec autant d'esprit que vous en avez, vous donniez dans un style qui révolte votre Pylade,[8] car vous ne voulez pas que je me prenne pour un Oroondate?[9] Parlez-moi en femme raisonnable, ou je copierai les réponses aux Lettres portugaises.[10]

3. HW had given a dinner at Strawberry Hill on the preceding day, Monday 19 May, but the inclement weather had forced him to return to Arlington Street (see HW to Mann 22 May, and to Montagu 25 May 1766).

4. Ante 14 May 1766.

5. See ante 21 April 1766, but possibly HW means Rousseau's epistolary novel, Julie, ou la nouvelle Héloïse.

6. HW is paraphrasing the end of an old French song, of which a version is in Molière's Misanthrope I. ii. In the song, the lover says that if the King offered him Paris in exchange for his sweetheart, he would reply:

'Reprenez votre Paris,
J'aime mieux ma mie, ô gué!'

7. Henriette de Coligny (1618–73), poetess, m. (1) (1643) Thomas Hamilton, 3d E. of Haddington; m. (2) Gaspard de Champagne, Comte de la Suze (NBG; Sir James Balfour Paul, Scots Peerage, Edinburgh, 1904–14).

8. Friend of Orestes, nephew of Agamemnon.

9. The lover of Statira, widow of Alexander the Great, in Cassandre by Gautier de Costes de la Calprenède (1614–63).

10. Lettres d'amour d'une religieuse portugaise, écrites au Chevalier de C . . . officier français en Portugal, by Marianna Alcoforado (1640–1723), a nun of Beja. They were first published 1699.

From Madame du Deffand, Wednesday 21 May 1766

N° 10. Paris, mercredi 21 mai 1766.

IL n'y eut point hier de courrier d'Angleterre; il arrivera sans doute aujourd'hui: je ne compte pas qu'il m'apporte rien. Ce qui vous surprendra, c'est que je ne serai point du tout fâchée; tout au contraire, je serai ravie que vous vous mettiez bien à votre aise avec moi, et que vous ne m'écriviez jamais que quand vous n'avez rien à faire. Vos lettres me feront mille fois plus de plaisir, parce qu'alors elles auront été un amusement pour vous, et non pas une gêne; pour moi, je veux vous écrire tant qu'il me plaira: je n'ai rien à faire; je n'ai ni de Princesse Amélie,[1] ni d'ambassadeurs, ni de bals, ni de jeux, ni de Strawberry Hill; je n'ai que mon effilage[2] et mon chien. Je fais l'un sans y penser, et je ne pense guère plus à l'autre.

Presque toutes les fois que je réponds à vos lettres, que l'on a fermé mon paquet, qu'il est à la poste, je m'avise que je vous ai dit mille inutilités, et que j'ai omis de vous dire tout ce qui était le plus important et le plus nécessaire. Par exemple, dans ma dernière lettre du 19, je n'ai point répondu à la vôtre du 13, aux articles qui en valaient bien la peine. Qui m'a dit, dites-vous, que ce n'est que par *complaisance* que vous m'avez lâché le mot d'*amitié?* Eh bien, je n'en doute pas; mais je doute que vous aimiez ceux qui vous haïssent: je crois que vous ne pensez point du tout être obligé de me rendre compte de vos pensées, occupations, projets, etc., etc. Mais je vous prie de croire que je suis bien éloignée de l'exiger. Oh! non, non, je ne suis pas folle, ou du moins ma folie n'est pas la présomption ni la prétention, et je n'ai point à vous reprocher de m'induire à tomber dans cet inconvénient. Tout en badinant, tout en jouant, vous me faites entendre la vérité, et vous trouvez le moyen d'en envelopper l'amertume; mais je comprends très bien que mes sept ou huit premières lettres ne vous ont pas plu: je ne suis pourtant point fâchée de les avoir écrites; je n'en rougis point. J'ai connu une femme à qui on faisait quelques remontrances sur ce qu'elle n'avait pas un air assez réservé avec des personnages graves et à qui on devait du respect: elle répondit qu'elle avait vingt-neuf ans, et qu'à cet âge on avait

1. Princess Amelia Sophia Eleonora (1711–86), 2d dau. of George II of England. HW was a member of her set for twenty-five years.

2. 'Parfilage' was the unweaving of cloth to recover the gold and silver threads in it. Like 'effilage' (unravelling) it was a popular diversion and D's chief pastime.

toute honte bue; et moi je dis qu'à mon âge on ne pèche point contre la décence en se laissant aller à des *emportements* d'amitié, et ils ne doivent point effrayer, quand il est bien démontré qu'on n'exige rien. Je ne vous connais pas, ajoutez-vous; *peut-être me trompai-je à votre caractère comme je fais à votre esprit.* Vous ne me donnez pas beaucoup d'inquiétude d'avoir porté un faux jugement: je ne me suis pas trompée à votre esprit; mais je pourrai me tromper à votre caractère. Cependant permettez-moi de croire que vous n'êtes ni *volage,* ni *ingrat,* ni *méchant:* vous êtes singulièrement bon, et vous êtes, ainsi que feu mon ami Formont, la bonté incarnée, le plus reconnaissant des hommes et le plus éloigné de toute méchanceté. C'est cette connaissance que j'ai de votre caractère qui me fait et me fera toujours vous dire tout ce que je pense, qui me fait applaudir de vous avoir donné mon amitié: il ne peut y avoir qu'un seul inconvénient, qui est grand, il est vrai, mais qu'on ne peut pas appeler dangereux, c'est de ne vous plus revoir. Si cela arrive, je pourrai avoir à me reprocher de m'être laissée aller au goût que j'ai pris pour vous, mais non pas d'avoir fait un mauvais choix, ni d'avoir été indiscrète en vous donnant toute ma confiance. À propos de confiance, qui est-ce[2a] qui a appris à M. Selwyn que je vous avais écrit de ma propre main? Si j'avais fait une indiscrétion de ce genre, quelle réprimande ne me feriez-vous pas? Eh bien! moi je ne vous en fais pas. Je serai votre mère, et je dirai comme cette dame, 'À mon âge on a toute honte bue.' Après cette petite digression, revenons à votre lettre; les douceurs arrivent après les sévérités. Rien n'est plus flatteur que votre manière de louer; il semble que ce soit malgré vous et que c'est la vérité et la justice qui vous y forcent. Oh! Monsieur, je n'en suis point la dupe; sans être faux, vous êtes fort rusé, et vous vous entendez fort bien à dorer la pilule. Je ne sais pas comment cela se fait, sans être dupe je me laisse attraper, mais c'est que ce que je sens l'emporte toujours sur ce que je sais, ce que je vois, et ce que je pense.

Avouez que tout ce que je vous dis vous ennuie à la mort; je voudrais que vous ne lussiez mes lettres que dans le même temps où vous pouvez m'écrire les vôtres, quand vous n'avez rien à faire et rien dans la tête qui vous occupe et vous intéresse; il n'est pas juste que je vous fasse partager l'ennui de mon oisiveté. En voilà bien long, mais cependant je n'ai pas encore fini; il faut que je vous dise aujourd'hui généralement tout ce que je pense pour n'y plus revenir, du moins

2a. 'Qu'est-ce' in the MS.

c'est mon intention. J'examine souvent si c'est un bonheur ou un malheur pour moi de vous avoir connu. Le bonheur est spéculatif si je ne dois jamais vous revoir, et le malheur très réel, parce que cette privation me sera douloureuse, et puis ce qui est journalier et que j'éprouve à tout moment c'est le dégoût que vous êtes cause que j'ai pris pour tout ce qui m'environne en particulier, et pour ma nation en général.

Je suis comme était feu le Régent,[3] je ne vois que des sots ou des fripons; tous les jugements que j'entends porter me sont insupportables; quelques personnes qui paraissent assez raisonnables parlent de vous, vous louent à peu près bien: j'écoute, j'approuve, je suis contente, et l'instant d'après on vante M. Keene:[4] il a bien de l'esprit, dit-on, de la force, du nerf, mais il est bien anglais; il n'est pas si aimable que M. Walpole. Celui-ci a bien plus de douceurs, de politesse, bien plus d'envie de plaire: oh! il est tout à fait français. Je me mords les lèvres, je me tords les mains, je me tais, mais j'enrage, et il me prend un dégoût pour ces gens-là, que je voudrais ne leur parler de ma vie; cependant je n'ai rien de mieux à faire que de vivre avec eux. Allez, allez, mon tuteur, ne me recommandez point de ne point parler de vous; à qui diantre voulez-vous que j'en parle? Sera-ce à Mme de Luxembourg, qui n'a d'estime et de vénération que pour l'Idole? sera-ce à Mme de Mirepoix, pour qui tout est lanterne magique?[5] sera-ce à Mme de Beauvau, qui est toujours dans l'enivrement de ses succès? qui, malgré son attachement pour son mari, veut plaire à tout le monde, sans choix, sans discernement? sera-ce à Mme de Jonzac? elle est un être d'une espèce différente de la nôtre; elle est impassible, c'est-à-dire sans passion, sans sentiment; et si elle n'était pas aussi souvent enrhumée, je croirais que son corps est comme son âme, qu'elle ne sent ni le froid ni le chaud. Sera-ce enfin à Mme de Forcalquier? ce pourrait être à elle plus qu'à personne; mais sa Mme Dupin et, peut-être aussi, son miroir lui ont persuadé qu'elle n'est pas dans la région commune. On démêle

3. Philippe (1674–1723), Duc d'Orléans, regent of France during the minority of Louis XV. D was his mistress for a fortnight (HW to Gray 19 Nov. 1765).

4. Corrected by HW from Wiart's 'Kinn.' Whitshed Keene (ca 1732–1822), M.P. for Montgomery 1774–1818 (GM 1822, xcii. pt i. 278). HW had met him three times in Paris (Paris Jour.).

5. This is a favourite metaphor with D (see post 30 July 1766, 16 Feb. 1767, 12 Dec. 1770); it was also used by Rousseau, Confessions, xi: 'passent comme des figures de la lanterne magique.' The invention of the magic lantern is attributed to Athanasius Kircher (1602–80).

cependant qu'elle a de la sensibilité, et la lettre qu'elle m'a chargée de vous envoyer en peut servir de preuve; car assurément tout ce qu'elle vous dit de moi n'est pas une suite des confidences que je lui ai faites; je ne lui parle jamais de vous que pour lui répondre, et je n'ai point avec elle, non plus qu'avec nulle autre, des *effusions de cœur*.

Encore un autre article à traiter: je dois de la reconnaissance à *l'Omnipotence*. Je vous écrivais il y a quelque temps que je reconnaissais sa providence; mais si je lâchais la bride comme Voltaire, je dirais que j'ai bien à m'en plaindre. Ah! quel esprit m'a-t-il donné, celui qui fait qu'on ne peut être ni content de soi ni des autres! J'aimerais bien mieux qu'il m'eût traitée comme M. de Saulx[6] ou comme l'Idole, qui toujours s'aime et s'admire, et qui dans cette contemplation ne voit et ne sent rien que ce qui peut augmenter sa gloire. Que je suis différente d'elle, mon cher tuteur! tout m'abat, tout m'accable; si je ne fais pas cas des autres, j'en fais encore moins de moi.

Il me vient une idée qu'il faut encore que je vous communique. Vous devez penser quelquefois ce qu'est devenue mon amitié et même mon engouement pour M. Craufurd; c'est une question que je me fais à moi-même, je m'y réponds fort bien; j'ai toujours du goût pour son esprit, j'ai très bonne opinion de son cœur; il a l'esprit très juste, beaucoup de discernement; je le crois très capable d'amitié, qu'un ami lui serait nécessaire et le rendrait heureux. Il a un fond de mélancolie et d'ennui qui le rend malheureux; il est jeune, il a une mauvaise tête, l'oisiveté lui pèse et le tourmente; de là viennent les folies qu'il fait au jeu, et il en fera peut-être d'un autre genre, et il s'exposera non pas à des remords (car il ne fera jamais rien de mal) mais à beaucoup de regrets et de repentirs. Votre caractère ne ressemble point au sien, ce n'est pas que vous ne soyez pas un peu fou, mais vos folies sont pour ainsi dire postiches, des fantaisies baroques, des mouvements de gaîté qui vous font trouver de l'amusement où les autres n'en trouveraient point, mais vous êtes décidé, je ne vous crois point léger, votre tête est sujette à se troubler, vous le savez, et vous attendez que cela soit plus calme pour parler et pour agir. Pour en revenir à ce que je pense de M. Craufurd: je l'aime toujours, mais je trouve très bon et très naturel qu'il m'ait oubliée.

6. Charles-Henri de Saulx-Tavannes (1697–1768), Marquis de Saulx (*Rép. de la Gazette*). HW had often met him in Paris (*Paris Jour.*).

Ah! voici une grande histoire que j'ai à vous raconter. Le mari de cette Mme Dumont[7] qui est chez Mme Elliot, que j'avais fait placer à une barrière, qui avait six cents francs d'appointements, logé et chauffé, a fait un trou à la lune. On ne sait où il est allé; il a fait pour quatre mille francs de dettes, il a vendu toutes les nippes de son malheureux fils, lits, habits, linge. Ce petit garçon, la première nuit, a couché sur la paille, la nuit d'après il aurait couché sur le pavé dans la rue. Je l'ai pris chez moi, je lui donne un maître à écrire pour le mettre en état d'être placé; je verrai avec M. de Montigny[8] ce qu'on pourra faire pour lui.

Je me suis fait traduire la lettre de Mme Elliot,[9] elle est la plus honnête du monde. Je juge que c'est une femme de bon sens; il y a peu de nos Françaises qui écrivissent aussi bien à quelqu'un qu'elles ne connaîtraient pas. Elle me mande que sa lettre me sera remise par un homme de ses amis qu'elle me nomme. Sa lettre m'est arrivée par la poste et je n'ai point entendu parler de cet ami. Je lui répondrai dans quelque temps, je veux attendre si cet ami ne viendra pas. J'écrirai aussi à M. Selwyn, mais vous croyez bien que ce ne sera pas aujourd'hui, je m'épuise avec vous, et je n'ai pas encore tout dit. Je vous confie que Wiart est bien fatigué de mon bavardage, mais il faut qu'il prenne patience.

L'Héréditaire dîna chez M. de Paulmy; il y avait vingt-deux personnes; il avait demandé M. d'Alembert,[10] il l'avait déjà vu à l'Académie des Sciences, et l'avait comblé de louanges et de caresses. Le Président donne un pareil dîner samedi prochain, on tuera votre Héréditaire à force de repas; son succès est prodigieux:[11] le grand feu de Paris a pourtant fait tomber celui de la Cour. À propos de la

7. Apparently the femme-de-chambre who had written to D (see *ante* 2 May 1766). She escorted 'Will Jackson the poor boy' to England, 26 Dec. 1765 (*Paris Jour.*).

8. M. Trudaine de Montigny was director of bridges and causeways.

9. Femme de Sir Gilbert Elliot (HW).

10. Jean le Rond d'Alembert (1717–83), 'philosophe.' See Appendix 5m. He had been one of the leading members of D's salon until her rift with Mlle de Lespinasse, to whom he was devoted. A MS copy of his *Reflexions sur . . . la philosophie* (1757) is among her papers, bequeathed to HW. In the same collection, in her MS volume, *Recueil de lettres,* are copies of a letter from d'Alembert to Hénault, fourteen letters to D, a letter to Mme de Pompadour, a letter to Frederick the Great, a letter to M. d'Argenson, four letters to the Marquis d'Argens; also D's 'portrait' of d'Alembert, and letters written to him by Formont, d'Argens, d'Argenson, Montesquieu, and Frederick the Great.

11. 'On ne peut rien ajouter à la réception que trouve à la Cour et à la ville, le Prince héréditaire de Brunswick. . . Le Roi lui a donné les marques d'estime les plus distinguées. . . C'est un beau spectacle que de voir ces illustres ennemis, s'embrasser, réunis' (*Mercure historique* clx. 563, May 1766).

Cour, je n'ai ni vu ni entendu parler de la grand'maman,[12] depuis le 4 de ce mois que je la vis à Versailles; il n'est plus question de la lettre d'Émile;[13] le moment de la faire voir est manqué; vous ne vous souciez pas qu'on y revienne. Belles nouvelles à vous apprendre: les capucins se donnent les airs d'imiter les Anglais; le gardien du couvent de Saint-Jacques,[14] ces jours-ci, s'est coupé la gorge. Vous n'êtes pas curieux de savoir pourquoi, ni moi non plus. Pour le coup, adieu; je finis en vous disant que je suis femme, très femme, et même femmelette et nullement française.

Ne trouvez-vous pas la lettre de Mme de Forcalquier[15] très jolie? Excepté ce qu'elle dit de moi, j'en suis très contente. Le nom de Mme de Boufflers est venu au bout de sa plume, c'est en dérision. Il y a à la fin de sa lettre une phrase obscure, mais que le temps éclaircira.[16]

Voilà une adresse pour la table de Mme de Jonzac.[17] Vous jugez bien que la seconde enveloppe, c'est-à-dire celle de dessus, doit être l'adresse de M. de Montigny.

J'ai commencé à vous écrire à dix heures, il est midi et demi; c'est un débordement, une inondation, un déluge.

Ce que je vous ai mandé des adresses de Mme de Jonzac n'a pas le sens commun, c'est, je crois, tout le contraire; vous en jugerez.

Je donne demain à souper à Mme de Beauvau et au petit Comte de Broglie; ce Comte, qui est si petit, a la tête si infiniment petite qu'elle n'est pas même proportionnée à son corps, c'est de quoi je m'aperçois toutes les fois que je le vois.

À 7 heures du soir.

Je viens de recevoir une lettre de la grand'maman; elle me mande qu'elle est très fâchée de ne vous avoir pas encore fait réponse.[18]

---

12. Mme de Choiseul wrote to D, 24 May 1766 (S–A i. 33), but an earlier letter, not preserved, is mentioned in D's postscript.

13. HW's letter to Rousseau under the name of Émile.

14. The noviciate of the Capucins, Rue du Faubourg St-Jacques (*Dict. de Paris*). 'The Superior of the Capuchins in the Rue St-Jacques was found the other day in his cell with his throat cut; whether his own doing or anybody's else, is not yet known' (*London Chronicle* xix. 518, 31 May 1766, Paris 21 May).

15. Mme de Forcalquier to HW ? May 1766 (missing).

16. Possibly an allusion to a portrait of Mme de Sévigné, in preparation for the joke that D was planning (see *post* 17 June 1766).

17. The tea table she wished HW to get for her in England (see *ante* 30 April 1766).

18. HW had written to Mme de Choiseul, 6 May 1766 (*Paris Jour.*).

SNUFF-BOX, WITH MADAME DE SÉVIGNÉ'S
PORTRAIT AND INITIALS, SENT TO WALPOLE

From Madame du Deffand under the name of Madame de Sévigné, May 1766

Edited from the original, now WSL. The letter, which is in the hand of Mme de Jonzac, was sent in a white and gold snuff-box, with a miniature of Mme de Sévigné on its lid, and the cipher of Rabutin and Sévigné on the bottom. The snuff-box is now at Chewton Priory, in the possession of Lord Waldegrave. D describes the circumstances of its purchase and conveyance in *post* 17 June 1766. See also D to Mme de Choiseul 18 June; Mme de Choiseul to D 24 May and 21 June; M. de Guerchy to Mme de Choiseul 11 June; D to Mme de Choiseul 25 June and 5 July 1766 (all in S–A); and *post* 10 June and 19 June 1766. The whole incident is described by W. S. Lewis, *Horace Walpole's Letter from Madame de Sévigné*, Farmington, 1933. A MS copy of the letter is in the Waller collection.

Des Champs Élysées; point de
succession de temps, point de date.

JE connais votre folle passion pour moi, votre enthousiasme pour mes lettres, votre vénération pour les lieux que j'ai habités; j'ai appris le culte que vous m'y[1] avez rendu; j'en suis si pénétrée que j'ai sollicité et obtenu la permission de mes souveraines de vous venir trouver pour ne vous quitter jamais; j'abandonne sans regret ces lieux fortunés, je vous préfère à tous ses habitants, jouissez du plaisir de me voir, ne vous plaignez point que ce ne soit qu'en peinture, c'est la seule existence que puissent avoir les ombres. J'ai été maîtresse de choisir l'âge où je voulais reparaître; j'ai pris celui de vingt-cinq ans pour m'assurer d'être toujours pour vous un objet agréable; ne craignez aucun changement; c'est un singulier avantage des ombres: quoique légères, elles sont immuables.

J'ai pris la plus petite figure qu'il m'a été possible pour n'être jamais séparée de vous, je veux vous accompagner partout, sur terre, sur mer, à la ville, aux champs, mais ce que j'exige de vous c'est de me mener incessamment en France, de me faire revoir ma patrie, la ville de Paris, et d'y choisir pour votre habitation le faubourg Saint-Germain, c'étaient là qu'habitaient mes meilleures amies, c'est le séjour des vôtres, vous me ferez faire connaissance avec elles, je serais bien aise de juger si elles sont dignes de vous et d'être les rivales de

Rabutin de Sévigné

1. He had dined at Livry (HW's note to the letter as printed in 'Description of SH,' *Works* ii. 485). He had visited Livry, 2 April 1766 (see *Paris Jour.* and HW to Montagu 3 April 1766) and dined with the Abbé Malherbe. He also visited Mme

From MADAME DU DEFFAND, Sunday 25 May 1766

N° 11. Paris, ce dimanche 25 mai 1766.

JE ne sais pas si les Anglais sont durs et féroces, mais je sais qu'ils sont avantageux et insolents. Des témoignages d'amitié, de l'empressement, du désir de les revoir, de l'ennui, de la tristesse, du regret de leur séparation,—ils prennent tout cela pour une passion effrénée; ils en sont fatigués, importunés, et le déclarent avec si peu de ménagement, qu'on croit être surpris en flagrant délit; on rougit, on est honteux et confus, et l'on tirerait cent canons contre ceux qui ont une telle insolence. Voilà la disposition où je suis pour vous, et ce n'est que l'excès de votre folie qui vous fait obtenir grâce: ce qui me pique, c'est que vous me trouvez fort ridicule.[1] Je ne sais pas comment vous aurez trouvé ma dernière lettre; c'était un examen de conscience; elle vous aura peut-être ennuyé à la mort, mais je m'amusai beaucoup à l'écrire: je suis devenue si dissimulée depuis votre départ, que, quand je vous écris, je me laisse aller à dire tout ce qui me passe par la tête: s'il faut encore que je me contraigne, même avec vous, cela m'attristera bien. Vous voulez toujours rire; l'extravagance est votre élément, et moi je suis triste et mélancolique; de plus, je ne me porte pas bien; je vous l'avais mandé, mais cela ne vous fait rien; vous ne vous informez pas seulement de mes nouvelles. Vous êtes un original où je ne comprends rien; je crois quelquefois que vous avez de l'amitié pour moi, et puis tout de suite je pense tout le contraire: je n'aime point tous ces virevousses-là; cependant, à tout prendre, vous me divertissez.

Vous êtes étonnant avec votre Lally.[2] Si vous saviez toutes les horreurs dont il était coupable, combien il a ruiné et fait périr de malheureux! Joignez à cela que le public était persuadé que son argent le tirerait d'affaire,[3] vous conviendrez qu'il fallait un exemple: qu'importe qu'il fût officier général? il en méritait davantage un plus grand châtiment. Je suis persuadée que Pondichéry n'a été pris que

de Sévigné's convent (or thought he did, for he seems to have picked the wrong convent) on 14 Dec. 1765 (see *Paris Jour.*).

1. See *ante* 20 May 1766.
2. See ibid.
3. 'It is confidently said, the late fa-

mous and unfortunate Count Lally died worth two millions of our money, which has been seized for the use of the government; and 'tis thought that one of his principal crimes was being immensely rich' (*London Chronicle* xix. 505, 27 May 1766).

par ses trahisons; enfin on ne devrait jamais condamner au supplice aucun malfaiteur si on lui avait fait grâce. A l'égard des trois ans qu'il a été en prison, elles ont été nécessaires pour l'information de son procès; il fallait faire venir les preuves des Indes; enfin, je suis, je crois, tout aussi compatissante que vous, je ne pense pas qu'il soit selon la loi naturelle de faire mourir personne; mais puisque la loi civile s'en est arrogé le droit, M. de Lally a dû avoir la tête tranchée. A l'égard du bâillon et du tombereau, je les désapprouve; mais ne croyez point qu'il y ait été fort sensible; il a fini en enragé: de tous les hommes c'était le moins intéressant, et je crois le plus coupable. Je me péris dans votre esprit; qu'importe, je veux toujours vous dire ce que je pense.

Je suis ravie que M. de Richmond soit secrétaire d'État. Est-ce à la place du Duc de Grafton? Vous êtes donc la cheville ouvrière de toute cette grande machine,[4] tout va donc au gré de vos souhaits, mais nous ne vous en reverrons pas plutôt j'*espère*. Vous ne *reprendrez point*[5] *Paris à cause de vos mies* tant gaies que tristes; j'aurai ce soir votre *mie gaie* d'Aiguillon, et votre *mie triste* Forcalquier, et votre *mie ténébreuse* du Deffand aura quatorze personnes à souper, parce que Mme de Mirepoix lui en a envoyé demander, ainsi que Mme de Montrevel.[6] Voilà votre monnaie; j'aimerais mieux vous pour toute pièce, quoique vous ne soyez assurément pas de bon aloi.

Je vous envoie les chansons[7] que je vous avais annoncées.[8] Je n'ai pu avoir la musique qu'hier. Je vous ai, je crois, dit que c'était à l'occasion d'un compliment que le Chevalier de Boufflers fut faire à la Princesse Christine de la part du Roi Stanislas. Mme la Duchesse de Choiseul m'a mandé qu'elle vous avait écrit, qu'elle n'avait point mis d'adresse et qu'elle avait oublié de faire contresigner la lettre, qu'elle croyait qu'elle serait perdue, qu'elle me priait de vous le dire. Il faut que vous envoyiez au bureau pour la retirer; le dessus est à M. Horace Walpole, à Londres.[9]

Ne m'écrivez plus d'impertinences; il y a tel moment où elles me

4. The Duke of Richmond became secretary of state largely through HW's efforts; Conway refused to help because the Duke had married his step-daughter (see *Mem. of Geo. III* ii. 230).

5. See *ante* 20 May 1766.

6. Élisabeth-Céleste-Adélaïde de Choiseul (1737–68), dau. of the Duc de Praslin, m. (1752) Florent-Alexandre-Melchior de la Baume, Comte de Montrevel. HW met her often (*Paris Jour.*).

7. Not with the MS.

8. See *ante* 18 May 1766.

9. Apparently the letter, which is missing, reached him (see *post* 8 June 1766).

feraient beaucoup de peine. Ne me parlez plus de votre retour; il y a cinq mois d'ici au mois de novembre, et sept jusqu'au mois de février; je ne veux pas plus penser à cela qu'à l'éternité.

Je vous prie encore d'être infiniment persuadé que vous ne m'avez point tourné la tête, et que je prétends bien ne me pas plus soucier de vous que vous vous souciez de moi.

Adieu, on vient de m'apprendre que le Président a un peu de fièvre; c'est la suite d'un dîner qu'il donna hier au Prince Héréditaire; il prit une tasse de glace et le suivit à l'Académie. J'espère que ce ne sera rien, j'en suis cependant inquiète; je vais me lever pour aller savoir de ses nouvelles.

To Madame du Deffand, Monday 26 May 1766, Nº 6

Missing. Probably sent from Arlington Street, where HW had returned after a day at Strawberry Hill. Answered, 1 June.

From Madame du Deffand, Monday 26 May 1766

Nº 12. Ce lundi 26 mai 1766.

VOUS m'avez irritée, troublée, et, qui pis est, gelée: me comparer à Mme de la Suze![1] me menacer de m'écrire pour réponse une *Portugaise!*[2] ce sont les deux choses du monde que je hais le plus; l'une pour sa dégoûtante et monotone fadeur, et l'autre pour ses emportements indécents. Je suis triste, malade, vaporeuse, ennuyée; je n'ai personne à qui parler: je crois avoir un ami, je me console en lui confiant mes peines, je trouve du plaisir à lui parler de mon amitié, du besoin que j'aurais de lui, de l'impatience que j'ai de le revoir; et lui, loin de répondre à ma confiance, loin de m'en savoir gré, il se scandalise, me traite du haut en bas, me tourne en ridicule, et m'outrage de toutes les manières! Ah! fi, fi! cela est horrible: s'il n'y avait pas autant d'extravagance que de dureté dans vos lettres, on ne pourrait pas les supporter; mais à la vérité elles sont si folles que

1. HW has evidently re-read *ante* 20 May 1766. 2. See ibid.

je passe de la plus grande colère à éclater de rire: cependant j'éviterai de vous donner occasion d'en écrire de pareilles.

J'eus dimanche à souper seize personnes; on ne pouvait pas se tourner dans ma chambre; Mme de Forcalquier était assurément celle que j'aime le mieux; j'en suis assez contente: elle a cependant quelquefois des airs à la Walpole, mais je les lui passe en faveur de quelque autre ressemblance que je lui soupçonne. Pour M. de Saulx, si l'on ôtait l'article de son nom, qu'on en changeât l'orthographe, et qu'on n'y laissât que le son, il serait parfaitement bien nommé. À propos, je me souviens que l'autre jour, pensant à vous, je vous comparais à un logogriphe; on en tient tous les rapports, on a toutes les lettres, et on n'en trouve pas le mot. Est-ce là le style qu'il vous faut? et à quoi me comparerez-vous! à un amphigouri, à une parade! j'aime encore mieux cela qu'aux élégies de Mme de la Suze, aux *Lettres portugaises,* et aux romans de Mlle Scudéry.[2a]

Ce mardi 27.

Je vous prends et je vous quitte comme il me plaît; voici ce qui m'est arrivé hier au soir: je fais copier la lettre que j'ai écrite au Président, pour ne pas faire deux éditions.

'Je vais vous causer un moment de trouble, mais il ne durera pas: je ramenai hier Mme de Forcalquier; elle était dans le fond du carrosse, et moi sur le devant. Vis-à-vis M. de Praslin,[3] l'essieu de derrière rompit tout auprès de la roue; la roue tomba, nous versâmes sans que la glace de devant, ni que celle de la portière, du côté que la voiture versa, aient été cassées: mon cocher[4] fut jeté par terre, ainsi que les trois laquais qui étaient derrière, personne n'a été blessé, et les chevaux, à qui tout cela ne fit rien, s'en revinrent tout seuls avec l'avant-train à la porte de Saint-Joseph: le portier les reçut très honnêtement, et leur tint compagnie jusqu'à ce que mes gens les vinssent rechercher pour ramener la voiture. Nous ne fûmes pas si heureuses, Mme de Forcalquier et moi; le suisse de M. de Praslin nous refusa l'hospitalité: Monseigneur trouverait mauvais qu'il nous reçût; Mon-

---

2a. Madeleine de Scudéry (1607–1701).

3. L'Hôtel du Duc de Praslin, secrétaire d'État, et cousin du Duc de Choiseul (HW). Apparently this was on the Rue de Bourbon (*Almanach royal,* 1767, p. 147). César-Gabriel de Choiseul (1712–85), Duc de Praslin, was associated in politics with his cousin, the Duc de Choiseul, whose

disgrace he later shared. He was called 'glorieux, froid, et morgué' (Charles-Claude Flahaut, Comte de la Billarderie Angiviller, *Mémoires,* Copenhagen, 1923, p. 25).

4. D's coachman at the time of her death was named Decla (see Appendix 2).

seigneur n'était point rentré; nous le prîmes sur le haut ton; nous entrâmes malgré lui; le pauvre homme était tout tremblant; Monseigneur rentra; Mme de Forcalquier proposa au Suisse de lui aller dire que nous étions là.—Oh! je n'en ferai rien.—Et pourquoi donc, s'il vous plaît?—Parce que je n'oserais; Monseigneur le trouverait mauvais; je ne dois pas quitter mon poste. Un laquais d'une mine superbe passe devant la porte; Mme de Forcalquier lui demanda un verre d'eau.—Je n'ai ni verre ni eau.—Mais nous en voudrions avoir.—Où voulez-vous que j'en prenne?—Allez dire à M. de Praslin que nous sommes là.—Je m'en garderai bien; Monseigneur est retiré. Pendant ce temps-là, Mme de Valentinois, qui revenait de la campagne, et qui était à six chevaux, passe devant l'hôtel de Praslin, voit notre voiture, demande à qui elle est, vient nous chercher, nous tire de la chambre du Suisse, et nous ramène chez nous. Il est bien dommage que M. le Chevalier de Boufflers ne soit pas ici; beau sujet de couplets: il est bon d'avertir les voyageurs de ne pas verser devant l'hôtel de Monseigneur de Praslin.'

Le Président me mande: 'Le feu ministre de la paix est un faquin, ainsi que tout ce qui a l'honneur de lui appartenir. Si le successeur[4a] avait été à sa place, les choses ne se seraient pas passées de même, et Mme de Forcalquier en aurait reçu tout au plus quelque demande honnête pour le droit de gîte; il faudrait faire la lecture de votre relation à l'assemblée du dimanche des ambassadeurs.'

La suite de cette aventure est que Monseigneur n'a pas compromis sa dignité en envoyant savoir de nos nouvelles: Mme de Forcalquier, ainsi que moi, s'en porte bien; mon cocher a une bosse à la tête et a été saigné; ainsi finit l'histoire.

Je vis hier Mme de Luxembourg; elle était revenue la veille au soir de l'Isle Adam;[5] il y a eu des plaisirs ineffables; elle donne à souper jeudi au Prince Héréditaire. Adieu jusqu'à demain.

Ce mercredi 28.

Demain est arrivé, et n'a point apporté de lettres. L'incommodité du Président n'a point eu de suite. Mandez-moi qui nous aurons pour ambassadeur. Les Georges[6] étaient à la campagne il y a quelques

---

4a. Le Duc de Choiseul (HW).
5. Terre du Prince de Conti (HW).

6. Lord and Lady George Lennox.

jours, je ne sais pas s'ils en sont de retour; je n'en ai point entendu parler depuis qu'ils ont soupé chez moi.

Je vais souper ce soir chez Mme de Montigny, qui est en couches.[7]

Mme de Choiseul part d'aujourd'hui en huit de juin pour Chanteloup,[8] où elle doit passer six semaines.

À propos, pourquoi ne me dites-vous rien de Milady Waldegrave,[9] où tout cela en est-il? Je n'ai plus la même curiosité sur M. Craufurd, c'est-à-dire sur son départ de Londres, car pour sa personne je m'y intéresserai toujours beaucoup, quoique bien persuadée que je ne le reverrai jamais. Ce n'est pas la distance des lieues qui me le fait croire; ce n'est pas un grand voyage; mais il s'est trop ennuyé à Paris pour y revenir jamais.

Adieu, j'espère que samedi ou dimanche j'aurai de vos nouvelles. Je viens d'apprendre par une lettre que la Dumont écrivait à son mari, et qu'on a apportée chez moi, que Mme Elliot[10] était partie pour l'Écosse; je ne lui ai point fait réponse, non plus qu'à M. Selwyn. Donnez-moi leurs adresses ou mandez-moi si je puis vous les envoyer pour que vous [les] leur fassiez tenir.

Adieu, mon tuteur, ou bien Monsieur, comme vous le jugerez à propos.

Le Maréchal de Broglie a une pension de trente mille francs. C'est M. de Choiseul qui l'a demandée pour lui. Ce n'est point la suite d'une réconciliation;[11] le ministre l'en a fort assuré, c'est un procédé pareil à celui que vous avez pour Jean-Jacques.

---

7. Her son Charles-Michel Trudaine (ca 1766–94), was born about this time (Henri-Alexandre Wallon, *Histoire du tribunal révolutionnaire*, 1880–2, v. 135).

8. Choiseul's country seat, near Amboise. See R.-Édouard André, 'Le Château de Chanteloup' in *La Revue de Paris*, 15 Jan. 1936, p. 426; Jehanne d'Orliac, *Chanteloup*, [1929].

9. Maria Walpole (1736–1807), natural dau. of HW's brother, Sir Edward Walpole, m. (1) (1759) James, 2d E. Waldegrave; m. (2) (1766) William Henry, D. of Gloucester, brother of George III. Her marriage to the Duke of Gloucester took place secretly in Sept. 1766. HW opposed the match, which had been in progress for two years, and would not recognize the marriage until the King had done so. D's oblique reference implies that HW had discussed the affair with her. See *Mem. of Geo. III* iii. 268 for a full account of it.

10. Wife of Sir Gilbert Elliot (HW).

11. Broglie had been exiled, 1762–4, for misconduct in the Seven Years' War; Choiseul had a low opinion of his abilities. See NBG; Étienne-François, Duc de Choiseul, *Mémoires*, 1904, p. 395.

From Madame du Deffand, Sunday 1 June 1766

[Nº 13. 1ᵉʳ de juin 1766.][1]

J'AI été en grand commerce de lettres[2] avec la grand'maman; elle
vous aime à la folie. Ce qui est de vrai c'est que vous lui plaisez
beaucoup; elle a été charmée de votre lettre, elle me l'a envoyée.
Je l'ai fait copier,[3] et elle est dans mon petit coffre, qui par parenthèse
est le plus joli du monde. Je lui rendis hier cette lettre qu'elle voulait
ravoir; elle m'a dit que celle qu'elle vous avait écrite était[3a] de quatre
pages. Je vous prie de m'en envoyer la copie;[4] je serai bien aise de
voir si j'en serai contente, et ce qu'elle a répondu à ce que vous lui
dites de moi que je suis sujette à m'engouer.[5] Où avez-vous pris cela?
M'avez-vous vu me prendre de goût à tort et à travers? Par delà vous
et M. Craufurd, qu'avez vous à me reprocher? Si vous saviez nos
opéras, je vous ferais de continuelles citations, mais vous n'estimez
pas Quinault,[6] et c'est parce que vous ne le connaissez pas; vous vous
faites l'écho des sots jugements que vous avez entendu porter de moi,
et j'en ai paru si en colère à la grand'maman, qu'elle a eu une peur
extrême de vous avoir fait une tracasserie; je l'ai rassurée en lui disant qu'il fallait que je vous en pardonnasse bien d'autres: par exemple, que vous me disiez sans cesse que vous n'aimiez rien, et que vous
étiez incapable de rien aimer. 'Ah! c'est ceux qui aiment qui parlent
ainsi,' s'est-elle écriée. Je ne l'ai point contredite. Cette grand'maman
est charmante; je soupais avant-hier avec elle chez le Président avec
quinze personnes; elle n'y vint que par complaisance pour moi. Elle
soupa hier chez moi; nous n'étions que sept, les deux Maréchales, la
Duchesse de Boufflers,[7] la petite Biron, et Pont-de-Veyle. Les Maré-

---

1. Date added by HW.
2. Mme de Choiseul had written to D,
24 May 1766. Her latest letter was apparently the one misdated 'des premiers jours
de juin' in S–A i. 38–9, enclosing HW's letter to Mme de Choiseul, 6 May 1766.
3. Wiart's MS copy of the letter was
among the papers bequeathed by D to HW.
3a. 'Avait' in the MS.
4. No copy has been preserved.
5. HW had written: 'Madame du Deffand veut me persuader, car elle est très
sujette à s'engouer, que vous m'aviez un

peu distingué du commun, et pour preuve
m'envoie votre billet . . .' (HW to Mme
de Choiseul 6 May 1766).
6. Philippe Quinault (1635–88), dramatist. D often quoted his operas.
7. Marie-Anne-Philippine-Thérèse de
Montmorency (d. 1797), dau. of the Prince
de Montmorency-Logny, m. (1747) Charles-
Joseph, Duc de Boufflers (son, by her first
marriage, of Mme de Luxembourg). See
Gaston Maugras, *Le Duc de Lauzun et la
cour de Marie-Antoinette*, 1895, epilogue.
HW knew her in Paris (*Paris Jour.*).

chales, la petite femme, et Pont-de-Veyle firent un *whisk*,[8] la Duchesse de Boufflers regarda jouer, et la grand'maman et moi causâmes. Je lui ai fait voir votre lettre d'Émile, dont elle a été fort contente, mais elle approuve votre silence. Je puis vous répondre que si, par impossible, vous revenez ici vous serez parfaitement content d'elle, et je répondrais bien que si son cœur n'était pas entièrement rempli par son mari elle aurait de l'amitié pour vous et pour moi. J'oubliais de vous dire qu'elle a montré votre lettre à son mari, qui en a été fort content. On a cherché à le prévenir contre vous en voulant lui persuader que vous étiez fort méchant; je sais qui c'est, et je l'en hais à la mort.

Je reviens à l'Idole; elle est enthousiasmée de ce que Milord Holdernesse revient ici pour la voir; elle s'en vanta, je lui en fis tous mes compliments; elle me dit qu'il fallait que nous nous arrangeassions, le Président, elle, et moi, pour lui donner à souper alternativement. Il doit la suivre à Pougues.[9] Elle prétend qu'il a refusé l'ambassade; cela est-il vrai?[10]

Je retourne sur mes pas. La grand'maman part mercredi 4 de ce mois pour Chanteloup. Si vous, M. Craufurd, et moi passions ce temps-là avec elle je crois qu'elle s'y ennuierait moins et que je m'y plairais beaucoup. Elle y sera six semaines.

Mme de Mirepoix me fait fort bien; Mme de Luxembourg, à quelques bourrasques près, ne me traite pas mal. Je suis contente de Mme de Beauvau; enfin vous avez assez d'honneur à mon éducation, car c'est ma bonne conduite qui produit tous ces bons effets; je n'y suis sensible que parce que cela rendra ma société moins ennuyeuse; les gens du monde, quelque peu estimables qu'ils soient, sont toujours plus amusants que d'autres.

Je vais vous apprendre quelque chose de bien singulier: c'est que j'ai reçu une lettre de M. Craufurd pleine d'amitié. Je ne me presserai pas d'y répondre,[11] c'est le mettre à son aise que de suivre son exemple. J'attends pour répondre à M. Selwyn[12] et à Mme Elliot que vous me donniez leurs adresses ou que vous me permettiez de vous envoyer mes lettres pour les leur faire tenir.

8. Whist (corrected to 'whisk' by HW from Wiart's *houiske*).

9. Watering-place near Nevers.

10. Holdernesse was not made ambassador to France.

11. D, however, did not delay long, for she wrote to Craufurd, 3 June 1766 (S–A i. 34).

12. She wrote to Selwyn, 29 June 1766 (MS in Society of Antiquaries).

Adieu, mon cher tuteur, je vous pardonne toutes vos injures passées. Je suis fort contente de vous aujourd'hui, mais je ne suis pas
fort vivante; vous devez vous en apercevoir.

Je vous envoie des vers de ma grand'maman; la rime y est un peu
négligée, mais qu'est-ce que cela fait? J'en ai voulu avoir une copie
pour vous. Je lui ai dit ma parodie de *La Fée Urgèle,* elle a voulu
l'avoir; je [la] lui ai donnée, elle ne la montrera sûrement à personne.

VERS.
J'aime mon chien, car il faut bien aimer;
De sentiment on ne peut se passer;
Mais le fiel de l'expérience
Nous dit, hélas! que par prudence
Il faut aimer son chien
De peur de n'aimer rien.

Ce fut à propos de la Tulipe qu'elle me dit ces vers.

J'ai oublié de vous parler de Mme de Forcalquier; ce sera pour
une autre fois; je m'accommode fort bien de son commerce.

To Madame du Deffand, Tuesday 3 June 1766, N° 7

Fragment, S–A i. 42, not in Toynbee. The fragment is quoted by D to Mme de
Choiseul 18 June 1766, and is introduced by D as follows: 'Je vais vous trans-
crire ce qu'il m'a écrit il y a quelque temps sur la lettre qu'il a reçue de vous.'
This letter from Mme de Choiseul to HW (missing) must have been written be-
fore 31 May when Mme de Choiseul spoke to D about it (see *ante* 1 June 1766).
Probably written at Arlington Street. Answered, 7 June.

LA lettre de Madame la Duchesse de Choiseul[1] est charmante et
pleine de lumières;[2] remerciez-l'en dans les termes les plus forts
que vous saurez choisir; il ne faut pas que j'y réponde, n'est-ce pas? ce
serait la prier d'une correspondance, ce qui serait très impertinent et
très présomptueux de ma part.

1. The missing letter to HW ca 25 May
1766.
2. Mme de Choiseul replied:
'Quoi! M. Walpole trouve qu'il y a des
lumières dans ma lettre? Oh! je ne suis
plus étonnée qu'il ne m'écrive pas. Il n'y a

rien de si ennuyeux que les *lumières,* les
lumières d'une lettre surtout . . .' (Mme
de Choiseul to D, 21 June 1766, S–A i. 43).
D answered, 'je n'ai point de *lumières,*
moi; hélas! d'aucune sorte' (D to Mme de
Choiseul, 5 July 1766, ibid. i. 49).

From Madame du Deffand, Tuesday 3 June 1766

N° 14. Paris, mardi 3 juin 1766.

EN cas que le courrier ait une de vos lettres, je ne la recevrai que demain; il y a toujours un jour de retard, et comme je vais demain à Montmorency, je n'aurai pas le temps de vous écrire: je prends donc mes précautions, parce qu'il me semble que j'ai beaucoup de choses à vous dire. Je commence par vous rappeler l'aventure de notre versade, il y eut hier huit jours; je vous envoyai la lettre que j'écrivis au Président; cette lettre a été lue par tous ceux qui ont été chez lui, et tous ceux qui ont été chez lui l'ont contée à tous ceux qu'ils ont vus: ainsi rien n'a fait tant de bruit que cette aventure, et n'a donné tant de ridicule à Monseigneur de Praslin. Tout le monde s'étonnait qu'il n'eût pas jeté la faute sur ses gens, et qu'il ne fût pas venu ou qu'il n'eût pas envoyé chez Mme de Forcalquier et chez moi nous faire des excuses; il y vint hier, qui était justement le jour de l'octave.[1]

Je vis hier M. de Choiseul, qui arriva chez Mme de Mirepoix comme j'en sortais. Il me prit par le bras, me fit rentrer, et nous eûmes ensemble une vraie scène de comédie. J'ai fait copier la lettre[2] que j'ai écrite ce matin à Mme de Choiseul, pour m'épargner la peine de vous en faire le récit, et je vous l'envoie. Jamais on n'a dit autant d'injures que je lui en ai dit; je l'appelai esprit borné, pédant, enfin excrément du ministère: il fit des cris, des rires outrés: je voulus qu'il se mît à genoux pour me demander pardon; il me dit qu'il y était; je lui fis baiser ma main, je lui pardonnai, et nous sommes pour le moment présent les meilleurs amis du monde. Tout cela vous aurait bien diverti si vous aviez été ici; mais vraiment il y a une autre histoire qui fait bien tomber la nôtre: c'est celle de M. de Thiard[3] et de Mme de Monaco.[4] Il y a trois semaines qu'elle est arrivée, et il n'y

---

1. D's misadventure at the Hôtel de Praslin apparently occurred Monday 26 May (see *ante* 26 May 1766).

2. The copy is with the MS. See Appendix 8.

3. Henri-Charles (1722–94), Comte de Thiard, guillotined in the Revolution. See his biography prefixed to his correspondence with Grimm in Grimm xvi. 504–5. Grimm says he had 'Beaucoup d'esprit' (ibid. iv. 425, 1 June 1761).

4. Marie-Catherine de Brignole (1739–1813), m. (1) (1757), Honoré-Camille-Léonor Goyon-de-Matignon de Grimaldi, Prince of Monaco (from whom she separated); m. (2) (1808) Louis-Joseph de Bourbon, Prince of Condé. See *La Grande encyclopédie sub* Condé; Pierre-Marie-Maurice-Henri, Marquis de Ségur, *La dernière des Condé*, 1899; Ethel C. Mayne, *The Romance of Monaco and Its Rulers*, 1910, pp. 261–72. HW had often seen her in

a que quatre jours qu'on la sait: ces deux personnes étant allées souper chez Mme de Beuvron,[5] ne voulurent point se mettre à table, et au lieu de rester dans la chambre ou dans le cabinet, elles allèrent dans un petit boudoir tout au bout de l'appartement. Après le souper, Mme de Monaco aborda Mme de Beuvron avec l'air tout troublé et tout déconcerté; elle lui dit qu'il lui était arrivé le plus grand malheur du monde. 'Ah! vous avez cassé mes porcelaines? il n'y a pas grand mal.'—'Non, Madame, cela est bien pis.'—'Vous avez donc gâté mon ottomane?' 'Ah! mon Dieu non, cela est encore bien pis!'—'Mais qu'est-ce donc qui est arrivé? qu'avez-vous pu faire?'—'J'ai vu un très joli secrétaire, nous avons eu la curiosité de voir comme il était en dedans; nous avons essayé nos clefs pour tâcher de l'ouvrir; il s'en est cassé une dans la serrure.'—'Ah! Madame, cela est-il possible? il faut que vous le disiez vous-même pour que cela puisse se croire.'—Un valet de chambre, que l'on soupçonnait d'avoir vu cette opération, fut sollicité par prières et promesses d'aller chercher un serrurier pour raccommoder la serrure; il n'en voulut rien faire, et dit qu'il se garderait bien de toucher à ce qui appartenait à sa maîtresse: la crainte, ou plutôt la certitude d'être dénoncée par cet homme, détermina à le prévenir, en en faisant l'aveu. Voudriez-vous être à la place de M. Thiard? Pour moi, j'aimerais mieux avoir été surprise en mettant la main dans la poche; il y aurait du moins de l'adresse et moins de perfidie; cela est horrible: comment peut-on rester dans le lieu où l'on s'est couvert d'une pareille infamie? Je remets à demain à finir cette lettre.

Ce mercredi 4.

Je le vois bien, le courrier du mardi ne m'apportera jamais rien. La grand'maman est partie ce matin; je soupai hier chez elle. Il n'y avait que l'Abbé Barthélemy et deux ou trois complaisants, mais non pas courtisans; nous parlâmes de vous, l'Abbé Barthélemy vous aime. Si vous aviez écouté aux portes vous auriez été content. Je suis fâchée d'aller à Montmorency, c'est de la fatigue et de l'ennui. Je n'ai rien à vous dire, je ne suis pas en train aujourd'hui de causer; adieu jusqu'à dimanche.

Paris, and admired her beauty (see HW to Lady Hervey, 14 Sept. 1765, 2 Jan. 1766, to Thomas Brand 19 Oct. 1765, and to Gray 25 Jan. 1766).

5. Marie-Catherine Rouillé m. (1749) Anne-François d'Harcourt, Marquis de Beuvron. HW had met her twice in Paris (*Paris Jour.*).

From Madame du Deffand, Saturday 7 June 1766

N° 15. Paris, ce 7 juin 1766.

VOUS savez comment notre aventure s'est terminée, et que le satrape[1] nous a fait quelque civilité. Je vous ai mandé l'histoire de M. de Thiard, et de Mme de Monaco; celle-là était un peu plus sérieuse, mais il n'en est plus question, on n'en parle plus: rien ne dure dans ce pays-ci. Il me semble qu'il en est à peu près de même à Londres; les Anglais ne sont pas si différents des Français que je me l'imaginais. Je les crois aussi légers les uns que les autres, mais les Anglais sont plus francs, et à cet égard ils valent bien mieux.

Apparemment que vous n'avez pas encore reçu la lettre[1a] où je vous prie de m'envoyer celle de Mme de Choiseul;[1b] je lui ai dit que je vous la demanderais, j'espère que vous ne me la refuserez pas. La vôtre du 3 de ce mois est un peu plus sérieuse qu'à l'ordinaire; je trouvais l'autre jour que vous étiez un logogriphe, vous me paraissez aujourd'hui un Protée; je n'aime pas votre forme présente, mais je ne vous laisserai point échapper; vous êtes aujourd'hui fontaine, eau toute claire; la première fois vous serez fusée ou tourbillon, une autre fois bête à quatre pattes, et puis volcan, et puis poisson, oiseau, crapaud, etc. Mais moi, qui suis-je? Une écoute-s'il-pleut, une visionnaire, qui observe les nues, qui y trouve toutes sortes de formes qui se détruisent sur-le-champ! Eh bien! cela fait passer une heure ou deux, et c'est toujours cela. Vous m'annoncez que vos lettres vont devenir rares; oh! j'en suis bien persuadée, mais en même temps j'en suis fâchée—c'était pour moi un amusement fort grand, et je trouvais du plaisir à y répondre, mais je comprends que vous avez un meilleur usage à faire de votre temps. Ne craignez pas que je vous donne aucun ridicule, et soyez bien persuadé que vous êtes à l'abri de toutes sortes d'inconvénients avec moi, même de l'ennui, qui est le pire de tous; je me fais une loi de vous suivre pas à pas; je compte sur votre estime, sur l'intérêt que vous prenez à moi, je crois n'avoir pas de meilleur ami que vous, ainsi je suis contente et parfaitement contente.

Vous allez être plus sédentaire à votre campagne, cela ne devrait pas être une raison pour me moins écrire, au contraire. Que sait-on? Peut-être m'écrirez-vous davantage; enfin, je remets tout entre les mains de Dieu.

1. Le Duc de Praslin (HW).   1b. See HW to D 3 June 1766, n. 1.
1a. *Ante* 1 June 1766.

Votre ministère m'impatiente, mais vous ne m'avez pas mise assez au fait pendant que vous étiez ici pour que je puisse avoir des idées justes du caractère de vos ministres, de leurs vues, de leurs intrigues, etc. Ce M. Pitt va droit au solide; n'est-il pas vieux?[2] et cette substitution[3] ne pourrait-elle pas bien n'être que de la fumée? Mais si son étoile était un Pennautier,[4] comme était celle du Cardinal de Bonzi,[5] je penserais comme vous et je ne voudrais pas être ni la femme de cinquante ans, ni le petit garçon de quinze ans.[6]

On ne parle plus ici de Lally, ses partisans se taisent, et ses richesses se découvrent.[7] Il n'a pas été condamné par la crainte qu'il ne corrompît ses juges, mais parce qu'ils n'ont pas été corrompus, et il a été jugé selon la loi et les formes. Je lisais ces jours passés l'*Histoire d'Écosse* de Robertson;[8] je l'ai quittée parce qu'elle me donnait des vapeurs; je crains tout ce qui m'attriste. Vos lettres me sont souverainement bonnes; j'ai eu le malheur de vous en écrire trois ou quatre fort tristes, parce que j'étais dans la confiance de croire pouvoir vous dire tout ce qui me passait par la tête, comptant que votre amitié vous garantirait de l'ennui. Je me suis trompée, elle n'était pas assez forte, aussi vous ménagerai-je à l'avenir. Mais que vous dirai-je? De quoi vous entretiendrai-je? Je n'aurai pas toujours des chansons du Chevalier de Boufflers, je n'ai plus à vous parler de la grand'maman d'ici à six semaines, mes dimanches[9] vont leur train et

2. Pitt was fifty-eight.
3. Probably the proposed substitution of Pitt for the Rockingham ministry (see *Mem. of Geo. III* ii. 238).
4. Pierre-Louis Reich de Pennautier (d. 1711). 'De petit caissier il était devenu trésorier du clergé et trésorier des États de Languedoc, et prodigieusement riche' (Louis de Rouvroy, Duc de St-Simon, *Mémoires*, ed. Boislisle, 1879–1928, xxii. 84–6). He was *lié* with Cardinal Bonzi.
5. Pierre de Bonzi (1631–1703), Cardinal, Archbishop of Narbonne. 'Le Cardinal de Bonzi disait toujours en riant que tous ceux qui avaient des pensions sur ses bénéfices ne vivraient pas longtemps, et que *son étoile* les tuerait. Il y a deux ou trois mois que l'Abbé Foucquet, ayant rencontré cette Éminence dans le fond de son carrosse avec Pennautier, dit tout haut: "Je viens de rencontrer le cardinal de Bonzi avec son étoile"' (Mme de Sévigné to Mme de Grignan 24 July 1676, Mme de Sévigné, *Lettres* iv. 542).
6. Unexplained. This may refer to the

litigation between Pitt and William Daw Tothill over the Pynsent estate. See Josiah Brown, *Reports of Cases in Parliament*, Dublin, 1784, vi. 450–9; GM 1781, li. 489. The woman of fifty and boy of fifteen were perhaps Miss Leonora Ann Pynsent (d. 1763), and William Daw Tothill, who might have been about those ages when Robert Tothill, whose will caused the trouble, died in 1753. D probably misunderstood HW's letter.
7. 'On a arrêté à Calais 11 malles et 8 ballots reconnus pour être de bons fragments de la fortune du défunt Comte de Lally' (*Mercure historique* clxi. 84, July 1766).
8. William Robertson (1721–93), *Histoire d'Écosse sous les règnes de Marie Stuart et de Jacques VI*, traduit de l'anglais [by N. P. Besset de la Chapelle], 3 vols, London, 1764 (BM Cat.). See D to Voltaire 2 May 1764 (Voltaire, *Œuvres* xliii. 197).
9. D's Sunday night suppers.

ne fournissent rien. Mme d'Aiguillon est une étoile errante, elle va de Paris à Pontchartrain,[10] de Pontchartrain à Rueil, de Rueil à Versailles, de Versailles à Paris, et puis elle recommence. Voilà la vie qu'elle mènera d'ici au mois d'octobre.

Je fus souper mercredi à Montmorency, il y avait vingt-six personnes. L'Idole me fit fort bien, elle me pria à souper pour mercredi prochain et je l'ai priée pour le vendredi d'ensuite.

Je vois beaucoup Mme de Forcalquier; son esprit est un grand instrument qu'elle accorde toujours et dont elle ne joue jamais. Elle aime sa Mme Dupin à la folie; je fais des efforts pour trouver celle-ci supportable, et cela ne m'est pas possible.

Je trouve très mauvais que vous ne m'ayez pas mandé que vous aviez eu la fièvre, je n'aime point à ignorer votre état, votre situation, enfin rien de ce qui vous regarde; c'est par pure curiosité au moins, ne croyez jamais que ce soit par amitié, j'aurai bien soin à l'avenir de ne pas laisser soupçonner qu'il y ait entre nous un sentiment qui nous donnerait tant de ridicule. Je ne croyais pas, je vous l'avoue, qu'un Anglais fût si susceptible d'une si misérable crainte; elle ne devrait se trouver que dans les esprits faibles et esclaves de l'apparence.

Je trouverai le moyen de faire entendre à Mme de Forcalquier la joie que vous avez du rétablissement de la santé de ses amis.[11]

Adieu, je ne vous appelle point mon tuteur, il me semble que vous ne voulez plus l'être.

From Madame du Deffand, Sunday 8 June 1766

Nº 16. Ce dimanche 8 juin 1766.

ÊTES-VOUS de bonne humeur? N'avez-vous point la tête troublée? Votre disposition m'est-elle favorable? Puis-je vous écrire un volume? Comment savoir cela? Je vais faire comme les mystiques,

10. Pontchartrain was the seat of the Comte de Maurepas; Rueil was Mme d'Aiguillon's own estate.

11. Le Duc d'Aiguillon (HW). Emmanuel-Armand Vignerot du Plessis-Richelieu (1720–88), Duc d'Aiguillon, son of D's friend, the dowager Duchess, was governor of Brittany, and chief enemy of the Duc de Choiseul. HW had often met the dowager Duchess, but had not met the Duke, who,

at the time of HW's recent visit to Paris, was involved in a quarrel with La Chalotais and the Breton parliament (*Paris Jour.*). See *Dictionnaire de biographie française;* Maria Theresa and Florimond-Claude-Charles, Comte de Mercy-Argenteau, *Correspondance secrète,* 1874, i. 258; Jacques-Pierre Brissot de Warville, *Mémoires,* 1911, i. 151; Étienne-François, Duc de Choiseul, *Mémoires,* 1904, p. 272.

consulter mon intérieur. Eh bien! j'entends votre voix qui me dit, 'Osez tout, écrivez tant qu'il vous plaira, rien ne me fâchera, je ne vous répondrai point des choses piquantes ni humiliantes, je m'en rapporterai à vous pour vous les dire à vous-même, je veux que ma petite soit heureuse, qu'elle m'aime, qu'elle me le dise, puisque cela lui fait plaisir; je suis persuadé qu'elle ne me donnera jamais aucun ridicule; elle a le tact assez fin pour sentir ce qui en peut donner, on ignorera ce qu'elle pense pour moi, on ne saura jamais ce que je lui ai dit que je pensais pour elle, elle n'est point vaine, elle n'est point avantageuse, elle n'a aucun sentiment qui ne soit honnête, le soleil n'est pas plus pur que son cœur, je ne veux plus l'affliger; quand elle aura des vapeurs, je consens qu'elle m'écrive *des tristes*, parce que j'aime mieux qu'elle m'ennuie un moment que de risquer de la rendre folle en la forçant de ravaler tout ce qu'elle voudrait me dire; je la prie seulement de ne pas abuser de ma complaisance. Elle a assez d'esprit pour démêler qu'il y a plus de bonté que de sentiment dans ce que je pense pour elle, elle n'en doit point être fâchée, celle-là tient au caractère et est invariable, et l'autre est sujette à changer. De plus je lui ai dit que l'amitié m'avait causé de grands malheurs, elle en doit être persuadée parce que je dis toujours vrai, et par les dernières lettres qu'elle m'a écrites je juge qu'elle en a quelque connaissance particulière—par où le sait-elle? je n'en sais rien, mais il suffit qu'elle le sache, elle ne m'en parlera certainement qu'autant que je le voudrai bien; enfin je crois que ma petite m'aime parfaitement, et qu'il n'y a aucun inconvénient pour moi à la laisser faire.'

Vous voyez, Monsieur, que vous m'en avez dit bien long; je ne vous redis pas tout cependant, mais en voilà assez pour me mettre à mon aise. Souvenez-vous, je vous prie, que c'est sur votre parole que je hasarderai à l'avenir tout ce qui me passera par la tête. Je commencerai par vous raconter un trait d'imagination de Mme de Forcalquier. Elle s'amuse à peindre tant bien que mal, elle vient de m'envoyer un portrait du Président en pastel, qui lui ressemble, à ce que l'on dit, comme une huître à l'écaille ressemble à un lion (c'est pour ne pas rester sur le *comme*). Ce portrait est accompagné de vers que je vous envoie.[1] Le tout sera porté demain à Mme de Jonzac de

---

1. These verses are with the MS:

S'il en était de mes ouvrages
Comme de ceux du Président,
Je dirai qu'éternellement,
De siècle en siècle et d'âges en âges

On leur verrait même agrément.
Mais mon pinceau n'a point ces avantages,
Celui qu'il peint tout seul a mérité
D'aller à l'immortalité.

la part d'un anonyme. Elle a soumis tout cela à ma critique; je lui ai écrit un petit billet qui sûrement lui aura fait grand plaisir; je lui dis qu'elle est comme les singes qui ne parlent pas de peur qu'on ne les fasse travailler, mais qu'elle ne m'a pas attrapée, etc., etc. Je lui ai donné de l'encensoir sur l'une et l'autre oreille, mais j'ai évité le travers du visage. Sans sa Mme Dupin on en pourrait peut-être faire quelque chose, mais cette fastidieuse créature gâte en une soirée tout ce que j'ai produit de bon dans l'espace d'une semaine. Telle qu'elle est, je l'aime assez; elle a du goût pour vous, elle n'a pas le sentiment faux, et quand elle ne veut point avoir d'esprit, qu'elle ne cherche point à définir, qu'elle ne débite point de sentence ni de maxime, enfin quand elle reste terre à terre où la nature l'a placée, elle est assez aimable.

Eh bien! je croyais avoir beaucoup de choses à vous dire, et voilà qui est fait; vous en êtes quitte pour aujourd'hui. Vous voyez que je ne suis pas si méchante que je le parais.

Adieu, mon tuteur, donnez-moi toutes sortes de noms, ou bien ne m'en donnez aucun, mais pour Dieu ne m'appellez jamais *Madame*.

Ce mercredi 11 juin.

Le facteur n'apporta rien hier, il dit que le courrier d'Angleterre n'était point arrivé; il est encore trop matin pour savoir s'il n'est point arrivé depuis, il peut l'être et ne me rien apporter. En ce cas cette lettre ne partira point aujourd'hui et je ne la fermerai que dimanche au soir.

Je suis persuadée que vous ne trouverez point mauvais que je vous écrive quand la fantaisie m'en prendra, et que vous ne condamnerez aucune de mes pensées ni de mes actions quand j'apporterai un plein consentement que vous n'y conformiez pas les vôtres; cela dit une fois, je serai fort à mon aise et je me trouverai heureuse de pouvoir causer avec mon ami, sans autre crainte que de l'ennuyer un peu, ce qui ne sera pas un grand malheur.

J'ai relu toutes vos lettres, et ce que j'en ai conclu c'est que je puis compter sur votre amitié, que vous désirez mon bonheur, que vous désirez de m'en procurer, et que vous craignez qu'il n'en arrive tout le contraire, dans l'idée que vous avez que je suis trop vive et trop sensible; chassez cette pensée, c'est pour moi un grand bien d'avoir un ami que j'estime et que j'aime. Ne craignez point que j'aie trop d'impatience de vous revoir, je ne vous désire point présentement; si vous arriviez dans un mois je prendrais ce mal en patience, mais j'aime mieux qu'il soit plus différé; j'ai des systèmes tout comme un autre, et pourvu que je puisse compter que vous ne changerez jamais pour moi, vous pouvez faire tout ce qu'il vous plaira et être certain que je serai contente. Je ne le suis pas de ma santé, mes insomnies sont pires que jamais; il est onze heures et je n'ai dormi qu'une demi-heure de toute la nuit. Je devais souper ce soir chez l'Idole, le souper a été transféré au Temple. Votre Héréditaire y doit être. Je viens d'écrire à Pont-de-Veyle pour qu'il se charge de mes excuses, je n'y veux point aller; je préfère de souper entre l'oncle et la nièce, c'est ce que je fis hier au soir, et je m'en trouvai assez bien pour vouloir recommencer aujourd'hui.

Mais dites-moi, je vous prie, comment vous vous portez. Vous me mandez dans votre dernière lettre[2] que vous avez eu de la fièvre la nuit il y a cinq jours; est-ce cinq nuits de suite? Cela m'inquiète; promettez-moi de me dire la vérité sur votre santé, c'est certaine-ment l'article dont je désire le plus d'être instruite et qui m'intéresse le plus. Mon Dieu! qu'il est doux et satisfaisant d'entendre la vérité, c'est ce qui n'arrive point ici, l'on n'y parle qu'au hasard, ou l'on parle pour tromper.

J'attendrai encore quelques jours pour écrire à la grand'maman et je transcrirai ce que vous me mandez d'elle.[2] Je compte que vous m'enverrez la lettre que vous en avez reçue, elle aura sa place dans le petit coffre;[3] je n'aime point que vous le tourniez en ridicule, non plus que tout ce que je dis et tout ce que je fais.

Nous aurons demain une belle oraison funèbre du Roi Stanislas[4] par l'Évêque de Lavaur.[5] Cet Évêque est un petit farfadet, métaphysi-cien, rhéteur, analyseur, sophiste, etc., etc. Il me refusa l'autre jour de me dire son texte, et convint tout de suite qu'il avait lu son ou-vrage à plusieurs personnes. Je me prépare à lui dire quand elle sera imprimée que je ne l'ai point lue. On me dit hier comme une chose sûre (et je crois pourtant que cela n'est pas vrai) que M. de Bouillon[6]

2. HW to D 3 June 1766.
3. The box in which D kept HW's let-ters. Mme de Choiseul's letter of ca 31 May was never sent to D by HW.
4. Ex-King Stanislas I of Poland died at Lunéville, 23 Feb. 1766.
5. Jean-de-Dieu-Raymond de Boisgelin de Cucé (1732–1804), Bishop of Lavaur 1765–70, and then Archbishop of Aix (La Grande encyclopédie; NBG; Grimm vii. 9,

92, 1 April, 1 Aug. 1766). HW had met him three times in Paris, and later heard him deliver the Dauphiness's funeral oration (Paris Jour.).
6. Charles-Godefroy de la Tour d'Au-vergne (1706–71), Duc de Bouillon, Grand Chambellan de France, governor of Au-vergne (La Grande encyclopédie, Rép. de la Gazette).

vendait sa charge de grand chambellan au satrape Monseigneur de Praslin.

Votre ministère me déplaît, il vous tourmente, il vous inquiète; si vous étiez content vous ne penseriez peut-être pas à revenir ici, mais je serais fâchée et très fâchée que ce fût le chagrin qui vous y ramenât. Adieu, mon bon ami; vous devez juger que mon âme est un peu léthargique, mais cela me fait plaisir de causer avec vous.

Ce vendredi 13 juin.

Je vous écrivis la nuit d'avant celle-ci une lettre de cinq pages de ma propre main; je viens de la déchirer.

Je ne fus point avant-hier au Temple. J'aurai ce soir à souper l'Idole, Mmes de Luxembourg et de Valentinois et cinq ou six hommes: Milord Holdernesse, le Chevalier de Boufflers—je ne vous nomme que ceux-là. Le premier me fait plaisir parce qu'il me parlera de vous, et je m'exercerai à avoir une belle conduite. Je demanderai au Chevalier toutes les chansons qu'il aura faites, et puis je serai charmée de voir toute la compagnie partir.

Le petit Évêque de Lavaur a eu un grand succès; je vous envoie son texte et sa division.[7] Rien n'est si heureux que ce texte: il semble qu'il ait été fait exprès. L'oraison funèbre paraîtra lundi ou mardi; voulez-vous que je vous l'envoie?[8] Voulez-vous aussi la vie du grand Condé[9] par celui qui a fait l'histoire des Montmorency? Il doit y avoir quatre volumes, il n'y en a encore que deux. Enfin, faites-moi votre correspondante pour tout ce que vous voudrez.

Pourquoi votre séjour à la campagne rendra-t-il vos lettres moins fréquentes? ce devrait être tout le contraire; mais vous trouvez du plaisir à m'annoncer des choses fâcheuses. Je remets à demain à reprendre cette lettre, je vous rendrai compte de mon souper.

Ce dimanche 15.

Je vous avais promis un volume, et vous voyez que je vous tiens

---

7. With the MS: 'Texte, 2ᵉ livre des Rois, chap. 22, verset 44: "Seigneur, vous me sauverez du milieu des contradictions de mon peuple; vous conserverez mon rang parmi les chefs des nations; un peuple qui m'est inconnu me sera soumis."

'Division.

'Après avoir donné de grandes leçons à tous les hommes dans les vicissitudes de sa vie, il donne à tous les souverains de grands exemples dans la douceur et la sagesse de son règne.'

8. D apparently decided not to send it (see D to HW post 16 July 1766).

9. L'histoire de Louis de Bourbon, Prince de Condé, 4 vols, 1766–8, by Joseph-Louis Ripault Desormeaux (1724–93) (BM Cat.; Bibl. Nat. Cat.), author of the Histoire de la maison de Montmorenci, 5 vols, 1764 (ibid.).

parole, mais remarquez que c'est l'ouvrage des sept jours. Ils n'ont pas été employés à débrouiller le chaos, tout au contraire, ils en ont produit, mais il faut tâcher d'en éclaircir ce qu'il sera possible. Je commence par répondre à votre dernière lettre.[10] Ce que vous m'y racontez m'a fort divertie, mais m'a moins surprise que vous ne deviez vous y attendre. Milord Holdernesse avait soupé chez moi vendredi; après le premier compliment il m'apprit votre histoire.[11] Il l'avait déjà dite à tant de personnes (quoique arrivé du jeudi au soir) qu'elle fait autant de bruit à Paris que vous me dites qu'elle fait à Londres. Les avis sont partagés, et on ne sait en vérité qu'en croire. N'est-ce point quelque Anglaise ou Anglais? Ils ont eu plus de facilité pour vous faire trouver cette boîte que n'en peuvent avoir les gens de ce pays-ci. Comment vos domestiques n'ont-ils point de connaissance de ceux qui sont venus chez vous? Vous n'avez point fait des informations assez exactes. Comment voulez-vous que je découvre ce mystère? Peut-être M. Hume a-t-il raison, mais je ne le crois pas. Si je savais ce que contient la lettre cela me donnerait peut-être quelques idées. Vous en faites un prodigieux éloge, vous me parlez des dernières phrases qui la terminent comme si j'en avais connaissance, mais sur ce qu'on ignore peut-on conclure? En examinant toutes les personnes d'ici qui en peuvent être soupçonnées, je n'en vois que trois: la première Madame la Duchesse de Choiseul, la seconde Mme d'Aiguillon, la troisième Mme de Forcalquier. Si la lettre est aussi bien que vous le dites, cela m'indiquerait Mme de Choiseul; tout le mystère dont on a usé indique Mme d'Aiguillon, elle aura pu par Milady Hervey faire mettre cette boîte chez vous. À l'égard de Mme de Forcalquier ce qui m'y fait penser c'est que, si vous vous en ressouvenez, elle vous fit voir chez moi une boîte[12] où il y avait les portraits de Mmes de Sévigné et de Grignan.[13] Vous décidâtes celui qui était de Mme de Sévigné, et vous en parûtes content; c'est à vous de juger si celui que vous avez reçu en est une copie; tout ce que je puis vous assurer, c'est que si c'est elle, elle ne m'a point mise dans la confidence et qu'elle ne m'a point montré de lettre; je serais étonnée si c'était Madame la Duchesse de Choiseul; elle n'est point au fait de

10. *Post* 10 June 1766.

11. One night Mr W found on his table a snuff-box with a portrait of Mme de Sévigné and a letter in her name written by Mme du Deffand (HW). See D to HW under the name of Mme de Sévigné, *ante* May 1766.

12. This incident does not appear in *Paris Jour*.

13. Françoise-Marguerite de Sévigné (1648–1705) m. (1669) François Adhémar de Monteil, Comte de Grignan. She was Mme de Sévigné's daughter, and chief correspondent.

votre amour pour Mme de Sévigné, elle n'est point assez familière
avec vous. Reste donc Mme d'Aiguillon; interrogez Mme Hervey:
enfin pour dernière réponse, je vous conseille de vous consulter
vous-même. Wiart me donne une idée et il n'en faut rejeter aucune;
il dit que c'est peut-être Mme de Valentinois; je crois qu'il a raison,
tenez-vous-en là; croyez-moi, et laissez vous battre par M. Craufurd.
Quelle folie à lui de vouloir que ce soit moi; vous m'avez soupçonnée
aussi, mais comme de raison vous ne vous y êtes point arrêté. Je vais
faire des recherches et si je fais quelques découvertes je vous le manderai sur-le-champ. En attendant je vous conseille s'il en est encore
temps de ne point laisser prendre de copie de la lettre.

Je fais une réflexion: c'est que la personne qui est coupable ne
doit pas être trop contente de n'être pas devinée, à sa place je ne me
découvrirais jamais.

N'ayez point d'inquiétude, mon cher tuteur, je vous prie, de ce
que pense M. de Choiseul. Je répondrais bien qu'il n'a nulle prévention contre vous—tout au contraire—l'idée qu'il peut avoir du
genre de votre méchanceté ne vous rendra pas suspect; c'est parce
que je vous dis tout que je vous ai dit cela. . . .[14] J'aurais bien envie
de déchirer les deux ou trois premières pages de ce volume; elles
vous déplairont, mais il faut entre amis se pardonner bien des choses.
Croyez-vous me faire plaisir en me répétant sans cesse que vous ne
voulez point d'amis, que vous ne voulez point de liaisons? Cela est
dur et triste à entendre. Supportez mes douceurs comme je supporte
vos rigueurs; parlons chacun notre langue et vivons en paix.

Envoyez-moi, je vous prie, la lettre de Mme de Choiseul,[14a] nous la
déchiffrerons; je ne lui ai point encore écrit depuis son départ. J'attends de ses nouvelles, je suis persuadée que je ne tarderai pas à en
recevoir.

Je ramasse des chansons du Chevalier de Boufflers. Je ne vous les
enverrai pas toutes à la fois. Elles seront le passeport de mes lettres,
qui souvent en ont grand besoin. Je vous en envoie une[15] aujourd'hui
que je trouve fort jolie; j'y joins le texte et la division de M. de
Lavaur.

14. About a line and a half of the
manuscript is cut out.

14a. See n. 3 above.

15. *Chanson sur l'air de 'Joconde'* (with
the MS):

'Mon Dieu, si vous êtes touché
De mon fidèle hommage,

Daignez accepter un marché
Fort à votre avantage.
Je m'ennuierais facilement
À la vie éternelle,
Je vous la rends pour un moment
Passé près de ma belle.'

Voilà une lettre pour Mme Elliot; vous y mettrez l'enveloppe . . .[16] ils sont énormes et bien peu . . .[16] il faut faire noter l'air avant de vous les envoyer, n'est-ce pas?

To Madame du Deffand, Tuesday 10 June 1766, N° 8

Fragment, B i. 49n. Written at Strawberry Hill. The letter also contained an inquiry about the books which HW had sent to the King's Library in Paris, and which had never been acknowledged (see D to Mme de Choiseul 18 June 1766, S–A i. 40; *post* 13 March 1767). Apparently it was in this letter also, that HW described finding the snuff-box with the letter purporting to be Mme de Sévigné's, really written by D. D says: 'il m'en fait un récit à faire mourir de rire; il a fait le signe de la croix; il a crié au secours; il a cru qu'il y avait de la magie' (D to Mme de Choiseul 18 June 1766, S–A i. 41). See also *ante* 8 June 1766. Answered, 15 June.

JE ne soufflerai pas un mot de l'histoire de la dame qui est si curieuse sur le dedans d'un secrétaire:[1] my lord H——[2] se pendrait s'il la savait. Mais réellement le cavalier[3] était bien maladroit d'employer si lourdement son temps dans un boudoir avec la plus jolie femme[4] de France, et une femme un peu disposée à la curiosité. Mon dévot cousin[5] se serait pris d'une autre façon.

To Madame du Deffand, Sunday 15 June 1766, N° 9

Missing. Probably written from Strawberry Hill. There must have been another letter before this, not included in *Paris Journals*. D speaks of receiving letters both on 15 June (*ante* 10 June 1766) and also on 17 June. In writing to Mme de Choiseul, 18 June 1766, she says: 'j'en ai reçu deux lettres depuis qu'il a trouvé le petit pacquet sur son bureau' (S–A i. 41). D could not have received his letter of 15 June as early as this. Either the date in *Paris Journals* is incorrect, or there was an earlier unlisted letter. Answered, 17 June.

16. The verso of the deletion mentioned in n. 14 above.

———

1. See D to HW *ante* 3 June 1766.
2. Francis Seymour Conway (1718–94), cr. (1750) E. and (1793) M. of Hertford n.c.; cousin of HW, had been ambassador to France, 1763–5, and had developed a passion for the Princesse de Monaco (see HW to Thomas Brand 19 Oct. 1765).
3. Comte de Thiard.
4. The Princesse de Monaco was noted for her beauty (see HW to Lady Hervey 14 Sept. 1765, and 2 Jan. 1766, and HW to Gray 25 Jan. 1766).
5. Lord Hertford.

From Madame du Deffand, Tuesday 17 June 1766

Paris, ce mardi 17 juin 1766, à 3 heures.

NOUS avons tous les deux un pied de nez; vous, de ne m'avoir pas devinée;[1] et moi, de ne l'avoir point été; je voudrais savoir qui vous avez pu soupçonner: oubliez votre méprise,[2] je vous la pardonne.

Je suis persuadée que vous êtes fort aise de trouver que ce soit moi, et que l'amitié l'emporte sur la vanité. Si le succès de cette folie n'a pas été tel que je l'espérais, elle m'a du moins bien divertie dans le temps: j'en avais fait le projet plus d'un mois avant votre départ. Rappelez-vous que vous allâtes chez un M. Doumeni,[3] que vous fûtes mécontent du portrait que vous y vîtes. Mme de Turenne,[4] à qui je le dis, offrit de me prêter une boîte de M. de Bouillon; je l'acceptai; je la donnai à Mme de Forcalquier; elle vous la fit voir dans mon petit cabinet bleu; vous reconnûtes Mme de Sévigné, vous en parûtes content. Le lendemain je remis ce portrait entre les mains de Mme de Jonzac, qui se chargea d'en faire faire la copie; on dit qu'elle est bien. Elle ordonna la boîte, elle a transcrit la lettre; enfin elle a tout fait; vous lui devez un mot de remercîment. Mandez-lui que je vous ai conté tous ses soins, elle a beaucoup d'estime et de goût pour vous. Toute cette besogne étant finie, il fallait que cela vous parvînt, et je voulais que ce fût mystérieusement. J'eus dessein de m'adresser à M. Craufurd; je vous priai de me mander s'il était à Londres, et puis je pensai que je lui causerais bien de l'embarras; j'eus recours à la grand'maman; et avec sa bonté ordinaire, elle entra dans toutes mes vues; elles les perfectionna, se chargea de mon paquet, l'adressa à M. de Guerchy,[5] lui écrivit ses instructions, et lui demanda de lui en

1. Il avait eu la bêtise de ne pas deviner que c'était Mme du Deffand qui lui eut écrit la lettre au nom de Madame de Sévigné (HW).

2. In thinking that Mme de Sévigné's letter was written by Mme de Choiseul.

3. Not identified. On 12 April 1766, HW went 'to see the collection of M. Doumenil in the Rue Desmarais,' where, among some 420 portraits, he saw an enamel of Mme de Sévigné by Jean Petitot (1607–91), 'not graceful' (*Paris Jour.*).

4. La Princesse de Turenne, belle-fille du Duc de Bouillon (HW). Louise-Henriette-Gabrielle de Lorraine (1718–84), m.

(1743) Godefroy-Charles-Henri de la Tour d'Auvergne, Prince de Turenne, later Duc de Bouillon (*Rép. de la Gazette;* C–D; Maria Theresa and Florimond-Claude-Charles, Comte de Mercy-Argenteau, *Correspondance secrète,* 1874, ii. 107; Jacob-Nicolas Moreau, *Mes souvenirs,* 1898–1901, ii. 277). Wilhelm Karl, Prinz von Isenburg, *Stammtafeln,* Berlin, 1935, ii. Table 40, gives the date of her death as 1788.

5. Ambassadeur en Angleterre (HW). Claude-Louis-François de Regnier (1715–67), Comte de Guerchy, ambassador to England (*Mem. of Geo. III* i. 240).

apprendre la réussite. Je juge par votre récit que c'est un très habile ministre, et qu'il a suivi très exactement ce qui lui avait été prescrit. J'écrirai incessamment à la grand'maman[6] pour la remercier, et je transcrirai ce que vous m'avez mandé[7] à l'occasion de sa lettre: pourquoi ne me l'envoyez-vous pas, cette lettre? je ne le comprends pas; elle m'a envoyé la vôtre[8] que je lui ai renvoyée; j'en ferai de même de la sienne; je vous la renverrai.

Voilà toute l'histoire. Si vous m'aviez devinée (comme je n'en doutais pas), rien n'aurait manqué à mon plaisir; mais mon tuteur n'a pas reconnu sa pupille. Voilà la plus utile leçon que j'aie jamais reçue de lui.

J'ai lu hier l'oraison funèbre de ce petit Lavaur; ce n'est que du verbiage, des galimatias d'un petit bel esprit; il n'y a pas un mot d'édification.

À 6 heures.

Vous vous êtes signé[9] en voyant le portrait de votre sainte; j'en fais autant à l'arrivée d'une lettre[10] le mardi à 4 heures. Il faut en effet que vous soyez bien contrariant, mais ce que je sais c'est que vous êtes encore plus téméraire et plus bête, téméraire dans vos soupçons, et bête dans les moyens de vous éclaircir. J'ai compris à votre première lettre[11] ce que vous pensiez; et sans le découvrir j'ai sur-le-champ écrit à mon petit Craufurd[12] pour qu'il vous détournât de laisser voir aucun soupçon sur personne, en lui avouant que j'étais la coupable. Il n'est pas si bête que vous au moins, et s'il avait des idées aussi folles que les vôtres, il mériterait mieux que vous d'avoir des confidentes. Mais, mon cher Monsieur, puisque *chère Madame y a,* pourquoi, ayant de tels soupçons et voulant vous éclaircir, n'avez-vous pas répondu à Mme de Sévigné, en me chargeant de l'adresse? c'était là un tour ingénieux, vous vous seriez perdu dans les nues ainsi qu'un nouvel Icare, ou bien s'il vous était venu une autre idée vous auriez écrit en bâtons rompus, et au lieu d'être un Icare vous auriez fait mille écarts; enfin si vous aviez encore eu une autre pensée, vous vous seriez jeté dans de grands accords, dans de grands

---

6. D to Mme de Choiseul 18 June 1766, S–A i. 41.

7. *Ante* 13 May 1766.

8. HW to Mme de Choiseul 6 May 1766.

9. See *ante* 10 June 1766.

10. This seems to be a letter which was not entered in *Paris Jour.* (see *ante* 15 June 1766).

11. *Ante* 10 June 1766.

12. D to Craufurd 15 June 1766 (S–A i. 37).

coups d'archet, de grands galimatias; il aurait fallu écrire trois lettres, et vous en rapporter à moi pour envoyer celle qui conviendrait; mais, mon tuteur, ce n'était point tout cela qu'il fallait; vous auriez fort bien pu vous passer d'esprit, demandez-le à M. Craufurd. J'ai voulu vous dire cela tout de suite. Je remets à demain à répondre à votre lettre.

À 9 heures.

Je suis seule, j'attends Mme de Beauvau, qui soupe chez moi ce soir. Elle arrive toujours fort tard; Pont-de-Veyle, qui doit venir aussi, est à une fête que Mme de Villeroy[13] donne à votre Héréditaire, et qui ne finira peut-être qu'à 10 heures passées. Je voudrais que vous y fussiez; c'est une tragédie où joue Mlle Clairon.[14] Je n'ai nul regret de n'y pas être; je préférerais d'être dans le voisinage de Strawberry Hill; j'aime à la folie la vie que vous y menez; vous êtes bien partagé en amies, une sourde,[15] une aveugle,[16] il faut tirer au doigt mouillé qui aura la préférence. Vos goûts sont très conséquents: un château gothique, des amies sempiternelles; il n'y a que votre comédienne[17] de leste et de fringante. D'où vient dit-elle que si je viens à boiter elle ne vous reverra plus?[18] Est-ce que vous avez aussi du goût pour ce qui cloche? Vous avez le crâne un peu fêlé, mon pauvre tuteur, il n'y a rien que je ne puisse croire de vous, mais vous êtes un bon homme, et en même temps fort drôle.

13. Jeanne-Louise-Constance d'Aumont (1731–1816), m. (1747) Gabriel-Louis-François de Neufville, Duc de Villeroy (Jacob-Nicolas Moreau, *Mes souvenirs*, 1898–1901, ii. 238 n; Ernest Boysse, ed. *Journal de Papillon de la Ferté*, 1887).

14. Claire-Joseph-Hippolyte Legris de Latude (1723–1803), called Mlle Clairon. HW saw her act in several rôles during his later visits to Paris, but had not yet done so. See Louis-Sébastien Mercier, *Tableau de Paris*, Amsterdam, 1783–8, iii. 11; Charles Collé, *Mémoires*, 1868, i. 142; *Paris Jour.*

'Mais la fête qui a été plus agréable à ce prince que toutes les autres, c'est celle que Mme la Duchesse de Villeroy lui a donnée. Mlle Clairon y a joué le rôle d'Ariane, et j'ai été témoin de l'impression qu'elle a faite au prince; il convenait que c'était un des plus grands plaisirs qu'il ait éprouvés dans sa vie' (Grimm vii. 91, 1 Aug. 1766).

15. Henrietta Hobart, Countess of Suffolk (HW). Lady Suffolk (ca 1681–1767), m. (1) (1706) Charles Howard, 9th E. of Suffolk; m. (2) (1735) Hon. George Berkeley, and was formerly mistress to George II. HW's *Notes of Conversations with Lady Suffolk* were printed, Oxford, 1924 as an appendix to his *Reminiscences.* Her home, Marble Hill, was near Strawberry Hill.

16. Mme du Deffand (HW).

17. Mrs Clive (HW). Catherine ('Kitty') Raftor (1711–85), m. (1732) George Clive, and lived at Little Strawberry Hill.

18. See HW to Montagu 25 May 1766: 'You know my Lady Suffolk is *deaf*, and I have talked much of a charming old passion I have at Paris, who is *blind*—"Well," said the Clive, "if the new Countess [Lady Shelburne] is but *lame*, I shall have no chance of ever seeing you."' HW evidently repeated Mrs Clive's bon mot to D, who failed to appreciate it.

Vous avez donc des oiseaux, sont-ils beaux? il faut que ce soit par sympathie; j'ai actuellement six moineaux qui sont nés dans ma persienne, mes gens les élèvent. Je m'amuserais infiniment de toutes ces sortes de choses si je voyais clair, mais il n'y a pour moi que la lecture ou la conversation, et on n'a pas souvent occasion d'être content de l'un ou de l'autre.

Vous souvenez-vous du Bailli de Fleury?[19] Il donna samedi dernier une fête où j'étais invitée. Je n'y fus point, parce que j'étais enrhumée et que de plus j'avais de l'humeur. Il y eut de très jolis couplets;[20] j'eus le mien quoiqu'absente. Je vous l'envoie avec ceux de Mmes d'Aiguillon et de Forcalquier; convenez que vous ne seriez pas capable d'en faire d'aussi beaux—mais chacun a ses talents.

Ce mercredi, à 9 heures du matin.

J'eus hier à souper la Princesse,[21] le Comte de Broglie et Pont-de-Veyle; j'eus le plaisir d'entendre louer à tour de bras notre incomparable Idole. L'effort que je me fis pour retenir mon indignation me fit monter le feu au visage et nuisit sûrement à ma digestion. Mme de Blot[22] eut sa part aussi d'éloges, et le respectable Évêque de Lavaur. J'ai pris un très sage parti, je dis que je n'ai point lu son

19. Pons-François de Rosset de Fleury (1727–74), former ambassador of Malta to Naples (Jean-Nicolas, Comte Dufort de Cheverny, *Mémoires*, 1909, i. 399; C–D). HW had often met him in Paris (*Paris Jour.*).

20. They are with the MS. *Sur l'air, 'Tes beaux yeux, ma Nicole, me boutent tout en feu.'*

Pour Madame la Comtesse de Forcalquier (HW).

'O Reine des déesses!
Belle de Forcalquier,
Les grâces, vos prêtresses,
Vous cèdent les lauriers:
Elles vous environnent,
Elles suivent vos pas,
Et ces nymphes couronnent
Votre esprit, vos appas.'

Pour Madame la Duchesse Douairière d'Aiguillon (HW).

'Pour peindre avec adresse,
Madame d'Aiguillon,
Il faut de la finesse,
Et le plus beau crayon.

Muse, viens à mon aide,
Sur le char de Phébus,
Car son âme possède
Les plus rares vertus.'

Pour Madame la Marquise du Deffand (HW).

'Chez vous les connaissances,
Marquise du Deffand,
Les arts et les sciences
Ont un suprême rang.
Vous êtes leur asile,
Ils trouvent tour à tour
Dans votre domicile
Une savante cour.'

Couplets présentés à trois dames à la fête que leur donna le Bailli de Fleury, année 1766 (HW).

21. Mme de Beauvau.

22. Marie-Cécile-Pauline Charpentier d'Ennery (b. ca 1734), m. (1749) Gilbert de Chauvigny, Baron de Blot. HW had met her once in Paris (*Paris Jour.*). See Philip Dormer Stanhope, E. of Chesterfield, *Letters*, ed. Dobrée, 1932, vi. 2968.

sermon, et je m'épargne par-là la honte et l'effort qu'il m'en coûte-
rait pour mentir. Oh non! mon tuteur, on ne peut pas tenir à tous
ces gens-là, je voudrais être entre votre sourde et votre comédienne.
C'est un grand malheur à une Française comme moi de s'être avisée
de faire son ami d'un Anglais comme vous. Que n'aimai-je Milord
Holdernesse? Quand il partirait, je le remplacerais sur-le-champ. N'y
a-t-il pas des Saulx, des Chabrillan,[23] des Bailli de Fleury que je
verrais à sa place? je ne perdrais rien au change. Vous savez qu'il[23a] me
fit l'honneur de souper chez moi vendredi dernier, je n'en ai pas entendu parler depuis; c'est un hommage qu'il rend à l'Idole. Je n'ai
point vu non plus depuis ce jour-là Mme de Luxembourg; elle est
furieuse de n'avoir pas su un mot de la plaisanterie; elle me demanda
si je ne lui montrerais pas la lettre, je lui dis que non, que je n'en
avais point gardé de copie. Si vous n'en avez pas donné, n'en donnez
pas, je vous prie; elle n'est point bonne, et quand elle le serait, je
n'aime point à être en butte à la critique ni à la louange.

Je vous envoie quatre couplets[24] du Chevalier de Boufflers avec
l'air noté; il n'y a rien de si fou que lui.

Je ne vous prie point de m'écrire souvent ni longuement; je ne
veux pas que cela vous coûte, mais quand cela ne vous ennuiera pas
vous ne pourrez me faire un plus grand plaisir; je ne veux point vous
dire ce que je trouve de vos lettres, parce que vous y penseriez en
m'écrivant et que cela empêcherait qu'elles ne fussent aussi naturelles. Je ne serais pas étonnée que vous crussiez que je ne sens pas
toute la force de certaines choses que vous me dites; souvent je n'ai
pas la force d'y répondre, parce que mon esprit est faible, et souvent
incapable d'application suivie, mais je sens et entends, et si jamais
je vous revois, je vous en ferai convenir.

Remarquez, je vous prie, le changement qu'il y a dans mon style;
je ne sais pas si vous en êtes content, pour moi je m'en trouve bien.

Vous souvenez-vous que dans la lettre que vous écrivit Mme de
Forcalquier qu'elle vous mandait que vous ne pourriez pas résister
aux intercessions auxquelles j'aurais recours pour vous faire revenir?
C'était de votre sainte[25] dont elle entendait parler.

Cela est singulier, mais sans avoir rien à vous dire, je vous écrirais
jusqu'à demain, je ne finirais jamais; ce n'est pas que j'aie du goût

---

23. Joseph-Dominique Guigues de Moreton (b. 1744), Marquis de Chabrillan. HW
had often met him in Paris (*Paris Jour.*).

23a. Lord H. (HW).
24. See Appendix 9.
25. Mme de Sévigné.

pour l'écriture; je n'ai pas encore écrit à la grand'maman, mais il faut que je lui écrive aujourd'hui.[26] Je reçois dans le moment la traduction de votre latin; ce n'est ni une nymphe ni une déesse; lisez les vers que Mme de Staal[27] fit quand elle voyait attribuer je ne sais quel ouvrage qu'elle avait fait à tous les beaux esprits. Je n'ai pas le temps de chercher cet endroit de ses *Mémoires* parce qu'il faut que je dorme.

Quand vous m'écrirez du latin, prenez la peine de le traduire, car quoiqu'en puisse penser M. le Bailli de Fleury, je ne suis pas extrêmement docte ni savante.[28]

Mandez-moi si le petit Craufurd vous aura dit que je lui ai écrit.

Ne manquez pas d'écrire incessamment à Mme de Jonzac,[29] des amitiés, des louanges, des reconnaissances, que l'oncle[30] y soit compris, et que tout cela me soit réversible.

Je fais une remarque que je ne veux pas laisser échapper, c'est que jamais on n'écrit aussi longuement et si aisément que quand on n'a rien à dire. Quand on a quelque chose à conter on est tout essoufflé et on regrette le temps qu'on y perd, ainsi *nescio vos* sur votre excuse d'être à Strawberry Hill.

Vous voyez que je sais un peu de latin.

---

26. The letter was written that day (S–A i. 41).

27. Marguerite-Jeanne Cordier de Launay (1684–1750), m. (1735) Baron de Staal. Many letters from her to D were copied in D's MS *Recueil de lettres,* bequeathed to HW. In a marginal note to one of these letters (p. 87), HW says:

'Madame de Staal, dont on a les mémoires, était attachée à Madame la Duchesse du Maine et fort liée avec Madame du Deffand, qui passait beaucoup de temps à Sceaux chez cette Princesse. J'ai été à Sceaux avec Mme du Deffand qui m'indiqua leurs appartements, Mme de Staal fait mention de Mme du Deffand dans ses *Mémoires.*'

D here refers to Mme de Staal's verses written to ridicule the guesses made at Sceaux about the authorship of an anonymous protest (really written by Mme de Staal herself) against the exclusiveness of

the Duchesse du Maine's 'Ordre de la Mouche à Miel.' They are:

'N'accusez ni Genest ni le grand Malasieux
D'avoir part à l'écrit qui vous met en cervelle.
L'auteur que vous cherchez n'habite point les cieux.
Quittez le télescope, allumez la chandelle,
Et fixez à vos pieds vos regards curieux:
Alors, à la clarté d'une faible lumière,
Vous le découvrirez gisant dans la poussière.'

(*Mémoires,* in Mme de Staal's *Œuvres,* 1821, i. 93.)

See Appendix 5n and *Paris Jour.* 27 Nov. 1765.

28. See Fleury's couplet to D, in n. 20 above.

29. HW wrote to Mme de Jonzac, 24 June 1766, missing (*Paris Jour.*).

30. The Président Hénault.

To Madame du Deffand, Thursday 19 June 1766, Nº 10

Fragment, not in Toynbee, quoted by D in her letter to Mme de Choiseul 5 July 1766, and mentioned in her letter to Mme de Choiseul 25 June 1766 (S–A i. 46–9). D there dates the fragment as above, but *Paris Journals* give 20 June, probably the day it was sent. HW was then at Strawberry Hill. Answered, 24 June.

JE suis très persuadé que c'est Madame la Duchesse de Choiseul qui a bien voulu me faire le charmant présent[1] dont je vous ai tant parlé. Pour répondre à la lettre comme il faudrait, il n'y a pas moyen, il faudrait avoir son esprit ou le vôtre. Ajoutez-y encore la difficulté de m'exprimer dans une langue étrangère;[2] enfin, tout cela est désespéré. Je n'ai pas moins de difficulté quand je pense à lui envoyer quelque bagatelle; il ne faudrait pas qu'elle fût trop recherchée, ça serait toujours de l'imitation, et une imitation gauche et manquée; il ne faudrait non plus de la dépense, ce qui serait impertinent de ma part, et rien moins que galant. Enfin, il faudrait quelque chose qu'on ne pourrait avoir que de ce pays-ci; malheureusement nos productions ne sont ni rares ni galantes; si mon château pesait deux onces de moins, je pourrais fort bien le lui envoyer,[3] et assurément c'est ce qu'elle n'aurait vu ailleurs.

From Madame du Deffand, Saturday 21 June 1766

The first paragraph of this letter is in D's hand; the date, and the rest of the letter are in Wiart's.

La nuit du samedi au dimanche 22 juin 1766.

À FORCE de calcul je juge que ma lettre qui est partie le 16 n'a pu vous parvenir que le 20, et que je ne peux par conséquent en avoir la réponse que le 24, et que celle que je vous ai écrite le 19

---

1. The snuff-box with Mme de Sévigné's miniature on the top, and the letter purporting to be hers (see preceding letters, and W. S. Lewis, *Horace Walpole's Letter from Mme de Sévigné*, Farmington, 1933).

2. D makes this comment: 'Ne trouvez-vous pas que ces fautes de langage font fort bien?' (D to Mme de Choiseul 5 July 1766, S–A i. 50).

3. D makes this comment:

'. . . Il voulait vous envoyer son château. C'est, après Madame de Sévigné, ce qu'il a de plus cher. Il n'y avait que le transport qui lui paraissait difficile. Je lui aurais conseillé de le laisser où il est, et d'en faire une chapelle qu'il vous aurait dédiée, où il vous aurait invoquée et adorée; mais voilà qui est fait' (D to Mme de Choiseul 25 June 1766, S–A i. 46).

vous ne la recevrez que lundi 23, et que je n'aurai votre réponse que vendredi 27. Voilà l'ordre chronologique, et me voilà tranquille. Je suis devenue fière; vous ne recevrez de mes lettres qu'à mesure que je recevrai des vôtres. Je ne me priverai pas de l'amusement de vous écrire, mais rien ne partira quand rien n'arrivera. Je ne comprends pas comment n'ayant que vos oiseaux, vos poules, votre sourde, votre comédienne,[1] vous ne me donniez pas un quart d'heure tous les jours. Cela remplirait vos quatre pages. Vous n'avez rien à me dire; belle raison; on a toujours à dire à ceux dont on ne se soucie guère. Si on les ennuie, qu'importe? J'ai vu hier Milord George. Il avait eu de vos nouvelles. J'étais ravie de causer avec lui. Milord Holdernesse vint nous interrompre, je le maudis. Je me conduis avec le Milord dans un point de perfection qui vous surprendrait. Je voudrais renverser l'Idole. Voici une remarque que je fais—lorsqu'on a une idée prédominante toutes les autres s'y soumettent; on ne pense, on ne parle, on n'agit, que par rapport à elle. Voilà tout ce que vous aurez de ma main.

N° 18. Paris, ce lundi 23 juin 1766.

Dites-moi la vérité; pouvez-vous lire ce que je griffonne? Ne dites point oui par politesse et ne dites point non pour m'épargner cette fatigue. Quand je ne dors point, cela m'amuse, mais je désire savoir si l'on me peut lire.

J'attends avec bien de l'impatience votre réponse[2] à ma lettre du 14 et 15. Vous avez l'imagination blessée, vous aurez autant de peine à me reconnaître à présent que vous auriez dû en avoir d'abord à en soupçonner d'autres. Je ne puis me rendre raison de ce qui vous a passé par la tête, je vous dirais bien toutes mes idées, c'est-à-dire toutes celles que vous avez eues, parce que les paroles s'envolent, mais ce qui est écrit reste, et je ne veux point de procès par lettre; tout ce que je puis vous dire, c'est que je suis corrigée des surprises et des épreuves. Cette petite aventure m'instruit plus que tous les traités de morale.

Je reçois dans ce moment une lettre de la grand'maman,[3] en réponse;—je suis fort fâchée que Wiart n'ait point tiré copie de ma lettre[4] parce qu'elle n'aurait pas été inutile à la réponse; il y a aussi la

---

1. See *ante* 17 June 1766.
2. *Ante* 19 June 1766.
3. Mme de Choiseul to D 21 June 1766 (S–A i. 42).
4. D to Mme de Choiseul 18 June 1766 (S–A i. 41).

réponse de M. de Guerchy.⁵ Voilà bien des *réponses,* et pour qu'il y en ait une de plus, cette lettre-ci n'est pas en *réponse* à la vôtre, car je n'en ai point reçu le dernier ordinaire, et pour dire pour la cinquième fois le mot *réponse* vous pourriez m'envoyer celle de la grand'maman; il me semble qu'il ne vous reste aucune difficulté, car vous voyez par la copie que je vous envoie que Wiart déchiffre fort bien son écriture. Je vous garderai le secret sur la difficulté que vous avez trouvée à la lire, ainsi que sur le désir que vous m'avez marqué que boîte, lettre, et portrait vous eûtes été envoyés par moi.

J'admire comment les choses tournent; le plaisir que j'attendais de tout ce badinage-ci⁶ était d'un genre tout différent de celui qui arrive; j'aurais parié ma vie que malgré toutes les précautions que j'avais prises pour vous détourner de me deviner, vous ne vous y seriez jamais mépris, et il se trouve que je suis peut-être celle que vous avez été le plus loin de soupçonner. Il en resulte un imbroglio assez divertissant. Il m'a fourni de l'occupation, cela vaut autant et peut-être mieux que si tout était arrivé comme je l'avais désiré et espéré; aussi pour ce qui me regarde suis-je fort contente, mais par rapport à vous il n'en est pas de même, tout plaisir est détruit quand il y a beaucoup à rabattre et à déchoir. Dites-moi, je vous prie, si M. Craufurd vous a parlé dans le temps d'un petit billet que je lui écrivis⁷ pour vous empêcher de laisser voir vos soupçons; enfin je crois m'être conduite avec beaucoup de prudence et que vous n'avez aucun reproche à me faire; aussi n'y a-t-il rien de fâcheux dans tout ceci.

J'attends demain pour fermer cette lettre.

Ce mardi matin.

Vous trouverez la lettre de la grand'maman charmante; je suis réellement fâchée que ce ne soit point à elle que vous deviez cette attention. Malgré les éloges très-peu mérités qu'on donne à la lettre de Mme de Sévigné, si elle avait été écrite par cette grand'maman elle aurait été bien meilleure, et je dirais alors comme votre poète Waller disait à Charles II, 'La fiction fournit plus que la vérité.'⁸ Je ne me rengorge point des éloges qu'on fait de cette lettre; ils me rappellent

---

5. M. de Guerchy to Mme de Choiseul 11 June 1766 (S–A i. 45).

6. About the snuff-box and the mysterious letter.

7. D to Craufurd 15 June 1766 (S–A i. 37).

8. Edmund Waller (1606–87), poet.

'Waller avait fait un éloge funèbre de Cromwell. . . . Charles II, qu'il avait loué dans une pièce faite exprès, lui reprocha qu'il avait mieux fait pour Cromwell. Waller répondit: "Sire, nous autres poètes, nous réussissons mieux dans les fictions que dans les vérités" ' (*Dictionnaire his-*

la fable de l'âne chargé de reliques;[9] vous me rappellez encore une autre fable, quand vous aurez eu la certitude d'où tout cela vient ce sera la montagne qui accouche d'une souris.

J'ai cent mille millions de pensées et ma tête est si brouillée, mon imagination si bridée, que je n'en puis exprimer aucune; il me semble que tout ceci fait entre nous une nouvelle époque, et qu'il faudra dater nos lettres 'de l'ère de Mme de Sévigné.'

Mme de Forcalquier est à faire rire, elle est furieuse contre vous, je me moque d'elle, car moi j'en suis fort contente; n'allez pas croire que je montre aucune de vos lettres; notre correspondance est ignorée, et le bruit qu'elle fait dans ce moment-ci est votre ouvrage et non le mien. J'attends l'arrivée du courrier, je continuerai cette lettre si j'en reçois de vous, sinon je vous dis adieu jusqu'à dimanche.

À 4 heures après midi.

Voilà une lettre;[10] vous n'êtes donc plus dans l'ignorance ni dans le doute; vous êtes sûr que c'est Mme de Choiseul. En vérité, je vous en fais mon compliment! Oh! cela était bien vraisemblable, mais, comme pour constater les faits il faut des pièces justificatives, vous trouverez ci-joint une lettre d'elle et de M. de Guerchy.[11] Malheureusement on a jeté au feu une autre lettre[12] d'elle où elle me rendait compte des mesures qu'elle prenait, et des instructions qu'elle donnait à M. de Guerchy, sans s'attendre cependant à aucun succès: c'est-à-dire à pouvoir réussir à vous donner un moment de doute. Oh! il faut convenir que vous avez passé notre attente. J'attribue ce succès prodigieux beaucoup moins à mon habilité pour tromper qu'à votre facilité à l'être. Si vous avez écrit un remercîment à la grand'maman je ne doute pas un moment qu'elle ne me l'envoie sur-le-champ; elle ne mettra pas tant de discrétion dans sa correspondance avec vous, que j'entrevois que vous y en voulez mettre, puisque vous persistez à ne point m'envoyer sa lettre sous prétexte qu'elle est difficile à lire. Je ne vous la demande plus, et je vous donne un conseil que vous ne me demandez pas, c'est d'écrire incessamment à la grand'maman sur le ton de gaîté et de plaisanterie; convenez de votre absurde *fatuité*, louez-la et pesez plutôt sur ses agréments que sur ses éminentes

torique, critique et bibliographique par une société de gens de lettres, 1821) (T). D may have got this from her Vie de Cromwell (see Appendix 2).

9. La Fontaine, *Fables* v. 14.
10. *Ante* 19 June 1766.

11. Mme de Choiseul to D 21 June 1766, and M. de Guerchy to Mme de Choiseul 11 June 1766 (S–A i. 41, 45).
12. This letter was recovered: Mme de Choiseul to D 18 June 1766 (S–A i. 39).

qualités; vous jugerez par sa lettre combien j'ai sujet d'être contente d'elle, combien sa façon de penser sur l'amitié est bien différente de la vôtre, combien elle fait cas de la sensibilité; ce n'est assurément pas que la sienne ait dû la rendre heureuse.

Pourquoi donc cette affluence de présents, et pourquoi Mme de Jonzac n'est-elle point sur la liste?[13] Je n'imagine en vérité pas ce que vous pouvez donner à la grand'maman, certainement ce ne doit être qu'une bagatelle; mais l'esprit ne me fournit jamais rien, il faut que je sois inspirée. S'il me vient quelque idée entre ci et l'arrivée de M. Selwyn, je vous en ferai part. Un éventail à Mme de Luxembourg sera très bien, autant à l'Idole, avec qui j'eus l'autre jour une conversation très gaie et très comique, mais je n'ai point le style de la narration et puis je suis toute par accès, et actuellement mon état est la sécheresse et l'aridité.

Et Mme de Mirepoix, ne lui enverrez-vous rien? C'est une débâcle que votre générosité, mais j'y entrevois une politique que j'approuve extrêmement. Vous en avez un peu manqué en divulguant la lettre de Mme de Sévigné, elle va essuyer autant de critiques qu'elle a reçu d'éloges et de louanges; elle n'aura mérité ni cet excès d'honneur ni cette indignité.[14] J'aurais bien voulu qu'il n'en eût pas couru de copie, je crains tout autant que vous pour le moins le ridicule d'occuper le public. Oh! j'en fais vœu, je ne chercherai plus à attraper personne, j'y réussis trop bien. Il faut que je vous quitte pour répondre à la grand'maman; elle sera bien surprise quand je lui manderai que vous êtes toujours dans les mêmes soupçons, et cela la divertira infiniment.

Je me meurs de peur, mon cher tuteur, que votre pupille ne devienne à toutes sortes d'égards votre grand'mère; vous m'avez laissé prendre un grand avantage, et je vous déclare que je suis dans la volonté d'en profiter.

Je me divertis quand je pense combien vous vous serez reproché d'avoir eu quelque moment l'idée que cette galanterie venait de moi, et combien vous aurez trouvé absurde d'avoir pu l'imaginer. Ah! mon Dieu! que cela est drôle!

13. Probably HW quoted this list, which is in *Paris Journals*:
'Mme de Mirepoix 6 lbs of tea and patterns of paper
Mme d'Egmont dowager cucumber cutter and 4 earthen milkpots
Princesse de Beauvau saltcellars
Marquis de Brancas Sheffield box
Duchesse d'Aiguillon and Mme de Forcalquier *Fugitive Pieces*
President—Lucan'
Mme de Mirepoix was evidently not on the list, as HW gave it, because D mentions the omission of her name (see below).
14. See Racine, *Britannicus*, II. iii. 609–10.

Ne vous lassez point de me raconter tout ce que vous faites. Le fruit du repas de M. de Newcastle[15] m'a donné la colique; des fraises, du melon, de la crême, toutes sortes de fruits glacés! Oh! que cela est bon!

Vous me dites sur Monsieur le Duc de Gloucester[16] que vous ne doutez pas que cette malheureuse alliance[17] se fera; cela veut dire ne se fasse? Eh bien! pourquoi pas?[18] D'où vient cela vous fâche-t-il? Et pourquoi ne vous serait-elle pas utile puisqu'elle ne serait pas mal-honnête? Vous me direz tout cela quelque jour, cela ne m'ennuiera pas. Vous pouvez être sûr que vous ne m'ennuierez jamais; pour m'indigner et me mettre en colère je n'en dirai pas de même. Adieu; j'espère que samedi vos yeux seront dessillés, et qu'à votre grande honte vous conviendrez que vous avez été bien absurde, bien im-prudent, en un mot, bien bête.

Dites, je vous prie, à M. Craufurd, que s'il n'a pas répondu sur-le-champ à mon billet,[19] il a eu grand tort, et encore plus grand tort s'il ne s'est pas acquitté de ce dont je le chargeais pour vous—qui était de vous empêcher de laisser voir vos soupçons.

Oh! voici une bien bonne fortune, je retrouve la lettre de la grand'maman[20] que je croyais brûlée, et je vous l'envoie. Je me flatte qu'il ne vous restera plus de doute.

Ce mercredi matin.

Le Maréchal de Noailles[21] est mort la nuit du 23 au 24; Mme de Gacé[22] épousera ces jours-ci M. de la Vaupalière, mariage fort au dessous d'elle, mais précédé par une passion de dix ans. Je viens d'écrire à la grand'maman, je vous envoie la copie de ma lettre pour

15. Thomas Pelham-Holles (1693–1768), 1st D. of Newcastle-on-Tyne, and former prime minister. He gave splendid dinners at Claremont, his country seat in Surrey.

16. William Henry (1743–1805), D. of Gloucester, brother of George III.

17. Avec Milady Waldegrave (HW). See *ante* 26 May 1766, n. 9.

18. 'Indeed my own father's obligations to the royal family forbade me to endeav-our to place a natural daughter of our house so near the throne' (*Mem. of Geo. III* iii. 269).

19. D to Craufurd 15 June 1766 (S–A i. 37).

20. Mme de Choiseul to D 18 June 1766 (S–A i. 39).

21. Adrien-Maurice (1678–1766), Duc de Noailles.

22. Diane-Jacqueline-Louise-Josèphe de Clermont d'Amboise (1733–1804), m. (1) (1753) Marie-François-Auguste de Goyon-de-Matignon, Comte de Gacé; m. (2) (1766) Pierre-Charles-Étienne Maignard (1730–1817), Marquis de la Vaupalière. See Woelmont de Brumagne i. 508; Tony-Henri-Auguste, Vicomte de Reiset, *Anne de Caumont-la-Force, Comtesse de Balbi*, 1908, p. 494 n; Grimm xi. 410. HW had often met Mme de Gacé in Paris, but had apparently not met her second husband (*Paris Jour.*).

que si vous le jugez à propos, vous preniez mon unisson.[23] J'aimerais bien à prendre le vôtre quand je vous écris, car j'aime votre style à la folie, et je ne sais pas si j'aurai autant de plaisir à vous entendre qu'à vous lire.

N'allez pas prendre cela au pied de la lettre, car je mens.

J'imagine que vous n'avez point mis Mme de Jonzac sur votre catalogue de présents parce que vous comptez lui en faire un de la commission qu'elle vous a donnée? Quelle folie, mon tuteur, de faire tant de présents! Mais je suis pour vous comme ce monsieur romain[24] était pour un des Gracques: si vous mettiez le feu aux quatre coins de Paris ou de Londres je croirais que vous aviez raison; moi je n'en ai guère de vous sacrifier mon sommeil et de fatiguer Wiart, qui est malade. Adieu, je vous quitte à regret, je me sens en train d'écrire, et hier et avant-hier je ne l'étais point du tout. Je relis ce que je viens de vous écrire. N'allez pas appliquer le *je mens* au goût que j'ai pour votre style, mais à la préférence que je lui donne sur votre retour.

To Madame du Deffand, Tuesday 24 June 1766, N° 11

Missing. Probably written from Strawberry Hill. This is the letter in which he scolded D 'black and blue' (HW to Lady Hervey 28 June 1766). Answered, 28 June.

From Madame du Deffand, Saturday 28 June 1766

N° 19. Paris, ce samedi 28 juin 1766.

AH! mon cher tuteur, vous avez la tête troublée. Je vous connais bien, j'en suis au désespoir, mais soyez persuadé que vous avez tort; quand vous auriez écrit à Mme de Choiseul, il n'y aurait pas eu l'ombre de ridicule. Vous deviez être induit à croire que cette plaisanterie était d'elle; vous en jugerez par sa lettre que je vous ai envoyée;[1] je vous conseille de lui écrire sur le même ton que ma réponse, et je vous le répète, n'ayez aucune inquiétude. Je serais au désespoir si j'étais l'occasion de vous causer le plus petit chagrin; on ne parle plus de cela ici, et je puis vous assurer que jamais je ne parle de vous.

23. Not with the MS.
24. C. Blosius of Cumes (d. 132 B.C.). See Plutarch, *Tiberius Gracchus;* Cicero, *De Amicitia*, xi. 37.

1. Mme de Choiseul to D 21 June 1766 (S–A i. 21).

À l'égard de vos lettres, excepté la moitié d'une[2] (qui est celle où vous me faisiez le récit de la réception de la boîte) que j'ai fait lire à Mme de Jonzac et à Mme de Forcalquier, personne au monde n'en a eu ni n'en aura la moindre connaissance. Je trouverais fort triste qu'une marque d'attention et d'amitié que je me suis plu à vous donner apportât quelque changement dans votre façon de penser et d'agir avec moi; ce serait un malheur auquel je serais fort sensible, et que je ne pouvais ni prévoir ni craindre.

Je n'insiste point à vous demander la lettre de Mme de Choiseul,[2a] je n'en ai plus de curiosité, mais je ne comprends pas comment vous croyez qu'il y ait de la prudence à ne me la pas envoyer; je suis persuadée qu'elle ne vous dit point de mal de moi, et ce serait la seule raison qui pourrait vous obliger à m'en faire mystère.

À l'égard de la copie de la lettre de Mme de Sévigné[3]—cela m'est indifférent, on peut la critiquer si l'on veut, je ne m'en soucie point, je suis sans prétentions, ou du moins je n'en ai qu'une, qui est qu'on soit bien persuadé que je n'en ai point. Ne parlons plus de tout ceci, oublions-le parfaitement.

Je suis bien aise que vous ayez écrit à ces trois dames;[4] je serai bien aise aussi que vous envoyiez un éventail à Mme de Luxembourg, un chiffon à l'Idole et à Mme de Mirepoix si vous le voulez. Je puis vous assurer que si vous revenez jamais ici, vous y serez reçu très agréablement, et que notre liaison ne vous causera ni ridicule ni gêne ni embarras. Je démêle très bien toutes vos pensées et j'aurai soin de prévenir et d'écarter toutes vos inquiétudes; je connais l'amitié, et je sais à quoi elle engage.

Je vous sais très <bon g>ré de l'avis que vous me donnez sur la poste; le dernier paquet que je vous ai envoyé est énorme; nous ne savions pas, Wiart et moi, cette augmentation par feuille.[5]

Je vous déclare que vous aurez très peu de contentement des oraisons funèbres que vous me demandez; je ne trouve rien de plus ennuyeux, surtout celle de l'Évêque;[6] il soupa hier chez moi. J'avais aussi Milord Holdernesse, j'étais entre lui et Mme de Valentinois, et lui entre moi et Mme de Broglie; il parla pendant tout le souper à

2. Probably *ante* 10 June 1766.
2a. See *ante* 8 June 1766, n. 3.
3. A copy in HW's hand is now WSL.
4. HW wrote to Mme de Jonzac and to Mme de Forcalquier 24 June 1766 (both missing). There is no record of a letter to Mme de Choiseul at this time (*Paris Jour.*).

5. Letters consisting of two sheets cost twice the postage of letters of one sheet (see *post* 29 Jan. 1770, n. 24).
6. The Bishop of Lavaur (see *ante* 8 June 1766).

celle-ci, et pendant le souper je ne dis pas quatre paroles. Mme de Luxembourg me traite fort bien, et je m'aperçois que je recueille le fruit de ma bonne conduite. Quand on a une idée prédominante, comme je vous l'ai écrit de ma main, toutes les autres s'y soumettent et s'arrangent, et l'on n'est heureux ou malheureux que par celle-là.

Je ne sais pas d'où vient le petit Craufurd ne vous a pas montré ma lettre; apparemment qu'il est comme vous, et qu'il s'est fait une obligation de ne montrer les lettres de personne.

J'en reçus une il y a quelques jours de M. Selwyn, et hier on me remit du thé et un très bel éventail de sa part; je ne sais pas d'où vient il me fait des présents; je vais lui écrire[7] pour l'en remercier.

Puisque vous avez écrit à Mme de Jonzac, vous pouvez bien vous dispenser d'une seconde lettre, mais écrivez-moi sur une feuille détachée quelque chose que je puisse lui montrer; ne faites cependant que ce que vous voudrez, je n'ai pas cela fort à cœur.

Je n'aime point cette fièvre que vous avez toutes les nuits; il me prend de temps en temps de grandes inquiétudes de votre santé; c'est une maudite chose que la séparation. Voilà ce que je trouvai l'autre jour dans une lettre[8] de Mme de Sévigné:—

Je ne vous dis point si je désire de vous voir, ni combien je regrette de passer ma vie sans vous; il semble qu'on en ait une autre où l'on réserve de se voir et de jouir de sa tendresse; et cependant c'est notre présent et notre tout que nous dissipons, et l'on trouve la mort; je suis touchée de cette pensée.

Voilà, mon cher tuteur, comme l'amitié s'exprime, et ces expressions sont cent fois plus tendres, plus naturelles, et plus vraies que celles d'*Héloïse*, de *Madame de la Suze*, et des *Lettres portugaises*.

Vous me dites que vous allez vous reposer et que c'est par mon conseil, je ne me souviens plus quel genre de repos je vous ai conseillé, si c'est de ne me plus écrire il ne faut pas m'en dédire. Est-ce cela? Dites-le moi.

To Madame du Deffand, Thursday 3 July 1766, N° 12

Missing. The letter was apparently started 1 July (see *post* 9 July 1766).

7. She wrote to Selwyn 29 June 1766 (unpublished MS in Society of Antiquaries).

8. To Mme de Grignan 8 April 1676, (Mme de Sévigné, *Lettres* iv. 396–7). D's memory of the passage is faulty.

From Madame du Deffand, Wednesday 9 July 1766

N° 20. Paris, ce mercredi 9 juillet 1766.

VOUS voyez quel est le quantième du mois, et ce n'est qu'à cet instant que je reçois votre lettre du 1er et du 3. Vous avez si bien fait par vos leçons, vos préceptes, vos gronderies, et, le pis de tout, par vos ironies, que vous êtes presque parvenu à me rendre fausse, ou pour le moins fort dissimulée: je m'interdis de vous dire ce que je pense; quand je suis prête à me laisser aller à vous dire quelques douceurs, je crois entendre ces paroles du Seigneur aux trois Marie (à ce que je crois): *Noli me tangere.*

Je possède plus l'Évangile qu'Horace. Oh non, je ne pourrai jamais dire *mon Horace* comme chacun dit; je ne possède point *Horace,* je ne connais point *Horace;* je sais qu'on l'estime, qu'on le prône, qu'on le vante; je ne dis pas qu'on ait tort, mais je ne le connais pas.

Vivez, vivez en paix avec votre sainte;[1] livrez-vous tout entier à votre passion pour elle; en conséquence, lisez et relisez ses lettres, et jugez si l'amitié ne peut pas faire sentir et dire des choses mille fois plus tendres que tous les romans du monde. Savez-vous ce qui me fâche le plus contre vous aujourd'hui? c'est que vous ne répondiez point à ce tour mystique que j'avais pris pour vous forcer à me dire ce que je serais bien aise que vous me dissiez:[2] apparemment que vous improuvez cette tournure, car vous m'avez écrit que, quand vous ne répondiez pas à quelque article de mes lettres, c'était une marque d'improbation. Ah! vous êtes un plaisant personnage; je vous dirais volontiers comme la capricieuse dans le *Philosophe marié;*[3] après avoir fait à son amant l'énumération de tous ses vices, de tous ses ridicules, elle termine ainsi sa longue kyrielle: 'Mais, malgré vos défauts, je vous aime à la rage.'[4] Ah! cette citation est *d'une petite emportée,* mais non pas d'une ennuyeuse héroïne de roman.

Non, non, vous vous trompez très fort, si vous croyez que j'eusse été fâchée de ne pas réussir à vous attraper; mais je vais vous citer l'opéra:[5]

Les dieux punissent la fierté;
Il n'est point de grandeur que le ciel irrité
N'abaisse quand il veut, et ne réduise en poudre.

---

1. Mme de Sévigné.
2. She means in the letter written under the name of Mme de Sévigné, which advises him to return to Paris (B).
3. *Le Philosophe marié ou le mari honteux de l'être* (1727), comedy by Philippe

Néricault called Destouches (1680–1754) (Soleinne).
4. Act II, Scene ii. These words are spoken by Céliante to Damon.
5. Quinault, *Persée,* I. i.

Vous m'avez rendue poussière; je vous le pardonne, n'en parlons plus.

Nous n'avons point encore reçu vos présents, et nous les attendons avec une impatience et une curiosité extrêmes. J'ai bien envie que vous m'accordiez une permission, c'est de donner à la grand'maman de votre part un très bel éventail dont M. Selwyn m'a fait présent; si je ne [le] lui donne pas de votre part je [le] lui donnerai de la mienne; voyez s'il n'est pas généreux de vouloir vous en donner le mérite, surtout dans une circonstance fort propre à refroidir le désir que j'ai que vous soyez du dernier bien avec elle; cette circonstance est le refus que vous me faites de m'envoyer sa lettre. Je ne puis conclure de ce refus que deux choses, l'une qu'elle vous a fait quelque plaisanterie sur moi que vous ne craigniez qui ne me fâche; ou qu'il n'y ait quelques petites galanteries ou coquetteries qu'une modeste fatuité vous persuade de devoir taire. Cependant j'ai bien envie de donner l'éventail en votre nom.

À l'égard des présents aux Idoles et Archiduchesses, il faut remettre cela à votre retour, c'est-à-dire à la semaine des trois jeudis.[5a]

Je fais un jeu en votre absence, dont vous vous moquerez bien, si jamais vous revenez ici; c'est une grande, mais grandissime, patience, que j'ai commencée le jour de votre départ, et qui ne doit finir que le jour de votre retour, c'est-à-dire qui ne finira jamais: mais laissons cela.

J'ai une chose étonnante à vous dire, et qui le devient cent fois davantage depuis que j'ai reçu votre lettre, parce que vous ne me dites pas un mot de l'affaire dont il s'agit; voici le fait.

Le Baron d'Holbach[6] a reçu, samedi dernier, une lettre de M. Hume,[7] remplie de plaintes, de fureurs, contre Jean-Jacques: il va faire, dit-il, un pamphlet[8] pour instruire le public de toutes ses atrocités; je n'ai encore vu personne qui ait lu cette lettre, mais on dit que M. d'Alembert l'a lue; il en court des extraits par tout Paris. Milord Holdernesse avait reçu une lettre de sa femme,[9] le même ordinaire, qui lui mandait avoir donné à dîner la veille à M. Hume, et elle ne

---

5a. Popular expression for 'never' (*Grand dictionnaire universel du XIXᵉ siècle*).

6. Paul-Henri Thiry (1723–89), Baron d'Holbach, a leader of the Encyclopédistes. HW had met him in Paris, but soon found him boring (see *post* 24 April 1771).

7. Not in Greig's edition of Hume's letters.

8. *A Concise and Genuine Account of the Dispute between Mr Hume and Mr Rousseau*, 1766. See HW to D *post* 16 July 1766 for an account of this quarrel, and *Works* iv. 249–69.

9. Marie Doublet (ca 1720–1801), m. (1743) Robert Darcy, 4th E. of Holdernesse.

lui mande point qu'il lui ait dit un mot de Jean-Jacques; vous ne m'en dites rien non plus, tout cela me paraît incompréhensible. Donnez-moi, je vous prie, tous les éclaircissements possibles sur cette affaire, et une fois pour toutes, ne craignez de moi aucune indiscrétion: je pousse la réserve sur tout ce qui me vient de vous jusqu'à la plus grande puérilité. Je garderais vos secrets, si vous me jugiez digne de m'en confier, et je vous sauverai du ridicule de l'intimité d'une liaison qui pourrait nuire à votre considération, et vous faire éprouver des froideurs de l'Idole et de ses adhérents. Remarquez que je ne vous avais point écrit depuis le 29, et que cette lettre n'a que quatre pages. Oh! je ne suis pas incorrigible.

To Madame du Deffand, Friday 11 July 1766, N° 13

Missing. The word 'Pitt,' written after the date in *Paris Journals* indicates the subject of the letter. It was written at Arlington Street. Answered, 16 July.

From Madame du Deffand, Wednesday 16 July 1766

N° 21. Paris, ce mercredi 16 juillet 1766.

VOUS voudriez que je fusse anglais, et moi aussi, je vous jure; non pas anglais quelconque, mais tel que je le nommerais bien; je serais utile à mon tuteur et je le rendrais fort heureux; mais le sort a décidé que je ne puis contribuer en rien à son bonheur et que lui il devait faire l'inquiétude, l'occupation, et l'agrément de mes derniers jours. Vous voilà donc dans le moment de la plus grande fermentation,[1] j'en suis plus troublée que vous, et si vous ne me mettez pas au fait de ce qui résultera de tout ceci, vous manquerez essentiellement à l'amitié. Je me suis fait lire ce matin cinq ou six pages de M. Hume; on est bien confirmé à regarder la faiblesse comme l'état le plus dangereux. Voltaire la définit en disant—[2]

Tyran qui cède au vice, et détruit la vertu.

1. She probably means the disturbance caused by the fall of the Rockingham ministry.

2. 'La Faiblesse au teint pâle, aux regards abattus,
   Tyran qui cède au crime, et détruit les vertus—'
   (Voltaire, *Henriade*, Chant vii, 151–2.)

C'est un mal incurable, et qui devrait être étranger à votre nation; mon Dieu! mon tuteur, vous me faites frémir, je prie Dieu de tout mon cœur de ne me pas laisser vivre assez de temps pour me laisser voir les inconvénients que vous me faites entrevoir. J'ai bien le pressentiment que je ne vous reverrai jamais, mais je le traite souvent de terreur panique; mais s'il allait survenir un obstacle insurmontable,[3] tout serait perdu pour moi; c'est bien assez de ceux que le hasard peut amener tout naturellement; enfin détournons mon imagination de ces effroyables idées, vous ne voulez pas être attristé. *Vous aimez votre mie au gai, vous la détestez au triste.*[4] Parlons donc de M. Hume et de Jean-Jacques. Ce Jean-Jacques est un faquin, d'accord, mais s'il n'a pas demandé la pension, si M. Hume l'a sollicitée à son insu, et qu'il n'ait fait d'autre crime que celui de la refuser, cela mérite-t-il toutes les qualifications que M. Hume lui donne dans ses lettres au Baron d'Holbach?[5] Je ne sais quel parti prendront ses protectrices, je ne doute pas que l'Idole ne l'abandonne, et que la conduite qu'elle aura dans cette occasion ne devienne un nouveau rayon de sa *gloriole,* car pour *gloire* ce n'est pas le mot propre. À l'égard de la Maréchale,[6] elle me parut vendredi dernier très agitée; sa *gloriole* est d'un autre genre; ne pouvant dominer, elle veut protéger. Elle aime Jean-Jacques et n'aime point M. Hume, mais le Temple, l'Isle-Adam,[7] sont nécessaires à son amusement; elle est combattue. J'en reçus un petit billet hier qui finissait par ces mots, 'Je vous aime mieux que toutes les anciennes et les nouvelles.' Ces mots n'ont que le son, mais ils marquent que la disposition du moment n'était pas favorable à l'Idole. J'observerai tout ce qui se passera avec beaucoup d'impartialité.

À l'égard de ce qui vous regarde il est impossible que vos péchés, de mortels qu'ils étaient, ne soient devenus véniels; si vous pouvez me mettre au fait de toutes les circonstances de cette querelle,[8] vous me ferez beaucoup de plaisir. Je me flatte que vous n'avez pas besoin

3. La guerre (HW).

4. See *ante* 20 May 1766.

5. See *ante* 9 July 1766.

6. De Luxembourg (HW). Mme de Choiseul wrote to D, 17 July 1766: 'Je ne puis souffrir que Madame la Maréchale de Luxembourg se tourmente à se rendre malade des malheurs qu'attirent à Rousseau ses folies fastueuses, quand il est bien sûr qu'il ne sacrifierait pas pour elle un grain de son insolent orgueil' (S–A i. 53). Rousseau was a protégé of Mme de Luxembourg, who had sheltered him at Montmorency, her country seat, for several months (see Rousseau's *Confessions*).

7. The town and country houses of the Prince de Conti.

8. See *post* 16 July 1766.

que je vous assure de ma discrétion. Jamais, non jamais, votre pupille ne vous donnera le plus petit mécontentement ni ne sera l'occasion du plus léger inconvénient; c'est un malheur pour vous aussi bien que pour elle des distances, des espaces, et des intervalles qu'il y a entre vous et elle. Cela est vrai, mon tuteur, c'est peut-être la vanité qui me persuade que nous étions faits l'un pour l'autre, et qui me fait trouver plus de rapport entre vous et moi que vous ne convenez qu'il n'y en ait. Il est certain que je n'ai trouvé de vérité qu'en vous; il ne m'est pas démontré que vous ne puissiez jamais vous tromper, mais je crois fermement que vous ne trompez jamais vos amis.

Je vis hier Milord et Milady George; il me paraît que tout leur est indifférent, excepté leur campagne,[9] où ils meurent d'envie d'être. Ils me paraissent un peu de vos reliques, cette idée me leur fait rendre quelque culte; le Milord me paraît le meilleur enfant du monde. Je leur donnerai à souper dimanche prochain ou de dimanche en huit; j'espère qu'alors votre présent sera arrivé, et suivant ce que vous m'avez dit, qu'il décorera mon fruit. Milord m'a expliqué pourquoi tout ce que vous nous envoyez n'est point encore arrivé, c'est que votre ballot aura été mis avec ceux du Duc de Buccleuch,[10] et aura été arrêté à la douane de Calais, qu'il aura fallu que M. de Guerchy ait écrit à Calais; tout cela fait du retardement.

Je dis hier à Mme de Jonzac que votre intention était que la table ainsi que le bougeoir fût un présent et non pas une commission; vous êtes fort bien avec elle, et vous êtes *un rayon de sa gloire,* car je ne consentirai point que vous en soyez de *gloriole.*

Mme de Forcalquier est depuis dix jours à la campagne chez Mme la Comtesse de Toulouse;[11] elle en reviendra demain; j'en suis bien aise; mais d'où vient, je vous prie, m'interdisez-vous de vous dire tout ce qui me passe par la tête? Je trouve que cela n'a pas le sens commun; il y a quantité de choses que j'aurais envie de vous dire et sur lesquelles la honte me retient; cependant c'est un sentiment que je ne devrais pas avoir avec vous, parce que l'amitié vous rend très indul-

9. Probably Goodwood in Sussex, the seat of the Dukes of Richmond.

10. Spelled 'Bauklu' by Wiart; corrected to 'Buccleugh' by HW. Henry Scott (1746–1812), 3d D. of Buccleuch, who had been spending several months in Paris with his tutor, Adam Smith. HW had often seen them in Paris (see *Paris Jour.* and DNB).

11. Mme de Forcalquier avait épousé en premières noces M. le Comte d'Antin, fils de Mme la Comtesse de Toulouse du premier lit (HW). Marie-Victoire-Sophie de Noailles (1688–1766), m. (1) (1707) Louis de Pardaillan d'Antin, Marquis de Gondrin; m. (2) (1723) Louis-Alexandre de Bourbon, Comte de Toulouse.

gent, mais comme elle ne vous empêche pas de sentir les défauts et les ridicules de vos amis, cela me fait taire. Peut-être quand je vous reverrai (si jamais je vous revois, ce que je ne crois pas) je vous dirai tout.

À propos, savez-vous que depuis huit ou dix jours je suis fort malade? J'ai un gros rhume, ou plutôt un catarrhe. J'ai gardé le lit, j'ai fait la plus rigoureuse diète, je suis mieux, mais je tousse encore beaucoup. Toute ma frayeur était de mourir avant de vous avoir revu.

Milady Hervey vous a-t-elle remis l'oraison funèbre du Père Élisée,[12] avec une petite brochure de Voltaire? Je n'y ai pas joint l'oraison funèbre de M. de Lavaur, parce que Mme d'Aiguillon me dit qu'elle l'avait envoyée à Milady Hervey.

J'ai lu ces jours-ci une feuille volante assez ancienne et que je ne connaissais pas, qui a pour titre *Prédiction tirée d'un ancien manuscrit*.[13] C'est l'analyse de l'*Héloïse* de Jean-Jacques; cela ne vous déplairait pas; si vous voulez, je vous l'enverrai.

Savez-vous ce que je voudrais, mon cher tuteur? Je voudrais avoir vos articles du *Monde*,[14] traduits par vous-même; les fautes de langue que vous pourriez faire ne font rien, et font même à merveille dans vos lettres; elles ajoutent encore au naturel de votre style. Adieu, mon cher tuteur, il ne faut pas vous accabler, vous avez bien d'autre emploi à faire de votre temps qu'à lire mes balivernes.

Votre lettre finit par me dire adieu jusqu'à mardi, c'est m'annoncer une lettre pour samedi; je ne veux point vous dire quelle différence c'est pour moi d'en recevoir ou d'être trompée dans mon attente; il faut que vous soyez libre et nullement esclave de votre bonté.

12. *Oraison funèbre de Stanislas I roi de Pologne . . . prononcée en l'église primatiale de Lorraine, le 10 . . . mai 1766 . . . par R. P. Élisée* [Jean-François Copel (1726–83)] (Bibl. Nat. Cat.). There is no record of Lady Hervey sending this to HW.

13. *Prédiction tirée d'un ancien manuscrit sur "La Nouvelle Héloïse" roman de J. J. Rousseau,* by Charles Borde (1711–81) (ibid.).

14. *The World* was a weekly paper issued 1753–7 by Dodsley; HW and Chesterfield contributed to it; Edward Moore was its founder. Copies of HW's and Chesterfield's contributions reached Paris, 11 Sept. 1767, when HW was staying there (*Paris Jour.*). HW's contributions were reprinted in his *Fugitive Pieces*, 1758 (*Works* i. 146 et seq.).

To Madame du Deffand, Wednesday
16 July 1766, N° 14

Extract of a missing letter, edited from Wiart's MS copy labelled 'Extrait d'une lettre de Londres, 16 juillet 1766,' which was among the MSS bequeathed by D to HW. The MS copy has been edited by Wiart, presumably under D's dictation. Certain of the edited passages are those containing HW's glaring Anglicisms, which have been corrected. HW's original version is given here; the corrections are supplied in the footnotes (T printed only the corrections). Certain other passages were crossed out. These are printed as written by HW, the deletions are indicated in footnotes (T printed the passages without indicating the deletions). *Paris Journals* give the date of the letter as 18 July which is probably the date when it was sent. 'Rousseau' follows in *Paris Journals*. HW wrote from Arlington Street. Answered, 24 July.

MR HUME qui s'est épuisé en bonté pour Rousseau,[1] avait sollicité Mr Conway[2] de procurer une pension du Roi[3] pour lui, le Roi en accordait une de cent livres sterling, mais vu les hérésies de Rousseau, S[a] M[ajesté] souhaitait qu'on en gardât le secret; Mr Hume en fait l'ouverture à son protégé;[4] Rousseau reçoit avec beaucoup de reconnaisance cette grâce du Roi, mais demande permission d'écrire à Milord Maréchal[5] pour obtenir son consentement, ce seigneur lui ayant négocié une pareille grâce auprès du Roi de Prusse, dont Rousseau n'avait pas voulu.

L'affaire traîne en longueur; Mr Hume ne reçoit plus de lettres de Jean-Jacques; il lui écrit[6] pour le presser de donner réponse à l'offre du ministre. Au lieu de répondre à son ami il écrit à Mr Conway la lettre[7] du monde la moins intelligible, la plus mystérieuse, et qui marquait un désespoir, une amertume, enfin on croyait qu'il allait se pendre; sa tête, son âme, ses nerfs, disait-il, étaient trop troublés

1. See HW's 'Narrative' (*Works* iv. 247), Hume's *Concise and General Account*, 1766; Hume's *Letters*, ed. J. Y. T. Greig, Oxford, 1932; and D to the Duchesse de Choiseul 22 July 1766 (S–A i. 56).

2. Conway was Secretary of State at this time.

3. George III.

4. See Hume to Rousseau 3 May 1766, and Conway to Hume 2 May 1766 in Hume's *Letters*, ed. Greig, Oxford, 1932, ii. 40.

5. George Keith (ca 1693–1778), 10th E. Marischal of Scotland, had been in the diplomatic service of Frederick the Great of Prussia. He wrote to Hume, 4 March 1766, consenting to the pension (ibid. ii. 37 n.). Evidently this correspondence preceded the letters mentioned in n. 4 above; HW simplified the story.

6. No letter from Hume to Rousseau between 3 and 12 May has been printed.

7. Rousseau to Conway 12 May 1766 (ibid. ii. 402).

pour permettre qu'il prît une résolution formelle; quelque chose lui était arrivé auquel un honnête homme ne devait pas s'attendre. Je disais à Mr Hume, 'C'est moi[8] assurément qu'il désigne, il sait mes liaisons avec Mr Conway.' Enfin nous nous donnions la torture pour percer ce mystère; mais ce qui était plaisant, le même ordinaire, Mr Hume reçoit une lettre de Mr Davenport, l'hôte de Rousseau, qui lui marque que jamais il n'avait vu Rousseau plus gai et plus enjoué. Mr Hume à la sollicitation de Mr Conway presse le personnage de se décider,[9] et en même temps me fait sentir que ce pourrait bien être la condition du secret qui aurait révolté cette âme trop sensible et délicate, et me conjure de faire ôter cette stipulation; je m'y rends, et d'autant plus volontiers que l'ayant blessé je voulais lui rendre des services essentiels. Je pousse Mr Conway, et il me promet de faire des tentatives auprès du Roi pour que la pension soit publique.

Pendant que le ministre épie un moment favorable, voici une nouvelle lettre de Rousseau à Mr Hume[10] où il l'accable d'injures, l'appelle le plus noir des hommes, l'assure qu'il le connaît, et qu'il est persuadé que Mr Hume ne l'a traîné en Angleterre que pour le déshonorer—toujours sans assigner la moindre raison, sans avérer l'ombre d'un fait. Enfin il rompt tout commerce avec ce trop tendre ami. Le pauvre Mr Hume est au désespoir, il craint un éclat, il ne veut pas être le thème d'une querelle littéraire. Il me dit qu'il veut encore tâcher d'adoucir cette bête féroce, et qu'il veut le prier très doucement de lui assigner les raisons de cette conduite bizarre et indigne. 'Oh! pour les politesses,' je crie, 'passe; ne répondez pas aux injures; mais mon bon ami, ne soyez pas trop doux s'il vous plaît, soyez ferme; demandez-lui hautement les motifs de ce procédé abominable; car comptez que si vous l'avalez[11] il publiera que vous avez souscrit à votre propre condamnation.' Mr Hume me remercie, se rend à mon avis, écrit comme il fallait une lettre modérée[12] mais très décidée, et somme Rousseau d'alléguer des faits, faute d'être pris pour un calomniateur atroce. En même temps il envoie le duplicata de cette lettre à Mr Davenport,[13] en le conjurant de presser Jean-

8. HW's letter to Rousseau under the name of the King of Prussia had deeply offended Rousseau. See *ante* 21 April 1766.

9. Hume to Rousseau 17 May 1766, 19 June 1766, 21 June 1766 (Hume, op. cit. ii. 48–9, 51–4).

10. Of 23 June 1766 (ibid. ii. 384).

11. This has been crossed out in the MS, and 'le souffrez' has been substituted.

12. Hume to Rousseau 26 June 1766 (ibid. ii. 55).

13. Hume to Davenport 26 June 1766 (ibid. ii. 55).

Jacques à y répondre. L'affliction, le trouble, le désespoir reviennent sur la scène, les nerfs sont attaqués, on a le plus mauvais visage du monde, et pour cette fois-ci Mr Davenport ne mande pas que le triste philosophe est on ne peut pas plus gai. Il promet de satisfaire à son devoir et d'expliquer sa conduite. Six ordinaires passent sans qu'on remue le doigt;[14] enfin avant-hier arrive une brochure manuscrite[15] de dix-sept grandes pages in-folio d'écriture très petite! Mais comment vous rendre compte de ce qu'elle contenait? Des misères, des puérilités, des petits soupçons, des mensonges, de la vanité, des méchancetés, des injures, c'est peu dire; l'ingratitude la plus outrée n'a jamais joué un pareil rôle; faute de faits il impute à Mr Hume jusqu'à ses regards; quand il n'a pas reçu de réponse aux lettres qu'il a écrites à ses amis, c'est à Mr Hume qu'il l'impute; il va jusqu'à lui dire qu'il ne lui a jamais rendu des services essentiels, qu'il lui a détourné des amis, et que sans Mr Hume son accueil en Angleterre aurait été de beaucoup plus favorable. Passant toujours en outre, il rappelle à ce pauvre homme toutes les fois que lui Rousseau lui a manqué,[16] c'est à dire en ne faisant pas de réponse à ses lettres, mais en s'adressant à d'autres etc.

Et toutes ces instances il désigne[17] par ces mots *premier soufflet sur la joue de mon patron; second soufflet sur la joue de mon patron*. Il l'accuse de basses flagorneries à son égard, et en même temps de ne lui avoir pas marqué assez de tendresse. Il lui reproche d'avoir toujours eu sur sa table un volume de *La Nouvelle Héloïse*[18] sans être capable du sentiment qui devrait le lui faire goûter; mais passons aux articles capitaux dont tout le reste n'est que l'émanation.

Il se plaint piteusement de ce que quelques semaines après son arrivée, l'empressement du public à son égard se ralentissait! Ha, voilà le nœud de l'intrigue! Quand la curiosité du public était satisfaite, quand on l'avait vu dans son habit arménien, quand on l'avait regardé comme on regarde un dromadaire, voilà qui était fini. Il ne peut pas supporter cet oubli, on l'attaque dans les papiers publics; sans doute! est-ce que nous n'avons pas des prêtres et des cabales

---

14. 'Remue le doigt' has been crossed out in the MS, and 'entende parler de lui' has been substituted.

15. Rousseau to Hume 10 July 1766 (ibid. ii. 385).

16. The rest of this sentence seems to have been added later.

17. Altered to read, 'Il désigne toutes ces circonstances.'

18. The sub-title of Rousseau's romance, *Julie*.

comme il y en a partout? Mais ce qui est plaisant, il en accuse Mr Hume, lui qui pour les prêtres est encore plus gros hérétique que Rousseau lui-même; mais non, c'est Mr Hume qui lui suscite ces ennemis, qui cherche à refroidir le public à son égard;[19] c'est exactement comme si un homme qui, pour attraper de l'argent, faisait débarquer un dromadaire à Londres, mît dans les papiers publics que ce n'était qu'un petit chien ordinaire.

Justement[20] comme le fol orgueil de ce dromadaire se sent indigné de voir tomber sa célébrité, arrive la malheureuse lettre du Roi de Prusse, voilà tous les soupçons éclaircis. Mr Hume connaît un Mr Walpole qui est le prête-nom de cette lettre, mais dans laquelle M. Rousseau reconnaît, aussi précisément que s'il l'avait vu écrire, le style de M. d'Alembert, autre ami de Mr Hume. Rien peut-il être plus clair? Voilà le complot le plus artificieusement tramé depuis celui de feu Catilina. Ceci s'appelle la démonstration intrinsèque; voici les preuves extrinsèques et démonstratives.

Un jeune homme[21] qui par parenthèse est imbécile, et qui loge à la maison où logeait Jean-Jacques,[22] ne lui rend pas le salut toutes les fois qu'il le rencontre sur l'escalier. La femme de la maison,[23] qui est sourde et qui ne sait pas le français, ne lui parle pas. Un fait plus grave; Jean-Jacques et Mr Hume dorment à la première hôtellerie, dans la même chambre; au beau milieu de la nuit, Mr Hume crie plusieurs fois (on ne sait pas précisément, et comme on est très scrupuleux sur la vérité, on ne dépose pas si c'était en rêvant ou en veillant) 'Je tiens Jean-Jacques Rousseau!'

Ordinairement rêve-t-on beaucoup dans une langue étrangère, n'importe; combinez toutes ces misères, qui s'appellent les circonstances, et les circonstances comme vous savez apparemment composent les faits, et peut-on douter de la trahison des dits comploteurs. Mr Hume, M. d'Alembert, et Mr Walpole, rien de mieux constaté; mais à quoi bon, me direz-vous, ce complot; comment Mr Hume trouvait-il son compte en déshonorant un pauvre homme dont il se faisait l'honneur d'être le conducteur, l'ami, le protecteur? ma foi! je

---

19. The rest of this sentence has been deleted in the MS.

20. For this word, 'Dans l'instant' has been substituted in the MS.

21. Jean-François Tronchin (b. 1743), son of Tronchin, the physician. See Hume to Blair 15 July 1766 in David Hume, *Letters*, ed. Greig, Oxford, 1932, ii. 63; Henry Tronchin, *Théodore Tronchin*, 1906, pp. 290–2; Jacques-Augustin Galiffe, *Notices généalogiques sur les familles genevoises*, Genève, 1892, ii. 861.

22. Miss Elliot's lodging-house in Lisle Street. See David Hume, op. cit. ii. 64, 390.

23. Miss Anne Elliot, a poor relative of the Minto family (ibid.).

n'en sais rien. Si vous me demandez encore, en m'accordant que les mesures étaient bien prises, quelle devait être la réussite, la voici. Mr Hume ménage si secrètement tous ces affronts à Jean-Jacques que Jean-Jacques ne peut rien prouver; or, Jean-Jacques, dont la pénétration est plus qu'humaine, doit s'en apercevoir; s'il s'en aperçoit il en marquera son indignation? Eh bien, il l'a fait, c'est alors le moment de lui procurer une pension. La reçoit-il? Il est donc un infâme s'il s'assujettit à des obligations à un homme qui l'a si bien et si mal traité. Ne la reçoit-il pas? Oh, alors il ne la reçoit pas, je n'en sais plus rien, je ne vois pas comment cela se tournait en mal pour lui. *Ergo,* à toute force il devait recevoir la pension, car la pénétration qui devait le servir si bien en découvrant le complot devait fermer les yeux aux conséquences.

Ah Dieu, que de sornettes viens-je vous conter! ne faut-il pas décider que cet homme est fou? un fripon a plus de finesse. Je ne vous demande pas le secret, car toute cette histoire est de notorieté publique et ce serait un mystère mal imaginé que de faire semblant que je ne vous en aurais pas parlé.[24]

From Madame du Deffand, Saturday 19 July 1766

Address: To Monsieur Monsieur Horace Walpole in Arlington Street near St James's London Angleterre.
Postmark: IY 25.

N° 22. Paris, ce samedi 19 juillet 1766.

OH! pour le coup, je suis aujourd'hui très en colère; j'avais la certitude de recevoir une de vos lettres, vous me l'aviez annoncée, j'attendais avec impatience la suite de vos nouvelles, et il faut attendre jusqu'à mardi ou mercredi. Si je fais la plus petite plainte ou le plus petit reproche tout sera perdu, je vous déplairai mortellement; ce n'est point ainsi que vous voulez qu'on se conduise avec vous. Oh! je suis bien mécontente! Vous êtes une manière de Grand Turc, vous en avez le despotisme, mais en même temps, il faut l'avouer, la magnificence; et c'est cette seconde qualité qui me force, en dépit que j'en aie, à vous écrire aujourd'hui. Vos présents n'ont été distribués qu'avant-hier; le mien est magnifique, ce sont des vases

24. This paragraph has been deleted in the MS.

d'émeraudes;[1] je vous crois l'héritier d'Aboulensem,[2] mais en même temps je vous crois ruiné. Vous serez obligé de renoncer à la France par raison d'économie; pour moi je vous déclare que je vous prendrais en aversion si jamais vous imaginez à l'avenir de me faire aucune galanterie. Mme de Jonzac a reçu son bougeoir, le Président son Lucain;[3] l'un et l'autre sont charmés.

Mme d'Aiguillon[4] a envoyé ce matin chez moi; elle est à Rueil depuis huit jours. On lui a tiré huit palettes de sang pour un grand mal de gorge; elle se porte bien présentement.

Mme de Forcalquier n'est point encore de retour de Crécy, où elle est depuis près de quinze jours avec Mme la Comtesse de Toulouse.[5] Elle m'avait mandé qu'elle reviendrait jeudi dernier, elle arrivera peut-être aujourd'hui.

J'avais beaucoup de choses à vous dire, et je me faisais un plaisir de vous écrire, mais je suis si mécontente que je me tais. J'ai été encore bien malade depuis ma dernière lettre, mais qu'est-ce que cela vous fait? Je suis bien sotte, bien vaine, et bien dupe de m'être attendue à plus d'attentions. Si vous êtes bon, c'est d'une bonté à l'anglaise, mêlée de dureté et de sauvagerie.

J'aurai demain à souper Milord Holdernesse dont je suis assez contente, et Milord et Milady George. Je compte apprendre par eux les nouvelles que vous n'avez pas daigné m'écrire et qui m'intéressent en dépit du bon sens.

From Madame du Deffand, Thursday 24 July 1766

Nº 23. Paris, ce jeudi 24 juillet, à 7 heures du matin.

JE n'ai reçu votre lettre[1] qu'hier au soir, et je n'ai pu vous y répondre qu'aujourd'hui à mon réveil; il faut que je me dépêche à cause de l'heure de la poste; j'ai pris le parti d'écrire à Mme Élie de Beaumont[2] que j'avais une relation à lui communiquer, que vous

---

1. Plateaux de verre couleur d'émeraudes (HW).
2. Perhaps Aboul-Cacem, Moslem general, 'renommé par ses grandes richesses' (*Dictionnaire historique critique et bibliographique par une société des gens de lettres*, 1821) (T).
3. Imprimé à Strawberry Hill (HW). See *ante* 21 June 1766.

4. Duchesse douairière d'Aiguillon (HW).
5. Dont elle avait en premières noces épousé le fils, le Comte d'Antin (HW).

---

1. HW to D *ante* 16 July 1766.
2. Anne-Louise Molin-Dumesnil (1729–83), wife of Jean-Baptiste-Jacques Élie de Beaumont. HW had met her three times in

m'en aviez donné l'ordre, et que je lui demandais un rendez-vous chez elle ou chez moi. Je lui ferai lire votre histoire,[3] je ne lui en donnerai point de copie, et je m'épargnerai la peine d'en faire l'extrait. Pendant que nous sommes sur cet article, rendez-moi raison, je vous prie, pourquoi M. Hume n'a pas écrit un mot de tout ceci à M. le Prince de Conti[3a] et à Mme de Boufflers. Cette Princesse arrive <aujourd'hui des eaux de Pougues;>[3b] elle envoya hier chez moi me <l'apprendre>. <Elle trouvera chez elle en arrivant un billet> où je l'invite à souper pour demain avec les trois générations Luxembourg,[4] les trois Broglie, le Milord Holdernesse, les facétieux Donnezan et d'Albaret. Enfin, votre sainte dirait de moi ce qu'elle disait de Mme de Coulanges, 'Que je fais de poudre!'[5]

Si je ne fais pas quelque faute énorme, vous trouverez à votre retour (si retour y a) que je me suis fort relevée. Tout l'honneur en est dû au Grand Turc, au roi de Maroc, en un mot, à mon tuteur. Je suis au désespoir d'être si vieille et d'avoir si peu à jouir de ce qui me convenait autant; vous étiez justement ce qu'il fallait pour me rendre parfaite. J'ai une sorte de crainte et de respect pour vous qui produit de très bons effets, et vous rendez mon couchant bien plus beau et plus heureux que ne l'a été mon midi et mon levant. Voilà trois expositions par où il fallait passer, ne me faites jamais tâter de celle du nord. Vous êtes à faire mourir de rire sur la Duchesse.[6] Il ne m'est pas entré dans la tête d'avoir de la jalousie d'aucune espèce et d'aucun genre; votre obstination serait seule capable de m'en faire naître . . .[7] Je suis transportée de joie des bonnes nouvelles[8] que

Paris (see *Paris Jour.*); he admired her novel, *Lettres du Marquis de Roselle* (see HW to Mann 20 Dec. 1764, to M. Élie de Beaumont 18 March 1765, and to Mason 17 April 1765); and he had entertained her husband at Strawberry Hill in 1764 (see HW to Hertford 9 Nov. 1764). See also Grimm vi. 220, 1 March 1765.

3. HW to D *ante* 16 July 1766.

3a. Louis-François de Bourbon (1717–76).

3b. HW has cut out part of the MS and supplied the words which are here printed within brackets.

4. La Maréchale, la Duchesse de Boufflers, et sa fille, depuis Mme de Lauzun (HW). Mme de Lauzun was called Mme de Biron at this time, and D refers to her by that name *ante* 1 June 1766. Her husband was later called Duc de Lauzun, and then Duc de Biron.

5. Mme de Grignan had sent La Fontaine's fable, *Le Coche et la mouche,* to Mme de Sévigné (see Mme de Sévigné to Mme de Grignan 23 June 1677) who in a later letter (to Mme de Grignan 25 June 1677) compares Mme de Coulanges to the fly in the fable who thinks that the dust raised by the coach is the result of his own efforts. See La Fontaine, *Fables* vii. 9; Mme de Sévigné, *Lettres* v. 187, 189. See *post* 11 Sept. 1768, n. 8.

6. De Choiseul (HW).

7. About a line and a half of manuscript have been cut out here.

8. D probably refers to some political news in HW's letter of 16 July, not retained in the copy, which has only the account of Rousseau's quarrel.

vous m'apprenez. Ai-je mal fait de les mander aux Georges? Ils ne savaient pas le départ du Temple,[9] et je leur ai fait grand plaisir de [le] leur apprendre. Je les vois assez souvent, parce qu'ils me paraissent vous aimer beaucoup. Le Milord est le meilleur homme du monde, la Milady n'est pas si bonne, mais je lui crois de l'esprit. Enfin vous voilà donc tranquille, et vous vous direz dans votre Strawberry Hill,

> J'ai fait des souverains, et n'ai pas voulu l'être.[10]

C'est une Providence que j'adore; si vous pensiez autrement, il faudrait l'approuver, il faudrait même désirer vos succès et renoncer pour jamais à vous.[11] Dieu permet que vous soyez au rang des philosophes et non pas dans celui des ministres.

Toute ma frayeur c'est de ne pas vivre assez longtemps pour vous revoir, et vous dire tout ce que je ne saurais vous écrire.

Je ne consulte que votre intérêt, ou pour mieux dire votre plaisir et votre satisfaction, en étant si charmée de tout ce qui arrive aujourd'hui; j'entrevois que tout cela peut m'être très contraire, et votre Hautesse s'obstine à garder le silence sur ce qu'elle sait bien que j'ai le plus à cœur. Songez du moins à vous, mon cher tuteur, et profitez de la situation présente pour assurer votre bonheur à venir.[12] L'opulence, ou du moins une grande aisance en est le plus sûr fondement; l'économie y supplée; je sais bien que vous n'en manquez pas, mais je crains que votre penchant pour la générosité ne vous dérange et ne soit l'équivalent du manque d'ordre. L'abîme où je vois que Mme de Mirepoix se précipite me fait horreur; elle me dit hier que depuis le 1er de juillet elle perdait douze cents louis, et vous remarquerez s'il vous plaît qu'elle n'a pas un écu de fonds de bien. Eh bien! elle est aussi tranquille, aussi peu embarrassée, que si elle était Montmartel,[13] La Borde,[14] ou le Duc de Bedford.[15] C'est le Roi qui gagne une

---

9. Lord Temple (HW). Richard Grenville-Temple (1711–79), 1st E. Temple, had quarrelled with Pitt, and had made 'extravagant demands' when he had had two interviews with the King, 15 and 17 May 1766. He had been asked to be first Lord of the Treasury, but he had no intention of accepting the post, though he pretended to consider it (*Mem. of Geo. III* ii. 243–5).

10. Voltaire, *Œdipe*, ii. 4. D probably refers to HW's successful efforts to have Conway resume his place as Secretary of State under the new ministry.

11. Meaning 'à vous revoir ici' (T).

12. D wants HW to take advantage of his friends' ascendancy by having his income put on a permanent basis.

13. Jean Paris de Montmartel (1690–1766), Marquis de Brunoy, banker to the court of France.

14. Jean-Joseph (1724–94), Marquis de La Borde, guillotined in the Revolution, banker to the court. HW had dined at his 'most magnificent house' in Paris, 4 Dec. 1765, and said that La Borde was 'like Mr Bentley' (see *Paris Jour.*).

15. John Russell (1710–71), 4th D. of Bedford, who had been ambassador to

grande partie de sa perte;[16] il reprend d'une main ce qu'il lui donne de l'autre; voilà l'usage qu'elle fait de sa faveur, cela n'est-il pas ineffable?

Mme de Forcalquier revint hier de chez Madame la Comtesse de Toulouse. Je maniai votre vase; il m'a paru magnifique, elle en est charmée. À propos, si vous voulez faire un présent à Mme de Luxembourg, en cas que cela ne fût pas trop *conséquencieux,* c'est-à-dire trop cher, il faudrait lui donner une jatte et un pot de verre vert, qui ne fût pas grand; elle a été charmée de ce que vous m'avez envoyé.

Je conviens que vous avez raison sur la Duchesse, mais malgré toute ma *jalousie* je veux absolument que vous soyez du dernier bien avec elle; elle m'a écrit en dernier lieu un volume sur Jean-Jacques, et je lui ai fait une réponse dont j'ai gardé copie pour vous montrer tout cela si jamais je vous revois; elle déteste ce personnage.

Comme j'ai commencé la cinquième page il me reste de la place pour vous transcrire les lettres du Roi de Pologne[17] aux trois Broglie en leur envoyant le diplôme de la nomination de l'Évêque de Noyon au cardinalat; vous me direz laquelle des trois vous aimez le mieux:

Du Roi de Pologne au Maréchal de Broglie

Warsovie, 28 juin 1766.

M. le Maréchal Duc de Broglie,

Ce que j'envoie aujourd'hui à M. l'Évêque de Noyon, votre frère, fait ma réponse à votre lettre du 18 mai. Je pense que ses vœux seront entièrement remplis quand il égalera dans son état la célébrité et la considération que les armes vous ont donnée. Je suis véritablement satisfait de trouver cette occasion de vous témoigner l'estime particulière avec laquelle je suis, M. le Maréchal Duc de Broglie,

votre affectionné

signé Stanislas Auguste, Roi.

Au Comte

M. le Comte de Broglie,

J'ignorais jusqu'ici combien la vengeance est douce. Vos remercîments, votre lettre du 20 mai, et surtout la mention que vous m'y faites de votre ambassade en Pologne, me l'apprennent. Jouissez, Monsieur, de cette nou-

France in 1762, and was noted for his wealth.

16. Elle jouait très souvent avec le Roi (HW).

17. Stanislas II (Stanislas Augustus Poniatowski) (1732–98), elected King of Poland in 1764.

velle distinction de votre famille avec autant de plaisir que j'en ai à la lui accorder.

Je souhaite que vous ne vous croyez plus jamais en devoir d'agir contre celui qui se plaît à vous dire, que malgré tout ce qui s'est passé, il n'a jamais cessé de vous porter toute l'estime qui vous est due. Sur ce, je prie Dieu qu'il vous ait, M. le Comte de Broglie, en sa sainte et digne garde.

STANISLAS, ROI.

A l'Évêque

M. l'Évêque Comte de Noyon, les incluses vous assurent auprès du saint siège la promotion au cardinalat que mon prédécesseur vous avait promise. J'aime à faire une chose que je sais être agréable au Roi Très-Chrétien et qui décore un homme dont le mérite promet si bien de ne point déparer le nom. Je prie Dieu qu'il vous ait, M. l'Évêque Comte de Noyon, en sa sainte et digne garde.

signé, STANISLAS AUGUSTE, ROI.

Adieu, mon tuteur, croyez-vous qu'il arrive un jour où Wiart ouvrira ma porte et dira 'Monsieur Walpole?'

To Madame du Deffand, Friday 25 July 1766, N° 15

Missing. Written from Arlington Street. Answered, 30 July.

From Madame du Deffand, Wednesday 30 July 1766

N° 24. Paris, ce 30 juillet, 1766.

JE croyais tous ces jours-ci que je vous écrirais aujourd'hui un volume; je viens de relire votre lettre d'hier,[1] elle me fait perdre la parole. Je vous vois au milieu d'un grand tourbillon,[2] tout comme l'archevêque ou le pape que l'on montre dans nos lanternes magiques, qui sont tiraillés par deux diables, l'un le veut entraîner à droite, l'autre à gauche. Enfin je vous vois si rempli, si affecté, si occupé, que vous ne pouvez regarder mes lettres que comme une im-

---

1. *Ante* 25 July 1766.
2. The change in the ministry involved HW in many political difficulties; the Duke of Richmond had been replaced by Lord Shelburne, and was consequently angry because Conway (his wife's stepfather) had not supported him. HW had to reconcile them, defending Conway while secretly sympathizing with Richmond (*Mem. of Geo. III* ii. 248–9).

portunité, et la peine d'y répondre comme un égard insupportable. Tout ce que je me proposais de vous mander vous paraîtrait des puérilités bien plates et bien froides. Ah! mon Dieu, qu'est-ce que doit être pour vous la cellule de Saint-Joseph et son habitante? Comment me suis-je persuadée que j'occupais un coin dans votre tête? Votre dernier voyage à Paris n'était-il pas en conséquence de quelque projet, politique ou autre?[3] Ce ne peut être que de pareilles raisons qui vous ramèneraient ici, tout ne peut-il pas être changé? Pourquoi ai-je eu la tête si verte et me suis-je laissée aller à croire tout ce que je désirais sans qu'il y eût l'ombre de vraisemblance? Quand toutes vos affaires seront finies et que vous aurez eu tous les succès que je désire bien sincèrement, il faudra jouir de votre ouvrage et ensuite de votre Strawberry Hill. *Votre chère Madame* deviendra *Madame* tout à fait, vous n'aurez plus de pupille, je n'aurai plus de tuteur, et il n'y aura de différence dans mon état présent à mon état passé que d'avoir fait une connaissance qui m'a causé quelques moments de plaisir, qui me causera des regrets et augmentera mes ennuis et mon dégoût pour la vie. Mais parlons de M. Pitt. Je ne sais plus où j'en suis, ni quel jugement je dois porter; vous en êtes content, mais le serez-vous toujours? Pouvez-vous balancer entre les deux secrétaires d'État?[4] Pour moi, je suis toute décidée. Je vis hier un Écossais que Milord Holdernesse m'a amené; il ne vous connaît pas; il s'appelle Kinsington[5] ou à peu près. Il avait reçu une lettre du 25 où on lui mandait les nouvelles que voici:

Monsieur le Duc de Grafton, premier commissaire de la trésorerie; M. Pitt, garde du sceau privé de la Grande Bretagne; Milord Shelburne[6] et Monsieur le Général Conway, secrétaires d'État; Milord Northington,[7] chancelier actuel, président du conseil; Milord Camden,[8] grand chancelier; M. Mackenzie,[9] garde du sceau privé pour l'Écosse; Milord Eg-

---

3. HW had been wounded by Conway's ungrateful conduct in neglecting to put HW's income on a more secure basis, and in not offering him a place in the ministry which HW had done so much to bring about. HW's main reason for going to Paris was to escape for a time from politics.

4. Conway and the Duke of Richmond.

5. Jenkinson (HW). Charles Jenkinson (1727–1808), cr. (1786), 1st Bn Hawkesbury, cr. (1796) 1st E. of Liverpool.

6. William Petty (1737–1805), 2d E. of

Shelburne, M. of Lansdowne, 1784, and prime minister 1782–3.

7. Robert Henley (ca 1708–72), 1st E. of Northington.

8. Corrected by HW from Wiart's 'Candhen.' Charles Pratt (1714–94), 1st E. Camden.

9. Corrected by HW from Wiart's 'Makinsen.' Hon. James Stuart-Mackenzie (d. 1800), brother of John, 3d E. of Bute (Sir James Balfour Paul, *Scots Peerage,* Edinburgh, 1904–14).

mont,[10] Milord Hertford[11] et M. Jenkinson[12] gardent leurs emplois; M. Pitt sera fait pair.[13]

Voilà ses nouvelles; je ne les crus pas parce que je ne crois qu'en vous. Quand j'aurai reçu celle[14] qui m'apprendra que toutes vos affaires sont finies, que votre dîner ne sera plus préparé inutilement à Strawberry Hill, que vous y serez établi entre vos poules, vos oiseaux, votre sourde et votre comédienne, que vous aurez repris votre grand papier[15]—car celui-ci est pour moi la *diagonale*[16] dont Mme de Staal parle dans ses *Mémoires;* quand, dis-je, j'aurai reçu une lettre écrite dans votre plein repos, je jugerai de vos dispositions et de l'intérêt que vous prendrez à toutes les puérilités que j'ai à vous raconter.

Oh! je suis bien de votre avis; la vertu n'existe que dans les bonnes têtes, et quand elles ne sont point troublées par les passions; elles ne peuvent jamais s'écarter de la vérité ni de la justice. La vôtre est bonne et très bonne, et je suis persuadée que vous donnez de très bons conseils, je ne sais d'où vient vous vous bornez à cela. Je ne saurais m'en affliger, car si cela était autrement, le faible rayon d'espérance qui me reste serait absolument perdu.

Vous me ferez un très grand plaisir de ne me laisser rien ignorer de tout ce qui se passe, j'y prends un intérêt très vif; je ne le confie qu'à vous, car soyez persuadé que je crains aussi bien que vous toute espèce de ridicule.

L'Idole a écrit au Paysan[17] (car ce paysan sera toujours paysan pour moi) la plus belle lettre du monde;[18] on me fait espérer de la déterminer à me la faire voir; je m'imagine qu'elle est du style tel que

---

10. John Perceval (1711–70), 2d E. of Egmont, first commissioner of the admiralty.

11. Corrected by HW from Wiart's 'Hersford.' He was then viceroy of Ireland.

12. Corrected by HW from Wiart's 'Jorskenson.' He was lord of the admiralty, 1766–7.

13. William Pitt was made E. of Chatham, 4 Aug. 1766.

14. *Sic.*

15. HW had apparently been writing his latest letters on paper of a smaller size than usual.

16. '. . . M. de Rey, qui me témoignait toujours beaucoup d'attachement. Je découvris pourtant, sur de légers indices, quelque diminution de ses sentiments. J'allais souvent voir Mlles d'Épinay, chez

qui il était presque toujours. Comme elles demeuraient fort près de mon couvent, je m'en retournais ordinairement à pied, et il ne manquait pas de me donner la main pour me conduire jusque chez moi. Il y avait une grande place à passer, et dans les commencements de notre connaissance, il prenait son chemin par les côtés de cette place; je vis alors qu'il la traversait par le milieu, d'où je jugeai que son amour était au moins diminué de la différence de la diagonale aux deux côtés du carré' (Mme de Staal, *Mémoires,* in her *Œuvres,* 1821, i. 25).

17. Mr Hume (HW).

18. Comtesse de Boufflers to Hume, 22–5 July 1766 (David Hume, *Letters,* ed. Greig, Oxford, 1932, ii. 415).

celui de Cornélie, de Sémiramis, de Débora; c'est-à-dire sublime, majestueuse, pleine de grands principes, d'héroïsme, de roman, etc., etc. Tout ce qu'on voit ici, tout ce qu'on y entend, est épouvantable; ce ne sont que des airs, des sottises, des absurdités. Je me faisais un grand plaisir de causer de tout cela avec vous, mais je ne m'en permets plus l'espérance et je m'en interdis le désir. Je me livre de bonne grâce à l'insipidité et à l'ennui. Pourquoi prétendrais-je à autre chose?

Mon catarrhe est passé et ma santé est comme à l'ordinaire.

Je pourrais bien suivre votre exemple, et prendre de plus petit papier. Je l'avais bien prévu qu'une certaine époque deviendrait entre vous et moi (de votre côté s'entend), l'époque d'un changement; ce n'est pas ma faute, je ne pouvais pas le prévoir.[19]

Vous me manderez quand vous serez en état et en humeur d'écouter toutes sortes de puérilités. Adieu.

To Madame du Deffand, Thursday
31 July 1766, N° 16

Missing. The letter is dated by D in *post* 5 Aug. 1766; in *Paris Journals* it is 1 Aug., probably the day it was sent. D describes this letter as 'sans numéro, papier nouveau format.' HW perhaps forgot to copy the number from *Paris Journals* upon the letter. He was still at Arlington Street.

From Madame du Deffand, Tuesday 5 August 1766

Edited from S–A i. 61–6. This letter was one of those given by B to S–A.

Ce mardi, 5 août 1766.

J'AI reçu votre lettre du 31 juillet, sans numéro, papier nouveau format. Toutes ces remarques ne signifient rien, si ce n'est que quand on n'a rien à faire ni à penser, on s'occupe de choses puériles.

En vérité, j'aurais grand tort de ne pas profiter de toutes vos leçons et de persister dans l'erreur de croire à l'amitié, et de la regarder comme un bien; non, non, j'abjure mes erreurs, et je suis absolument persuadée que, de toutes les illusions, c'est la plus dangereuse. Vous

19. T suggests that this was meant to be 'prévenir.'

qui êtes l'apôtre de cette sage doctrine, recevez mes serments et les vœux que je fais de ne jamais aimer, ni prétendre à être aimée de personne; mais dites-moi s'il est permis, sans trahir cet engagement, de désirer le retour de ceux dont la société est agréable; si l'on peut souhaiter de recevoir souvent de leurs nouvelles, et si ce n'est pas manquer de vertu, de bon sens et de conduite de s'intéresser à eux et de le leur laisser connaître? J'attends sur cela des éclaircissements. Je ne puis douter de votre vérité, vous m'en donnez trop de preuves; expliquez-vous donc sans ménagement.

Ce mercredi 6.

De tous les articles de votre lettre, celui qui me frappa le plus hier, ce furent vos moralités sur l'amitié; il me fut impossible de n'y pas répondre sur-le-champ. Je fus interrompue par M. et Mme de Beauvau, qui vinrent me prendre pour me mener souper avec eux à la campagne, chez la bonne Duchesse de Saint-Pierre;[1] j'en suis revenue de bonne heure; je n'ai pas fermé l'œil de la nuit. J'ai réveillé Wiart plus tôt qu'à l'ordinaire pour reprendre ma lettre, et, auparavant, me faire relire la vôtre; j'en suis plus contente ce matin que je ne le fus hier; l'article de l'amitié me choque moins; je trouve que le résultat est de dire: Soyons amis sans amitié. Eh bien, soit, j'y consens; peut-être cela est-il fort agréable, faisons-en vite l'expérience, et pour cela hâtez-vous de revenir incessamment. Dans le fond, vous n'avez qu'une comédienne, une sourde, et des poules à quitter; il est vrai que vous n'aurez qu'une aveugle et maint oison à trouver; mais je vous promets que l'aveugle aura bien des questions à vous faire et bien des choses à vous raconter.

Je ne sais que vous dire sur votre ministère; vous m'avez si peu entretenue de politique, que si d'autres ne m'avaient instruite, tout ce qui se passe chez vous me serait moins intelligible que ce qui se passe à la Chine; on m'a un peu mise au fait du caractère de Mon-

---

1. Marguerite-Thérèse Colbert (1682–1769), dau. of Charles Colbert, Marquis de Croissy and de Torcy, m. (1) (1701) Louis de Clermont d'Amboise, Marquis de Renel; m. (2) (1704) François-Marie Spinola, Duc de Saint-Pierre. Her son by the first marriage had been Mme de Beauvau's first husband. HW had met her several times in Paris (*Paris Jour.*). S–A calls her 'la maîtresse de Walpole' (S–A i. 62 n), confusing HW with his uncle 'old' Horace Walpole, the ambassador at Paris (1723–30). Saint-Simon calls her 'fort jolie,' and says that after her retirement from the court of Spain, 'elle est demeurée pour toujours à Paris avec beaucoup de goutte, très peu de bien, et moins encore de considération, quoique bien dans sa famille' (Louis de Rouvroy, Duc de Saint-Simon, *Mémoires*, ed. Boislisle, 1879–1930, xi. 338, xxxix. 120). See Appendix 5, o.

sieur le Comte; et pour ce certain *vivant*,[2] ami de la morte, je crois que je le connais parfaitement; je suis contente de ce qu'il est resté, mais je ne le suis pas de ce qu'il ne s'oppose pas à votre philosophie.[3] Tous vos sentiments sont beaux et louables; mais si j'étais à sa place, j'empêcherais bien que vous en fissiez usage, et je ne réglerais pas ma conduite sur votre modération et votre désintéressement. Oh! pour Milord,[4] vous ne pouviez pas le conserver, c'est le cri public. Il me paraît que le frère et la belle-sœur[5] ne sont pas contents. Est-ce que vous ne détestez pas le peuple? Depuis la Loi Agraria[6] jusqu'à votre Monument, vos lampions et votre étendard noir,[7] sa joie, sa tristesse, ses applaudissements, ses murmures, tout m'est odieux! Mais je retourne sur mes pas pour vous parler de vous. Vous dites que votre fortune, loin d'augmenter, souffrira des diminutions. J'en ai grand' peur! Point de liberté sans aisance, mettez-vous cela dans la tête. Si votre économie va tomber sur vos voyages en France, je serai désolée. Mais écoutez ceci sans vous fâcher.

J'ai, comme vous savez, un petit logement chez moi, peu digne du fils de Robert Walpole, mais dont peut se contenter le philosophe Horace; s'il y trouvait ses commodités, il pourrait l'occuper sans encourir le moindre ridicule; il peut consulter les gens sensés, et, en attendant, être persuadé que ce n'est point mon intérêt particulier qui m'engage à le lui offrir. Tout de bon, mon tuteur, vous ne pourriez pas mieux faire que de le prendre; vous seriez près de moi ou à cent lieues de moi si vous l'aimiez mieux. Cela ne vous engagerait à aucun soin ni à aucune assiduité; nous renouvellerions nos serments contre l'amitié; il faudrait même alors rendre plus de culte à l'Idole; car qui est-ce qui en pourrait être choqué si ce n'était elle? Pont-de-Veyle, qui approuve et conseille cet arrangement, prétend que l'Idole même n'y trouverait rien à redire; faites-y vos réflexions.

Où prenez-vous que je ne condamne pas extrêmement Jean-Jacques?[7a] Je l'ai toujours si méprisé, que ce dernier trait ne m'a point surprise; c'est un coquin, c'est un fou. Mais je n'estime guère le Paysan. Sa réserve sur l'Idole ne me surprend pas, on lui aura imposé le

---

2. M. Conway (S–A).
3. HW had not made his revenues secure.
4. Richmond (S–A).
5. Lord and Lady George Lennox.
6. Of the Roman republic.
7. 'The City of London had intended to celebrate Mr Pitt's return to employment, and lamps for an illumination had been

placed round the Monument. But no sooner did they hear of his new dignity [Earl of Chatham], than the festival was counterordered' (*Mem. of Geo. III* ii. 255).

7a. Doubtless because she had replied so briefly to his long account in *ante* 16 July 1766.

silence. On veut mettre une grande discrétion et une grande modération dans cette affaire. Le parti dont il résultera le plus de célébrité
est celui qu'on prendra. Le Paysan est un plus grand personnage que
l'Arménien.[8] L'Arménien sera abandonné, mais le Paysan a eu le tort
de ne pas écrire d'abord.[9] On a été mécontente, on veut le lui faire
sentir. Je voudrais que vous pussiez tirer de lui la confidence de la
lettre que l'Idole lui a écrite. C'est, ce dit-on, un chef-d'œuvre.
Madame la Maréchale de Luxembourg m'avait promis d'engager
l'Idole à me la faire voir; j'étais alors fort en faveur; mais cette faveur
ne subsiste plus, elle me sera peut-être revenue quand vous recevrez
cette lettre.

La grand'maman est de retour d'hier matin. Ma faveur auprès
d'elle est plus établie; elle soupera chez moi vendredi, et comme le
souper était arrangé sans prévoir qu'elle dût y être, elle trouvera une
compagnie qui ne lui conviendra guère, entre autres l'Idole et
l'Archevêque de Toulouse.

J'aurai bien des choses à vous conter quand je vous verrai; il se
pourrait bien qu'elles ne vous intéressassent guère, mais ce seront
mes galeries[10] de mon Strawberry Hill.

Vous avez porté le même jugement que moi des lettres,[11] cela m'a
fait un plaisir extrême. Je me crois un génie quand je me trouve
d'accord avec vous. Ce Prince Geoffrin est excellent. Assurément le
ciel est témoin que je ne vous aime pas; mais je ne puis m'empêcher
de vous trouver fort aimable.

Mon avis est que vous attendiez votre arrivée ici pour donner un
pot à la Maréchale de Luxembourg. Je ne vois nulle nécessité de
faire un présent à l'Idole: de la fumée, de la fumée, voilà tout ce qu'il
lui faut!

J'ai bien envie de vous faire lire un mémoire de La Chalotais;[12] il
est très rare, extrêmement défendu, mais je fais des intrigues pour
l'avoir.

---

8. Rousseau, so called because he wore
Armenian costume.

9. Une lettre à Mme de Boufflers, pour
lui faire le récit de sa querelle avec Rousseau (T).

10. That is, the equivalent of HW's ab-
sorbing collections at Strawberry Hill.

11. The letters of Stanislas II (Poniatowski) of Poland, quoted *ante* 24 July
1766. Presumably HW preferred the same

one of the three that D had chosen. Stanislas was called 'Prince Geoffrin' by D because Mme Geoffrin had rescued him
from a debtors' prison in Paris.

12. Louis-René de Caradeuc de la Chalotais (1701–85), the champion of the
Breton parliament against the Duc d'Aiguillon, governor of Brittany, had been ar-
rested, 11 Nov. 1765, when HW was in
Paris (see *Paris Jour.* and NBG).

Je suis chargée par M. de Beauvau de vous prier de m'envoyer pour lui de la poudre fébrifuge, qui est, je crois, du Docteur James;[13] il y en a de deux sortes, l'une est douce et l'autre violente. Il en faut pour un louis de chaque façon.

Vous vous trompez lourdement, si vous croyez Voltaire l'auteur de l'analyse du roman d'*Héloïse;*[14] l'auteur est un homme de Bordeaux, ami de M. de Secondat.[15] À propos de Voltaire, il a fait demander au roi de Prusse s'il consentirait à lui accorder un asile à Wesel, en cas qu'il fût contraint de quitter sa demeure. Ce que Sa Majesté lui a accordé très agréablement.[16]

Adieu; je compte pouvoir à l'avenir vous apprendre des nouvelles de votre cour et de votre ministère. J'ai fait une nouvelle connaissance,[17] qui est un favori de Milord Bute,[17a] et le plus intime ami de Milord Holdernesse. Je ne doute pas que ce Milord ne fasse des tentatives pour venir à la place de Milord Rochford,[18] qu'on prétend qui ne se soucie guère de l'ambassade.

Écrivez-moi, je vous prie, au moins une fois la semaine.

Mandez-moi si M. Craufurd est en Écosse. On croit qu'on apprendra par la première nouvelle de Rome la mort du Chevalier Macdonald.[19]

---

13. Dr Robert James (1705–76), the quack, whose powders were popular in eighteenth-century England, and were highly recommended by HW. See COLE i. 337 and Allen T. Hazen, 'Samuel Johnson and Dr Robert James,' *Bulletin of the Institute of the History of Medicine,* iv. 455–65, June 1936. The mild powder was 'prepared from the same materials as the other powders, but so contrived as to have little or no sensible operation' (*London Evening Post,* 16–19 Jan. 1768, p. 2).

14. Charles Borde's *Prédiction tirée d'un ancien manuscrit . . .* (see D to HW *ante* 16 July 1766).

15. Jean-Baptiste (1716–96), Baron de Secondat, son of Montesquieu.

16. See Frederick the Great to Voltaire, July 1766, in Voltaire, *Œuvres* xliv. 341. The letter from Voltaire, to which Frederick replied, is missing, but it apparently contained a request that Voltaire be given an asylum in Cleves. Frederick expressed surprise at hearing that Voltaire preferred Cleves to Switzerland, but he gave his con-

sent, and suggested the best ways of travelling from one place to the other.

17. Charles Jenkinson, premier lord de Liverpool (S–A).

17a. John Stuart (1713–92), 3d E. of Bute, prime minister 1762–3.

18. William Henry Nassau de Zulestein (1717–81), 4th E. of Rochford, ambassador from England to France, 1766–8. HW had met Rochford long before, and wrote to Montagu, 3 Nov. 1746, 'Is it news that my Lord Rochford is an oaf?' He met him several times in Paris in 1767 (*Paris Jour.*). See also *Mem. of Geo. III* iii. 168, and Philip Thicknesse, *Useful Hints,* 1768, pp. 157, 159–60.

19. Sir James Macdonald (ca 1742–66), 8th Bt. HW had met him in Paris, 1765, before Macdonald proceeded to Italy, where he died, 7 Aug. 1766, at Rome (see *Paris Jour.* and *Annual Register,* 1766, p. 171; HW to Mann 26 Sept. 1765; Hume to Adam Smith, August 1766, in David Hume, *Letters,* ed. Greig, Oxford, 1932, ii. 83).

To Madame du Deffand, Thursday
7 August 1766, N° 17

Missing. Probably written from Arlington Street. Answered, 12 Aug.

From Madame du Deffand, Tuesday 12 August 1766

[De Paris, ce 18 août 1766.][1]

IL y avait[2] ce jour-là un souper chez le Duc de Villars, où était la Duchesse de Gramont, et Mmes de Mirepoix et de Beauvau. Ces deux dernières vinrent chez moi après souper. La Maréchale de Mirepoix se pique d'une grande passion pour la grand'maman. J'eus le plaisir de voir l'Idole hors de son piédestal, et elle n'est pas bien grande quand elle n'est pas exhaussée; aussi ne fut-elle point distinguée. Vos émeraudes eurent un grand succès; cela fournit une occasion toute simple de parler de vous. La grand'maman dit à M. Schuwalof qu'elle n'avait d'autre commission à lui donner pour l'Angleterre que de vous dire qu'elle vous priait de revenir incessamment, et de là elle continua à parler de vous, à louer votre esprit, vos agréments, avec un enthousiasme que je ne me serais pas permis. Elle m'avait précédemment grondée de ce que je lui avais avoué qu'il y avait longtemps que je ne vous avais parlé d'elle. Après souper je fis mettre l'éventail de M. Selwyn à la place du sien, et comme elle s'aperçut que c'était Mme de Luxembourg qui faisait cet échange, elle crut d'abord qu'il était d'elle; quand elle lui eut dit que non, elle se tourna vers moi, et dit, 'Ah! c'est M. Walpole ou ma petite-fille.' La répugnance affreuse que vous m'aviez marqué avoir pour lui faire ce petit présent me fit écrier, 'Oh! non ce n'est point M. Walpole, c'est moi, et c'est un présent de M. Selwyn.' Enfin, que vous dirai-je? je me conduis comme une peinture. J'eus pourtant l'autre jour une petite prise avec l'Idole, mais qui se termina bien. Je viens d'en recevoir tout à l'heure un billet conçu en ces termes:

Si Mme d. D. était libre ce soir, on serait ravie qu'elle vînt souper au Temple.

1. This date, added by HW, is probably incorrect: the latter half of the letter, dated 'mercredi 13,' states that the former half was written 'hier.' The letter was probably numbered '26.'

2. The first three words are in HW's hand; the first part of the letter seems to be missing.

J'ai répondu que le Président était incommodé, que je lui avais promis de lui aller tenir compagnie, que j'avais beaucoup de regret, etc.

Je vous trouve un peu lâche avec vos deux éventails, mais vous êtes sage, il ne m'appartient pas de vous critiquer; je ne voulais que de la fumée pour elle, vous lui envoyez du vent; à la bonne heure.

Je vais vous apprendre quelque chose qui m'a bien surprise et qui vous surprendra peut-être aussi. J'ai reçu avant-hier une lettre du Paysan,[3] la plus honnête et la plus tendre; il s'excuse de sa conduite,[4] il tâche de la justifier; il me parle de sa querelle, il vous nomme en disant 'notre ami M. Walpole,' il est jaloux du petit Craufurd,[5] il désire d'être aussi bien avec moi à son retour qu'il l'était à son arrivée en France. Je ne me presserai point de lui faire réponse; dites-moi quel ton je dois prendre avec lui; j'attendrai vos conseils et je m'y conformerai.

Vous allez avoir M. Schuwalof. Il m'a demandé mes commissions. Je ne lui en ai donné qu'une, mais je crains bien qu'il ne la fasse pas. Si je peux avoir le mémoire de La Chalotais je vous l'enverrai par lui; cette affaire intrigue beaucoup deux de nos amies, et je m'y intéresse par rapport à elles. La pauvre petite Mme de Forcalquier est bien triste et bien occupée depuis quelques jours; le Prince de Lamballe[6] a la petite vérole, il entre ce soir dans le six. Jusqu'à présent il est sans danger, mais Madame la Comtesse de Toulouse est très malade; on croit qu'elle a de l'eau dans la poitrine, et Vernage prétend qu'elle mourra bientôt. Je suis on ne peut pas plus contente de Mme de Forcalquier; permettez-moi de vous dire sans me gronder qu'elle est le *caput mortuum* de la grand'maman et du tuteur, elle est du genre de l'une et de l'autre, mais elle n'en a pas l'élixir.

Votre table est arrivée à Mme de Jonzac en très bon état; elle est parfaitement jolie. Je suis fort aise du pot et de la jatte que vous envoyez à Mme de Luxembourg. Il faut brûler des chandelles au diable, mais que ce soit pour jamais la clôture de vos présents. Je veux cependant que vous m'en fassiez encore un, c'est un livre de votre

---

3. Hume to D 5 Aug. 1766 (David Hume, *Letters*, ed. Greig, Oxford, 1932, ii. 72).

4. Greig suggests that Hume was excusing himself for his friendship with D's enemies, Mlle de Lespinasse and d'Alembert (loc. cit.).

5. Craufurd had shown him a letter from D (ibid.).

6. Louis-Alexandre-Joseph-Stanislas de Bourbon (1747–68), whose father, the Duc de Penthièvre, was half-brother to Mme de Forcalquier's first husband, both being children of the Comtesse de Toulouse.

impression. Je voudrais que ce fût le *Monde,* et que vous marquassiez vos chapitres.[7] J'aimerais que vous voulussiez les traduire, parce que j'aime autant votre mauvais français que le style de Voltaire. Je prie M. de Montagu[8] de vous dire tout ce que je pense de vous, je le fais mon interprète. Pourquoi ne viendrait-il pas en France? Je lui offre une petite cellule toute meublée, dans le même escalier du logement que je vous propose, et sur lequel je vous demande réponse.

N'en voilà-t-il pas bien long pour aujourd'hui? Comme cette lettre ne partira que jeudi matin, je pourrai encore y ajouter. Je finis aujourd'hui en vous disant que plus vos lettres seront remplies de *riens,* plus elles me seront agréables. Je suis trompée si vous n'entendez pas cela, car je ne suis point la dupe de votre stoïcisme.

Ce mercredi 13.

Je vais écrire à M. de Montigny, et comme je suis assurée de son consentement, vous pourrez faire partir votre jatte et votre pot à l'adresse de M. de Trudaine[9] quand il vous plaira. Il faudra mettre une double adresse à moi pour que cela soit remis exactement à Mme de Luxembourg. Si cela est aussi longtemps en chemin que la table à thé de Mme de Jonzac, cela pourra arriver pour Noël.

Je n'avais pas compris que votre ami M. de Montagu ne dût être que quatre jours avec vous, et je vous écrivis hier comme ne doutant pas que vous ne pussiez lui dire ce que je vous mandais sur lui. Je n'ai point lu *Le Philosophe ignorant.*[10] Je m'en informai hier, et Pont-de-Veyle me dit qu'on ne croyait pas qu'il fût de Voltaire; je pense de même, puisque vous le trouvez ennuyeux. L'article des Quinze-Vingts[11] a sans doute quelque trait à moi,[12] et c'est peut-être ce qui vous l'aura fait trouver meilleur.

Je suis étonnée (si tout ce que vous me dites est vrai sur le couvent de Saint-Joseph) que vous ne pensiez pas que les jours, les semaines,

7. *The World* was not printed at the Strawberry Hill Press.

8. George Montagu, friend of Mr W. (HW). D had never met Montagu (see *post* 9 Dec. 1767), but HW had written her that Montagu was to visit him any day after 27 July, and had probably described him as an amusing man (see HW to Montagu 21 July 1766). Montagu was b. ca 1713, d. 1780 (see MONTAGU).

9. Probably Daniel-Charles Trudaine (1703–69), father of M. Trudaine de Montigny (see *ante* 23 April 1766). HW apparently met him once in 1766 (*Paris Jour.*).

10. Philosophical treatise by Voltaire, defending Bayle against Spinoza. Editions of it were printed at Geneva and at London in this year.

11. A *Petite digression* on the Quinze-Vingts was printed in *Le Philosophe ignorant,* Geneva, 1766, p. 134. The Hospice des Quinze-Vingts was founded in Paris by Saint Louis for 300 blind people.

12. Allusion to her blindness (T).

et les mois coulent bien rapidement, et que l'on ne trouve pas dans les gens d'un certain âge toutes choses comme on les avait laissées, qu'il n'y a point de temps à perdre si l'on veut les revoir.

Les Beauvau sont dispersés, le mari est à Compiègne,[13] la femme à Villers-Cotterêts,[14] à la suite de M. Tronchin,[15] dont elle fait les remèdes. Ils reviendront l'un et l'autre à Paris à la fin de ce mois. On espère que M. de Lamballe sera bientôt hors d'affaire, sa petite vérole est très bénigne, mais Madame la Comtesse de Toulouse va fort mal. Mme de Forcalquier lui rend des soins infinis; elle a un très bon cœur, et tous ses procédés sont honnêtes. Comme elle ne sort point de l'Hôtel de Toulouse,[16] les visites qu'elle me rend sont à une heure après minuit dans le petit cabinet bleu. Elle y vint hier au soir, et les oreilles auraient pu vous tinter. Elle est scandalisée, et moi affligée, des choses dont je n'ose pas dire le mot; elle est fort contente de la lettre que vous lui avez écrite,[17] elle ne l'avait point sur elle, mais elle m'en a dit le contenu.

J'ai fait une nouvelle connaissance dont je suis très satisfaite; c'est de M. de Guerchy. Je le rencontrai samedi dernier à l'Hôtel de Luxembourg; il ne se mit point à table ni moi non plus, ainsi nous restâmes deux heures presque tête-à-tête, parce que Mme de Luxembourg, que nous avions en tiers, nous quittait à tout moment. Il ne me parla que de vous; je lui fis cent questions, il satisfit à toutes, je crois qu'il vous aime beaucoup. Je le trouve le meilleur homme du monde; il me dit qu'il désirait de venir chez moi, et me pria de trouver bon qu'à son retour de Compiègne il me vît souvent. Je lui dis que je voulais aller chez sa femme,[18] elle est de mes parents. Cela ne m'importe guère, mais ils sont de vos amis.

Savez-vous que j'ai été chez Mme Élie lui rendre sa visite? Elle m'a promis de me venir lire un roman qui n'est pas encore en état de faire imprimer.

Mme de Forcalquier a traduit votre inscription du portrait de

13. One of the King's residences.

14. Country seat of the Duc d'Orléans.

15. Théodore Tronchin (1709–81), Swiss physician who was called to Paris by the Duc d'Orléans in 1766 (Henry Tronchin, *Tronchin,* 1906). HW had met him once in Paris (*Paris Jour.*). See Jean-Nicolas, Comte Dufort de Cheverny, *Mémoires,* 1909, i. 371; Grimm xiii. 45–8, Dec. 1781; Lévis, *Souvenirs* p. 239.

16. On the Place des Victoires.

17. HW to Mme de Forcalquier 7 Aug. 1766 (missing).

18. Gabrielle-Lydie d'Harcourt (b. 1722), m. (1740) Claude-Louis-François de Regnier, Comte de Guerchy. She was distantly related to D through her grandmother, the Duchesse d'Harcourt, who was a Brulart, fourth cousin to D's mother. HW comments on her in *Mem. of Geo. III* i. 240–1.

Benoît XIV.[19] Il est bien singulier que vous ne m'ayez rien dit de cela, ni de toute autre chose. De quoi parlions-nous donc? Si contre toute apparence je vous revois jamais, nous aurons matière à parler pour plus d'un an. Si le logement que je vous propose vous convient, il faudrait que je le susse plus tôt que plus tard, parce que j'aurais des mesures à prendre. Je n'ai point de bail avec la personne qui l'occupe, mais il serait de l'honnêteté de l'avertir un ou deux mois d'avance; il faudra toujours que vous logiez d'abord ailleurs. Enfin je n'aime point à vous parler de votre retour. Je suis fâchée, je l'avoue, que vous ne m'en disiez rien, mais je crains encore plus que vous ne me disiez ce que je serais fâchée d'entendre; il y a toujours quelque espérance dans ce qu'on ignore. Je disais hier devant mes femmes que vous étiez à votre campagne et que vous voyiez souvent une vieille comédienne. Tout d'un coup Mlle Couty[20] me dit; 'Vous voudriez bien, Madame, être à sa place.' Mais votre sourde? vous ne m'en parlez pas; M. de Guerchy m'en a beaucoup parlé.

Je vous mandai hier que j'attendrais vos conseils pour répondre à M. Hume. Je change d'avis, et je lui écrirai par cet ordinaire-ci.[21] La lettre de l'Idole dont je vous ai parlé est le plus bel ouvrage du monde, à ce que m'a dit Mme de Luxembourg. Tâchez d'engager M. Hume à vous la montrer, je n'espère pas que l'Idole veuille me la lire.

Adieu; je ne suis nullement en train d'écrire ce matin, et vous vous en apercevrez bien.

To Madame du Deffand, Thursday 14 August 1766, N° 18

Missing. Probably written from Strawberry Hill. Answered, 19 Aug.

From Madame du Deffand, Tuesday 19 August 1766

N° 27. Paris, ce mardi 19 août 1766.

L'ARTICLE le plus frappant de votre lettre,[1] est l'ordre que vous me donnez de charger le Colonel Keene de vous porter à son retour à Londres ce que je voudrai vous envoyer. Ce Colonel n'est

---

19. See HW to Mann 20 June 1757 and COLE ii. 79.

20. Femme de chambre de Mme du Deffand (HW). Marie-Élisabeth Couty, m. Gilles du Hallier of Rouen (Appendix 2).

21. D to Hume 13 Aug. 1766, in Hume's *Letters*, ed. Greig, Oxford, 1932, ii. 433.

———

1. *Ante* 14 Aug. 1766.

point encore arrivé; pour peu qu'il reste deux ou trois mois à Paris, vous recevrez les choses dont je le chargerai en janvier ou février. Vous avez bien raison en vérité de dire que vous n'êtes pas plus curieux qu'un autre, vous pouvez vous piquer de l'être moins que qui que ce soit—mais le ciel en soit béni, vous m'avez fait une fois dans une de vos lettres un très-beau discours sur la Providence; vous me donnez occasion d'y mettre toute ma confiance. Mais pour passer, non pas de l'histoire à la Bible, mais de la Bible à la fable, je vous dirai que si je n'ai pas épuisé la boîte de Pandore, et si j'ai laissé quelque malheur, aussi y ai-je laissé le seul bien qu'on puisse avoir: *l'espérance*. Je n'en ai donc sur rien, et surtout sur ce qui vous regarde. Je ne comprends rien à tout ce que vous me dites, je suis comme un enfant qu'on tient par la lisière au dehors d'une fenêtre, je crois toujours que je vais me casser le col. Je ne sais si vous êtes mon ami, ou si vous ne l'êtes pas, et je vous dirais volontiers le refrain d'une chanson:

> C'en est trop si c'est badinage,
> Et trop peu si c'est tout de bon.[2]

Je crois que mes lettres vous ennuient à la mort, que par bonté ou par honnêteté vous vous faites un devoir de m'écrire, et qu'enfin vous tâchez de vous tirer le mieux que vous pouvez du rôle d'ami, qui a bien de l'ennui et des difficultés quand on n'a pas d'amitié. Ce mot *amitié* vous déchire l'oreille? Hé bien! bannissons-le à tout jamais.

Vous êtes bien drôle quand vous dites que vous ne reviendrez que pour moi; cela peut être, mais vous sentez bien que je ne pourrai le croire que quand vous serez revenu. Vous aimeriez mieux mourir que de me laisser entrevoir quel est le temps où vous avez fixé votre retour; je sais trop à quel point vous êtes opiniâtre pour n'être pas sûre qu'aucun pouvoir ni humain ni divin ne vous le ferait pas avancer d'un jour, mais cent mille millions de raisons peuvent vous le faire retarder; vous fûtes annoncé l'année dernière un mois ou six semaines avant votre arrivée. Cela ne me faisait rien alors, et pourquoi diantre cela me fait-il quelque chose aujourd'hui? Pourquoi se soucie-t-on de voir quelqu'un qui se joue de toutes choses par dessous la jambe? Je serais bien humiliée de penser comme je fais si je ne voyais pas d'autres personnes que moi tomber aussi dans le même inconvénient, de désirer de vous revoir; enfin jusqu'à Wiart que vous croyez si malheureux de la peine qu'il prend de se lever de grand

2. Not found.

matin pour écrire des bêtises sous ma dictée, il a la bonhomie d'être fâché que ce ne soit pas plus souvent; il est comme ces marquises et ces comtesses de la chanson du Chevalier de Boufflers, en fait de vos lettres:

> Car il en aimerait mieux
> Deux qu'une,
> Et quatre que deux.[3]

Vous voyez comme vous ensorcelez tout le monde.

Eh bien! ne voilà-t-il pas près de trois pages d'écriture pour dire des riens, et voilà selon vous une grande perte de temps. Quand vous jugez des lettres que vous écrivez par celles que vous recevez vous ne comprenez pas qu'elles puissent faire le moindre plaisir. Hé bien! Dieu vous assiste, c'est bien malgré moi si j'ai impatience de vous revoir.

Comment est-ce que vous avez appris depuis si peu de temps le retour de Milord Holdernesse? Il est parti d'ici à la fin de juin! Est-ce que vous n'avez pas su que votre prétendu neveu[4] est venu *incognito* à Soissons voir nos Suisses, et qu'il a reparti sur-le-champ? On dit que c'était une gageure sur quelque mouvement, quelque disposition de l'exercice.

Le Paysan vous a-t-il dit que je lui avais fait réponse? L'Idole me traite à merveille, ainsi que l'Altesse,[5] et la Maréchale[6] me comble de caresses. Je dis à tout cela, 'Ne veulent-ils pas me tromper?' Je vous réponds que vous serez très bien traité par eux, et que l'Idole voudrait bien qu'aucun Anglais ne pût lui échapper. Je lui demandai hier si elle avait reçu réponse de M. Hume.[7] Elle me dit que oui. 'En êtes-vous contente? Qu'est-ce qu'il dit?'—'De très bonnes raisons,' me dit-elle, 'sur ce qui regarde Jean-Jacques, et il convient de ses torts avec moi.'—'Ne verrai-je point tout cela, Madame?'—'Mais non; puisqu'il convient de ses torts je ne dois rien dire de ce qui peut les rappeler.'

Mais vous, mon tuteur, pourquoi ne me dites-vous rien de ce que vous a dit M. Craufurd? Est-ce par discrétion, est-ce par nonchalance, est-ce que vous n'avez pas dit un seul mot de moi avec lui? Je n'ai pas

---

3. Not found.
4. Le Duc de Gloucester (HW).
5. Le Prince de Conti (HW). He was Louis-François de Bourbon (1717–76), lover of the 'Idole.' HW had met him in Paris (*Paris Jour.*).

6. Mme de Luxembourg.
7. Hume to Mme de Boufflers 12 Aug. 1766 (David Hume, *Letters*, ed. Greig, Oxford, 1932, ii. 77).

été de même pour vous avec M. de Guerchy. Je trouve, comme vous voyez, toujours quelque occasion de vous quereller; mais voulez-vous faire une paix durable? dites-moi avec vérité si vous avez réellement le projet de revenir, et quand ce sera. Prévoyez le chapitre des accidents et surtout de la goutte. N'aimeriez-vous pas mieux, si par malheur vous aviez un accès de goutte, qu'il vous prît à Paris où je vous tiendrais compagnie qu'à Strawberry Hill? Une aveugle ne vaut-elle pas mieux dans cette circonstance qu'une sourde?

Mme Élie n'a pas trop répondu à mes politesses; je n'ai point entendu parler d'elle depuis la visite que je lui ai rendue.

L'idée du dialogue de Voltaire et de Jean-Jacques est excellente; exécutez-la, et ne dites plus, je vous prie, du mal de votre style. Il n'y en a point de plus naturel, et personne n'a plus que vous le talent de rendre exactement sa pensée et d'en démêler plus finement toutes les nuances; et puis vous avez une facilité qui me charme; vos fautes de langue, loin de nuire, ajoutent au naturel. Mais je vous gâte; n'allez pas penser que je le craigne; vous faites trop peu de cas de moi pour cela. En vérité vous avez raison, tous les jours je m'aperçois combien je me trompe, et vous pourriez bien en devenir une nouvelle preuve.

La pauvre petite Mme de Forcalquier acquiert une nouvelle dose de tristesse en ne quittant point Madame la Comtesse de Toulouse, qui se meurt; Mme d'Aiguillon, en dépit de la Bretagne, du commandant,[8] du parlement, de La Chalotais, n'est pas moins gaie qu'à l'ordinaire. Nous devons, Mme de Forcalquier et moi, aller souper chez elle à Rueil; il serait bien agréable que vous fussiez de la partie.

Hier je fus souper à la Plaine de Grenelle,[9] dans une petite maison de bois de Monsieur le Prince de Conti. Nous étions douze, Madame la Comtesse de la Marche[10] y était, cela fut assez gai. Je soupe ce soir chez le Président; je lui dirai tout ce que vous m'écrivez de lui.

M. de Beauvau est à Compiègne. Je crois que Mme de Beauvau n'a point reçu ses salières.[11] Par qui les avez-vous envoyées?

8. Son fils (HW). The Duc d'Aiguillon.
9. Southwest of Paris, near the Seine.
10. Belle-fille du Prince de Conti (HW). 'Comtesse' has been expanded by HW from Wiart's 'C.' Fortunée-Marie d'Este (1731–1803), m. (1759) Louis-François-Joseph de Bourbon, Comte de la Marche, and later Prince de Conti. HW had met her several times in Paris (Paris Jour.), and had an audience with her at nine at

night (HW to Chute 7 Jan. 1766). See Lady Mary Coke, Letters and Journals, Edinburgh, 1889–96, iv. 337. She was divorced from her husband in 1775 and tried to get a pension from the crown (Maria Theresa and Florimond-Claude-Charles, Comte de Mercy-Argenteau, Correspondance secrète, 1874, ii. 407).
11. See ante 22 June 1766.

Adieu, mon tuteur, je finis, en vous recommandant d'avoir soin de votre santé; que je jouisse du moins de l'avantage de la différence de nos âges, que je sois à l'abri à tout jamais de la crainte de vous perdre.

Je voudrais bien savoir comment le Paysan et l'Idole sont ensemble. Je soupçonne qu'il y a un grand refroidissement. Si vous êtes content du vivant,[12] et que le vivant le soit du Comte de Chatham, votre pupille sera très contente. M. Selwyn arrivera-t-il bientôt? Ce pauvre Chevalier Macdonald! J'en suis très affligée.

To Madame du Deffand, Thursday
21 August 1766, N° 19

Missing. Probably written from Strawberry Hill. Answered, 27 Aug.

From Madame du Deffand, ca Wednesday
27 August 1766

[28. Ce jeudi 27 août 1766.][1]

JE ne crois pas que ce soit le récitatif de Lulli qui m'est resté dans les oreilles qui soit la cause de mon admiration; ce récitatif il est vrai est charmant, mais les paroles peuvent s'en passer. *Armide, Atys,* beaucoup de scènes d'*Isis, Thésée, Alceste,*[2] me paraissent admirables.

Je trouvai l'autre jour dans mon *Journal encyclopédique*[3] un trait qui peut s'appliquer à ce que vous dites des fables de La Fontaine et des tragédies; les unes sont le langage de la nature, et les autres celui du délire des hommes. Cela est mieux dit que cela, mais j'estropie tout. Je deviens bien sotte, mon tuteur, et cela empirera bien si vous m'abandonnez; mais voilà ce que vous ne ferez jamais, j'en suis sûre.

Je crois en effet que mon logement ne vous conviendrait point, les

12. Evidently Conway (see *ante* 5 Aug. 1766).

———

1. Dated and numbered by HW who removed the first part of the letter. Thursday was 28, not 27 Aug.

2. Operas with words by Quinault and music by Lulli. Jean-Baptiste Lulli (1633–87) was perhaps D's favourite composer.

3. Periodical, published twice a month at Bouillon.

pièces sont trop petites. Mais hélas! hélas! on a bien du temps devant soi pour trouver ce qui vous conviendra.

Mandez-moi si M. Hume vous aura parlé de ma réponse, et s'il en a été content. Je voudrais qu'il vous montrât cette lettre qu'on dit être si belle que lui a écrite l'Idole. Cette Idole me traite à merveille, mais cela ne va pas jusqu'au degré des confidences. Elle a reçu vos éventails[4] avec toute la dignité d'une déesse qui reçoit des offrandes.

D'où vient me paraissez-vous si refroidi pour la grand'maman? Elle est plus charmante que jamais, j'en suis parfaitement contente et ce qui me plaît le plus d'elle c'est l'estime et le goût qu'elle a pour vous. C'est cette maudite méprise[5] qui est cause de ce changement. Vous avez cru être tombé dans un ridicule et vous vous trompez lourdement. Je ne sais point ce qu'on a dit à Londres, mais pour à Paris cela n'a pas fait le plus petit effet. Il était impossible que vous ne fussiez pas induit en erreur par ce que vous disait M. de Guerchy. Si vous aviez écrit à la grand'maman pour la remercier cela l'aurait divertie, et elle aurait été charmée d'avoir à vous répondre. Croyez-moi, mon tuteur, elle pense de vous comme moi, et vous auriez tort d'avoir d'elle la plus petite défiance. C'est dommage que vous ne veniez pas ici, vous y seriez fêté, aimé, vous en seriez flatté. Et à quoi vous seriez encore plus sensible, j'en suis sûre, c'est que vous me rendriez infiniment heureuse. Mais puisque vous ne pouvez pas venir, puisqu'il faut que je passe de très tristes jours sans vous voir, soyez au moins exact à m'écrire. Ne vous embarrassez pas de ce que vous aurez à me dire; tout me sera égal; mais mandez-moi ce qui regarde les affaires qui vous intéressent; on dit que tout dépend de l'union du Comte et du favori;[6] adieu, adieu.

To Madame du Deffand, Thursday
28 August 1766, N° 20

Missing. Probably written at Strawberry Hill. Answered, 4 Sept.

---

4. See Mme de Boufflers to HW 6 Sept. 1766. Keene delivered the fans.
5. HW's mistake in thinking Mme de Choiseul the author of the pretended letter of Mme de Sévigné.
6. Chatham and Bute.

From Madame du Deffand, Thursday
4 September 1766

One sentence was omitted in Toynbee.

Nº 29. Ce jeudi 4 septembre 1766.

LISEZ cette lettre à différentes reprises; vous en aurez pour huit jours.

Je ne vous écrivis point hier parce que le facteur arriva très tard; j'allais à la campagne, je n'avais pas le temps d'écrire; de plus, je n'ai pas été fâchée de vous faire voir que je ne croyais pas que ce fût une règle indispensable qu'une lettre toutes les semaines; ce ne serait point une sujétion pour moi, mais je serais fâchée que c'en fût une pour vous. Le grand papier n'a été qu'une plaisanterie, mes questions sur votre retour[1] qu'une curiosité très naturelle. Vous l'avez satisfaite, je n'en parlerai plus. Mais de quoi je parlerai beaucoup, c'est de votre santé qui m'inquiète. Ne le trouvez point mauvais, je vous supplie, et donnez-vous la peine et même la contrainte de m'en donner des nouvelles. Je crains que les remèdes chauds ne vous conviennent point et surtout l'usage du vin. Nos principes sont bien différents des vôtres sur la goutte; on interdit le vin, et on ordonne le lait; souvent on défend la viande, enfin tout ce qui peut saler le sang. Si vous alliez être malade je serais bien affligée. J'ai le courage nécessaire pour souffrir votre absence et pour rire de vos rigueurs, mais non pas pour résister à l'inquiétude et aux chagrins de vous savoir malade.

J'avais fait copier des couplets,[2] je ne voulais plus vous les envoyer, mais cela vaut autant qu'autre chose pour remplir quatre pages. Ils ont été faits à Villers-Cotterêts à l'occasion de la fête de Monsieur le Duc d'Orléans;[3] on s'était imposé la loi de les terminer tous par un proverbe ou par un dicton proverbial. Nous n'avons pas plus d'esprit que cela; nous sommes fort plats, fort ennuyeux, et il n'arrive chez nous aucun événement; ce n'est pas comme chez vous, où l'on est toujours en mouvement. Est-ce une chose avantageuse pour Milord Hertford[4] que le changement que vous me dites?

1. See *ante* 30 July 1766.
2. See Appendix 10. Copies of these couplets are among the papers bequeathed by D to HW.
3. Louis-Philippe (1725–85), Duc d'Orléans, father of 'Égalité,' and grandfather

of King Louis Philippe, the 'citizen King.' On retiring from military service, he occupied himself with amateur dramatics.
4. Lord Hertford had been Lord Lieutenant of Ireland; he was now made Master of the Horse, and the King promised to

J'ai reçu une lettre de M. Craufurd;[5] il me dit, ainsi que vous, que vous ne vous voyez point. Je vous avais demandé s'il vous avait parlé de moi, parce que j'avais quelque curiosité de savoir si ce n'était point lui qui avait engagé le Paysan à m'écrire.[6] Il me mande qu'il va à la campagne chez les Milords Holland, Bedford, Tavistock, et Ossory,[7] et qu'il viendra à Paris au mois de novembre.

Le Roi a fait plusieurs voyages depuis vendredi qu'il est revenu de Compiègne; il a couché le vendredi à la Meute,[8] le samedi et le dimanche à Choisy,[9] le lundi à Versailles, le mardi à Saint-Ouen[10] chez M. de Soubise; depuis hier il est à Chantilly[11] dont il partira vendredi pour retourner à Compiègne. Je comptais finir ma lettre à cette page, je vais en insérer une autre parce qu'il me reste encore quelque chose à vous dire.

On me dit hier, mais je ne sais si cela est bien vrai, que Madame la Dauphine allait loger dans les cabinets, en attendant qu'on ajustât son appartement; matière à penser pour les spéculatifs. Mme de Mirepoix est abîmée par les pertes qu'elle fait au whisk;[11a] elle perd depuis le mois de juillet dix-sept ou dix-huit cents louis. Elle n'avait

make him Lord Chamberlain on the next vacancy (which occurred in November). See *Mem. of Geo. III* ii. 256.

5. Craufurd to D 26 Aug. 1766 (see S–A i. 66).

6. Hume to D 5 Aug. 1766 (see *ante* 12 Aug. 1766). D wrote to Craufurd, 1 Sept. 1766, 'Pourquoi ne me parlez-vous point de M. Hume? vous n'ignorez pas qu'il m'a écrit, car j'imagine que c'est par votre conseil' (S–A i. 67).

7. Henry Fox (1705–74), 1st Bn Holland; John Russell (1710–71), 4th D. of Bedford; Francis Russell (1739–67), M. of Tavistock, eld. son of the D. of Bedford; and John Fitzpatrick (1745–1818), 2d E. of Upper Ossory. Lord Holland had built a house at Kingsgate, near Margate, in Kent, where HW visited him, 16 Aug. 1769 (see *Paris Jour.*). The Duke of Bedford's seat was Woburn Abbey in Bedfordshire, and his son's favorite residence was Houghton Park in the same county (see *Country Seats*, 17–20, 69–70). Lord Ossory lived at Ampthill Park, also in Bedfordshire. Craufurd probably visited Woburn Abbey, Houghton Park, and Ampthill Park together, since they were in the same neighbourhood, and visited Lord Holland, either

before his Bedfordshire trip, or afterwards, on his way to Dover.

8. Or La Muette, royal château at the entrance to the Bois de Boulogne, near Passy. It was a sort of hunting-lodge 'où le Roi va de temps en temps passer un ou deux jours' (*Dict. de Paris*). It recently belonged to the Comtes de Franqueville (see Karl Baedeker, *Paris*, Leipzig, 1910, p. 242).

9. Royal residence, originally called Choisy-Mademoiselle, after Mlle de Montpensier who built it, but later called Choisy-le-Roi because Louis XV bought it in 1739. It was a favorite residence of Louis XV, situated on the Seine, southeast of Paris. It was destroyed in the Revolution (ibid.).

10. Château north of Paris, belonging to the Prince de Soubise. 'C'est dans cette maison que le roi Louis XV faisait son retour de chasse, lorsque S. M. avait chassé dans la plaine de St-Denis' (*Dict. de Paris*). The château has now been replaced by a modern pavilion (Baedeker, *Paris*).

11. Château of the Prince de Condé, 25 miles north of Paris (ibid.).

11a. Corrected by HW from Wiart's 'houiske.'

pas un sol mardi pour aller à Saint-Ouen; elle eut recours à moi. Elle m'envoya demander du thé, et avec toutes ses grâces ordinaires elle m'apprit l'embarras où elle était; je la satisfis promptement. Elle me fit ensuite plusieurs confidences, dont l'une est le mariage de M. de la Verre[12] avec Mlle de Monconseil,[13] qui se fera les premiers jours d'octobre. Elle avait donné rendez-vous au marchand chez moi et elle y choisit les habits de noce de son neveu, qui était avec elle. Ce mariage souffrira quelque critique; la demoiselle, qui n'est que simple demoiselle, a seize ans, est parfaitement jolie, fille d'une mère[14] qui n'est pas en trop bon prédicament pour les mœurs et pour l'intrigue; c'est la sœur de ce M. de Curzay[15] qui commandait en Corse, et de Mme de Polignac du Palais-Royal.[16] Toute sa race n'est pas en grande estime, et la gentillesse de la demoiselle occasionera bien des propos. La nouvelle de ce mariage n'est point encore publique, mais elle ne tardera pas à l'être. Le Prince et la Princesse[17] n'en sont pas fort contents. La Princesse est toujours à Villers-Cotterêts, et y restera jusqu'au 15.

J'ai reçu une visite de M. de Guerchy; je le trouve le meilleur homme du monde. Je lui ai dit tout ce que vous me mandiez de lui et de sa femme; il vous aime beaucoup.

Les Richmond et les Georges[18] sont à Paris, et passèrent tous chez moi lundi dernier, mais je n'y étais pas. Je compte me faire écrire chez eux aujourd'hui.

12. Fils de la Princesse de Chimay, qui était sœur de Mme de Mirepoix (HW). Charles-Alexandre-Marc-Marcellin d'Alsace-Hénin-Liétard (1744–94), formerly Marquis de la Verre, and now Prince d'Hénin, guillotined in the Revolution, m. (29 Sept. 1766) Étiennette Guignot de Monconseil (*Rép. de la Gazette*). He was called 'le nain des princes' because of his small stature (T). See Comte Alexandre de Tilly, *Memoirs*, tr. Delisle, New York, 1932, pp. 72–3.

13. Étiennette Guignot de Monconseil (ca 1750–1824), m. (1766) Charles-Alexandre-Marc-Marcellin d'Alsace-Hénin-Liétard, Prince d'Hénin. See Fanny Burney D'Arblay, *Diary*, 1905, v. 187 n; Rosalie-Charlotte-Antoinette-Léontine de Mouchy, Vicomtesse de Noailles, *Vie de la Princesse de Poix*, 1855.

14. Claire-Cécile-Thérèse-Pauline Rioult de Douilly (1706–87), m. (1725) Étienne-

Louis-Antoine Guignot, Marquis de Monconseil. She corresponded with Lord Chesterfield. See Woelmont de Brumagne vi. 630; Henriette-Lucie, Marquise de la Tour du Pin Gouvernet, *Journal*, 1914, i. 88. HW had met her in Paris in 1739, when her mother kept a gaming-house (HW's 'Marginal Notes written in . . . Memoirs of . . . Chesterfield,' pp. 61–4, in *Philobiblon Society Miscellanies*, 1867–8, xi).

15. Nicolas-Marie-Séraphin Rioult de Douilly (1706–66), Marquis de Curzay (*Rép. de la Gazette*).

16. Marie Rioult de Douilly (1712–84), m. François-Francillon, Marquis de Polignac (Woelmont de Brumagne i. 608).

17. De Beauvau (HW).

18. Lord and Lady George Lennox, the D. of Richmond, and Mary Bruce (d. 1796), m. (1757) Charles Lennox, 3d D. of Richmond.

J'ai vu le Colonel Keene. Je le croyais bavard, je l'ai trouvé muet.[19] J'ai vu aussi Mme Greville;[20] elle passera quinze jours ou trois semaines à Paris, et puis ira à Munich retrouver son mari.[21] Mme de Mirepoix, de qui elle est amie, m'a recommandé d'en avoir soin. Elle soupera chez moi dimanche prochain; elle vous connaît fort peu.

Madame la Comtesse de Toulouse n'est point encore morte. La pauvre Mme de Forcalquier ne la quitte point, ce qui fait que je ne la vois que comme Nicodème, nos visites sont à une heure après minuit. Je l'aime toujours de plus en plus, non pas parce qu'elle m'aime, mais parce qu'elle ne me hait pas. C'est une triste et honnête femme.

Comme cette lettre ne partira que dimanche, si j'apprends quelque chose je l'ajouterai.

Ce vendredi 27,[22] à 10 heures du matin.

Je vous demande pardon de mon volume, mais je ne puis pas l'abréger. Je ne dors jamais, mais j'ai encore moins dormi cette nuit qu'à l'ordinaire, je n'ai été occupée que de ce que vous me mandez de votre santé.[23] Mon médecin m'est venu voir tout naturellement sans être appelé. Je lui ai parlé de la goutte dans l'estomac, et je lui ai fait toutes les interrogations que j'ai pu imaginer. Il a augmenté mes inquiétudes à un point insupportable. La goutte dans l'estomac n'est point une bagatelle; les remèdes chauds que l'on vous donne supposent qu'on vous trouve très faible, et que vous manquez de force pour vous débarrasser par vous-même de cette humeur, qui doit se porter naturellement aux extrémités. Si vous avez eu plusieurs accès

19. 'J'avais de M. Keene la même idée que vous, mais je le croyais bavard; aujourd'hui, je le crois muet. J'ai soupé deux jours de suite avec lui, et je ne l'ai pas entendu proférer une parole' (D to Craufurd 1 Sept. 1766, S–A i. 68).

20. Frances Macartney (d. 1789) m. Fulke Greville. She wrote the *Ode to Indifference* and other poems, and was the 'Fanny' of HW's early poem, *The Beauties* (*Works* i. 23). See Lady Mary Coke, *Letters and Journals*, Edinburgh, 1889–96, ii. 56 n; H. Fox to HW 22 July 1746; HW to Lady Ossory 4 Aug. 1789; GM 1789, lix. pt ii. 763.

21. Fulke Greville (b. 1717 or 1718) of Wiltberry, Wilts, grandson of the 5th Bn Brooke, and author of *Maxims and Characters*. He was envoy extraordinary to the Elector of Bavaria 1764–70 (D. B. Horn, *British Diplomatic Representatives, 1689–1789*, 1932, p. 46), and minister to the Imperial Diet, 1765–9 (ibid. 42). 'Time with her poppy dust has covered Mr Greville, so that only his most prominent features, his birth, his person, and his nose emerge' (Virginia Woolf, 'Dr Burney's Evening Party,' *The Common Reader*, second series, 1932).

22. Probably Wiart's mistake for 'vendredi 5,' since 27 Sept. was Saturday, and this passage is between two other parts which are dated 'jeudi 4' and 'dimanche 7.'

23. Mr Walpole was suffering under a severe attack of the gout (B, note to *post* 24 Sept. 1766).

de goutte aux pieds, il faut mettre vos jambes dans de l'eau chaude, vous faire saigner au pied; Vernage en use ainsi pour lui et pour les autres toujours avec succès. On peut se servir de topiques, de la moutarde avec de l'ail pilé et du levain, et appliquer le tout sur le col du pied, parce que la peau de la plante étant plus épaisse, le topique ne réussit pas si bien quand on l'y applique. Au nom de Dieu, mon cher tuteur, prenez de vous un soin extrême, et accordez-moi pour toute grâce de me donner de vos nouvelles tout le plus souvent que vous pourrez. Je vous quitte de tout le reste et je m'engage très sincèrement à ne vous jamais rien dire qui vous déplaise ou vous tourmente. Portez-vous bien, portez-vous bien et puis après pensez et faites tout ce qu'il vous plaira. Si vous ne pouvez pas prendre la peine d'écrire vous-même, faites-moi écrire par un de vos gens, par qui vous voudrez, de vos nouvelles en anglais; je n'aurai nulle difficulté à le faire traduire; enfin ayez cette complaisance et je serai parfaitement contente de vous; mais si vous me laissez dans l'inquiétude vous me rendrez malheureuse et ce n'est sûrement pas votre intention. J'ai de la répugnance à vous parler d'autre chose que de votre santé, parce que je n'ai que cette idée dans la tête. Cependant je vais vous dire un mot sur un article de votre lettre. Tant mieux que l'étranger[24] soit arrivé; serait-ce donc un mal si sa présence produisait un événement? Pourquoi la nièce[25] n'épouserait-elle pas? Pourquoi l'oncle[26] en serait-il mécontent? Ne ferait-il pas mal de le laisser paraître? Ne suffit-il pas pour satisfaire sa fierté de n'y pas contribuer? 'Ah!' dira-t-il, 'ce n'est que de la fumée!' Eh! mon Dieu! y a-t-il autre chose dans le monde? N'est-on pas offusqué de celle des autres, pourquoi n'avoir pas la sienne? Adieu, je finis, ne me grondez-pas.

Ce dimanche 7.

Le Colonel Keene part demain; il m'a promis de se charger de mon paquet; cela me donne la liberté de faire un second volume. Je viens de faire écrire au commencement de ma lettre que je vous priais de ne la pas lire tout de suite; ma plus grande crainte est de vous fatiguer. C'est un des inconvénients les plus fâcheux de l'absence, on tombe presque toujours dans l'hors de propos. Si par exemple ma

---

24. Le Prince d'Anhalt (HW). Probably Leopold Friedrich Franz (1740–1817), Prince of Anhalt-Dessau, who visited England, France, and Italy, 1763–9. HW later saw him in Paris (*Paris Jour.*).

25. Mme de Waldegrave (HW).
26. M. Walpole (HW).

lettre arrive dans le moment où vous avez la tête remplie d'affaires, ou bien que vous avez des douleurs de goutte, vous voilà de mauvaise humeur contre la pupille, vous la trouvez une importune, une rabâcheuse, vous vous repentez de votre condescendance: êtes-vous fait pour être la victime de son ennui? devez-vous lui rendre compte de toutes vos pensées, de tous vos projets? Et dans votre mauvaise humeur vous lui ordonnez de ne plus tomber dans des répétitions, et pour cela vous lui dites de relire vos lettres. La pupille, qui est soumise comme un enfant qu'elle est, obéit; elle se fait apporter son petit coffre, elle en tire votre première lettre, datée de Chantilly,[27] elle s'en tient là et n'en veut plus lire d'autres, et elle serait fort tentée de brûler les trois dernières, qui sont d'une sévérité, d'une rigueur, qui rendent le tuteur méconnaissable. Elles m'ont fait faire une fort mauvaise chanson que je vais vous transcrire pour vous punir. Peut-être ne savez-vous pas l'air, et mes vers dénués de chant ne vous paraîtront peut-être pas admirables.

Sur l'air, '*Il faut quand on s'aime une fois,*' etc.

> Ne soyez plus, mon cher tuteur,
>   Rigoureux ni sévère,
> La pupille a mis son bonheur
>   À ne vous pas déplaire.
> Lui paraissez-vous mécontent
>   Elle est prête à se pendre;
> Songez qu'elle n'est qu'un enfant
>   Aussi faible que tendre.

Quoique le Misanthrope dise que le temps ne fait rien à l'affaire,[28] il faut pourtant que vous sachiez qu'elle a été faite tout de suite sans y rêver un moment.

Il y a un article dans vos dernières lettres où il faut que je réponde; c'est sur celle que vous avez reçue de Mme de Forcalquier.[28a] Le tuteur n'est *ni fin ni rusé,* à ce qu'il dit, et je le crois très fermement; mais il ne pense pas que les autres soient de même; il soupçonne sa pupille d'intrigues, et cette pupille en est si éloignée que tout son désespoir

27. HW to D 17 April 1766 (missing).
28. 'ORONTE (parlant de son sonnet): Au reste, vous saurez
Que je n'ai demeuré qu'un quart d'heure à le faire.

ALCESTE: Voyons, monsieur; le temps ne fait rien à l'affaire.'
                    Le Misanthrope, I, ii.
28a. Mme de Forcalquier to HW ? Aug. 1766.

est que le tuteur ne puisse pas lire toutes ses pensées; il n'y en a aucune, mais je dis aucune, qu'elle voulût lui cacher.

Mme de Forcalquier, sans avoir des yeux de lynx, sans être aussi pénétrante que l'eau (quoiqu'elle soit aussi froide) a reconnu aisément ce que je pensais pour vous, et de là sans être fort ingénieuse et désirant elle-même de vous revoir, elle a compris qu'elle m'obligerait en vous pressant de revenir. Elle me confia le projet qu'elle avait de vous en écrire; je l'approuvai, et je la priai de ne faire aucune mention particulière de moi. Elle m'envoya sa lettre ouverte, je la lus, et je ne crois pas, mon tuteur, que vous me soupçonniez de l'avoir dictée. Je m'exprime avec moins de tours et moins d'ornements; n'allez pas penser que je crois mieux écrire qu'elle; je suis souvent honteuse de mes lettres, surtout celles que j'écris étant triste. Je me trouve phrasière; c'est ce qui vous déplaît mortellement et vous avez raison. Toutes ces tendresses qui vous ont si fort choquées sont beaucoup moins tendres et infiniment moins passionnées que toutes celles de votre sainte à sa fille; mais le style de votre sainte est si divin, que tout est charmant dit par elle, et que les mêmes choses dites par un autre sont gauches, désagréables, malsonnantes, etc. Voilà une longue périphrase qui m'a écartée de Mme de Forcalquier. Votre mauvaise humeur contre moi vous empêche de lui répondre, cela n'est pas bien. Écrivez-lui un mot[29] et je vous promets à l'avenir de la détourner de vous écrire. Je n'y aurai pas de peine, car elle est très paresseuse. Je ne conçois rien à son caractère, il est certainement très bon, mais elle n'a attrapé qu'une étincelle du flambeau de Prométhée.

J'avais écrit à la Princesse sur le mariage du petit La Verre. Elle a confirmé par sa réponse tout ce qu'on m'avait dit qu'elle en pensait.

On m'apprit hier que Mme de Mirepoix avait gagné deux cents louis à Saint-Ouen. Je lui ai porté bonheur, mais je ne sais pas les événements de Chantilly. La nouvelle du mariage est publiée; il paraît qu'il n'y a qu'un avis.

On va s'établir incessamment à l'Isle-Adam; l'Altesse[30] y va demain, l'Idole[31] mardi, la belle-fille[32] mercredi.

Je crois Mme de Luxembourg revenue hier d'une campagne où elle a été huit jours; j'enverrai tantôt savoir de ses nouvelles. Je ne doute pas qu'elle n'aille incessamment rejoindre son Idole à l'Isle-

29. HW wrote to Mme de Forcalquier, 8 Sept. 1766.
30. Prince de Conti (HW).
31. Mme de Boufflers (HW).
32. Comtesse de la Marche (HW).

Adam; j'imagine qu'elle y sera presque tout l'automne. J'ai perdu de vue cette Idole; il y a près de quinze jours que je n'en ai entendu parler.

On me prêta hier le procès ou plutôt l'histoire des procédés de Jean-Jacques et de David Hume;[33] cela est ineffable. J'admire le talent que vous avez pour raconter; depuis que j'ai fait la lecture de ce long ouvrage votre extrait[34] me paraît sublime. Mais de quoi je suis enchantée c'est de votre lettre[35] à M. Hume; elle est noble, franche, délibérée, comme vous. Ah! mon tuteur, souffrez, souffrez que je vous aime, et ne vous impatientez pas de l'impatience que j'ai de vous revoir. Ce sera le 25 de ce mois que j'aurai une année de plus. Je ne m'affligerais point d'être vieille si j'étais sûre de vous revoir, mais j'ai, comme dit Rousseau, *une conviction intérieure*[36] qui me dit que je ne vous reverrai plus. Ne parlons pas de cela; ne parlons pas de cela; mais finissons par votre santé.

J'ai beaucoup questionné sur les eaux de Bath.[37] Sur tout ce qu'on me dit je juge qu'elles vous sont très convenables. Elles fortifient, elles donnent du ressort. Leur saison est le mois d'octobre et le mois de novembre. Allez-y donc, prenez bien soin de vous et ayez assez d'amitié pour moi pour prévenir mes inquiétudes; c'est-à-dire, prenez des mesures pour me donner de vos nouvelles aussi souvent qu'il sera possible.

Je réfléchis quelquefois comment il se peut faire qu'on s'intéresse autant à quelqu'un qu'on connaît depuis si peu de temps, et qui ne cesse jamais de dire qu'il ne vous aime point, qu'il ne vous aimera jamais. Une petite lettre datée de Chantilly,[38] qui est la seule que je crois et en qui je veux croire, a produit cet effet-là. J'ai bien peur que cela ne vérifie que *c'est la lettre qui tue.*[39]

Est-ce assez bavarder? Eh bien! je n'ai pas encore tout dit.

Je vous envoie le factum de M. de La Chalotais, quoique bien persuadée que vous ne vous en souciez point du tout.

33. *Exposé succinct de la contestation qui s'est élevée entre M. Hume et M. Rousseau, avec les pièces justificatives*, 1766 (BM Cat.). The translations in this booklet were by Suard, and d'Alembert contributed a 'déclaration . . . aux éditeurs.'

34. HW to D, *ante* 16 July 1766.

35. HW to Hume 26 July 1766.

36. 'La conviction intérieure admet un autre genre de preuves qui règlent les sen-

timents d'un honnête homme' (Rousseau to Hume 10 July 1766 in Jean-Jacques Rousseau, *Correspondance*, ed. Dufour, 1924–34, xv, 299).

37. HW went to Bath at the beginning of October 1766.

38. HW's affectionate letter to D after leaving Paris, 17 April 1766 (missing).

39. 'Car la lettre tue, et l'Esprit donne la vie' (II *Corinthiens* iii. 6).

Il n'y a rien ici de nouveau, je m'en suis bien informée.

M. Schuwalof[40] est, je crois, à Londres; il est parti sans me dire adieu. Il vous porte de la part de Mme de Jonzac un magnifique bas-relief.[41]

Je vous envoie par M. Keene un petit tableau de la même magnificence; persuadez-vous que c'est mon portrait à l'âge de trente ans;[42] c'est le Chevalier de Redmond qui m'a apporté ce joli bijou. Toutes vos amies l'ont chargé de chercher toutes les antiquailles qui peuvent décorer votre antique manoir. Ces emplettes sont d'un prix excessif; devinez par exemple ce que m'a coûté ce petit portrait: trente-six sols. Sans l'occasion de M. Keene, vous auriez esquivé cette mauvaise plaisanterie.[42a]

Il faut que je vous dise une chanson que j'appris l'autre jour et que je trouve très jolie. Elle est de Favart,[43] qui la fit chez une Mme Olivier[44] chez qui il dînait. Elle est sur le même air que j'ai fait la mienne: *Il faut quand on s'aime une fois.*

> Tous les dieux ont leurs attributs;
>   L'Aurore a la lumière;
> Les colombes sont pour Vénus,
>   Bacchus a le lierre;
> Neptune créa le coursier,
>   Symbole de la guerre,
> Mais Minerve fit l'*olivier,*
>   Et chacun le préfère.

Voici un autre couplet que M. de Thiard a fait pour Mme de Mirepoix à Villers-Cotterêts. Une très jolie femme, nommée Mme de Séran,[45] était habillée en bouquetière, et présentait des bouquets à tout le monde, et quand elle en fut à Mme de Mirepoix elle chanta:

> La saison des roses se passe;
> Hélas! que vais-je devenir!

---

40. Favori de la Czarine Élizabeth (HW).

41. Not identified.

42. This may perhaps be the 'snuff-box with a portrait of Madame du Deffand on the top,' sold SH xxiii. 29.

42a. This sentence was omitted by T.

43. Charles-Simon Favart (1710–92), dramatist.

44. Not identified.

45. Marie-Marguerite-Adélaïde de Bullioud (d. 1793), m. Louis-François, Comte de Séran. She was a former mistress of Louis XV. See Woelmont de Brumagne i. 761; Jean-François Marmontel, *Mémoires,* 1891, ii. 297–306; Charles-Claude Flahaut, Comte de la Billarderie d'Angiviller, *Mémoires,* Copenhagen, 1933, pp. 37, 185.

> Madame, apprenez-moi de grâce
> Le moyen de les retenir.
> Vous à qui la nature donne
> Le talent
> D'offrir à nos yeux dans l'automne
> Le printemps.[46]

Mme d'Aiguillon est chez Mme d'Egmont pour quinze jours ou trois semaines.

Le mariage de M. de Chabrillan avec sa petite-fille[47] se fera le mois prochain.

Le Président ne va point trop mal. Il voulait me charger de vous envoyer l'extrait d'une lettre de la Reine qui ne devait vous rien faire du tout, et puis il me dit qu'il vous l'avait envoyé lui-même.[48] Ce sont de petites glorioles qu'il lui faut pardonner. La nièce d'Aubeterre n'est point encore de retour. Je l'attends sans impatience; j'aime bien mieux passer mes soirées à la cour de Charlemagne[49] qu'à celle du Roi Guillemot; vous vous souvenez de cette comparaison?[50] Adieu, mon tuteur, avouez que j'abuse de la permission.

Je me flatte que vous recevrez cette lettre; mais comme je ne sais pas bien quand elle vous parviendra, vous aurez encore un mot de moi aujourd'hui qui partira demain par la poste.

To MADAME DU DEFFAND, Friday
5 September 1766, N° 21

Missing. According to D, *post* 21 Sept. 1766, it was started at Strawberry Hill on 4 Sept. and finished at London the next day; HW complained of illness in it. Answered, 11 Sept.

---

46. A different version of this song is in D's bequest to HW.

'Le temps des roses se passe
Hélas, que vais-je devenir!
Madame, enseignez-moi de grâce
Le moyen de les retenir
Vous à qui la nature donne
Le talent
De nous faire voir en automne
Le printemps.

47. Innocente-Aglaé Vignerot du Plessis-Richelieu d'Aiguillon (1747–76), dau. of

the Duc d'Aiguillon, m. (16 Nov. 1766) Joseph-Dominique Guigues de Moreton, Marquis de Chabrillan (*Rép. de la Gazette*). HW had met them both in Paris (*Paris Jour.*).

48. This letter is missing, but was no doubt inspired by HW's pious expressions of interest in the Queen in his letter to Hénault of 17 Aug. 1766.

49. At Mme de Jonzac's.

50. See *ante* 23 April 1766.

From Madame du Deffand, Sunday 7 September 1766

In Colmant's hand, excepting the last paragraph, which is in Wiart's.

Address: To Monsieur Monsieur Horace Walpole in Arlington Street near St James's, London Angleterre.

Postmark: SE 12.

N° 29. Ce dimanche 7ᵉ sept., à trois heures
après midi, [1766].[1]

POSTE brûlée, changement de secrétaire, changement de papier; tout cela n'est-il pas bien singulier? Cela n'annonce-t-il pas une conversion ou bien une apostasie? L'une ou l'autre vous serait égale, pourvu que l'effet fût de même. Vous ne vous embarrassiez pas de la cause, ou de l'intention. Ne vous réjouissez point, ne vous applaudissez pas; le Colonel Keene part demain, à ce que j'espère. Il vous rendra un petit billet de ma part, qui vous expliquera tout ceci. Si par hasard le Colonel ne partait pas, j'aurais recours à Milady George pour vous faire rendre le paquet dont il m'a promis de se charger. Je serais fâchée qu'il fût perdu, et si vous êtes quelque temps à le recevoir, informez-vous, je vous prie, si le Colonel sera arrivé et envoyez le lui demander.

Wiart dans ce moment-ci est occupé à copier le factum de M. Hume et de Jean-Jacques.

Donnez-moi des nouvelles de votre santé; je ne cesse d'y penser. Adieu, je ne me porte pas trop bien, mais cela ne me fait rien.

Profitez de l'exemple que je vous donne, servez-vous de tout papier indifféremment, ne vous assujettissez point à la règle des huit jours. Suivez l'exemple de vos auteurs dramatiques qui bravent fièrement celle des vingt-quatre heures. Il faut que tout se ressente du terroir, et comme vous l'avez écrit au Président[2] il faut toujours suivre la nature. Un loup parle et agit en loup, il dévore l'agneau; l'agneau parle en petit agneau et il est dévoré. L'Anglais ne doit s'assujettir en rien, il doit faire faire la loi. Nous autres Français nous sommes faits pour nous soumettre sans nous plaindre; sur ce je vous dis adieu.

Ne perdez pas le mémoire de M. de La Chalotais, il faudra me le renvoyer par la première occasion, ou bien si vous l'aimez mieux, le rapporter vous-même; il n'est point à moi.

1. The date of the year was added by HW.

2. HW to Hénault 8 Sept. 1766 (missing).

Je viens de lire *Le Philosophe ignorant* de Voltaire; c'est peu de chose, il ne vous plairait pas.

À 7 heures du soir.

Je viens d'envoyer chez M. Keene, et j'apprends qu'il est parti aujourd'hui à 9 heures du matin. Rien de plus malhonnête que son procédé. Je vais envoyer mon paquet à Compiègne pour que la grand'maman le fasse contresigner. Vous ne le recevrez vraisemblablement que le 14 ou le 15, et peut-être plus tard; cela m'impatiente.

From Madame du Deffand, Thursday 11 September 1766

N° 30. Paris, ce jeudi 11 septembre 1766.

VOTRE lettre,[1] qui devait m'être rendue mardi, ne me l'a été qu'aujourd'hui. Elle confirme et augmente toutes mes inquiétudes; je vous ai dit dans mes dernières lettres quelles étaient mes alarmes, et comme vous haïssez les répétitions, je m'en tiendrai à vous répéter seulement que je consens à toutes privations quelconques, de vous revoir, de ne point recevoir de vos lettres, mais qu'il faut que j'aie de vos nouvelles, non seulement une fois la semaine mais deux fois par la poste, et puis par toutes les occasions qui se présenteront; quatre lignes suffiront, en anglais ou en français, à votre volonté, mais il faut que j'aie de vos nouvelles. C'est une complaisance que vous ne pouvez me refuser et qui m'est absolument nécessaire. Si je suis vive, ce n'est pas ma faute, ainsi l'a ordonné la nature. Je ne veux cependant pas que ma vivacité vous soit à charge, et quoique nos caractères aient de la conformité à beaucoup d'égards, je conviens que vous êtes beaucoup plus calme que moi. . . .[2]

On vient de me dire que Jean-Jacques a écrit ces jours-ci un volume à l'Idole,[3] où il vomit toutes sortes d'injures et d'abominations contre le Paysan. Je ne verrai rien de tout cela, car je ne suis pas en faveur; je ne sais si la Maréchale de Luxembourg m'en parlera; j'évite de lui en parler. Je vous déclare que je ne lui livrerai votre pot et votre jatte qu'autant que je jugerai qu'ils seront bien reçus;

1. HW to D 5 Sept. 1766 (missing).
2. A piece of MS has been cut out here.
3. Probably Rousseau to Mme de Bouf- flers 30 Aug. 1766 (Jean-Jacques Rousseau, *Correspondance*, ed. Dufour, 1924–34, xvi. 38).

vous n'avez que faire de brûler des chandelles au diable. Cette Maréchale et l'Idole sont toujours fanatiques du Dromadaire,[4] et quoique
l'Idole ait parlé différemment à M. de Guerchy, elle a voulu le tromper, parce qu'elle ne veut pas perdre de sa célébrité en Angleterre, ni
que le Paysan diminue rien du culte qu'elle en a reçu. Tout cela ne
vaut rien, mon tuteur, et en vérité excepté vous je ne saurais où
placer de l'estime et de l'amitié.

Je ne vous dirai plus qu'un mot de Quinault;[5] rien n'est moins
romanesque, ni entortillé, ni sophistiqué. Je parie que vous ne l'avez
jamais lu. Qu'est-ce que c'est que les lettres du Docteur Swift en trois
volumes,[6] cela vaut-il la peine d'être traduit? C'est Mme Greville qui
m'en a parlé, mais je ne m'en rapporte pas à elle. C'est un demi bel
esprit, à qui je fais pourtant beaucoup de politesses parce qu'elle est
votre compatriote.

M. de Guerchy vint passer la soirée dimanche dernier chez moi
. . .[7] Je n'ai pas le vol de mes compatriotes; excepté MM. de Beauvau, de Broglie, et Pont-de-Veyle; je ne plais à personne, mais je ne
m'en soucie guère. Si jamais je vous revois, je me tiendrai bien dé-
dommagée. Adieu, mon intention est que cette lettre n'ait que quatre
pages, et j'ai encore trois jours devant moi avant qu'elle parte.

Ce dimanche.

Vous voyez que je n'ai point fait usage du vendredi ni du samedi.
Vendredi j'eus des visites, et entre autres Mme de Guerchy, chez qui
j'avais été le lundi, et qui ne tarda pas, comme vous voyez, à répondre
à mes prévenances. Je pense d'elle tout le bien que vous m'en avez
écrit, et ce qui est pour moi le plus grand des mérites, elle vous aime
beaucoup. Hier je fus à la comédie avec la Maréchale de Luxembourg. Je soupai chez le Président, qui s'affaiblit tous les jours. C'est
une perspective bien triste, et qui, jointe à d'autres inquiétudes, me
rend la vie odieuse. Je n'ose plus vous parler de tout ce qui m'affecte;
comment est-il possible qu'il y ait du ridicule, ou même l'apparence,
dans ce que je dis, dans ce que je pense? Comment pouvez-vous
craindre de partager ce qui n'existe pas? qu'est-ce qui peut vous don-

---

4. M. Hume (HW). HW forgot that he
had referred to Rousseau as the 'dromadaire' in his letter to D, *ante* 16 July 1766.

5. See *ante* 27 Aug. 1766.

6. A three-volume edition of *Letters*

written by the late Jonathan Swift was
published, London, 1766, by T. Davies (BM
Cat.).

7. Verso of the deleted piece.

ner une telle idée, une telle pensée? qu'est ce que c'est donc que l'amitié? Je pensais qu'on n'en devait pas rougir; enfin je n'y entends plus rien. Il n'y a donc que l'indifférence qui soit honnête? Tenons-nous-y donc, mais trouvez bon que je désire et que j'exige des nouvelles de votre santé; par delà cela je ne vous demande rien.

Vos commissions seront faites exactement, et si la Maréchale, comme je vous l'ai dit, n'est pas dans la disposition de recevoir votre présent, comme je crois qu'il doit l'être, je ne le lui donnerai pas, et vous en ferez une autre disposition.

Permettez que je parle de votre santé; il me paraît que les remèdes chauds et le vin ne vous ont pas réussi. Je prévoyais que cela devait être. On prétend les eaux de Bath souveraines pour la goutte; il faut donc y aller, et ne pas différer. Sont-elles bien loin de Londres? Je me fie entièrement à vous sur votre attention à me donner de vos nouvelles. Je ne connais aucun de vos domestiques que je puisse prier de s'en charger.

Vous ne savez pas quelle idée me passe par la tête? Je voudrais envoyer Wiart auprès de vous! Vous voilà tout effrayé; ce serait les vingt-quatre tomes des *Amadis, Cléopâtre, Cassandre,* etc., etc.[8] Eh! mon Dieu! non; ce serait une amie véritable qui soulagerait son inquiétude, et rien de plus, certainement.

Vous croyez qu'on se moque de moi quand on me parle de vous; vous vous trompez. Premièrement on ne me parle point de vous, et je ne donne aucune occasion de se moquer de moi par rapport à vous. Cette maudite lettre de Mme de Sévigné vous a troublé la tête; il n'y a eu de bruit à cette occasion que celui que vous avez fait; il n'en a pas été question ici; enfin je ne suis point pour vous un sujet ridicule de scandale.

Adieu, je suis triste et même de mauvaise humeur, et bien plus que tout cela, excessivement inquiète de votre santé.

Je crains bien que ma lettre qui vous sera rendue par M. Durand[9] ne vous accable d'ennui.

8. *Amadis de Gaule* was a fifteenth-century prose romance; *Cassandre* and *Cléopâtre* were by La Calprenède (see *ante* 20 May 1766).

9. François-Marie Durand de Distroff (1714–78), former ambassador to Poland, chargé d'affaires at the French embassy in London, and afterwards French ambassador to Austria, and Russia. See *La Grande encyclopédie;* Stanislas Poniatowski, *Mémoires,* St. Petersburg, 1914–24, i. 218, 341, ii. 8, 29, 278, 289; Lady Mary Coke, *Letters and Journals,* Edinburgh, 1889–96, iii. 363; *Recueil des instructions données aux ambassadeurs de France,* Pologne, ed. Louis Farges, 1888, ii. 153–188, Autriche, ed. Albert Sorel, 1884, pp. 439–446, Russie, ed. Alfred Rambaud, 1890, ii. 283–306.

TO MADAME DU DEFFAND, Tuesday
16 September 1766, N° 22

Missing. Answered, 21 Sept.

TO MADAME DU DEFFAND, Friday
19 September 1766, N° 23

Missing. Probably written from Arlington Street. Answered, 24 Sept.

From MADAME DU DEFFAND, Sunday 21 September 1766

N° 30. Paris, ce 21 septembre 1766.

JE vois que mes inquiétudes n'étaient que trop bien fondées. Je ne vous croyais cependant pas si malade que vous l'avez été; vos médecins sont pires que les nôtres. Vous avez été empoisonné, mon tuteur, j'en suis sûre; les drogues chaudes qu'ils vous ont fait prendre, le vin qu'ils vous avaient ordonné contre toute raison et tout bon sens, tout cela était fait pour vous tuer. Vous aurez vu par mes lettres combien j'y étais contraire. Mais quel jour avez-vous donc été si mal? La dernière lettre que vous m'aviez écrite était du 5, vous vous plaigniez de quelques douleurs, de lassitude, de faiblesse; vous étiez à Strawberry Hill, et vous finîtes votre lettre de lendemain 5 à Londres. Depuis ce temps-là vous avez écrit à Mmes d'Aiguillon, de Forcalquier, et au Président le 8.ᵃ Vous leur mandez que vous avez été malade, mais que vous vous portez beaucoup mieux. La lettre que je reçois aujourd'hui est du 16, et vous avez été à la mort. Comment voulez-vous que je ne sois pas horriblement inquiète et surtout vous sachant dans une aussi prodigieuse faiblesse. Je vous demande en grâce de me donner de vos nouvelles tous les ordinaires, de me faire écrire par qui vous voudrez, en quelle langue vous voudrez; cela m'est égal. Je fais apprendre l'anglais à Wiart, son maître viendra de deux jours l'un ou tous les jours si je veux; vous voyez bien que cela doit vous mettre à votre aise. De plus je me contenterai de quatre lignes, c'est-à-dire des détails de votre état; je vous quitte de tout le reste et même je vous prie de vous interdire tout ce qui pourrait vous fatiguer. Vous croyez votre pupille une folle, et vous vous trompez bien.

a. The letter to Mme de Forcalquier alone survives.

Mme de Beauvau a reçu vos salières; je me suis chargée de vous faire tous ses remercîments, et je l'ai empêchée de vous écrire pour vous éviter la fatigue d'une réponse. J'ai conseillé aussi à Mme de Forcalquier de ne pas répondre à votre dernière lettre, et je vous conseille d'en user de même avec le Président. Je lui dirai que vous n'êtes point en état d'écrire; ne vous occupez-vous que de votre santé. Je suis fâchée de vous voir si détaché de la vie, il me semble qu'il n'y ait qu'à moi que cela convienne. J'aurais voulu que vous m'eussiez marqué le jour que vous partiez pour Bath; je recevrai vraisemblablement vos lettres un ou deux jours de plus ancienne date, mais si vous avez de l'amitié pour moi j'en recevrai deux fois la semaine, c'est une complaisance que vous me devez et qu'il serait malhonnête à vous de me refuser, ayant la facilité de me faire écrire en anglais par qui vous voudrez.

Je voudrais savoir si le paquet[1] dont M. de Guerchy s'était chargé et qui a dû être mis à la poste le lundi 8 vous a été rendu; vous auriez dû l'avoir reçu quand vous m'avez écrit. Je ne serais pas bien aise qu'il fût perdu; ce qui me fait craindre que cela ne soit, c'est que vous avez reçu une petite lettre que je fis mettre à la poste le même jour. Je crains que toute cette discussion ne vous fasse du tintamarre dans la tête. Ne vous donnez pas la peine de chercher à y rien comprendre. Faites demander seulement à M. Durand s'il n'a pas reçu un paquet pour vous.[2] Je ne saurais me résoudre à vous entretenir de choses indifférentes et qui ne feraient que vous ennuyer. Je vous dirai pourtant que la cour revient de Compiègne le 27; que le mariage du petit La Verre avec Mlle de Monconseil se fera le 6 d'octobre; que Madame la Comtesse de Toulouse vit toujours; que je ne vois plus Mme de Forcalquier parce qu'elle veut se coucher de bonne heure; que le Président se porte assez bien, mais que sa tête s'affaiblit extrêmement.

Je dirai à Mme de Jonzac ce que vous me dites sur son présent.

Je n'ai point encore reçu vos ballots; quand Wiart saura un peu d'anglais nous traduirons vos *Pièces fugitives*.[3] Vous n'aurez pas eu l'attention, j'en suis sûre, de marquer celles qui sont de vous.[4] J'en

---

1. Probably *ante* 4 Sept. 1766.
2. *Ante* 11 Sept. 1766.
3. HW's *Fugitive Pieces in Prose and Verse,* printed at Strawberry Hill, 1758. This contains HW's contributions to *The World,* which D wished to read.

4. HW wrote all of *Fugitive Pieces.* D is confused by knowing that *The World* was a newspaper to which many contributed and by Wiart's not having enough English to understand that *Fugitive Pieces* contained HW's contributions to it.

reconnaîtrai deux, je ne réponds pas des six autres, car n'y en a-t-il pas huit?

L'on nous annonce l'arrivée prochaine de M. Selwyn; Mme d'Aiguillon me dit hier que vous lui mandiez qu'il devait être ici dans huit jours, et il y en a douze que votre lettre est écrite. Vous lui mandez aussi que le Paysan va en Écosse, et vous lui dites que l'état présent de vos affaires politiques est bien peu solide; cela m'intéresse, comme vous le croyez bien, mais infiniment moins que votre santé. Au nom de Dieu, mon cher tuteur, ayez grand soin de vous, et donnez à votre pupille des nouvelles de votre santé tout le plus souvent qu'il vous sera possible. Je ne me porte point bien, je digère on ne peut pas plus mal et je ne dors point; l'inquiétude y peut contribuer. Adieu, mon tuteur, ne soyez jamais indifférent pour votre pupille; elle ne peut pas vous faire aimer la vie, mais songez quel malheur ce serait dans la sienne si elle avait à vous regretter.

To Madame du Deffand, Monday
22 September 1766, N° 24

Missing. Written at Strawberry Hill. In *Paris Journals* it is marked X and labelled 'long letter'; the date is there given as 23 Sept., probably the day it was sent, but *post* 30 Sept. 1766 speaks of it as 'celle du 22.' Answered, 28 Sept.

From Madame du Deffand, Wednesday
24 September 1766

N° 31. Paris, ce 24 septembre 1766.

J'AVAIS résolu de ne vous point écrire; non pas que vous soyez mal avec moi, tout au contraire; mais par la crainte que ce ne soit une fatigue, dans l'état de faiblesse où vous êtes, de recevoir des lettres: vous aurez tout au plus celle de la lire, car je prétends bien non seulement vous dispenser d'y répondre, mais je vous demande en grâce de n'y point penser. Je vous crois très malade, et le récit que vous m'avez fait de votre état me donne beaucoup d'inquiétude, et à tel point que vous ne pouvez pas, sans manquer à l'amitié, ne me pas donner de vos nouvelles deux fois la semaine, comme je vous en ai prié dans ma dernière lettre. Je ne veux pas un seul mot de votre main, mais je vous aurai une vraie obligation de dicter en anglais un bulletin[1] très circonstancié et très véridique de votre situation du moment. Je crois vous avoir mandé que Wiart apprenait l'anglais; j'ai eu la précaution de fixer l'heure de ses leçons à celle où le facteur apporte les lettres, pour que celles que je recevrai de vous en anglais puissent être traduites sur-le-champ. Consentez donc, mon tuteur, à m'envoyer régulièrement des bulletins deux fois la semaine: je ne doute pas que la poste de Bath à Londres ne soit régulière; M. de Guerchy me l'a assuré. Si vous restez aux eaux tout le mois de novembre, lui et sa femme vous iront rendre visite. Je voudrais bien être de la partie. Mais savez-vous ce que je désirerais? ce serait d'être un vieillard à la place d'une vieille; j'irais, je vous jure, à Bath pour vous tenir compagnie et vous soigner: je suis très persuadée, et même je n'en puis douter, que vous ne méritez pas tout ce que je pense pour vous; mais qu'y faire? Ce n'est ni votre faute ni la mienne; nous devons mutuellement, moi, vous épargner les reproches, et vous, m'épargner les réprimandes.

Le hasard m'a fait tomber ces jours-ci en lisant mon *Journal encyclopédique* (dont je vous ai ennuyé souvent en vous en faisant l'éloge)[1a] beaucoup d'articles qui avaient rapport à vous; d'abord l'analyse et l'extrait de votre *Histoire des peintres*,[2] et puis une lettre de monsieur votre père,[3] et tout à l'heure un fort long extrait d'un livre d'un médecin sur la goutte;[4] ce médecin s'appelle Coste;[5] son livre est imprimé à Berlin; vous devriez le faire chercher, ou du moins la feuille du *Journal encyclopédique* qui en parle; c'est en 1762, dans la première partie du mois d'octobre. Il dit d'abord que la goutte est une des maladies les plus graves, qu'elle se termine souvent

1. Corrected by HW from Wiart's 'bultin.'

1a. See *ante* 27 Aug. 1766.

2. HW's *Anecdotes of Painting in England,* printed at Strawberry Hill. Two volumes were published in 1762, a third in 1763, and a fourth in 1771. A review of the first two volumes is in the *Journal encyclopédique,* 15 June 1762, p. 82.

3. 'An Original Letter . . . de Milord Walpole à un de ses amis en Hollande, 29 mai 1745' (ibid. 128), written by HW's uncle.

4. *Traité pratique sur la goutte et sur les moyens de guérir cette maladie,* reviewed, ibid. 1 Oct. 1762, p. 30. The first edition was at Amsterdam, 1757, the third at Paris, 1768 (BM Cat., Bibl. Nat. Cat.).

5. Dr Coste, jr, surgeon of the guards to Frederick the Great (Bibl. Nat. Cat.). The book is incorrectly ascribed to Dr Jean-François Coste (1741–1819) by BM Cat. and by Dr John E. Lane, 'Jean-François Coste,' in *Americana,* no. i, vol. xxii, Jan. 1928, p. 25.

par les maladies les plus affreuses;[6] il n'est point de l'avis qu'elle préserve d'autres maux; selon lui il ne faut pas négliger d'en guérir. Il indique la manière de la traiter, et puis il prescrit un régime qui me paraît très raisonnable, que je proposerais bien de vous faire observer, si je devais jamais vous revoir, mais c'est à quoi je ne pense plus, cela est au rang des choses impossibles et sur lesquelles il faut que je prenne mon parti, comme je l'ai pris sur la perte de la lumière.

J'espère que cette lettre-ci vous trouvera à Bath;[7] je comptais, je vous l'avoue, que je recevrais aujourd'hui la nouvelle de votre départ, mais mon tuteur n'est pas, comme de raison, aussi occupé de sa pupille, que cette pupille l'est de son tuteur. Hélas! hélas! peut-être dans l'instant que je vous écris, peut-être au moment où vous recevrez cette lettre, vous souffrirez de grandes douleurs, vous serez dangereusement malade. J'ai ce point fixe dans la tête, il m'est de toute impossibilité de penser à autre chose. J'ai peur que vos médecins ne soient détestables; je les crois pires que les nôtres: les uns et les autres peuvent être des empoisonneurs, mais leurs poisons sont différents; les nôtres sont lents, et les vôtres prompts et violents. Donner à un homme comme vous, aussi faible, aussi maigre, pour le guérir de la goutte, des drogues chaudes, et le mettre à l'usage du vin, cela me paraît comme un coup de pistolet dans la tête pour guérir de la migraine. J'attends beaucoup des eaux de Bath; mais je ne ferai pas une goutte de bon sang que je n'aie reçu un bulletin en anglais tel que je vous le demande. Ajoutez à ce bulletin un aveu franc et délibéré de l'effet que vous font mes lettres, si elles vous ennuient, si elles vous fatiguent; rien ne peut me déplaire, rien ne peut me fâcher, que votre mauvaise santé. Adieu: vous ne vous souciez guère de nos nouvelles, ni moi non plus, en vérité.

Je ne vois plus du tout Mme de Forcalquier, et si je n'envoyais pas chez elle, je n'en entendrais jamais parler; c'est un sauvageon qui n'a point été ou qui a été bien mal greffé; ce serait pourtant la seule personne aujourd'hui que j'aurais quelque plaisir à voir.

---

6. 'Sa fureur augmente à mesure qu'elle vieillit; elle prend cent formes différentes pour désoler le malade, elle ruine ses organes, et finit ordinairement par des assauts si terribles qu'il n'est plus possible de lui resister' (*Journal encyclopédique*, 1 Oct. 1762, p. 34).

7. HW reached Bath on 1 Oct. (see HW to Conway 2 Oct. 1766).

From WIART, Wednesday 24 September 1766

This note was sent with the foregoing letter.

Address: To Monsieur Monsieur Horace Walpole in Arlington Street near St James's London Angleterre.

Postmark: SE 29.

Paris, ce mercredi 24 septembre 1766.

MONSIEUR,—J'ose vous supplier très humblement de vouloir bien ordonner à un de vos gens de mettre à la poste deux fois la semaine le bulletin de l'état de votre santé; je ne puis vous dire à quel point madame en est inquiète. Je prends la liberté de vous mander ceci à son insu, parce que je sais qu'elle est dans la résolution de ne vous point écrire pour ne vous pas mettre dans le cas de lui faire réponse, ce qui vous fatiguerait beaucoup dans l'état de faiblesse où vous êtes; mais, monsieur, je vous demande en grâce de faire mettre un petit bulletin en anglais deux fois la semaine. J'ai actuellement un maître d'anglais qui vient me donner des leçons tous les jours, et qui traduira ce que vous aurez la bonté de faire mander: ne vous donnez point la peine, monsieur, d'écrire vous-même.

Je ne puis vous exprimer l'inquiétude où est madame de votre état: elle me dit à tout moment qu'il faudrait que je partisse pour l'Angleterre; que je pourrais peut-être vous être de quelque utilité, et qu'à elle je lui serais d'une grande ressource. Je me trouverais très heureux, monsieur, si je pouvais espérer de vous être bon à quelque chose; je ne tarderais pas un moment à partir: je puis vous assurer que cela est très vrai et très sincère.

Je puis vous répondre, monsieur, que s'il existe de véritables amis, vous pouvez vous vanter que vous avez trouvé une amie en madame comme il y a bien peu d'exemples. Tirez-la d'inquiétude tout le plus souvent qu'il sera possible: si vous voyiez comme moi l'état où elle est, elle vous ferait pitié; cela l'empêche de dormir et l'échauffe beaucoup.

Je porte une très grande application à la langue anglaise, pour être en état de traduire vos lettres, mais je prévois que ce ne pourra être que dans quatre ou cinq mois: mais, monsieur, je le répète, ne vous donnez point la peine d'écrire vous-même; un de vos gens écrira le bulletin en anglais, et mon maître, qui est tous les jours ici à l'heure que le facteur apporte les lettres, le traduira sur-le-champ.

Je vous demande mille pardons, monsieur, de la liberté que je prends; mais j'ai cru qu'il était de mon devoir de vous informer de l'inquiétude où est madame de votre santé; cela me donne occasion, monsieur, de vous remercier des bontés que vous daignez avoir pour moi. Je vous supplie d'être persuadé de mon attachement, et de mon respect.

Wiart

To Madame du Deffand, Friday 26 September 1766, N° 25

Missing. Probably written from Arlington Street. Answered, 1 Oct.

From Madame du Deffand, Sunday 28 September 1766

Address: To Monsieur Monsieur Horace Walpole in Arlington Street near St James's London Angleterre.
Postmark: OC 3.

N° 32. Paris, ce dimanche 28 septembre 1766.

IL y a tant de honte à être tourné en ridicule qu'on en est tout abruti. Je ne trouve pas un mot à vous dire, je suis terrassée, écrasée. Ce sera bien pis encore quand vous aurez reçu la lettre de Wiart; pourvu qu'elle ne vous donne point la fièvre je souffrirai patiemment toutes les avanies qu'elle m'attirera. Je les attends et je répondrai à cette lettre-ci[1] quand j'aurai reçu celle qui la suivra; tout ce que je puis vous dire aujourd'hui c'est que personne au monde n'écrit mieux que vous, et qu'il ne paraît pas que vous ayez de la peine à écrire en français. Oh! vous parlez très bon français dans le sens que nous donnons à cette expression, et dans celle où cela veut dire que vous écrivez bien.

J'ai reçu une lettre de Voltaire[2] en même temps que la vôtre; la vôtre vaut mieux, mais c'est absolument le même style.

1. HW to D 22 Sept. 1766 (missing). 2. Voltaire to D 24 Sept. 1766 (Voltaire, *Œuvres* xliv. 443).

Je ne me console point de vous avoir donné la fièvre; j'ai grand'-peur que mon volume de seize pages et que cette maudite lettre de Wiart ne vous donnent un nouvel accès. Ah! je suis bien convaincue que je vous suis fort à charge, mais ce qui est fait est fait, ce qui est écrit est écrit; il faut changer de ton à l'avenir, oublier le passé, abandonner le soin de se justifier, et comme dit Voltaire,

> La paix, enfin la paix, que l'on trouve et qu'on aime,
> Est encore préférable à la vérité même.[3]

J'ai été, si vous le voulez, une héroïne de Scudéry, j'ai eu la tête tournée, eh bien, je vais tâcher de la redresser.

En effet, vous avez toute raison d'avoir l'amitié en horreur, je pense bien de même, je vous assure; je l'abjure du meilleur de mon cœur.

J'ai donné votre pot à Mme de Luxembourg; elle l'a trouvé admirable; elle voulait vous écrire, je l'en ai détournée et je me suis chargée de ses remercîments; ai-je bien fait?

Vos pots à crême sont chez Mme d'Egmont.[4]

Adieu, Monsieur, ou bien mon tuteur, tout comme vous voudrez.

Si jamais vous revenez à Paris, ne craignez point mes importunités, je ne vous donnerai pas le ridicule d'être recherché et poursuivi d'un personnage tel que moi.

To MADAME DU DEFFAND, Sunday
28 September 1766, N° 26

Missing. Apparently written from Arlington Street. Answered, 5 Oct.

---

3. La paix enfin, la paix, que l'on trou-
ble et qu'on aime,
Est d'un prix aussi grand que la vérité
même.
(*Poème sur la loi naturelle*,
Part IV, 104–5, ibid. ix. 460)

4. HW had given Mme d'Egmont a 'cu-cumber-cutter and 4 earthen milk-pots' (*ante* 21 June 1766 n. 13).

From Madame du Deffand, Tuesday
30 September 1766

Dated 1766 by HW. D says below that she wrote the first part of the letter herself, but, to spare HW, she had Wiart copy it.

N° 33. Ce mardi, 30 septembre [1766]*ᵃ* à 4 heures du matin, écrite de ma propre main avant la lettre que j'attends par le courrier d'aujourd'hui.

NON, non, vous ne m'abandonnerez point; si j'avais fait des fautes, vous me les pardonneriez, et je n'en ai fait aucune, si ce n'est en pensée; car pour en parole ou en action, je vous défie de m'en reprocher aucune. Vous m'avez écrit,¹ me direz-vous, des *Lettres portugaises,* des élégies de Mme de la Suze; je vous avais interdit l'amitié, et vous osez en avoir, vous osez me l'avouer: je suis malade et voilà que la tête vous tourne; vous poussez l'extravagance jusqu'à désirer d'avoir de mes nouvelles deux fois la semaine; il est vrai que vous vous contenteriez que ce fussent de simples bulletins en anglais, et avant que d'avoir reçu ma réponse sur cette demande, vous avez le front, la hardiesse et l'indécence de songer à envoyer Wiart à Londres pour être votre résident. Miséricorde! que serais-je devenu? j'aurais été un héros de roman, un personnage de comédie, et quelle en serait l'héroïne?—Avez-vous tout dit, mon tuteur? Écoutez-moi à mon tour.

Si comme vous le dites, on se moque de nous, ou même si on y pense, ne vous en prenez qu'à vous; c'est le bruit que vous avez fait de cette maudite lettre de Sévigné qui a fait penser à nous; elle a pu éveiller l'envie de vos compatriotes quand on l'a crue de Mme de Choiseul. Quand on a su qu'elle n'était que de moi, vos ennemis ont triomphé, ils auront exagéré ma passion pour vous, et auront fait toutes les plaisanteries qui pouvaient jeter les plus grands ridicules sur votre méprise; j'ai donc en effet et quoique très innocemment été l'occasion d'un petit chagrin. Ici cette lettre aurait été ignorée sans Milord Holdernesse, qui en a apporté la nouvelle avant que vous eussiez écrit; personne n'a fait ici la plus légère critique; mais je soupçonne cependant Madame la Duchesse d'Aiguillon² d'en avoir fait des plaisanteries à Milady Hervey.³ Il y a longtemps qu'elle a été

---

a. Date of year added by HW.
1. See *ante* 20 June 1766.

2. Expanded by HW from Wiart's 'D.'
3. Expanded by HW from Wiart's 'H.'

jalouse de moi: pour la première fois c'était alors pour Mme de Flamarens,[4] aujourd'hui c'est pour vous. Je puis me tromper, mais vous pouvez juger de ce qui en est en faisant attention au discours de la Milady.

J'ai voulu vous envoyer Wiart; ce projet n'était qu'une idée nullement extraordinaire dans les circonstances où je l'aurais exécuté; j'aurais eu la même pensée pour feu mon pauvre ami Formont, s'il avait été bien malade à Rouen, et qu'il n'eût eu personne pour me donner de ses nouvelles; voilà votre plus grand grief. Ah! un autre qui selon moi est bien pis, c'est l'ennui de mes lettres; vous y trouvez la fadeur, l'entortillé de tous nos plus fastidieux romans; peut-être avez-vous raison, et c'est sur cela que je m'avoue coupable. Je peux parler de l'amitié trop longtemps, trop souvent, trop longuement; mais, mon tuteur, c'est que je suis un pauvre génie; ma tête ne contient point plusieurs idées, une seule la remplit. Je trouve que j'écris fort mal, et quand on me dit le contraire, qu'on me veut louer, je dirais à ces gens-là: 'Vous ne vous y connaissez pas, vous n'avez point lu les lettres de Sévigné, de Voltaire et de mon tuteur.' Par exemple, celle du 22, où vous me traitez avec une férocité sarmate, est écrite à ravir.—Mais venons à nos affaires; voilà le procès rapporté: soyez juge et partie, et je vous promets d'exécuter votre sentence: prescrivez-moi exactement la conduite que je vous voulez que je tienne; vous ne pouvez rien sur mes pensées, parce qu'elles ne dépendent pas de moi, mais pour tout le reste vous en serez absolument le maître.

J'intercède votre sainte, je la prie d'apaiser votre colère; elle vous dira qu'elle a eu des sentiments aussi criminels que moi; qu'elle n'en était pas moins honnête personne; elle vous rendra votre bon sens, et vous fera voir clair comme le jour qu'une femme de soixante-dix ans, quand elle n'a donné aucune marque de folie ni de démence, n'est point soupçonnable de sentiments ridicules, et n'est point indigne qu'on ait de l'estime et de l'amitié pour elle. Mais finissons, mon cher tuteur, oublions le passé; ne parlons plus que de balivernes, laissons à

---

4. Anne-Agnès de Beauvau (1699–1743), m. (1717) Agésilas-Gaston de Grossolles, Marquis de Flamarens (*Rép. de la Gazette*). See Appendix 5p. She was D's intimate friend (see *post* 8 March 1767). Président Hénault said:

'Nous rencontrions, à l'hôtel de Sully, Mme de Flamarens, à qui je trouvais une beauté mystérieuse et qui avait l'air de la Vénus de l'*Enéide*, travestie sous la forme d'une mortelle. Elle joignait à la beauté et à un esprit vraiment supérieur une conduite hors de tout reproche; ses précautions, à cet égard, allaient au delà du scrupule le plus exact; jamais le soupçon ne l'aborda' (Charles-François Hénault, *Mémoires*, 1911, p. 103).

tout jamais les amours, amitiés et amourettes; ne nous aimons point, mais intéressons-nous toujours l'un à l'autre sans nous écarter jamais de vos principes; je les veux toujours suivre et respecter sans les comprendre; vous serez content, mon tuteur, soyez-en sûr, et vous me rendrez parfaitement contente si vous ne me donnez point d'inquiétude sur votre santé, et si vous ne vous fâchez plus contre moi au point de m'appeler *Madame;* ce mot gèle tous mes sens; que je sois toujours *votre petite;* jamais titre n'a si bien convenu à personne, car je suis bien petite en effet.

Ne *frémissez* point quand vous songez à votre retour à Paris; souvenez-vous que je ne vous y ai causé nul embarras, que j'ai reçu avec plaisir et reconnaissance les soins que vous m'avez rendus, mais que je n'en exigeais aucun. On s'est moqué de nous, dites-vous, mais ici on se moque de tout, et l'on n'y pense pas l'instant d'après. Je ne voudrais pas vous tromper, mon tuteur, et je puis vous affirmer avec vérité que je n'ai rien fait qui doive vous déplaire et que depuis que je suis occupée de vous je suis devenue plus discrète, plus raisonnable, parce que je suis devenue indifférente pour tout, nommément hier au soir où je fus douce et patiente à l'excès, tandis qu'autrefois j'aurais eu de l'aigreur et de la colère parce qu'on me contrariait de mauvaise foi. Ne voilà-t-il pas le récit d'un enfant? Et puis refusez-moi de m'appeler *ma petite?*

Il me reste à vous faire faire une petite observation pour vous engager à être un peu plus doux et plus indulgent; ce sont mes malheurs, mon grand âge, et je puis ajouter aujourd'hui mes infirmités; s'il était en votre pouvoir de m'aider à supporter mon état, d'en adoucir l'amertume, vous y refuseriez-vous? Et ne tiendrait-il qu'à la première caillette maligne ou jalouse, de vous détourner de moi? Non, non, mon tuteur, je vous connais bien, vous êtes un peu fol, mais votre cœur est excellent; et quoique incapable d'amitié, il vaut mieux que celui de tous ceux qui la professent: grondez-moi tant que vous voudrez, je serai toujours votre pupille malgré l'envie.

J'avais écrit tout cela de ma propre main, sans trop espérer qu'on pût le lire; Wiart l'a déchiffré à merveille, et si facilement que j'ai été tentée de vous envoyer mon brouillon; mais je n'ai pas voulu vous donner cette fatigue.

J'attends votre première lettre avec impatience pour savoir de vos nouvelles; mais avec tremblement: m'attendant à beaucoup d'injures, j'ai été bien aise de les prévenir et je vous préviens que je n'y répondrai pas.

Ce mercredi 1er octobre, avant l'arrivée du courrier, et par conséquent point en réponse à votre lettre s'il m'en apporte, et que je ne puis encore avoir reçue.

Vous avez raison, vous avez raison, enfin toute raison; je ne suis plus soumise, mais je suis véritablement convertie. Un rayon de lumière m'a frappée à la manière de Saint Paul; il en fut renversé de son cheval, et moi je le suis de mes chimères. Je ne sais de quelle nature elles étaient, quel langage elles me faisaient tenir; mais j'avoue qu'elles devaient vous paraître ridicules, et l'effet qu'elles vous faisaient ne me choque plus aujourd'hui. Il y a déjà quelque temps qu'en me figurant votre retour ici, je sentais que votre présence me causerait de l'embarras. Je me disais: *Oh! mon Dieu, pourquoi?* et je trouvais que c'étaient vos réprimandes que mon jargon m'avait attirées qui me donneraient quelque honte. Brûlez toutes mes lettres (s'il vous en reste) qui pourraient laisser traces de tous ces galimatias; je suis votre amie, je n'ai jamais eu ni pensée ni sentiment par delà cela, et je ne comprends pas comment j'étais tombée à user d'un langage que j'ai toujours fui et proscrit, et que vous avez toute raison de détester. Voilà donc un nouveau baptême, et nous allons être l'un et l'autre bien plus à notre aise.

Enfin Madame la Comtesse de Toulouse mourut hier entre huit et neuf heures du soir. Je viens d'en écrire un petit mot de compliment à Mme de Forcalquier; elle a fait des merveilles, elle a toutes sortes de vertus et de talents, mais surtout ceux et celles qui sont requis pour de telles occasions; je serai ravie de la revoir. J'espère que si vous revenez jamais ici on vous procurera le plaisir d'entendre Mlle Clairon, elle a tout à fait quitté le théâtre,[5] mais elle joue souvent sur celui de Madame la Duchesse de Villeroy. Vous aurez mille moyens d'être admis et cela n'entraîne à aucun devoir envers elle.

5. 'Elle prit quelque temps après de l'humeur contre le public: un acteur ou une actrice ont toujours tort de bouder cet auguste souverain. Elle avait refusé de jouer, la salle étant pleine et le rideau levé, à raison de je ne sais quelles rixes de foyer. Elle fut fort maltraitée du parterre, et le soir même elle alla coucher au Fort-l'Évêque. Pour se venger des clameurs de ce parterre insolent et de ceux qui l'avaient emprisonnée, elle abandonna le théâtre, pensant que le lendemain on serait à ses genoux de vouloir bien rentrer. Qu'arriva-t-il? le public l'oublia, et elle perdit son talent, faute d'exercice' (Louis-Sébastien Mercier, *Tableau de Paris*, Amsterdam, 1783-8, iii. 12).

On nous dit hier au soir une nouvelle dont je ne crois pas le mot; que Milord Hertford n'était plus Grand Écuyer, et qu'on lui avait donné une terre à la place.[6] Je n'entends plus parler des Milord et Milady George, je n'ai pas trop bien réussi auprès d'eux.

J'ai fait connaissance avec deux ambassadeurs; celui de Venise,[7] qui est un homme tout rond, tout franc; celui de Sardaigne,[8] tout sensé, tout sérieux, qui a été deux ans dans votre pays et qui cause assez bien.

Nous allons perdre Mme Greville; je ne veux pas vous écrire tout ce que j'en pense; je réserve à vous le dire.

Il me prend une terreur; c'est que vous ne voyez que trop clairement que cette lettre a été écrite avant que j'aie reçu la vôtre. Si j'allais apprendre que vous êtes encore bien malade!—Cette pensée me coupe la parole. Quelquefois les lettres qu'on doit recevoir le mardi n'arrivent que le jeudi; je fermerai celle-ci après l'arrivée du facteur.

Ce mercredi, après l'arrivée du courrier.

Oh mon Dieu, que je suis contente! vous vous portez bien, voilà tout ce que je voulais; vous jugerez par ce que j'ai écrit ce matin et hier, si je suis fâchée contre vous. Il ne me reste plus qu'à vous dire un mot: on ne croit point dans ce pays-ci qu'on puisse être l'amant d'une femme de soixante-dix ans, quand on n'en est pas payé; mais on croit qu'on peut être son ami, et je puis vous répondre qu'on ne trouvera nullement ridicule que vous soyez le mien. Je ne vous garantirai pas que l'on ne vous fasse quelques plaisanteries, mais c'est faire trop d'honneur à notre nation que d'y prendre garde. Je ne sais d'où peuvent venir toutes vos craintes, et vous devriez bien me parler avec la

---

6. This rumour was not true.

7. Bartolommeo Andrea Gradenigo (Nicolo Barozzi and Guglielmo Berchet, *Le Relazioni degli stati Europei*, Venezia, 1856–78, iii. 600), later ambassador at Vienna (Lady Mary Coke, *Letters and Journals*, Edinburgh, 1889–96, iii. 477). 'Bartholomew Gradenigo, Knight, Senator, and Ambassador of the Republic of Venice. A rare hand, a man among a million, for he shall preside at a feast, bamboozle an old woman, or flirt with a young one, with any *He* in Christendom; and then, with all this, he is as honest as the day is long, and has had four doges of Venice amongst his ancestors . . . this jewel of an ambassador is as fat and *gouty*, and *nearly* as great a *courtier* as your lordship' (Sir Robert Murray Keith, *Memoirs*, 1849, i. 438).

8. M. de Marmora (HW). Filippo-Francesco-Maria Ferrero di Biella (1719–89), Conte della Marmora (Antonio Manno, *Mémoires historiques sur la maison royale de Savoie par M. de Ste-Croix*, 393–4, in *Miscellanea di storia italiana*, xvi, Torino, 1877). HW had met him once in Paris (*Paris Jour.*).

même confiance que je vous parle. J'ai dans la tête que c'est quelque mauvaise raillerie de Madame la Duchesse d'Aiguillon à Milady Hervey,[9] qui a troublé votre tête; je n'y ai pas donné le moindre lieu. Il y a longtemps que je connais sa jalousie, mais elle n'est nullement dangereuse. Je ne me suis laissée aller à parler de vous avec amitié et intérêt qu'à Mmes de Jonzac et de Forcalquier, qui vous aiment beaucoup l'une et l'autre, et sans jalousie.

From MADAME DU DEFFAND, ? September 1766

Undated fragment. The last paragraph implies that the letter, as sent, was long.

. . . absolument comme il vous conviendra. Trouvez bon, je vous prie, que Wiart continue son anglais; pourquoi cela est-il ridicule? J'ai un petit laquais qui apprend le latin, et si vous me fâchez, je ferai apprendre l'italien à un autre, et l'espagnol à un quatrième; je serai donc soupçonnée d'être affolée de bien des sortes de gens! Cela n'a pas de bon sens, mon tuteur. Je ne vous soupçonne pas. . . . Je crois que tout est dit, mon tuteur, accusez-moi la réception de cette lettre; elle doit faire époque entre nous.

Pardonnez-moi mes travers, perdez-en jusqu'au souvenir, rendez-moi votre estime, votre confiance, et soyez persuadé qu'à l'avenir je serai irréprochable.

Je voudrais savoir ce que cette lettre coûtera de port. Je ne vous soupçonne pas d'avoir regret à l'argent, mais c'est que Wiart et moi nous sommes en dispute.

To MADAME DU DEFFAND, Friday 3 October 1766, N° 28

Missing. It was written at Bath, and is dated by D, *post* 19 Oct. 1766, but *Paris Journals* give the date as 5 Oct., probably the date of sending, as it was not received until 16 Oct. The number in *Paris Journals* is incorrect; HW writes, above it: 'should have been 27.'

9. Expanded by HW from Wiart's 'H.'

From Madame du Deffand, Sunday 5 October 1766

Nº 33. Paris, ce dimanche 5 octobre 1766.

JE vous crois à Bath[1] aujourd'hui. Je suis ravie que vous y soyez, j'ai très bonne opinion de ce remède, et vous me ferez plaisir de me donner de vos nouvelles. La compagnie que vous trouverez est bien brillante, vous pourrez bien avoir de plus M. et Mme de Guerchy. Elle m'amena l'autre jour Milady Fitzroy[2] et une Mlle Lloyd.[3] On me demanda si j'avais de vos nouvelles; je répondis, 'Non, il y a longtemps que je n'en ai reçu.'—'Il a été à deux doigts de la mort.'—'Je l'ai ouï dire.'—'C'est ce qui fait que vous n'avez point entendu parler de lui.'—'Cela peut bien être.'

Hier j'eus assez de monde à souper; on se retira de bonne heure, excepté Mme de Greville, qui resta jusqu'à deux heures et demie. Je lui demandai pourquoi elle avait été si triste; elle m'en dit la raison, qui ne vous fait rien ni à moi non plus. Elle me fit part de tous les jugements qu'elle portait sur les gens de ce pays-ci, et puis elle passa à ceux de son pays. Je lui demandai s'il y avait beaucoup de gens aimables et d'esprit? Elle m'en nomma sept ou huit; votre nom ne fut pas proféré, ni par elle ni par moi, et je fus avec elle d'une prudence consommée. Je trouve que la prudence ressemble à l'économie; elle donne de l'aisance, elle met au-dessus des affaires.

J'avais eu l'après-dîner la grand'maman, qui resta avec moi plus d'une heure. La bonne Mme de Crussol[4] me rendit une petite visite, elle me demanda de vos nouvelles, et dit que Mme Hervey avait écrit à Mme d'Aiguillon que c'était le séjour que vous aviez fait à Paris qui avait causé votre maladie. La grand'maman s'écria, 'Quoi! il a été malade?' d'un ton plein d'amitié et d'intérêt; elle me chargea de vous dire mille choses de sa part, qu'elle vous estimait, qu'elle vous aimait, qu'elle désirait de vous revoir, et que vous étiez le seul étranger qui lui eût véritablement plu. Elle a chargé, m'a-t-elle dit, le Duc de Richmond, qu'elle croit de vos amis, de vous dire les mêmes choses que je vous écris.

1. HW reached Bath, 1 Oct.
2. Anne Warren (d. 1807), dau. of Vice-Admiral Sir Peter Warren, m. (1758) Charles Fitzroy, cr. (1780) Bn Southampton, brother of the D. of Grafton.
3. Corrected to 'Loyd' by HW from Wiart's 'Laïde.' Miss Rachel Lloyd (ca

1720–1803) was housekeeper of Kensington Palace (GM 1803, lxxiii pt i. 390).
4. Marguerite Colbert de Villacerf (1696–1772), m. (1714) François-Emmanuel, Marquis de Crussol. HW had met her often in Paris (Paris Jour.).

Je vous prie, mon tuteur, d'être persuadé que je suis bien éloignée de vouloir vous gouverner; je n'ai pas même la prétention de vouloir vous rien inspirer. Vous aimerez, vous haïrez qui vous voudrez et je n'attaquerai jamais votre libre arbitre. Jamais vous n'aurez de ridicule à mon occasion, vous vous donnerez celui de le craindre outre mesure si vous le voulez. Je vous laisserai penser, dire, et faire tout comme il vous plaira, je ne vous ai point mêlé, ni ne vous mêlerai jamais dans mes caquets, vous viendrez ou ne vous viendrez pas ici, vous n'aurez ni aucune question ni aucune sollicitation de moi; enfin, mon tuteur, respirez à votre aise, voilà un cauchemar dont vous êtes délivré pour le présent et pour l'avenir.

Je vous remercie du détail de tout ce qui vous est arrivé, il n'y a que sur votre santé que je ne puis pas avoir d'indifférence; sur tout le reste je vous la promets parfaite. . . .[5]

Ne me parlez plus contre le maître d'anglais; Wiart est fort aise de l'apprendre, il ne prétend point le jamais parler, mais il pourra le lire et l'écrire; il n'y a pas le moindre ridicule, et quand je ne devrais avoir aucune correspondance avec vous il l'apprendrait toujours.

Adieu, mon tuteur, ayez bien soin de votre santé; c'est la seule attention que j'exige de vous.

To MADAME DU DEFFAND, Monday
6 October 1766, N° 29

Missing. Written at Bath. It is dated by D, *post* 19 Oct. 1766, but is dated 7 Oct. in *Paris Journals*. Like its predecessor, it was not received until 16 Oct.

To MADAME DU DEFFAND, Friday
10 October 1766, N° 30

Two fragments, B i. 70 n, 74 n. (B i. 74 n says that the letter was dated from Bath.) *Paris Journals* give the date as 11 Oct., but *post* 19 Oct. 1766 fixes the date as 10 Oct.

IL y avait longtemps avant la date de notre connaissance que cette crainte de ridicule[1] s'était plantée dans mon esprit, et vous devez assurément vous ressouvenir à quel point elle me possédait, et com-

---

5. A piece of MS has been cut out here.   1. See D's portrait of HW, Appendix 4.

bien de fois je vous en ai entretenu—N'allez pas lui chercher une naissance récente. Dès le moment que je cessais d'être jeune, j'ai eu une peur horrible de devenir un vieillard ridicule.

Je lis les *Essais* de Montaigne,[2] et m'en ennuie encore plus que de Bath;[3]—c'est un vrai radotage de pédant, une rapsodie de lieux communs même sans liaison—Son Sénèque et lui se tuent à apprendre à mourir—la chose du monde qu'on est le plus sûr de faire sans l'avoir appris.

From Madame du Deffand, Sunday 12 October 1766

Nº 34. Ce dimanche 12 octobre 1766.

J'IGNORE quand ce paquet vous sera rendu, j'attends une occasion pour vous le faire tenir. Vous n'êtes peut-être pas fort curieux de ce qu'il contient, mais comme vous avez lu le mémoire de La Chalotais, c'en est la suite. Il n'y a que le mémoire de M. de Calonne[1] qui soit à moi, et que je ne me soucie pas de ravoir; on m'a prêté tout le reste, et on m'a fort priée de le rendre; je vous prie d'en avoir grand soin, et de me le renvoyer par quelque occasion sûre et le plus promptement qu'il vous sera possible.

J'attendais aujourd'hui de vos nouvelles; le facteur est passé, je n'en espère plus. Je voudrais savoir le succès de vos eaux; on dit qu'elles échauffent beaucoup: cela me paraît ne vous pas devoir convenir; je ne doute pas que quand vous recevrez ceci je n'aie appris de vous comment vous vous en trouvez.

Je soupai avant-hier chez Madame la Duchesse de Choiseul, qui me dit qu'elle vous avait écrit par M. de Guerchy.[2]

Mme de Forcalquier m'a dit qu'elle devait vous écrire; je n'ai nulle part à toutes les attentions qu'on a pour vous, on m'en fait la confidence sans que je cherche à l'attirer. Je me suis imposé la loi de

2. See HW to Mann 28 Nov. 1773, and to Thomas Walpole 9 Dec. 1787.

3. See HW to Conway 2 Oct. and 18 Oct. 1766, to Montagu 5 Oct., 18 Oct. and 22 Oct. 1766, to the Countess of Suffolk 6 Oct. 1766, and to Chute 10 Oct. 1766.

1. *Mémoire présenté au roi, par M. de Calonne, maître des requêtes*, 1766 (Bibl. Nat. Cat.). Charles-Alexandre de Calonne (1734–1802) was instrumental in obtaining

La Chalotais' arrest, by identifying the handwriting on certain incriminating papers as that of La Chalotais. See Lévis, *Souvenirs*, p. 76.

2. 'On Thursday evening [16 Oct.], the Count de Guerchy, ambassador from the French court, arrived at his house in Soho-Square from Paris; and yesterday he waited on his Majesty at St James's' (*London Chronicle*, 18 Oct. 1766, xx. 382).

ne proférer votre nom à qui que ce soit, et si vous voulez interroger les Anglais qui sont ici quand ils retourneront chez vous, aucun ne pourra vous dire que je lui ai dit un mot de vous. Je pousse cela jusqu'à l'affectation, ainsi soyez tranquille. Je vous délivre autant que je peux de la crainte effroyable que vous avez du ridicule que vous donnerait mon amitié pour vous; je dis amitié, car en vérité il serait trop absurde de me supposer d'autres sentiments.

Je donne ce soir à souper à quatre Anglais et trois Anglaises; nous ne nous assemblerons point en votre nom. C'est Mme Greville, qui ne me parle jamais de vous, et à qui je n'en ai pas dit non plus un seul mot; c'est M.[3] et Mme Fitzroy, et une mademoiselle[4] de leur suite dont je ne sais pas le nom. Ils ont désiré de faire connaissance avec moi, et Mme de Guerchy me les a amenés, je ne sais seulement pas s'ils vous connaissent; c'est M. Jenkinson qui ne vous connaît pas,[5] et que je connais par Milord Holdernesse; ce sera vraisemblablement lui à qui je donnerai mon paquet, et à qui je recommanderai de vous le faire rendre à Bath, ou bien de le donner à M. de Guerchy, qui vous le fera tenir. Enfin, c'est à M. Selwyn qui m'a écrit ce matin pour me prier de trouver bon qu'il m'amenât un petit Milord[6] avec lequel il est venu d'Angleterre, et dont il prend soin. J'y ai consenti en lui mandant que *mon grand âge* et les personnes de ma société ne pouvaient guère convenir à un aussi jeune homme.

M. Selwyn laissa chez moi il y a deux jours vos *Pièces fugitives*, dont je vous fais mille remercîments. Elles sont magnifiquement reliées; j'aurai grand soin de les cacher pour ne pas exciter la jalousie, qui m'attirerait sans doute de nouvelles tracasseries.

Madame la Maréchale de Mirepoix,[7] a trouvé le secret d'en avoir avec bien des gens et surtout avec Monsieur le Duc de Choiseul, par le mariage de son neveu.[8] Elle est déjà presque brouillée avec Mme de Monconseil. Sa situation est effroyable, et il est incompréhensible d'avoir une aussi mauvaise conduite.

Je ne sais si je vous ai raconté l'aventure de M. de Puisieulx.[9] La

---

3. Charles Fitzroy (1737–97), brother of the D. of Grafton, cr. (1780) Bn Southampton.

4. Miss Lloyd (HW).

5. 'Jenkinson was able, shrewd, timid, cautious, and dark; and much fitter to suggest and digest measures than to execute them. His appearance was abject; his countenance betrayed a consciousness of secret

guile . . .' (*Mem. of Geo. III* iv. 90 n).

6. Carlisle (HW). Frederick Howard (1748–1825), 5th E. of Carlisle, friend of Selwyn and of Fox.

7. Expanded by HW from Wiart's 'M.'

8. Prince d'Hénin.

9. Probably Louis-Philogène Brulart (1702–71), Marquis de Puisieulx, a distant relative of D's mother.

voici, à risque de la répéter. Il avait un ancien valet de chambre qui avait coutume de le raser. Cet homme il y a quelques jours refusa de le faire et jeta le rasoir loin de lui. M. de Puisieulx lui en demandant la raison: 'C'est, monsieur,' lui dit-il, 'que depuis plusieurs jours je suis fortement tenté de vous couper la gorge; donnez-moi mon congé.' M. de Puisieulx ne différa pas, il lui paya ses gages, et lui donna dix louis par delà; ce malheureux sortit sur-le-champ et s'alla noyer.

Voilà tout ce que vous aurez de moi aujourd'hui. Je serai fort aise si vous voulez bien prendre la peine de me donner de vos nouvelles. Je crois pouvoir, sans craindre de vous déplaire, désirer d'en apprendre, et ce ne peut être que par vous, parce que certainement je n'en demanderai à personne.

To Madame du Deffand, Saturday 18 October 1766, N° 31

Fragment, B i. 83 n, printed by B as a note to post *27 Oct. 1766, but probably part of HW's letter of 18 Oct. because his letter of 22 Oct. was not received until 31 Oct. (see* post *30 Oct. 1766). HW was still at Bath.*

JE suis charmé que vous commencez à faire bon accueil à la prudence. Il ne vous manquait que cette . . . mais non ce n'est pas vertu; ce n'est qu'une cuirasse qui sert de garde contre les méchants. Il fallait que le monde fourmillât de crimes, avant qu'on eût pensé d'ériger la prudence en vertu. Si jamais il y eut un siècle d'or, la prudence aurait dû passer pour de la fausse monnaie.

From Madame du Deffand, Sunday 19 October 1766

The last three and a half paragraphs, missing in the MS, are edited from B i. 72–4.

N° 34. Paris, ce dimanche 19 octobre 1766.

JUGEZ si je suis bien corrigée; j'ai été depuis le dimanche 5 jusqu'au jeudi 16 sans recevoir de vos nouvelles, sans proférer votre nom et sans songer à vous écrire, si ce n'est en vous envoyant la suite de La Chalotais par M. Jenkinson.

J'ai reçu jeudi 16 deux lettres, l'une du 3, l'autre du 6, et hier une du 10; toutes trois m'ont fait plaisir. La première (quoique infiniment sèche) est celle qui m'en a fait le plus, parce qu'elle me tirait de l'inquiétude où j'étais de votre santé. La seconde n'était ni bien ni mal. La troisième est parfaite; il n'y a rien à redire, si ce n'est les louanges que vous m'y donnez. Oh, mon tuteur, pourquoi vous avisez-vous de flatter ma vanité? ne m'en avez-vous pas jugée exempte, et ne m'avez-vous pas traitée en conséquence? Si j'avais eu de l'amour-propre, il y a longtemps que vous l'auriez écrasé; mais c'est un sentiment que je n'ai point écouté avec vous; jamais votre franchise ne m'a blessée, jamais vous ne m'avez humiliée; je serai toujours fort aise que vous me disiez la vérité. Vos craintes sur le ridicule sont des terreurs paniques, mais on ne guérit point de la peur;[1] je n'ai point une semblable faiblesse; je sais qu'à mon âge on est à l'abri de donner du scandale: si l'on aime, on n'a point à s'en cacher; l'amitié ne sera jamais un sentiment ridicule quand elle ne fait pas faire des folies; mais gardons-nous d'en proférer le nom, puisque vous avez de si bonnes raisons de la vouloir proscrire; soyons *amis* (si ce mot n'est pas mal sonnant), mais amis sans amitié: c'est un système *nouveau*, mais dans le fond pas plus incompréhensible que la Trinité.

Vous vous portez donc bien?—voilà de quoi il est question; aucun de vos compatriotes ne pourra vous dire que j'en suis bien aise, et s'ils étaient observateurs, ils auraient peut-être trouvé une sorte d'affectation dans l'indifférence que j'ai montrée quand ils ont parlé de vous. J'ai donné à souper à M. et à Mme Fitzroy et à Mlle Lloyd, à M. Selwyn et à son petit Milord;[2] peut-être aurai-je ce soir ces deux derniers; je les en ai laissés les maîtres. J'aimerais autant qu'ils ne vinssent pas, parce que je crains d'avoir beaucoup de monde; non seulement j'aurai Mme d'Aiguillon, sur qui je ne comptais[3] pas, mais j'imagine qu'elle amènera M. de Richelieu.[4] Je ferai vos compliments

1. See *ante* 10 Oct. 1766.
2. Lord Carlisle.
3. At this point, the original MS ceases; the rest of the letter is supplied by B.
4. Louis-François-Armand Vignerot du Plessis (1696–1788), Duc and Maréchal de Richelieu. HW had met him in Paris (see *Paris Jour.*, HW to Chute 3 Oct. 1765, to Montagu 16 Oct. 1765, and to Conway 5 Dec. 1765). In his *Memoirs of George II*, HW calls Richelieu 'this genteel but wrinkled Adonis' (1846, ii. 211) and 'a man who

had early surprised the fashionable world by his adventures, had imposed on it by his affectations, had dictated to it by his wit and insolent agreeableness, had often tried to govern it by his intrigues, and who would be the hero of the age, if histories were novels, or women wrote history' (ibid. ii. 210). See also Chesterfield's *Letters; post* 12 April 1774; Lévis, *Souvenirs*, p. 21; *Mem. of Geo. III* iv. 5–6; and Richelieu's own *Mémoires*, ed. Boislisle, 1918.

à Mme de Forcalquier; elle se donne l'air d'être dans vos principes, mais elle n'est pas comme vous; elle joue ce qu'elle est, et vous, vous jouez ce que vous voulez être et ce que vous n'êtes pas.

Je fus jeudi dernier passer une partie de la journée et la soirée chez elle à une petite maison qu'elle a à Boulogne; j'y menai Mme de Greville; je remets à vous dire ce que je pense de celle-ci, si jamais je vous revois; mais je ne veux pas vous en écrire, si ce n'est que je lui trouve beaucoup d'esprit. Nous passâmes une très agréable soirée. Le lendemain vendredi, je soupai chez la grand'maman, à qui je dis que j'avais eu de vos nouvelles; elle s'informa avec empressement, me répéta qu'elle vous avait écrit, me demanda si vous me parliez d'elle; je lui dis que non, elle en fut fâchée, et n'en marqua pas moins de désir de vous revoir, et me chargea de vous faire des reproches: elle me marque beaucoup d'amitié; et comme elle n'en a point et que je n'en ai pas plus pour elle, il nous est permis de nous dire les choses les plus tendres; n'est-ce pas comme cela, mon tuteur, que vous l'entendez?

Je soupai hier chez le Président avec Mmes de Jonzac, d'Aubeterre et du Plessis-Châtillon;[5] nous jouâmes à des petits jeux de couvent: je fis vos compliments au Président et à Mme de Jonzac: le pauvre Président s'affaiblit terriblement; il aura bien de la peine à passer l'hiver.

Voilà, mon tuteur, tout ce que je puis vous apprendre; j'apprendrai apparemment, par votre première lettre, quand vous serez de retour à Londres. Ne vous embarrassez point de ce que je pense de vous; laissez-moi mon libre arbitre sur mes pensées; contentez-vous de diriger mes paroles et mes actions, et soyez parfaitement convaincu que ni les unes ni les autres ne vous attireront jamais aucun ridicule. Ne *frémissez*[6] point de revenir en France; que ce ne soit point moi, du moins, qui vous empêche d'y revenir; tout ce que je vous dis n'est qu'après vos textes: il est vrai, vos lettres sont comme l'Évangile, qui fournit des textes pour toutes les sectes. Si je ne craignais de faire une trop longue lettre, je vous intenterais un procès sur le jugement que vous portez de Montaigne.[7] Adieu, mon tuteur.

5. Catherine-Pauline Colbert de Torcy (1699–1773), m. (1718) Louis du Plessis, Marquis du Plessis-Châtillon. 'Cette dame est fille du feu Marquis de Torcy, ministre d'État, et est fort riche tant d'elle que de la communauté de son mari' (René-Louis de Voyer, Marquis d'Argenson, *Journal et Mémoires*, 1867, viii. 253).

6. A word Mr Walpole had made use of in one of his letters which had the most displeased her (B).

7. See *ante* 10 Oct. 1766.

From MADAME DU DEFFAND, Monday 20 October 1766

Nº 35. Ce lundi 20 octobre 1766.

JE suis dans une grande inquiétude; M. Selwyn vint hier chez moi, et me dit qu'un Anglais avait reçu une lettre qui lui apprenait que M. Craufurd était mort en Écosse.[1] Je vous laisse à juger l'effet que cela me fit. M. et Mme Fitzroy et leur demoiselle[2] arrivèrent au même instant; ils tâchèrent de me persuader que cette nouvelle était fausse. Ce matin, à dix heures, un nommé M. Dikinson[3] est venu chez moi; il avait appris hier au soir le chagrin où j'étais, et il a eu la bonté d'aller aux informations, et par tout ce qu'il m'a rapporté, il en résulte que je suis dans le doute; mais je vous avoue que je suis du moins bien inquiète, et que mon âme est bien troublée, non seulement par rapport à M. Craufurd, que j'estime et que j'aime beaucoup, mais cela m'a jeté un noir dans l'âme sur tout ce qui m'intéresse. Ah, mon Dieu! que vous avez bien raison! l'abominable, la détestable chose que l'amitié! Par où vient-elle? à quoi mène-t-elle? sur quoi est-elle fondée? quel bien en peut-on attendre ou espérer? Ce que vous m'avez dit est vrai, mais pourquoi sommes-nous sur terre, et surtout pourquoi vieillit-on? Oh, mon tuteur, pardonnez-le-moi, je déteste la vie.

J'admirais hier au soir la nombreuse compagnie qui était chez moi; hommes et femmes me paraissaient des machines à ressorts, qui allaient, venaient, parlaient, riaient, sans penser, sans réfléchir, sans sentir; chacun jouait son rôle par habitude: Madame la Duchesse d'Aiguillon[3a] crevait de rire, Mme de Forcalquier[3b] dédaignait tout, Mme de la Vallière[3c] jabotait sur tout. Les hommes ne jouaient pas de meilleurs rôles, et moi j'étais abîmée dans les réflexions les plus noires; je pensais que j'avais passé ma vie dans les illusions; que je m'étais creusé moi-même tous les abîmes dans lesquels j'étais tombée; que tous mes jugements avaient été faux et téméraires, et toujours trop précipités, et qu'enfin je n'avais parfaitement bien connu personne; que je n'en avais pas été connue non plus, et que peut-être je ne me connaissais pas moi-même. On désire un appui, on se laisse

---

1. This was a false report.
2. Miss Rachel Lloyd.
3. Dickinson (HW). Perhaps the same Mr Dickinson whom HW had twice met in Paris (see *Paris Jour.*), and who may be the

John Marsh Dickenson whose death HW recorded in *Paris Jour.* in 1771.

3a. Expanded by HW from Wiart's 'D.'
3b. Expanded by HW from Wiart's 'F.'
3c. Expanded by HW from Wiart's 'V.'

charmer par l'espérance de l'avoir trouvé; c'est un songe que les circonstances dissipent et qui font l'effet du réveil. Je vous assure, mon tuteur, que c'est avec remords que je vous peins l'état de mon âme; je prévois non seulement l'ennui mais l'indignation que je vous causerai, mais à qui puis-je avoir recours? Vous penserez, si vous ne l'articulez pas: pourquoi faut-il que ce soit à moi? pourquoi faut-il que des soins, des attentions que la bonté de mon caractère m'ont porté à avoir, aient pour moi l'inconvénient d'être devenue l'objet d'une correspondance aussi triste? Vous avez raison, mon tuteur, et vous aurez une grande patience si vous consentez à la continuer.

Le frère[4] du Duc de Buccleuch[4a] mourut hier après dîner: les Georges sont revenus pour consoler le Duc; il loge chez eux, et il est dans la plus excessive douleur: je crois qu'ils partiront tous vendredi. Les Fitzroy partiront de jeudi en huit, ils souperont dimanche prochain chez moi, ils me paraissent de très bonnes gens; la Milady n'a point l'air sauvage, du moins elle est fort apprivoisée avec moi, ainsi que la demoiselle.[5] Je ne ferai point usage de la permission que vous m'avez donnée anciennement de parler de vous deux fois la semaine à M. Selwyn, parce que premièrement je ne le verrai pas deux fois la semaine, et puis c'est que je ne veux jamais parler de vous, et je voudrais n'y jamais penser.

Ce mardi, à 10 heures du matin.

Je jetterais ce que je vous écrivis hier au feu, si je me permettais de la politique avec vous, mais il faut que vous sachiez tout ce que je pense, et que vous puissiez en conséquence penser de moi ce que vous jugerez à propos.

Je ne pouvais pas hier avoir des nouvelles de M. Craufurd, à moins que ce n'eût été par quelque débarquant d'Angleterre; la poste arrive aujourd'hui, les lettres ne sont distribuées que le mercredi, et la semaine passée il n'y en eut pour personne parce que, comme vous dites, les vents et la mer ne sont soumis à aucun bureau.

Hier au soir je pris quelque espérance: M. Schuwalof, qui était parti de Londres le 11, avait vu à ce qu'il croit M. Craufurd le 9; il nous le dépeignit, et nous dit que c'était certainement le même jeune

---

4. Mr Scott (HW). Hon. Campbell Scott (1747–66), died 18 Oct. in Paris (Sir James Balfour Paul, *Scots Peerage*, Edinburgh, 1904–14). HW had met him twice in Paris (*Paris Jour.*).

4a. Corrected by HW to 'Buccleugh' from Wiart's 'Bauklu.'

5. Miss Lloyd.

homme qu'il avait vu plusieurs fois chez le Président, et qui lui avait paru mon intime ami. Tout cela ne me rassure pas, mais demain, à moins que les vents n'aient été contraires, nous aurons des nouvelles certaines.

Je compte faire partir ce soir cette lettre avec l'histoire de M. Hume et de Jean-Jacques; les éditeurs passent pour être le Baron d'Holbach et M. Suard,[6] mais tout le monde y reconnaît d'Alembert. Pour Mme de Luxembourg, elle ne doute pas que la préface ne soit de M. Hume;[7] cela serait bien ridicule de se louer soi-même de cette force; ce qui n'est pas douteux, c'est qu'il a fourni des faits, et qu'elle lui a été communiquée. Tous ces gens-là sont bien modestes et bien philosophes, et justifient bien le choix qu'ils ont fait de leurs idoles et la protection qu'elles leur accordent. À l'égard de la déclaration de M. d'Alembert, vous verrez combien il vous désapprouve, et qu'il ne veut pas vous faire l'honneur du style; il dit que vous convenez de le devoir à une personne que vous ne voulez pas nommer, mais qu'elle devrait bien se faire connaître: Mme de Luxembourg m'a dit que c'était apparemment moi qu'il voulait désigner;—'cela pourrait bien être, Madame,' lui ai-je répondu, 'je ne doute pas que ce ne soit son intention, mais je ne vois pas bien pourquoi ni moi ni tout autre devraient bien se faire connaître; mais lui, d'Alembert, devrait nommer les gens à qui M. Walpole a dit qu'il avait fait corriger le style de sa lettre; je suis très certaine que telle qu'elle est, elle est entièrement de lui, parce qu'il me l'a dit, et que je le sais incapable du plus petit mensonge.'[8]—'Que pensez-vous de tout cela?' m'a-t-elle dit.—'Que rien n'est plus misérable, Madame, et plus rempli de puérilités et sottes vanités';—'et ajoutez de venin,' m'a-t-elle dit.

Ah! que les hommes sont fous! qu'ils sont méchants! et qui pis est, qu'ils sont ennuyeux!

Vous avez raison; 'L'avez-vous vu mon bien aimé,'[9] nous est transmis du *Cantique des cantiques*.[10] Cela est senti à merveille. N'allez

6. Jean-Baptiste-Antoine Suard (1733–1817), journalist, translated the documents about Hume's quarrel with Rousseau (see *ante* 4 Sept. 1766, n. 33). Suard was dismissed from his post as editor of the *Gazette de France* because of an indiscreet reference to HW's niece, Lady Waldegrave (*Paris Jour.* 27 Aug. 1771).

7. The preface was by d'Alembert.

8. See HW to Conway 12 Jan. 1766.

9. The opening lines of a song called 'Divertissement des Provenceaux' at the end of Act III of Favart's *Fée Urgèle*. D later quotes a parody on this song, beginning 'L'avez-vous vue, ma du Barry' (see *post* 8 May 1771).

10. The Song of Solomon. D perhaps refers to the line, 'Avez-vous point vue . . . celui qu'aime mon âme?' (*Cantique de Salomon* iii. 3).

pas vous faire méthodiste,[11] vous êtes assez rigoureux, n'y ajoutez rien
de plus. On nous conta hier au soir une scène très touchante qui s'est
passée entre Monsieur le Duc d'Orléans[11a] et Monsieur le Duc de
Chartres.[12] J'ai prié Mme de Jonzac, qui nous en fit le récit,[13] de
l'écrire pour que je puisse vous l'envoyer. Je n'ai pas assez de mémoire pour entreprendre de vous la rendre, et d'ailleurs elle la raconte bien mieux que je ne pourrais faire.

Mon pauvre ami Pont-de-Veyle est depuis quinze jours ou trois
semaines dans les plus grandes alarmes: sa bonne amie Mme de
Bezons[14] a été à deux doigts de la mort; depuis hier, il la croit hors
d'affaire. Il a tout sacrifié aux soins qu'il lui a rendus, les spectacles,
l'Isle-Adam, etc. Il ne soupait que chez moi ou chez le Président avec
moi, il passait toute la journée chez cette femme, dont la valeur intrinsèque est bien peu de chose.

Si vous étiez ici, mon tuteur, vous iriez cet après-dîner entendre
Mlle Clairon chez Madame la Duchesse de Villeroy; cela vaudrait
mieux qu'un prêche de méthodiste.

Je crois que mon petit garçon dont je vous ai parlé[15] va entrer page
chez Monsieur le Marquis de Durfort,[16] ambassadeur à Vienne.

Je soupe ce soir chez moi avec Mme de Beauvau et Pont-de-Veyle;
si vous étiez ici, vous feriez la partie carrée. La grand'maman projette
que nous en ferons souvent à votre retour; vous et l'Abbé Barthélemy, elle et moi; consultez vos méthodistes pour savoir si cela se
peut en sûreté de conscience.

Suivant ce que vous m'avez mandé que vous ne prendriez les eaux
que trois semaines, vous devez être de retour à Londres à la fin de la
semaine prochaine. Dans votre dernière lettre, qui est du 10, vous ne
me dites pas un mot de votre santé, et quoique j'aime assez les douceurs dont elle est pleine, je préférerais mille fois tous les détails qui
m'en instruiraient; voilà sur quoi vous ne parviendrez jamais à me

---

11. Il avait été à un sermon méthodiste
à Bath (HW). The sermon was by John
Wesley (see HW to Chute 10 Oct. 1766).

11a. Louis-Philippe (1725–85).

12. Louis - Philippe - Joseph (1747–93),
later (1785), Duc d'Orléans, 'Philippe-
Égalité' of the French Revolution.

13. See Appendix 11.

14. Anne-Marie de Briqueville (ca 1735–
70), m. (1752) Jacques-Gabriel Bazin, Marquis de Bezons (*Rép. de la Gazette*). HW

had met her twice in Paris (*Paris Jour.*).

15. Apparently Mme Dumont's son (see
ante 21 May 1766).

16. Émeric-Joseph de Durfort-Civrac
(1716–87), Marquis de Durfort, Duc de
Civrac (*Rép. de la Gazette; Recueil des instructions données aux ambassadeurs*, Autriche, ed. Albert Sorel, 1884, p. 410;
Achille-Ludovic, Vicomte de Rigon de
Magny, *Nobiliaire universel*, 1856–60, iii.
113).

rendre (ce que vous appelez) raisonnable. Sur tout le reste vous serez obéi avec la dernière exactitude; je crois même qu'il me serait impossible de revenir à ce ton que vous avez proscrit. Louis XIV s'applaudissait d'avoir aboli les duels;[17] 'Votre Majesté,' lui dit un courtisan, 'aurait bien plus de peine à les rétablir aujourd'hui.' Cette application n'est pas juste de tout point, et je m'en rapporte à votre pénétration pour en faire la distinction.

Adieu, mon tuteur, je vais faire mon paquet pour qu'il soit prêt quand M. Selwyn l'enverra chercher; il doit le faire partir par un des gens du Duc de Buccleuch. Je l'adresserai à M. de Guerchy, pour qu'il vous le fasse tenir à Bath si vous y êtes encore.

On ne trouve point la Princesse d'Hénin tant belle, sa figure est pourtant la seule chose qui pouvait faire tolérer cette infâme alliance. La pauvre Maréchale de Mirepoix s'avilit terriblement; la Maréchale de Luxembourg en devient par comparaison un personnage de grand mérite. Que de sujets de conversation! Tout ce qui regarde votre ministère est ce qui m'intéressera le plus; attendez-vous si je vous revois jamais à être accablé de questions, de récits, et de disputes, car je vous garde ma colère sur votre jugement de Montaigne,[18] mais nous ne dirions jamais un mot de ce que vous avez proscrit.

J'ai regret de laisser les deux tiers de cette page, mais en vérité je n'ai plus rien à dire, si ce n'est de vous recommander d'avoir le soin le plus excessif de votre santé; car quoique sans amitié, je suis toute capable de mourir de douleur si je perdais ce qui m'est aussi indifférent que vous.

Ce mercredi, à 7 heures du soir.

Je comptais de ne vous point envoyer cette lettre par la poste et qu'elle partirait avec la petite brochure, qu'on remettrait le paquet à M. de Guerchy, qui vous le ferait tenir où vous seriez; M. Selwyn devait le venir prendre pour le donner aux gens du Duc de Buccleuch. Je n'ai point entendu parler de lui, ce qui me fait craindre qu'on ne lui ait confirmé la nouvelle qu'il m'avait dite de M. Craufurd. J'ai envoyé chez Milady George, elle m'a mandé qu'aucune des lettres qu'elle avait reçues aujourd'hui ne parlaient de M. Craufurd, qu'elle ne partirait pour Londres qu'à la fin de la semaine prochaine,

17. 'Diderot said, the French were so changed, that it had been said lately, that Louis XV would find it as difficult to re-establish duels, as Louis XIV had to suppress them' (Paris Jour., 8 Dec. 1765).
18. See ante 10 Oct. 1766.

qu'elle se chargerait de mon petit paquet; ainsi je remets à ce temps à vous envoyer cette petite brochure. Pardonnez-moi le lugubre de ma lettre de lundi, elle vous déplaira à mourir, mais n'allez pas me gronder et laissez moi la liberté d'être gaie ou triste suivant la disposition où je me trouve.

Je voudrais bien savoir comment vous vous portez.

To Madame du Deffand, Wednesday 22 October 1766, N° 32

Fragment B i. 90 n. Written at Strawberry Hill. Answered, 31 Oct.

DE tous les Anglais que vous verrez, c'est Mr Selwyn qui a le plus véritablement de l'esprit; mais il faudra le démontrer; faites en sorte qu'il vous parle mauvais français. Il fait tant d'efforts, pour parler votre langue en vrai académicien, qu'il oublie totalement d'y joindre des idées. C'est un beau vernis pour faire briller des riens.

From Madame du Deffand, Monday 27 October 1766

N° 36. Paris, ce 27 octobre 1766.

POUR commencer ainsi que vous, je ne suis pas contente, mon tuteur, que vous fassiez faux bond à la prudence, en finissant vos eaux huit ou dix jours plus tôt qu'il ne serait à propos pour qu'elles vous fissent du bien. Vous avez toujours des maux d'estomac, des langueurs; vous me paraissez dans le même état où vous étiez avant de tomber dans les grands accidents où vous avez pensé succomber. Loin de faire ce qu'il faudrait pour les prévenir, vous vous jetez tout au travers les choux; vous allez entrer au parlement. Je me suis fait expliquer quelle était la vie que cela faisait mener; je vous crois un homme perdu; jamais vous ne résisterez à tous les inconvénients qui surviennent; des séances quelquefois de huit ou dix heures, une chaleur infernale dans la salle, un froid glacial quand on en sort; voilà le physique. Une agitation d'esprit, toutes les passions en mouvement; voilà le moral. Mon pauvre tuteur n'a certainement pas la force de résister à tout cela.

Vous me louez de l'accueil que je fais aujourd'hui à la prudence, c'est le début de votre lettre.[1] À quoi peut-elle me servir aujourd'hui? Je n'en peux plus faire aucun usage, il fallait en avoir quand j'ai fait connaissance avec vous, il ne fallait pas que je prisse pour de la philosophie ce qui n'était qu'un désintéressement personnel et des mécontentements quelconques; il ne fallait pas que je prisse quelque préférence, quelque bienveillance pour de l'amitié, pour de l'attachement, enfin il ne fallait pas faire des châteaux en Espagne, et en faire ma seule habitation; il fallait me dire: 'Horace a un bon cœur, il aime la vérité parce qu'il est vrai, il tolère tous les défauts quand ils sont naturels parce qu'il est simple; il fallait croire ce qu'il disait contre l'amitié et toutes sortes d'attachements et se bien garder d'en prendre pour lui.' Au lieu de cela je me suis figuré contre toute vraisemblance, contre toute possibilité, que mon tuteur m'aimait, que pendant le peu d'années qui me restaient, il ne s'en passerait point sans que j'eusse le plaisir de le voir; la mer ne me paraissait point un obstacle, et en effet c'est le moindre qu'il y ait aujourd'hui; l'océan des affaires est bien autrement considérable. Je suis résignée, mon tuteur, à tout ce que vous ferez, il n'y a que votre santé qui me trouble et m'afflige, j'abandonne l'espérance de vous revoir, je conviens qu'il est de toute justice d'être comptée pour rien, que je n'ai nul droit de rien exiger, que je dois être très flattée et très contente de vos attentions, dont les plus grandes occupations ne vous détournent point. Enfin il faut faire un nouveau système pour ne se pas pendre, car pour l'espérance du mois de février, je n'en saurais tâter; c'est la fin du monde.

Je me flatte que M. Craufurd se porte bien,[2] il n'y a qu'une seule personne à qui on ait mandé qu'il était mort, toutes les lettres qui sont venues depuis ne parlent point de lui. M. Selwyn a été fort fâché de m'avoir alarmée. Je causai beaucoup hier avec lui, il a de l'esprit, mais ce n'est pas dans votre genre, ni même dans celui de M. Craufurd. Les Fitzroy sont les meilleures gens du monde, je voudrais bien qu'ils fussent contents de moi, et que vous me sussiez quelque gré des attentions que j'ai pour vos compatriotes quand je sais qu'ils sont vos amis.

Je suis très contente de la Milady George; elle m'a fort bien fait

---

1. See *ante* 18 Oct. 1766.
2. 'If you mean *Fish Craufurd,* he is in perfect health, so you may comfort your blind woman. I shall take care to send her the tea you desire, as soon as I can get any-

body to carry it' (E. of March to Selwyn 28 Oct. 1766, John Heneage Jesse, *George Selwyn and his Contemporaries,* 1882, ii. 59).

tous ces derniers temps-ci; elle a un certain revêche qu'on est flatté d'apprivoiser; c'est elle qui vous rendra cette lettre avec la brochure dont je vous ai parlé. La déclaration de d'Alembert aux éditeurs est trouvée de la dernière impertinence. J'ai du regret à Mme de Greville; c'est une femme qui a véritablement beaucoup d'esprit, mais je n'ai point voulu précipiter mon jugement sur son caractère: je veux savoir de vous ce que j'en dois juger: les apparences m'en ont donné bonne opinion: j'ai cru remarquer que nous évitions également l'une et l'autre de parler de vous: la conduite était semblable, mais les motifs pouvaient bien être différents. Je crois sa situation malheureuse, son âme sensible: j'ai trouvé des rapports entre nous qui ne m'ont cependant point entraînée à aucune confiance; nous nous sommes plu mutuellement en nous observant et en nous tenant l'une et l'autre dans une assez grande réserve. Mme de Mirepoix fait un grand cas d'elle, et m'en a fait de grands éloges.

Quand je verrai la grand'maman elle saura ce que vous me dites d'elle, mais comme elle vous a écrit, vous [le] lui direz vous-même.

M. Jenkinson a mandé à M. Fitzroy qu'il vous avait remis mon paquet. Vous me renverrez tous ces papiers; je vous ai dit qu'ils n'étaient point à moi, excepté le mémoire de M. de Calonne, dont vous pourrez faire des papillotes.

Vous vous exercez à la fausseté avec un grand succès, on ne joue jamais aucun rôle aussi parfaitement que ceux qui sont contraires au caractère, cela se voit tous les jours sur le théâtre.

L'opposition, à ce qu'on m'a dit, *ne s'en va point encore en fumée*.

Je suis devenue fort instruite depuis quelques jours, je ne sais pas d'où vient je me laisse aller à la curiosité. Qu'est-ce que cela me doit faire? Vous souciez-vous de ce qui se passe ici? Mon pays n'est-il pas pour vous comme la Chine ou le Monomotapa?[3] D'où vient m'intéressé-je à ce qui se passe en Angleterre? Est-ce parce qu'il y a des gens d'esprit, aimables, et même estimables? Qu'est ce que cela me doit faire puis que je ne les dois jamais revoir?

J'ai actuellement un catarrhe qui me fait éternuer et moucher continuellement, et qui me rend imbécile; ainsi je finis, mon tuteur, pour ne vous pas ennuyer plus longtemps.

Vous êtes si occupé présentement que vous ne devez pas avoir assez de temps de reste pour m'écrire. Je me contenterai de trois ou quatre lignes qui m'apprennent l'état de votre santé; faites de temps

---

3. Corrected by HW from Wiart's 'Monotapa.' Former name for the eastern coast of the province of Mozambique, in Africa.

en temps, je vous supplie, mes compliments à M. et à Mme de Guerchy.

Mme d'Aiguillon me dit hier que Mme Hervey lui mandait que vous vous portiez à merveille, et que vous lui aviez écrit de Bath la lettre la plus charmante et la plus gaie:[4] pour celles que vous m'écrivez, mon tuteur, je les trouve d'un genre tout particulier; tout y est nouveau, tout y est neuf; vos réflexions sur la prudence,[5] ce qu'elle devait être dans l'âge d'or, ce qui la rend vertu aujourd'hui, est senti, pesé, et d'une vérité extrême.

Je suis bien sûre que vous vous accoutumerez à Montaigne; on y trouve tout ce qu'on a jamais pensé, et nul style n'est aussi énergique: il n'enseigne rien, parce qu'il ne décide de rien; c'est l'opposé du dogmatisme: il est vain, mais tous les hommes ne le sont-ils pas? et ceux qui paraissent modestes ne sont-ils pas doublement vains? Le *je* et le *moi* sont à chaque ligne, mais quelles sont les connaissances qu'on peut avoir, si ce n'est pas le *je* et le *moi*? Allez, allez, mon tuteur, c'est le seul bon philosophe et le seul bon métaphysicien qu'il y ait jamais eu. Ce sont des rapsodies, si vous voulez, des contradictions perpétuelles; mais il n'établit aucun système; il cherche et observe, et reste dans le doute: il n'est utile à rien, j'en conviens, mais il détache de toute opinion, et détruit la présomption du savoir.

Adieu, mon tuteur, je crois que ma lettre du 21 vous aura fort déplu; mais je vous avertis que si vous m'appelez jamais *Madame,* je ne vous appellerai jamais mon tuteur: je ne puis souffrir de votre part aucune punition; pour des réprimandes, à la bonne heure.

Ah! mon Dieu! je me rappelle que vous me dites que, si j'étais malade, vous m'enverriez votre Wiart;[6] comment pouvez-vous faire aujourd'hui une plaisanterie de ce qui vous a précédemment pensé coûter la vie, et vous avait inspiré pour moi la plus horrible aversion? Cela est fâcheux, mon tuteur, mais vous avez certainement des accès de folie: je ne veux point croire que la politique aujourd'hui soit de ce nombre, mais j'en aurais cependant quelques soupçons, par la certitude que j'ai de votre désintéressement personnel: vous êtes un être bien singulier, qu'il faudrait n'avoir jamais connu, si on ne doit jamais le revoir.

Je ne sais si je vous ai mandé que j'avais soupé avec le Prince[7] et

4. Missing.
5. See *ante* 18 Oct. 1766.
6. Possibly Favre, HW's head servant at Arlington Street.

7. De Conti.

l'Idole à l'Hôtel de Luxembourg. J'ai avec eux toute la dignité de l'indifférence. Qu'il est dommage que vous ne puissiez pas me juger aujourd'hui! Je me persuade que vous me trouveriez fort changée en bien; mais adieu, adieu, je ne vous reverrai jamais.

To Madame du Deffand, Monday
27 October 1766, N° 33

Missing. Dated 28 Oct. in *Paris Journals,* but *post* 12 Nov. 1766 gives the date as 27 Oct. Written at Arlington Street. Answered, 5 Nov.

From Madame du Deffand, Thursday 30 October 1766

N° 37. Paris, ce jeudi 30 octobre [1766].[a]

AH! quelle folie, quelle folie, d'avoir des amis d'outre-mer, et d'être dans la dépendance d'essuyer les caprices de Neptune et d'Éole! Joignez à cela les fantaisies d'un tuteur, et voilà une pupille bien lotie. Il n'y a point eu de courrier ces jours-ci; je m'en consolerais aisément si je n'étais pas inquiète de votre santé. Je vous assure qu'il n'y a plus de votre individu que ce seul point qui m'intéresse; d'ailleurs, je crois que je ne me soucie plus de vous, mais il m'est absolument nécessaire, aussi nécessaire que l'air que je respire, de savoir que vous vous portez bien: il faut que vous ayez la complaisance de me donner régulièrement de vos nouvelles par tous les courriers: remarquez bien que ce ne sont point des lettres que j'exige, mais de simples bulletins. Si vous me refusez cette complaisance, aussitôt je dirai à Wiart: 'Partez, prenez vos bottes, allez à tire-d'aile à Londres, publiez dans toutes les rues que vous y arrivez de ma part, que vous avez ordre de résider auprès d'Horace Walpole, qu'il est mon tuteur, que je suis sa pupille, que j'ai pour lui une passion effrénée, et que peut-être j'arriverai incessament moi-même, que je m'établirai à Strawberry Hill, et qu'il n'y a point de scandale que je ne sois prête à donner.'

Ah! mon tuteur, prenez vite un flacon; vous êtes prêt à vous évanouir; voilà pourtant ce qui vous arrivera, si je n'ai pas de vos nouvelles deux fois la semaine.

a. Date of year added by HW.

Je ne doute pas que vous ne soyez persuadé que la personne de France qui vous aime le mieux c'est moi; eh bien! vous vous trompez; il y en a une autre qui vous aime cent fois davantage, et d'un amour si aveugle, qu'elle ne vous croit aucun défaut, et certainement je ne suis pas de même. Avant de vous la nommer, il faut que je vous y prépare par une petite histoire que peut-être savez-vous, car tout Paris la sait; mais vous pouvez l'avoir oubliée, et le pis, c'est que vous l'entendiez pour la seconde fois.—La voici:

L'Archevêque de Toulouse avait un grand-père,[1] ce grand-père était mon oncle, cet oncle était un sot, et ce sot m'aimait beaucoup; il me venait voir souvent. Un jour il me dit: 'Ma nièce, je vais vous apprendre une chose qui vous fera grand plaisir; il y a un homme de beaucoup d'esprit, du plus grand mérite, qui fait de vous un cas infini; il vous est parfaitement attaché; vous pouvez le regarder comme votre meilleur ami, vous le trouverez dans toute occasion; il n'a pas été à portée de vous dire lui-même ce qu'il pense pour vous, mais je me suis chargé de vous l'apprendre.'—'Ah! mon oncle, nommez-le-moi donc bien vite.'—'C'est, ma nièce, c'est le *sacristain des Minimes.*' Eh bien, mon tuteur, cette personne qui vous aime tant, c'est Mlle Devreux;[2] c'est à son état qu'il faut attribuer cet apologue, car sa personne et son mérite la rendent bien préférable à toutes les Princesses, Archiduchesses et Idoles de Comtesses. Cette pauvre Devreux vous adore, et elle ne veut pas que je sois jamais fâchée contre vous; elle trouve que vous avez toujours raison.

Savez-vous, mon tuteur, à quoi je vais m'amuser? à faire des portraits. Je fis hier celui de l'Archevêque de Toulouse;[3] on lui lut en lui donnant à deviner de qui il était; il s'y reconnut, comme s'il s'était vu dans un miroir. Si vous le connaissiez davantage, je vous enverrais ce portrait, et je ne sais si je ferais bien, car vous ne faites pas grand cas des productions de ma Minerve.[4] Je pourrai bien quelque jour chercher à vous peindre, mais je ne sais pas si je vous connais bien; enfin, nous verrons.

Votre parlement me tourne la tête: quelle idée il vous a pris de

---

1. André-Louis de Loménie (1658–1743), Comte de Brienne, grandfather of the Archbishop of Toulouse, m. (1689) Jacqueline-Charlotte Brulart, half-sister of D's mother.

2. Femme-de-chambre de Mme du Deffand (HW). She probably was Louise-Catherine Devreux (or d'Evreux) m. Nico-

las Brulart. After 38 years in D's service, she left, in 1775, to live with her son at Beauvais (see *post* 10 March 1775; Appendix 2).

3. See Appendix 5k.

4. D refers to her letter in the name of Mme de Sévigné, *ante* ? May 1766.

vous jeter dans le chaos des affaires? Mais à quoi servirait tout ce que je pourrais vous dire sur cela, qu'à vous impatienter et à augmenter le dégoût que je m'aperçois que depuis longtemps vous avez pris pour moi? Faites donc ce que vous voudrez: je n'exige de vous que des bulletins de votre santé.

Je vais porter tout à l'heure cette lettre chez les Fitzroy, qui partent demain. Je ne pourrais la mettre qu'à la poste de lundi prochain, et je ne veux pas vous laisser prendre l'habitude d'être si longtemps sans entendre parler de moi. Je compte que vous recevrez dimanche au plus tard le paquet dont Milady George s'est chargée. Adieu, mon tuteur, je ne sais point de nouvelles de M. Craufurd. Celle de sa mort heureusement ne s'est pas confirmée, mais je suis encore fort inquiète.

Des bulletins, des bulletins, ou bien Wiart prendra ses bottes.

Ce vendredi matin.

J'ai trouvé tous les Fitzroy partis, j'en suis fâchée, je ne fermerai cette lettre que dimanche. J'espère que ce jour-là j'aurai de vos nouvelles.

Ce vendredi, à 2 heures.

Un ange ou un diable m'apporte votre lettre de Strawberry Hill, du 22: c'est celle qui devait arriver le mardi 28. Je ne puis vous peindre quel est mon étonnement, premièrement de ce que je ne comptais en recevoir que demain, ou même dimanche: et ce qui me surprend à l'excès, c'est ce qu'elle contient. Quoi donc, *Monsieur?* êtes-vous devenu tout à fait fou? Voulez-vous m'éprouver? voulez-vous déranger ma tête? Que prétendez-vous? *que voulez-vous de moi? n'avez-vous pas quarante-neuf ans?* n'en ai-je pas *soixante-dix?* Est-il permis à ces âges-là d'avoir des *sentiments?* Qu'est-ce que c'est que ceux de l'amitié? ce n'est qu'un amour déguisé qui couvre de ridicule? Qu'est-ce que c'est encore que cette inquiétude sur ma santé? que vous importe que je vive ou que je meure? votre projet est-il de me voir? n'êtes-vous pas uniquement occupé de la chose publique? serait-il raisonnable que vous l'abandonnassiez pour moi, quand vous consentez à y sacrifier votre vie? Ah! *Monsieur,* faites des réflexions solides, et ne m'exposez pas au *ridicule* de laisser croire que je compte sur votre amitié. Ne dois-je pas penser tout cela?—Mais non,

non, mon tuteur, je suis bien loin de le penser, votre lettre me charme et ne me surprend pas: vos injures, vos duretés, vos cruautés même, ne m'ont point fait méprendre à la bonté et à la sensibilité de votre cœur;—mais je ne veux pas vous en dire davantage: vous êtes sujet à des retours qui me mettent en garde contre moi-même et contre vous. Tout ce que je me permets de vous dire, c'est que je suis heureuse dans ce moment-ci, mais que je pourrais l'être bien plus parfaitement si vous le vouliez: je n'articulerai point ce qu'il faudrait que vous fissiez pour cela; vous le devinez de reste.

Ce que vous me dites de M. Selwyn est parfait:⁵ j'y ajoute qu'il n'a que de l'esprit de tête, et pas un brin de cœur: vous définiriez bien mieux que moi ce que je veux dire.

Votre lettre m'a si fort troublée, que je suis comme si j'étais ivre: je remets à demain à continuer celle-ci.

Ce samedi 1ᵉʳ novembre, à 4 heures après midi.

J'ai attendu que le facteur fût passé pour reprendre ma lettre, je comptais que j'en recevrais une de vous, ce sera peut être pour demain.

Je fais tout mal à propos, mon tuteur; dans le moment où je suis tranquille et contente, me voilà prise d'une fluxion dans la tête avec un peu d'élévation dans le pouls. Mais ce ne sera rien, Ie seul inconvénient que j'y trouve, c'est que je ne pourrai pas vous écrire aussi facilement que si je me portais tout à fait bien. Je viens de m'envoyer excuser de souper ce soir chez Madame la Duchesse de Choiseul, qui m'en a envoyé prier ce matin, et qui est un peu incommodée. J'étais précédemment engagée chez Mme de Forcalquier, et je compte y aller; c'est à ma porte, j'y serai comme chez moi, et j'ai à lui annoncer votre réponse.

Vous me mandez que vous vous portez bien et je n'en crois rien; vous me cacherez votre état; enfin, soit à tort ou à raison, je serai dans la plus grande inquiétude. Ce maudit parlement me tourmente, vous n'avez pas plus de force qu'un poulet, vous venez d'être à la dernière extrémité, et vous voulez vous croire un Turc. Tenez, mon tuteur, je renonce à vous revoir, si vous le voulez, mais n'allez point à ce parlement. Qu'y avez-vous à faire? soyez tout à fait philosophe, ne vous contentez point des efforts qui ne vous coûtent rien. Voilà de beaux

5. See *ante* 22 Oct. 1766.

sacrifices à la philosophie que de ne vouloir point aimer et être aimé de votre pupille. C'est comme la Maréchale de la Ferté et Mme d'Olonne,[6] qui, voulant être dévotes, faisaient jeûner leurs gens. Je vous le répète, je ne vous demande point de me venir retrouver, j'abandonne tout intérêt personnel—mais non, votre santé m'est bien plus personnelle que la mienne; l'état où vous avez été ne me sort point de la tête; je pouvais, au moment que je m'y attendais le moins, apprendre que vous n'étiez plus! Ah! cela me fait frémir. C'est un malheur.

C'est un malheur pour moi, et très grand malheur, que l'amitié que j'ai prise pour vous. Ah! mon Dieu, qu'elle est loin du roman, et que vous m'avez peu connue quand vous m'en avez soupçonnée! Je ne vous aime que parce que je vous estime, et que je crois avoir trouvé en vous des qualités que depuis cinquante ans j'ai cherchées vainement dans tout autre: cela m'a si fort charmée, que je n'ai pu me défendre de m'attacher à vous, malgré le bon sens qui me disait que je faisais une folie et que nous étions séparés par mille obstacles; qu'il était impossible que je vous allasse trouver, et que je ne devais pas m'attendre que vous eussiez une amitié assez forte pour quitter votre pays, vos anciens amis, votre Strawberry Hill, pour venir chercher, quoi? une vieille sibylle retirée dans le coin d'un couvent. Ah! je me suis toujours fait justice dans le fond de mon âme. Votre lettre de Chantilly[7] m'avait donné de l'espérance, mais presque toutes celles qui l'ont suivie l'ont si bien détruite, que votre dernière (qui est charmante) ne peut la faire renaître. Non, je ne vous reverrai plus: vous vous annoncez pour le mois de février; mille et mille inconvénients surviendront de votre part; et puis ne peut-il pas y en avoir un bien grand de la mienne? Ah! mon tuteur, j'aurais bien désiré qu'avant le grand voyage que je ne suis pas bien éloignée de faire, vous en eussiez pu faire un en France. Vous voyez à quel point je suis triste; ne m'en sachez pas mauvais gré, et donnez-moi la liberté de me montrer à vous telle que je suis.—Y a-t-il un autre plaisir, un autre bonheur, que d'épancher son cœur avec un ami sur lequel on compte uniquement? Adieu, mon tuteur; le papier me manque.

6. Madeleine d'Angennes (1629–1714), m. (1655) Henri de Saint-Nectaire, Maréchal-Duc de la Ferté, and her sister, Catherine-Henriette d'Angennes (1634–1714), m. Louis de la Trémoïlle, Comte d'Olonne (*Rép. de la Gazette*); both women were noted in youth for their frivolity, and in age for their absurdity. This anecdote is in Louis de Rouvroy, Duc de St-Simon, *Mémoires*, ed. Boislisle, 1879–1928, xxiv. 200.
7. HW to D 17 April 1766 (missing).

From MADAME DU DEFFAND, Sunday 2 November 1766

Ce dimanche 2 novembre, à 3 heures [1766].[1]

LE facteur n'est point encore passé, à ce que l'on dit, mais peut-être l'est-il, et qu'il n'a point paru parce qu'il n'avait point de lettres.

Je pourrais vous épargner un quatrième tome, mais vous serez peut-être bien aise d'apprendre des nouvelles de ma petite fièvre d'hier. Elle n'a point eu de suite, j'ai assez bien dormi cette nuit, je destine mon après-dîner à aller chez le Président et chez la grand' maman, et je reviendrai souper chez moi parce que c'est mon dimanche. Je vis hier le Selwyn qui m'amena son petit Milord.[2] Le Selwyn soupera ce soir chez moi; il est certainement plus plaisant en anglais qu'en français, mais à tout prendre il est assez aimable.

Le facteur vient de passer; il n'est point venu de courrier; cela sera comme cela tout l'hiver.

J'oubliai de vous dire hier que certainement M. Craufurd n'est pas mort, trois personnes reçurent vendredi de ses lettres. Il mande au Chevalier de Redmond qu'il sera ici le 15 de décembre; vous pensez bien que je n'en crois rien.[3]

Toutes vos lettres de Bath m'ont été rendues; j'ai annoncé à Mme de Forcalquier que vous lui écririez incessamment.

Adieu, mon tuteur. Ne me rendez point l'histoire de Jean-Jacques et de M. Hume ni le mémoire de M. de Calonne. J'ai l'histoire et ne me soucie point de ravoir M. de Calonne.

From MADAME DU DEFFAND, Wednesday 5 November 1766

N° 38. Paris, ce mercredi 5 novembre 1766.

LES courriers sont tous dérangés, on n'a plus les lettres que deux ou trois jours après le jour qu'on les doit recevoir. Ce serait un grand inconvénient si on était malade et qu'on fût dans l'inquiétude; excepté ce cas-là il n'y a pas grand mal.

1. The date of the year was added by HW.

2. Lord Carlisle.

3. D wrote to Craufurd, 16 Nov. 1766: 'Est-il vrai que vous ayez mandé au Chevalier de Redmond que vous viendriez

Enfin notre petit Craufurd n'est donc pas mort. J'étais déjà rassurée, comme je vous le mandai dans ma dernière lettre, mais j'ai été fort aise que cela m'ait été confirmé par vous et par lui-même. Quand il m'aura envoyé la lettre qu'il me dit m'avoir écrite j'y répondrai, mais s'il ne me l'envoie pas je ne lui écrirai point.[1] Le meilleur compliment que je puisse lui faire, c'est de lui faire savoir par vous la joie que j'ai de sa résurrection, et [de] lui épargner la peine et l'ennui de m'écrire.

Je suis très convaincue que M. Selwyn n'a pas eu l'intention de faire une plaisanterie, et il a été extrêmement fâché de la peine qu'il m'avait causée, et moi je ne le suis nullement d'avoir laissé voir ma sensibilité. Rien n'est moins susceptible de ridicule que les regrets qu'on peut avoir de perdre ce qu'on estime et qu'on aime. Je suis bien aise par rapport à vous d'avoir fait connaître combien M. Craufurd était mon ami, parce que des sentiments partagés prouvent clairement qu'ils ne sont ni ridicules ni scandaleux. Ils peuvent être extravagants, je l'avoue, et je ne le sens que trop bien, mais je vous ai dit sur cela cent et cent fois tout ce qu'il y a à en dire.

J'ai fait traduire votre lettre à Mme de Forcalquier;[2] elle est infiniment agréable, et j'ai eu beaucoup de plaisir à l'article qui me regarde; il m'est une nouvelle preuve de votre amitié.

Je vis Madame la Duchesse de Choiseul dimanche dernier. Elle venait de lire l'histoire de M. Hume; on ne peut être plus scandalisée qu'elle l'a été de la déclaration de d'Alembert,[3] elle me dit que M. de Choiseul en était indigné, et qu'il était charmé de votre lettre à M. Hume,[4] qu'il la trouvait noble, franche, généreuse, délibérée; il lui fit des reproches de ne lui avoir pas fait faire connaissance avec vous, et il se promet bien qu'au premier voyage que vous ferez ici de vous voir.

---

ici le mois prochain? J'ai peine à le croire; et il a ajouté une circonstance qui le rend tout à fait incroyable, c'est qu'avant que de venir, vous devez le charger de vous chercher un logement tout auprès de chez lui. Oh! cette intimité me rend la nouvelle de votre retour bien suspecte' (S–A i. 69).

1. D wrote to Craufurd, 16 Nov. 1766, saying: 'J'attendais cette lettre que vous prétendez m'avoir écrite, et je ne comptais vous répondre qu'après l'avoir reçue. Je

vois bien que je l'attendrais vainement; je prends donc le parti de vous écrire aujourd'hui' (S–A i. 69).

2. See HW to Mme de Forcalquier 27 Oct. 1766. The letter is preserved only in a French translation, in Wiart's hand, among the MSS bequeathed by D to HW.

3. D'Alembert's preface to the *Exposé succinct de la contestation . . . entre M. Hume et M. Rousseau*. See *ante* 4 Sept. 1766.

4. HW to Hume 26 July 1766.

Est-il vrai que vous avez fait un petit écrit sur les Patagons?[5] Mme d'Aiguillon le prétend; elle l'a lu, et en [le] lui donnant on lui a dit qu'il était de vous. C'est une drôle de femme que cette Mme d'Aiguillon, mais on serait heureuse de ne vivre qu'avec celles qui sont drôles —cela vaut bien mieux que celles qui sont dangereuses. J'ai un grand dégoût, je vous l'avoue, pour tout ce qui m'environne, mais je vous ai une obligation dont vous ne vous doutez point, c'est que vous m'avez rendue parfaitement indifférente pour toute chose, et de là il en résulte une conduite extrêmement prudente.

Je reçus l'autre jour une longue visite de l'Idole; j'eus avec elle tout le sang-froid convenable. Je la laissai venir à me parler de vous. Elle vous a, dit-elle, des obligations infinies; votre ami[6] de Florence a les plus grandes attentions, les meilleurs procédés pour son fils.[7] Votre lettre du Roi de Prusse ne lui paraît plus qu'une plaisanterie; il y a une phrase dans votre lettre à M. Hume qu'elle n'approuve pas tout à fait, mais vous pouvez espérer qu'elle vous traitera bien; elle ne savait pas si l'ambassadrice[8] était arrivée, mais l'ambassadeur[9] avait envoyé chez elle pour lui demander le jour et l'heure où elle pourrait le voir; la vie qu'elle mène oblige à s'en informer quand on veut la trouver. Elle sait que Jean-Jacques est devenu absolument fou, et elle est bien fâchée d'avoir engagé M. Hume à se charger d'un tel personnage. Elle devait partir aujourd'hui pour l'Isle-Adam, mais elle me demanda si en cas qu'elle ne partît point je trouverais bon qu'elle vînt souper chez moi vendredi; je lui dis que oui. Je lui demandai si elle avait des nouvelles de Milord Holdernesse. Elle n'en a pas entendu parler, et cela est d'autant plus surprenant qu'en lui disant adieu il fut sur le point de s'évanouir et qu'elle le crut prêt à

5. *An Account of the Giants Lately Discovered,* written by HW, 28–9 June 1766 (see 'Short Notes'), and published 25 Aug. It was reprinted in *Works* ii. 93–102. It is written in the form of a letter, inspired by Capt. John Byron's supposed discovery of giants in Patagonia during his tour around the world, which ended in May, 1766; it alludes to contemporary politics.

6. Sir Horace Mann (HW). Sir Horace Mann (1701–86), cr. Bt (HW's friend and correspondent). HW had written him 11 July 1766, recommending Mme de Boufflers' son. See also Mme de Boufflers to HW 4 May and 6 Sept. 1766.

7. Louis-Édouard (1746–94), Comte de Boufflers (P.-E. Schazmann, *La Comtesse de Boufflers,* 1933, pp. 30, 225).

8. Lady Rochford (HW). She was Lucy Young (1722–73), m. (1740) William Henry Nassau de Zulestein, 4th E. of Rochford.

9. 'The Earl of Rochford, ambassador to the French court, will set out on his embassy on Tuesday next. His Lordship's baggage is already gone. The Countess of Rochford accompanies his Excellency' (*London Chronicle* xx. 382, 18 Oct. 1766).

mourir de douleur. Elle a dans son maintien la dignité du théâtre, et dans ses allures celle de la foire. C'est cela qui est ridicule, et bien fait pour qu'on s'en moque. Les Maréchales[10] ne peuvent plus se souffrir avec le semblant de s'aimer toujours. La Princesse[11] les déteste et les ménage, elle est abhorrée d'elles, et elle en est recherchée. Cette dernière est celle qui vaut le mieux, mais en vérité, en vérité le meilleur n'en vaut rien, et excepté Pont-de-Veyle que j'aime fort et qui, vu le temps qui court et le lieu que j'habite, peut être regardé comme un ami, il n'y a pas une seule personne dont je fasse le moindre cas.

Connaissez-vous le livre *Des délits et des peines*[12] d'un nommé Beccaria, Italien, et le commentaire du dit livre qu'on dit être de Voltaire? J'ai l'un et l'autre, je ne les ai point lus, on dit que cela est bon; voulez-vous que je vous les envoie? Mais vous n'aurez pas le temps de lire ni même d'écrire, vous allez être abîmé dans les affaires; tant mieux si cela vous amuse, mais tant pis et mille fois tant pis si elles vous rendent malade; c'est mon unique crainte, d'ailleurs je ne pense plus à vous revoir. Je me détache de cette idée, et je ne crois même pas que, quoique l'inventaire de M. Julienne[13] doive se faire au mois de février ou de mars, [ce] soit une assez forte raison pour vous ramener. Il faut vivre avec sa Devreux, sa Tulipe, et filer[14] ses chiffons, lire quelques mauvaises histoires ou quelque mauvais roman, passer des nuits blanches, avoir chez soi tous les dimanches un souper qui ressemble au repas de l'Évangile, attendre tous les huit ou dix jours une lettre d'Angleterre où l'on promet comme une grande marque d'amitié qu'on viendra au mois de février. Voilà l'histoire de ma vie. Vous conviendrez que je suis une plate héroïne de roman. Adieu, mon tuteur, vous voyez de reste que je ne suis pas de fort belle humeur.

10. De Luxembourg and de Mirepoix.

11. De Beauvau (HW).

12. *Trattato dei diletti e delle pene,* by Cesare Bonesana (1738–94), Marchese di Beccaria. Many editions of this treatise succeeded the original one of 1764; a French translation by the Abbé Morellet appeared at Paris in 1766. Diderot annotated it and Voltaire wrote a commentary on it, to which Beccaria replied. It was perhaps the most celebrated work on criminal jurisprudence which appeared in the eighteenth century.

13. Chevalier Jean de Julienne (1686–1766), director of the Gobelin factory, and art collector (see Athenase-Louis Torterat, Comte Clément de Ris, *Les Amateurs d'autrefois,* 1877, pp. 287–314; Edmond Beaurepaire, *Le Pavillon de Monsieur Julienne,* in Louis-Léon-Théodore Gosselin ['G. Le Nôtre'], *Vieux Paris,* 3d series, 74–7). HW saw his collection, 18 Dec. 1765 (*Paris Jour.*).

14. T suggests that D meant to write 'effiler.'

Vous aurez vu les Fitzroy; s'ils disent la vérité, ils ne vous diront pas que je leur ai parlé de vous. Je me suis contentée de répondre à ce qu'ils me disaient. Quand vous seriez Dieu je ne vous obéirais pas plus parfaitement, je ne prends jamais votre nom en vain, et je vous assure que cela me devient facile. J'ai le cœur flétri et l'âme très refroidie, la vie m'ennuie, et si je ne fais pas une *jolie mort,* j'en ferai du moins une très indifférente. Je suis, comme l'on dit, battue de l'oiseau,[15] et je deviens aussi ennuyeuse que votre ennemi Montaigne en parlant toujours de moi, c'est-à-dire en vous écrivant, car pour les autres je les écoute parler d'eux. Si par hasard le facteur arrive et m'apporte une lettre j'ajouterai ma réponse.

À 5 heures.

Le facteur n'avait point de lettres. On m'a apporté votre paquet; j'espérais y trouver quelques lignes de vous.

J'oubliais de vous dire que l'Idole prétend savoir très positivement la personne qui a corrigé le style de la lettre du Roi de Prusse; c'est M. de Nivernais.[16] Je n'ai point montré à Mme de Luxembourg l'article de votre lettre sur d'Alembert. Je méprise tout cela, je n'en suis point occupée, et je ne veux point qu'on puisse me soupçonner de l'être.

Si je vous revois quelque jour je vous dirai à quoi je m'occupe dans mes nuits blanches, mais je ne le hasarderai pas par la poste, quoique Mme de Choiseul m'ait assurée qu'on pouvait écrire en toute liberté, et qu'il n'y avait aucun inconvénient à craindre.

Ma première lettre, à ce que j'espère, sera moins ennuyeuse que celle-ci.

To Madame du Deffand, Thursday
6 November 1766, N° 34

Missing. *Post* 12 Nov. 1766, gives the letter this date, and says that it was not numbered. The date in *Paris Journals* is 7 Nov., probably the date when it was sent. HW was at Strawberry Hill, 5 Nov.

15. 'Découragé par une suite de revers, de mécomptes, etc. Locution tirée de la fauconnerie, qui désigne le gibier battu et finalement surmonté par l'oiseau de proie' (Émile Littré, *Dictionnaire de la langue française*).

16. Louis-Jules-Barbon Mancini-Mazarini (1716–98), Duc de Nivernais, diplomatist and writer. HW had often met him in Paris (*Paris Jour.*), and in England when Nivernais was negotiating for the treaty of peace in 1763. Nivernais was one of those

MADAME DU DEFFAND'S LETTER OF
12 NOVEMBER 1766, IN HER OWN HAND,
WITH NUMBER AND DATE BY WIART

From Madame du Deffand, Wednesday
12 November 1766

Nº 39. Ce mercredi 12 novembre 1766.[1]

JAMAIS, jamais esprit ne m'a tant plu que le vôtre; que n'en puis-je autant dire de . . .[2] mais je m'obstine à le trouver inexplicable, peut-être parce qu'il est trop aisé à expliquer. Toutes vos lettres retentissent de cette charmante époque *le mois de février*. Vous faites cette annonce avec le plus grand empressement, le désir le plus vif, le besoin même de revoir vos amis. Mais croyez-vous les retrouver tous? Vous trouverez, du moins je l'espère, la grand' maman, et je vous exhorte de répondre à toute l'amitié qu'elle a pour vous. Jamais son cœur n'a connu la fausseté; jamais sa bouche n'a exagéré ses pensées. C'est un ange, et je l'aimerais à la folie si je n'étais pas comme ce malheureux qui n'était malheureux, selon Sainte Thérèse, que parce qu'il ne pouvait rien aimer. Cette grand' maman dit que M. de Choiseul lui fait tous les jours des reproches de ne lui avoir pas fait faire connaissance avec vous. Il demande pourquoi vous différez votre retour, il voudrait vous voir tous les jours. Votre lettre à M. Hume[3] l'a charmé. Elle a eu le même succès presque avec tout le monde:

> David, David triomphe, Achab seul est détruit.[4]

Il n'y a plus d'Idole:

> Baal est en horreur dans la sainte cité,
> De son temple profane on a brisé les portes.[5]

Nous sommes en sûreté. Voilà, mon tuteur, à quoi je m'occupe pour rendre mon insomnie supportable. Si je vous envoie ce barbouillage recevez-le en esprit de pénitence, et qu'il tienne lieu des reproches que je pourrais vous faire de m'avoir laissée douze jours sans recevoir de vos lettres; je ne serais pas si douce si je n'avais appris

who corrected HW's letter to Rousseau (see HW to Conway 12 Jan. 1766). They remained life-long friends and occasional correspondents. In 1785, HW printed at Strawberry Hill Nivernais' translation of the *Essay on Modern Gardening*.

1. The date is in Wiart's hand, but the letter itself, up to the asterisk, is in D's writing. The postscript (beginning 'à 3 heures') is written by Wiart on a smaller sheet.

2. So reads the MS.

3. HW to Hume 26 July 1766.

4. Racine, *Athalie*, V. vi.

5. Ibid.

par Mme d'Aiguillon que vous vous portiez bien. C'est cet après-dîner que les lettres arrivent, peut-être n'en recevrai-je pas; peut-être m'avez vous mise au régime de votre silence. Je me regarde comme un enfant que vous voulez sevrer, et mettre en état de marcher toute seule dans ce vilain mois de février.

Pour moi, mon tuteur, je trouve tout ce que vous faites bien fait. Mais mandez-moi si vous êtes content et si les choses se tournent suivant vos désirs. Je crois que l'écrit des Patagons[6] est de vous. Je l'ai lu, et soit prévention et présomption j'ai cru l'entendre et je l'ai trouvé très joli. Je ne sais qui l'a traduit et si l'auteur en serait content. Je me prépare à vous envoyer un portrait. Je me fais un plaisir de voir si vous le reconnaîtrez. Adieu, je suis fatiguée à mourir.*

À 8 heures.

Mon griffonnage vient d'être revu et corrigé. Il partira, je vous jure, tout seul si je n'ai point de lettres, et avec un supplément si j'en reçois.

N° 39. À 3 heures [novembre 1766].[7]

La lettre du 6 est arrivée, celle d'auparavant était du 27; celle-là et celle-ci ne sont point numérotées, je ne crois pas qu'il y en ait de perdue, mais ce n'était que pour avoir cette sûreté que j'avais imaginé d'y mettre des numéros.

J'ai vu Mme d'Aiguillon avant-hier, elle ne m'a point parlé du contenu de votre lettre,[8] et si vous désiriez qu'elle me la communiquât c'était à vous à l'en prier. Vous m'avez tant recommandé de ne point parler de vous que je crois ne pouvoir pas vous obéir trop littéralement. Je suis bien plus en peine de vous surcharger par mes attentions que je n'ai de crainte que vous ne trouviez que j'en manque.

Ce que vous me dites de votre santé m'inquiète un peu, je n'aime point que vous ayez eu des ressentiments le 2 et le 3, mais c'est encore de quoi il ne faut pas que je parle ni trop vivement ni trop longuement; j'avoue cependant que cela m'occupe un peu plus que les sottises et les insolences de d'Alembert,[9] qui sont condamnées de tous les honnêtes gens et de toute la bonne compagnie. Je laisse à Mme

---

6. HW's *Account of the Giants Lately Discovered* (see *ante* 5 Nov. 1766).

7. The date of the month and year have apparently been added by HW.

8. HW to Mme d'Aiguillon 3 Nov. 1766.

9. In his declaration to the editors of the *Exposé succinct* of the Hume-Rousseau quarrel.

d'Aiguillon tout l'honneur de votre correspondance sur ce qui regarde cet article, ainsi que sur l'écrit des Patagons que j'ai cru comprendre qu'elle tenait de vous. Je l'ai même priée de vous faire des reproches de ma part de ce que je n'avais pas de vos nouvelles, et il sera bien établi à votre retour que notre liaison n'a pas plus d'intimité que celle que vous avez avec toute autre. Mon Dieu! je crains bien qu'il n'y ait un article dans une de mes dernières lettres qui ne vous choque terriblement; je vous parlais[10] de l'amitié de Devreux pour vous; vous ne savez peut-être pas qu'elle est mon amie intime, que c'est peut-être la seule personne sur terre qui s'intéresse véritablement à moi, qu'il faut que j'épanche mon cœur quelquefois, et que je ne pourrais pas me priver de cette consolation; mais dans le fond qu'est-ce que cela vous peut faire, cela ne vous commet avec personne et c'est comme si je parlais à mon oreiller.

Venons aux reproches que vous me faites de vous *sommer* de vos promesses pour votre retour; rien n'est plus singulier, rien n'est plus injuste. Je vais rompre le silence aujourd'hui puisque vous ne m'avez pas su quelque gré de ma retenue et ma discrétion. Oui, monsieur, j'espérais vous voir plus tôt qu'au mois de février, parce que dans plusieurs de vos lettres vous me faisiez entendre que ce serait dans le mois d'octobre, que M. de Guerchy me dit la même chose, ainsi que Milady George. Depuis cela, vos mécontentements sont survenus, vous m'avez menacée de mettre huit mois d'intervalle de votre départ à votre retour, et après m'avoir dit que vous ne reviendrez que pour moi, vous m'avez dit ensuite que je vous faisais frémir pour votre retour! Ah! du moins que je vous le rende indifférent, et bannissez toute crainte à mon occasion. Je consens à tout ce qui peut vous convenir et vous être agréable, mais pour vous faire peur ce serait pousser les choses trop loin, et assurément ce serait un malheur que je ne me suis pas attiré.

Je ne sais si je ne fais pas très mal de vous envoyer mon griffonnage de cette nuit, mais ne vous fatiguez point à le déchiffrer, jetez-le au feu sans le lire; il y a des vers, ils sont d'*Athalie*.

Je suis fort en peine de la santé du Président, c'est un spectacle bien triste que de voir filer la mort [à] quelqu'un avec qui l'on a passé sa vie. Mais je ne veux point vous entretenir de choses si tristes;

10. See *ante* 30 Oct. 1766. D wrote to Mlle de Lespinasse, 13 Feb. 1754, that 'je fais . . . plus de cas d'elle [Devreux] que de tous les potentats de l'univers' (B i. p. lxxxvi).

trouvez bon que je vous demande si l'entrée des Bedford au ministère[11] est aux dépens de quelqu'un, et qui sont ceux qui leur cèdent
la place?

Je croyais que vous connaissiez Mme Greville, parce que dans une
de vos lettres vous m'aviez dit que vous aviez fait des vers pour elle.[12]

Adieu, mon tuteur, ayez bien soin de votre santé, je me soumets à
toutes vos volontés, excepté à l'indifférence sur cet article.

La Princesse Geoffrinska[13] arriva avant-hier, engraissée, embellie.
Elle a trouvé la fontaine de jouvence. Toute la France est empressée
à lui rendre hommage, elle ne peut plus mourir que d'une réplétion
de gloire.

To MADAME DU DEFFAND, Thursday
13 November 1766, N° 35

Missing. *Post* 23 Nov. 1766, quotes the words *balneo mariae* from this letter,
and gives this date. The date in *Paris Journals* is 14 Nov., probably the date
when it was sent. HW was at Arlington Street.

From MADAME DU DEFFAND, Friday 14 November 1766

N° 40. Paris, ce vendredi 14 novembre [1766].[1]

JE compte que cette lettre partira avec une petite brochure par
quelque occasion, ainsi je ne prévois pas quand vous la recevrez,
mais comme je n'ai pas la crainte que le paquet ne soit trop gros
j'en profiterai pour vous écrire aussi longuement qu'il me plaira.

Vous ne serez peut-être pas trop content de ces deux lettres;[2] à la
première lecture elles m'ont plu; à peine avais-je achevé de les lire
que je me suis mise à écrire à Voltaire.[3] Je ne sais quelle distraction
j'avais eue, mais je n'entendis point qu'il n'était point l'auteur de

11. The Bedford faction did not come
into power at this time (see HW to Mann
8 Dec. 1766).

12. She is mentioned in *The Beauties,*
1746, which was reprinted in HW's *Fugitive Pieces* (see *ante* 4 Sept. 1766, n. 20).

13. Marie-Thérèse Rodet (1699–1777) m.
(1713) François Geoffrin; she was called
'Geoffrinska' because of her maternal fond-
ness for Stanislas II of Poland, whom she
had just visited at Warsaw.

1. The date of the year was added by
HW.

2. *Le Docteur Pansophe; ou lettres de
M. de Voltaire,* Londres, 1766 (Bibl. Nat.
Cat.). The letter called *Docteur Pansophe*
was written by Charles Borde (1711–81);
the other letter was written by Voltaire to
Hume.

3. D to Voltaire, 13 Nov. 1766 (Voltaire,
Œuvres xliv. 497).

celle adressée à Jean-Jacques, je les louais toutes les deux également, et comme j'étais au milieu de ma lettre je reçus un paquet de la poste qui contenait un petit billet de Voltaire, et sa lettre à M. Hume[4] qu'il m'envoyait. Je ne recommençai point la lettre que je lui écrivis, je la continuai[5] et je ne me suis point rétractée des louanges que j'ai données à la seconde, parce que malgré ses jurements je soupçonne qu'elle pourrait bien être de lui. Cependant elle pourrait bien être d'un nommé Grimm,[6] de qui est un petit écrit qui a pour titre *Le Petit prophète*. Enfin, quoiqu'il en soit, il n'importe guère, et c'est pour le plaisir de causer avec vous que je me laisse aller à vous dire tout cela; ces deux lettres à la seconde lecture m'ont beaucoup moins plu qu'à la première. Oh! mon tuteur, ces deux lettres ne valent pas votre petite lettre du Roi de Prusse[7] ni celle à M. Hume;[8] c'est que votre caractère est bien différent de celui de Voltaire, et que votre esprit ne cède pas au sien.

Toutes réflexions faites, j'ai cru que sans manquer à l'excessive prudence que j'observe, je pouvais demander à Mme d'Aiguillon, suivant la permission que vous m'en aviez donnée, la traduction de votre lettre;[9] elle vient de me l'envoyer. Nous sommes résolues l'une et l'autre de ne point parler de toutes ces tracasseries; ce serait vous avilir de donner quelque occasion de placer votre nom avec celui de tous ces gens-là. Votre lettre à M. Hume est tout ce qui se pouvait dire de mieux, cela suffit, elle est si franche et si noble qu'on n'y peut rien ajouter. Dans huit jours il ne sera plus question de tout cela;[10] mais si par hasard Jean-Jacques et d'autres *tabarins* écrivent, il faut les laisser faire et s'en moquer au coin du feu, mais non pas par aucun écrit quelconque. Voici un extrait de ma lettre à Voltaire.[11] Après lui avoir conseillé de ne plus écrire sur la religion, je lui dis: 'Laissez là les prêtres et tout ce qui s'ensuit, travaillez à rétablir le bon goût, délivrez-nous de la fausse éloquence, donnez des préceptes, puisque votre exemple ne suffit pas, prenez les rênes de votre empire

4. Voltaire's billet to D is missing; his letter to Hume is dated 24 Oct. 1766.

5. The second part of D's letter is headed 'À trois heures après midi.'

6. Friedrich Melchior Grimm (1723–1807). In 1753 he had published *Le Petit prophète de Boemischbroda, le correcteur des bouffons, et la guerre de l'Opéra* (Bibl. Nat. Cat.).

7. HW's letter to Rousseau under the name of Frederick the Great of Prussia. Dec. 1765.

8. HW to Hume 26 July 1766.

9. HW to Mme d'Aiguillon 3 Nov. 1766.

10. D means it would all be forgotten soon.

11. These extracts (with slight differences in wording) are in D to Voltaire 13 Nov. 1766 (Voltaire, *Œuvres* xliv. 497).

et chassez de votre ministère ceux qui, abusant de l'autorité que vous leur avez donnée, et qui sans connaissance du monde, sans biensé-ance, sans égards, sans politesses, sans grâces, sans agrément, sans ver-tus, sans morale, se font *dictateurs,* et jugent en souverains (bien ou mal) du bien et du mal. C'est vous qui les avez créés, imitez celui en qui vous croyez, repentez-vous de votre ouvrage.' Et puis à la fin de ma lettre, en lui parlant de l'histoire de M. Hume, je lui dis, 'Je trouve que M. Hume aurait bien fait de ne pas laisser imprimer cette impertinente histoire; du moins il aurait dû en faire supprimer le commencement et la fin. Oh! pour la fin, vous conviendrez que le ton en est important, pour ne pas dire insolent.'

Voilà, mon cher tuteur, tout ce que je vous écrirai aujourd'hui.

Ce samedi, à 6 heures du soir.

Je suis au coin de mon feu, faisant refuser ma porte, je vais causer avec vous comme si vous étiez présent, excepté une petite gronderie que l'absence occasionne. Pourquoi ai-je été avant votre dernière lettre douze jours entiers sans recevoir de vos nouvelles? Il n'y en a que deux ou trois sur le compte des vents, mais vos dates font foi qu'il y en a neuf ou dix sur le compte de votre paresse.[12] Écoutez, mon tuteur (et surtout sans vous fâcher), ce que je vais vous dire. Je ne suis nullement maîtresse de mes pensées et de mes sentiments; j'ai un point fixe dans la tête, c'est l'inquiétude de votre santé. Je ne puis pas m'ôter de l'esprit que vous ne vous portez point bien. Dans votre dernière lettre qui est du 6 vous me dites que vous avez eu un retour de vos douleurs d'estomac le 2 ou le 3; comment voulez-vous que je sois tranquille, et que si je n'ai pas demain de vos nouvelles la tête ne me tourne pas? Soyez indulgent, mon tuteur, et rappelez-vous si vous n'avez pas éprouvé dans votre vie de pareilles inquiétudes. Je vous ai vu troublé par des choses de bien moins grande importance; soyez donc tolérant pour votre pupille, ayez la condescendance de ne pas manquer une occasion de lui rendre compte de votre santé, et je vous quitterai de tout le reste.

Traitons actuellement l'article de votre retour. Je suis bien plus raisonnable que je ne l'étais, mes oreilles commencent à s'accoutumer au mot *février;* je comprends que vous pouvez avoir mille raisons qui vous font retarder jusqu'à ce terme. Les choses qui vous dégoûtaient

12. HW had not written to D between 27 Oct. and 6 Nov. 1767 (28 Oct. and 7 Nov. in *Paris Jour.*), a space of ten days.

de votre pays sont changées et peuvent ne plus exister; votre présence, vos conseils, doivent être utiles à vos amis et à la chose publique; votre maladie aussi a pu vous occasionner beaucoup de dépense, et vous mettre hors d'état pour le moment présent de faire un voyage qui coûte beaucoup d'argent; de plus, qu'est-ce qui peut vous attirer ici? Moi, à ce que vous me dites; et je suis assez portée à croire que vous me dites vrai. Personne, je dis personne ici, n'est digne de vous; il n'y a que moi. Ce n'est pas que je pense avoir aucun mérite ni aucun agrément qui me mette au-dessus des autres, mais j'ai une véritable amitié pour vous, vous le savez, et quoique vous vous en soyez souvent trouvé importuné, que vous ayez fait tout votre possible et même tout ce qui est *inimaginable* pour détruire cette amitié, je suis persuadée que vous n'êtes point fâché qu'elle subsiste. Vous n'êtes point différent des autres hommes; vous êtes moins faible qu'eux, mais vous êtes, à ce que je crois, beaucoup plus sensible, par conséquent vous êtes flatté d'être bien jugé, et touché d'être fort aimé. Vous ne craindrez point de vous retrouver avec moi, cette idée aujourd'hui ne vous fait point frémir. Il serait *ineffable* si c'était moi qui vous empêchasse de revenir en France. Vous m'avez fait entendre dans une de vos lettres que cela pourrait bien être. Ah! mon tuteur, que cela était dur! Et comment est-il possible qu'un aussi bon homme que vous veuille tourmenter une si faible créature que moi, de qui vous ne pouvez jamais craindre aucun mal, ni qui puisse vous faire encourir aucun ridicule ni aucun blâme? Mais je vous pardonne tous les chagrins que vos lettres m'ont causés, je désire qu'elles soient toujours à l'avenir la sincère expression de vos pensées, mais j'espère que vous n'en aurez plus contre moi; je ne serai pas assez folle pour penser et vous dire rien qui vous trouble et vous tourmente, et pour vous rassurer une fois pour toutes, sur mes *empressements, impétuosités, emportements,* sachez que si je puis avoir l'espérance de vous voir tous les ans pendant deux ou trois mois, je serai parfaitement heureuse et contente; vous savez mon âge, ainsi vous pouvez juger à quoi cela vous engage; toute ma frayeur, je vous l'avoue, c'est de mourir avant de vous avoir vu. Parlons d'autres choses.

Je ne me soucie pas beaucoup de M. Selwyn. Nous avons de ces sortes d'esprits-là dans mon pays, et les gens de son caractère n'y sont pas rares. Je pense qu'il peut avoir de l'agrément, du tour, de la vivacité, je vois bien qu'il préfère les gens d'esprit aux sots, je ne suis pas fâchée de le voir, je le préfère à un certain M. le Comte de

Creutz,[13] envoyé de Suède, que j'ai pris pour un homme d'esprit la première fois que je l'ai vu, mais qui à la seconde m'a paru tel qu'il est en effet, un pédant, un doucereux, un flagorneur, un admirateur des philosophes modernes. Il les voit, il les recherche tous, parce que, dit-il, 'Le choc des différents esprits augmente les idées!' M. Selwyn est d'un genre bien différent, mais il n'y a pas grande conversation avec lui. Oh! mon tuteur, si j'étais avec vous je vous conterais des choses qui vous feraient horreur; je me trouve aujourd'hui la confidente de trois personnes dont le cœur est l'enfer, par la haine qu'elles ont l'une contre l'autre; il y en a deux[14] dont j'ai éprouvé les plus indignes procédés et qui n'ont nulle crainte de me confier leurs plus indignes pensées. Pour la troisième[15] elle est mon amie, je n'ai jamais eu sujet de m'en plaindre, elle est bien plus honnête que les deux autres, elle est vraie et loyale, mais elle est pleine de haine et d'esprit de vengeance, mais c'est à découvert, mais c'est sans fraude et sans artifice; voilà une de mes sociétés. Une autre qui est la cour de Charlemagne,[16] me conviendrait assez, mais il faut être princesse ou archiduchesse pour parvenir à être au rang de ses amis. Mme de Forcalquier[16a] prétend être comme vous, elle voudrait être votre singe, marquer un bon cœur, et en même temps n'aimer ni être aimée; j'y consens.

Ce lundi 17, à 3 heures.

Le courrier n'arriva point hier; il est arrivé aujourd'hui et il n'y a point de lettres pour moi. Je ne m'en plaindrais pas si j'étais sans inquiétude pour votre santé. Je saurai par M. Selwyn ce qu'il aura appris. Si on ne lui mande rien de vous ce sera bon signe; il faut que je patiente jusqu'à mercredi. Si vous me refusez la complaisance d'écrire quatre lignes tous les courriers, vous me ferez passer un triste hiver. Vous pouvez actuellement charger un de vos domestiques d'écrire une espèce de bulletin à Wiart; il le traduira très aisément, il fait d'assez grands progrès; il n'a point mal traduit votre écrit sur Théo-

---

13. Gustaf Philip Creutz (1731–85), greve, Swedish envoy at Paris 1766–83 (*Svensk Uppslagsbok*, Malmö, 1930–7). HW had met him there, three times (*Paris Jour.*). Marmontel admired him (see Jean-François Marmontel, *Mémoires*, 1891, ii. 326–8); the Choiseuls liked him; and even D revised her former unfavourable opinion

of him, because of his loyalty to the Choiseuls in their disgrace (see D to Mme de Choiseul 27 Sept. 1771, S–A ii. 53).

14. Les Maréchales (HW).

15. La Princesse de Beauvau (HW).

16. Mme de Jonzac (see *ante* 23 April 1766).

16a. Expanded by HW from Wiart's 'F.'

dore;[17] n'allez pas vous gendarmer sur ce qu'il continue à apprendre l'anglais.

Le lendemain[18] le mariage de Mlle d'Aiguillon avec M. de Chabrillan.

Je ne me porte pas trop bien, je ne suis pas de trop belle humeur; il y a aujourd'hui sept mois que j'eus un grand chagrin, et le lendemain beaucoup de plaisir.[19] Depuis ce temps-là il est arrivé bien des vicissitudes. Mon Dieu! mon tuteur, que je suis inquiète de votre santé, et qu'il est cruel à vous de me laisser dans cet état.

M. Selwyn se charge d'envoyer mon paquet; il doit, m'a-t-il dit, partir demain, je ne sais pas par qui.

Comme j'allais fermer mon paquet mon colporteur m'apporte un petit écrit qui est la *Justification de Jean-Jacques;*[20] je l'ai parcouru, je soupçonne que l'auteur pourrait être un sacristain (non des Minimes)[21] mais du temple de l'Idole.

From Madame du Deffand, Wednesday 19 November 1766

Address: To Monsieur Monsieur Horace Walpole in Arlington Street near St James's London Angleterre.
Postmark: NO 24.

N° 40. Ce mercredi 19 novembre 1766.

ON ne sait plus où l'on en est, tout est dans le désordre; les courriers sont retardés, et quand ils arrivent ils n'apportent rien, et quand ils apportent, ce qui devient très rare, il n'est plus question de numéro; enfin on ne sait plus où l'on en est. Ah! j'entends le tuteur, il se dépite, il se met en colère. 'Quoi, toujours se plaindre?' s'écrie-t-il, 'à quelle contrainte veut-on m'assujettir? Quitterai-je toutes mes affaires pour remplir le loisir d'une femme désœuvrée, et qui au coin de son feu donne dans des visions ridicules, qui ne con-

17. HW's article in *The World*, 22 Feb. 1753, on Théodore-Antoine (1690–1756), Baron de Neuhof, and self-styled King of Corsica, who was then imprisoned for debt, and for whose benefit *The World* requested contributions. HW later erected a monument to him at St Anne's, Soho (see HW to Mann 29 Sept. 1757), and it is visible today by the west entrance. See Valerie Pirie, *His Majesty of Corsica*, 1939.

18. The marriage contract had been signed 16 Nov. 1766 (*Rép. de la Gazette*).
19. That is, the unhappiness of HW's departure from Paris, and the joy of receiving his first letter.
20. *Justification de Jean-Jacques Rousseau dans la contestation qui lui est survenue avec M. Hume,* Londres, 1766 (Grimm vii. 205, 15 Jan. 1767).
21. See *ante* 30 Oct. 1766.

naît de l'amitié que l'observance de certaines *rubriques,* et qui n'a pas assez de bon sens pour connaître ce que je peux penser? Elle devrait être plus que contente des soins et des attentions que j'ai pour elle, que je remplis et par delà tout ce que la reconnaissance peut exiger! Que diantre veut-elle de plus?' Ah! le tuteur a raison et mille fois raison, aussi j'aurais tort de me plaindre, aussi ne me plains-je pas. Si j'avais des nouvelles de sa santé, je ne demanderais rien de plus. L'entendez-vous, mon tuteur, n'en parlons plus.

M. Selwyn m'a lu hier une lettre où l'on lui mande que votre chose publique va bien. J'espère que j'aurai demain une lettre où vous m'en apprendrez davantage, je ne veux pas l'attendre, parce que ma lettre ne partirait que lundi prochain. Je vous ai écrit des volumes tous ces jours-ci, cela vous sera rendu quand il plaira à Dieu, c'est-à-dire, à la mer, aux vents et à la personne que M. Selwyn en a chargée et dont je ne sais pas le nom. Vous trouverez dans mon paquet de petites feuilles volantes dont vous ne vous soucierez guère.

Vous êtes trop heureux, je ne suis point aujourd'hui en train de causer.

Adieu, mon tuteur, je crois que je vous aime toujours.

La personne à qui M. Selwyn a remis mon paquet s'appelle M. Conyers, le mari de Milady Julienne.[1]

To MADAME DU DEFFAND, Friday
21 November 1766, N° 36

Missing. Probably written at Arlington Street. Answered, 26 Nov.

From MADAME DU DEFFAND, Sunday 23 November 1766

N° 41. Ce dimanche 23 novembre 1766,
réponse à votre lettre du 13.

VOUS me dites d'avouer que je suis difficile à contenter. Vous ne pouvez rien dire qui m'afflige davantage, c'est me faire sentir que je vous fatigue, que je vous importune, et que par conséquent

1. Harriot (HW). Selwyn had apparently confused the two daughters of Thomas Fermor, 1st E. of Pomfret: Juliana (b. 1729), m. (1751) Thomas Penn, and Henrietta [Harriet] (1727–93), m. (1747) John Conyers (1718–75) (Arthur Collins, *Peerage,* ed. Brydges, 1812, iv. 207).

notre correspondance vous devient à charge; ce serait bien contre mon intention, et si vous avez pris la peine de lire mes dernières lettres, vous aurez vu que je suis pénétrée de reconnaissance, et que je sens tout le prix de ce que vous faites pour moi. Je connais tous mes défauts, je suis beaucoup trop vive et très peu prévoyante, je me suis trop livrée à mon penchant, je n'ai point réfléchi, je n'ai rien prévu, je ne vous ai rien caché de tout ce que je pensais, je vous ai surpris, effrayé, et je vous ai comme forcé à m'ouvrir les yeux et à faire de solides réflexions. Je les ai toutes faites, et vous n'avez plus à craindre de moi rien qui puisse vous troubler et vous causer le moindre embarras; telle conduite que vous puissiez avoir, soyez très sûr que j'en serai contente et que si vous me conservez toujours un peu d'amitié je serai parfaitement satisfaite. J'espère que vous voudrez bien faire un tour à Paris comme vous me le promettez dans les premiers mois de l'année prochaine. Je n'insisterai point à obtenir un jour de plus que vous ne voudrez donner, je m'en rapporterai aussi à la connaissance que vous avez de ce que je pense pour vous sans vouloir le prouver par aucune démonstration: les seules que je vous donnerai seront l'intérêt que vous verrez que je prends à tout ce qui vous regarde; il est si sincère que je suis ravie que vous ayez repris pour votre pays un goût très vif, et qui me paraît très naturel. Je suis aussi fort aise que la politique vous occupe, et que vos affaires aient tout le succès que vous désirez.[a] Mais ce qui me fait encore plus de plaisir que tout cela c'est que votre santé soit bonne; voilà le seul article sur lequel je ne vous promets pas de ne vous point être importune. Cependant je confesse que je puis avoir tort de vous avoir prié de m'en donner des nouvelles tous les ordinaires; ce serait un assujettissement incommode, il suffit que vous ayez cette complaisance dans le cas où vous seriez malade; je suis néanmoins encore prête à vous faire le sacrifice de vous en dispenser si cela vous causait la plus petite contrainte. Ah! je me rends toute justice, et je me fais honte à moi-même d'avoir pu tant vous tourmenter. Feu Monsieur le Duc d'Orléans[b] se plaignait qu'on prenait pour paroles d'honneur des paroles d'honnêteté. Je suis tombée dans ce cas-là, mais à tout péché miséricorde.

Depuis huit ou dix jours je suis absolument brouillée avec le sommeil, j'ai, de plus, des fontes, des catarrhes, des coliques et le pis de tout, des vapeurs; jugez si dans cette situation je puis faire votre por-

a. See HW to Lord Holland 14 Nov. 1766.

b. Probably Louis de Bourbon (1703–52), Duc d'Orléans.

trait. Ah! mon Dieu! que j'en suis éloignée; et puis pensez-vous que je crois vous connaître? Ah! mon Dieu! non, il s'en faut bien. Si j'avais à en faire un ce serait le mien, il serait peut-être tel que vous le feriez vous-même, du moins m'y reconnaîtriez-vous; vous verriez que je n'ignore pas mes défauts et que je n'ai pas la présomption de penser que je puisse plaire, et par conséquent qu'on puisse rien quitter pour moi.

Je vous envoie le portrait de Monsieur de Toulouse,[1] puisque vous le désirez; il a le mérite d'être très ressemblant.

Je vous prie de me mander quand vous aurez reçu les petites brochures que M. de Conyers doit vous faire remettre; il y a plusieurs jours que je n'ai vu M. de Selwyn; il ne vous dira pas que je lui parle souvent de vous, et si les Fitzroy vous ont dit la vérité, vous aurez vu que j'ai été aussi fort silencieuse avec eux. J'ai trouvé du plaisir à leur rendre des soins, parce que c'est un sentiment assez naturel de vouloir faire dire du bien de soi à nos amis.

Les commissions dont Mme Fitzroy vous a parlé n'étaient point pour moi, et je ne m'en soucie nullement. Je m'étais adressée à elle parce que l'occasion était présente et que je lui crois plus de temps de reste qu'à vous.

Je serais fort aise de voir vos deux écrits à M. Hume;[2] je ne vous les demanderai point, je sais que cela serait inutile; je connais votre inflexibilité.

Je crois que Mme d'Aiguillon soupera demain chez moi, je lui dirai ce que vous me mandez de son Chevalier.

Mon commerce avec Mme de Forcalquier n'est pas fort vif; c'est actuellement Mme de Jonzac que je vois le plus souvent. Mme de Luxembourg est toujours à l'Isle-Adam, elle n'est à Paris qu'en passant; je soupai hier avec elle chez le Président. Madame la Duchesse de Choiseul y était aussi. Mme de Mirepoix n'y voulut pas venir parce qu'elle était incommodée. Je l'ai mise mal avec vous très innocemment de ma part et très injustement de la vôtre. Je dois ce témoignage à la vérité. Je la crois malheureuse à peu près autant qu'on peut l'être.

Mme de Beauvau est sur le chemin de Montpellier,[3] c'est elle qui pour le moment présent est ce qu'il y a de plus heureuse; son mari et elle ne reviendront qu'au mois de février.

1. See Appendix 5k.
2. HW to Hume 6 Nov. and 11 Nov. 1766.

3. Her husband was governor of Languedoc.

Il y a un mot dans votre lettre que je n'ai point entendu: *balneo mariae;*[4] expliquez-le moi, je vous prie.

Ce n'est point Mme Hervey qui a envoyé à Mme d'Aiguillon les Patagons;[5] c'est Milord Hertford qui les lui a donnés, ne lui en parlez pas. On les a traduits, et j'en ai été fort contente.

Adieu, voilà une longue et ennuyeuse lettre, assurément elle ne ressemble pas aux vôtres, qui sont gaies, animées, et infiniment agréables.

From Madame du Deffand, Wednesday 26 November 1766

Address: To Monsieur Monsieur Horace Walpole in Arlington Street near St James's London.
Postmark: DE 1

N° 42. Paris, ce mercredi 26 novembre 1766.

LA poste cette fois-ci a été de la plus grande exactitude. Vous êtes bien embarrassé du grand papier, mais vous n'ignorez pas ce dicton, *le papier souffre tout.* Il souffre de rester papier blanc, il souffre les injures, il souffre les outrages, il souffre qu'on s'annonce pour le mois d'octobre, et puis pour le mois de février, enfin que ne souffre-t-il pas? Il me sert d'exemple, je suis avec vous aussi patiente que lui.

Vous êtes en peine de savoir qui vous devez rayer de la liste des amis que vous retrouverez ici; en vérité ce n'est que moi, parce que comme le mois de février me paraît la fin du monde, je crois ne pas aller jusque là; vous voyez bien qu'il n'y a pas de quoi vous inquiéter.

Mme d'Aiguillon,[a] comme je vous l'ai mandé, m'a donné la traduction de votre lettre,[1] ainsi vous serez dispensé de me l'apporter. Je serais bien aise de voir celles que vous avez écrites à M. Hume,[2] mais je ne les verrai jamais, tout ce qui est remis au mois de février est pure chimère.

Il n'y a point de procès de M. Fouquet par Mme de Sévigné, mais

4. *Balneum mariæ,* a warm water bath (*Oxford English Dictionary*).
5. See *ante* 5 Nov. 1766.

a. Expanded by HW from Wiart's 'D.'
1. HW to Mme d'Aiguillon 3 Nov. 1766.
2. HW to Hume 6 Nov. and 11 Nov. 1766.

il y a une petite brochure[3] de quelques-unes de ses lettres où il en est question, je la ferai chercher et je vous en enverrai deux exemplaires; j'y joindrai la copie d'une lettre que j'ai reçue hier de Voltaire.[4]

Jean-Jacques en a écrit une[5] à l'Idole qu'on dit être pleine d'insultes. Elle et tout son Temple sont encore à l'Isle-Adam; ils reviendront le 5 du mois prochain.

Vous m'avez fait plaisir en me racontant vos gaîtés, j'aurais voulu que vous vous fussiez laissé aller à m'en raconter davantage.

Vous pourriez aussi me mettre plus au fait de vos affaires politiques; ce que vous m'en dites ne m'apprend presque rien, mais il y a des temps où l'on n'est pas en train d'écrire; je suis dans ce cas aujourd'hui, ainsi je finis.

La traduction de vos Patagons est du Chevalier de Redmond. Voulez-vous que je la demande à Mme d'Aiguillon ou voulez-vous [la] lui demander? je ne prononce jamais votre nom que par vos ordres, ou par votre permission.

Vous me ferez plaisir de dire beaucoup de choses de ma part à Mme Fitzroy et à la demoiselle.[6] Je suis fort touchée de leur souvenir. Adieu, je ne me porte point bien, je vais tâcher de dormir.

Le jugement de M. de La Chalotais est porté au conseil des parties:[7] tous les conseillers d'État, tous les maîtres des requêtes en sont les membres. Il est transféré, ainsi que les autres accusés, à la Bastille; on dit que cette affaire ne traînera pas en longueur. Vous avez, dit-on, M. de Lauraguais[8] à Londres; il s'est sauvé du château

---

3. MS copies were circulated early in the eighteenth century of fourteen letters from Mme de Sévigné to Simon Arnauld (1618–89), Marquis de Pomponne; these letters all discuss the trial of Nicolas Fouquet (1615–80), Marquis de Belle-Isle. They were published at Amsterdam [Paris], 1756, in one volume (see Mme de Sévigné, *Lettres* xi. 432–3, 447).

4. Voltaire to D 21 Nov. 1766 (Voltaire, *Œuvres* xliv. 504).

5. Evidently this letter is missing; the latest one to Mme de Boufflers, according to Rousseau's *Correspondance*, ed. Dufour, was that of 30 Aug. 1766.

6. Miss Rachel Lloyd.

7. Part of the *conseil d'état*. 'On y prononçait sur les évocations qui enlevaient les procès aux juges ordinaires pour les attribuer à un tribunal spécial. Les évocations pouvaient avoir lieu pour des motifs

légitimes, lorsque les juges ordinaires ne présentaient pas toutes les conditions d'indépendance et d'impartialité; mais le plus souvent elles étaient obtenues par faveur et par intrigue. . . . Le conseil des parties jugeait les conflits qui étaient très fréquents à une époque où les juridictions étaient multipliées et sans attributions nettement déterminées; il interprétait les ordonnances et arrêts sur lesquels il était consulté par les tribunaux' (Pierre-Adolphe Chéruel, *Dictionnaire historique des institutions*, 1910, i. 216).

8. Louis-Léon-Félicité de Brancas (1733–1824), Comte de Lauraguais, later Duc de Brancas. HW met him in Paris, and saw his race with Lord Forbes, 25 Feb. 1766 (*Paris Jour.*). Lauraguais was famous for his 'enthousiasme pour les institutions, les mœurs et les usages d'Angleterre, par l'éclat de ses aventures galantes, par sa

de Dijon par une canonnière, et on prétend qu'il en serait sorti par la porte quatre jours plus tard.

Je soupe ce soir chez Mme d'Aiguillon avec Mme de Forcalquier; si vous étiez comme Dieu vous vous trouveriez au milieu de nous, mais vous êtes comme le diable, et je vous vois des cornes.

To Madame du Deffand, Friday
28 November 1766, N° 37

Missing. Probably written at Arlington Street. *Post* 5 Dec. 1766, calls it 'votre indigne lettre,' and states two of HW's ironic proposals for the future. It probably contained the words 'je suis refroidi,' mentioned *post* 4 Jan. and 22 Jan. 1767. D burned it (*post* 12 Dec. 1766).

From Madame du Deffand, Sunday 30 November 1766

N° 43. Paris, ce 30 novembre 1766.

MES numéros[1] vont grand train, ils courent comme un lièvre, tandis que les vôtres marchent à pas de tortue: mais cela est dans l'ordre, votre intention n'est pas de m'attraper: vous serez à cinquante quand je serai à cent, et sans lire nos lettres, les dates suffiront pour faire notre histoire. Vous m'avez demandé votre portrait,[2] j'ai cru que c'était la chose impossible, mais comme il faut que je fasse vos volontés, et que je me soumette à toutes vos fantaisies, je viens de vous peindre: c'est une vraie enluminure, vous n'en serez pas content, il est mal écrit, mais comme il n'y aura que vous qui le verrez, je ne me soucie pas qu'il soit plus éloquent. Je n'ai ni médité ni réfléchi pour le faire; mandez-moi naturellement si vous en êtes content; la vérité, la vérité est tout ce que je désire et j'attends de vous, c'est votre langage ordinaire, et je m'aperçois dans ce moment que c'est un article que j'ai omis dans votre portrait: c'est pourtant

philosophie un peu cynique, et par un luxe qui consomma toute sa fortune' (Louis-Philippe, Comte de Ségur, *Mémoires*, 1824–6, i. 153–63). See also Cole i. 110. Lauraguais had visited England in 1765, just before HW's departure for Paris (see HW to Hertford 18 April 1765). Copies of three letters by Lauraguais are in D's bequest to HW.

1. Both D and HW numbered their letters; HW sometimes forgot to number his, or numbered them incorrectly. The numbers of his earlier letters to D are recorded in *Paris Jour.* (up to his journey to France in 1771).

2. See Appendix 4.

de toutes vos bonnes qualités celle dont je fais le plus de cas, et qui m'attache le plus à vous.

Il faut, mon tuteur, que vous ayez une complaisance, c'est de faire mon portrait[3] et de n'avoir aucun ménagement pour mon amour-propre, je vous en saurai un gré infini; que ce soit au courant de la plume, cela ne sera point inutile, et nous nous en trouverons peut-être fort bien l'un et l'autre.

Je voudrais savoir si vous avez reçu la lettre de Voltaire à M. Hume, celle du Docteur Pansophe à Jean-Jacques, et sa *Justification*, avec une très longue lettre de moi.[4] J'ai l'espérance, mais non la certitude, de vous faire avoir ce que vous désirez—*la traduction de vos Patagons et les lettres de Mme de Sévigné sur le procès de M. Fouquet.* J'ai déjà parlé à plusieurs libraires qui en font la recherche; cela parut il y a douze ou treize ans; il n'en reste aucun exemplaire chez celui qui les a imprimées, je les ai eues et je les ai perdues. C'est peu de chose, elles ne vous feront pas grand plaisir, mais n'importe, vous les aurez ou cela sera impossible. Le Chevalier de Redmond m'a promis une copie de sa traduction, je la lui ai demandée comme pour moi; s'il me manque de parole, vous aurez celle de Mme d'Aiguillon.

Je vous envoie la copie de la lettre de Voltaire.[4a]

Vous me ferez plaisir si vous voulez bien dans votre première lettre mettre un article que je puisse donner à lire au Président sans qu'il paraisse que ce soit votre intention. Vous me parlerez de lui avec beaucoup d'estime [et] d'amitié, du plaisir que vous aurez de le re-voir, de le trouver en bonne santé, de passer des soirées chez lui, de la préférence que vous lui accordez sur tout ce que vous avez vu ici, de votre reconnaissance, de votre attachement pour lui et pour Mme de Jonzac; un mot aussi pour Mme d'Aubeterre. Si cela vous coûte trop, n'en faites rien, cela peut vous paraître très inutile et cela peut l'être en effet.

M. de La Chalotais est à la Bastille, ainsi que tous les autres prisonniers: je ne suis point en état de vous rendre compte de tout ce qui regarde cette affaire, je ne saurais m'occuper que de ce qui m'intéresse.

Je soupai l'autre jour chez Mme d'Aiguillon, elle nous lut la traduction de la *Lettre d'Héloïse* de Pope,[5] et d'un chant du poëme de *Salomon* de Prior;[6] elle écrit admirablement bien, j'en étais réelle-

---

3. See Appendix 3f.
4. *Ante* 14 Nov. 1766.
4a. Wiart's copy of Voltaire to D 21 Nov. 1766 is in D's bequest to HW.

5. Pope's *Eloisa to Abelard.*
6. Matthew Prior's *Solomon on the Van-ity of the World.*

ment dans l'enthousiasme: dites-le à Milady Hervey, je ne serais pas fâchée que cela revînt à Mme d'Aiguillon. Je voudrais aussi que vous fissiez de temps en temps quelque mention de moi aux Guerchy. N'approuvez-vous pas ce désir de conciliation?

Le Prince et l'Idole reviennent à Paris mercredi ou jeudi, il y aura dans le courant du mois un voyage à Montmorency; je suis fort bien avec la Maréchale,[7] et je suis dans ce moment-ci passablement bien avec tout le monde; mes dimanches vont leur train, c'est-à-dire ils sont fort ennuyeux, mais pas plus qu'autre chose. À la vie que je mène, il serait fort heureux de pouvoir dormir; j'ai beau être vieille, je ne trouve pas le temps moins long, mais je n'ai point de politique dans la tête, et je n'ai point de Strawberry Hill.

Adieu, mon tuteur, vous avez une sotte et ennuyeuse pupille; vous auriez, je crois, bien envie de l'émanciper.

C'est un nommé M. de Conyers, comme je vous l'ai mandé, qui a été chargé de mon dernier paquet. M. Selwyn n'a pas pu me dire sa demeure; il me fournira des occasions de vous faire tenir ce que je voudrais. Je le vois assez souvent, je le trouve assez aimable, je suis assez bien avec lui.

Votre Duchesse de Northumberland[8] est ici depuis cinq ou six jours; elle ne fait pas encore grand bruit.

To Madame du Deffand, Thursday 4 December 1766, N° 38

Missing. *Post* 12 Dec. 1766, gives this date, but it is 5 Dec. in *Paris Journals.* HW was probably at Arlington Street. HW burned it (*post* 12 Dec. 1766).

From Madame du Deffand, Friday 5 December 1766

N° 43. Paris, ce 5 décembre 1766.

A Sultana *Validé*[1] vient de recevoir les ordres de son souverain seigneur et maître; elle supplie sa Hautesse d'adoucir l'éclat qui

---

7. De Luxembourg.

8. Lady Elizabeth Seymour (1716–76), dau. of the D. of Somerset, m. (1740) Hugh Smithson Percy cr. (1766) D. of Northumberland. HW gives a brilliant picture of her in *Mem. of Geo. III* i. 333–4. See also Lady Mary Coke, *Letters and Journals,*

Edinburgh, 1889–96, and Louis Dutens, *Mémoires d'un voyageur*, Londres, 1806, i. 227–8.

---

1. Title given to the mother of the reigning sultan of Turkey.

l'environne, ou bien de lui envoyer ses muets avec un bon cordon de soie. Son esclave cependant lui fait serment de changer de style.

Réellement il faut le voir pour le croire; on ne peut s'imaginer ce que c'est qu'un Anglais quand il use de toute sa liberté; mais je ne veux point me fâcher. Peut-être ai-je de grands torts, accordez-moi la grâce de m'en convaincre, et ayez la complaisance de me renvoyer les dernières de mes lettres qui vous ont si souverainement déplu. Je consens, pour payement, à ne point recevoir des vôtres deux ou trois postes de suite, et encore plus si vous le voulez; je suis réellement curieuse de connaître mes crimes. Je ne vous passe pas de me soup-çonner de feindre l'intérêt que je prends à votre santé; mais non, je ne veux répondre à aucun article de votre lettre; je vous dirai seule-ment que je n'accepte aucune des deux propositions que vous me faites. La première, que nous relisions toutes les semaines une de nos lettres; la dérision est grande; vous ne vous donneriez pas volontiers cet ennui, et moi je trouverais peu de plaisir à relire une assez grande quantité des vôtres; nommément la dernière, que je jetterai de bon cœur au feu. Pour la seconde, de vous écrire tant que je voudrai, et de les brûler tout de suite, toutes réflexions faites, je ne la trouve pas déraisonnable, et c'est un amusement que je pourrai peut-être bien me donner.

Non, non, mon tuteur, je le répète, je ne veux point me fâcher, et quoique votre dernière lettre[2] soit la pire de toutes, qu'elle soit exécrable, épouvantable, je me contente de dire 'mon tuteur est fou, quatre ou cinq minutes d'ennui que lui causent mes missives le font extravaguer, et lui font traiter quelqu'un à qui il doit du moins un peu de reconnaissance, comme on ne traiterait pas je n'ose dire qui!' Mais je le répète pour la troisième fois, je ne veux point me fâcher, nous verrons si vous êtes un des léopards de vos armes.[3] Ah! mon Dieu! pour Dieu, au nom de Dieu, ne me donnez point de chagrin, ne me faites point perdre le peu d'esprit qui me reste; je n'ai nulle envie de vous causer de la peine. S'il était permis, s'il était honnête de proférer cet infâme nom d'amitié, je vous dirais que j'en ai une véritable pour vous, et plus véritable que qui que ce soit au monde, que le ciel n'est pas plus loin de la terre que je le suis de l'esprit de domination, que je ne veux de vous que ce que vous voudrez. Ne me

2. *Ante* 28 Nov. 1766.　　　　　3. C'est-à-dire, les armes d'Angleterre (T).

Lettres de
Madame de Sevigné.
a Monsieur
De Pomponne.

a amsterdam

M. D. C. C. L, VI.

COPY MADE FOR WALPOLE, WITH COLMANT'S
TITLE, AND NAME INSERTED BY WALPOLE

cherchez point querelle, je ne vous causerai jamais aucun embarras; pour de l'ennui cela n'est pas si sûr, je l'éviterai si je puis.

J'ai reçu une lettre du petit Craufurd; il paraît persuadé, et il me dit que vous l'êtes, que sa prétendue mort était une malice de M. Selwyn; je suis fort éloignée de le croire, mais quand cela serait je ne vois pas quel grand inconvénient il en peut résulter; j'y ai paru sensible: est-ce une chose ridicule ou étrange? Je ne crains nulle tromperie de sa part, on ne peut pousser plus loin la réserve que j'ai sur vous. Enfin, à moins que vous ne vouliez faire de moi comme le Roi Dagobert[4] de ses chiens, prétendre que je suis enragée pour m'envoyer noyer, vous ne trouverez aucun prétexte pour me gronder et pour vous fâcher.

Je n'ai point entendu parler du Chevalier de Redmond, ainsi je ne sais pas si vous pourrez avoir par lui sa traduction. Pour les lettres de Mme de Sévigné sur le procès de M. Fouquet, on me les a prêtées. Je n'ai trouvé qu'une seule personne qui les eût, je les fais copier et je vous les enverrai[5] par la première occasion. Je vous prie de dire à M. Craufurd que je trouve très mauvais qu'il me dise que je suis imprudente, moi qui actuellement ai la prudence d'un serpent. J'en aurai aussi la langue contre lui s'il continue à m'offenser et à se moquer de moi, en me disant que je suis vaine et coquette; si cela était, il faudrait me montrer à la foire. Allez, allez, vous êtes d'étranges originaux et vous avez de moi tous les deux une drôle d'opinion. Il n'y a que deux partis à prendre, l'un de rompre avec vous, ou bien de vous prendre tels que vous êtes, et de ne faire que rire de vos insultes.

Je crois que vous êtes bien mécontent de votre portrait, cela ne me surprendra pas, car je le suis moi-même. J'ai beaucoup omis de vos défauts que vous prenez pour de grandes qualités; votre inflexibilité par exemple, votre ironie, j'aurais pu dire aussi que vous êtes impitoyable, et puis toutes les contradictions, tous les contraires, que votre tête n'est quelquefois qu'un chaos, et que c'est souvent tant pis

---

4. Allusion to the 13th stanza of an old popular song known as the *Chanson du Roi Dagobert:*

> 'Les chiens de Dagobert
> Étaient de gale tout couverts:
> Le grand Saint Eloi
> Lui dit, "O mon roi,
> Pour les nettoyer
> Faudrait les noyer."

—"Eh bien!" lui dit le roi,
Va-t-en les noyer avec toi!" '

5. Wiart's MS copy, a small volume of 116 pages bound in vellum, was sent to HW, and is now wsl. Its title reads, '*Lettres de Madame de Sévigné à Monsieur de Pomponne, à Amsterdam, 1761.* See illustration.

quand elle se débrouille. Mais, mon tuteur, je vous en prie, faites le mien, peignez moi aussi ridicule que vous me voyez; ce sera comme la question, cela me fera passer une heure ou deux.

Adieu, je vais brûler votre indigne lettre, je ne veux pas en pouvoir jamais rappeler la mémoire.

Je fis l'autre jour une petite chanson, mais je ne vous l'enverrai pas, elle deviendrait une pièce justificative dans vos griefs contre moi.

J'oubliais de vous dire que vous avez dû voir dans mes dernières lettres que je m'étais désistée de l'insolente demande que je vous avais faite, de me donner de vos nouvelles deux fois la semaine en cas que vous devinssiez malade ou incommodé, et que je vous disais que je consentais que vous n'en fissiez rien si cela ne vous convenait pas. Si vous aviez lu le *Grondeur*,[6] je vous dirais que vous lui ressemblez; après avoir fait vingt questions à son laquais pour savoir s'il a fait son devoir, quand il voit qu'il n'a manqué à rien, il dit, 'Voilà un coquin, qu'il faut que je chasse.'

To Madame du Deffand, Thursday 11 December 1766, N° 39

Missing. Written at Arlington Street.

From Madame du Deffand, Friday 12 December 1766

At the head of the letter is written: 'Copie d'une lettre de Mme du Deffand à M. Walpole.'

Ce 12 décembre 1766, en réponse à
celle du 4 décembre.

MON bon sens n'est point encore dans la lune,[1] et tel qui en voudrait faire le voyage pour y aller chercher ma phiole ne l'y trouverait pas et serait peut-être assez étonné d'y trouver la sienne.

Voilà ma réponse à votre dernière et charmante lettre,[1a] je l'ai con-

6. Three-act comedy by the Abbé David-Augustin Brueys (1640–1723), and Jean Palaprat (1650–1721). In Act I, Scene vi, Grichard ('le grondeur') has heard his valet Lolive enumerate all the duties accomplished that day, and replies, 'Oh! il faut que je chasse ce coquin-là; jamais valet ne

m'a fait enrager comme celui-ci, il me ferait mourir de chagrin.'

———

1. Allusion to an incident in Ariosto's *Orlando Furioso*, Canto 34.
1a. HW to D 4 Dec. 1766 (missing).

fiée, ainsi que la précédente, à mon fidèle et loyal ami la salamandre. Faites-en de même, et confiez au vôtre toutes les miennes; nous ne pouvons avoir de confident plus discret; ils ne nous rappeleront jamais ce qui peut nous déplaire, et tout sera fini et oublié.

Vous avez fort bien jugé le portrait de l'Archevêque,[2] mais il en a été parfaitement content, et tous ceux qui l'ont lu l'ont trouvé très flatteur. Je suis persuadée que le vôtre[3] vous aura fort déplu et que ce sera une nouvelle pièce contre moi; mais ma cause est si mauvaise, je suis si criminelle, qu'un crime de plus ou de moins n'est pas une affaire; vous m'avez déjà prononcé ma sentence, que peut-il m'arriver de plus? J'ai bien compris tout ce que contenait votre lettre.

J'attends vos ordres pour vous envoyer le portrait de la grand' maman,[4] il ressemble au panégyrique d'une sainte, il est sans ombre et par conséquent n'a pas de relief; cependant je crois ne lui avoir pas donné des louanges qu'elle ne mérite pas. Elle m'en a fait un très joli remercîment. Voilà à quoi je me suis occupée depuis quelques jours. Si j'étais à la place de votre sourde je décorerais votre château de mes enluminures, nous ferions des figures à Callot,[5] nous réduirions en nains les nouveaux pantagons;[6] mais je suis bien hardie de dire *nous;* c'est bien à moi de prétendre à aucune communauté avec vous; vous m'avez dit que nos caractères ne se ressemblaient point, que nos humeurs ne se convenaient pas, je pensais le contraire; mais pour nos esprits j'en sens bien la différence, et je suis souvent enragée d'être forcée à applaudir à votre style quand vous me dites des injures; mais voilà qui sera bientôt fini, à ce que j'espère; peut-être y a-t-il encore quelques misérables lettres où ces infâmes mots *amitié* et *février* se trouveront, mais ce qui est de bien certain c'est qu'ils n'y seront jamais à l'avenir.

Je voudrais faire un *errata* à votre portrait; retranchez *et tous ceux qui ne se soucient pas d'être aimés,* et mettez à la place, *excepté les fous et les sots,* etc. Moyennant cette réforme il vous paraîtra peut-être moins choquant. Voilà tout ce que je vous écrirai aujourd'hui, je continuerai peut-être demain et après-demain.

2. D's portrait of the Archbishop of Toulouse (Appendix 5k).

3. D's portrait of HW (Appendix 4).

4. See Appendix 5a.

5. Grotesques dans le style de Jacques Callot (1592–1635). 'Figures à la Callot' était un terme d'art de l'époque: il fut introduit par le Chevalier de Boufflers dans

ses vers satirisant un mauvais éloge de Callot par le Père Husson:

> 'De Callot le panégyrique,
> Père Husson, était ton ballot;
> Tes figures de rhétorique
> Sont des figures à Callot.' (T).

6. Probably Patagons (see *ante* 5 Nov. 1766).

Ce samedi 13.

J'ai fait des réflexions, et en voici le résultat. Il est impossible que vous pensiez un mot de tout ce que vous me faites entendre, parce qu'il est impossible que vous me croiez folle; vous pouvez vous informer si je donne quelque marque de folie; je crois donc que vous me faites une querelle d'Allemand, et je parierais que dans mes dernières lettres, excepté ma mauvaise humeur sur le mois de février, il n'y a pas un mot susceptible, je ne dis pas d'une impertinente interprétation, mais même qui approche d'aucune des amitiés de votre sainte pour sa fille.

Vous prenez soin de me faire remarquer que votre style est bien changé. Oh! il y a longtemps que je m'en aperçois! Oh! il est vrai que dans les deux dernières il emporte la paille; et je ne comprends pas comment vous vous êtes permis d'écrire des choses aussi outrageantes à une femme de mon âge, et qui (je crois pouvoir le dire sans vanité) mérite quelque considération, et dont l'amitié ne déshonore point et ne donne point de ridicule à ceux qui en sont l'objet, de qui les ennemis mêmes ne parlent pas avec mépris; et c'est vous par qui elle recevrait les plus grandes humiliations si elle avait le malheur d'avoir les sentiments que vous lui supposez; ne serait-ce pas à vous dans ce cas-là de la plaindre en cherchant[6a] à la guérir? Mais Dieu merci! elle n'en a pas besoin. Oui, je l'avoue (et je n'ai pas assez d'esprit pour déguiser la vérité) vous êtes de tous les hommes celui dont l'esprit me plaisait le plus, et à qui par conséquent j'en croyais davantage. J'ai cru aussi votre caractère excellent, et en conséquence de cette idée et des marques d'amitié que vous me donniez je me suis livrée à vous sans réserve; je vous disais toutes mes pensées, je vous regardais comme mon appui; la certitude d'avoir un ami me rendait heureuse malgré tous mes malheurs, je me permettais de la chaleur dans mes expressions, des plaintes, des reproches; quand j'étais dans une disposition triste je cherchais de la consolation en vous écrivant. Je me suis trompée; votre estime, votre goût pour moi se sont évanouis. Je vous prie d'être intimement persuadé que je n'ai ni l'intention, ni le projet, ni même le désir de les faire renaître, je n'y pourrais plus compter. Ne croyez pas que je vous tende des pièges, je n'oublierai de ma vie la manière dont vous m'avez traitée, et ma confiance est perdue pour jamais. Comme vous m'aviez bien voulu distinguer, par le

6a. 'En cherchant' is repeated in the MS.

passé, des femmes de ma nation je vous prie de continuer aujourd'hui et de croire fermement que je suis sans intrigue, sans artifice, et que je suis à mille lieues de vouloir vous séduire; tout cela dit, venons à la conduite qu'il nous convient d'avoir.

Je serai fort aise de continuer notre correspondance si elle n'est pas pour vous une sujétion; je veux qu'elle soit si libre de votre part que vous ne puissiez pas en exiger aucune reconnaissance, et que vous ne puissiez pas envier le bonheur de M. Craufurd de ne s'être pas assujetti à m'écrire. Je vous écrirai de mon côté avec plaisir, toujours en réponse à vos lettres et sans jamais les prévenir; vous n'y trouverez ni le mot amitié ni celui d'aucun des douze mois de l'année; je ne me permettrai pas même les phrases usitées dans toutes les lettres, je ne me les permettrai pas même dans la pensée. En un mot, excepté que je saurai que j'écris à un homme d'esprit et que je trouverai de l'amusement à vous écrire, il n'y aura pas plus de sentiment que dans mes lettres à M. de Saulx.[7] Ce pauvre M. de Saulx, il passe pour mon ami intime, et quand il revient de quelque campagne, on me fait des compliments sur son retour, et on lui parle des regrets que m'a causés son absence; c'est le ton de notre nation, vous n'y êtes point accoutumé; il vous étonne, il vous effraie; eh bien, je n'y puis que faire.

To Madame du Deffand, Tuesday
23 December 1766, N° 40

Missing. Probably written at Arlington Street.

From Madame du Deffand, December 1766

Probably four missing letters, numbered 45–8.

To Madame du Deffand, Tuesday
30 December 1766, N° 41

Missing. Probably written at Arlington Street. Answered 4 Jan.

7. D's correspondence with the Marquis de Saulx has not been discovered.

From Madame du Deffand, Sunday 4 January 1767

Nº 49. Ce dimanche 4 janvier 1767.

AH! ne vous épuisez plus en imprécations contre l'amitié. Pourquoi me rappeler sans cesse tout ce que vous m'avez dit et écrit qui pouvait me détourner d'en prendre pour vous? Que vous importe ce que je pense quand vous êtes libre de penser ce que vous voulez? C'est, dites-vous, la peur que je ne me rende malheureuse; c'est une précaution que vous prenez pour moi dans le genre de celle de Gribouille, qui se jetait dans l'eau de peur de la pluie.[1] Mais d'où vient répéter toujours la même chose? que cela est inutile, que cela est superflu! Rappelez-vous *trois* paroles[2] que vous m'avez écrites dans une de vos dernières lettres; elles m'ont fait toute l'impression que vous pouviez désirer, et peut-être même beaucoup par delà, car je n'imagine pas que vous ayez voulu nuire ni à mon repos ni à ma santé. Je vous assure que je n'oublierai jamais ces *trois* paroles. Vous devez remarquer que je me conduis en conséquence, et si mes lettres à l'avenir vous semblent ennuyeuses, ce ne sera pas un ennui du même genre.

Je suis fort aise que vous ayez pris soin de M. Craufurd, et je serais ravie que vous fussiez sincèrement amis. Je ne trouve point que la différence d'âge dans les gens qui ont véritablement du mérite y doive mettre obstacle. Je trouve que l'âme ne vieillit point, elle est condamnée à prendre en apparence diverses formes, mais depuis trente ans jusqu'au temps où l'on radote elle reste toujours dans le même état, à moins de quelques passions violentes qui sont pour elle ce que les maladies sont pour le corps; et comme je crois que M. Craufurd est exempt de passions je conclus qu'il vous convient très fort; aimez-vous donc l'un l'autre; de tous les saints, c'est Saint Jean l'Évangéliste que j'aime le mieux, il répétait sans cesse 'aimez-vous, mes petits enfants.'[3] Eh bien! je vous dis la même chose à l'un et à l'autre; à vous, dont je serais la mère, et à lui, dont je serais la grand' mère. Eh bien! mon âge ne m'afflige point, mes grands malheurs même ne m'attristent point, mais il y a de certains chagrins, qui sont comme la goutte d'eau qui fait répandre le verre; ce serait aux amis (s'il y en avait) à remédier à cet inconvénient.

1. 'Gribouille se jette dans l'eau quand il craint d'être mouillé par le pluie' (popular saying).

2. Probably the words 'je suis refroidi'

(see *ante* 28 Nov. 1766, and *post* 22 Jan. 1767).

3. 'Que vous vous aimiez les uns les autres' (*I. Épitre de St Jean* iii. 11).

J'aurais des choses infinies à vous raconter, qui, selon toute vraisemblance (si vous étiez fait comme un autre), devraient vous être fort agréables; mais on ne sait sur quel pied danser avec vous: ainsi j'ai résolu de remettre à vous dire à vous-même, quand je vous reverrai, toutes ces sortes de choses: je ne veux rien hasarder dans mes lettres.

Je suis persuadée que vous n'êtes point content de votre portrait; quand je serai en humeur, j'y retoucherai: je retrancherai d'abord tout ce qui peut avoir rapport à moi, parce qu'en effet cela le gâte, et que cela est très ridicule; excepté cela, je n'y ferai aucun changement: vous pouvez ne vous y pas reconnaître, mais c'est ainsi que je vous vois.

Vous recevrez dans le paquet que vous portera M. Selwyn le portrait de la grand'maman;[4] j'imagine que vous en serez content, quoique je n'aie point un style original comme vous: ce que j'écris est sans feu et sans vie, mon style sent l'imitation; s'il est assez correct, dont je doute fort, il est lâche et froid, je le sais bien; c'est ce qui vous déplaît souverainement, et vous avez raison. N'allez pas croire que je quête des louanges; je n'en veux de vous moins que de personne. Vous me combleriez de plaisir si vous preniez la peine de faire de moi un portrait à la rigueur. Pourquoi, quand vous êtes seul à Strawberry Hill, n'auriez-vous pas cette complaisance? N'allez pas me faire un crime de cette demande.

J'ai quelque petit chagrin de voir partir M. Selwyn; je ne l'ai pas vu fort souvent; je le trouve assez aimable; il est malin, mais je ne le crois pas méchant. Je n'ai encore vu qu'une seule fois Milady Sarah;[5] elle ne partira que dans trois semaines ou un mois; elle me paraît aimable, mais elle est bien jeune; j'ai vu davantage l'ambassadrice:[6] elle a beaucoup de babil et de politesse; je n'ai eu nulle conversation avec l'ambassadeur;[7] ils logent tout auprès de chez moi, et vraisemblablement je les verrai assez souvent.

4. See Appendix 5a.

5. Lady Sarah Lennox (1745–1826), sister of the 3d D. of Richmond, m. (1) (1762) Sir Thomas Charles Bunbury, 6th Bt (divorced 1776); m. (2) (1781) Hon. George Napier. She was one of the celebrated beauties of her day; George III was in love with her before his accession; Lord William Gordon eloped with her in 1769. 'Mr Walpole said he had seen Mr Selwyn, who was just come from Paris, and said Lady Sarah Bunbury was much admired by the Duke de Chartres; that she wished to stay longer, but that Sir Charles Bunbury was tired of Paris, and intended leaving it very soon' (Lady Mary Coke, *Letters and Journals*, Edinburgh, 1889–96, i. 128). See also Armand-Louis de Gontaut, Duc de Lauzun, *Mémoires*, 1858, p. 54–6.

6. Lady Rochford.

7. Lord Rochford.

Je vous prie de me mander si vous avez connaissance d'une brochure en deux volumes, qui a pour titre: *Testament du Chevalier Robert Walpole*.[8] Il y a au commencement vingt ou trente lettres de monsieur votre père; mon opinion est qu'elles sont de lui, mais qu'il y en a deux ou trois de falsifiées, et que le commencement du testament est aussi de lui: je mettrai cette brochure dans le paquet que vous portera M. Selwyn, j'y joindrai les mémoires du procès de La Chalotais, votre traduction des Patagons, et les lettres de Mme de Sévigné sur M. Fouquet, que j'ai fait copier, n'ayant pas pu en trouver un exemplaire imprimé. Mandez-moi si vous voulez *Le Philosophe ignorant* de Voltaire; je vous l'enverrai par Milady Sarah; enfin, chargez-moi de toutes vos commissions; cela ne tire à aucune conséquence.

Je ne sais pas si votre nièce[9] a bien ou mal fait en cas que tout soit conclu. Mais pour votre cousin[10] je trouve qu'il a grand tort; vous y perdrez votre latin si vos conseils sont contraires à son caractère. Il serait fâcheux que vous eussiez pour les autres l'ambition que vous n'avez pas pour vous.

Adieu, je mettrai peut-être un mot dans le paquet de M. Selwyn; c'est jeudi qu'il partira.

Je vous recommande d'avance de ne montrer le portrait de la grand'maman à qui que ce soit; elle a exigé de moi que j'en gardasse le secret; quand vous serez ici je suis sûre qu'elle consentira que je vous le montre.

From MADAME DU DEFFAND, Wednesday 7 January 1767

N° 50. Paris, ce mercredi 7 janvier 1767.

VOUS recevrez mes lettres coup sur coup; c'est ainsi que j'ai reçu les vôtres, et je suis la règle d'un petit oiseau dont le ramage semble dire, 'Comme il te fait, fait l'y.' Je vous imite encore

8. HW wrote, 1 Feb. 1767: 'Began the *Detection of the Testament Politique* of my father at Strawberry Hill; and finished it the next time I went thither, Feb. 17th. Did not print it, as no translation was made into English of that fictitious work' ('Short Notes'). HW's reply is printed in *Works* ii. 323, where it is called *Detection of a late Forgery called Testament Politique du Chevalier Robert Walpoole*. HW says that the *Testament* was 'coined the Lord knows where, and said to be stamped in that mint of forgeries, Holland.' Its authorship is still unknown.

9. Probably Lady Waldegrave, who had been secretly married to the Duke of Gloucester in Sept. 1766.

10. M. Conway (HW). Conway était en mauvais termes avec Chatham, et avait été sur le point de démissionner (T).

dans l'insipidité dont vous vous plaignez. Je prends part à si peu de chose que je suis hors d'état de rien raconter; vous n'auriez jamais su la mort de Mme de Lignerac[1] s'il n'y avait eu que moi pour vous l'apprendre. C'était la femme de l'ennemi des capucins; certainement ce n'est pas un grand événement dans votre vie que cette perte. Il n'en est pas de même de votre pauvre Louis;[2] cependant comme il était bien ivrogne cela doit vous consoler. Le laquais qui vous suivait ici, qu'on appelait La Jeunesse, vient sans cesse demander à mes gens si l'on n'a pas de nouvelles de votre retour; il quittera tout, dit-il, pour entrer à vous.

Votre aventure de la comédie[2a] me fait beaucoup de plaisir; je juge par les soupçons qu'on a eus de vous que vous avez fort bon visage. À propos de comédie, on dit que Mlle Clairon demande qu'il lui soit permis de donner une réprésentation au public qui ne sera point sur le théâtre de la Comédie, mais dans un lieu qu'on appelle le Magasin,[3] que les billets soient d'un louis, et au profit de Molé,[4] qui, comme vous savez, a pensé mourir et n'est pas encore en état de remonter sur le théâtre. Je crois que le vrai motif de Mlle Clairon est de jouir de l'empressement du public, car elle surpasse en vanité tous les auteurs, depuis Voltaire jusqu'à Fréron. Je ne sais si la demande a été accordée. Voilà par exemple des nouvelles dont je m'informerai pour vous en instruire.

M. Selwyn devait partir demain, il a changé d'avis, il reste avec Milady Sarah et ne partira qu'avec elle. J'ai pris le parti d'envoyer demander à Madame l'Ambassadrice une occasion pour vous faire tenir mon paquet; il est chez elle et son courrier part cette nuit ou demain matin, ainsi vous le recevrez en même temps que cette lettre, et peut-être plutôt. Comme elle m'avait fait recommander qu'il ne fût pas trop gros, je n'y ai point mis le *Testament* de monsieur votre père; c'est deux grosses brochures; je vous les enverrai par M. Selwyn.

1. Marie-Odette de Lévis-Châteaumorand (ca 1741–66), m. (1760) Achille-Joseph Robert (d. ?1790), Marquis de Lignerac. She died 8 Dec. 1766 in Paris (*Rép. de la Gazette*). HW had met her once in Paris (*Paris Jour.*).

2. Valet suisse de M. W. (HW). He had just died. 'He had no fault but what has fallen upon himself, pour soul! drinking; his honesty and good nature were complete; and I am heartily concerned for

him, which I shall seldom say so sincerely' (HW to Montagu 13 Jan. 1767).

2a. Unexplained.

3. Probably the 'Hôtel de l'Académie royale de musique,' rue St-Nicaise; then called 'Le Magasin.'

4. François-René Molé (1734–1802), comedian. HW had seen him act on 21 Sept., 27 Nov., and 30 Nov. 1765 in Paris (*Paris Jour.*) and admired him. See Grimm vii. 273, 1 April 1767.

Je ne suis point en train d'écrire, je suis dans mes temps de grande bêtise, mais pour suppléer à mon aridité je vous envoie une lettre de Voltaire à M. de Choiseul.[5] Elle n'est pas nouvelle, mais elle l'a été pour moi, car ce n'est que d'avant-hier que j'en ai connaissance. Il l'écrivit sur ce qu'il apprit qu'un capitaine, frère de M. Pompignan,[6] était à Genève, et disait qu'il lui donnerait des coups de bâton et lui couperait les oreilles; je la trouve excellente.[7] Nous avons ici de bien impertinentes petites brochures; on dit qu'il en pleut à Londres. L'Idole me montra, l'autre jour qu'elle soupa chez moi, la lettre[8] qu'elle reçut de Jean-Jacques il y a deux ou trois mois. Elle est très bien écrite, il se moque d'elle depuis le commencement jusqu'à la fin. C'est son meilleur ouvrage. Je fus étonnée de cette marque de confiance; en reconnaissance je lui ferai voir ce soir l'extrait de votre lettre à Mme d'Aiguillon.[9] Vous allez conclure que nous sommes dans la plus grande intimité, oh! point du tout; je trouve que son esprit, son éloquence, ressemblent à une préface; elle ne me plaît nullement, mais elle partage ce malheur avec bien d'autres, car tout me paraît insupportable. Cela pourrait bien venir de ce que je le suis moi-même.

Vous ne voulez donc pas me charger de rien dire de votre part au Président et à Mme de Jonzac; une honnêteté ne coûte guère. Je pourrais vous faire parler, mais en vérité je n'ose pas outrepasser vos ordres. À propos d'ordre, il faut que vous me croyiez bien sotte pour avoir pensé que je m'étais formalisée du ton monarchique ou plutôt despotique que vous aviez pris dans une de vos lettres; il n'y avait positivement que cet endroit-là de supportable, et qui pût diminuer —je ne sais juste quel terme dire de tout le reste.

Vous devez des adorations à la grand'maman, vous ne saurez pourquoi que quand je pourrai vous le dire; je marche sur des œufs en vous écrivant. Mandez-moi comment vous aurez trouvé son portrait,

5. A fragment, Voltaire to Choiseul, 1763 (Voltaire, Œuvres xlii. 448).

6. Probably Jean-Baptiste Lefranc (b. 1718), brother of Jean-Jacques Lefranc (1709–84), Marquis de Pompignan (who had roused Voltaire's undying hatred by a speech delivered at his reception into the French Academy, 1760). Besides Jean-Baptiste, the Marquis de Pompignan had two other brothers in military service, but both had been promoted to higher positions,

whereas Jean-Baptiste was apparently still a captain in 1766 (C–D). Another brother, Jean-Georges Lefranc (1715–90), Bishop of Le Puy, had attacked Voltaire in pastoral charges, and is also mentioned in some versions of Voltaire's letter.

7. See below.

8. Apparently the letter written to Mme de Boufflers by Rousseau, 30 Aug. 1766 (see ante 11 Sept. 1766).

9. See ante 26 Nov. 1766.

mais, tout naturellement, ce ne sont pas vos critiques que je crains, ni vos louanges que je cherche. J'aime la vérité, et vous êtes la seule personne en qui j'en trouve.

Adieu, il est fort tard, je ne dors plus que dans la journée, car pour les nuits il n'est plus question de sommeil.

Lettre de M. de Voltaire à M. de Choiseul

'Monsieur le Duc, je ne sais ce que mes oreilles ont fait à MM. de Pompignan; l'un me les écorche depuis longtemps; l'autre veut me les couper—défendez-moi du spadassin; je me charge de l'écorcheur. J'ai besoin de mes oreilles pour entendre tout ce que la renommée dit de vous.'[10]

To Madame du Deffand, Friday 9 January 1767, N° 42

Missing. Probably written at Arlington Street. Answered, 16 Jan.

To Madame du Deffand, Saturday 10 January 1767

Missing. *Post* 22 Jan. 1766, gives the letter this date, but the date in *Paris Journals* is 13 Jan., followed by the words 'by a courier.' HW was at Arlington Street.

From Madame du Deffand, Friday 16 January 1767

Ce vendredi 16 janvier 1767.

CETTE lettre sera sans numéro, parce qu'elle est destinée à être dans le paquet que vous portera M. Selwyn, et celle que je vous écrirai dimanche par la poste sera numérotée 51, et répondra à votre

---

10. This letter exists in several versions, of which these two are good examples:

'J'ignore ce que mes oreilles ont pu faire à MM. de Pompignan; l'un me les fatigue par ses mandements, l'autre me les écorche par ses vers, le troisième me menace de les couper. Je vous prie de me garantir du spadassin, je me charge des deux écrivains. Si quelque chose, Monseigneur, me faisait regretter la perte de mes oreilles, ce serait de ne pas entendre tout le bien que l'on dit de vous à Paris.'

The other reads: 'Monseigneur, je ne sais ce que j'ai fait aux frères de Pompignan, l'un m'écorche les oreilles, et l'autre veut me les couper. Protégez-moi, Monseigneur, contre l'assassin, je me charge de l'écorcheur, car j'ai besoin de mes oreilles pour entendre le bruit de votre renommée' (Voltaire, *Œuvres* xlii. 448).

n° 42 du 9 janvier. Si vous voulez bien observer numéros et dates, vous verrez que tout est dans l'ordre accoutumé et qu'il n'y a de ma part aucun changement. Je suis toujours en avance de neuf, et cela subsistera de même tant que notre correspondance durera, ce qui j'espère sera autant que ma vie. Ce fait éclairci, je vais répondre à la lettre que je reçus hier du 9 de ce mois.

Oh! non, je ne vous ai point quitté, cette bonne ou mauvaise aventure ne vous arrivera jamais. J'attends vos lettres avec la même impatience que si elles me devaient procurer beaucoup de plaisir, et depuis plus de deux mois je n'y trouve qu'amertume ou sécheresse; mais n'importe, je suis toujours bien aise d'en recevoir, c'est une attention à laquelle vous n'êtes point obligé. J'aimerais mieux qu'elle ne vous coutât pas et ne vous pas devoir tant de reconnaissance.

M. Selwyn prétend qu'il partira dimanche. Il soupa hier au soir chez le Président, il fit de grands serments qu'il reviendrait ici au mois de mai; je lui dis que je n'en croyais rien, nous nous disputâmes, et je lui chantai un couplet que je n'avais pas fait pour lui, mais que je changeai sur-le-champ. Le voici:

> Quand un Anglais quitte Paris,
> 'Je jure,' dit-il, 'mes amis,
>   De revenir en France.
> Vous m'y verrez incessamment,
> Et je m'engage par serment
>   D'y faire résidence.'
> Mais tout ce qu'on dit en partant
> Autant en emporte le vent.
>   Eh! bon, bon, bon,
>   Les gens d'Albion
> Trompent comme les autres.

Ce couplet réussit parfaitement, on m'en demanda copie et je la refusai. Je me garderai bien de vous envoyer l'original—pour la parodie à la bonne heure, elle ne doit vous rien faire.

Le départ du Selwyn m'est assez indifférent. Il a de l'esprit sans doute, mais il n'a point de conversation. Il est toujours distrait, cependant il est assez aimable, mais par moments.[1] Sa petite Milady

1. D wrote to Craufurd, 13 Feb. 1767: 'Je suis bien éloignée de croire M. Selwyn stupide, mais il est souvent dans les espaces imaginaires. Rien ne le frappe ni ne le réveille que le ridicule, mais il l'attrape en volant; il a de la grâce et de la finesse dans ce qu'il dit, mais il ne sait pas causer de suite; il est distrait, indif-

Sarah[2] est tout au travers les choux; c'est Monsieur le Duc de Chartres et tous les jeunes gens qui l'environnent, c'est l'Idole qui s'en est emparée. Je l'ai fort peu vue; elle soupera ce soir chez moi pour la troisième fois, et son mari[3] pour la quatrième. J'aurai l'Idole et peut-être son Prince, les deux Maréchales, les Prince et Princesse d'Hénin, etc. C'est un souper de fondation, un vendredi chez moi, et le vendredi d'après chez le Président. Mes dimanches subsistent toujours, mais avec une compagnie toute différente, c'est Mmes d'Aiguillon, de la Vallière, de Forcalquier, de Crussol, etc. Les hommes, Pont-de-Veyle, Saulx, un M. de Morfontaine, Intendant de Soissons,[4] qui nous a produit des plaisanteries à l'infini à l'occasion des étrennes. Je vous raconterais tout cela si vous étiez plus malléable, mais vous êtes comme une statue de pierre, vous ne prenez part à rien. Votre silence sur votre retour fait que je ne sais qu'en penser, et si vous aviez la maudite intention de ne point revenir, à quoi vous serviraient tous les détails de ma société? Vous écouteriez tout cela avec une indifférence extrême, et vous me diriez qu'après m'être satisfaite en vous mandant des balivernes, je ferais bien de les jeter au feu. Réellement votre commerce est épineux, je suis toujours en crainte et je ne saurais écrire que quand j'ai la bride sur le col. Je voudrais que le Selwyn eût pris quelque part à tout ce qu'il a vu et entendu pour pouvoir vous le raconter, mais il a des yeux qui ne voient point, des oreilles qui n'entendent rien. Je le rends à Londres, rendez-vous à Paris, et ce sera pour moi un bon échange.

Je compte voir aujourd'hui la grand'maman, j'en suis toujours infiniment contente; je le suis aussi de son époux, à qui j'ai souhaité la bonne année. Il m'a envoyé une étrenne.[5] Il y aurait une longue his-

férent; il s'ennuierait souvent sans une très bonne recette qu'il a contre l'ennui, c'est de s'endormir quand il veut. C'est un talent que je lui envie bien; si je l'avais, j'en ferais grand usage. Il est malin sans être méchant; il est officieux, poli; hors son milord March, il n'aime rien; on ne saurait former aucune liaison avec lui, mais on est bien aise de le rencontrer, d'être avec lui dans la même chambre, quoiqu'on n'ait rien à lui dire' (S–A i. 87).

2. In the same letter to Craufurd, D writes:

'Votre Milady Sarah a eu un succès prodigieux; toute notre belle jeunesse en a eu la tête tournée. Sans la trouver fort jolie,

toutes les principautés et les divinités du temple l'ont recherchée avec une grande émulation. Je ne l'ai point vue assez de suite pour avoir pu démêler ce qu'on doit penser d'elle; je la trouve aimable, elle est douce, vive et polie. Dans notre nation, elle passerait pour être coquette. Je ne crois pas qu'elle le soit; elle aime à se divertir' (ibid.).

3. Sir Thomas Charles Bunbury (1740–1821), 6th Bt.

4. Louis le Peletier de Morfontaine (1730–1814), whom HW had met once in Paris (Woelmont de Brumagne i. 535–6; vi. 419; *Paris Jour.*).

5. The New Year's gift to which D re-

toire à vous conter, mais je n'en ferai rien, ce n'est point la paresse qui m'en empêche, mais votre excessive indifférence. Elle me gèle le sang, et elle m'ôte la faculté de parler. Eh bien! malgré cela, je ne puis m'empêcher de vous prier de tenir votre parole. Je crois pouvoir répondre que vous serez content du séjour que vous ferez ici, vous ferez des Choiseul l'usage qu'il vous plaira, mais il n'y a point de politesses, d'attentions, et de marques de considération que vous n'en deviez attendre. Toute ma compagnie des dimanches vous recevra à bras ouverts; vous êtes attendu chez le Président comme le Messie, non pas pour vous crucifier, mais pour vous combler de caresses.

'Ah! voilà la petite,' direz-vous, 'qui se laisse aller!' Oh! que non, elle est bien loin de cela, c'est la prudence et la réserve même, et le tuteur ne reconnaîtra plus sa pupille.

Vous avez donc perdu votre ivrogne;[6] j'en suis fâchée, parce que je comprends très bien que vous devez l'être; l'habitude est un des plus forts liens. J'ai une fois renversé toute ma maison pour retrouver une vieille aiguille de tête, qui valait quatre sols, parce qu'il y avait douze ou quinze ans que je l'avais. Vous ne me mandez point si vous avez trouvé un autre domestique qui vous convienne. Vous auriez cent mille choses à me mander si vous vouliez, mais c'est la confiance qui

fers was probably the Duc de Choiseul's reprimand of Fréron, editor of the *Année littéraire*. In Vol. VII, Letter 14, pp. 315–6 of that periodical (1766), is a criticism of the Hume-Rousseau quarrel, in which occurs this paragraph:

'Mais ce que j'ai peine à concevoir, c'est que M. Rousseau a pu faire pour mériter que M. Walpole ait pris plaisir à l'outrager par sa lettre du Roi de Prusse. Je ne vois dans cette plaisanterie que beaucoup d'extravagance et de malice, dont M. Walpole a le front de chercher à se justifier par une nouvelle satire [c'est apparemment sa *Lettre à M. Hume;* il en est parlé plus bas] qui paraît encore plus condamnable que la première.'

This attack on HW, though it was written by 'un Anglais impartial' and not by Fréron, aroused D's indignation, and she wrote to the Duc de Choiseul, 29 Dec. 1766 begging him to reprimand Fréron (S–A i. 76). This letter was sent with one of the same date to Mme de Choiseul, soliciting her help in the matter (loc. cit.). Mme de Choiseul did so warmly (S–A i. 77–8), and further letters passed (S–A i. 79–80).

The Duc de Choiseul writes to D, 5 Jan. 1767, that he has spoken to M. de Sartines, and that there was nothing to do but to reprimand Fréron, who, after all, had merely reprinted an article published in London; the fault was really that of the censor (S–A i. 81–2). In 1767, the *Année littéraire* (i. 63–4) published this explanation:

'. . . des amis respectables que M. Walpole a conservés en France avaient été offensés d'un article de mes feuilles, dans lequel il se trouve contre lui quelques traits, à la vérité trop vifs. On m'a même soupçonné d'avoir fait cet article, que j'ai donné comme traduit de l'Anglais. Je déclare que c'est une traduction d'un écrit anglais inséré dans le *S. James-Chronicle,* et qu'en me félicitant de m'être rencontré avec l'auteur de cet écrit, je n'ai eu en vue que le jugement qu'il a porté du fond de la querelle, et non les personnalités. . .'

6. Le valet de chambre de M. Walpole (HW).

vous manque; que ne vous laissez-vous aller à dire tout ce qui vous passe par la tête? toutes vos folies, toutes vos réflexions? Quand vous êtes à votre Strawberry Hill vous écrivez, j'en suis sûre; enfin vous ne tirez point de moi le parti que vous pourriez; vous vous êtes laissé aller à des terreurs paniques qui ont détruit tout l'agrément de notre commerce. Comme je suis juste, je ne vous en sais pas absolument mauvais gré, quoique vous m'ayez dit les choses du monde les plus dures et les plus choquantes. Vous avez craint le ridicule, vous avez mieux aimé courre le risque de me perdre. Eh bien! vous ne m'avez point perdue, et vous êtes à l'abri de tout ridicule. Tenez, mon tuteur, car il faut bien revenir à vous donner ce nom, je serai tout ce qu'il vous plaira que je sois, votre amie, votre connaissance, tout comme il vous plaira, mais je ne puis me départir du jugement que j'ai porté de vous. Je ne vous crois point parfait, et même il s'en faut bien, et j'ai même l'idée, je vous l'avoue, que vous êtes un peu fou. Il y a un mélange en vous de bonté, de dureté, de raison, de caprice. Je sais tout cela quoique vous en puissiez dire, et quelque insolente que vous puissiez me trouver, je vous soutiens qu'il y a de grands rapports entre vous et moi; nous voyons, nous jugeons de même, nous avons autant de sensibilité l'un que l'autre, vous avec la férocité de votre pays, et moi avec la faiblesse du mien; cela dit,

> Soyons amis, Cinna, c'est moi qui t'en convie.[7]

Ah! que M. Hume fait bien de s'établir en Écosse, c'est pour ainsi dire reculer devant Jean-Jacques, mais qu'importe? il ne reviendra plus ici, et nos vilains philosophes modernes perdront son appui. Vous trouverez dans ce paquet une petite feuille volante, dont le titre est *Lettres posthumes*,[8] etc. Vous savez ce que veut dire *post* en français; il y a du galimatias, mais il y a quelques traits plaisants. J'ai ramassé toutes les petites brochures où vous êtes nommé; je vous les garde, ainsi que le *Testament* de monsieur votre père.

7. Corneille, *Cinna*, V. iii. 39.
8. On 10 Jan. 1767, D wrote to Mme de Choiseul, requesting 'deux exemplaires d'une feuille volante que la police a supprimée. Elle a pour titre: *Réflexions posthumes sur le grand procès de Jean-Jacques avec David.*
'Je voudrais un exemplaire pour moi et un pour l'ami d'outre-mer; rien ne vous est plus facile que d'avoir cette feuille;

vous pouvez avoir une entière sécurité sur ma discrétion' (S–A i. 83).
Mme de Choiseul replied, saying that she could find only one copy of the pamphlet at the moment, but that she would send another as soon as she could. Her comment on the *Réflexions* is:
'Elles sont assez bien écrites, assez concises; quelques-unes présentées assez plaisamment. Je les ai crues d'abord de

Le séjour de M. Hume en Écosse déterminera le petit Craufurd à y aller, car on dit qu'il l'adore.

À propos, j'oubliais de vous dire que le Selwyn perdit il y a aujourd'hui huit jours douze cents louis au Palais-Royal où il avait accompagné Milady Sarah.[8a] Le Chevalier Bunbury et le petit Milord y étaient aussi; le petit Milord[8b] était fort triste,[9] ainsi que le Selwyn, mais le Chevalier fort indifférent,[10] il s'alla coucher à une heure et laissa tranquillement sa Milady. Ne laissez pas aller vos idées trop loin, elle n'est que coquette; il est vrai que selon moi c'est un grand défaut, aussi j'aime beaucoup mieux votre Milady Fitzroy.

Que voulez-vous que je vous dise de votre Ambassadrice?[11] Je ne l'ai pas beaucoup vue, mais cependant assez pour juger que ce n'est pas une femme d'esprit. Je lui crois la tête légère; elle babille beaucoup, et ne dit pas grand'chose, cependant comme elle m'a dit du bien de vous et que vous aviez fait des vers[12] pour elle, elle ne me déplaît pas. Pour le Milord, il ne me rend aucun soin; il a soupé chez moi, et je n'en ai pas entendu parler depuis,[12a] ainsi je n'en pense rien du tout.

Vous pouvez être sûr que je trouve tout le monde insupportable, que je ne tiens à rien, que tout me paraît sot, ridicule, et ennuyeux, et que je suis au désespoir de la vie que je mène; je crois qu'il est bon de finir là.

Si vous voulez savoir des nouvelles de celui-ci, de celle-là, questionnez-moi, car je n'imaginerai pas de moi-même de vous rien dire.

Je crois la comédie de Garrick[13] detestable. On nous en a donné ici d'épouvantables; une tragédie de *Guillaume Tell*,[14] un opéra de Mondonville.[15] C'est *Thésée* dont la musique était de Lulli, les pa-

Palissot. Mais les conséquences en sont communes, plates et tirées de tout ce qui a été à ce sujet: je ne crois plus rien. Il n'y a rien contre M. Walpole; il n'y est que nommé' (S–A i. 83).

8a. Bunbury (HW).

8b. Carlisle (HW).

9. Lord Carlisle se croyait épris de Lady Sarah (T). See Armand-Louis de Gontaut, Duc de Lauzun, *Mémoires*, 1858, p. 67.

10. Sir Charles Bunbury was bored with Paris, and hastened their departure home (see *ante* 4 Jan. 1767, n. 5).

11. Lady Rochford (HW).

12. HW's verses for Lady Rochford, presented when she visited the press at Straw-

berry Hill in 1757 (see HW to Montagu 25 Aug. 1757).

12a. Le commencement manque (HW). The meaning of this note is obscure.

13. *Le Mariage clandestin* (HW). *The Clandestine Marriage* was a collaboration of David Garrick (1717–79), and George Colman the elder (1732–94), produced in 1766.

14. By Antoine-Marin Lemierre (1723–93) (Soleinne).

15. The opera *Thésée*, composed by Jean-Baptiste Lulli (1633–87), and produced with alterations by Jean-Joseph Cassanea de Mondonville (1715–73) on 13 Jan. 1767 (*La Grande encyclopédie*).

roles de Quinault; il n'est pas supportable. Il n'y a plus rien ici, mon tuteur, ni esprit, ni goût, ni bon sens, et tout ce que j'ai vu d'Anglais depuis votre départ ne m'a pas persuadée que cela soit fort différent chez vous; votre Milady Hertford[15a] vaut autant que votre Mme Hervey[16] j'en suis sûre; celle-ci a des prétentions de plus, et les prétentions sont à faire mourir d'ennui, et donnent toujours envie de rompre en visière; on ne trouve que de cela ici; celles qui s'y distinguent sont l'Idole[17] avec son style de Télémaque,[18] la Geoffrinska;[19] mais Dieu merci je ne la connais pas, mais vous verrez chez le Président[20] trois ou quatre merveilleuses qui font vomir.

Adieu, je vous quitte, peut-être ajouterai-je quelque chose demain, peut-être le récit du souper de ce soir.

Je comptais ne reprendre cette lettre que demain, mais on vient de m'envoyer la feuille de Fréron,[21] je me détermine à vous l'envoyer. Si vous n'avez pas lu le *Testament* de monsieur votre père, dont il fait l'extrait, je puis vous assurer que son extrait est très-fidèle. Cet ouvrage, comme vous croyez bien, doit plaire à notre nation;[22] il ne doit pas faire le même effet à la vôtre. Est-il réellement de monsieur votre père? Êtes-vous content qu'il paraisse? Les lettres que Fréron rapporte ne sont-elles pas falsifiées?[22a] Oh! pour moi je le crois; vous ne sauriez être le fils d'un homme qui désirait de trouver des coupables, et consentait à faire couler le sang du juste; hors cela, ces lettres et la moitié du testament m'ont fait beaucoup de plaisir; le style en est ferme, clair, et noble comme celui de quelqu'un de ma connaissance.[22b] Je ne sais pas si je vous dois envoyer cet ouvrage, vous l'avez peut-être, mais vous n'avez peut-être pas la traduction,[23] et vous serez bien aise de voir si elle est fidèle, il vaut mieux vous l'envoyer au risque

---

15a. Lady Isabella Fitzroy (1726–82), m. (1741) Francis Seymour Conway, cr. (1750) E. and (1793) M. of Hertford.

16. This name is erased, but still legible.

17. Mme de Boufflers (HW).

18. *Télémaque*, a prose romance by François de Salignac de la Mothe Fénelon (1651–1715), Archbishop of Cambrai.

19. Mme Geoffrin (HW).

20. Hénault (HW).

21. This was not the attack on HW to which D had objected (see above), but another number of the *Année littéraire*, published later in 1766, which contained a review of the forged *Testament politique du Chevalier Robert Walpoole*. The

review quotes extracts from Sir Robert's letters (which were at the beginning of the first volume of the *Testament*), and praises his remarks upon France. It is dated Paris, 17 Dec. 1766, and is Letter V of Vol. VIII for that year. (The attack on HW was Letter XIV Vol. VII).

22. The reviewer says: 'L'auteur est peut-être le premier écrivain anglais qui ait rendu justice à la France à bien des égards' (ibid. viii. 173).

22a. Oui (HW).

22b. Probably HW himself.

23. Ce n'était pas une traduction, mais un ouvrage supposé très faux (HW).

que vous l'ayez déjà, que de vous la laisser désirer. On trouve rarement des occasions de faire passer quelque chose en Angleterre; il reste à savoir si M. Selwyn voudra s'en charger.

Je suis très curieuse de ce que vous penserez sur cet ouvrage; dites-m'en sincèrement votre avis, et accoutumez-vous à me regarder comme une femme sensée et raisonnable, qui est digne de votre estime et de votre confiance, qui ne demande que cela de vous, mais qui le désire infiniment.

J'oubliais de vous dire que l'Altesse Sérénissime[24] m'a rendu une visite de bonne année avec une civilité mêlée de bonté et de froideur; mais mon grand tort (dont je ne me corrigerai point) c'est de ne pas respecter les faux dieux.

Je dois avoir ce soir la visite de la grand'maman;[25] depuis le premier jour de l'an nous nous sommes écrit des volumes. J'attribue les galanteries de son mari pour moi à l'envie d'obliger sa femme et c'est ce qui me fait plaisir; n'allez pas croire que j'élève de grands bâtiments sur de tels fondements; j'en avais bâti un que *trois paroles* ont renversé, et ce bâtiment n'était pourtant qu'un rez-de-chaussée! Oh! pour le coup adieu, jusqu'à demain que je remettrai mon paquet entre les mains de M. Selwyn.

Ce samedi 17.

Je n'eus hier au soir ni le Prince ni l'Idole, nous étions cependant treize. Il y avait quatre jolies dames, Milady Sarah, Mme Chauvelin,[25a] Mme d'Hénin, Mme de Lauzun. Je trouvai la Milady très aimable et je comprends très aisément qu'elle soit coqueluche; on dit sa figure fort agréable, ses manières sont douces et animées, elle me plut hier infiniment. Son mari est un bon enfant, je ne sais s'il consentira qu'elle reste jusqu'au carême, elle en a bien envie, mais pour le présent le projet est de partir à la fin du mois, c'est ce que le Selwyn pourra vous raconter; il part demain, il prétend qu'il dînera vendredi à Londres, et que vous passerez ce même jour la soirée avec lui.

Je voudrais qu'il pût vous raconter mille petites choses qui vous amuseraient, mais rien ne lui reste dans la tête, si ce n'est les ridicules, qu'il saisit à merveille. Je ne me mis point hier à table; je mangeai un morceau avec lui au coin de mon feu. Nous avions en

24. Le Prince de Conti (HW).
25. La Duchesse de Choiseul (HW).
25a. Agnès-Thérèse Mazade d'Argeville,

m. (1758) Claude-François (or Bernard-Louis, or François-Claude), Marquis de Chauvelin.

tiers Monsieur le Comte de Grave[26] qui est un habitant de Saint-Joseph, et qui vous plaira beaucoup. C'est peut-être de toutes mes connaissances ce qui me convient le mieux. Vous en jugerez bientôt, à ce que j'espère. Le Selwyn ne pourra pas vous dire un mot sur ma santé, il n'en sait pas plus que vous. J'étais enrhumée du cerveau le premier jour que je le vis; depuis ce moment-là, il m'a régulièrement demandé des nouvelles de mon rhume; il vous contera cela, parce que je m'en suis beaucoup moquée. Pour finir son chapitre—il s'était chargé d'une lettre de Mme d'Aiguillon pour Mme Hervey; il ne veut ni n'est à portée de la lui remettre, elle est dans ce paquet, et vous voudrez bien vous en charger.

Je ne vis point hier la grand'maman, elle ne vint point à Paris parce qu'elle était incommodée. La Maréchale de Mirepoix[26a] me dit hier que le projet de M. de Choiseul était de venir chez moi et de se faire annoncer M. de Morfontaine. C'est la suite d'une plaisanterie que j'aimerais bien mieux vous raconter que je n'aimerais à vous l'écrire.

Tenez, mon tuteur, je ne voudrais pas abuser le moins du monde de la complaisance que vous auriez pour moi, et vous faire venir à Paris si cela vous contrariait à un certain point, mais je ne puis vous dire combien je serai aise si vous y venez. Toute ma frayeur, et ce que je vous dis est vrai, c'est de mourir avant ce temps-là. Je ne vous parle point de ma santé, parce que mon horreur c'est d'apitoyer, mais enfin vous ferez une bonne œuvre à toutes sortes d'égards si vous venez ici. Je me permets de vous marquer tout le désir que j'en ai, ne m'en grondez pas, je vous conjure, n'affligez plus votre pupille, et retractez-vous de ces trois vilains mots que vous lui avez écrits; j'aimerais mieux entendre *je vous hais*. Enfin ces trois vilains mots sont pour moi ce qu'est pour Jean-Jacques le rêve de M. Hume.[27]

Je suis fort en peine de la santé du Président. Il avait de la fièvre ces jours-ci, du dévoiement; vous sentez bien toutes les raisons que j'aurais de le regretter.

Je reçois de ses nouvelles dans le moment, il dit qu'il se porte mieux, mais qu'il a déraisonné toute la matinée.

26. Charles-François (1726–88), Comte de Grave (Woelmont de Brumagne v. 217). HW met him many times in 1767 and 1769 (*Paris Jour.*).

26a. Expanded by HW from Wiart's 'M.'
27. See HW to D *ante* 16 July 1766.

Je soupe ce soir chez Mme de Forcalquier avec Mme d'Aiguillon. Nous causerons de ces deux femmes quand nous nous verrons et de bien d'autres choses; la conversation ne tarira pas, j'en aurai de toutes sortes à vous raconter, et vous, vous en aurez beaucoup à me dire si vous me jugez digne de votre confiance. Oh! je vous déclare que vous ne pouvez pas la mieux placer.

J'ai regret de laisser le reste de cette page sans la remplir, mais il me semble que je n'ai plus rien à vous dire.

Je compte donner à souper demain en huit (qui sera le 25) à Milady Sarah[28] et aux ambassadeurs. Serez-vous ici pour la comédie de Mlle Clairon? Ce sera, comme je vous l'ai mandé, vers le 20, peut-être avant, peut-être après.

Adieu, mon tuteur, il faut faire une fin. Voudriez-vous que j'eusse jeté cette lettre au feu? Vous déplaira-t-elle? Serai-je grondée?

Si comme je le crains la Milady Sarah vous retrouve encore à Londres, mandez-moi s'il n'y a rien que je puisse vous envoyer par elle.

Ah! vraiment, vraiment, j'oubliais une chose importante. M. Elliot a un petit chien pour moi, et il attend une occasion pour me l'envoyer. Je voudrais savoir s'il est petit et joli, deux conditions très nécessaires. Pourriez-vous le voir, et voudriez-vous vous en charger? Je n'en aimerai pas moins la Tulipe, elle est la meilleure enfant du monde, elle vous attend pour vous dévorer.

Voici ce que contient le paquet:

Deux brochures de La Chalotais; la déclaration du Roi;[28a] traduction des Patagons;[29] lettres de Mme de Sévigné; portrait de Mme de Choiseul; feuille de Fréron; *Lettres posthumes;* paquet pour Mme Hervey; un second paquet du *Testament du Chevalier Robert Walpole.*

28. Probably the supper which, Lauzun says, occurred soon after Mme de Mirepoix's ball of 23 Jan. (see *post* 22 Jan. 1767). Lauzun has been talking to Lady Sarah: 'Une visite nous interrompit; elle n'eut que le temps de me dire: "Je soupe ce soir chez Madame du Deffand."
'Quoique je n'eusse pas été chez cette Madame du Deffand depuis cinq ou six ans, je parvins à m'y faire mener par Madame de Luxembourg qui y soupait aussi. Les manières de Lady Sarah avec moi étaient absolument changées . . . Quand tout le monde sortit de chez Madame du Deffand, elle écrivit quelques mots sur un morceau de papier, et me dit en descendant l'escalier:—"Lisez cela en vous couchant."—On peut imaginer avec quel empressement je rentrai chez moi! Je lus ces trois mots anglais: *I love you*' (Armand-Louis de Gontaut, Duc de Lauzun, *Mémoires,* 1858, p. 62).

28a. Lettres-patentes about Brittany (*Journal encyclopédique,* 1767, i. pt i. 163).

29. Traduction MS par le Chevalier Redmond de la brochure de M. Walpole sur les Patagons (HW). It is now in the Bodleian 'MS. French c. 6—N° 36608.'

From Madame du Deffand, Sunday 18 January 1767

N° 51. Ce dimanche matin, 18 janvier 1767.

ENFIN M. Selwyn part aujourd'hui à midi, chargé de deux paquets pour vous; il prétend qu'il sera vendredi à Londres, et qu'il vous les remettra le même jour. Je lui viens d'envoyer un petit billet pour le prier de m'écrire de Calais le jour de son embarquement; il s'imaginera sans doute que c'est par le vif intérêt que je prends à lui, mais ce n'est pas tout à fait mon motif. Je serai bien aise de juger quel jour il pourra être arrivé.

Je vous ai expliqué dans ma lettre du paquet pourquoi vous avez été si longtemps sans recevoir de mes nouvelles, mais je ne vous ai point dit que comme j'attends de vos lettres pour vous écrire, ne voulant point tomber dans un empressement qui vous soit à charge, il arrive que lorsque la lettre que je dois recevoir le mercredi ne m'est rendue que le jeudi, ma réponse ne peut partir que le lundi d'après; ajoutez à cela tous les autres inconvénients du passage, des bureaux, etc. Voilà ma justification; il m'est bien glorieux d'en avoir besoin avec vous.

Je ne sais pas ce que je pourrais vous dire aujourd'hui de plus que ce que je vous dis dans la lettre du paquet; elle est immense, et vous me trouverez un grand flux de paroles. Je prie le bon Dieu de vous mettre dans une disposition favorable, et de vous rendre un lecteur bénévole; vous verrez du moins qu'il n'est pas impossible, et qu'il est même très facile d'écrire, quoiqu'il semble qu'on manque de sujet: il n'y a qu'à se laisser aller à dire tout ce qui passe par la tête.

Ah! mon Dieu, que la tête de ce pauvre Président est en mauvais état! Je viens de recevoir un billet de sa propre main, dans lequel il me raconte une chute qu'il fit hier dans sa chambre, dont il m'avait fait lui-même le récit hier au soir. Il n'a plus du tout de mémoire; cela me serre le cœur, et me dégoûte bien de la vie. Peut-on désirer de vieillir? Mais parlons d'autre chose.

Je soupai hier au soir chez Mme de Forcalquier; il y avait la Duchesse de Villeroy, avec qui j'ai lié connaissance. Je l'ai priée à souper demain chez le Président, et je la prierai dans huit jours à souper chez moi: elle ne devine pas mon intention; c'est à cause des comédies qu'elle a souvent chez elle, où joue Mlle Clairon; et puis c'est une hurlu-berlue, un drôle de corps, que vous ne serez pas fâché de connaître; elle ne donne point dans l'*idolâtrie;*[1] enfin, si cela n'est pas excellent, cela est du moins sans inconvénient.

La Maréchale de Mirepoix donne vendredi un bal à tous les jeunes gens de la cour et de la ville. Sa figure suit la marche ordinaire, et elle atteindra soixante ans au mois d'avril prochain; mais son esprit rétrograde, et aujourd'hui il n'a guère plus de quinze ans; il est inouï d'avoir une aussi mauvaise tête. Elle est brouillée avec M. de Choiseul; elle a refroidi tous ses amis, ses connaissances, et elle a éteint la tendre amitié que j'avais pour elle; il me reste encore quelque pointe de goût, mais je ne m'y livrerai pas. J'ai trop, à mes périls, appris à la connaître; je suis cependant fort bien avec elle, ainsi qu'avec l'autre Maréchale,[2] mais de ces amis-là je dis comme Socrate: *Mes amis, il n'y a point d'amis.*[3] Ce mot-là est très bon *quand il est bien placé.*

À propos de Socrate, nous avons ici un Comte de Paar,[4] qui a, dit-on, une grande figure triste et froide; il grasseye les *rr*, parle très lentement et en hésitant. Il disait l'autre jour chez le Président: 'Quel est ce Socrif qui s'empoisonna en mangeant ou buvant des cigales?' Eh bien, j'aime mieux entendre ces choses-là que les excellentes maximes de morale de Mme de Verdelin,[5] les savantes dissertations de Mme d'Houdetot;[6] les remarques fines de Mme de Montigny: j'en ajouterais encore bien d'autres, mais vous me gronderiez.

1. She means that she was not of the society of the Prince de Conti at the Temple (B).

2. Mme de Luxembourg.

3. 'Mes amis, il n'est point d'amis' (Jean-Pierre Claris de Florian, *Fables,* Livre III, Fable vii); Florian attributes this saying to Aristotle, and it may be a mistranslation of Aristotle's *Magna Moralia,* 1209 a 36.

4. Probably Wenzel Johann Joseph (1719–92), Count (later Prince) Paar; he became Prince in 1769 (Constantin von Wurzbach, *Biographisches Lexikon des Kaiserthums Oesterreich,* 1856–91). He may be the 'M. Parre' whom HW met in Paris 11 April 1766 and again in 1769 (the last reference to him in 1769 is spelled 'Paar'; see *Paris Jour.*). D wrote to Mme de Choiseul, 8 July 1775: 'Je conviens qu'on peut être curieux du règne des Platon, des Socrate ou des *Socrife,* ainsi que M. le Comte de Parre les appelle, et dont il dé-

plore le sort d'avoir été empoisonnés par des cigales' (S–A iii. 177). The word 'cigale' (locust) had been confused by the Count with 'ciguë' (hemlock).

5. Marie-Louise-Madeleine de Brémond d'Ars (d. 1810), m. (1750) Bernard, Marquis de Verdelin (Woelmont de Brumagne v. 332; Jean-Jacques Rousseau, *Confessions,* Part II, Book x).

6. Élisabeth-Françoise-Sophie de la Live de Bellegarde (1730–1813), m. (1748) Claude-Constant-César, Comte d'Houdetot (Hippolyte Buffenoir, *La Comtesse d'Houdetot,* 1905). She had met Mme de Verdelin through Mme d'Aubeterre (see Rousseau, loc. cit.) and had a brief and stormy friendship with her (see Louise-Florence-Pétronille de la Live d'Epinay, *Memoirs and Correspondence,* tr. J. H. Freese, London, 1899, iii. 33–6). See also Denis Diderot, *Lettres à Sophie Volland,* 1930, i. 171; Jacques-Pierre Brissot de Warville, *Mémoires,* 1911, ii. 48; Grimm.

Enfin, mon tuteur, j'ai le malheur de passer pour un bel esprit, et cette impertinente et malheureuse réputation me met en butte à tous les étalages et à toute l'émulation de ceux qui y prétendent. Je leur romps souvent en visière, et voilà l'occasion où je m'écarte de vos préceptes de prudence. Cependant, hier, chez le Président, je fus d'une sagesse admirable, je me dis: 'Je suis à la comédie; écoutons les acteurs, et gardons-nous bien de devenir actrices en leur disant un seul mot.' Je m'en allai avec la tranquillité de la bonne conscience, c'est-à-dire avec la sécurité de n'avoir choqué personne.

J'espère que dans vos premières lettres je trouverai un mot pour le Président et Mme de Jonzac.

Je ne fermerai ma lettre qu'à six heures du soir. Que sait-on?—j'en recevrai peut-être une d'ici à ce temps-là qui me fera ajouter quelque chose à celle-ci. Sinon, adieu, tout est dit.

To Madame du Deffand, Tuesday
20 January 1767, N° 44

Missing. Probably written at Arlington Street. Answered 25 Jan. It was doubtless in this letter that HW used the phrase quoted on p. 221, 'Je vous suis profondément et loyalement attaché.'

From Madame du Deffand, Thursday 22 January 1767

N° 52. Ce jeudi, 22 janvier 1767.

RIEN n'est plus singulier; le courrier d'Angleterre arriva hier et ne m'apporta rien. Je fus, suivant ma louable coutume, fort inquiète, mais je résistai à l'envie que j'avais de vous écrire, ne voulant pas vous accabler. Je me déterminai donc à laisser partir la poste aujourd'hui, à attendre le courrier de dimanche et à ne faire partir ma lettre que le lundi 26; et c'est ce qui arrivera. Mais revenons à ce qui est du singulier; c'est, mon tuteur, qu'il m'est arrivé aujourd'hui par le courrier de M. de Choiseul une lettre datée du 10. J'imagine que c'est par économie pour moi que vous vous êtes servi de cette voie extraordinaire; par la poste je l'aurais eue cinq ou six jours plus tôt; apprenez-le et retenez-le bien, que je payerais chaque jour, chaque heure, chaque moment qui avancerait ce que j'attends, qui me délivrerait d'inquiétude; je payerais, dis-je, tout ce qu'on voudrait pour cela; enfin j'ai donc reçu votre lettre du 10. J'en serais parfaitement contente, si en me rappellant votre agonie, vous ne me disiez pas que vous quittiez la vie sans chagrin, parce que vous ne regrettiez personne et que vous étiez sûr de ne l'être de qui que ce soit. 'Qui suis-je donc, Iphicrate?'[1] C'est une citation, je ne sais plus d'où elle est; qu'importe! il suffit que tant que je vivrai il ne vous conviendra nullement de parler de la sorte; cela m'a presque autant choquée que *ces trois paroles,* dont je vous parle tant. Je veux bien aujourd'hui vous les dire, les voilà: *je suis refroidi.* Vous voyez bien vous-même que n'ayant que des sentiments tièdes comme vous le dites, tout refroidissement les rend à la glace; il n'y a nul individu qui craigne autant le froid que moi.

Venons à mon portrait;[2] il est le plus charmant du monde; mais ce qui m'en plaît le plus, c'est: *Censeur, tais-toi,* etc; cela fait que je me flatte que vous pensez ce qui précède. Mais, mon tuteur, ce n'est pas comme cela que je voudrais être peinte par vous; je voudrais entendre des vérités dures; c'est-à-dire, que vous ne me fassiez grâce d'aucun de mes défauts, tel que vous l'auriez fait dans vos moments de colère. N'y en aurait-il point un par hasard? Si cela était vrai, envoyez-le-moi; soyez bien sûr que vous ne me fâcherez point. Je ne compterais point sur vous, si je n'étais pas bien persuadée que vous me voyez telle que je suis, et par conséquent parfaitement imparfaite. Je suis convaincue que je vous plairais bien moins si j'étais exempte de défauts; j'en juge par la grand'maman; je l'aimerais bien mieux, si avec toutes ses vertus elle avait quelques faiblesses; elle s'est trop perfectionnée elle-même; toutes les qualités qu'on acquiert ne sont pas d'un aussi grand prix que les premiers mouvements. Mais pour vous, mon pauvre tuteur, vous me serrez le cœur quand vous vous épanchez sur la haine que vous avez pour le genre humain. Comment est-il possible que vous ayez eu tant de sujet de vous en plaindre? Vous avez donc rencontré des monstres, des hyènes, des crocodiles? Pour moi, je n'ai rencontré et je ne rencontre encore que des fous, des sots, des menteurs, des envieux, quelquefois des perfides; eh bien! cela ne m'a pas découragée, et ma persévérance à croire qu'il n'était pas impossible de trouver un honnête homme me l'a fait rencontrer. Ne vous avisez pas de me demander qui c'est; c'est un secret que je ne révélerai à vous ni à personne; je vois bien que vous croyez le deviner; si cela est, je m'en lave les mains, ce n'est pas ma faute.

1. Not found.   2. See Appendix 3f.

THE DUC DE LAUZUN, THE DUCHESSE DE GRAMONT,
AND THE COMTESSE DE STAINVILLE
BY CARMONTELLE

Voici ce que vous aurez pour aujourd'hui; je voulais vous parler de vous et de moi; demain nous dirons autre chose; cette lettre se continuera jusqu'à dimanche inclusivement.

Ce vendredi 23.

Voulez-vous savoir nos nouvelles? Mme de Mirepoix donne aujourd'hui un bal à l'hôtel de Brancas; il y a vingt-quatre danseurs et vingt-quatre danseuses; les habits sont de caractères chinois, indiens, matelots, vestales, sultanes, etc. etc. etc. Chaque femme a son partenaire; les danseurs et danseuses sont divisée en six bandes, chaque bande de quatre hommes et quatre femmes; Monsieur le Duc de Chartres et Mme d'Egmont sont à la tête de la première. On répète les danses depuis huit jours chez Mme de Mirepoix. La coupable et infortunée Mme de Stainville,[3] qui devait figurer avec M. d'Hénin, a été tous les jours à ces répétitions. Mardi elle soupa chez Mme de Valentinois, avec toutes ses compagnes et camarades de danse; elle était fort triste; elle avait les yeux remplis de larmes; ce n'était pas sans sujet, car à trois heures du matin, son mari[3a] la fit entrer dans une chaise avec lui pour la mener à Nancy, et la confiner dans un couvent. Vous conviendrez que la prudence ne peut aller plus loin, et qu'on ne pouvait pas choisir un moment plus convenable pour

3. Femme du frère du Duc de Choiseul (HW). Thomassine-Thérèse de Clermont d'Amboise (b. 1746), m. (1761) Jacques-Philippe de Choiseul, Comte de Stainville. General Fontenoy describes her tragedy in a letter to Prince François-Xavier de Saxe, 15 Feb. 1767: 'Cette jeune dame s'est bientôt lassée de payer à l'hymen le tribut de tendresse qu'il arroge. Le Comte de Lauzun, la trouvant fort à son gré lui avait conté son douloureux martyre. Mais c'était un esclave attaché à son char sans gages. Elle s'était coiffée d'un nommé Clairval, acteur de la comédie italienne, assez bien de figure, passablement fat . . . Le Comte de Lauzun, convaincu du bonheur de son rival, n'eut rien de plus pressé que de le publier, et tout Paris en fut imbu le lendemain . . .
'La veille du bal que donnait la maréchale de Mirepoix, qui était arrangé par paires qui choisissaient leur masque, et où Mme de Stainville devait figurer en paysanne allemande, elle fut souper chez la Duchesse de Valentinois. Sa femme de

chambre ayant remarqué certains préparatifs dans la maison, dont elle jugea sainement, la fit avertir que si elle revenait chez elle, elle serait immanquablement arrêtée. Toute réflexion faite, elle ne laissa pas de s'y rendre, et eut lieu de s'apercevoir que l'avis n'était que trop bien fondé. On lui signifia une lettre de cachet du Roi pour être conduite dans un couvent de Nancy. On saisit ses papiers et en même temps ceux de Clairval. Ce qu'on n'a pas trouvé dans les règles (car la critique cherche toujours à mordre), c'est que le mari se soit chargé de la conduite, et qu'ayant le commandement en Lorraine, il ait choisi un couvent de la capitale pour y enfermer sa femme' (Correspondance de François-Xavier de Saxe, ed. Thévenot, 1874, pp. 190–1. See also Armand-Louis de Gontaut Duc de Lauzun, Mémoires, 1858, p. 60).

3a. Jacques-Philippe de Choiseul (d. 1789), Comte de Stainville, Choiseul's brother (Rép. de la Gazette). HW had met him in Paris (Paris Jour.).

faire un scandale public. Ses parents ont fait tout ce qu'ils ont pu pour l'en détourner, mais ils n'ont pu le persuader. On a pris une autre femme à sa place. Je vous manderai demain des nouvelles du bal.

Je soupai mardi chez la grand'maman, dans un petit appartement au premier, qu'elle a fait accommoder pour l'hiver: elle n'y peut recevoir que très peu de monde: nous n'étions que quatre: elle, Mme de Mirepoix, l'Abbé Barthélemy et moi. Elle m'ordonna de ne point sortir de la journée le lendemain mercredi, qu'elle avait ses raisons pour cela: elle devait souper chez moi. Je lui obéis; elle arriva à huit heures, et dit à Wiart de ne laisser entrer personne: elle était avec l'Abbé Barthélemy. Vers les neuf heures, on m'annonça M. de Morfontaine; je pris un air mécontent, je dis tout bas à la grand'maman: 'J'espère qu'il ne compte pas souper ici'; et puis, je fis des politesses à ce M. de Morfontaine. Notre conversation dura deux ou trois minutes: après quoi, je pouffai de rire, et je dis: 'Non, ce n'est point M. de Morfontaine, ce n'est point sa voix; c'est M. de Choiseul, j'en suis sûre.' Je me levai et lui sautai au col. C'était lui, en effet, mais je n'eus pas le mérite de le deviner, car j'étais prévenue: il n'y eut que lui et la grand'maman d'attrapés par le semblant que je fis de l'être. Il marqua beaucoup de regret de ne pouvoir rester à souper avec nous. La conversation fut fort bonne; il me parut avoir acquis de la solidité; il fit de bons raisonnements: je vous raconterai tout cela quand je vous verrai. Mais dites donc, mon tuteur, quand est-ce que ce sera? Je n'ai plus la même répugnance pour le mot *février* que j'avais dans le mois d'octobre, mais cette corde est délicate, il faut la toucher légèrement; tout ce que je me permets de vous dire, c'est que la représentation où doit jouer Mlle Clairon est pour le 18 du mois prochain, mois très critique, qui m'a causé bien du chagrin et qui peut me causer bien du plaisir—mais mon tuteur, mon souverain seigneur, mon redoutable monarque, *fiat voluntas tua.* Adieu jusqu'à demain.

Ce samedi 24.

Je viens de relire ce que j'écrivis hier. Ah! mon Dieu, quel galimatias! Vous n'y comprendrez rien: heureusement vous pouvez vous en passer. Le fait est que Mme de Stainville[3b] a été enlevée par son mari, la nuit du 20 au 21, muni d'un ordre du Roi pour la faire

3b. Femme du frère du Duc de Choiseul (HW).

recevoir dans un couvent à Nancy. Tous ses domestiques ont été renvoyés, une de ses femmes menée à Sainte-Pélagie, maison de force. Cette aventure fait grand bruit; on ne parla que de cela au bal d'hier, et excepté la grand'maman,⁴ qu'on respecte, tous ceux qui lui appartiennent ne sont pas épargnés.

Le bal fut charmant, il a duré jusqu'à neuf heures du matin. Le prix de la beauté a été accordé à Mme de Saint-Maigrin.⁵ La Princesse d'Hénin, qui était le principal prétexte du bal, fut prise hier, dans l'après-dîner, d'un herpès miliaire. Je crois que cette femme sera désastreuse.

J'espère, mon tuteur, que j'aurai demain de vos nouvelles, c'est-à-dire si le courrier arrive, parce que votre lettre du 10 que j'ai reçue avant-hier est de surérogation. J'ai questionné la grand'maman, pour savoir par quel hasard c'était un courrier de M. de Choiseul qui me l'eût apporté; elle m'a dit qu'elle avait envoyé un de ses gens à Londres pour plusieurs commissions, et qu'il avait l'ordre de passer chez vous, et qu'apparemment vous lui aviez donné votre lettre.

J'attends avec impatience des nouvelles de l'embarquement de M. Selwyn. Je me flatte qu'il est actuellement à Londres, et qu'il vous a remis mes paquets.

Si vous êtes curieux de savoir ce que c'est que M. de Morfontaine il vous l'apprendra tant bien que mal.

À propos, j'oublie de vous dire que je reçus avant-hier les corbeilles de cristal que M. et Mme Fitzroy s'étaient chargés de me faire avoir. Elles sont charmantes, il n'y a de dommage qu'à un plateau d'une petite corbeille qui est un peu fêlé. Vous savez que ce n'est point pour moi, c'est pour Mme de Caraman. Elle en voudrait savoir le prix; ayez la bonté de vous en informer et de vouloir bien le payer aux Fitzroy, en leur marquant toute ma reconnaissance. J'attendrai votre arrivée pour vous rembourser, mandez-moi toujours à quoi cela monte, parce que j'en remettrais l'argent au Chevalier Bunbury, si par malheur vous ne deviez arriver que du temps après son départ.

Adieu, mon tuteur: si je n'ai point de vos nouvelles demain, je

4. Mme de Choiseul was Mme de Stainville's sister-in-law.

5. Antoinette-Rosalie de Pons (1751–1824), m. (1766) Paul-François de Quélen de Stuer de Caussade, Marquis (later Duc) de Saint-Maigrin, and later Duc de la Vauguyon (Tony-Henri-Auguste, Vicomte de Reiset, *Anne de Caumont-La Force, Com-**tesse de Balbi*, 1908, p. 36). In 1771, her father-in-law tried to get her a place at court, but Louis XV said she was 'trop jeune et par trop bête' (Maria Theresa and Florimond-Claude-Charles, Comte de Mercy-Argenteau, *Correspondance secrète*, 1874, i. 164).

n'ajouterai rien à cette lettre. Je suis indigne de vous écrire, tant je me sens bête.

Ce dimanche 25, à trois heures.

Voici une lettre:[6] j'exécuterai tous les ordres qu'elle contient. Mais parlons de votre santé. Voilà donc la fièvre que vous avez les nuits. C'est ainsi, ce me semble, qu'a commencé votre maladie; je vous laisse à juger si je suis inquiète, mais je n'ose vous en rien dire; ce qui est de certain c'est que je serais au désespoir si vous hasardiez de vous mettre en route ne vous portant pas bien. Voilà le temps adouci, vous êtes raisonnable, vous aurez soin de vous, et votre mépris pour la vie ne vous mènera pas à mépriser celle de vos amis, qui certainement tient à votre conservation.

Ah! j'ai bien fait des réflexions depuis quelques jours, et je me suis prononcé la sentence de ma condamnation sur tous mes procès avec vous. J'approuve de tout point votre conduite avec moi; vous m'avez supposé des folies que je n'avais pas, mais me les supposant vous vous êtes conduit avec toute la sagesse, l'amitié, et la vérité possibles, aussi vous pouvez compter que mes sentiments pour vous sont pareils à ceux que vous avez pour moi, excepté mon estime, qui excède et qui doit excéder, parce que vous ne m'en devez pas autant que je vous en dois. Nous n'aurons plus de procès, n'est-ce pas, mon tuteur? Vous ne me craindrez plus à aucun égard, vous ne me causerez plus de chagrin. Mais votre santé; je ne puis être tranquille, j'ai de l'impatience que le Selwyn soit à Londres; je suis persuadée qu'il m'écrira tant que je voudrai, et que, sans que je l'en prie, il me donnera de vos nouvelles.

J'ai su très bon gré à la grand'maman d'avoir donné ordre à son courrier d'aller chez vous, elle se reprochait ces jours passés de ne vous avoir point écrit; si vous lui écrivez, usez du même style qu'avec moi, c'est-à-dire simple et naturel. Je lui envoyai l'autre jour l'extrait de votre lettre sur le *Testament* de monsieur votre père. Elle a dû le montrer à M. de Choiseul; il en fut fort question dans la visite qu'il me rendit. Mon Dieu, mon Dieu! que j'ai de choses à vous dire, je

6. HW to D 20 Jan. 1767 (missing). Apparently in this letter, HW broke the news to D that he would not visit her in February, after all, but in June. He seems to have used bad health as an excuse, and it is doubtless the only one that would have saved him from a torrent of reproaches. In his letter to Montagu of 13 Jan. he gives as his reason for not going the severity of the weather and the discomfort of Parisian houses.

suis sûre de ne vous pas ennuyer les huit premiers jours que je vous verrai, mais par delà je n'en réponds point.

Sera-ce Wiart qui sera chargé de vous arrêter un logement? M'avertirez-vous du temps de votre départ? Mais j'ai un soin plus pressant: aurai-je des nouvelles de votre santé?

Adieu, mon tuteur, je vous suis profondément et loyalement attachée; ce sont vos expressions, et ce sont en vérité les miennes.

J'attends avec impatience la nouvelle de l'embarquement de M. Selwyn, il m'a promis de m'écrire de Calais, et de m'en informer.

Ah! je ne vous contrains point à faire votre ami de qui que ce soit. Je pense du bien de M. Craufurd, et je sais qu'il en pense beaucoup de vous; je serai fort aise s'il vient à Paris. Vous viendrez, dites-vous, avant lui, l'intervalle est long du mois de janvier au mois de juin. Adieu, mon tuteur, tranquillisez votre pupille.

Cette lettre est énorme, c'est, comme vous voyez, l'ouvrage de quatre jours, je vous aurai accablé, car celle du paquet de M. Selwyn a douze pages.

Le prix de la beauté n'a point été accordé à Mme de Saint-Maigrin; c'était une opinion très particulière, et qui s'est trouvée unique; Mme d'Egmont l'a emporté unanimement, et son partenaire, Monsieur le Duc de Chartres, était fort bien, et le seul homme qu'on ait pu regarder.

Serai-je longtemps sans savoir de vos nouvelles?

To Madame du Deffand, Tuesday
27 January 1767, N° 46

Missing. Probably written at Arlington Street. Answered, 3 Feb.

To Madame du Deffand, Friday
30 January 1767, N° 47

Missing. Probably written at Arlington Street. Answered 6 Feb.

From MADAME DU DEFFAND, Tuesday 3 February 1767

N° 53. Ce mardi 3 février 1767.

L'IRRÉGULARITÉ de la poste est insupportable; on ne reçoit que le lundi les lettres qui devraient au plus tard être rendues le dimanche. Ainsi il se passe un courrier sans qu'on puisse faire réponse. C'est un petit inconvénient pour vous, parce que votre tiédeur est un bon préservatif contre l'impatience.

M. Selwyn aura une de mes lettres avant que vous receviez celle-ci, parce que je lui ai répondu à celle qu'il m'avait écrite de Calais; mais je ne vous ferai plus la chronologie des lettres que je recevrai et que j'écrirai; cela m'ennuie à la mort, et me fait faire des galimatias.

Vous n'avez pas bien visité mon paquet; certainement, *Les Réflexions posthumes*[1] n'ont point été oubliées, le paquet a été fait à côté de mon lit; on m'a nommé toutes les pièces, celle-là y doit être, mais Mme d'Aiguillon l'a envoyée à Milady Hervey.

J'avais un pressentiment contre le mois de février; non seulement je ne me plains pas de votre retardement, mais j'approuve, j'applaudis et vous exhorte à laisser tout autre soin et à ne vous occuper uniquement que de l'arrangement de vos affaires; je prévois que je ne vous reverrai de longtemps, mais Dieu veuille que je vous revoie un jour, c'est de quoi je ne suis pas bien persuadée. Ne craignez ni reproches ni plaintes ni de m'entendre parler de mes regrets. Pourquoi ne serais-je pas aussi philosophe que vous? J'ai bien plus de raison de devoir l'être que vous n'en pouvez avoir. Premièrement vingt ans d'expérience de plus, des malheurs, des chagrins de tout genre, de toute espèce, continuels et infinis, nulle ressource en moi-même, nul objet, nul désir, et pour comble de disgrâce j'ai connu, j'ai désiré, et . . . mais parlons d'autres choses.

Je serai très reconnaissante si vous voulez bien m'informer de ce qui vous regarde. Il m'est venu une idée qui vous paraîtra extravagante, mais qui ne doit pas vous effrayer, car vous pouvez être sûr que je ne ferai ni ne dirai rien qu'avec votre aveu. Notre ministère ne pourrait-il point vous être utile auprès du vôtre, et si notre ambassadeur faisait connaître l'estime et la considération qu'on a pour vous, et que vous pourriez être utile pour maintenir la bonne intelligence, cela ne pourrait-il pas produire un bon effet? En cas que cette idée ne

1. See *ante* 16 Jan. 1767, n. 8.

soit pas une vision, je crois qu'il serait très facile de vous rendre cette espèce de service. Dans la visite qui m'a été rendue sous le nom de M. de Morfontaine,[1a] où il n'y avait que la grand'maman et son grand Abbé, il fut beaucoup question de vous; cela fut amené à l'occasion de la brochure[2] que je vous ai envoyée qu'on ne croyait point de monsieur votre père, on parut avoir un grand désir de vous connaître, de vous donner à dîner, et que ce ne fût point les mardis.[3] La grand'maman me dit après qu'il fut parti qu'elle serait charmée qu'il se formât entre vous et lui de l'union et de l'amitié. Je fis vos honneurs, que peut-être ne réussiriez-vous pas auprès de lui comme auprès d'elle, que vous étiez sauvage, que vous craigniez tout ce qui avait quelque éclat, qu'il n'y avait qu'elle au monde qui pouvait vous inspirer de la confiance, etc., etc. Ce qui est de certain c'est (comme je vous l'ai déjà mandé) que vous pourrez faire d'eux l'usage qu'il vous plaira, et je crois que vous ne doutez pas, mon tuteur, que je ne sois entièrement à vous, et de la façon qui peut vous convenir.

Je ne serai tranquille que quand vous m'aurez appris que vous avez toutes les sûretés pour votre état à venir, et ce n'est, je vous assure, point par l'impatience de vous revoir, j'aurais le courage de renoncer à cette marque de votre complaisance si cela était nécessaire pour le bien de vos affaires; hélas, hélas! qu'importe que j'aie du plaisir, je n'ai que quatre jours à vivre, pourquoi penser au lendemain? Si vous revenez, à la bonne heure, mais si vous ne revenez pas, je me dirai bien que je n'en dois pas être surprise.

Je ne puis pas aujourd'hui vous dire rien de gai, demain je reprendrai ma lettre.

Ce mercredi 4, à midi.

Je vous demande pardon de la grosseur dont sera ce paquet. Je vous fais partager mes malheurs et mes ennuis. Si j'avais dormi cette nuit vous n'auriez pas à déchiffrer mon grimoire, mais ne voulez-vous pas bien, mon tuteur, avoir de la complaisance pour moi?

Que dites-vous des Bunbury? Je n'ai point entendu parler d'eux, et ce n'est que par hasard que j'ai appris hier qu'ils étaient encore ici, et qu'ils ne partiraient que samedi. Je n'enverrai point chez eux d'ici

1a. The Duc de Choiseul's visit to D. under the assumed name of M. de Morfontaine (see *ante* 22 Jan. 1767).

2. *Le Testament politique du Chevalier Robert Walpoole.*

3. Jour des ambassadeurs (HW). See *Paris Jour.*, 28 Jan. 1766, and *post* 22 March 1778.

à vendredi au soir, mais je ne les laisserai certainement pas partir sans les charger d'un petit paquet: d'abord la *Lettre posthume,* avec une des miennes, et peut-être quelque autre chose.

Vous feriez bien d'écrire un mot d'amitié à Mme d'Aiguillon.[4] Cette lettre a été écrite de ma main; Wiart l'a déchiffrée, mais comme elle vous donnerait trop de peine à lire, elle va être copiée mot pour mot.

Ce vendredi 6 février, à 4 heures du matin.

Enfin, enfin cette lettre sera dans un paquet que j'enverrai ce soir à Milady et à Sir Charles, qui partiront, je crois, tout de bon demain à huit heures du matin; Dieu sait quand ils arriveront à Londres. Je crois qu'il y a eu quelque raison cachée du retardement de leur départ. Ce qui a été donné au public a été une grande colique, mais Mlle Clairon, qui jouera aujourd'hui le rôle de Roxane,[5] chez Madame la Duchesse de Villeroy, pourrait y avoir bonne part. Mais je vous dirai confidemment que je ne puis m'ôter de la tête que le petit Milord[6] n'y en ait encore davantage. Je suis persuadée qu'elle l'aime, et cette idée me fait lui pardonner bien des choses dans sa conduite que je ne trouverais ni sensée, ni de trop bon goût sans ce motif. L'Idole l'a beaucoup recherchée, le Prince[7] l'a accablée de faveurs, elle était du thé, de tous les soupers particuliers. Je la vis hier au soir chez elle où se trouva l'ambassadeur;[7a] quand il fut parti, elle fut assez plaisante, elle remercia la Milady d'avoir été l'occasion de lui faire voir ce qu'elle n'aurait jamais vu sans elle; qu'il était bien flatteur d'être si fêtée par un si grand prince.

J'ai donné quelques commissions au pauvre Sir Charles. Je l'aime tout a fait, il me paraît le meilleur enfant du monde, doux et plein de candeur; il aime Milady à la folie, et je ne sais comment cela s'ajuste; je crois qu'elle l'aime aussi—mais c'est assez parler d'eux.

Vous aurez pour cette fois la *Lettre posthume,* et un troisième mémoire de La Chalotais; ce n'a pas été sans peine que je suis parvenue à l'avoir; il est défendu avec la dernière rigueur, mais c'était pour vous, et rien en ce cas ne me paraît impossible. Ne vous alarmez point, je vous permets d'être ingrat, je ne veux même point de votre reconnaissance, je me satisfais moi-même, il ne m'en faut pas davan-

4. HW wrote to Mme d'Aiguillon, 10 Feb. 1767 (missing).
5. Rôle in Racine's tragedy *Bajazet.*
6. Lord Carlisle.
7. De Conti (HW).
7a. Corrected by HW from 'l'ambassadrice.'

tage. D'ailleurs je n'oublierai jamais ces trois paroles *je suis refroidi*. Rien n'est si vrai, mais peut-être sans l'humeur vous ne me l'eussiez pas dit, elle vous l'a fait dire; allez, allez, je vous le pardonne, et je trouve cela très naturel. Une connaissance de trois mois,[8] suivie d'une absence de dix, des lettres pleines de tendresse qui fatigue infiniment quand elle n'est pas réciproque, des empressements, des inquiétudes ennuyeuses, insupportables; voilà de quoi glacer tout homme raisonnable; vous avez donc eu raison, mon tuteur, aussi m'avez-vous bien corrigée, et excepté l'intérêt que je prendrai toujours à votre santé et à votre bonheur, vous ne me distinguerez pas du commun de vos amis. Je ne parlerai plus du *Testament*. Bon! cela est déjà oublié. L'histoire des Stainville l'est aussi; la noce Lamballe[9] et les folies de notre Prince[10] ont été la queue du chien d'Alcibiade.[11]

À propos de chien; si vous vous amourachez de celui que vous m'apporterez, je vous déclare d'avance que je vous le donnerai. Oh! je vous ferais de plus grands sacrifices; d'ailleurs, je me suis attachée à la Tulipe; elle m'aime, et elle hait tout le monde; elle est pour moi ce que je suis pour vous. Ah! cette petite douceur en passant se peut pardonner, n'est-ce pas, mon tuteur?

Les Beauvau reviendront ici vers le 20; j'en suis bien aise, mais pas trop cependant; je sais bien les gens qui me déplaisent, mais je ne sais pas ceux qui me plaisent.

Mme de Jonzac, je l'aime assez, parce qu'elle souhaite ce que je désire. Écrivez-moi quelques lignes pour elle que je lui puisse montrer, et traitez-la de votre bonne amie; cette façon lui plaît: réellement je crois qu'elle est ce qui vaut le mieux, je dirais après la grand'maman; mais la cour, la cour ôte la fleur du naturel.

Mon Dieu, mon tuteur, vous avez beau dire, nous voyons de même, nous sentons de même, et cela me fait peur; j'en conclus que je ne saurais vous plaire, car tous les défauts me choquent et souvent me

8. HW had met D 17 Sept. 1765 (*Paris Jour.*), but this allusion would place the beginning of their friendship in Feb. 1766.

9. The Prince de Lamballe, m. (18 Jan. 1767) Marie-Thérèse-Louise de Savoie Carignan (1749–92). After a marriage 'by procuration' at Turin, the bride then proceeded to France, where she was met by her husband in disguise at Nangis, and married to him in person, 31 Jan. 1767. She was later Marie-Antoinette's intimate friend, and was killed by the mob in the French Revolution.

10. The Prince de Conti. He was accused of some want of politeness or attention to the ladies present at this marriage (B). See *post* ? Feb. 1767.

11. According to Plutarch (*Alcibiades* ix), Alcibiades cut off his dog's tail to give the people something to talk about, so that they would not say worse things about him.

dégoûtent; mais en quoi je diffère de vous, c'est sur Montaigne. De qui vouliez-vous qu'il parlât, s'il n'avait pas parlé de lui? Il était tout seul à son Strawberry Hill,[12] il ne faisait aucun système, il n'épousait aucune opinion, il n'avait point de passions, il rêvait, il songeait, aucune idée ne le fixait; il disait: 'Que sais-je? et que sait-on en effet?' Allez, allez, Horace ressemble plus à Michel qu'il ne croit. Pour moi, je suis la servante très affectionnée de tous les deux; mais il avait un ami,[13] ce Michel: il croyait à l'amitié, et voilà sa différence d'avec Horace.

Jugez si je passe de bonnes nuits, et si l'on peut compter sur un grand nombre de jours quand on les allonge de ses nuits.

Adieu, je suis fatiguée, et persuadée qu'il faudra jeter au feu tout ce que j'écris: et à qui est-ce que j'écris? à un Scythe, à un homme de pierre ou de neige, en un mot à un Anglais qui le serait par système, s'il ne l'était par naissance.

Faites tenir cette lettre, je vous prie, à M. Fitzroy, ayez la bonté de la payer et de m'en mander la somme.

Madame la Duchesse de Fronsac[14] mourut hier à 9 heures du soir. C'était une très jolie femme, et très aimée de toute sa famille et de ceux qui la connaissaient. M. et Mme de Guerchy en seront fâchés, c'est une occasion de leur dire un mot de ma part.

Je soupai hier au soir chez Mme de Valentinois avec un des plus malheureux et des plus décontenancés des maris, M. de Stainville. Je crois vous avoir mandé qu'il avait mené lui-même sa femme aux filles Sainte-Marie de Nancy, où il l'a laissée, et il était de retour à Paris quatre jours après. Il a rendu tout le bien, a fait nommer un tuteur qui doit donner à Mme de Stainville toutes les choses nécessaires, et même satisfaire toutes ses fantaisies, mais on ne lui donnera pas un écu. Il y a une somme réglée pour l'entretien de ses deux filles;[14a] le reste du revenu sera mis en séquestre à leur profit. Cette aventure a

12. Château Montaigne, where he did much of his writing.

13. Étienne de la Boétie (1530–63).

14. Adélaïde-Gabrielle de Hautefort (1742–67), m. (1764) Louis-Antoine-Sophie Vignerot du Plessis-Richelieu, Duc de Fronsac, son of the Duc de Richelieu. HW had met her once in Paris (*Paris Jour.*).

14a. The daughters were Marie-Stéphanie de Choiseul-Stainville (1763–1833), m. (1778) Claude-Antoine-Clériadus-Ga-

briel de Choiseul-Beaupré, Comte (Duc in 1785) de Choiseul; and Thérèse-Félicité de Choiseul-Stainville (1767–94), m. (1782) Joseph-Marie-Jérôme-Honoré Goyon-de-Matignon de Grimaldi, Prince of Monaco (she was guillotined in the Revolution). See Albert, Vicomte Révérend, *Titres . . . de la Restauration*, 1901–6, ii. 132; Henri-Alexandre Wallon, *Histoire du tribunal révolutionnaire*, 1880–2, v. 162–4.

fait jusqu'à présent le sujet de tous les entretiens, mais aujourd'hui on ne parle plus que du mariage de M. de Lamballe et des procédés de Monsieur le Prince de Conti.

Je suis comme vous, mon tuteur, l'indifférence que j'ai pour tous les événements m'ôte le pouvoir de les raconter. Je suis très fâchée que vous ne m'ayez pas mise au fait pendant que vous étiez ici de tout ce qui vous regardait; si vous y revenez jamais, il faudra bien changer de conduite; en attendant, informez-moi autant que cela se pourra de tout ce qui vous intéresse. Qu'est-ce qui doit succéder à votre cousin?[15] N'y a-t-il pas de grandes difficultés pour le régiment qu'il désire? Quelles raisons alléguez-vous, quels moyens employez-vous pour faire entrer l'arrangement de vos affaires dans l'arrangement des siennes? Avez-vous quelque habileté, quelque dextérité? Je vous voudrais les talents de mon neveu l'Archevêque,[16] mais je crains que vous n'en soyez bien loin; soyez persuadé que je ne serai plus occupée que de vos affaires, et que vous ne me pouvez pas donner une plus grande preuve d'amitié que de m'en donner des nouvelles.

J'ai une faible espérance d'avoir aujourd'hui une de vos lettres; j'attendrai le passage du facteur avant de fermer celle-ci.

À 4 heures.

Je ne me suis point trompée; voilà deux lettres: une de M. Walpole,[17] l'autre de M. Selwyn:—commencez par celle-ci;—elle est de M. Fitzroy. L'autre est-elle bien longue?—de six pages. Je ne dis mot, je me recueille, et je suis bien aise; et puis je suis fâchée de ce que, dans six pages, mon tuteur ne me dit pas un mot de la santé de Milord Chatham et de ce qui doit s'ensuivre. Vous êtes véritablement tout aussi philosophe que Montaigne: c'est pour moi la suprême louange, car malgré mon excessive partialité, malgré l'ascendant de votre génie sur le mien, je ne trouve aucun esprit aussi éclairé et aussi parfaitement juste que celui de Montaigne. Il n'avait pas comme vous les passions très fortes; vous avez le courage d'y résister, de leur tenir tête; mais comme vous ne pouvez en détruire le germe, elles produisent aujourd'hui des caprices, et parfois des folies: mais je suis fâchée de n'avoir pas le temps de vous dire toutes les réflexions que vos aveux, ou pour mieux dire, votre confession générale, me font faire: il me semble qu'on ne vous tient que par un fil; on a beau se flatter

15. Conway, who retained his post until May.

16. De Toulouse (HW).

17. HW to D 30 Jan. 1767 (missing).

de l'idée qu'on ait le seul fil, ce n'en est pas moins un fil. J'ai senti une sorte de terreur quand vous m'avez dit que votre dernier voyage de Paris avait dû être votre dernière escapade: vous avez changé d'avis, mais ce qui vous attire est bien faible contre ce qui peut vous retenir: il faut s'abandonner à la Providence, et vous laisser le maître. Mais je crois sentir, mon tuteur, qu'on aurait moins de peine à quitter la vie si l'âme était contente et satisfaite; on penserait moins à soi, on s'apitoierait moins sur soi-même. Vous riez, vous vous moquez de moi, et vous dites: 'Toute cette métaphysique n'est que pour me presser de revenir.' Eh bien! il est vrai, je crains de mourir avant de vous revoir.

Tout ce que vous dites de Mme de Choiseul est charmant, à une phrase près qui gâte tout, et qui fait que je ne puis pas transcrire cet article pour le lui envoyer. Pourquoi dites-vous qu'on ne peut pas en devenir amoureux? il n'y a point de femme qui, avant quarante ans, puisse s'accommoder de cette manière d'être louée. Vous me direz à cela de corriger cette phrase, mais vous avez un pinceau qui ne souffre pas que d'autres y joignent le leur; c'est comme si Coypel,[17a] que je suis, avait voulu changer quelque trait de Raphaël, que vous êtes.

Oh! vraiment oui, M. et Mme de Choiseul ont été dans une belle colère contre Fréron, et je vous enverrai ces jours-ci la réparation de ce petit faquin, qui lui a été dictée par la grand'maman: j'ai l'histoire de toute cette affaire que je vous montrerai; elle a été conduite de ma part et de celle de la grand'maman avec une sublime prudence.

Je ne comprends pas comment il en a transpiré quelque chose au Selwyn, à moins que l'ambassadeur[18] ne lui ait dit que M. de Choiseul lui avait parlé. Adieu à lundi.

À 3 heures.

Je n'ai pas pu reprendre un bon sommeil, mais qu'est-ce que cela fait? Je reprends ma lettre. Je viens d'acheter dans l'instant une brochure qui a pour titre *L'Amitié scythe*.[19] Je vous l'enverrais si je

17a. It is not certain to which member of the Coypel family D refers; but she doubtless considered them all to be inferior to Raphael.

18. D, in writing to Mme de Choiseul, 29 Dec. 1766, had said: 'Je voudrais que M. de Choiseul . . . dît un mot à l'ambassadeur de l'Angleterre . . .' (S–A i. 76). See *ante* 16 Jan. 1767.

19. *L'Amitié scythe, ou histoire secrète de la Conjuration de Thèbes*. It is reviewed in the *Année littéraire*, 1767, i. 129, and the reviewer says that 'Le principal mérite de l'auteur de ce roman est de l'avoir assez bien encadré dans un moment intéressant de l'histoire grecque. . .' (p. 141).

l'avais lue; nous verrons ce que c'est, et si j'y trouverai votre ressemblance.

Mme de Forcalquier s'apprivoise terriblement; elle a été excessivement fêtée à la noce Lamballe; le Prince (vous entendez que c'est le Conti) l'a extrêmement courtisée; Mme de Luxembourg l'a louée, flattée, caressée, admirée; gare le fromage![20] Sa prudence, sa philosophie, qu'on peut peut-être y comparer, pourraient bien tomber par terre. Elle vient de m'envoyer dire tout à l'heure que, si le souper avait été chez moi ce soir, elle m'aurait demandé d'y venir; je lui ai répondu qu'il était égal que ce fût chez le Président, qu'elle pouvait y venir de même, et je lui ai fait la peinture de tout l'effet qu'elle produirait sur chaque personne. Gare, gare le fromage! ils me l'enlèveront, cette belle Comtesse, et l'Idole la séduira: il faudra s'en consoler et aller au café Saint-Jacques.[21]

Mme de Villeroy, à qui Pont-de-Veyle a demandé pourquoi elle ne m'avait pas priée à sa comédie, vient de m'envoyer dire qu'elle était au désespoir de n'avoir point imaginé que j'aurais été bien aise d'y venir, qu'elle m'aurait gardé une bonne place, mais qu'actuellement il n'y en avait pas une. Cette femme ne vous déplaira pas, c'est le tintamarre personnifié: elle ne manque pas d'esprit; elle pourrait bien être étourdissante et fatigante à la longue, mais on ne la voit qu'en passade; elle a tant d'affaires, tant de mouvements!—c'est un ouragan sous la figure d'un vent coulis:—mais nous aurons des places à sa comédie.

J'avais été sept jours sans entendre parler de Mme de Luxembourg. Elle vint hier, elle était d'une humeur effroyable. Le Bunbury la vit chez moi, il me parut qu'elle lui déplaisait fort. Je passerai avec elle la soirée aujourd'hui et avec son Idole, mais le Prince n'y sera pas.

Nouvelle brochure qu'on m'apporte—*Bélisaire*, histoire romanesque par M. de Marmontel.[22] Ce Marmontel est le protégé et l'âme damnée de d'Alembert; ce M. de Creutz, envoyé de Suède, dont je vous ai parlé,[23] l'a présenté à votre ambassadrice. Si elle se laisse entourer de ces sortes de gens,[24] je ne la verrai guère: d'ailleurs il me

20. See La Fontaine's *Le Corbeau et le renard* (*Fables*, i. 2).

21. This alludes to a story Mr Walpole had told her of an English gentleman, who, going to console some one for the death of a friend, said, 'When I have the misfortune to lose a friend, I always go directly to the St James's Coffee-house and get another' (B).

22. Jean-François Marmontel (1723–99), writer. See his *Mémoires*, 1891.

23. See *ante* 14 Nov. 1766.

24. D'Alembert and Marmontel were admirers of Mlle de Lespinasse and Mme

semble que je ne prends point avec eux; elle me baragouine des compliments, mais elle ne sait trop que me dire. Je n'ai pas le vol de vos ambassadeurs; votre Milady Hertford ne faisait nul cas de moi; cela ne m'empêchait pas de la trouver bonne femme: pour son mari, il ne m'a jamais parlé.

Je n'ai jamais pensé que M. Craufurd allât exprès en Écosse pour M. Hume, mais que la certitude de l'y trouver diminuerait la répugnance d'y passer quelque temps avec son père.[25]

Vous voyez, mon tuteur, qu'on peut aisément remplir six pages, mais cet exemple n'est bon que pour des personnes qui, comme moi, n'ont rien à faire.

Adieu. Je mets dans mon paquet une assez plate chanson[26] sur la représentation que Mlle Clairon donne pour Molé. Elle, Mmes de Villeroy, d'Egmont, et quelques autres, mettent tout le monde à contribution.

Je reprends encore ma lettre pour vous dire que les carabiniers sont à Saumur, et que ces braves gens, remplis de zèle et d'amour pour la chose publique, ont fait une mission dans un couvent; ils ont prêché la population avec tant d'éloquence, et ils ont eu tant de succès, qu'il en résulte pour l'État sept citoyens de plus.

To MADAME DU DEFFAND, Friday
6 February 1767, N° 48

Missing. Probably written at Arlington Street. Answered 15 Feb.

From MADAME DU DEFFAND, ? February 1767

Entirely in D's hand. HW has written '53' in the upper left corner.

VOTRE petite Milady[1] est encore ici, elle devait partir lundi dernier à huit heures du matin accompagnée de son petit Milord[2] et de M. de Lauzun,[3] qui ne devaient s'en séparer qu'à Chantilly ou

Geoffrin, respectively, and therefore were not highly regarded by D.

25. Patrick Craufurd (d. 1778) (Sir John Bernard Burke, *Landed Gentry*, 1894, i. 418).

26. See Appendix 12.

1. Lady Sarah Bunbury.

2. Lord Carlisle.

3. Armand-Louis de Gontaut (1747–93), Duc de Lauzun, later Duc de Biron (see his *Mémoires*, 1858; Gaston Maugras, *Le Duc de Lauzun*, 1893–5; Louis-Philippe,

même à Amiens: mais il est survenu une indisposition à Milady, et elle ne partira plus que samedi 7. Elle verra jouer vendredi chez Mme de Villeroy le rôle de Roxane à Mlle Clairon. Je ne doute pas que M. le Milord et le Duc ne l'accompagnent, comme ils devaient le faire. Le Sir Charles en est très reconnaissant. Tout ce que je puis vous dire c'est qu'on la trouve ici infiniment coquette, et que M. de Lauzun la voit trois fois le jour, et qu'aucune de nos jeunes femmes ne pourraient avoir cette conduite sans donner beaucoup à parler. Cependant il me semble qu'on s'en étonne, mais qu'on n'en est pas scandalisé. Elle plaît, elle a l'air naïf, elle est caressante, aimable, mais elle a certainement mauvais goût. Ce petit Lauzun est un sot qui joue l'étourdi [et] le jeune homme, et qui ne ferait rien de tout ce qu'il fait s'il n'en instruisait pas tout le monde. Il n'est pas question du Duc de Chartres,[4] il a eu d'abord quelque empressement, ainsi que vingt autres, mais c'est le Lauzun qui a resté le tenant. Je ne saurais croire qu'elle s'en soucie. J'imagine que c'est une politique, et que le véritable est le petit Milord, et que le Lauzun n'est reçu que pour donner le change. Ce bon Chevalier me paraît trouver tout également bon; enfin, quoiqu'il en soit, je vous enverrai par eux la *Lettre posthume*[5] que je crois en effet qui a été oubliée, parce que je me suis trouvée en avoir encore deux.

Il y a ici une grande animosité contre Monsieur le Prince de Conti pour des impolitesses qu'il a faites à beaucoup de dames à l'occasion du mariage du Prince de Lamballe, mais je ne vous les raconterai point, cela m'ennuierait trop. Tout ce que je vous dirai, et ce sera avec plaisir, c'est que l'Idole et lui sont très ridicules. Ils soupèrent chez moi vendredi dernier. Je n'en suis pas mieux avec eux, ils me dédaignent, mais je [le] leur rends bien. Je vous écris de ma main, parce que ne dormant pas cela m'amuse, et puis je veux essayer un nouveau papier;[6] s'il imprime bien, cela me serait commode, parce qu'on le fait chez moi. J'ai reçu une lettre de M. Selwyn[7] en même

Comte de Ségur, *Mémoires*, 1824–6, ii. 48–50; Lévis, *Souvenirs*, p. 191). HW had often met him in Paris (*Paris Jour.*). He pursued Lady Sarah Bunbury to England, and Lady Mary Coke writes: 'I saw the Duke de Lauzun, who is come from France after Lady Sarah Bunbury. He has no advantage from his person, which is neither agreeable nor in the least conveys the idea of his being of one of the most considerable families in France, and heir to one of the greatest

fortunes' (Lady Mary Coke, *Letters and Journals*, Edinburgh, 1889–96, i. 152).

4. The Duc de Chartres had been one of Lady Sarah's admirers (see *ante* 16 Jan. 1767).

5. *Réflexions posthumes sur le grand procès de Jean-Jacques avec David* (ibid.).

6. D uses rougher paper, probably to make her pencil write more legibly.

7. Selwyn to D 27 Jan. 1767 (see *post* 17 Feb. 1767). This letter is missing.

temps que la vôtre.[8] Je ne lui écrirai point cette poste-ci. Dites-lui mille choses pour moi, je veux être du dernier bien avec lui. Devinez pourquoi, vous qui êtes si pénétrant. Vous me dites à la fin de votre lettre que vous êtes dans ce moment fort bête—pas plus qu'à l'ordinaire, mon tuteur, je vous jure, je ne vous désire pas un brin plus d'esprit, mais je voudrais un mot de votre santé dans toutes vos lettres. Si le Selwyn ne m'en parle pas je le quitte des siennes. Peut-être aurais-[je] écrit tout ceci en pure perte. J'aurais un peu [de] regret à ma peine.

To Madame du Deffand, Tuesday 10 February 1767, N° 49

Fragment, B i. 115 n. Probably written at Arlington Street. Answered ca 16 Feb.

JE suis encore redevable à vous et à la Duchesse de Choiseul de cette affaire de Fréron,[1] mais elle ne laisse pas de me fâcher. Nous aimons tant la liberté de l'imprimerie, que j'aimerais mieux en être maltraité que de la supprimer. De plus, c'était moi qui avait commencé cette ridicule guerre;[2] il est injuste que j'empêche les autres à prendre la même liberté avec moi. Je ne sais ce que ce Fréron a dit; je ne m'en soucie pas: c'est ma règle constante de ne faire jamais réponse à des libelles, et je serais au désespoir qu'on crût que je me fusse intéressé à attirer des réprimandes à ces gens-là.

From Madame du Deffand, Sunday 15 February 1767

Address: To Monsieur Monsieur Horace Walpole in Arlington Street near St James's London Angleterre.
Postmark: FE 20

N° 54. Paris, ce dimanche 15 février 1767.

VOUS parlez de lueur, il faut une absolue clarté; vous avez eu de la fièvre, elle est suivie de maux d'estomac; voilà bien des raisons qui peuvent retarder votre départ et qui m'empêchent de le

8. Apparently HW to D 30 Jan. 1767 (missing). It cannot be his letter of 6 Feb., because D in this letter speaks of Lady Sarah's approaching trip on the 7th. Lady Sarah was in England by 22 Feb., when Lady Mary Coke saw her (see note 3 above).

1. See *ante* 16 Jan. and 3 Feb. 1767.
2. That is, HW's letter to Rousseau, in the name of the King of Prussia.

presser. Je suis plus raisonnable que vous ne pensez, je désire de vous revoir, vous n'en sauriez douter; quand je voudrais le dissimuler vous ne me croiriez pas, et je suis bien décidée à n'user jamais avec vous d'aucune feinte ni d'aucune réserve. Je désire donc de vous revoir, je suis dans une crainte presque continuelle qu'il ne survienne des obstacles; j'ai de la frayeur lorsque je me sens la plus petite incommodité, parce que j'ai peur de mourir avant de vous revoir. Eh bien! malgré tout cela, il y a je ne sais pas quoi en moi qui me trouble, et qui me donne une sorte de terreur sur votre séjour ici: si ce n'est que par bon procédè que vous y venez, si c'est avec répugnance, ne venez point, mon tuteur; un plaisir que vous ne partagerez point deviendrait une peine pour moi; ne vous croyez point obligé à aucune complaisance, réglez votre conduite sur ce que vous pensez et non sur ce que je pense. Je ne suis (comme je vous l'ai déjà mandé), qu'une connaissance de trois mois, que vous ne pouvez pas conserver bien longtemps; il faut la laisser là si elle vous cause de la contrainte, et l'abandonner aussi si elle peut vous causer des regrets. Voilà les inconvénients sur lesquels vous devez réfléchir, vous n'en avez point d'autres à craindre; vous êtes à l'abri de toutes sortes de ridicules. J'ai confirmé tout le monde dans l'idée que l'objet de votre retour était l'inventaire de M. Julienne,[1] et je n'ai pas eu grand'peine à la persuader, parce que je n'en ai pas eu à avoir l'air de l'être moi-même. Soyez sûr que loin de déranger votre régime, je serai fort occupée à vous le faire observer, je ne dérangerai point l'heure de votre coucher, vous verrez qu'il vous plaira: en un mot, on ne me distinguera point de vos autres amis, et vous pouvez, si vous le voulez, ne m'en pas distinguer vous-même.

Il ne sera point question de l'Isle-Adam,[2] on n'ira point avant Pâques, et le voyage n'est que de dix ou douze jours et pour les favoris. Vous n'aurez aucun embarras de ce côté-là. La grand'maman vous traitera tout au mieux, vous ferez connaissance avec *M. de Morfontaine*[3] si vous le voulez; vous aurez la maison du Président pour tous les jours, la mienne tant qu'il vous plaira. Mme d'Aiguillon sera très empressée, Mme de Forcalquier le sera aussi à sa manière; enfin, il n'est pas impossible que vous vous trouviez bien, et que vous ne vous repentiez pas de votre complaisance.

1. M. Julienne had died 1766, and his collection was to be sold in Feb. or March 1767 (see *ante* 5 Nov. 1766).

2. HW apparently feared that he would have to visit Mme de Boufflers and the Prince de Conti if he came to Paris.

3. M. de Choiseul (HW). See *ante* 16 Jan. and 22 Jan. 1767.

Vous avez actuellement Milady Sarah, mon paquet vous aura été rendu. M. de Lauzun a reconduit cette Milady jusqu'à Arras, il m'a confié qu'il ira dans quinze jours[4] à Londres; j'espère que vous ne lui en ferez pas les honneurs, ou du moins bien longtemps.

J'ai reçu une lettre de M. Craufurd,[5] il me mande qu'il va à Bath. À propos de Bath, vous feriez bien d'apporter des eaux de Bristol, je crains que celles de la Seine ne vous fassent mal, bien des gens s'en plaignent.

Si vous étiez ici, vous viendriez avec moi mercredi à la Comédie-Française entendre une pièce qui m'a beaucoup plu, vous iriez le lendemain jeudi à la représentation de Molé. Vous aurez certainement tout accès aux comédies de Mme de Villeroy. Enfin, vous passerez votre temps, à ce que j'espère, passablement.

Adieu, mon tuteur, je ne suis nullement en train d'écrire, il ne me vient rien à vous dire. Si je vous avais écrit hier, j'aurais rempli les quatre pages.

From Madame du Deffand, Tuesday 17 February 1767

N° 55. Paris, ce lundi[1] 17 février 1767.

ENCORE un mot de chronologie. J'ai répondu à votre lettre du 6 par le courrier qui est parti le 16. Je réponds aujourd'hui à celle du 10 par celui qui partira le 19; ainsi en ordonne la poste, qui est la très humble servante de la mer et des vents.

Oh! je suis bien mécontente de vous, mon tuteur, je ne puis compter ni sur votre estime ni sur votre amitié; vos inquiétudes sont par trop offensantes; vous avez mille preuves de l'extrême déférence que j'ai pour toutes vos volontés et vos intentions. Vous savez que j'aimerais mieux mourir que de vous être nuisible en quoi que ce puisse être, et vous doutez de ma discrétion sur les choses que vous me recommandez de taire. Il me vient une idée, je vous la communique, en vous disant que je la soupçonne d'être extravagante, je vous prie de ne vous en point alarmer, parce que je ne ferai ni ne dirai rien

4. He was there on 22 Feb., a week after this letter was written (see Lady Mary Coke, *Letters and Journals*, Edinburgh, 1889–96, i. 152).

5. See D's answer to it, 13 Feb. 1767 (S–A i. 85).

1. A mistake; Monday was 16 Feb. *Post* 18 and 20 Feb. establish 17 Feb. as the date of this letter.

qu'avec votre aveu, et voilà votre tête troublée, renversée, et vous remplissez deux pages de soupçons, de méfiances, et même de menaces, enveloppées à la vérité d'expressions honnêtes et polies, mais qui, suivant votre intention, me laissent voir le risque que je courrais de perdre votre amitié et votre correspondance si j'étais capable de faire la plus petite faute contre la plus scrupuleuse réserve; vous me reprochez aussi ce qui regarde le Sieur Fréron;[2] enfin que voulez-vous que je vous dise! Vous êtes un peu fagot d'épines, les roses qu'on peut trouver dans votre commerce ne peuvent se cueillir sans s'exposer à bien des piqûres. J'ai beaucoup d'amitié pour vous, je l'avoue, je suis bien éloignée d'en rougir, mais je n'en fais pas parade; en un mot, mon tuteur, je ne suis point une caillette, j'ai bien des défauts, mais je n'en ai point qui puissent m'avilir auprès des personnes que j'aime, et je serais bien méprisable si j'abusais de leur confiance en révélant ce qu'ils m'auraient confié. Vous louez la bonté de mon cœur en supposant qu'elle me donne un zèle indiscret. Oh non! vous vous trompez, elle ne m'emporte pas si loin; mais il faut vous rassurer, car je vous vois toujours fort embarrassé de moi, de mon attachement, et de ce qu'on peut croire que vous pensez pour moi. Vous avez pu juger par le rapport des gens de votre nation que j'ai vus, si je parle beaucoup de vous; je réponds aux gens qui m'en parlent, et je laisse voir mon estime et mon amitié. Il y aurait, je crois, de l'affectation à en user autrement—mais par delà pas un mot. Mme d'Aiguillon depuis quinze jours ne cesse de me parler d'une lettre qu'elle a reçue de Milady Hervey toute remplie de vous et de ce qui vous regarde; elle m'a dit que vous ne songez point à venir en France, elle dit qu'elle prend le parti de se détacher de vous, elle me conseille d'en faire de même, et qu'il faut que nous en prenions un autre, *aller au café Saint-Jacques;* je réponds qu'elle a raison, et excepté le café je serais assez d'avis de suivre son conseil. Je me souviens que cette Mme d'Aiguillon me dit dans le mois de juillet que vous ne reviendriez qu'au mois de mars, elle le tenait de Milady Hervey; je ne la crus pas, mais je fus cependant saisie et affligée. Je vous l'écrivis, et loin de me rassurer, votre réponse fut la première lettre que j'ai reçue de vous pleine de colère, d'indignation, et de froideur; c'est l'époque de toutes les variations qui se sont trouvées dans les lettres qui ont suivi; je n'ai jamais voulu croire ce qu'elles me faisaient entendre, et jusqu'à la réception de celle où il y a ces trois mots,

2. See *ante* 10 Feb. 1767.

je suis refroidi, j'avais persisté à penser en vérité je ne sais pas quoi, car ce n'était pas votre faute si je voulais rester dans mon erreur; enfin, mon tuteur, je n'y suis plus aujourd'hui, je vois clairement quelle est votre façon de penser pour moi; vous êtes persuadé que je vous aime beaucoup, et comme vous êtes bon et sensible, vous êtes reconnaissant; vous ne voulez pas me rendre malheureuse, vous avez essayé de me détacher de vous. N'y ayant pas réussi vous vous êtes cru obligé à quelque complaisance; vous avez soutenu une correspondance qui ne vous amuse pas, qui vous cause souvent de l'ennui et quelquefois de l'humeur; alors vos lettres sont tantôt froides, tantôt sévères. Je souffre tout, je résiste à tout, et je deviens un embarras dans votre vie dont vous ne pourrez vous délivrer qu'en faisant un petit voyage ici. Alors nous nous expliquerons, et nous saurons une fois pour toutes à quoi nous en tenir, mais jamais, jamais nous ne nous entendrons parfaitement bien par nos lettres; les seules de moi qui vous plaisent sont celles qui ressemblent aux nouvelles à la main, et je m'en tiendrai là jusqu'au jour de votre arrivée; mais si vous voulez que je vous dise la vérité, je pense que vous ne viendrez point; les bottines[3] du Président, les éventails de Mme de la Vallière, qui sont pour aplanir les chemins et qui annoncent votre arrivée, sont le second tome de vos présents du mois d'avril, qui indiquaient qu'on vous verrait au mois d'octobre. Oh! mon tuteur, je ne conclus point de là que vous soyez faux, mais que vous êtes fort variable. Cependant comme je crois que vous êtes le meilleur des hommes, je vous aimerai toujours, mais sans vous tourmenter, je vous le promets. Venons aux nouvelles.

Je ne crois pas que vous ayez à Londres nos petites affiches; on pourrait bien pourtant ne vous pas laisser ignorer les ventes considérables; quoiqu'il en soit je me suis informée de celle de M. Julienne, elle commencera entre le 15 ou le 20 de mars et ce sera au Louvre, dans le salon où l'on expose les tableaux.

Madame la Dauphine va on ne peut pas plus mal, elle pourra bien interrompre ou abréger les amusements du Carnaval.

La grand'maman est à Paris depuis sept ou huit jours. Son mari a eu plusieurs accès de néphrétique, et comme il n'a rendu ni sable ni gravier les douleurs pourront bien revenir. Je soupe ce soir avec la grand'maman. Demain je vais à la comédie dans la loge de Monsieur

---

3. The bootikins, 'a soft boot or mitten made of wool and oiled silk, worn as a cure for the gout' (OED). HW who seems to have coined the word, was a firm believer in their efficacy.

le Prince de Conti, avec Mmes d'Aiguillon et de Forcalquier, et quatre membres du corps diplomatique. Nous allons tous ensuite souper chez l'ambassadeur de Venise. Après-demain j'irai à la représentation de Molé dans une petite loge grillée.

M. et Mme de Beauvau arrivent ce soir; je dirai à M. de Beauvau tout le bien que vous me mandez de Monsieur le Chevalier de Saint-Priest;[4] il vous en saura gré, car il l'aime beaucoup.

J'ai dit au Président que vous lui envoyez des bottines, il en est très touché et très reconnaissant. Je doute qu'elles débarrassent sa tête, elle est aussi remplie de puérilités que son cœur est vide d'affection; il lui faut une lanterne magique perpétuelle, que toutes sortes d'objets passent devant lui, et ils lui sont tous de la même indifférence.

On dit (et c'est votre système) qu'il est heureux de ne rien aimer. Ah! je suis bien loin de penser cela.

Mandez-moi, je vous prie, si vous avez eu la bonté de payer M. Fitzroy,[5] et combien il vous est dû, pour que je le dise à Mme de Caraman.

Adieu, mon tuteur, je me suis sentie le courage d'un lion en vous écrivant, je ne sais pas si je l'aurai de même en recevant votre réponse. Comme cette lettre ne partira que jeudi, peut-être y ajouterai-je quelque chose. Il faudra que j'écrive à M. Selwyn, je reçus hier une lettre de lui du 7 et je n'avais pas répondu à une autre du 27 du mois passé. Vous avez le privilège exclusif de mon ennuyeux bavardage; cependant, j'ai écrit une lettre très longue à M. Craufurd,[6] qui au bout de deux ou trois mois qu'il ne m'avait écrit s'avise de me faire des reproches; beaucoup de nos Français vont à Londres, d'abord M. de Lauzun pour voir sa Milady, et puis MM. de Fronsac,[6a] de Conflans,[7] du Châtelet,[8] de Chabrillan, et un M. Francès.[9] Je vous

4. François-Emmanuel de Guignard (1735–1821), Chevalier de Saint-Priest.

5. See *ante* 22 Jan. 1767.

6. D to Craufurd 13 Feb. 1767 (S–A i. 85).

6a. Louis-Antoine-Sophie Vignerot du Plessis-Richelieu (1736–91), Duc de Fronsac, son of the Duc de Richelieu (*La Grande encyclopédie*, sub 'Richelieu'). HW had met him in Paris (*Paris Jour.*).

7. Louis-Gabriel de Conflans d'Armentières (1735–89), Marquis de Conflans (Woelmont de Brumagne ii. 234; Gaston Maugras, *The Duc de Lauzun and the Court of Marie-Antoinette*, London, 1896, pp. 176, 291; Lévis, *Souvenirs*, p. 163).

8. Louis-Marie-Florent (1727–94), Comte (Duc, 1777) du Châtelet, guillotined in the Revolution, son of Voltaire's mistress, Mme du Châtelet. See Voltaire, *Œuvres* xlvii. 253; HW's *Mem. of Geo. III* iii. 245; HW to Mann 29 Dec. 1770.

9. Jacques Batailhe de Francès (ca 1724–88) (*Intermédiaire des chercheurs et curieux* liv. 107).

enverrai par quelqu'un de ces messieurs-là un poème que Voltaire a fait sur la *Guerre de Genève*,[10] si je puis l'avoir.

P.S.—Ce qu'il y a de plaisant c'est que ce sera M. de Lauzun qui vous rendra ma lettre, il vient me dire dans le moment qu'il part cette nuit ou demain matin, et croit qu'il sera à Londres vendredi.

To MADAME DU DEFFAND, Tuesday
17 February 1767, N° 50

Missing. Written at Arlington Street. Answered 22 Feb.

From MADAME DU DEFFAND, Wednesday
18 February 1767

N° 56. Paris, ce mercredi 18 février, à midi [1767].[1]

JE vous écrivis hier de bon matin quoique ma lettre ne dût partir que demain, parce que je craignais de n'avoir pas le temps de vous écrire aujourd'hui, devant aller à la comédie. Je fus toute étonnée à six heures du soir que M. de Lauzun arriva chez moi, et qu'il me demanda mes commissions pour Londres. Je dis à Wiart d'ajouter à ma lettre un mot qui vous apprît quel en serait le porteur; je le chargeai aussi d'une lettre pour M. Selwyn; il prétend qu'il sera à Londres au plus tard samedi, ainsi vous recevrez celle-ci deux jours plus tard. Je ne doute pas de toutes les attentions que vous aurez pour M. de Lauzun,[2] mais vraisemblablement vous ne le verrez guère. Je soupai hier avec lui chez la grand'maman, il pourrait vous dire combien il fut question de vous. Il faut que vous le meniez à Strawberry Hill.[3] Il compte être six semaines à Londres; la grand'

10. When Rousseau fled, after the publication of *Émile*, his native city, Geneva, joined his persecutors. His partisans in Geneva, however, tried to defend him, and a 'civil war' arose there between his friends and enemies. Voltaire secretly aided the latter, and attacked Rousseau in *Le Sentiment des citoyens* (1764), and *La Guerre civile de Genève* (1766). The latter poem was published in 1768, by La Harpe, without Voltaire's knowledge or consent (Louis Petit de Julleville, *Histoire de la langue et littérature françaises*, 1909,

vi. 143). Of this poem, *Chant premier*, *Chant second* (two copies), *Chant troisième*, and *Chants quatrième* and *cinquième* are among the MSS bequeathed by D to HW. HW annotated them.

1. The date of the year has been added by HW.
2. Fils du Duc de Gontaut et neveu de Madame la Duchesse de Choiseul (HW).
3. There is no indication that HW did this.

maman lui conseille d'y rester davantage pour voir la beauté des campagnes et les courses de chevaux; c'est un bon enfant, il nous divertit beaucoup hier en contrefaisant M. Stanley; il croit être amoureux de la Milady,[4] mais il n'a pas cet honneur-là. Il aime le mouvement, l'occupation, il n'a rien à faire, il s'imagine être préféré au petit Milord,[5] et le Bunbury s'embarrasse fort peu de l'un et de l'autre. Je serais bien trompée si ce Sir Charles faisait le second tome de M. de Stainville,[6] quand même la Milady aurait tout l'Opéra-Comique.

La grand'maman m'a dit tout le contenu de sa lettre,[7] elle doit être charmante; répondez-y[8] du même ton que vous m'écrivez, ne vous soignez point, ne vous recherchez point, songez en lui écrivant qu'elle vous aime beaucoup et que vous pouvez être aussi à votre aise avec elle qu'avec moi. S'il est vrai que vous veniez un jour à Paris, vous verrez de quelle façon elle vivra avec vous; elle désire passionnément que vous fassiez connaissance avec M. de Choiseul; je ne me prête point à cela, parce que j'imagine que vous ne vous conviendrez point; l'Abbé Barthélemy est assez de mon avis; si vous deviez vous voir extrêmement souvent et en grande liberté je suis bien sûre que vous vous plairiez réciproquement, mais vous n'aurez pas le temps de faire connaissance. Enfin, quand vous serez ici, on verra ce qui en sera.

Je vous prie, mon tuteur, de ne me savoir nul mauvais gré de ma lettre d'hier; j'avais un peu d'humeur; vos craintes, vos défiances, me choquent beaucoup; je me rappelle toutes les choses dures que vous m'avez écrites, j'y rêve, j'y réfléchis, et je conclus que vous ne vous souciez guère de moi, et que sans votre bonhomie vous me laisseriez là bien volontiers.

Je n'aime pas trop votre Milady Hervey; j'imagine qu'elle me rend de mauvais offices,[9] elle est admiratrice et imitatrice de la Geoffrinska. Je lui crois peu d'esprit et une grande volonté d'être merveilleuse, mais elle vous aime, et pourvu qu'elle ne me nuise pas auprès de vous je ne lui voudrais point de mal. Il est si aisé de vous troubler la tête que tout est à craindre auprès de vous.

4. Lady Sarah Bunbury.

5. Carlisle (HW).

6. Who had imprisoned his wife in a convent after her affair with the actor Clairval (see *ante* 22 Jan. 1767).

7. See Mme de Choiseul to HW 14 Feb. 1767.

8. HW replied to Mme de Choiseul, 24 Feb. 1767 (*Paris Jour.*). His letter is missing.

9. Lady Hervey told HW that D was the author of the pretended letter from Mme de Sévigné, a fact he no doubt told D (see HW to Lady Hervey 28 June 1766).

Adieu, mon tuteur, il faut que je me lève, parce qu'avant la comédie je veux aller chez les Beauvau qui arrivèrent hier à neuf heures du soir.

Je souperai encore demain chez la grand'maman avec le bon Abbé Barthélemy; si vous étiez ici vous feriez la partie carrée; mais croyez-moi, mon tuteur, nous ne nous reverrons jamais, il y a longtemps que j'en ai le pressentiment.

From MADAME DU DEFFAND, Friday 20 February 1767

N° 57. Paris, ce vendredi 20 février [1767].[a]

JE fus hier à la représentation de Molé: mon Dieu, que je vous regrettai! Mlle Clairon fut admirable; c'était véritablement Melpomène; la pièce était Zelmire, de l'auteur[1] du Siège de Calais: elle est faiblement écrite, mais les sentiments, les situations, sont du plus grand intérêt. J'aurais voulu entendre Corneille, lui seul avait l'énergie, la force et l'élévation qui rendent les grandes passions et la sublimité des grands sentiments. Le jeu de Mlle Clairon y suppléa autant qu'il était possible; cette pièce, avec de grands défauts, fait un plaisir extrême; le courage, la générosité, la fierté y sont bien rendus. Je fus transportée, ravie; j'aurais voulu tout de suite rentrer chez moi, me mettre à vous écrire tout ce qui se passait dans mon âme; elle était remplie de tristesse, mais d'une tristesse préférable aux plaisirs de tous les autres spectateurs; j'y résistai, je fus chez le Président, que je trouvai occupé de ce que la Comtesse de Noailles[2] venait de lui mander que la Marquise de Duras,[3] sa fille, venait d'être nommée dame du palais; de ce qu'il avait eu à dîner l'Archevêque de Cambrai;[4] de ce qu'il avait vu le matin le Prince de Beauvau; qu'il aurait ce soir Mesdames les Maréchales, etc.; enfin de mille petites vanités

a. Date of year added by HW.

1. Pierre-Laurent Buyrette de Belloy (1727–75).

2. Anne-Claudine-Louise d'Arpajon (d. 1794), guillotined in the Revolution, m. (1741) Philippe, Comte de Noailles; later Duc de Mouchy and Maréchal de France. HW had met her once in Paris (Paris Jour.).

3. Louise-Henriette-Charlotte-Philippine de Noailles (1745–1832), m. (1760) Emmanuel-Céleste-Augustin de Durfort, Mar-

quis (later Duc) de Duras (Albert, Vicomte Révérend, Titres . . . de la Restauration, 1901–6, ii. 496). HW had met her once in Paris (Paris Jour.). She was noted for her beauty (see Janet Aldis, Mme Geoffrin, London, 1905, p. 296).

4. Frère du Duc de Choiseul (HW). Léopold-Charles de Choiseul-Stainville (1724–74), Archbishop of Cambrai. See Jacob-Nicolas Moreau, Mes souvenirs, 1898–1901, ii. 572.

qu'aucun microscope ne pourrait vous faire apercevoir. Mon Dieu, mon Dieu, quelle différence il y a d'une âme à une autre! J'y en trouve une aussi grande que d'un ange à une huître.

De chez le Président, je fus chez la grand'maman, que je trouvai entre l'Abbé Barthélemy et le Docteur Gatti;[5] la petite Lauzun[6] y arriva; nous soupâmes tous les cinq; le docteur et la petite femme[7] s'allèrent coucher de bonne heure: le docteur ne manque pas d'esprit; la petite femme est un petit oiseau qui n'a encore appris aucun des airs qu'on lui siffle; elle fait de petits sons qui n'aboutissent à rien; mais comme son plumage est joli, on l'admire, on la loue sans cesse; sa timidité plaît, son petit air effarouché intéresse; mais moi je n'en augure pas trop bien. C'est l'Idole qui l'apprivoise, et avec qui elle paraît se plaire, cette Idole va tranquillement dîner entre le mari et la femme; elle croit que cela lui donne de la considération. Mon Dieu, que le monde est sot et que j'aurais du plaisir à vous communiquer toutes mes pensées, et mille fois davantage à entendre et découvrir toutes les vôtres! À une heure après minuit, je restai seule avec la grand'maman; elle fut parfaitement à son aise avec moi; je trouvai des rapports infinis entre sa façon de penser et la mienne; elle enfile une plus profonde métaphysique que moi, parce que son esprit a plus de force, et qu'elle se plaît à l'exercer; mais nos sentiments sont les mêmes: elle en veut découvrir la source, le germe, et moi je ne suis pas si curieuse; je m'en tiens aux effets. Elle me montra des choses fort bien écrites, peut-être un peu trop abstraites; je lui dis: 'Grand'maman, il faudra montrer tout cela à M. Walpole.'—'Oh! très volontiers,' dit-elle, 'mais jamais rien qu'à vous et à lui.'

J'avais vu la veille M. de Choiseul chez Mme de Beauvau, où il y avait Monsieur le Duc d'Orléans, Monsieur le Duc de Chartres et un monde infini: je voulus m'en aller; Pont-de-Veyle vint pour me donner la main; M. de Choiseul se leva, repoussa Pont-de-Veyle, me donna son bras et me conduisit jusqu'à l'antichambre où étaient mes gens; je lui dis que je souperais le lendemain avec la grand'maman, et il promit de m'y rendre une visite en rentrant, et qu'il me priait de l'attendre. Il ne rentra qu'à deux heures, et il resta avec nous jusqu'à

5. Médecin florentin (HW). Angelo Giuseppe Maria Gatti (1730–98) (see *Enciclopedia italiana*) had often met HW in Paris (see *Paris Jour.*). Diderot called him 'l'ombre de Mme de Choiseul' (Denis Diderot, *Lettres à Sophie Volland,* 1930, iii.

108). He was loyal to the Choiseuls in their exile.

6. The Duchesse de Lauzun, formerly called 'la petite Biron.'

7. Mme de Lauzun.

près de trois heures et demie. Je ne puis vous rendre compte de la conversation, mais elle fut aisée, gaie, franche, familière, enfin tout au mieux: il me parla de vous, il reprocha à sa femme de ne lui avoir pas fait faire connaissance avec vous; il me demanda quand vous arriveriez; il en marqua de l'impatience: j'observais mes mots, mes paroles, jusqu'à ma contenance, comme si vous aviez été derrière une jalousie à m'écouter et à m'examiner.

Le petit Lauzun n'est point bien avec lui; il en est mécontent parce qu'il a joué le rôle d'un sot dans l'aventure de Mme de Stainville;[8] il trouve son voyage[9] ridicule; il n'a pas voulu lui confier ses dépêches, et il a écrit à M. de Guerchy pour lui recommander d'avoir attention sur sa conduite: la grand'maman l'aime assez: nous avions soupé il y a quelques jours avec lui (je crois vous l'avoir mandé), et nous le trouvâmes assez plaisant: ayez quelques attentions pour lui, mais ne vous en gênez pas le moins du monde. Laissez-le avec sa Milady, et ne vous en embarrassez guère.

Mme d'Aiguillon est enchantée de la lettre que vous lui avez écrite;[10] elle m'en a écorché la traduction. Ah! c'est bien dommage, mon tuteur, de ce que vous ne reviendrez jamais ici; mais non, vous y reviendrez, mais ce sera quand je n'y serai plus. Ne vous fâchez point, ce n'est point pour vous presser de revenir; je ne suis point assez personnelle pour désirer que vous avanciez d'un jour votre départ: je ne suis pas assez extravagante pour exiger rien de vous; je n'ai aucun droit sur vous, aucune raison ne vous oblige à rien faire pour moi; je recevrai tout ce qui me viendra de vous comme une grâce et non comme une dette.

Ah! mon tuteur, je me rends bien justice, soyez-en bien persuadé. Ne craignez point mon attachement, je saurai le contenir dans les bornes les plus resserrées, je ne vous causerai aucun embarras. Mais tâchez de fortifier votre tête, ne la laissez point troubler par des craintes chimériques; Saint Augustin a dit par rapport à Dieu, 'Aimez, et faites tout ce qu'il vous plaira.'[11] Et moi, j'aime mon tuteur, et je ferai tout ce qui lui plaira.

8. Lauzun had been Mme de Stainville's confidant in her affair with Clairval (see *ante* 22 Jan. 1767). Choiseul, who was Stainville's brother, resented Lauzun's conduct, and they had a stormy interview which Lauzun gives in his *Mémoires*, 1858, p. 61.

9. To England, to see Lady Sarah Bunbury.

10. HW to Mme d'Aiguillon 10 Feb. 1767 (missing).

11. See *ante* 19 April 1766.

J'ai écrit tout ceci d'avance. Cette lettre ne partira que lundi. Vraisemblablement il y aura un supplément; pour aujourd'hui je vous dis adieu. Cependant encore un mot.

La grand'maman a reçu une lettre de M. Stanley qu'elle m'a lue; elle est assez jolie. Il lui parle de M. de Bedford, de Milady Charlotte,[12] etc., et il ajoute, 'Pourquoi ne pas parler de l'ami Walpole? c'est encore un de vos adorateurs *après tout.*' Nous ne comprenons pas ce que veut dire cet *après tout.* Ce n'est point le synonyme de *pourtant* ni de *cependant.* Nos recherches sur ce mot pourraient bien ressembler aux observations *sur les grimaces de notre singe.* C'est un de nos dictons.

Ce samedi matin.

Il faut absolument que je m'explique avec vous sur le petit voyage que vous prétendez faire ici; vous savez combien je l'ai désiré, et combien je vous en ai importuné; aujourd'hui, je vais changer de langage; écoutez-moi bien, mon tuteur. Si vous m'avez dit la vérité quand vous m'avez assurée qu'il n'y avait que moi qui vous attirait ici, que sans moi vous n'y trouveriez qu'ennui, il ne faut point que vous y veniez, je ne veux absolument point que ma connaissance vous devienne funeste; je suppose que vous ayez pour moi toute l'amitié possible; elle ne peut être que l'effet de votre reconnaissance, et de la fausse idée que vous vous êtes faite que vous seriez ingrat si vous ne m'en donniez des marques. Oh! point du tout, vous ne me devez rien; j'ai suivi mon penchant, je vous ai trouvé fort différent de tout ce que j'avais jamais vu, vous m'avez paru remplir l'idée que je m'étais faite d'un parfaitement honnête homme, vous m'avez marqué de l'estime et pendant quelque temps assez de goût pour vivre avec moi; une absence de près d'un an, ce temps rempli par l'occupation des plus grandes affaires, par l'utilité dont vous êtes à vos amis, par le plaisir que vous trouvez dans leur société, par des habitudes formées—tout cela a dû effacer ce que vous avez pu penser

12. Burgoyne, amie de Mme de Choiseul depuis Rome (HW). Lady Charlotte Stanley (d. 1776), dau. of the 11th E. of Derby, m. (1743) General John Burgoyne, who later fought in the American Revolution. When Burgoyne was overwhelmed with debt, in 1747, he had retired to a cottage near Choiseul's country seat at Chanteloup. 'Here commenced the intimacy of your father and my aunt with the Duke and Duchess of Choiseul, which ceased only with their lives. They went together on a tour of pleasure into Italy; and at Rome, Ramsay took the portrait of your father' (Edward Barrington de Fonblanque, *Political and Military Episodes . . . of the Right. Hon. John Burgoyne,* 1876, p. 9, quoting a letter from Lady Charlotte Burgoyne's niece, Miss Warburton).

pour moi, et comme je vous l'ai déjà mandé, je me suis aperçue du déclin de votre affection. J'ai eu tort de m'en plaindre, et je reconnais que j'ai toutes sortes de raisons d'être infiniment contente de vous, on ne peut pousser la complaisance plus loin que vous le faites; votre exactitude à m'écrire, la résolution que vous prenez de me venir voir, tout cela part d'un fond de sensibilité et de bonté dont il n'y a point d'exemple. Il n'est pas juste, mon tuteur, que j'en abuse; je vous quitte donc de vos engagements, je renonce à vos promesses, n'ayez nul remords d'y manquer. Si en venant ici, vous preniez pour moi (à la vérité contre toute apparence) une amitié plus forte et plus tendre, vous vous prepareriez des regrets bien prompts, car indépendamment de mon âge, je m'aperçois que ma santé s'affaiblit considérablement; il est vrai, je l'avoue, que j'aurais beaucoup de plaisir à vous revoir, mais j'ai le courage de vous en faire le sacrifice; je vous le dois, et je me le dois à moi-même; c'est un moyen de vous prouver que mes sentiments pour vous n'étaient susceptibles d'aucune interprétation ridicule.

Me voilà acquittée de tout ce que ma conscience me pressait de vous dire; vous ferez après cela tout ce qu'il vous plaira.

Je soupai hier chez le Président en nombreuse compagnie, les divinités du Temple, les Maréchales;—je m'y ennuyai à la mort. Ce soir je donne à souper aux Beauvau, avec l'Archevêque et Pont-de-Veyle; demain ce sera mon assemblée des dimanches, où vos ambassadeurs sont maîtres de venir quand il leur plaît: des Italiens, des Suédois, des Lapons même y sont admis, tout me paraît égal; excepté la grand'maman, que je trouve cependant un peu trop métaphysicienne et abstraite, et Mme de Jonzac, qui, à peu de chose près, est fort raisonnable, tout me paraît ridicule, insipide et ennuyeux.

Ne sachant plus que lire, je me suis jetée dans le théâtre de Corneille; il me ravit d'admiration; je lui pardonne tous ses défauts: il n'a jamais la faiblesse de notre nation, mais il manque souvent de l'élégance de notre style.

Adieu pour aujourd'hui; demain je pourrai reprendre cette lettre, surtout s'il m'en arrive une de vous.

Ce dimanche, à quatre heures.

Je n'espérais point de lettre, et en voilà une; j'en avais bon besoin, car je suis bien triste: je ne puis vous peindre mon état qu'en vous disant que je me sens le besoin de mourir comme on sent le besoin de dormir. Vous m'avez un peu ranimée; l'idée de vous revoir me donne quelque courage, mais je ne puis plus tenir à l'ennui.

Mon souper d'hier ne m'a fait nul plaisir; la dame[13] est d'une personnalité intolérable, le mari d'une soumission aveugle,[14] plus par paresse et par indifférence que par excès de passion; le prélat[15] a de la vivacité et de la justesse; il a encore assez de droiture parce qu'il n'a pas encore besoin d'en manquer; mon ami Pont-de-Veyle ne se soucie de rien que de s'étourdir, de s'amuser; il préfère ceux qui lui peuvent procurer de la dissipation, c'est pour cela qu'il est si attaché au Prince.[16]

Oh! ne me demandez point les détails des tracasseries du mariage Lamballe![17] Ce sont de pures misères que je vous raconterai si je vous revois, et vous me ferez taire. Je ne sais si j'irai demain au Temple,[18] je m'y sens une grande répugnance, mais ce qui me pousse à y aller, c'est que je ne veux pas, en cas que vous veniez, que vous me trouviez mal avec personne, afin de n'être pas pour vous l'occasion du plus petit embarras.

Mandez-moi si vous comptez dîner ou souper, et s'il vous conviendrait de dîner chez moi, et à quelle heure; n'allez pas craindre de me gêner, tout arrangement m'est totalement égal, il est même vraisemblable que je ferais beaucoup mieux de préférer le dîner, il m'est presque démontré que mes insomnies ne sont causées que par le travail de la digestion, puisque je ne m'endors que dix ou douze heures après que j'ai mangé. Ce serait peut-être une grande obligation que je vous aurais de me déterminer à ce changement.

Je ne sais point s'il y a un catalogue de la vente de M. Julienne. Je m'en informerai, et je vous l'enverrai s'il existe. Oh! mon tuteur, je ne suis point scandalisée que cet inventaire soit le principal motif de votre arrivée ici, cela est bien moins ridicule que si c'était pour moi. J'ai la vertu de l'humilité au plus haut degré, et je vous en ai l'obligation; ce n'est pas assurément que vous n'ayez flatté mon amour-propre par l'endroit le plus sensible, en ayant pour moi des préférences et des attentions que vous n'avez pour personne, mais elles

13. Princesse de Beauvau (HW).

14. Marmontel gives quite a different picture of the relations between this couple (see *ante* 2 May 1766, n. 10). Chamfort describes a scene in which Mme du Barry told Mme de Beauvau that people said that she was 'hautaine, intrigante; que vous meniez votre mari par le nez' (Sébastien-Roch-Nicolas Chamfort, *Caractères et anecdotes*, 1924, p. 52).

15. The Archbishop of Toulouse.

16. De Conti (HW).

17. See *ante* 3 Feb. 1767.

18. Où demeurait le Prince de Conti (HW).

me font connaître la bonté de votre cœur, votre sensibilité, votre humanité, et ne relèvent point l'opinion que j'ai de moi-même: je le savais bien, mais vous m'avez empêchée d'en jamais douter, que je ne dois pas espérer de trouver jamais dans l'amitié ce qui tient au goût. Ce n'est pas la faute de l'âge; le goût que j'entends tient moins à la jeunesse qu'à tout autre âge: ce n'est point une séduction des sens, c'est un rapport, c'est une convenance; enfin, enfin, ce ne serait plus qu'un galimatias, si je continuais à vouloir le définir, et mon tuteur se moquerait de moi.

Oh! cela est bien plaisant; je suis tout comme vous, malgré mes plaidoyers pour Montaigne,[19] je ne saurais le lire, mais en m'ennuyant je souscris à tout ce qu'il dit. Pour M. de Marmontel, vous le définissez à merveille. Enfin vos lettres sont la traduction de mes pensées, vous les éclaircissez, vous les rendez avec vérité et énergie, tandis que je ne fais que les assoner, les bégayer.

Je me garde bien de me laisser aller à l'espérance de vous revoir, j'en combats le désir, ce sera peut-être un grand malheur pour moi. Je déteste la vie, n'est-ce pas tant mieux à mon âge? Si vous alliez me la faire aimer que deviendrais-je? Tant de choses nous séparent, que la mer est la moindre de toutes! Ah! je le répète sans cesse, il n'y a qu'un malheur, celui d'être né. Quelle cruauté de se marier, tirer des individus du néant! Tout ce qui existe est malheureux, un ange, une huître, peut-être un grain de sable; le néant, le néant, voilà ce qui vaut le mieux.

Vous allez avoir incessamment la caravane dont je vous ai parlé; elle vous portera le catalogue s'il y en a un.

La gazette dit que votre ambassadeur va vice-roi en Irlande.[20] Oh! je ne le saurais croire. Vous êtes donc vous autres aussi chétifs que nous. Que de choses j'aurai à vous dire, que de questions j'aurai à vous faire! Mais y répondrez-vous? En attendant répondez à celle que je vous fais sur le dîner, et chassez loin de vous la crainte de ceci, de cela; vous ne devez rien observer avec moi, rien craindre de moi, mais attendre de moi tout ce qui sera en mon pouvoir sans contracter la plus petite obligation et me devoir la moindre reconnaissance.

Vous ne me dites point que vous avez vu les Fitzroy; mandez-moi donc le prix des corbeilles. Mme de Caraman me persécute pour le savoir.

19. See *ante* 27 Oct. 1766, and 3 Feb. 1767.

20. Lord Rochford did not receive this appointment.

Votre article sur Mme de Jonzac est fort bien, je vous en remercie; il n'y a qu'elle et la grand'maman dignes d'estime, tout le reste comme dit Arlequin 'des flonflons, des lanturlus.'[21]

Adieu, mon tuteur, vous ne m'appelez jamais votre pupille. Je n'ai point encore de nouvelles de M. de Montausier,[22] je crois cependant que M. de Choiseul me dit qu'il était arrivé.

Ne trouvez-vous pas mes lettres bien longues? Cependant rien n'est si vrai que je hais à écrire.

To Madame du Deffand, Sunday
22 February 1767, N° 51

Missing. Probably written at Arlington Street. *Paris Journals* give the date as 24 Feb., but *post* 4 March 1767 gives this date. D also says that HW's remarks about Mme de Choiseul, in this letter, will be repeated to her, but with 'cent fois de plus' corrected.

From Madame du Deffand, Tuesday 24 February 1767

Address: To Monsieur Monsieur Horace Walpole in Arlington Street near St James's London Angleterre.
Postmark: MR 2.

N° 58. Paris, ce 24 février 1767.

LE facteur vient de dire qu'il n'y avait point de courrier; il y en aura sans doute demain, mais il serait trop tard pour écrire. Tout retentit ici de votre arrivée, les Guerchy, les Hervey, les Walpole même, tous l'annoncent pour devoir être incessamment; j'en suis la moins informée. J'ai peine à croire que vous partiez sans me le mander, et que votre départ soit aussi prompt qu'on l'imagine. Cependant je me hâte de vous donner une commission pour M. de Beauvau; il meurt de honte de ne s'être pas souvenu qu'il vous devait des poudres.[1] Il en voudrait le double: je l'ai assuré que vous auriez la générosité de lui faire encore cette avance. Nous n'avons

21. Flonflons were refrains to comic songs; lanturlus were evasive retorts. The reference is probably to *Arlequin Phénix* and other plays given at the Italian theatre. See Philibert-Joseph Le Roux, *Dictionnaire comique*, 1735, pp. 293, 380.

22. Probably Anne-Marie-André de Crus-sol d'Uzès (1738–67), Comte (later Marquis) de Montausier.

1. M. de Beauvau had asked HW to get him some of Dr James' powders (see *ante* 5 Aug. 1766).

point entendu parler de M. de Montausier. Vous avez actuellement notre Léandre;[2] s'il s'était noyé en passant la mer, je doute que votre Héro[3] se soit jetée dans la Tamise.

Je reçus hier une lettre de notre bon ami Schuwalof. Il est à Vienne; il dit des merveilles de l'Empereur,[4] de toute sa famille, et surtout de notre future Dauphine;[5] celle du moment présent sera bientôt défunte, et il faudra que vous fassiez grande diligence pour ne nous pas trouver en grand deuil.[6] J'en suis fâchée, les spectacles sont un amusement, mais la vente de M. Julienne suppléera à tout, et c'est ce qui me rassure. Vous croirez tomber des nues en arrivant ici, vous serez tout égaré. Je me sens une peur épouvantable, enfin nous verrons comme cela se passera.

Je fus lundi souper au Temple, l'Idole eut des soins empressés, mais mon méchant esprit me rendit tout cela une comédie. Il n'y a qu'une chose qui m'occupe, c'est la crainte que le voyage ne vous fatigue, et que vous ne soyez malade ici.

Ne craignez point que je vous fasse veiller. Vous ne me trouverez pas en trop bonne santé; depuis quelques jours je suis triste sans savoir pourquoi. Enfin vous me prendrez telle que vous me trouverez, je suis comme vous, fort différente d'un jour à l'autre. Je suis bien aise de votre arrivée, mais cependant j'en ai peur. Adieu.

To Madame du Deffand, Tuesday 3 March 1767, N° 52

Missing. Probably written at Arlington Street.

From Madame du Deffand, Wednesday 4 March 1767

One sentence was omitted in Toynbee.

N° 59. Paris, ce mercredi 4 mars 1767:
8 heures du matin.

ALLONS, mon tuteur, il n'y faut plus penser, il faut faire le sacrifice de l'espérance prochaine de vous revoir; non avec le courage d'une héroïne de Scudéry (que par parenthèse je n'ai jamais lue)

2. Duc de Lauzun (HW).
3. Lady Sarah Bunbury.
4. Joseph II.
5. Marie-Antoinette, who married the Dauphin Louis (later Louis XVI) in 1770.

6. The Dauphiness Marie-Josèphe died 13 March 1767. HW reached Paris, 23 Aug., and went to the Dauphiness's funeral oration, 3 Sept. (*Paris Jour.*).

mais avec la tendresse et l'intérêt que Mme de Sévigné avait pour sa fille; sur cet article je prétends lui ressembler, mais pour le fait des nouvelles j'en suis bien éloignée, je n'entends rien aux narrations, je n'ai plus de mémoire; le peu de talent et d'esprit que j'avais reçu de la nature s'affaiblit tous les jours. Je suis vieillie de dix ans depuis votre départ, il ne me reste plus que cette maudite drogue que je n'ose nommer de peur de vous faire trouver mal, vous devinez bien ce que c'est—enfin, risquons le mot: *sentiment,* pardonnez-le-moi, je n'en parlerai plus.

J'étais prévenue sur ce que vous me mandez de Milord Chatham et de l'état de vos affaires.[1] Je m'attendais aux changements de vos projets, et au renversement de mes espérances. Si on pouvait avoir du plaisir en ressentant une grande douleur, votre lettre aurait produit cet effet. Mais ne croyez pas qu'elle puisse diminuer mes regrets.[1a] Ah! mon tuteur, elle est bien propre à les augmenter; vous ne cessez de me dire que mon genre d'attachement vous déplaît, mais la seule joie de ma vie, c'est que vous le connaissiez tel qu'il est. Je me plais à vous déplaire et qu'est-ce que je serais si je ne vous aimais pas, quelles pensées occuperaient ma tête? Elle est de bronze pour tout ce qui m'environne, rien n'y peut pénétrer.

Ce que vous dites de la fausseté des vertus humaines est au dessus de tout ce qu'a écrit M. de la Rochefoucauld,[2] mais si la sincérité, la justice, et la bienfaisance ne sont pas de vraies vertus, je consentirai à croire que vous n'en avez que de fausses. Mon Dieu! que je suis curieuse d'apprendre ce que vous me promettez de me dire, et dont il sera peut-être question dans les gazettes![3] Que j'aurai du plaisir de voir tout le monde forcé à révérer mon tuteur! Mon Dieu! qu'il écrit bien, ce tuteur, et que je suis honteuse d'être si peu digne de sa correspondance! Croyez du moins que je sens tout le mérite de ce que vous m'écrivez.

D'où vient, mon tuteur, me dites-vous que vous m'aimez cent fois plus que la grand'maman? Est-ce pour me traiter comme votre chienne, à qui vous ne voudriez pas donner l'ombre de jalousie? Ne vous attendez pas que je vous dise que je n'en serais pas susceptible si

1. Chatham had been ill with the gout at Bath; he was very uncommunicative to the members of his party, and did not come to London until 2 March. Meanwhile there had been hot disputes in Parliament over the land tax. (See *Mem. of Geo. III* ii. 293–302.)

1a. This sentence was omitted by T.

2. François (1613–80), Duc de la Rochefoucauld, author of the *Maximes.*

3. Probably a reference to HW's approaching retirement from Parliament.

j'en avais l'occasion. Mais il me semble que je ne puis jamais l'avoir avec vous parce qu'il me semble que vous n'êtes pas susceptible des impressions, des sons, que votre philosophie vous en garantit; cette idée m'a ôté toute crainte de m'attacher à vous, et me fait presque aimer ma vieillesse parce que je ne peux rien perdre de ce qui en moi peut vous plaire. Je ne sais si cela est clair, mais vous me traduirez bien.

Revenons à ce que vous m'écrivez sur la grand'maman; je vais le faire copier en réformant ce *cent fois de plus* et je [le] lui enverrai; je veux qu'elle voie par elle-même combien vous êtes digne des sentiments qu'elle a pour vous, et puis je veux satisfaire ma vanité en lui faisant connaître que je sais bien placer mon estime.

Je ne vous parle point de vos affaires, mais je me ferais un grand plaisir de vous en pouvoir parler; je ne vous dirais que des absurdités, parce que pour raisonner juste il faudrait que je fusse instruite de tout ce que j'ignore; je vous conjure, mon tuteur, de me mettre au fait de tout ce qui vous regarde.

Comme vous avez de l'orgeuil sans avoir de vanité, vous ne tomberez point dans l'inconvénient de sacrifier ou de négliger ce qui peut assurer l'aisance et la tranquillité de votre vie. Votre amitié pour vos proches ne doit pas être votre seul objet. Souvenez-vous des préceptes que vous me donnez, rappelez-vous toutes vos expériences, et soyez vraiment sage.

Ce retour de M. Hume[4] ne me plaît point, il me semble que c'est *un petit moyen;* lui croyez-vous de si grandes lumières? quel usage votre cousin[5] en fera-t-il? Je vous crois son meilleur appui s'il fait de vous l'usage qu'il doit; tout philosophe, tout auteur, tout homme qui n'a que de la théorie est presque toujours systématique, et tout systématique a l'esprit faux; souvenez-vous de monsieur votre père, il ne faisait point de livre, il n'en lisait point, mais il connaissait les hommes par la pratique.

Ah! pour l'ami Jean-Jacques, j'en suis en vérité bien aise;[6] le voilà au rang de notre grand Thomas,[7] charlatan du Pont-Neuf.

Je soupe demain avec l'Idole chez Mme de Caraman. Je lui apprendrai le retour de M. Hume; je serais assez aise que vous fissiez

4. Conway made Hume under-secretary of state, a post which he occupied till Conway's dismissal in Jan. 1768.

5. M. Conway (HW).

6. HW had probably told D of his ef-

forts to get Rousseau a pension (see *post* 8 March 1767).

7. Jean Thomas (d. 1757) called 'Thomas le Grand,' or 'le docteur Thomas,' a quack who stationed himself at the Pont-Neuf in

revenir M. Hume de son idolatrie, mais j'ai dans l'esprit qu'il ne pense pas pour vous comme il devrait.

Mais à propos, vous ne m'avez rien dit sur l'article de M. Stanley,[8] qui nous embarrassait, la grand'maman et moi.

Savez-vous, mon tuteur, que j'ai passé deux ordinaires sans avoir de vos nouvelles; ce n'est pas votre faute, mais celle de ce maudit océan. Votre lettre qui est du 22 ne m'a été rendue qu'hier, qui était le 3, et Mme de Luxembourg m'a dit qu'elle avait reçu une lettre de M. de Lauzun le 1er. Tout cela ne vous paraît rien, et ne serait rien en effet si je me portais mieux, mais depuis quinze jours je suis dans un pauvre état, triste, vaporeuse, de mauvaises digestions, des insomnies, enfin fort mal à mon aise; il n'y a pourtant nul sujet d'inquiétude. Dites-moi que vous me reverrez le plus tôt que vous pourrez, voilà le remède qu'il me faut.

Adieu, je vais tâcher de dormir.

Vous allez avoir M. de Fronsac incessamment; voulez-vous que je vous envoie le *Mémoire* de M. Élie de Beaumont[8a] sur les Sirven?[9] Il m'a fort ennuyée; voulez-vous aussi une lettre de Voltaire à l'Abbé d'Olivet[10] sur la prosodie, et une épître sur l'hypocrisie?[11] Tout cela est médiocre.

Nous n'entendons point parler de M. de Montausier.

J'aime beaucoup Mme Fitzroy; celle-là nous laisse nos ducs.[12]

À 5 heures du soir.

Le valet de chambre de Milord Carlisle m'apporte dans ce mo-

Paris to attract patients. See *Grand dictionnaire universel du XIXe siècle* xv. 143; S–A i. 77, ii. 150; Louis-Sébastien Mercier, *Tableau de Paris*, Amsterdam, 1783, iii. 52; Alfred Franklin, *Variétés chirugicales*, 1894, pp. 157–63.

8. Hans Stanley had been made ambassador to Russia against Conway's wish, and had been ordered to stop in Prussia on his way to St Petersburg, to conciliate Frederick the Great. Frederick refused to receive him, and, as there were complications with Catherine the Great, too, the embassy was 'laid aside.' See *Mem. of Geo. III* ii. 258–9.

8a. Jean-Baptiste-Jacques Élie de Beaumont (1732–86), jurist.

9. 'Peu de temps après la condamnation de Calas, la fille d'un autre protestant du Languedoc, Sirven, s'échappa d'un couvent où on l'avait fait conduire pour l'éle-

ver dans la religion catholique, et se noya dans un puits. Le peuple supposa que c'était un nouveau parricide. Sirven, effrayé, prit la fuite, fut condamné par contumace, et vint trouver Voltaire, qui parvint, après plusieurs années, à le faire réhabiliter par le parlement de Toulouse lui-même' (Jean-Charles-Dominique de Lacretelle, *Histoire de France pendant le 18ième siècle*, 1810, iv. 109n).

10. Voltaire to the Abbé d'Olivet 5 Jan. 1767 (Voltaire, *Œuvres* xlv. 10). Pierre-Joseph Thoulier (1682–1768), Abbé d'Olivet, had just published a new edition of his *Traité de la prosodie française*.

11. Voltaire's *Éloge de l'hypocrisie* (1766), reprinted, 1767, as *Maître Guignard, ou de l'hypocrisie* (Voltaire, *Œuvres* x. 137).

12. Lady Sarah Bunbury had captivated the Ducs de Chartres and de Lauzun.

ment une lettre de M. Selwyn du 27. Il vous avait vu ce jour-là, et vous vous portiez bien; il me rend compte de quelque commission dont il s'était chargé, et ne me dit pas un mot de la chose publique ni de M. de Lauzun, ni des Bunbury; enfin, s'il m'avait demandé des nouvelles de mon rhume, je croirais l'entendre lui-même, sa lettre est aussi aride que sa conversation; il se donne des airs de prudence, je suis cependant contente de lui. Il dit qu'il reviendra au mois de mai; cela se pourrait, je n'ai point de peine à croire que je le revoie avant vous.

Je pourrais vous envoyer ce mémoire et ces lettres dont je vous ai parlé par ce valet de chambre, je le ferai peut-être, parce que le plus grand inconvénient ce sera que vous ne les lisiez pas.

Je suis bien aise que Mariette[13] vous ait envoyé le catalogue,[14] je l'avais demandé à plusieurs personnes, et je n'avais encore pu l'avoir.

Cette comédie qui me plut s'appelle *Eugénie;*[15] dès qu'elle sera imprimée je vous l'enverrai.

From MADAME DU DEFFAND, Thursday 5 March 1767

Ce jeudi 5 mars [1767].[a]

LE valet de chambre du petit Milord[1] est une occasion à laquelle je ne puis résister. Voilà le mémoire, voilà les épîtres;[2] vous en ferez l'usage qu'il vous plaira.

Je vous ai écrit hier très longuement, aujourd'hui je n'ai rien à dire.

Je mande à M. Selwyn ce que je sais de nouvelles.

Ce vendredi 6, à 7 heures du matin.

Je ne sais plus à quel saint me vouer ni quel régime il faut suivre

13. Pierre-Jean Mariette (1694–1774), noted collector. See Antoine-Jules Dumesnil, *Pierre-Jean Mariette,* 1858. HW had often seen him and his collection in Paris (see *Paris Jour.* and William Cole, *Journal of my Journey to Paris,* 1931, pp. 100–1, 219). HW wrote to him 17 March 1767 (missing).

14. Probably of Julienne's sale. HW's copy was sold SH v. 160.

15. Beaumarchais's first play, given at the Comédie-française, Jan. 1767. See *ante* 15 Feb. 1767.

———

a. Date of year added by HW.
1. Lord Carlisle.
2. Élie de Beaumont's *Mémoire* and Voltaire's letters. See *ante* 4 March 1767.

pour pouvoir dormir; je mange on ne peut pas moins, et rien de malsain; je ne sais combien cela durera, mais cela est fort ennuyeux.

Je soupai hier chez Mme [de] Caraman comme je vous l'avais dit. Mme de Mirepoix, vos ambassadeurs, M. et Mme d'Usson[3] y étaient, et la sublime Idole, à qui je dis, 'Eh bien! Madame, voilà donc M. Hume de retour!'—'Ah, mon Dieu! oui,' me dit-elle, 'est-ce que je ne vous l'ai pas dit?'—'Non, Madame, car je ne vous ai pas vue depuis que vous pouvez le savoir.'—'Le voilà sous-secrétaire d'État.'—'Cela ne s'appelle pas ainsi,' lui dis-je, 'mais premier commis des affaires étrangères, comme l'Abbé de la Ville.'[4] Elle n'osa plus rien dire, de peur de faire voir qu'elle était peu instruite. À table, l'ambassadeur se plaça entre elle et moi, et il parla de M. Hume avec le plus grand mépris; sur sa grossièreté, sur son peu d'usage du monde, sur le peu de connaissance qu'il avait des hommes, sur l'incapacité qu'il avait pour les affaires. L'Idole se retrancha à louer ses livres; il les blâma, il s'étonna du succès que lui et ses ouvrages avaient eu en France. L'Idole était dans le plus grand embarras; si elle prenait sa défense et qu'il lui manqua de considération, cela serait fâcheux; si elle l'abandonnait, ce serait perdre un des plus grands appuis de sa célébrité: elle tâcha de rompre la conversation, à laquelle je n'avais pris nulle part. On ne dit pas encore un mot de Jean-Jacques.

Je vous ai mandé[5] que M. de Beauvau désirait d'avoir le double des mêmes poudres que vous lui avez déjà envoyées. Si vous devez revenir un jour, comme je l'espère, vous les lui apporterez; il n'en est nullement pressé.

À propos, mon tuteur, il y a ici un M. Walpole[6] qu'on dit être votre neveu. L'ambassadeur en paraît occupé, mais il m'a dit qu'il ne l'amènerait pas parce qu'il ne me convenait point. Vous ne m'en avez jamais parlé, mandez-moi si vous voulez que je le voie; vous pensez bien que si cela vous convient je le recevrai bien.

3. Probably Victor-Timoléon (1732–82), Comte d'Usson, afterwards ambassador at Stockholm, and his wife (unidentified) (see *Rép. de la Gazette; Recueil des instructions données aux ambassadeurs, Suède,* ed. A. Geffroy, 1885, p. 443).

4. The Abbé de la Ville was apparently first secretary in the department of foreign affairs from his appointment in 1748 until his death in 1774 (in which year he was made minister of foreign affairs in recognition of his services). Hume, on the other hand, was undersecretary of state during Conway's secretaryship only; his post was not permanent. The Abbé Jean-Ignace de la Ville (ca 1690–1774) was made bishop *in partibus* of Trichonium just before his death. (See *Lalanne* and *Rép. de la Gazette.*)

5. See *ante* 24 Feb. 1767.

6. Edward Walpole (1737–71), natural son of HW's brother, Sir Edward Walpole (see *post* 21 June 1767; Violet Biddulph, *The Three Ladies Waldegrave,* [1938], p. 17).

Si Madame la Dauphine n'est pas morte entre ci et mercredi,[7] il y aura comédie chez Mme de Villeroy, où Mlle Clairon fera le rôle d'Hypermnestre dans la tragédie de ce nom.[8]

Votre petite Milady peut être aimable, mais il faut qu'elle ait peu d'esprit et nul goût; vous verrez ce que c'est que le personnage qu'elle traîne à sa suite.

Je n'ai pas encore fait transcrire l'article de votre lettre sur la grand'maman.[9] Il y a très longtemps que nous n'avons entendu parler l'une de l'autre, c'est par discrétion de ma part. Adieu, mon tuteur, je vais tâcher de dormir.

To MADAME DU DEFFAND, Saturday 7 March 1767, N° 53

Missing. Probably written at Arlington Street. Answered, 11 March.

From MADAME DU DEFFAND, Sunday 8 March 1767

N° 60. Paris, ce dimanche 8 mars 1767, à 4 heures du soir.

OH! je vous promets de ne vous envoyer rien par le courrier de l'ambassadeur;[1] je me suis bien aperçue qu'il n'est pas neutre, mais qu'il est *anti-Pitt*. Cela a l'air d'un mot latin. Je suis bien impatiente des premières nouvelles. N'avez-vous pas vu de nos petites figures suspendues par des fils d'archal, où il y a au bas deux balles de plomb? Je m'explique mal, mais ces figures sont sur un pivot pointu, et se balancent si fort qu'on croit toujours qu'elles vont tomber par terre, mais les balles de plomb font l'équilibre et les maintiennent sur un appui pointu comme une épingle. Voilà, ce me semble, la situation de vos amis.[1a] L'arrivée de M. Hume[2] me paraît un de ces remèdes qu'on donne à l'agonie; ce n'est pas parce qu'il arrive trop tard, mais c'est parce qu'il prouve qu'on ne sait plus à quel saint se vouer. Je vous prédis qu'il ne vous sera bon à rien qu'à prouver qu'on sent sa faiblesse et qu'on a recours à des lumières quelconques.

---

7. She died Friday, 13 March.
8. By Antoine-Marin Lemierre (1723–93).
9. HW to D 22 Feb. 1767 (missing).

1. Lord Rochford (HW).
1a. The Chatham ministry had been defeated, but had not resigned.
2. See *ante* 4 March and 5 March 1767.

Oh! je ne le crois pas même une lanterne sourde; mais *la balle* Pitt, et *la balle* Bedford pourront peut-être maintenir le cousinage.[3] Je n'ai qu'un vœu dans toute cette affaire; vous allez croire que c'est votre retour; oh! point du tout, c'est que votre état particulier soit réglé et assuré pour l'avenir.

Je vous écris par M. de Fronsac; Mme d'Aiguillon vint hier chez moi me demander si je n'avais rien à envoyer, je lui dis que non. Je comptais alors vous écrire par la poste ou ne vous point écrire en cas que je n'eusse point de vos nouvelles aujourd'hui: je vais envoyer cette lettre chez elle, et je la prierai, s'il en est encore temps, de la mettre dans le paquet qu'elle donne à M. de Fronsac, et si ce paquet est fermé, de recommander que M. de Fronsac envoie ma lettre directement chez vous.

Je suis devenue très prudente, mon tuteur, et je n'ai pas la plus légère indiscrétion à me reprocher sur ce qui vous regarde. Je ne vous trouve point déraisonnable d'exiger une grande réserve: on est environné d'armes et d'ennemis, et ceux qu'on nomme amis sont ceux par qui on n'a pas à craindre d'être assassiné, mais qui laisseraient faire les assassins. C'est une réflexion que nous fîmes hier, la grand'maman et moi, non pas à l'occasion de vos affaires, car il n'en fut pas dit un mot, mais sur le monde en général.

Je soupai hier avec cette grand'maman, l'Abbé Barthélemy et un M. de Castellane:[4] ce sont deux hommes avec qui l'on peut causer: nous ne proférâmes pas votre nom devant le Castellane; mais quand il fut parti, je fis lire à la grand'maman l'article de votre lettre[5] qui la regardait (dont j'avais retranché que vous m'aimiez cent fois plus qu'elle); elle en fut on ne peut pas plus contente, elle me dit que vous lui aviez écrit que je vous recommandais de lui écrire comme vous m'écriviez, mais que vous n'en aviez rien fait. Vous lui avez apparemment donné trop de louanges. Elle ne put pas me montrer votre lettre[6] parce qu'elle l'avait laissée à Versailles, je l'ai priée de me l'envoyer, je ne sais si elle le fera. Nous parlâmes ensuite d'une

3. HW's cousins, Lord Hertford and Conway, who were Lord Chamberlain and Secretary of State, respectively.

4. Jean-Baptiste de Castellane (d. 1790), Marquis d'Esparron et de la Garde (Woelmont de Brumagne vii. 182). He was a friend of Mme de Choiseul, and is often mentioned in her correspondence. HW, who met him often in Paris, says that he married Mme de Simiane's daughter (see *Paris Jour.*, 14 Sept. 1767). He was the inheritor of some of Mme de Sévigné's correspondence, since Mme de Simiane was Mme de Sévigné's granddaughter (see *post* 22 May 1768).

5. HW to D 22 Feb. 1767 (missing).

6. HW to Mme de Choiseul 24 Feb. 1767 (missing).

brochure nouvelle, qui a pour titre: *Le Château d'Otrante,7 par Horace Walpole;* elle n'en avait pas entendu parler, moi je l'avais déjà lue deux fois. J'aurais voulu qu'on eût supprimé la préface, qui est celle de la seconde édition: il y est dit que Shakespeare a beaucoup plus d'esprit que Voltaire: ce trait vous met à l'abri de la critique de Fréron, mais ne peut manquer de vous en attirer bien d'autres.8 Nous avons tenu conseil, la grand'maman, l'Abbé et moi, car nous sommes tous trois votre ministère, et nous conduisons fort bien vos affaires. Nous avons donc conclu qu'il ne fallait rien dire sur cette brochure, ni la louer, ni la blâmer; et surtout qu'il ne fallait pas employer la police pour interdire la critique. Vous pouvez compter sur quatre amis fort prudents et fort zélés, nous trois, et j'y ajoute Mme de Jonzac; je pourrais y ajouter aussi l'ami Pont-de-Veyle, car il vous aime fort. Ce sont les brochures sur Jean-Jacques et M. Hume qui m'ont fait connaître leurs sentiments pour vous, car *sur la chose publique* je suis aussi muette que je suis aveugle. M. de Choiseul, en rentrant, monta chez la grand'maman; je suis parfaitement bien avec lui: il ne cesse de dire du bien de moi, mais il me trouve, dit-il, devenue trop circonspecte; j'en fis des plaisanteries avec lui. Pour lui, je le trouve tout aussi gai et tout aussi léger qu'il l'a jamais été. Quand il fut parti, je dis à la grand'maman que je ne pouvais pas désapprouver la sorte de crainte que vous aviez de faire connaissance avec lui; elle me dit que j'avais tort, et l'Abbé dit qu'il faudrait que vous vinssiez dîner avec lui à Paris, qu'il n'y avait jamais que deux ou trois personnes, et que vous y seriez fort à votre aise. Moi je ne le crois pas; mais alors comme alors, nous en délibérerons. Pour ce qui me regarde, mon tuteur, je ne sais pas quel parti je prendrai; aucun régime ne me réussit, et mes insomnies ne font qu'empirer. Je ne mange presque plus, et le seul bien que je tire de ma diète, c'est d'avoir moins de vapeurs mais pas plus de sommeil: cela me fâche d'autant plus, que cela m'oblige à me lever fort tard: peut-être entre ci et votre arrivée cela changera. J'y fais de mon mieux, et, je vous assure, par rapport à vous; car sans vous je ne me soucierais guère de vivre: tout me choque, tout me

7. *Le Château d'Otrante, histoire gothique . . . traduite sur la seconde édition anglaise par* M[arc-Antoine] E[idous], Amsterdam et Paris, 1767 (Bibl. Nat. Cat.). HW writes, March 1767, 'A bad translation of the *Castle of Otranto* into French was published at Paris this month' ('Short Notes'). HW had refused to let Florian translate it because the preface attacked Voltaire (*Paris Jour.,* 31 Oct. 1765).

8. See *post* 13 March 1767.

déplaît, tout m'ennuie. J'ai eu un ami,[9] pendant trente ans; je l'ai perdu: j'ai aimé deux femmes passionnément; l'une est morte, c'était Mme de Flamarens; l'autre est vivante et a été infidèle, c'est Mme de Rochefort.[10] Le hasard m'a fait faire votre connaissance; vous avez remplacé ces trois pertes, mais vous êtes un étranger, toujours à la veille de devenir notre ennemi: et puis l'océan, vos affaires, et qui pis est, votre santé, nécessairement nous séparent. Cependant je suis bien aise de vous avoir connu; c'est mourir tous les jours que de vivre sans aimer rien, et 'plutôt souffrir que mourir, c'est la devise des hommes,' dit La Fontaine.[11]

Il serait obligeant de ne me pas laisser dans l'inquiétude sur tout ce qui vous regarde. Je n'exige rien; je m'en rapporte à votre amitié.

J'oubliais de vous dire que j'ai conté à la grand'maman ce qui regarde Jean-Jacques.[12] Elle voudrait que M. Hume eût signé l'expédition de la pension, mais elle veut surtout que Jean-Jacques sache qu'il vous en doit l'augmentation.

Madame la Dauphine a été administrée ce matin;[13] on ne croit pas qu'elle passe la semaine: elle ne sera regrettée que de quatre personnes, Mmes de Marsan[14] et de Caumont,[15] MM. de la Vauguyon[16] et

9. M. Formont (HW).

10. Marie-Thérèse de Brancas (1716–82), m. (1) (1736) Jean-Anne-Vincent de Larlan de Kercadio, Comte de Rochefort; m. (2) (1782) Louis-Jules-Barbon Mancini-Mazarini, Duc de Nivernais (Louis-Léonard de Loménie, *La Comtesse de Rochefort et ses amis*, 1870). HW had met her often in Paris (see *Paris Jour.*) and liked her (see HW to Gray 25 Jan. 1766). Hénault praised her (Charles-Jean-François Hénault, *Mémoires*, 1911, p. 190). The Duc de Nivernais did a portrait of her in verse (S–A iii. 482). See Appendix 5q.

11. *La Mort et la bûcheron, Fables* i. 16.

12. Evidently D refers to something in HW's missing letter of 3 March 1767.

13. 'Paris, March 6. The state of the Dauphiness's health becoming more critical within a few days past, the King has returned from Marly to Versailles; and the sacraments were to be administered yesterday to that Princess with the usual ceremonies' (*Lloyd's Evening Post* xx. 261, 18 March 1767).

14. Marie-Louise-Geneviève de Rohan-Soubise (1720–1803), m. (1736) Gaston-Jean-Baptiste-Charles de Lorraine, Comte de Marsan (see Louis-Antoine-Henri de Bourbon-Condé, Duc d'Enghien, *Correspondance*, 1904–13, i. 166). She was made *gouvernante* of the royal children in 1754 (C–D). HW had met her once in Paris (*Paris Jour.*). Other descriptions of her are in Étienne-François, Duc de Choiseul, *Mémoires*, 1904, pp. 170, 277–8, 413; Jean-Nicolas, Comte Dufort de Cheverny, *Mémoires*, 1909, i. 104; Maria Theresa and Charles-Claude-Florimond, Comte de Mercy-Argenteau, *Correspondance secrète*, 1874, iii. 226.

15. Marie-Louise de Noailles (1710–82), m. (1730) Jacques-Nompar, Duc de Caumont (*Rép. de la Gazette*). She was a member of the Dauphiness's household; Marie-Antoinette wrote Maria Theresa, 16 April 1771, that 'c'est elle qui a brouillé feu Mme la Dauphine avec tout le monde' (Maria Theresa and Florimond-Claude-Charles, Comte de Mercy-Argenteau, *Correspondance secrète*, 1874, i. 148).

16. Antoine-Paul-Jacques de Quélen de Stuer de Caussade (1706–72), Duc de la Vauguyon, and first gentleman of the bed-

l'Évêque de Verdun.[17]—Elle brutalisa l'autre jour Mme de Lauraguais,[18] sa dame d'atour, qui dit à quelqu'un qui était auprès d'elle:
'*Cette Princesse est si bonne qu'elle ne veut pas que sa mort soit un
malheur pour personne.*'

Adieu, mon bon ami; adieu, mon tuteur, venez le plus tôt que
vous pourrez. Je crois que ce qui fait ma mauvaise santé, c'est que
mon âme a trop de mouvement pour l'étui qui la renferme.

To Madame du Deffand, Tuesday 10 March 1767, N° 54

Missing. Probably written at Arlington Street. Answered, 15 March.

From Madame du Deffand, Wednesday 11 March 1767

N° 61. Ce mercredi 11 mars 1767.

JAMAIS les vents n'ont été plus favorables, je reçus hier votre
lettre[1] que je n'attendais qu'aujourd'hui. J'aurais bien voulu y
trouver un article de vendredi au soir, et je n'ose pas espérer de
vos nouvelles avant huit jours. S'il m'en arrive dimanche je serai bien
contente de vous, mais je vous crois beaucoup d'occupations, vos
séances au parlement sont bien longues, à ce que me mande M. Selwyn; les gazettes disent qu'il y a bien des tracas chez vous,[1a] je serais
fort curieuse d'en savoir des détails, mais ce serait trop exiger que de
vous prier de m'en informer; peut-être n'y prenez-vous pas grande
part, à moins que ce ne soit par rapport à vos parents. Vous me direz
ce qu'il vous plaira, mais je voudrais n'en être pas réduite aux nouvelles de la gazette.

Je ne sais s'il y a beaucoup de vos compatriotes à Paris. Je ne vois
que Milord Rochford et sa femme, encore fort rarement, jamais en

chamber to the Dauphin and the Comte
d'Artois. See Étienne-François, Duc de
Choiseul, *Mémoires*, 1904, p. 173 n.

17. Aimar-François-Chrétien-Michel de
Nicolaï (1721–69), Bishop of Verdun (see
La Grande encyclopédie). He was treas-
urer to the Dauphiness.

18. Diane-Adélaïde de Mailly-Nesle

(1714–69), m. (1742) Louis de Brancas,
Duc de Lauraguais. See Étienne-François,
Duc de Choiseul, *Mémoires*, 1904, p. 229.

1. HW to D 7 March 1767 (missing).
1a. The defeat of the government on the
land tax (see HW to Mann 2 March 1767).

visite, et je ne suis point à portée de leur faire des questions. J'ai une belle impatience que toutes vos affaires soient finies, et que le jour de votre départ soit fixé, mais en attendant souvenez-vous que vous m'avez promis de me mander quelque chose qui me ferait plaisir, et qui vous regarde, et je vais vous apprendre ce qui vous en fera aussi; c'est qu'enfin j'ai dormi cette nuit, ce qui ne m'était pas arrivé depuis trois semaines. Remarquez, mon tuteur, je vous prie, mon excessive raison; je ne vous laisse voir aucune impatience de votre retour, et la nouvelle que je vais vous apprendre n'est point une astuce pour vous attirer, mais il faut bien que vous sachiez que la vente de M. Julienne commence, dit-on, samedi; je conviens que je regarde cette vente comme ma rivale, mais je n'en suis point jalouse, je serai ravie qu'elle partage avec moi vos soins, je souhaite seulement qu'elle ne vous soit point trop *chère;* d'ailleurs je serais effrayée que vous n'eussiez que moi pour tout amusement. Le petit cabinet a beau être bleu,[2] et quand vous auriez la certitude d'y voir Mme de Forcalquier, je serais inquiète de vous voir réduit à ce seul passe-temps.

À propos, que je n'oublie pas de vous dire que Mme de Jonzac vient de perdre sa belle-sœur Mme [de] Seignelay;[3] il faut que vous lui écriviez.[4] Depuis deux jours je ne l'ai pas vue, elle passe les soirées avec son frère.[5] Cela durera encore trois ou quatre jours, et son absence rend les soirées chez le Président insupportables. Je serais fâchée que vous fussiez à Paris dans ce moment-ci, ou il faudrait que je ne vous visse point les soirs, ou que vous partageassiez mon ennui.

M. de Montausier n'est point encore arrivé, on dit qu'il est à son régiment.

N'envoyez point vos poudres à M. de Beauvau[6] par le Marquis de Fitzjames,[7] il doit aller en Écosse et en Irlande avant que de revenir ici; vous les apporterez vous-même, ou bien vous en chargerez M. de Lauzun ou quelqu'autre.

Vous ne me dites plus rien de la pension de Jean-Jacques; est-elle

2. See HW to Mme de Forcalquier 8 Sept. 1766.

3. Marie-Anne de Montigny (1748–67), m. (1766) Louis-Jean-Baptiste-Antonin Colbert, Marquis de Seignelay, half-brother of Mme de Jonzac, d. 9 March 1767 (*Rép. de la Gazette*).

4. HW did not write to her (see *Paris Jour.* and *post* 27 March 1767).

5. Louis-Jean-Baptiste-Antonin Colbert (1731–after 1780), Marquis de Seignelay, Mme de Jonzac's half-brother. He remarried in 1770 (Woelmont de Brumagne vii. 254).

6. See *ante* 24 Feb. 1767, 5 Aug. 1766.

7. Jean-Charles (1743–1805), son of the Duc de Fitzjames (GM 1805, lxxv. pt ii. 882). HW had met him three times in Paris (*Paris Jour.*).

expédiée? Sait-il que M. Hume y a consenti? Sait-il qu'il vous doit son augmentation?[8]

J'irai cet après-dîner chez l'Abbé Barthélemy pour m'informer de vos livres.[9] Personne ne m'a encore parlé de votre roman,[10] ainsi j'ignore ce qu'on en pense. Je n'en parlerai pas la première, et je serai fort laconique quand je serai obligée d'en parler.

Adieu, mon tuteur, ce n'est pas les affaires que j'ai qui abrègent ma lettre, c'est pure stérilité; si j'ai de vos nouvelles dimanche je vous écrirai plus longuement.

Notre Dauphine est à la dernière extrémité, et cela n'intéresse personne.

Dites-moi donc, je vous prie, combien coûtent les cristaux; on ne cesse de me le demander.

To Madame du Deffand, Friday 13 March 1767, N° 55

Fragment, B i. 130 n. Written at Arlington Street.

ON a donc traduit mon *Château d'Otrante*,[1] c'était apparement pour me donner un ridicule;[2] à la bonne heure—tenez-vous au parti de n'en point parler; laissez aller les critiques; elles ne me fâcheront point; je ne l'ai point écrit pour ce siècle-ci, qui ne veut que de la *raison froide*. Je vous avoue, ma Petite, et vous m'en trouverez plus fol que jamais, que de tous mes ouvrages c'est l'unique où je me suis plu; j'ai laissé courir mon imagination; les visions et les passions m'échauffaient. Je l'ai fait en dépit des règles, des critiques, et des philosophes; et il me semble qu'il n'en vaille que mieux. Je suis même persuadé qu'à quelque temps d'ici, quand le goût reprendra sa place, que la philosophie occupe, mon pauvre *Château* trouvera des admirateurs: il en a actuellement chez nous; j'en viens de donner la troisième édition. Ce que je viens de dire

8. Il ne la devait pas à M. Walpole, mais celui-ci avait concouru avec M. Hume de prier le Général Conway de la demander au Roi (HW).

9. From the Strawberry Hill Press, which HW had presented to the Bibliothèque du Roi (see *post* 13 March 1767).

10. *Le Château d'Otrante* (see *ante* 8 March 1767).

1. See *ante* 8 March 1767.

2. D agrees with this (*post* 18 March 1767), although it is not clear why the translation of HW's successful romance should be considered a malicious attack by unspecified enemies.

n'est pas pour mandier votre suffrage; je vous ai constamment dit que vous ne l'aimeriez pas; vos visions sont d'un genre différent. Je ne suis pas tout à fait fâché qu'on ait donné la seconde préface; cependant la première répond mieux à la fiction; j'ai voulu qu'elle passât pour ancienne, et presque tout le monde en fut la dupe. Je ne cherche pas querelle avec Voltaire, mais je dirai jusqu'à la mort, que notre Shakespeare est mille piques au-dessus.

From Madame du Deffand, Friday 13 March 1767

N° 62. Paris, ce vendredi 13 mars, à 7 heures du matin [1767].[a]

VRAISEMBLABLEMENT je n'aurai point de vos nouvelles dimanche, premièrement parce que vos occupations ne vous laissent pas le temps d'écrire, secondement parce que vous n'aimez pas à vous écarter des régles que vous vous êtes prescrites. Pour moi, qui ne suis pas si scrupuleuse, et qui de plus n'ai rien à faire, je commence cette lettre que je ne fermerai que dimanche.

J'eus avant-hier la visite de votre ambassadeur, je lui dis tout ce que M. de Creutz m'avait appris des nouvelles de votre pays. Il m'éclaircit toutes les choses que je n'avais point comprises; il me paraît qu'il y a eu de fausses finesses,[1] et que les ex-ministres[2] en pourront bien être la victime. Je vous crois fort tranquille sur tout ce qui en arrivera, vous n'y avez d'autre intérêt que celui de vos parents, qui selon ce que je vous ai souvent entendu dire, ne seront pas fort affligés de ne se plus mêler de rien. Notre ministère est plus tranquille que le vôtre; nos parlements se contentent de faire des rémontrances, où il y a les plus belles phrases du monde: on y répond par de plus belles encore, les beaux esprits critiquent ou approuvent l'éloquence des unes et des autres, et les bons esprits n'en lisent aucune. Je voulais avoir les gazettes pour savoir ce qui se passe chez vous, mais elles n'apprennent rien. Je voudrais bien, mon tuteur, prendre un intérêt suivi à quelque chose. J'ai eu ces jours-ci un grand redoublement d'ennui. Mme de Jonzac de moins chez le Prési-

a. Date of year added by HW.
1. D probably refers to the attempt to reduce the land tax, an attempt made by Grenville and the Rockingham party in order to turn the country gentry against the Chatham administration (see *Mem. of Geo. III* ii. 297–8, and HW to Mann 2 March 1767).
2. The Rockingham faction.

dent rend mes soirées bien tristes, je me distrais de tout ce que j'entends, et je pense à vous, je me dis qu'il est heureux de n'être pas ici! il y périrait d'ennui. Sa sourde, sa comédienne,[3] valent cent fois mieux; vous devriez me trouver un petit hermitage entre vos deux voisines, je m'y trouverais fort bien, et chacun vous envierait d'avoir rassemblé autour de vous une compagnie si leste et si brillante. Eh bien! au ridicule près, cela serait fort bien, pour moi je préférerais de grand cœur cette compagnie à celle que j'aurai ce soir; il y aura quatre femmes que je traiterais fort volontiers comme Vadius ou Trissotin dans *Les Femmes savantes* voulait qu'on traitât la fièvre, je les noyerais de ma propre main.[4] Excepté la grand'maman, qui peut-être m'aime un peu, Mme de Jonzac qui ne me hait point, Pont-de-Veyle, qui a une conduite honnête et uniforme, tout le reste me hait, me dédaigne, ou m'envie. Quand vous serez ici, vous me consolerez de tout.

J'envoyai chercher hier l'Abbé Boudot,[5] c'est l'adjoint de M. Capperonnier.[6] Il y a plus de six semaines qu'il a reçu vos livres. Ils ne doutaient pas tous les deux que M. de Saint-Florentin[7] ne vous en eût accusé la réception, et qu'il ne vous eût fait les remercîments qu'un tel présent mérite. Il y a, m'a-t-il dit, quatorze volumes reliés magnifiquement.[8] J'ai mandé tout cela à la grand'maman,[9] qui (je n'en doute

3. Lady Suffolk and Mrs Clive (*ante* 17 June 1766).

4. Trissotin, in his sonnet 'à la Princesse Uranie, sur sa fièvre,' says:

'Si vous la conduisez aux bains,
Sans la marchander davantage,
Noyez-la de vos propres mains.'

(Molière, *Les Femmes savantes*, III, ii)

5. Abbé Pierre-Jean Boudot (1689–1771), assistant to the keeper of the Bibliothèque du Roi, of which he compiled a catalogue. HW met him, 1 Oct. 1767 (*Paris Jour.*). D wrote to Mme de Choiseul, 18 June 1766 (probably misdated): 'J'ai appris que l'abbé avait joué au volant ce matin avec l'abbé Boudot; ils vont avoir un clavecin, et feront de la musique les soirs' (S–A i. 40).

6. Jean Capperonnier (1716–75), keeper of the Bibliothèque du Roi. HW later met him, 12 Aug. 1771, in Paris (*Paris Jour.*) and corresponded with him.

7. Louis Phélypeaux (1705–77), Comte de Saint-Florentin, later Duc de la Vrillière. HW had met him several times in Paris (*Paris Jour.*), and disliked him (see HW to Mann 26 Sept. 1765, 8 June 1774). He was Choiseul's enemy, and succeeded him as minister of foreign affairs, 1770–1. See Charles-Claude Flahaut, Comte de la Billarderie d'Angiviller, *Mémoires*, Copenhagen, 1933, p. 8; Jean-Nicolas, Comte Dufort de Cheverny, *Mémoires*, 1909, i. 67; S–A iii. 248.

8. Des impressions de Strawberry Hill, qu'on avait demandées pour la Bibliothèque du Roi (HW). HW had visited that library, 5 April 1776, with Mariette (see *Paris Jour.*; HW to Lord Hailes 6 May 1766). Fifteen volumes of the Strawberry Hill imprint are in the Bibliothèque Nationale. See HW to Capperonnier 17 Nov. and 21 Nov. 1766 for an account of this donation; the whole subject is treated by Paget Toynbee in letters to *The Times*, London, 23 Aug., 26 Aug., and 22 Oct. 1929.

9. D to Mme de Choiseul 18 June 1766 (probably misdated), S–A i. 40.

pas) parlera à M. de Saint-Florentin. Rien n'est plus malhonnête que sa conduite, et rien de plus honnête que la vôtre. Oh! mon tuteur, que vous me dégoûtez de tout ce que je vois ici! Venez bientôt, je vous supplie, je n'ai le courage de vivre que parce que je vous attends. Adieu, sans adieu.

Ce dimanche 15, à 8 heures du matin.

Je ne vous écrivis point hier parce que je n'étais pas en train, je n'attendrai point aujourd'hui l'arrivée de la poste, parce qui si elle ne m'apportait rien, je pourrais être de mauvaise humeur et perdre la parole.

D'abord il faut vous dire que Madame la Dauphine mourut avant-hier à huit heures du soir, que le Roi, la Reine, et Mesdames partirent sur-le-champ pour Marly, où ils doivent rester jusqu'à dimanche 22. On prend le deuil mardi; vendredi 20 on transportera Madame la Dauphine à Sens pour y être enterrée.[10] Les spectacles, qui sont cessés, recommenceront le 24. Madame la Dauphine a laissé par un codicille[11] infiniment de reliques à plusieurs de ses amies; cet article est épuisé, venons à un autre.

J'ai eu de plus grands éclaircissements sur vos livres, j'en ai rendu compte à la grand'maman; M. de Saint-Florentin n'a nul tort, il ne lui sera fait aucun reproche, c'est MM. Capperonnier et Boudot qui sont très étourdis et négligents, mais j'ai mandé à la grand'maman qu'elle m'attirerait votre colère si on leur faisait la plus petite réprimande. Ainsi soyez tranquille, mon tuteur, je surpasse en prudence tous les serpents du monde. Que n'ai-je leur langue aussi bien que leur prudence! Je vous assure que l'Idole et tous ses adhérents s'en ressentiraient. J'eus toute cette brillante compagnie vendredi dernier; en vérité si je n'avais pas recours à votre idée, et si je ne me flattais pas de vous revoir bientôt, je crois que je me tuerais. Je ne puis plus supporter tous les masques qui m'environnent; je ne crois point que chez vous ni ailleurs la suffisance, l'impertinence, soient portées à un si haut degré. J'ai ce soir à souper vos ambassadeurs, je ne pense rien d'eux. Demain je soupe chez la grand'maman; mais ce qui est le plus grand secret du monde, c'est que le mari y sera. Je voudrais pour

10. 'Immediately after the death of the Dauphiness, the Bishop of Verdun waited on the King and delivered to him a packet, which that Princess had entrusted to his care. Her heart is to be carried to St-Denis by the Princesse de Lamballe' (*Lloyd's Evening Post* xx. 301, 30 March 1767).

11. See Casimir Stryienski, *La Mère des trois derniers Bourbons*, 1902, pp. 397–402.

mille et mille raisons être de bonne humeur, le divertir, lui rendre cette partie agréable, et lui donner le désir de la répéter souvent. Vous devinez bien quel est mon motif, il n'y entre pas la moindre personnalité. Si cela tourne bien et que cela se renouvelle, il faudra que quand vous serez ici vous y soyez admis, que vous y soyez dans votre plus grand naturel, alors je vous réponds qu'il vous trouvera charmant, qu'il vous plaira beaucoup, et que moi et la grand'maman nous aurons infiniment de plaisir. Personne au monde ne sait cette partie de demain. Si j'ai de vos nouvelles aujourd'hui, et qu'elles me donnent l'espérance de vous revoir bientôt, cela me rendra de belle humeur.

Il me reste quelque chose à vous dire, mon tuteur, j'y répugne un peu, mais ne trouvez-vous pas bon de m'être un autre moi-même? Vous avez fait des galanteries à tout le monde, j'ai la fatuité de croire en avoir été l'occasion, j'en suis fâchée, mais cependant j'ai l'indiscrétion de vous en demander encore une. C'est un livre de votre imprimerie[12] pour Pont-de-Veyle. Il en sera très flatté et très reconnaissant, il a une très jolie bibliothèque. Un seul volume suffit, tel qu'il vous plaira, et en telle langue que vous voudrez.

Adieu, mon tuteur, jusqu'à l'arrivée de la poste.

À 5 heures.

Voilà le facteur qui m'apporte trois lettres; j'ai commencé par lire la vôtre,[13] je n'espérais pas de si bonnes nouvelles. Oui, je prendrai patience, et je ne vous dirai aucune douceur, mais n'abusez point de ma docilité, prenez-la pour ce qu'elle est, et n'allez pas penser qu'il ne m'en coûte rien pour vous voir reculer de mois en mois votre retour. Je vous ai trompé involontairement l'autre jour en vous disant que la vente Julienne serait pour le samedi 14; elle ne commencera, à ce qu'on m'a dit, que le 1er avril, et tiendra lieu des spectacles, qui sont interdits la quinzaine de Pâques.

Je suis très fâchée que vous ayez donné les poudres à M. de Fitzjames, il va en Écosse et en Irlande avant de venir ici. Votre M. de Montausier n'est point encore arrivé, il est à Dunkerque. Pourquoi donc vous imaginez-vous devoir faire les honneurs de l'Angleterre à

12. See *post* 21 March, 23 May, 19 June 1767.
13. HW to D 10 March 1767, missing. The excuses HW gave for postponing his visit to Paris again were obviously somewhat vague. He clearly did not want to go, but since his health was now good enough to permit his plunging into politics, he doubtless fell back upon the confusions of the ministry.

nos Français? Soyez encore six mois sans songer à revenir ici, j'y consens volontiers, si c'est pour de bonnes raisons, mais si c'est pour recevoir à Strawberry Hill toutes les caravanes qui viendront d'ici, je le trouverai, je vous le déclare, extrêmement mauvais.

Je ne croyais pas vous avoir dit des tendresses dans ma dernière lettre,[14] il me semble que je n'en pense plus; ce qui est de certain c'est que j'ai un repentir fort sincère de toutes celles que je vous ai jamais écrites, et quoiqu'il me fût fort aisé de vous démontrer qu'elles n'étaient pas susceptibles de ridicule, j'aime bien mieux les abandonner au jugement que vous en voulez porter que de les défendre et de les justifier.

Soyez ferme, me dites-vous; ah! c'est un beau tour à qui le sait faire. Je suis faible, timide, craintive; tout me trouble, me terrasse, on prend sur moi tout l'avantage qu'on veut, et je perdrais tous mes procès avec la meilleure cause du monde. Si je vous avais ici, cela ne serait pas de même, je remettrais mon âme entre vos mains et vous en feriez tout ce que vous voudriez, et elle deviendrait tout aussi forte que la vôtre, mais je ne suis rien sans appui, et au-dessous de rien étant environnée d'armes et d'ennemis.

MM. Selwyn et Craufurd m'écrivent tous deux de Bath, de très bonnes et longues lettres. Le pauvre Craufurd est bien malade; mais, mon tuteur, toute tendresse à part, souffrez mes inquiétudes sur votre santé; vos séances au parlement vous tueront.[15] J'appris hier la mort d'un homme qui m'était très indifférent, un M. Chauvelin,[16] intendant des finances: elle me saisit, et me donna des palpitations très fortes, c'est la goutte dans l'estomac qui l'a tué comme par un coup de pistolet. Vous me recommandez d'avoir soin de moi, oh! c'est à vous à en prendre la peine si vous vous souciez que je vive. S'ennuyer vingt et un ou vingt-deux heures par jour c'est mourir mille et mille fois; il vaudrait mieux en être quitte en mourant une fois pour toutes.

Mon souper de demain m'inquiète, je voudrais être agréable par rapport à la grand'maman, et que cela pût engager son mari à faire quelquefois de ces sortes de parties, mais je serai maussade, triste, embarrassée. Je vous en rendrai compte par la poste de jeudi, car comme vous dites fort bien je suis très oisive. Adieu.

14. Probably *ante* 4 March 1767, to which HW would have had time to reply.
15. This is a further indication that HW had urged Parliament as an excuse.

16. Jacques-Bernard Chauvelin (1701–67), Seigneur de Beauséjour died 14 March 1767 (*Rép. de la Gazette*).

From Madame du Deffand, Tuesday 17 March 1767

N° 63. Paris, ce mardi 17 mars 1767.

EH, tôt, tôt, tôt, mon tuteur, que je vous rende compte de ce souper d'hier qui me causait tant d'inquiétudes dans la crainte d'être triste, maussade, ou embarrassée; rien de tout cela n'est arrivé. Je ne me souviens pas d'avoir été aucun jour de ma vie plus gaie, plus jeune, et plus folle. Le *signor della casa*[1] fut plus charmant que je ne l'avais jamais vu. La compagnie était le maître et la maîtresse de la maison, M. de Thiers,[2] oncle et intime de la grand'maman, M. de Castellane, autre ami, et l'Abbé Barthélemy. Quand j'arrivai on vint au-devant de moi en me criant, 'Point de circonspection, point de circonspection, et surtout point de circonspection!' Je le promis, et je tins fidèlement parole. Le premier début fut que l'époux dit qu'on l'avait voulu retenir à souper chez Mme de Beauvau; je lui demandai qu'est-ce qui y soupait. Quand il eut tout nommé, 'Vous ne devez pas y avoir regret,' lui dis-je, 'et tout ce que nous sommes ici, nous valons mieux, pièce pour pièce.' Ce 'pièce pour pièce' réussit infiniment, et plus beaucoup à la grand'maman. L'après-souper fut encore plus gai, et après le départ du Castellane la confiance fut encore plus grande; cependant, mon tuteur, je ne vous perdis point de vue, et je ne me permis rien que vous n'eussiez approuvé; mille choses et mille gens passèrent en revue, et puis l'époux me demanda quand vous reviendriez—'Pas sitôt,' lui dis-je.—'Est-il du Parlement?'—'Oui.'—'Y parle-t-il?'—'Je n'en sais rien.'—'Joue-t-il quelque rôle dans les affaires présentes?'—'Je ne le crois pas, il ne veut rien, il ne prétend à rien.'— 'Mais ne s'intéresse-t-il pas pour ou contre?'—'Je n'ai nulle connaissance particulière de ce qu'il pense, mais comme son cousin[3] est dans le ministère, il n'y a pas d'apparence qu'il soit contre lui; mais ce cousin n'est pas, à ce que j'ai entendu dire, fort attaché à sa place.'— 'Eh bien!' me dit-il, 'ses parents le sont pour lui.'[4]—'Cela peut être, je l'ignore.' Et puis nous parlâmes de David,[5] dont il n'a pas une grande opinion, et surtout pour les affaires. Je l'interrogeai à mon

---

1. The Duc de Choiseul.
2. Louis-Antoine Crozat (ca 1699–1770), Baron de Thiers. HW had often met him in Paris, and had visited his collection, 23 Sept. 1765 (*Paris Jour.*). See Grimm ix. 230, 1 Jan. 1771.

3. M. Conway (HW).
4. Son frère, Lord Hertford (HW).
5. Hume (HW).

tour, et je lui demandai s'il croyait que tous vos tracas durassent long-temps. 'Je n'en sais rien,' me dit-il, 'mais peut-être tant que durera le Parlement, jusqu'au mois de mai, jusqu'au mois de juin.' Ah! mon tuteur, cela me coupa la parole.

Je lui racontai la pension de Jean-Jacques; nous parlâmes beau-coup du Temple, des Maréchales; enfin de toutes sortes de choses. La grand'maman lui dit que vous lui aviez écrit[6] des choses charmantes pour lui; il désire de vous voir, mais je suis trompée s'il est de votre faciende, et si votre ministre qui est ici en est aussi. Il y a un siècle d'ici à dimanche, mon tuteur, et je prévois que dimanche je n'ap-prendrai encore rien. Ah! mon Dieu, que je crains que mes pressenti-ments n'aient leur plein effet. Dès que je fus forcée de renoncer à l'espérance de vous voir au mois de novembre je prévis que je ne vous reverrais de ma vie. Le mois de février me devint en horreur, et il est arrivé que c'est dans ce maudit mois que sont survenus tous les obstacles. Vous n'avez point une santé ni une complexion qui puis-sent supporter votre état présent; mais il faut me taire, non seule-ment vous ne me permettez aucune parole, mais vous voudriez m'in-terdire jusqu'à la pensée. Votre amitié est d'un genre bien singulier, et quand je veux calculer les choses fâcheuses et les choses agréables qu'elle vous a fait me dire, et conclure ce qui en doit rester, somme totale je trouve ZÉRO. De grâce, mon tuteur, n'allez pas vous impa-tienter et me dire brutalement que vous n'avez que faire de toutes ces balivernes, apprenez qu'excepté l'intérêt véritable que je prends à vous, à votre bonheur, à votre bien-être, toutes les choses qui vous occupent, et qui n'ont point trait directement à ce que je viens de dire, me semblent aussi des balivernes.

Je vis hier Madame la Duchesse d'Aiguillon,[6a] elle est dans son lit avec un rhume affreux; l'Altesse du Temple[7] était chez elle, il me traita assez bien; il me demanda si je n'irais point souper chez lui, je lui dis que non, que je n'avais point coutume d'y aller, qu'il ne me fît l'honneur de m'y inviter; il prétendit que c'était ce qu'il avait fait la surveille chez Mme de Valentinois, où j'avais été après souper et où je l'avais trouvé. Je lui dis que j'avais bien entendu qu'il priait toute la compagnie, mais que je m'étais imaginé que ce n'était que ceux qui avaient soupé avec lui, et que n'ayant point eu cet hon-

6. HW's latest letter to Mme de Choi-seul was that of 24 Feb. 1767 (missing) (*Paris Jour.*).

6a. Expanded by HW from Wiart's 'D.'
7. Le Prince de Conti.

neur je m'étais regardée comme une *in partibus,* que j'irais un autre lundi s'il le permettait, et il me le permit.

Il faut, mon tuteur, que vous fassiez encore un présent, et il est décidé que je causerai votre ruine; c'est à l'Abbé Barthélemy qui me pria hier très naturellement de vous demander un livre de votre imprimerie;[8] il a vu ceux que vous avez envoyé à la Bibliothèque, il en est charmé; je lui demandai lequel il désirait, il vous en laisse le choix.

Je ne crois pas devoir faire mettre cette lettre à la poste, si je ne trouve point d'occasion aujourd'hui pour vous l'envoyer je la porterai demain au soir chez la grand'maman, et la prierai de la faire mettre dans le paquet de M. de Choiseul à M. de Guerchy. En attendant je pourrai bien y ajouter demain quelque chose, mais pour ce moment-ci je vous dis adieu.

Ce mercredi matin.

Je viens de relire ce que j'ai écrit hier; cela est horrible, et digne d'être jeté au feu, mais vous me causez assez d'ennui pour que je vous en rende à mon tour, vous. Votre manière c'est l'absence, le silence, etc., et moi les bavarderies, les importunités, les puérilités, etc. Vous pouvez vous mettre à votre aise, quand vous avez quelque chose à faire, mettez là mes lettres dans quelque coin et ne les lisez qu'à des moments perdus; vous n'en avez point actuellement, je ferais bien de vous laisser en repos. M. Selwyn me mande qu'il viendra ce printemps ou cet été, mais que pour l'automne cela serait impossible: que c'est le temps des élections; et à propos de cela qu'est donc devenue cette chose que vous deviez m'apprendre? J'en suis très curieuse.

Je vous envoie des vers de Voltaire au Roi de Danemark,[9] le quatrième vers me paraît charmant; en voilà aussi sur *Bélisaire,*[10] il y a toute apparence qu'ils sont de Marmontel.[11]

Vous savez que Mlle Clairon part incessamment pour la Pologne;[12] le Roi sans doute la traitera de sœur, mais en attendant elle jouera le

---

8. See *post* 21 March 1767, 23 May 1767, and 19 June 1767.

9. See Appendix 13.

10. See Appendix 14.

11. They are not printed in Marmontel's works.

12. 'Paris, April 13. The King of Poland has wrote to Madame Geoffrin, whom he still calls his *dear Mamma,* that the disturbances that are beginning in his kingdom oblige him to dismiss his company of comedians; and therefore he desires that she will hinder Mademoiselle Clairon from undertaking the journey' (*Lloyd's Evening Post* xx. 397, 27 April 1767). Stanislas II's letter to Mme Geoffrin, 20 March 1767, is printed in Grimm vii. 279, 1 April 1767.

7 du mois prochain, qui sera le mardi de la Passion, chez Mme de Villeroy; elle vous réserve une place, et vous êtes sûr d'en avoir toujours une à tous ses spectacles.

Mme d'Aiguillon ne se porte point bien, elle est mieux de son rhume et de son rhumatisme, mais elle avait hier des douleurs d'entrailles, et elle ne voyait personne.

La grand'maman m'a fait dire que pour que cette lettre fût dans le paquet de M. de Choiseul, il fallait qu'elle fût chez elle avant deux heures. Vous me manderez si vous approuvez que je me serve de cette voie.

Adieu, je ne suis pas trop en vie aujourd'hui.

From Madame du Deffand, Wednesday 18 March 1767

N° 63. N° double. Ce mercredi 18 mars, après midi, [1767].[1]

OH dame! Je ne m'attendais point à avoir de vos nouvelles aujourd'hui. J'aurais attendu la poste pour vous écrire, mais étant pressée de vous rendre compte de mon souper j'imaginai de faire mettre ma lettre dans le paquet de M. de Choiseul; il fallait qu'elle fût remise entre ses mains avant deux heures, et voilà qu'ayant reçu votre lettre du 13 je ne puis résister au désir d'y répondre sur-le-champ. Je pourrais vous dire

De lettres il est comblé, je l'en veux accabler.[2]

J'ai bien quelques petites inquiétudes, mais je les chasse comme mauvaises pensées. Non, le ministre n'ouvrira point ma lettre. Il ne supposera point qu'on puisse confier ce qu'on craindrait qui ne fût vu, et puis, quand il l'ouvrirait, il n'y aurait peut-être pas si grand mal; enfin, ce qui est fait est fait.

Je suis bien ennuyée de tout ce que les gazettes m'apprennent de vos affaires,[3] vous ne faites que bégayer, hésiter, je crois entendre parler M. de Paar.[4] Le temps s'écoule toujours, et à la fin de tout ceci vous ou moi tomberons malade, vous de fatigue et moi d'ennui.

1. The date of the year was added by HW.
2. 'Tu trahis mes bienfaits, je les
   veux redoubler,
   Je t'en avais comblé, je t'en
   veux accabler.'
   (Corneille, *Cinna*, V. iii.)
3. The political situation in England, which was keeping HW from coming to Paris.
4. See *ante* 18 Jan. 1767.

Je vous envoie le petit billet[5] que je reçus hier matin de l'Abbé Barthélemy, il vous prouvera que je fus fort aimable au souper. Mlle de Montpensier est M. de Choiseul; c'est une suite de plaisanterie qui me fatiguerait à vous expliquer; il était il y a quelque temps M. de Morfontaine, il est aujourd'hui Mlle de Montpensier; je vous conterai tout cela quelque jour. Ah! je ne le crois pas trop, mon tuteur, car j'ai l'esprit fortement blessé sur cet article, je crois que je ne vous reverrai jamais, vous le pensez aussi.

Je n'ai pas douté, ainsi que vous, que la traduction de votre *Château d'Otrante* ne fût une niche, mais son succès est moins fâcheux que je ne le craignais, j'ai pris de moi-même le parti que vous me conseillez, de n'en point parler, mais aujourd'hui tout le monde m'en parle[5a] et il y a plus de gens qui en sont contents, qu'il n'y en a qui le critiquent. On me demande si c'est vous qui l'avez fait traduire, je dis que non; si vous en serez content ou fâché; je dis que cela vous sera très indifférent; que c'est une plaisanterie qui a très bien réussi chez vous. 'Comment le trouvez-vous?' me dit on.—'Fort plaisant, dans le goût des très anciens romans, comme *Tiran le Blanc,* des *Amadis,*[6] etc., et que je l'aime mieux que les *Facardins.*'[7]—'Et la préface,'[8] ajoute-t-on, 'trouvez-vous que Shakespeare ait plus d'esprit que Voltaire?' Je dis que non, mais que vous connaissez Shakespeare, et moi que je ne le connais que par des traductions morcelées, et puis je me tais.

Je demanderai ce soir à la grand'maman si elle peut se charger de vous faire tenir la brochure, mais elle ne pourra pas partir avant lundi.

L'aventure de Milord Tavistock[9] est effroyable, et je suis très convaincue que vous en êtes extrêmement touché; il semble que tous les malheurs ne tombent que sur les honnêtes gens. Je ne doute point de l'affliction de Milord Ossory,[10] et je vous prie de lui dire combien je la partage. Je suis fort aise que vous aimiez ce Milord, vous souvenez-vous de tout le bien que je vous en ai dit? Il a le cœur et l'esprit

5. 'La grand'maman me charge de mander à sa petite-fille qu'elle a eu le plus brillant succès, et que Mlle de Montpensier désire fort qu'elle veuille réitérer ces petits soupers. La grand'maman est ravie de la soirée d'hier.   Mardi matin.'

5a. Mme de Mirepoix had a copy (Ernest Quentin Bauchart, *Les Femmes bibliophiles,* 1886, ii. 442).

6. Medieval romances.

7. Story by Anthony Hamilton (ca 1645–1720) (Ruth Clark, *Life of Anthony Hamilton,* 1921, p. 4).

8. The preface to the second edition of *The Castle of Otranto,* in which HW defends Shakespeare against Voltaire.

9. Lord Tavistock's horse fell with him, 10 March 1767, fracturing his head. He died 22 March. See HW to Selwyn 11 March 1767, and to Mann 19 March 1767.

10. First cousin to Lord Tavistock.

excellents, ainsi que le petit Craufurd; ils ne sont point encore corrompus, ni l'un ni l'autre, mais pour le dernier il se meurt et j'en suis
très fâchée. L'un et l'autre, mon tuteur, sont faits pour vous aimer.
Pour moi, mon tuteur, je ne dois aimer personne. C'est ce que vous
me conseillez. Adieu. D'aujourd'hui en huit j'aurai de vos nouvelles,
ce sera le 24 mars, et ce ne sera pas votre dernière lettre, je pourrai en
espérer encore sept ou huit avant . . . avant la fin du monde.

Vous ne voulez donc point me mander le prix des cristaux: cela ne
vous détournerait pas de vos affaires.

Mais dites-moi donc, parlez-vous à la Chambre Basse?[11]

To Madame du Deffand, Friday
20 March 1767, N° 56

Missing. Probably written at Arlington Street. Answered, 25 March.

From Madame du Deffand, Saturday 21 March 1767

Paris, samedi 21 mars 1767, 7 heures
du matin.

VOILÀ votre *Château*,[1] j'espère que la grand'maman voudra
bien le faire mettre dans le paquet de M. de Choiseul à M. de
Guerchy; je [le] lui porterai ce soir. Je me suis informée s'il ne partait personne pour l'Angleterre pour que vous puissiez l'avoir plus
tôt; aucun des nôtres ne partiront avant jeudi, vous ne le recevriez
par eux que dans quinze jours et peut-être plus tard. Vous imaginerez
sans peine que je n'aurais pas un grand plaisir à vous faire attendre
si longtemps. Enfin je veux me persuader qu'il faut se hâter de vous
envoyer ce qu'on veut que vous receviez à Londres. Je vous dirai que
votre *Château* a des critiques et des approbateurs, et quoique vous en
disiez je suis au rang des derniers.

L'Idole se distingue autant qu'elle peut à l'occasion de ce pauvre
Milord;[2] comme je ne compte point avoir demain de vos lettres,

---

11. HW apparently did not speak in the
House of Commons at this time.

———

1. HW's *Castle of Otranto*.

2. Tavistock (HW). Mme de Boufflers
was a friend of the Bedford family (see
Hume to Mme de Boufflers 19 June 1767,
in David Hume, *Letters*, ed. Greig, Ox-

j'enverrai chez votre ambassadeur pour en apprendre des nouvelles. Ce serait une vilaine façon d'avoir 'le dieu dans la machine,' et puis pour combien de temps jouirait-on de cet avantage? Il ne suffit pas d'être honnête homme pour se maintenir, il faut de la force, du courage, de la hardiesse, et ne pas ressembler au petit bonhomme d'ivoire dont je vous ai parlé. J'en ai acheté un hier qui est l'emblème du cousin.[3] Je vous l'enverrai par M. de Chabrillan, car pour vous avouer la vérité je crois que vous aurez le temps de recevoir tout ce qu'on voudra vous envoyer pendant le cours de ce mois et du suivant; mais au bout du compte qu'est ce que cela me doit faire, et quelle raison ai-je de prétendre, d'attendre, de désirer, et de m'impatienter? Tout cela sont des malheurs imaginaires; une bonne nuit, de bonnes digestions, voilà les vrais bonheurs de la vie, tout le reste est chimère. Pourquoi aimer mieux voir une personne qu'une autre, à qui cela devrait-il être plus indifférent qu'à moi? Je ne vous ai jamais vu, voilà déjà un de mes sens qui n'a rien à démêler avec vous; je vous ai entendu, ne vous entends-je pas encore? Si j'ai tant de plaisir à vous entendre, vos lettres ne me doivent-elles pas faire le même effet que votre présence? Y a-t-il si grande différence d'une chimère à une autre? Je rencontrai l'autre jour M. Édouard Walpole.[4] Eh bien! Édouard ou Horace qu'est-ce que cela fait? Rien du tout, n'est-ce pas, mon tuteur? Ces réflexions sont-elles tirées de Scudéry? On est vu par de bien différents aspects, on porte des jugements bien différents de la même personne; qui que ce soit avant vous ne m'avait trouvée romanesque; c'est un ridicule auquel j'avais échappé, et je suis à vos yeux une Clélie, une Mandane,[5] etc. Non, non, je ne suis ni l'une ni l'autre, mes folies ne sont pas de ce genre, et si jamais nous nous revoyons je ne suis pas en peine de vous en faire convenir.

Il faut que les livres que vous donnerez à MM. Pont-de-Veyle et Barthélemy soient le même recueil[6] que celui que vous m'avez donné, ils veulent quelque chose de vous.

ford, 1932, ii. 145), and she had corresponded with Lord Tavistock (see Hume to Gilbert Elliot 22 Sept. 1764, ibid. i. 470). Tavistock had been in Paris, the preceding year, where HW met him once (*Paris Jour.*).

3. Probably this refers to the vacillations of Conway, who had been on the point of resigning, yet who suddenly hired Hume as secretary with the evident intention of remaining in power (*Mem. of Geo. III* ii. 294).

4. Son of Sir Edward (HW). See *ante* 5 March 1767.

5. Characters in Mlle de Scudéry's novels, *Clélie* and *Artamène, ou le Grand Cyrus*.

6. Probably HW's *Fugitive Pieces* (see *ante* 21 Sept. 1766).

Est-il vrai que vous ayez écrit à Mme de Mirepoix[7] et qu'elle ne vous ait pas fait réponse? Elle s'en accuse, et elle en meurt, dit-elle, de honte. Si cela est, elle a raison, car cela serait bien impertinent.

J'ai pensé hier toute la journée à votre assemblée,[8] je me suis figuré qu'elle devait être décisive. Vous me faites désirer de vieillir; heureusement nous ne pouvons ni arrêter ni précipiter le temps. La fable du Métayer et de Jupiter[9] revient souvent à l'esprit. Nous serions encore plus malheureux que nous ne sommes, si nous faisions le temps comme nous le voudrions. Il y a à gagner à le prendre comme il vient, mais tout cela dit, mon tuteur, *je voudrais être au jour de votre arrivée, le dussé-je acheter de quelques années.*[10] Cette phrase n'est point tirée de Scudéry. Adieu, je ne vous raconte rien dans cette lettre, premièrement parce que je ne sais rien, et secondement je ne sais rien parce que rien ne m'intéresse. Oh! je ne ressemble point à Mme de Sévigné, vous avez raison, je suis à cent mille lieues de son esprit et de sa grâce, et de l'intérêt qu'elle prenait à tout ce qui ne lui faisait rien. Encore une fois, adieu.

À 2 heures après midi.

La grand'maman vient de m'envoyer un chant de la *Guerre de Genève;* je le fais copier avant que de l'avoir lu, si je le trouve joli je vous l'enverrai. Ce sera peut-être un hors de propos. Je voudrais bien savoir le résultat de vos affaires; je crains bien que vous ne soyez mécontent, je suis plus troublée de cette crainte que je ne le suis de l'impatience de vous revoir.

To Madame du Deffand, Tuesday 24 March 1767, N° 57

Missing. Probably written at Arlington Street.

---

7. HW had not written to Mme de Mirepoix since 20 May 1766 (*Paris Jour.*).

8. George III had just sent to Parliament a demand for provision for his brothers. The matter was considered in both houses, 19 March 1767 (*Mem. of Geo. III* ii. 310).

9. La Fontaine, *Fables* vi. 4.

10. Perhaps this is D's own phrase, not a quotation.

From Madame du Deffand, Wednesday 25 March 1767

N° 64. Paris, ce mercredi 25 mars 1767.

CONVENEZ, mon tuteur, que mes pressentiments sont bien vrais, et que j'avais l'esprit prophétique quand je n'ai point eu de foi au *mois de février*. Ces trois mots, *je suis refroidi,* me firent une grande impression; depuis j'ai voulu y trouver des palliatifs, mais aujourd'hui vous leur rendez toute leur valeur. Vous m'appelez, il est vrai, votre pupille, vous me cajolez, vous me dites des douceurs, mais c'est avec ce ton délibéré que vous avez quand vous vous débarrassez de tout ce qui vous nuit et importune. Soyez content, soyez bien aise, c'est le moyen de me le rendre aussi. Je ne troublerai point vos plaisirs et votre satisfaction en vous faisant aucun reproche; au contraire, vous n'aurez de moi que des remercîments; au milieu des plus grandes affaires, des bals, des noces, etc., trouver le moment de m'écrire: cela est bien honnête, mais ce serait le comble du bon procédé si vous me disiez un mot de vos projets par rapport à votre voyage ici. Je voudrais savoir si je puis conserver l'espérance de vous revoir; j'avoue que si vous me mandez que je n'y dois plus penser j'en serai tant soit peu fâchée, mais je ne m'en plaindrai point. Je n'ai point oublié tout l'ennui que je vous ai causé, et je n'y retomberai plus.

L'état de ce pauvre Milord Tavistock me fait une grande pitié. Je suis enchantée de l'établissement de votre petite cousine,[1] vous me ferez un très grand plaisir de m'appendre tout ce qui vous intéresse, vous ne sauriez en parler à personne qui y prenne plus de part.

Je vous remercie du conseil que vous me donnez de dormir les nuits. Je voudrais bien le pouvoir suivre, et dormir même toute la journée; il n'y a certainement pas de meilleur emploi du temps; mais le sort en ordonne autrement, et je suis condamnée à une insomnie bien obstinée. Vous ne me parlez point de votre santé; je juge qu'elle est bonne. L'occupation, la dissipation est le meilleur de tous les régimes.

Vous allez avoir une caravane de nos Français,[2] ils ne vous amuse-

---

1. Mrs Damer (HW). Anne Seymour Conway (1749–1828), the sculptress, daughter of HW's cousin, Henry Conway. She married the Hon. John Damer, oldest son of Lord Milton, 15 June 1767. HW regarded the match with satisfaction, because of Da-

mer's great financial expectations (see HW to Mann 19 March 1767). Damer, however, involved himself in debt, and committed suicide in 1776.

2. 'Thursday the Marquis de Conflans, with the Counts de Châtelet, de Chabril-

ront guère, ou je suis bien trompée. Vous me manderez quand vous leur aurez donné à dîner à Strawberry Hill.[3] Mandez-moi aussi si vous avez reçu deux de mes lettres[4] qui ont dû vous être rendues par M. de Guerchy, ainsi que votre *Château d'Otrante*.

Adieu, mon tuteur, je me ferais scrupule de vous entretenir plus longtemps. Je suis très reconnaissante de votre attention à me donner de vos nouvelles à travers tout ce que vous avez à faire.

From MADAME DU DEFFAND, Friday 27 March 1767

Paris, ce vendredi 27 mars 1767, à
5 heures du matin.

JE me suis fait une habitude de ne laisser partir aucun de mes compatriotes sans les charger d'une lettre. Je vous en demande pardon, je vous accable, je prends tout votre temps; mais considérez que vous n'êtes nullement obligé de me répondre. Pour aujourd'hui, mon tuteur, je bénis le ciel de trouver une occasion de suppléer à la lettre que je vous ai écrite avant-hier. Je fus si frappée de ce qu'elle m'annonçait, j'en eus la tête si renversée, que je délibérai de laisser passer cet ordinaire sans vous écrire. Cependant j'étais si suffoquée de mes pensées que je crus que ce serait me soulager que d'en tracer quelques unes; mais je pris la ferme résolution d'observer la plus grande réserve et circonspection. Ma lettre ne fut donc que conduite et qu'affectation? Est-ce ainsi que je dois écrire à mon tuteur? Non, non, vous ne l'exigez pas. Écoutez-moi donc aujourd'hui. J'estime et j'aime votre cousin,[1]—je suis folle de sa petite fille;[2] l'aimable enfant qui veut qu'on vous consulte, en qui l'instinct tient lieu de jugement, de connaissance. Elle est charmante, je suis ravie de son bonheur, je suis très aise que vous en soyez témoin. Je vous sais un gré infini de n'avoir pas douté (quoiqu'il m'en coûte) que j'en

lan, and Monsieur François lately arrived here, were introduced to the Right Hon. Mr Secretary Conway, at his house in Pall-Mall' (*Lloyd's Evening Post* xx. 325, 6 April 1767). See *ante* 17 Feb. and *post* 27 March 1767.

3. There is no indication that HW gave them a dinner.

4. *Ante* 18 March, 21 March 1767.

———

1. Conway.

2. Anne Conway, then engaged to John Damer.

aurais beaucoup de satisfaction; mais la manière de m'annoncer cette nouvelle vous peint de la tête aux pieds: 'Allons, ma petite, je vais vous mener à la noce.' Cela est à merveille, mon tuteur, mais cela ne me donne-t-il pas le droit d'espérer que vous me direz par la suite: 'Allons, ma petite, que je vous ramène de la noce, tout est fini, tout est terminé, mes parents ont reçu de moi toutes les preuves de ma tendresse, de mon attachement, je cesse de leur être utile, ou du moins nécessaire, je n'attendrai point pour les quitter que je cesse de leur être agréable, ni qu'ils cessent de me l'être, j'ai suivi tous les mouvements de mon cœur, je veux à présent écouter ceux de la générosité, je vais trouver des amis à qui j'ai promis affirmativement de les aller voir, ils languissent sans murmurer ni se plaindre de mon retardement, ils dissimulent leur peines pour ne pas troubler mes plaisirs;[2a] ces amis ne sont pas si aimables que ceux que je quitterai, mais s'ils cèdent en mérite et en agrément, ils ne leur cèdent pas en attachement pour moi, et je ne peux douter que la joie que ma présence leur causera ne soit infiniment plus grande que le chagrin que causera aux autres une courte absence.'

Voilà ce que moi et vos amis attendent de vous, mon tuteur. Ce n'est point dans Scudéry que j'ai pris le modèle de cette requête. Je la ferais signer à tous ceux qui vous connaissent, c'est dire qui vous aiment. Je viens donc de parler au nom de vos amis. Voici ce qui m'est particulier; vous savez ce que je suis pour vous; vous n'ignorez ni mes malheurs ni mon âge, ni mes infirmités, vous pouvez juger si j'ai le temps d'attendre. Il faut me dire la vérité, mon tuteur, et ne me point ménager; si votre projet est de ne plus revenir, dites-le. J'en frémis, mais un coup de pistolet est moins cruel que de périr dans les tortures.

J'ai écrit tout ceci de ma main, vous n'en aurez que la copie.

Dormez, dormez, dites-vous; c'est dire à celui dont on tient les pieds enchaînés, 'Allons, promenez-vous.'

Adieu, vous n'entendrez plus parler de tout ceci, tout est dit, mais ne dédaignez pas d'y répondre, et surtout point de froideurs ni de colère.

On joua hier *Les Scythes,* nouvelle tragédie de Voltaire; je n'ai vu personne qui y ait été, mais nous avons su par bricole qu'elle n'a point eu de succès.

2a. 'Dissimulez vos peines, et respectez mes plaisirs' (see *post* 15 Feb. 1771).

J'ai le premier chant d'un poème burlesque de Voltaire sur la *Guerre de Genève,* je ne trouve pas qu'il vaille la peine de vous être envoyé.

N'oubliez pas, je vous prie, de m'envoyer l'article de la gazette[3] qui sera votre histoire. Adoucissez autant qu'il dépendra de vous tous les contretemps que vous me faites essuyer; je ne vous en sais point mauvais gré, vous ne pouvez pas faire autrement, je vous aurais conseillé moi-même tout ce que vous faites. Enfin, je suis devenue très raisonnable, jamais pupille n'a fait tant d'honneur à son tuteur, mais il faut que le tuteur à son tour ait un bon cœur, qu'il rende sa pupille la moins malheureuse qu'il lui sera possible et qu'il écarte le démon des vapeurs qui sans cesse rôde autour d'elle.

Oh! je trouve parfaitement bon que vous n'écriviez point à Mme de Jonzac.[4] Je dis hier à Mme d'Aiguillon les soins que Monsieur le Comte d'Orford[5] avait [eus] de M. de Fronsac, l'impossibilité où était Milady Hervey de lui en rendre. Cette Duchesse, depuis quinze jours, a un très gros rhume. Je crois avoir oublié de vous dire que la grand' maman m'avait dit qu'elle attendait votre arrivée avec impatience, mais que cependant elle craignait de vous revoir, parce que vous ne la trouveriez pas aimable. Je la rassurai bien, comme vous l'imaginez, et elle est en effet tout ce que je connais de plus parfait. J'aimerais à la voir tous les jours, mais voilà les voyages du Roi qui recommencent, il y aura un Marly de trois semaines, et je ne la verrai plus.

M. de Montausier enfin est arrivé; Mme de la Vallière a reçu les éventails qu'elle trouve très jolis, le Président ses bottines. Quand vous saurez le prix des cristaux vous me le manderez et vous voudrez bien les payer; je vous en ferai rembourser si vous tardez longtemps à venir. Si par un malheur que je ne saurais prévoir ni croire vous ne vouliez plus venir du tout, je ne prendrais plus la liberté de vous donner aucune commission.

Je m'imagine que nous apprendrons après-demain la mort de ce pauvre Milord;[6] il me semble qu'il influe sur moi, et j'en trouverais bien la raison; il me revient en ce moment dans l'esprit un bon mot de feu notre Régent. On disait devant lui que tous les Matignon

3. Probably an article on Conway's expected resignation. See *post* 12 April 1767.

4. See *ante* 11 March 1767.

5. George Walpole (1730–91), 3d E. of Orford, and nephew of HW. Probably Orford's interest in racing and gambling had brought him into contact with the Duc de Fronsac, who was in England at this time.

6. Lord Tavistock.

étaient des sots, excepté le Marquis de Matignon;[7] 'Cela est vrai,' dit le Régent, *'il n'est pas sot, mais on voit bien qu'il est le fils d'un sot.'* Et moi je dis, 'Horace n'est pas ministre, mais on voit bien qu'il est le fils de Robert qui l'était.'

Je n'ai point encore vu M. Édouard.[8] Je suis assez bien avec vos ambassadeurs; le Milord est gai et facile, la Milady bavarde et baragouine.

C'est ce soir que j'aurai mon grand souper, je ne me flatte pas d'avoir son Altesse, ni même l'Idole; elle voulut croire hier le Milord hors de danger pour pouvoir aller à la comédie, et elle m'avait dit que s'il était plus mal elle ne viendrait pas aujourd'hui chez moi. J'aurai assez de monde pour me passer d'elle. Ce souper n'arrive que tous les quinze jours, mais c'est encore trop souvent.

Mon tuteur, je vous prie très sérieusement de ne m'écrire que quand vous n'aurez de mieux à faire; je réfute une sentence ou maxime que j'ai lue quelque part, je ne la crois pas de La Rochefoucauld: 'qu'on veut faire tout le bonheur ou tout le malheur de ce qu'on aime.'[9]

C'est M. de Chabrillan qui vous remettra cette lettre, il part demain matin avec M. de Conflans, qui je crois est assez aimable, M. du Châtelet, qui ne l'est guère, et qu'on prétend qui succédera à M. de Guerchy,[10] et un M. Francès que je ne connais pas. Adieu.

To MADAME DU DEFFAND, Tuesday
31 March 1767, N° 58

Missing. Probably written at Arlington Street. Answered 4 April.

---

7. Marie-Thomas-Auguste de Goyon-de-Matignon (1684–1766), Marquis de Matignon (*Rép. de la Gazette*).

8. Edward Walpole. D had already met him (see *ante* 21 March 1767).

9. 'L'on veut faire tout le bonheur, ou, si cela ne se peut ainsi, tout le malheur de ce qu'on aime' (Jean de la Bruyère, *Caractères*, in *Œuvres*, 1865–78, i. 205, N° 39). *Post* 22 Sept. 1771 attributes it to La Rochefoucauld.

10. 'But pray who are you to give us . . . in place of M. de Guerchy, who has succeeded very well among us? . . . M. de Châtelet, it is said, might be the man, but he did not like us enough, when he made us a visit, to be willing to pass years among us' (Hume to Mme de Boufflers 19 June 1767, David Hume, *Letters*, ed. Greig, Oxford, 1932, ii. 145). Nevertheless, du Châtelet was made ambassador.

From Madame du Deffand, Saturday 4 April 1767

Edited from S–A i. 92–5. Presented by B to the Marquis de Saint-Aulaire.

Paris, ce 4 avril 1767.

CERTAINEMENT quelque sorcier, ou peut-être votre mauvais ange, vous fascine les yeux ou trouble votre intelligence quand vous recevez mes lettres; il n'y a pas un mot, pas une syllabe qui ne dût vous être agréable suivant le degré de votre amitié; et en supposant que vous n'en avez pas, il n'y a rien qui doive vous déplaire ni vous être insupportable. Mais c'est une destinée: je ne puis jamais avoir de plaisir qui ne soit contre-balancé par beaucoup de peine. On ne peut pousser la résignation plus loin; je me soumets sans murmurer, sans me plaindre, à tout ce que vous décidez, à tout ce qui vous convient. Je voudrais pouvoir vous envoyer mon âme à la place d'une lettre. Vous verriez si mes sentiments sont ridicules, si je me crois en droit de rien exiger, les jugements que je porte de vous, si je suis romanesque, si je ne m'apprécie pas à juste valeur, si vous pouvez jamais craindre d'être ingrat, enfin s'il y a un autre être que moi dans l'univers qui soit capable d'un genre d'attachement pareil au mien. Comme je ne puis m'exprimer que par des paroles, et que toutes mes paroles vous choquent ou vous blessent, je prends le sage et très nécessaire parti de me taire. Je vous dirai seulement que je suis très contente de la promesse que vous me réitérez de me venir voir. Vous devez cet acte de bonté à vos vertus; elles seules l'exigent et non pas moi; tous mes désirs se bornent à passer quelques jours avec vous avant une séparation éternelle. Je ne saurais la croire bien éloignée, et c'est ce qui fait que tout retardement m'effraie. Je me dis souvent qu'en cas que je finisse avant de vous avoir revu, je n'en souffrirai pas dans l'autre monde; mais cette idée m'afflige tant que je suis dans celui-ci. Dites encore que c'est là du Scudéry! Je ne sais comment vous l'entendez; je ne connais que l'amitié qu'on sent, et je ne sais dire que ce que je sens. Je ne pense pas que vous deviez me faire aucun sacrifice, que vous deviez m'aimer de préférence à tout. Ah! mon Dieu! je suis à cent mille lieues de cette idée. Rien ne me paraît plus extraordinaire que les complaisances que vous voulez bien avoir pour moi. Il n'y a que ma vérité qui ait pu mériter votre affection: souffrez-la donc telle qu'elle est, et supportez avec patience ce que vous appelez les épanchements, les effusions, etc. Mon intention n'est pas de me les permettre à l'avenir; mais enfin, si j'avais le malheur d'y retomber, moquez-vous-en, ne les qualifiez pas de romanesques; nommez-les radotages, et ne grondez pas!

Ma dernière lettre était du 26, et vous avez dû la recevoir par M. de Chabrillan. Vous avez dû recevoir aussi deux de mes lettres par M. de Guerchy,[1] avec votre *Château d'Otrante;* enfin, vous avez dû recevoir quatre ou cinq lettres dans l'espace de huit à dix jours. J'ai bien eu, je l'avoue, quelque frayeur que vous ne vous en trouvassiez accablé. Aussi, depuis, ai-je été dix jours sans vous écrire. Me revoilà dans le train ordinaire; vous ne recevrez plus de mes lettres qu'en réponse aux vôtres. Vous me ferez un plaisir extrême de m'instruire des allures de vos affaires, et, sur toute chose, [de] ce qui regarde la noce de votre petite cousine. J'imagine qu'elle ne se fera qu'à la fin de mai:[2] voilà maintenant ce qui m'intéresse et qui cause ma curiosité.

Depuis que je vous ai écrit, j'ai soupé plusieurs fois avec la grand' maman, et il y a eu hier huit jours que l'époux, en rentrant, monta chez elle; il n'y avait qu'elle, son oncle, M. de Thiers, et moi. Nous restâmes jusqu'à quatre heures sonnées. On parla avec toute la liberté et la confiance imaginables. Je fus tentée de vous écrire le lendemain pour vous en rendre compte, et puis je me dis: 'Qu'est-ce que tout cela lui fait? Je ne ferai que l'excéder, l'importuner!' Nous ne dîmes pas un mot de vous, si ce n'est tout à la fin, qu'il me demanda ce que c'était que le *Château d'Otrante,* qu'on disait être de M. Walpole; si c'était de vous? Je lui ai dit que oui. 'J'ai envie de le lire!'—'Vous le pouvez,' lui dis-je, 'il est très bon dans son genre; c'est dans le goût des *Facardins,* de *Tiran-le-Blanc!* Il a tout le costume gothique.'— 'Cela me plaira,' dit-il; et puis il me demanda quand vous viendriez? 'Je l'ignore; il ne m'en dit rien.'

Je soupai hier encore avec la grand'maman et ses trois féaux: l'Abbé Barthélemy, qui est un bon garçon; son petit oncle, M. de Thiers, qui est sensé et qui l'aime beaucoup; et un M. de Castellane, qui a l'accent provençal et qui ne me plaît guère. Je ne me levai qu'à neuf heures; je revins me coucher à minuit, parce que j'avais de la fièvre. Je ne pris qu'un bouillon chez la grand'maman. Ma nuit n'a pas été mauvaise; je n'ai pas de fièvre actuellement. J'aurai ce soir beaucoup de monde; mais je ne me mettrai pas à table; Mme

---

1. *Ante* 18 March and 21 March 1767.   2. The marriage took place 15 June (see GM 1767, xxxvii. 330).

d'Aiguillon restera avec moi et nous mangerons notre soupe au coin de mon feu.

Il y aura, cette semaine, cinq comédies chez Mme de Villeroy. Je dois aller à trois; mais je pourrais bien n'en voir aucune. Cette dame de Villeroy vous divertirait; elle a une sorte d'esprit; elle est brû-lante, brillante, sémillante et bonne enfant. C'est la contre-partie de la Comtesse de Forcalquier. Ah! pour la divine Comtesse, autrement l'Idole, elle est en divinité ce que la du Plessis de Mme de Sévigné était en provinciale. Elle mène un deuil de Milord Tavistock qui fait hausser les épaules. Elle a débité la pension de Jean-Jacques comme en ayant eu la nouvelle de chez vous; mais elle n'en avait entendu parler que par une ou deux personnes à qui je l'avais dite, et ven-dredi dernier qu'elle soupa chez le Président, elle me demanda si en effet Jean-Jacques avait la pension. Je lui dis que oui; qu'il avait écrit au ministre[3] qu'il recevrait avec reconnaissance cette grâce du Roi et de lui; qu'on avait attendu l'arrivée de M. Hume, ne voulant pas lui faire accorder cette pension sans son consentement; qu'il l'avait donné de la meilleure grâce du monde, et qu'on avait obtenu une augmentation de vingt pièces, en considération des défalcations. Je ne vous nommai point; elle ne me fit pas d'autres questions. Cette Idole ne va pas aux spectacles, elle n'ira même point chez la Duchesse de Villeroy. Il est bien pénible, mon tuteur, d'être fausse! Il faut avoir une grande présence d'esprit pour ne pas se démentir à tout moment.

Hors vous que j'aime et la grand'maman que j'estime, tout le reste me paraît personnages de comédie, qui jouent de bien mauvaises pièces. À propos de pièces, on vient d'en donner une de Voltaire, qu'on appelle *Les Scythes;* elle est détestable. Je vous l'enverrai si j'en trouve l'occasion. Adieu, ne m'écrivez que quand vous en aurez la fantaisie; et sachez que je n'ai ni le droit, ni la volonté, ni le désir de rien exiger. Portez-vous bien; mais, si par malheur vous tombiez malade, ayez l'égard alors de me donner de vos nouvelles.

To Madame du Deffand, Tuesday 7 April 1767, N° 59

Missing. Probably written at Strawberry Hill. Quoted in D's answer, 12 April.

3. Rousseau to Conway 26 March 1767, in Jean-Jacques Rousseau's *Correspondance,* ed. Dufour, 1924–34, xvii. 9.

To Madame du Deffand, Friday
10 April 1767, N° 60

Missing. Probably written at Strawberry Hill. Answered 19 April.

From Madame du Deffand, Sunday 12 April 1767

N° 66. Paris, ce dimanche 12 avril 1767.

J'AI eu la sotte confiance de vous marquer le désir que j'avais de vous revoir, les chagrins que me causaient les obstacles qui survenaient, la crainte que j'avais qu'ils ne devinssent invincibles; mais je ne vous ai jamais sollicité ni laissé voir que je pensasse que vous dussiez rien déranger pour moi. Je vous ai même prié de ne m'écrire que quand vous en auriez la fantaisie; il est impossible de moins exiger et de croire moins en avoir le droit. Je suis fâchée que le style de mes dernières lettres vous ait si fort déplu; vous pouvez vous flatter que le style de la vôtre que je reçois aujourd'hui ne vous laisse point en reste, et qu'il est impossible d'écrire rien de plus sec, de plus choquant et de plus outrageant; mais ne vous attendez pas à l'effet que vous en avez peut-être espéré. Vous m'avez promis *un attachement profond et loyal; oui, j'ai l'espoir de le revoir, c'est ce qui me console, car il est anglais, il tiendra sa parole.*

Voilà à quoi aboutira ma colère; d'ailleurs je vous crois fol, mais pas assez cependant pour croire que vous vouliez jamais vous brouiller avec moi. Hé! mon bon Dieu, pourquoi voudriez-vous vous y brouiller? Y a-t-il tant de gens dans le monde qui nous veulent du bien pour vouloir rompre avec ceux dont on est estimé et aimé? Je vous pardonne donc vos insultes, reprenez votre train, mandez-moi tout ce qui vous intéresse, et si par hasard dans mes réponses il s'y trouve (malgré mes résolutions) un mot de douceur, dites, 'C'est un radotage; dans le fond la pauvre diablesse n'en veut ni à ma vie ni à mes biens ni à mon honneur; si elle a de l'impatience que je la vienne trouver, c'est qu'elle craint de n'avoir pas le temps d'attendre parce que sa santé s'affaiblit tous les jours; et quoique je sois le plus dur des hommes, je me reprocherais le mal que je lui ferais en lui causant du chagrin.'

Je n'ai jamais pensé que vous dussiez tout quitter pour entendre la Clairon, mais j'ai eu beaucoup de regret, nommément avant-hier, de ce que vous ne l'entendiez pas; elle joua chez Mme de Villeroy dans la sublime perfection. Ce même jour vos ambassadeurs donnèrent à souper pour la première fois; la compagnie était M. de Choiseul, Mesdames Duchesses et Comtesses de Choiseul, de Gramont, de Lauraguais, de la Vallière, et comme ils ne savent pas bien la carte du pays, ils eurent aussi Madame la Maréchale de Mirepoix.[1] Je ne vous nomme pas les hommes, on était en tout dix-huit. La salle-à-manger est charmante, le repas fut splendide, c'était le plein jour pour la clarté, et la propreté était à l'anglaise. J'aurai ce soir l'ambassadeur, mais pour l'ambassadrice elle est toujours malade.

N'allez pas vous imaginer que votre *Château d'Otrante* ait eu si peu de succès; beaucoup, mais beaucoup de gens le trouvent joli; on n'a point cru vous faire une niche, vous n'êtes mal voulu de personne, et jusqu'au Temple et leurs Idoles personne ne pense ni ne dit de mal de vous; enfin, excepté avec moi, vous êtes bien avec tout le monde; mais pour moi, je vous l'avoue, je vous regarde comme un fol, c'est ce qui fait que je ne me fâche pas, cependant je vous prie de réparer vos torts, demandez-moi pardon, je vous l'accorderai.

Où en est votre noce?[2] que je sache le jour qu'elle se fera, il n'en est pas encore question dans les gazettes, non plus que de votre démission;[3] souvenez-vous que vous m'avez promis de m'envoyer un petit écrit sur cet article.

Adieu, je vous répète ce que je vous ai déjà une fois écrit: PAX INTER NOS.

Et le prix des cristaux, les avez-vous payés? Que je le sache, je vous prie.

From Madame du Deffand, Sunday 19 April 1767

Address: To Monsieur Monsieur Horace Walpole in Arlington Street near St James's Angleterre *London*
Postmark: Missing.

N° 68. Paris, ce dimanche 19 [avril][1] 1767.

OH! il n'y a pas de plus grand tort ni de plus grande honte que de paraître ridicule, mais quand on ne l'est pas, en effet, le mal n'est pas sans remède; oublions donc tout le passé et ne craignez plus

---

1. Mme de Mirepoix et M. de Choiseul étaient en mauvais termes (T).

2. The marriage of Anne Conway to John Damer, 15 June 1767.

3. De M. Conway (HW).

---

1. The date of the month has been added by HW.

mes lettres à l'avenir. Je juge de votre état présent, je lis toutes les gazettes, j'écoute avec grande application tout ce que disent mes étrangers; le mois prochain ne se passera pas sans grand remue-ménage; cela m'occupe beaucoup je l'avoue, sans que mon intérêt personnel y entre pour rien.

Je vous demande pardon et mille fois pardon de l'importunité de mes lettres, elles n'ont point été dictées par la passion ni rien qui y ressemble, mais réellement par la crainte que j'ai de mourir sans vous revoir, et par le besoin que j'ai de consulter un véritable ami avant de plier bagage; mais je ne vous en parlerai plus jamais, je me fie entièrement à vous.

Tous les bruits ici sont qu'il va y avoir chez vous de grands changements, mais on dit qu'ils ne regardent point votre cousin;[2] je ne me permets aucune interrogation, ce ne serait pas le moyen, je crois, d'être plus instruite, je démêle l'opinion qu'on a de lui. On prétend qu'il est fort attaché à sa place, et qu'il se pliera à tout pour la conserver; cela n'est pas conforme à l'idée que vous m'en avez donnée; je vous aurai une très sensible obligation si vous voulez bien me mettre au fait de tout ce qui vous intéresse.

Nous ne sommes pas ici non plus sans quelques inquiétudes. Le voyage de Marly,[3] qui sera de trois semaines et qui commencera le 7 du mois prochain, produira quelque événement, ou pour mieux dire quelque aventure. Comme cela ne vous intéresse guère j'ai peu de regret à ne me pas expliquer plus clairement. La grand'maman partira le 4 de mai pour Chanteloup, où elle restera deux mois. Je sens le malheur d'être vieille et aveugle, je serais charmée d'aller avec elle, c'est une grande privation pour moi que cette séparation; c'est la plus estimable des femmes, et je dirais des hommes si vous n'existiez pas.

Adieu, mon tuteur, souvenez-vous quand vous pourrez que je suis votre *petite*.

J'ai soupé avec M. de Lauzun chez la grand'maman; elle l'a grondé de vous avoir si peu vu. C'est un joli garçon, il est simple, bon enfant,

---

2. Conway had considered resigning his post for several months, 'not from disgust, or into opposition, but from delicacy towards his old friends' (see HW to Mann 24 May 1767). HW opposed his retirement, and possibly delayed going to France in order to persuade Conway to remain in power. Conway definitely announced his intention of resigning in July, but the Rockingham party, who had expected to succeed him in the administration, were unable to do so, and therefore Conway was left free to retain his post, which he did (*Mem. of Geo. III* ii. 294, iii. 45–65).

3. The King's trip to Marly (see *ante* 27 March 1767).

sans airs, et il pourrait devenir quelque chose de bon si on l'occupait et si on le tirait de la société de nos imbéciles jeunes gens.

To Madame du Deffand, Tuesday 21 April 1767, N° 61

Missing. Probably written at Strawberry Hill. Answered 26 April.

From Madame du Deffand, Sunday 26 April 1767

N° 69. Ce dimanche, 26 avril 1767.

VOUS faites beaucoup d'honneur aux *Scythes;* je trouve qu'ils ne valent pas la critique: cet ouvrage est d'un commençant qui n'annoncerait aucun talent ni génie. Ces Scythes sont des paysans de Chaillot ou de Vaugirard;[1] les Persans, des gens de fortune devenus gentilshommes; la Zobéide est une assez honnête fille, dont l'âme n'a pas grand mouvement, et à qui l'obéissance ne coûte guère: elle se tue parce qu'il faut faire une fin.

Je ne vous aurais jamais envoyé la *Guerre de Genève*. C'est un rabâchage de la *Pucelle:* vous n'avez apparemment vu que le premier chant, il n'y a point de second, mais il y en a un troisième qui est encore au-dessous du premier.

Je vais entendre tout à l'heure la comédie de *Henri IV,*[2] chez Mme de Villeroy; je vous en rendrai compte dans ma première lettre.

Je soupai hier chez votre ambassadeur: il lui manqua sept personnes que Monsieur le Prince de Conti avait retenues à l'Isle-Adam, dont il revient aujourd'hui: nous n'étions que neuf. Madame l'ambassadrice était dans son lit avec la fièvre. Ces neuf étaient Mmes de la Vallière, de Forcalquier, de Narbonne[3] et moi; le maître de la maison, les ambassadeurs de Sardaigne et de Venise, M. de Lauzun et monsieur votre neveu. Je l'ai prié à souper pour d'aujourd'hui en huit: l'ambassadeur l'aime et le traite comme son fils.

Ce que vous me dites de vos affaires ne m'éclaircit pas beaucoup[4] ce

1. Villages near Paris.

2. *La Partie de chasse de Henri IV,* comedy by Charles Collé (1709–83). See Collé's *Journal et Mémoires,* 1868, ii. 135.

3. La Vicomtesse (HW). Marie-Anne-Pauline de Ricard de Brégançon m. (1759) François-Raymond-Joseph-Hermenigilde-Amalric de Narbonne-Pelet-Alais-Melguel-Bermond, Vicomte de Narbonne. HW had met her many times in Paris (*Paris Jour.*).

4. HW has added 'plus que' at this point.

que j'en apprends dans les gazettes; mais heureusement il n'est pas nécessaire que j'en sache davantage. Il ne se passe rien ici qui puisse vous intéresser; mais c'est une espèce d'événement pour nous que l'appartement à Versailles de feu Madame la Dauphine, qui était vacant depuis sa mort, et qui précédemment avait été à Mme de Pompadour,[4a] vient d'être donné à Madame Victoire:[5] il ne reste plus à attendre que le voyage de Marly, qui sera pour le 7. Nous verrons ce qu'il produira: j'en attends l'issue sans aucune impatience.[6]

La grand'maman part de demain en huit pour Chanteloup: elle est transportée de joie. Je ne crois pas en effet que sa métaphysique soit semblable à celle de votre ambassadrice. Cette pauvre ambassadrice est abîmée de fluxions et d'ennui; son mari est assez aimable.

Je pourrai vous envoyer une épître d'un nommé La Harpe;[7] c'est un moine de la Trappe qu'il fait écrire à l'Abbé de Rancé,[8] pour lui reprocher la folie de son institut. Il y a, à mon gré, de fort bonnes choses; mais vous ne devez pas avoir le temps de lire, et je ne conçois pas que vous en ayez trouvé pour *Les Scythes* et *Genève*. Votre Parlement viendra à bout[9] de vous. Si vous le jugez à propos, vous me donnerez de vos nouvelles.

Vous allez avoir M. de Sarsfield.[10]

Voulez-vous que je vous envoie la comédie de *Henri IV?*[11]

4a. Jeanne-Antoinette Poisson (1721–64), Marquise de Pompadour, mistress of Louis XV.

5. Victoire-Louise-Marie-Thérèse (1733–99), dau. of Louis XV (see Charles-Claude de Montigny, *Mémoires historiques de Mmes Adélaïde et Victoire*, 1802; Charlotte-Louise-Éléonore-Adélaïde, Comtesse de Boigne, *Mémoires*, 1907–8, i. 53).

6. She means for certain political changes which were supposed likely to take place during the King's residence there (B). The chief political questions of the time were the expulsion of the Jesuits, and recognition of Catherine II. It is uncertain what changes D expected.

7. *La Camaldule—Réponse d'un solitaire de la Trappe à la lettre de l'abbé de Rancé*, by Jean-François de la Harpe (1739–1803).

8. Dom Armand-Jean le Bouthillier de Rancé (1626–1700), who reformed La Trappe.

9. 'Parliament rose on the second of July, after one of the longest sessions that was almost ever known' (*Mem. of Geo. III* iii. 44).

10. She means as ambassador from France to England. This appointment did not take place (B). M. de Sarsfield was either Guy-Claude (d. 1789), Comte de Sarsfield, or his brother, Jacques-Hyacinthe (d. 1785), Chevalier (later Vicomte) de Sarsfield (GM 1789, lix. pt i. 575; Woelmont de Brumagne vi. 1032). He was probably the same M. de Sarsfield who had dined with HW at Strawberry Hill in 1765 (see HW to Selwyn, undated letter of April–May 1765). HW met him several times in Paris, 1765 (*Paris Jour.*). The Comte de Sarsfield went to London in 1785, with Nivernais' copy of HW's *Essay on Modern Gardening* (Nivernais to HW 30 April 1785).

11. The MS reads 'd'Henri.'

To Madame du Deffand, Tuesday
28 April 1767, N° 62

Two fragments, B i. 138 n., 139 n. Probably written at Arlington Street.

DANS ce moment même je voudrais me donner tout entier à la recherche d'un fait dans notre histoire qui m'intéresse infiniment, et que je n'ai pas le temps d'approfondir; c'est le règne de notre Richard III[1] qu'on nous donne pour le plus abominable des hommes: un monument authentique de son sacre[2] que j'ai découvert met extrêmement en doute l'assassinat de ses neveux.[3]

Hier j'ai dîné avec vingt-trois personnes chez les Guerchy; j'y trouvai le Prince Héréditaire;[4] c'était un peu incommode, ne lui ayant pas été présenté. Je priai M. de Guerchy de lui faire mes excuses que l'année passée j'avais été en France; je prétextai une maladie; mon visage et ma maigreur y donnaient un grand air de vérité—Il me comblait de politesses, me dit qu'il avait tant entendu parler de moi, qu'il avait eu la plus grande impatience de faire connaissance avec moi; enfin, tout s'est passé à merveille; je mets ma prétendue renommée sur le compte de Paris, car assurément je ne joue pas un rôle fort brillant ici, et de jour en jour je cherche à me soustraire à la foule. Qu'a-t-on à faire dans le grand monde quand on n'y a rien à faire?

From Madame du Deffand, Sunday 3 May 1767

N° 70. De Paris, ce dimanche 3 mai 1767.

IL faut commencer par répondre à votre lettre;[1] et puis après je vous dirai cent mille choses dont peut-être pas une ne vous in-

1. HW's researches on this subject were published, 1 Feb. 1768, as *Historic Doubts on the Life and Reign of King Richard III*. D made the following comment, in her letter to the Duchesse de Choiseul, 13 March [May] 1767:
'Oh! que je regrette nos petits soupers! Sans l'espérance qu'ils pourront se répéter, en vérité, en vérité, je prendrais congé de la compagnie et j'irais dans l'autre monde demander aux neveux de Richard III s'il est vrai que ce soit leur oncle qui les a tués, et je ferais savoir leur réponse à M. Walpole. Il me mande qu'il a des raisons d'en douter, et qu'il fait de grandes recherches pour s'en éclaircir' (S–A i. 89–90).

2. The original coronation roll of Richard III (see HW to Lord Hailes 17 Jan. 1768).

3. Edward V, and Richard, Duke of York.

4. Prince Karl Wilhelm Ferdinand of Brunswick.

———

1. *Ante* 28 April 1767.

téressera ni ne vous sera agréable, car, sauf votre respect, il est assez difficile d'attraper ce qui peut vous plaire.

Votre Parlement ne finira point: votre cousin[2] ne se déterminera à rien tant qu'il pourra rester dans l'indécision, et vous ne parviendrez point à justifier votre Richard III.[3] Comment avez-vous formé un si étrange projet? Et comment se peut-il que vous vous en promettiez beaucoup d'amusement? Oh! votre tête est ineffable; il n'y a que le Cardinal de Luynes[4] qui pourrait me l'expliquer, parce qu'il a le talent de faire entendre en un demi-quart d'heure ce que c'est que l'essence et l'existence de Dieu. Tout ce que je comprends, c'est que, grâce à toutes vos fantaisies, vous ne devez jamais vous ennuyer, et vous jouissez de l'avantage le plus grand qu'il y ait au monde. Si l'on me disait de choisir ce que je désire, de former un seul souhait et qu'il me serait accordé, je dirais, sans hésiter, de ne jamais m'ennuyer; mais s'il en fallait choisir les moyens, jamais je ne me déciderais. Nous ne sommes pas assez stables dans nos façons de penser pour pouvoir compter que telle ou telle chose puisse nous rendre heureux; le vrai bonheur est d'être exempt d'ennui; tout ce qui en préserve est également bon. Gouverner un État ou jouer à la toupie, me paraît égal; mais c'est la pierre philosophale que de s'assurer de ne s'ennuyer jamais. Oh! mon Dieu, bien loin de cela, on doit être bien sûr qu'on s'ennuiera toujours. Mais je m'aperçois que je suis votre méthode quand vous parlez contre l'amitié: pour prouver qu'elle est dangereuse, vous faites éprouver combien elle l'est en effet; je fais de même en vous parlant de l'ennui. Nous ne sommes pas sans inconvénient l'un pour l'autre, il en faut convenir.

Je ne suis point étonnée du bon accueil que vous a fait l'Héréditaire:[5] vous n'êtes point dans l'obscurité dont vous vous flattez; vous auriez plus de calme et moins d'inégalité, si en effet vous étiez un homme obscur: vous êtes envié, estimé, craint, recherché; je ne dirai point haï, parce qu'il faudrait ajouter *aimé:* ce mot est trop mal sonnant, trop indécent pour qu'une honnête femme puisse le prononcer et un honnête homme puisse l'entendre.

Le M. de Surgères qui est mort[6] n'est point le fils de Mme de Sur-

2. Conway, whose decision to remain in power was not made until July.
3. See *ante* 28 April 1767.
4. Paul d'Albert de Luynes (1703–88).
5. Prince de Brunswick (HW). See *ante* 28 April 1767.

6. Louis-Armand-François de Granges de Puiguyon (ca 1744–67), Comte de Surgères, son of the Marquis de Puiguyon, died 13 April 1767 (*Rép. de la Gazette*).

gères;[7] il n'avait ce nom que parce qu'il en avait la terre: il s'appelait Pudion;[8] il était je ne sais pas quoi dans la maison de Monsieur le Dauphin.[9] Voilà votre lettre répondue.

Je vous promis dans ma dernière lettre de vous rendre compte de la comédie de *Henri IV*. La pièce ne vaut rien; le premier acte est exécrable et m'ennuya à la mort: dans le second il y a deux scènes d'un paysan avec deux petites filles qui sont charmantes, et jamais on n'a si parfaitement bien joué que l'acteur[9a] qui faisait Lucas. Le troisième acte me fit un plaisir extrême, j'y pleurai de tout mon cœur; ce ne furent point des larmes douloureuses et amères, mais des larmes de plaisir et d'attendrissement. Lisez la pièce; Mme Hervey l'a; c'est pourquoi je ne vous l'ai pas envoyée, et vous jugerez qu'étant bien jouée, qu'elle doit être fort touchante.

Les spectacles de Mme de Villeroy sont finis, ou du moins suspendus; je n'y ai pas grand regret, parce que je ne me soucie de rien.

La grand'maman n'est pas encore partie, mais elle part demain à cinq heures du matin; elle fera ses soixante-deux lieues tout de suite, et couchera à Chanteloup; elle est transportée de joie du séjour qu'elle y va faire; elle y restera jusqu'à Compiègne, c'est-à-dire deux mois et plus. Je la regrette; depuis quelque temps je l'ai beaucoup vue; elle croyait m'aimer, elle me le disait, et je lui répondais: 'Ma grand'maman, vous *savez* que vous m'aimez, mais vous ne le *sentez* pas.' Je soupai hier au soir chez elle avec son mari, son oncle, M. de Thiers, l'Abbé Barthélemy et Mme de Choiseul-Betz;[10] cette petite femme mit quelque gêne et quelque contrainte, cependant nous ne nous sommes séparés qu'à deux heures, et, à tout prendre, la soirée fut assez agréable; quand j'arrivai le ministre ne l'était pas encore. La grand'maman me dit, 'Ma petite-fille, savez-vous qu'on a fait une chanson sanglante contre vous, et qu'elle est de Mlle de Lespinasse?'[11] —'Oh! que non, ma grand'maman, cela ne se peut pas, elle ne peut

7. Jacquette-Jeanne-Thérèse Fleuriau d'Armenonville de Morville (1712–69), m. (1728) Alexandre-Nicolas de la Rochefoucauld-Surgères, Marquis de Surgères (*Rép. de la Gazette*). HW had met her several times in Paris (*Paris Jour.*).

8. Puiguyon.

9. Surgères apparently had no such position; his father, the Marquis de Puiguyon, had been 'gentilhomme de la manche' to the Dauphin (*Rép. de la Gazette*).

9a. Nicolas Auger (d. 1783) (Charles Collé, *Journal et Mémoires*, 1868, ii. 135).

10. Marie-Françoise Lallemant de Betz (d. 1793), m. (1749) Marie-Gabriel-Florent, Comte de Choiseul-Beaupré (André Gain, *La Restauration et les biens des émigrés*, Nancy, 1928, i. 49). D usually called her 'la petite sainte.' She is described in S–A i. 223, 285, ii. 88, iii. 232.

11. Julie-Jeanne-Éléonore de Lespinasse (1732–76), D's companion, 1754–64, and afterwards her rival. She was, supposedly,

pas faire un vers; mais cependant elle a des teinturiers. La savez-vous? Dites-le moi.'—'Eh bien! la voici:

> À du Deffand,
> Si vous voulez constamment plaire
> À du Deffand,
> Soyez simple comme un enfant.
> Pour peu qu'on s'élève de terre,
> Bientôt on parvient à déplaire
> À du Deffand.'

—'Ah! grand'maman, je reconnais l'auteur.'—'Eh! quel est-il donc, s'il vous plait?'—'Vous, grand'maman, vous-même!'—'Non, non, c'est l'Abbé.'—'Non, non, c'est Madame la Duchesse.' Et moi je dis: 'Eh bien! c'est tous les deux.' Il se trouva que c'était la vérité. On la chanta au ministre, on voulut l'attraper en lui disant qu'elle était de la Lespinasse; il n'en crut rien. Il me demanda quand vous viendriez. '*Je l'ignore*, mais ce sera sans doute bientôt.'—'*Il n'y a pas d'apparence, le Parlement n'est pas, dit-on, prêt à finir.*'—'Il ne peut pas durer encore longtemps.'—'*On dit que si.* Effectivement, le ministre[12] ne paraît point, il ne voit ni le Roi ni aucun de ses confrères; cela est bien plaisant.' À tout cela je ne répondis rien.

La grand'maman m'a dit vous avoir écrit.[13] Je lui demandais pourquoi; elle me dit que c'est qu'elle avait écrit plusieurs lettres en Angleterre, et qu'il lui prit envie de vous écrire. Il y avait plus d'un mois que nous n'avions parlé de vous, pas même proféré votre nom; ainsi si c'est une importunité pour vous d'avoir à lui répondre, ne vous en prenez point à moi, je vous prie, et ne m'attribuez jamais ni le bien ni le mal qui vous pourront arriver; vous ne devez attendre de moi que des nouvelles à la main telles que je les saurai, et qui ne pourront guère être que très indifférentes.

J'ai reçu il y a deux jours une lettre de M. Schuwalof, la plus honnête et la plus tendre. Il me demande de vos nouvelles, il me prie de vous parler de lui, il dit qu'il vous doit ma connaissance. Je

the illegitimate daughter of D's brother, the Comte de Champrond, by Mme d'Albon, mother of his future wife (see *Lettres de Mlle de Lespinasse;* Charles-Augustin Sainte-Beuve, *Causeries du lundi;* Pierre-Marie-Maurice-Henri, Marquis de Ségur, *Julie de Lespinasse,* [1905]).

12. Lord Chatham (HW). 'But there is a misfortune . . ., the state of Lord Chatham's health, who now does not only not see the ministers, but even does not receive letters' (HW to Mann 5 April 1767).

13. Missing.

pourrais lui répondre que c'était le plus petit présent que vous lui pouviez faire.

J'ai reçu aussi une lettre de M. Craufurd. Il dit beaucoup de mal de sa santé. Je ne me presserai pas de lui écrire; je deviens anglaise en perdant l'anglomanie. Je n'entends point parler de M. Selwyn; j'attends de lui une réponse, mais je le crois à Newmarket.

Votre ambassadrice est toujours incommodée. J'aurai ce soir à souper votre ambassadeur, et je compte que monsieur votre neveu me fera aussi cet honneur.

Quand vous aurez fait toutes vos recherches sur Richard III j'espère que vous voudrez bien me communiquer vos découvertes.

To Madame du Deffand, Tuesday 5 May 1767, N° 63

Missing. Probably written at Arlington Street. Answered, 10 May.

From Madame du Deffand, Sunday 10 May 1767

N° 71. Paris, ce dimanche 10 mai 1767.

EN échange de vos nouvelles, voici les nôtres: l'arrêt du parlement[1] d'hier après-midi; il ne sera publié que demain, ainsi vous serez des premiers à le recevoir.

Il arriva jeudi une aventure au Roi que je vais vous raconter, qui ne vous amusera guère. Les dames étaient allées à Choisy, où le Roi devait arriver après la chasse. Cette chasse le conduisit jusqu'auprès de Chartres, il enfila une route qui l'égara et le sépara de toute sa suite, excepté de M. de Beauvau, de M. de Blaru,[2] chef de brigade, et de trois ou quatre gardes. À la première poste il trouva une chaise de rencontre dans laquelle il se mit; mais comme il n'y avait qu'une

1. The *arrêt du parlement* of 9 May 1767, ordering the expulsion of the Jesuits (see Appendix 15).

2. François-Bonaventure de Tilly (ca 1701–75) Marquis de Blaru, lieutenant of the bodyguard (*Rép. de la Gazette*). 'Paris, May 15. The King a few days ago, lost his way in the forest of Senart, as he was hunting a deer, which obliged his Majesty to take a post chaise to go to Versailles, where he arrived very late in the night. The Prince de Beauvau, captain of the King's guards, was obliged to get behind the chaise, that he might not leave the person of the King' (*Lloyd's Evening Post* xx. 497, 26 May 1767; also *St James Chronicle*, 26 May 1767).

place, M. de Beauvau fut obligé de monter derrière. Ils arrivèrent à Versailles dans ce bel équipage entre dix et onze heures, ils y soupèrent, et n'arrivèrent à Choisy qu'à deux heures. Toute la compagnie ne fut point inquiétée, parce que le Roi leur avait dépêché un courrier de Rambouillet pour leur faire savoir son aventure, et leur dire de ne point l'attendre.

On est allé aujourd'hui à Marly, on y sera jusqu'au 1er de juin. Le Roi fera toutes les semaines un voyage à Saint-Hubert.[3] Monsieur le Prince de Conti est à l'Isle-Adam, où il restera tout le mois. Tout le monde va s'éparpiller pour les campagnes. Le temps est plus beau depuis quelques jours; on n'entend guère de rossignols à Paris, mais on y peut lire des *Recherches sur Richard III*.[4] Enfin, on a bien des ressources contre l'ennui quand on s'intéresse au passé, au présent et à l'avenir.

J'ai écrit à M. Selwyn[5] il y a environ six semaines pour des commissions dont il avait bien voulu se charger, il ne m'a pas fait réponse; quand vous le verrez je vous serai fort obligée si vous voulez bien lui en demander la raison.

À sept heures du soir.

Mon paquet était cacheté, j'ai balancé à l'ouvrir, et je ne sais pas si je ferai bien de vous raconter un petit événement qui m'est arrivé pendant que Wiart transcrivait l'arrêt, mais une correspondance deviendrait trop sèche si on s'interdisait de parler de soi. Quoiqu'il en soit, après avoir protesté que mon intention n'est pas de vous causer la plus légère émotion ni le plus petit intérêt, je vous dirai que je suis tombée morte sur mon plancher, que j'ai été trois ou quatre minutes sans connaissance; quand je suis revenue je me suis crue dans mon lit, je ne reconnaissais pas les voix que j'entendais; actuellement je suis parfaitement bien, et si ma véritable mort doit ressembler à celle-ci, elle ne saurait en vérité arriver trop tôt; vous faisiez l'année passée la plus jolie mort du monde,[6] celle que je faisais aujourd'hui l'était cent fois davantage.

Adieu, je me porte bien, ce ne serait pas la peine d'avoir la plus petite inquiétude, c'est une indigestion, j'en serai quitte pour ne rien prendre aujourd'hui et être plus sobre à l'avenir.

3. 'Château royal situé dans le diocèse de Chartres, à cinq lieues de Versailles, entre la fôret de Rambouillet et celle de Saint-Léger' (*Dict. de Paris* iii. 286).

4. See *ante* 28 April 1767.

5. Missing.

6. HW said that he preferred to die in his own way, rather than in the physician's, and immediately grew better (HW to Mann 25 Sept. 1766).

To Madame du Deffand, Tuesday
12 May 1767, N° 64

Two fragments. The first fragment, not in Toynbee, is quoted by D to Mme de Choiseul, 16 May 1767, and is edited from S–A i. 97. The second is quoted by D, *post* 17 May 1767, in her reply to HW. He was at Arlington Street.

. . . On y répondra comme il faut.[1]

Votre maladie[2] se décèle en toutes occasions, et les stances mêmes en font foi.

From Madame du Deffand, Sunday 17 May 1767

N° 72. Paris, ce dimanche 17 mai 1767.

VOTRE *maladie se décèle en toutes occasions, et les stances mêmes en font foi.* J'entends bien ce que c'est que ma maladie, mais pour les stances qui en font foi, je n'y comprends rien; vous l'expliquerez si vous le jugez à propos.

Si j'ai donné dans le travers de chercher la pierre philosophale,[1] je n'en rougirai point, et je ne m'en repentirai peut-être pas. Si ne pouvant pas trouver à faire de l'or, on est parvenu à trouver d'autres secrets, on n'a pas perdu son temps: il n'y a de recette contre l'ennui que l'exercice du corps, l'application de l'esprit, ou l'occupation du cœur; c'est être automate que de se passer de tous les trois; mais on le devient, ou du moins on doit le devenir, quand on pousse sa carrière plus loin qu'il ne faudrait.

Bon Dieu, quelle différence de votre pays au nôtre! Je serais tentée de vous envoyer le discours que l'Abbé Chauvelin[2] a fait au parle-

---

1. D thus summarizes this letter to Mme de Choiseul, 16 May 1767 (S–A i. 97): 'Cette lettre a été interrompue par une qui vient d'Angleterre; si vous étiez ici, je vous la lirais. On envoie des livres à l'Abbé Barthélemy. Ils n'arriveront que dans quinze jours, parce que les personnages qui les apportent ne partiront que la semaine prochaine. On a reçu votre lettre: *on y répondra comme il faut,* me mande-t-on. Je ne sais pas ce que veut dire ce *comme il faut.* J'ai peur que ce soit en beau style. Voilà ce que vous vaut l'estime qu'on fait de vous, et à moi qu'on n'estime guère, on m'écrit d'assez bonnes lettres.' HW's letter to Mme de Choiseul is missing.

2. See *post* 17 May 1767. T suggests that the 'maladie' is jealousy, to which the verses obliquely refer.

---

1. Dans l'espoir de trouver un parfait ami (T).

2. Henri-Philippe de Chauvelin (1716–

ment pour lui dénoncer la *sanction pragmatique;*[3] nos forcenés sont à
la glace; jamais ils ne perdent de vue la prétention du bel esprit et du
beau langage; on enragerait chez nous avec *urbanité;* ce qu'on appelle aujourd'hui éloquence m'est devenu si odieux que j'y préférerais le langage des halles; à force de rechercher l'esprit, on l'étouffe.
Vous autres Anglais, vous ne vous soumettez à aucune règle, à aucune
méthode; vous laissez croître le génie sans le contraindre à prendre
telle ou telle forme; vous auriez tout l'esprit que vous avez, si personne n'en avait eu avant vous. Oh! nous ne sommes pas comme cela;
nous avons des livres; les uns sont l'art de penser; d'autres l'art de
parler, d'écrire, de comparer, de juger, etc., etc. Nous sommes les enfants de l'art: quelqu'un de parfaitement naturel chez nous devrait
être montré à la foire; enfin ce serait un phénomène, mais il n'en
paraîtra jamais.

Je fus avant-hier, vendredi, entendre Mlle Clairon dans *Bajazet,*[4]
chez la Duchesse de Villeroy; elle joua bien, mais elle ne cache pas
assez son art; aussi on l'admire, mais elle ne touche pas; le reste des
acteurs était affreux, et déshonora la pièce au point que je la trouvai
très mauvaise, et en effet elle pourrait bien ne pas valoir grand'chose:
elle est certainement de mauvais goût, puisque le bon goût est ce qui
approche de la nature, ou ce qui imite parfaitement ce qu'on veut
représenter. Si vous saviez votre d'Urfé aussi bien que moi mon
Scudéry,[5] vous trouveriez que la scène de *Bajazet* devrait être au bord
du Lignon, qu'Acomat est le grand druide Adamas; Céladon, Bajazet; et Atalide, la bergère Astrée.[6]

70), leading adversary of the Jesuits. His
address was printed as *Discours d'un de
MM. de grand'chambre au parlement . . .
29 avril 1769* (Bibl. Nat. Cat.). D wrote to
Mme de Choiseul 16 May 1767, 'J'en ai lu
trois pages. Oh! c'est bien assez!' (S–A i.
96).

3. Charles III of Spain had issued, 2
April 1767, a pragmatic sanction expelling
the Jesuits from the kingdom. This
aroused the action of the French parliament.

4. D wrote to Mme de Choiseul 16 May
1767:

'Je fus hier à la représentation de *Bajazet,* chez Madame de Villeroy, Mademoiselle Clairon joua fort bien, tout le reste
fut pitoyable. Acomat, qui était Brizard,

fit très mal, et pour le Bajazet, c'était un
polisson. On ne pouvait pas choisir d'acteur plus propre à faire sentir tous les défauts de la pièce; c'est celle de Racine qui
me plaît le moins. Ah! quels Turcs! Bajazet est une espèce de Céladon: la scène ne
serait point déplacée au bord du Lignon;
Acomat ne ressemble pas mal au druide
Adamas; le rôle de Roxane, qui est le
plus *conséquencieux,* paraît ridicule quand
c'est un polisson qui fait Bajazet' (S–A i.
96–7).

5. HW had implied that D's sentimental
letters were worthy of the romances of
Mlle de Scudéry (see *ante* 26 May 1766),
which annoyed D who had never read her.

6. Characters in the pastoral romance
Astrée, by Honoré d'Urfé (1568–1625).

Quoi! vous avez le front d'être content du troisième chant de la *Guerre de Genève?* Oh! cela me surprend bien. Je n'aurais jamais osé vous envoyer une telle rapsodie, de telles ordures, de pareilles infamies, qui ne sont sauvées par aucun trait d'esprit. Je ne me mêle plus de ce qui vous regarde, sans quoi je vous aurais envoyé une *Épître d'un moine de la Trappe,*[7] où il y a, à mon gré, de grandes beautés; mais j'ai supprimé avec vous tous soins et toutes attentions. En ne faisant rien, en ne disant rien, et même ne pensant rien (car il est à propos d'aller jusque-là), on évite de déplaire, on se procure de la tranquillité à soi-même, on ouvre les lettres qu'on reçoit sans craintes et sans terreurs, on est sûr de n'y rien trouver qui choque; on s'en tient là, parce qu'à toute force on se passe de ce qui fait plaisir.

J'ai écrit aujourd'hui au petit Craufurd,[8] il y avait près d'un mois que je lui devais une réponse. Je n'en reçois point de M. Selwyn; il m'en doit une depuis deux mois, ce qui m'impatiente fort. Il s'était chargé de mes commissions, et il ne m'en donne aucune nouvelle.

Vous aimez donc beaucoup M. de Chabrillan. Si vous êtes difficile, vous n'êtes pas fort délicat. C'est un des favorisés de la cour de Mme d'Aiguillon, le Colonel Keene en était un autre, et le Chevalier de Redmond est un de ses favoris aussi bien que de monsieur son fils.[9] On pourrait bien me rendre la pareille en faisant le portrait de la plupart des gens que je vois, mais je les vois tels qu'ils sont, et les gens que j'estime et que je considère pourraient l'être par d'autres. L'âge a tout détruit en moi, excepté le goût, et c'est ce qui me désole.

Comme je ne veux pas que mes lettres aient plus de quatre pages, il est temps de vous parler de ma santé. Je suppose que vous en avez quelques inquiétudes à cause de ce que je vous en mandai dimanche dernier. Depuis ce jour-là l'insomnie est revenue, et c'est la suite des mauvaises digestions; il est impossible d'être plus sobre, et il n'est pas possible d'être plus triste, cependant je mène ma vie ordinaire. Je vous remercie de vos livres,[10] j'en ferai la distribution. Quelle idée que votre Richard III! J'aurais passé cette fantaisie à notre Abbé de Longuerue;[11] mais votre tête, votre tête! ah! je ne dis pas ce que j'en pense.

7. La Harpe's *Réponse d'un solitaire de la Trappe* . . . (see *ante* 26 April 1767).

8. Missing.

9. The Duc d'Aiguillon.

10. The books which HW sent to D for the Abbé Barthélemy and Pont-de-Veyle

(see *ante* 13 March, 17 March, *post* 19 June 1767).

11. Louis du Four de Longuerue (1651–1733), archæologist (*La Grande encyclopédie*).

TO MADAME DU DEFFAND, Tuesday
19 May 1767, N° 65

Missing. Probably written at Arlington Street. Answered 23 May. It is probably this letter which D thus summarizes to Mme de Choiseul, 23 May 1767:

'Je viens de recevoir une lettre d'Angleterre. On me mande que Jean-Jacques en est parti, brouillé avec son hôte M. Davenport; il a écrit au chancelier pour lui demander une garde pour le conduire à Douvres, où il veut s'embarquer pour aller je ne sais où; l'on me prie, en cas qu'il passe par la France, d'implorer pour lui votre protection' (S–A i. 103).

From MADAME DU DEFFAND, Saturday 23 May 1767

One sentence was omitted in Toynbee.

N° 73. Paris, ce samedi 23 mai 1767.

VOUS voulez que j'espère vivre quatre-vingt-dix ans? Ah! bon Dieu, quelle maudite espérance! Ignorez-vous que je déteste la vie, que je me désole d'avoir tant vécu, et que je ne me console point d'être née? Je ne suis point faite pour ce monde-ci; je ne sais pas s'il y en a un autre; en cas que cela soit, tel qu'il puisse être, je le crains. On ne peut être en paix ni avec les autres, ni avec soi-même; on mécontente tout le monde: les uns, parce qu'ils croient qu'on ne les estime ni ne les aime pas assez, les autres par la raison contraire; il faudrait se faire des sentiments à la guise de chacun, ou du moins les feindre, et c'est [ce] dont je ne suis pas capable; on vante la simplicité et le naturel, et on hait ceux qui le sont; on connaît tout cela, et malgré tout cela on craint la mort, et pourquoi la craint-on? Ce n'est pas seulement par l'incertitude de l'avenir, c'est par une grande répugnance qu'on a pour sa destruction, que la raison ne saurait détruire. Ah! la raison, la raison! Qu'est-ce que c'est que la raison? quel pouvoir a-t-elle? quand est-ce qu'elle parle? quand est-ce qu'on peut l'écouter? quel bien procure-t-elle? Elle triomphe des passions? cela n'est pas vrai; et si elle arrêtait les mouvements de notre âme, elle serait cent fois plus contraire à notre bonheur que les passions ne peuvent l'être; ce serait vivre pour sentir le néant, et le néant (dont je fais grand cas) n'est bon que parce qu'on ne le sent pas. Voilà de la métaphysique à quatre deniers, je vous en demande très humblement pardon; vous êtes en droit de me dire: 'Contentez-vous de vous ennuyer, abstenez-vous d'ennuyer les autres.' Oh! vous avez raison; changeons de conversation.

Vous m'avez alarmée pour votre sourde,[1] mais je ne sais pas quel est le mal Saint-Antoine;[2] je l'ai demandé (non pas encore à un médecin), et l'on m'a dit que c'était une manière de peste; s'il est vrai, cela doit être contagieux, je suis ravie qu'elle soit guérie. Je le suis aussi, quoique j'aie toujours des insomnies, et passablement de vapeurs; mais je m'y accoutume.

J'ai reçu vos livres.[3] Si c'est vous qui les avez emballés vous ne vous y entendez guère. Il fallait les mettre dans une toile cirée. Il y a un in-quarto et un in-douze dont la couverture est toute gâtée pour avoir été mouillée. Ce sera l'Abbé Barthélemy pour qui sera le dommage; Pont-de-Veyle est plus curieux en reliures que lui. Celui-ci recevra votre présent ce soir qu'il reviendra de l'Isle-Adam. L'Abbé est à Chanteloup, et il n'aura le sien qu'à son retour. Je tâcherai de vous éviter des lettres de remercîments de tous les deux, parce que je crois que vous vous contenterez des miens. Mais à propos, en avez-vous reçu de votre beau présent[4] à la Bibliothèque du Roi? Je me suis si fort imposé la loi de ne point parler de vous que j'en ai pris l'habitude, et que je ne vous nomme même pas pour les choses les plus indifférentes. Vous en usez apparemment de même pour moi. Ce qui me le fait croire c'est que je n'ai point encore entendu parler de M. de Chabrillan; il s'en est tenu à m'envoyer vos livres.

J'ai reçu une lettre de M. Selwyn et une partie de mes commissions, peut-être lui écrirai-je aujourd'hui. Oh! je ne vous crois point indigne de vous charger de mes affaires, mais vous en avez trop d'autres pour y vouloir ajouter cette importunité. D'ailleurs vous ne m'avez point encore satisfaite sur ce qui regarde les Fitzroy,[5] et cette dette m'importune. Cependant je m'adresserai à vous si vous voulez, mais à une condition qu'il faudra suivre strictement, qui sera de me faire savoir le prix de chaque chose en me mandant à qui je la remettrai. Ce ne pourra jamais être un embarras, parce que l'ambassadeur suffirait seul pour cette affaire.

J'aurais envie, par exemple, d'avoir une société avec vous dans votre loterie[6] pour un ou plusieurs billets, à votre volonté, à la concurrence de 5 ou 6 louis; si cela vous convient cela me fera plaisir.

1. Lady Suffolk. She died 26 July 1767.
2. This term for erysipelas goes back to the eleventh century, when many cures for it were attributed to St Anthony.
3. HW's books from the Strawberry Hill press, for Pont-de-Veyle and the Abbé Barthélemy.

4. HW received no acknowledgment of his donation to the library until twenty-five years later (see d'Ormesson to HW 5 April 1792).
5. See ante 23 Nov. 1766.
6. HW, in a missing letter, had probably written about a lottery which was

J'ai reçu avant-hier une lettre de Voltaire;[7] je serais assez tentée de vous l'envoyer; elle vaut mieux que son poème de Genève;[8] mais je me contenterai de vous en transcrire un article, il me fait l'éloge de la Czarine:

Je suis (dit-il), son chevalier envers et contre tous. Je sais bien qu'on lui reproche quelques bagatelles au sujet de son mari;[9] mais ce sont des affaires de famille dont je ne me mêle point; et d'ailleurs, il n'est pas mal qu'on ait une faute à réparer, cela engage à faire de grands efforts pour forcer le public à l'estime et à l'admiration.

Il joint à sa lettre un petit imprimé sur les panégyriques,[10] plein d'éloges de cette Catherine.

Jean-Jacques est un grand fou; il vous donne quelques remords;[11] je le comprends aisément: on doit éviter de faire le malheur de personne, mais surtout de ceux qui nous estiment et nous aiment. Je ne sais ce que c'est que mon bon mot hors celui de Saint Denis,[12] je ne sache pas en avoir jamais dit. Adieu, voici les quatre pages.[13]

To Madame du Deffand, Tuesday 26 May 1767, N° 66

Fragment, B i. 152 n. Written at Strawberry Hill. Dr Toynbee dates this fragment 31 May, but, since D replied to it on that day, it must be earlier. The other fragment which Dr Toynbee joins to this belongs to HW's letter of 30 May—2 June.

APRÈS dîner ma comédienne (Mrs Clive)[1] m'a proposé de passer chez elle. J'y ai trouvé un de mes neveux (the late Hon. and

being held in England. 'Yesterday the receipts for lottery tickets were delivered out at the Bank, to the several original subscribers thereto' (Lloyd's Evening Post xx. 437, 8 May 1767). On 20 May 1767, the King gave his consent to a bill by Parliament to raise money by annuities and a lottery 'for the service of the present year' (ibid, xx. 479). In Oct. 1767, HW bought a number for Wiart and one for Mme de Choiseul (see HW to Selwyn 16 Oct. 1767, and to Mme de Choiseul, same date).

7. Voltaire to D 18 May 1767 (Voltaire, Œuvres xlv. 266).

8. La Guerre de Genève.

9. Peter III (1728–62), Czar of Russia 1762.

10. Voltaire's Lettre sur les panégyriques, par Irénée Alethès.

11. HW regretted the distress which his letter in the name of the King of Prussia had caused Rousseau.

12. Elle disait sur Saint Denis, qui marchait une lieue avec sa tête dans la bouche, qu'il n'y avait que le premier pas qui coutât (HW). 'Dans la bouche' is doubtless a slip for 'à la main' (see post 6 June 1767). See also HW's account in his portrait of D, Appendix 3f; Voltaire's n. to La Pucelle d'Orléans, line 205 (Voltaire, Œuvres ix. 31); John Pinkerton, Walpoliana [1799], ii. 5.

13. Sentence omitted in Toynbee.

———

1. The identifications in parentheses in this letter were apparently added by B.

Rev. Robert Cholmondeley)[2] et sa femme[3] qui a de l'esprit, une autre femme (Mrs Griffith)[4] qui a fait des comédies,[4a] et qui est très précieuse, et une jeune et jolie Irlandaise (Mrs Balfour)[5] sauvage comme une Iroquoise, parlant sans cesse par bonté de cœur, et avec le patois le plus marqué qu'il est possible; les autres riaient à gorge déployée, et la pauvre petite créature était charmée qu'on la trouvât si aimable. Moi, je souffrais mort et passion, j'étouffais de rire, je craignais de la choquer, et je trouvais très malhonnête que la compagnie en usât de la sorte. Elle caressait mon chien,[6] demandait son nom, le prononçait de la manière la plus gauche, me contait les visites qu'on lui avait rendue sur son mariage; enfin était si naturelle, si naïve, et si franche, et se servait d'exclamations si burlesques, que je restais immobile, ne sachant si je devais l'aimer ou la croire une imbécile. Tout d'un coup ma nièce (Mrs Cholmondeley) a crié: 'Allons, madame, quittons ce personnage.'—Non, de mes jours je n'ai jamais été si surpris; c'était une dame très bien née, très polie, et qui a les manières les plus comme il faut. Il est vrai qu'elle était née en Irlande, mais elle n'en a pas le moindre accent. C'était une scène qu'on avait ménagée pour me divertir, et j'en ai été si parfaitement la dupe, que tous les éclats de la compagnie ne m'avaient pas dessillé les yeux.

To Madame du Deffand, Saturday 30 May–2 June 1767, N° 67

Two fragments. The first, S–A i. 123 (incomplete in Toynbee) is quoted by D to the Abbé Barthélemy 21 June 1767. The second is B i. 156 n. T dates the first fragment 31 May and the second 2 June, but they must belong to the same letter, because *post* 6 June 1767 speaks of 'votre lettre, du 30 et du 2' and *Paris Journals* give only 1 June as the date. HW was at Strawberry Hill.

VOLTAIRE me fait horreur avec sa Catherine.[1] Le beau sujet de badinage que l'assassinat d'un mari[2] et l'usurpation[3] de son trône! Il n'est pas mal, dit-il, qu'on ait une faute à réparer. Eh! com-

2. (1727–1804) (Arthur Collins, *Peerage*, ed. Brydges, 1812, iv. 34).

3. Mary Woffington (ca 1729–1811), sister of Peg Woffington the actress, m. (1746) the Hon. and Rev. Robert Cholmondeley (GM 1811, lxxi. pt i. 403; Sir Bernard Burke, *Peerage*, 1928, p. 520). She later stayed in Paris, and is often mentioned by D to HW.

4. Elizabeth Griffith (ca 1720–93), m. (ca 1752) Richard Griffith; both were writers. See J. M. S. Tomkins, *The Polite Marriage*, Cambridge, 1938.

4a. *The Platonic Wife* (1765), *The Double Mistake* (1766) (ibid. p. 196).

5. Possibly the widow (d. 1789) of William Townley Balfour (d. 1759), of Beamore, county Meath, Ireland, M.P. for Carlingford (GM 1789, lix. pt ii. 865).

6. Rosette.

———

1. See *ante* 23 May 1767.
2. Peter III of Russia.
3. *L'usurpateur* in B i. 148 n.

ment répare-t-on un meurtre? Est-ce en retenant des poètes[4] à ses gages? en payant des historiens[5] mercenaires et en soudoyant des philosophes[6] ridicules à mille lieues de son pays? Ce sont ces âmes viles qui chantent un Auguste et se taisent sur ses proscriptions. L'ambition fait commettre des crimes, et l'avarice les canonise.

Je crois [à] une vie future,[7] mais qu'est ce que j'en sais? Comment méditer sur une chose dont on est absolument ignorant, et qui devient roman dès qu'on y ajoute la moindre circonstance? Dieu a tant fait de bon et de beau qu'on doit se fier à lui sur le reste. Il ne faut pas avoir le dessein de l'offenser. La vertu doit lui plaire; donc il faut être vertueux: mais notre nature ne comporte pas la perfection; Dieu ne demandera donc pas une perfection qui n'est pas naturelle. Voilà ma croyance; elle est fort simple et fort courte. Je crains peu, parce que je ne sers pas un tyran.

From Madame du Deffand, Sunday 31 May 1767

Nº 74. Paris, ce dimanche 31 mai 1767.

RIEN dans le monde ne peut me procurer de sommeil; et, quoique vous l'espériez, vos lettres n'auront point cette gloire; elles me font beaucoup de plaisir, mais elles me laissent comme elles me trouvent; c'est l'effet que vous en désirez, et j'ose me flatter d'être très conforme en tout point à ce que vous souhaitez que je sois, que je reconnais être très raisonnable, et qui sera, je vous le jure, un état permanent.

L'histoire de Jean-Jacques est admirable,[1] elle n'a pas fait grande

---

4. Catherine II made Michael Vassilievitch Lomonosov (1711–65) a councillor of state, and showered favours upon other poets, such as Gabriil Romanovich Derzhavin (1743–1816).

5. Gerard Friedrich Müller (1705–83) was one of the historians encouraged by Catherine.

6. HW is doubtless referring to Diderot, who was paid by Catherine to be curator of his own library, which she had purchased to relieve his poverty.

7. See *post* 6 June 1767. The preposition 'à' is in T but not in B.

1. 'Friday, 1 May. Mr Rousseau the celebrated writer, quitted his retreat at Mr Davenport's at Wootton in Derbyshire where he has long been hospitably entertained, in a very abrupt manner, leaving a letter behind him, in which he abuses his benefactor in the most ungenerous terms. He has since written a letter from Spalding in Lincolnshire to the Lord Chancellor, demanding a safe conduct to Dover, for which, he says, there is an absolute necessity; and this act of hospitality he requests, as the last he shall ever require from a country which he is hence-

sensation sur tous les gens que j'ai vus; il est si décidé fou, que personne n'oserait chercher quelque ombre de bon sens dans tout ce qu'il a jamais fait: il m'est revenu que l'Idole est la première à raconter toutes ses folies; pour le Prince,[2] qui pousse les principes encore plus loin, il persévère à n'en pas dire un mot.

Je ne puis vous dire à quel point je suis étonnée des éloges que vous faites du poème de *Genève;*[3] si j'étais à portée de le lire avec vous, je ne vous laisserais point de repos que vous ne me fissiez comprendre et sentir ce que vous y trouvez de si charmant et de si spirituel. J'aurais pu vous envoyer, par monsieur votre neveu, une épître d'un nommé la Harpe,[4] où il y a des choses qui me plaisent infiniment. Je pourrais charger le Chevalier de Barfort,[5] qui part demain avec Mme de Chabot, de la lettre que j'ai reçue de Voltaire,[6] et d'un petit écrit sur les panégyriques[7] qu'il m'a envoyés, et aussi du dernier mémoire[8] de La Chalotais; mais je crois plus à propos de supprimer toute espèce de soins et d'attentions, de conformer ma conduite à la vôtre, en ne chargeant point les gens de mon pays de vous parler de moi, comme vous ne chargez point ceux qui reviennent du vôtre de me parler de vous; enfin, enfin, jamais prédicateurs, ni chez vous, ni chez nous, ne peuvent se vanter d'avoir fait une plus belle conversion; je n'y trouve de fâcheux que la honte et les remords qui restent. Oh! les justes doivent être bien plus heureux que les pécheurs pénitents!

Je n'aime point les arrangements que vous prévoyez, je voudrais que votre cousin[9] ne quittât point sa place, je le désirerais pour lui, et

forth determined to abandon for ever' (GM 1767, xxxvii. 275. T).

2. De Conti.

3. Voltaire's *Guerre de Genève.*

4. See *ante* 26 April 1767.

5. Autrement M. Jerningham (HW). Charles Jerningham (d. 1814), youngest son of Sir George Jerningham, 5th Bt. HW had met him many times in Paris (see *Paris Jour.*), and in England, where the Chevalier took refuge after the French Revolution. 'His mother . . . was . . . sole heir of her cousin the Lady Mary Howard Stafford, who died in 1769, the widow of Guy Count de Rohan-Chabot, brother to the Duc de Rohan in France' (GM 1814, lxxxiv. pt ii. 607–8).

6. Voltaire to D 18 May 1767 (Voltaire, *Œuvres* xlv. 266).

7. Voltaire's *Lettre sur les panégyriques, par Irénée Alethès.*

8. The Comte de la Noue wrote to the Chevalier de Fontette, 13 May 1767: 'M. Mantel m'a fait voir quatre requêtes au roi consultées par des avocats soussignés: 1° pour les sieurs de La Chalotais et de Caradeuc . . . ., qui toutes tendent à demander nouvelles instructions sur le jugement du conseil du 22 décembre dernier. Les quatre pièces sont imprimées chez Simon, imprimeur du parlement. J'ai envoyé un grison les chercher. Simon a dit qu'il ne pouvait ni en vendre ni en donner, qu'elles étaient imprimées pour et aux dépens des familles des complaignants . . .' (Henri Carré, *La Chalotais et le Duc d'Aiguillon*, 1893, pp. 439–40).

9. Conway.

encore plus pour vous: on a plus besoin d'occupations que vous ne pensez, et celles qu'on recherche ne nous garantissent pas si certainement de l'ennui que celles qui nous viennent chercher. Votre *Richard III* ne suppléera point à l'occupation que vous donnent les affaires: peut-être me trompé-je, mais je suis comme le jardinier dans la comédie de *L'Esprit de contradiction*,[10] je juge le monde et les hommes par mon jardin. Votre scène avec votre Irlandaise[11] est charmante, elle m'aurait bien divertie; j'aime à la folie à voir bien contrefaire; c'est un talent qu'a d'Alembert, et qui fait que je le regrette.[12] Je dois souper mercredi chez les Montigny, ils m'ont offert de prier Mlle Clairon, je l'ai accepté. Je rêve à ce que je lui demanderai de réciter; ce pourra bien être le songe d'*Athalie*, et peut-être le rôle de Viriate dans *Sertorius*,[13] qu'on dit être son triomphe. Je vous rendrai compte d'aujourd'hui en huit de ce que j'aurai entendu. Vous ne me parlez point de votre sourde, se porte-t-elle bien?

Mme de Peyre[14] est morte ce matin à sept heures et demie; elle envoya, il y a deux jours, son perroquet à Mme de la Vallière, et son catacoa[15] à Mme d'Aiguillon: ces dames étaient ses amies intimes, mais les perroquets les consoleront. Mme d'Aiguillon la jeune[16] est arrivée hier à Paris, son mari est encore en Bretagne, en horreur à toute la province.

Ma correspondance avec la grand'maman[17] est assez vive, mais elle aura demain son mari, il y restera jusqu'à jeudi ou vendredi. Je vois avec plaisir qu'elle est heureuse, elle a de la raison et de la jeunesse, et il en résulte de la force et du courage. Sa santé est bonne; l'Abbé Barthélemy lui est véritablement attaché, et c'est un homme tel qu'il le faut pour une compagnie journalière; elle a aussi Gatti et un M.

10. By Charles Rivière Dufresny (1648–1724).

11. See *ante* 26 May 1767.

12. D'Alembert, who had supported Mlle de Lespinasse in her quarrel with D, was now banished from D's salon.

13. Tragedy by Corneille. Viriate, Queen of Lusitania, is one of the leading characters.

14. Jeanne de Gassion (ca 1710–67), m. (1723) Henri-Aimar de Moret, Comte de Peyre; she died 31 May (C–D; *Rép. de la Gazette*). HW had met her often in Paris (*Paris Jour.*; HW to Selwyn 31 Jan. 1766).

15. Cacatois.

16. Louise-Félicité   de   Bréhant-Plélo (1726–96), m. (1740) Emmanuel-Armand Vignerot du Plessis-Richelieu, Duc d'Aiguillon (see 'Paul d'Estrée' [Henri Quentin] and Albert Callet, *La Duchesse d'Aiguillon*, 1912). HW had met her several times in Paris and usually referred to her as 'the young duchess,' 't'other duchess,' etc. (*Paris Jour.*).

17. D wrote to her, 13 May, 16 May, 23 May, and 29 May 1767 (see S–A i; the letter of 13 May is misdated 13 March). Mme de Choiseul wrote to D, 17 May, 23 May, and 26 May 1767 (ibid.).

de Castellane dont elle fait plus de cas qu'il ne mérite: elle ne reviendra que pour Compiègne, c'est-à-dire, les premiers jours de juillet.

On dit que votre ambassadeur partira à la fin de cette semaine pour Londres; il y a huit jours que je n'ai entendu parler d'eux; c'est Mme de Forcalquier qui est leur favorite; elle fait des petits soupers fins chez eux, et elle leur trouve prodigieusement d'esprit. Monsieur votre neveu était aussi fort empressé pour elle; je ne sais si j'aurai Leurs Excellences ce soir, je les ai priées pour mes dimanches une fois pour toutes.

Le Prince, l'Idole et toute leur clique reviennent aujourd'hui de l'Isle-Adam; le Prince, sa belle-fille[18] et l'Idole partiront le 20 de juin pour les eaux de Pougues, où ils resteront tout le mois de juillet; et la cour partira le 7 de juillet pour Compiègne, où elle restera jusqu'au 29 août. Vous ne me parlez point de vos Patagons,[19] que la gazette dit être arrivés en Angleterre. Au nom de Dieu n'oubliez pas mes cristaux pour les Fitzroy.

From Madame du Deffand, Saturday 6 June 1767

N° 75. Paris, ce samedi 6 juin 1767, à trois heures après midi.

VOTRE lettre, du 30 et du 2, que je reçois dans le moment, n'a pour ainsi dire point interrompu la lecture que je fais depuis cinq ou six jours, elle m'en a semblé la continuation; ce sont les *Lettres de Pline*. Je me proposais de vous en beaucoup parler, mais je les laisse là, aimant bien mieux parler de la vôtre. Je suis cependant bien peu en état aujourd'hui d'écrire et de penser; mon âme, tout immortelle qu'elle est, est terriblement soumise à son enveloppe, et j'aurais bien du penchant à ne l'en pas distinguer; mais je n'ai sur cela aucun système, et j'approuve extrêmement votre opinion, vos réflexions, et les conséquences que vous en tirez;[1] ce sujet entrera dans nos conversations. Soyez bien sûr que tout ce que vous pourrez me conter

18. Comtesse de la Marche (HW).

19. Perhaps a reference to the Abbé Gabriel-François Coyer's *Lettre au Docteur Maty . . . sur les géants patagons*, reviewed in the *Journal encyclopédique*, 1 June 1767, p. 135. The review does not mention Coyer's name, and D perhaps thought that HW, who had previously written on the Patagonians, wrote the *Lettre au Docteur Maty* also.

1. See *ante* 30 May 1767.

m'intéressera; vous serez plus tôt fatigué de mes questions que je ne le serai de vos histoires: osez-vous craindre de mettre ma patience à bout après les épreuves où vous l'avez mise? Pouvez-vous ignorer? mais . . . je me tais.

Soyez certain que je n'ai point l'intention de vous picoter ni de vous faire aucun reproche. Il y a trop de malentendus entre nous, et rien n'est plus nécessaire pour constater à tout jamais notre amitié que de nous entretenir avec la plus parfaite confiance; vous valez mille fois mieux que moi, et loin que je prétende m'humilier par cet aveu, ma vanité y trouve son compte, parce que tout de suite je crois que je suis la seule personne digne de vous avoir pour ami, et d'être le vôtre. Je vous dirai toutes vos vérités, c'est-à-dire, tout ce que je pense de vous; vous me rendrez la pareille, et nous ne nous tromperons ni l'un ni l'autre. Votre âme est plus ferme que la mienne; mais la mienne est moins variable que la vôtre: mais c'est assez parler de votre valeur intrinsèque.

Je n'ose vous parler de vos projets, je vois que vous n'en avez encore aucun de fixe, et qu'ils dépendent encore de bien des circonstances qui peuvent survenir. J'ai toute la patience nécessaire pour vous attendre, du moins dans ma volonté, et j'espère que ma santé étant un peu meilleure j'aurai encore le temps de vous voir.

Pouvez-vous douter que je n'exécute ce que vous me prescrirez?[2] M. Mariette sera payé très exactement. On aura grand soin des choses qu'il me remettra, et je serai ravie de les avoir en dépôt. Demain je continuerai cette lettre et je franchirai les bornes des quatre pages, pour aujourd'hui je suis trop peu en train d'écrire. J'ai la tête pleine de catarrhe, et j'éternue sans cesse.

Ce dimanche, à 7 heures du matin.

La nuit tout comme à l'ordinaire, c'est-à-dire sans sommeil, et le catarrhe fort augmenté, mais il faut que cela ait son cours; dans trois ou quatre jours je me porterai bien.

Wiart a travaillé à la traduction[3] en attendant son maître; elle est a moitié, et me paraît bien. Je n'entends point par votre lettre à moi de quel genre est la malice qu'on a voulu vous faire. Peut-être que

2. D was evidently to pay Mariette for things purchased at Julienne's sale (see below, and HW to Mann 30 May 1767).
3. This was doubtless the translation of HW's letter to William Langley, 13 March

1767, which had been printed in most of the English periodicals (see *post* 19 June 1767). Wiart's MS translation of it is in D's *Recueil de lettres*, bequeathed to HW.

quand la traduction sera parfaite elle me mettra au fait. Je n'en ai encore rien entendu dire à personne. Je vous sers selon vos souhaits, je laisse dire de vous le bien et le mal que l'on veut sans avoir l'air d'y prendre le plus petit intérêt, et en effet *je suis refroidie.*

Vous me demandez mon mot de Saint-Denis, cela est bien plat à raconter, mais vous le voulez.

Monsieur le Cardinal de Polignac,[4] beau diseur, grand conteur, et d'une excessive crédulité, parlait de Saint-Denis, et disait [que] quand il eut la tête coupée, il la prit et la porta entre ses mains. Tout le monde sait cela; mais tout le monde ne sait pas qu'ayant été martyrisé sur la montagne de Montmartre, il porta sa tête de Montmartre à Saint-Denis, ce qui fait l'espace de deux grandes lieues. . . . 'Ah!' lui dis-je, 'Monseigneur, je croirais que dans une telle situation *il n'y a que le premier pas qui coûte.'*

Cela est conté à faire horreur, je ne sais rien faire de commande, et je suis bien loin dans ce moment-ci d'avoir de la facilité.

Je m'étais imaginée que le mariage de votre cousine[5] était rompu, et pour rien au monde je ne vous en aurais demandé des nouvelles. Vous auriez jugé que c'était un piège pour découvrir vos projets sur votre voyage ici, parce que vous êtes grand interpréteur. Je voudrais savoir qu'est ce que vous avez interprété dont vous avez conclu que je voulais que mes amis me fussent soumis. Effectivement j'ai bien le ton d'autorité avec vous, et je dois me croire un grand air de dignité; cela fait rire. S'il existe quelque part la loi du talion vous devez vous attendre à être jugé bien de travers.

Je vous ai promis des nouvelles de mon souper avec Mlle Clairon. Il se passa à merveille, elle fut très complaisante. La connaissance n'en restera pas là, et je compte que je pourrai l'avoir quelquefois chez moi quand j'en aurai bien envie.

Nous avons ici pour nouvelle la mort de M. d'Isenghien,[6] qui avait quatre-vingt-onze ans. Il laisse 150000 livres à sa nièce aînée, Mme de Lauraguais,[7] et à la cadette, Mme de la Rochefoucauld,[8] 90[000].

4. Cardinal Melchior de Polignac (1661–1742).

5. Anne Conway, married 15 June 1767 to John Damer.

6. Louis de Gand-de-Mérode de Montmorency (1678–1767), Prince d'Isenghien, d. 6 June 1767 (*Rép. de la Gazette*).

7. Élisabeth-Pauline de Gand-de-Mérode de Montmorency (1737–94), guillotined in the Revolution, m. (1755) Louis-Léon-Félicité de Brancas, Comte de Lauraguais (*Rép. de la Gazette; Henri-Alexandre Wallon, Histoire du tribunal révolutionnaire, 1880–2, ii. 405*).

8. Louise-Pauline de Gand-de-Mérode de Montmorency d'Isenghien (1747–71), m. (1762) Louis-Alexandre, Duc de la Rochefoucauld (*Rép. de la Gazette*).

La grand'maman a une conduite avec moi charmante, elle m'écrit[9]
mille amitiés, mille douceurs. Il faut que vous ne lui ayez pas encore
fait réponse,[10] elle me l'aurait mandée. J'ai toujours oublié de vous
dire que votre petite Madame Pologne[11] a eu la petite vérole, qu'elle
s'en porte bien, et en est fort marquée.

À la fin j'ai vu M. de Chabrillan; il m'a rendu très bon compte de
Strawberry Hill et de la Chambre des Communes. Ce sont deux
choses fort singulières, et qui ont des beautés. Pour moi, je ne vois
rien de singulier, tout est monotone, et comment pourrait-on ne le
pas devenir?

Si je n'entends pas parler ces jours-ci de M. Mariette, je l'enverrai
chercher.

Je ne sais que souhaiter pour vous; si vous abandonnez la politique, gare l'ennui! Si vous la poursuivez, gare je ne sais pas quoi!
vous êtes un baromètre toujours au variable. Adieu, à dimanche.

À 2 heures.

J'ai déjà reçu la visite de M. Mariette; vous avez les plus belles
choses du monde,[12] vous pouvez choisir des armes pour combattre;
mais heureusement tout cela n'est pas cher. Le tableau[13] est, dit-on,
fort joli. Pour moi, ce que j'ai acquis, c'est je crois un catarrhe semblable a celui que j'ai eu, et que vous me vîtes, au commencement de
notre connaissance. Je ne peux pas respirer, j'ai mal à la tête, et j'ai
le malheur de ne pouvoir pas dormir; mais vous comprenez fort bien
qu'il n'y a pas le plus petit léger sujet d'inquiétude, mon état est im-
patientant, et puis c'est tout.

Monsieur le Duc de Chevreuse[14] est sérieusement malade, on dit
qu'il fond comme s'il était de cire. Adieu, je vais prendre une bava-
roise.

Je ne sais point si je dois garder le mémoire et la quittance, ou si je
dois vous l'envoyer; mandez-le moi.

9. See Mme de Choiseul to D 3 June
1767, S–A i. 106. D had reproached her
for using a severe tone in a previous letter.

10. HW wrote to Mme de Choiseul 29
May 1767 (missing).

11. Czernieski (HW).

12. De la vente Julienne (HW).

13. Filippo Lauri's 'Christ Praying in
the Garden,' sold SH xiii. 25.

14. Marie-Charles-Louis d'Albert de
Luynes (1717–71).

To Madame du Deffand, Monday
8 June 1767, N° 68

Missing. Post 17 June 1767 gives this date, but it is 9 June in *Paris Journals.*

From Madame du Deffand, Sunday 14 June 1767

N° 77. Paris, ce dimanche 14 juin 1767.

LE facteur vient de passer, il n'y a point de lettres; le temps n'a pas été assez mauvais pour l'attribuer à un retardement de la poste; votre exactitude m'empêche de penser que ce soit négligence de votre part, il ne me reste donc plus que de l'inquiétude sur votre santé. La mienne ne s'en trouvera pas mieux. Si mercredi je n'ai point de vos nouvelles, je serai un peu alarmée.

La philosophie est une belle chose, elle existe dans le raisonnement, mais pour dans le sentiment, elle ne s'y trouvera jamais.

From Madame du Deffand, Wednesday 17 June 1767

N° 78. Paris, ce mercredi 17 juin 1767.

VOTRE lettre du 8 que je devais recevoir samedi 13 arrive aujourd'hui mercredi 17. Il faut que je me hâte de vous dire que je ne vous impute point le tort des vents et que je m'en suis tenue à être inquiète de votre santé. Je reçus hier une lettre du petit Craufurd, il me mandait vous avoir vu, il ne me parlait point de votre santé et j'en fus rassurée.

Mais mon Dieu! ne serait-ce point vous qui auriez pris l'habitude de me gronder toujours; le début de votre lettre est une réprimande qui dure une page, sur ce que je vous ai dit que vous ne chargiez personne d'aucune commission pour moi; est-ce que je sais moi s'il est de la dignité anglaise de ne devoir dire aucune parole oiseuse? N'est-ce qu'en France qu'on est en usage de demander des nouvelles de ses amis à ceux qui nous en peuvent dire? Enfin, environ depuis cinq ou six semaines, j'ouvrais vos lettres sans terreurs parce que je me promettais de ma bonne conduite que je n'avais plus de gronderies à craindre; il faut prendre patience, je suis persuadée, ou du moins j'espère, qu'une demi-heure de conversation établira entre nous une paix parfaite; nous nous entendrons, et vous serez bien honteux et bien repentant de vos méprises. La grand'maman m'a envoyé la lettre que vous lui avez écrite.[1] Oh! pour le coup celle-là est charmante, et me fait vous pardonner celle que je reçois aujourd'hui. J'avais envie de vous transcrire ce qu'elle m'écrit sur votre façon de penser sur Jean-Jacques,[2] mais comme vous prétendez que je vous verrai bientôt, je remets à vous en faire faire la lecture. Je suis bien contente de cette grand'maman, et si je n'avais pas un fond d'incrédulité invincible je devrais croire qu'elle m'aime; elle me plaint, elle me console quand je lui peins ma tristesse, elle me presse de lui dire toutes mes peines, c'est une mère tendre qui protège et soutient son enfant, qui lui pardonne tout, qui veut qu'elle ne donne point de bornes à sa confiance; et vous, vous êtes je n'oserais pas dire un *ami,* ce titre *ami* vous ferait frémir. Vous êtes donc un fagot d'épines, quelque chose qu'on fasse ou qu'on dise vous grondez toujours; allez, je vous le pardonne, ne craignez plus jamais aucun reproche, aucune amitié, aucune gêne, aucune contrainte, venez, arrivez, et tout ira bien.

Le Craufurd me mande que M. Selwyn perd dix mille guinées depuis cet hiver, j'ai peur que cela ne l'empêche de venir ici; je lui dois quelque argent; faites-moi le plaisir de lui demander à quoi cela se monte et de le payer; je vais lui écrire pour l'en avertir, cela excédera ce que vous pouvez me devoir; vous prendrez la peine de faire un petit état de ce que vous lui payerez, en y joignant ce que coûteront les commissions que je vais vous donner.

Ce sont six éventails qu'on appelle des immortelles, dont les plus beaux coûtent un petit écu pièce; il est important qu'ils jouent bien. Il me faut aussi deux livres de thé vert.

Voilà à quoi se borne ce que j'exige de vos soins. Vous ne me mandez point si le mariage[3] est fait; je serai bien aise si vous pouvez arriver quelques jours avant Compiègne, afin que vous puissiez souper avec la grand'maman, je l'aime uniquement. Vous ne trouverez point l'Idole ni son Prince, ils partent aujourd'hui en huit pour les eaux

---

1. HW to Mme de Choiseul 29 May 1767 (missing).

2. 'Je vous envoie, ma chère enfant, la lettre de M. Walpole, puisque vous le voulez; vous n'y verrez que des louanges: il me parle toujours comme à une femme et à une femme de ministre. J'espère qu'il changera de ton quand nous nous connaîtrons. Il finit par me recommander Rousseau. La compassion l'égare; c'est une surprise de son amour-propre. Que puis-je pour Rousseau?' (Mme de Choiseul to D 12 June 1767, S–A i. 119).

3. Anne Conway's marriage, 15 June.

de Pougues. Vous ne reconnaîtrez plus Mme de Forcalquier; toute son ambition est d'être trouvée un bel esprit par votre ambassadeur et votre ambassadrice; et pour y parvenir elle admire tout ce qu'ils disent, et les trouve supérieurs à tout ce qu'elle a jamais connu; elle leur donne à souper ce soir, j'y étais invitée, mais je préfère de souper entre le Président et Mme de Jonzac; celle-ci, après la grand'maman, mais à une grande distance, est ce qui me plaît et me convient le mieux. Vous me trouverez bien avec tout le monde, et il faudra que vous soyez pis que le Grondeur, M. Grichard,[4] si vous n'êtes pas extrêmement content de moi, et si vous ne me demandez pas pardon à deux genoux de toutes vos indignes querelles.

Je m'attends à être contente de vous et que vous me direz que je suis au rang de ce que vous aimez, de votre sourde, de Richard III, de l'Hôtel de Carnavalet,[5] etc.

Adieu, mon . . . dirai-je tuteur? Oh non! je ne le dis pas, c'est une familiarité que je ne dois pas encore me permettre. Rien n'est si étrange qu'un Anglais, quand il est comme vous, tout à découvert, mais je serais bien fâchée que vous eussiez le moindre voile avec moi. Adieu. J'espère que j'aurai de vos nouvelles samedi ou dimanche, et que les vents seront plus traitables. M'apporterez-vous le petit chien?[6]

To Madame du Deffand, Friday 19 June 1767, Nº 69

Missing. Answered, 23 June.

From Madame du Deffand, Friday 19 June 1767

Nº 79. Paris, ce vendredi 19 [juin][1] 1767.

TROUVEREZ-VOUS bon que je satisfasse la fantaisie qui me prend de vous écrire? Voici pourquoi elle m'est venue; je relus hier vos deux dernières lettres, l'une du 30 mai, l'autre du 8 juin; je me reprochai de ne vous avoir pas marqué à quel point j'ai été con-

---

4. The leading character in *Le Grondeur,* comedy by Palaprat and Brueys.
5. D means Mme de Sévigné who lived there.
6. Probably Rosette, whose gender wa-

vered in D's mind (see *post* 13 July, 26 July 1767).

---

1. Date of month added by HW.

tente de la première, je ne puis jamais lui donner tous les éloges qu'elle mérite, mais ce qui en tiendra lieu et qui vaudra bien mieux, c'est que je vous la ferai relire; réellement elle est admirable. Pour la seconde ce n'est pas la même chose, vous n'étiez pas dans une si heureuse disposition quand vous l'avez écrite, vous vous armez de pied en cap contre moi, vous vous exagérez tous mes défauts, vous avez l'air de mourir de peur de me revoir. Eh! bon Dieu, qu'avez vous à craindre? Vous racheteriez bien cher votre lettre de Chantilly![2] Qu'elle ne vous donne aucune crainte, je ne vous en rappelerai jamais le souvenir; ne croyez point que je veuille vous picoter; ce que vous avez pris pour des aigreurs n'était que maladresse, mon but était de vous faire remarquer combien je m'étais corrigée et combien je m'éloignais du style romanesque; enfin ne me craignez point je vous prie, ayez toute confiance en moi, n'appréhendez ni gêne ni ridicule, et n'ayons aucun embarras vis-à-vis l'un de l'autre. Je suis bien éloignée d'être exigeante, vous m'écraserez avec votre massue si je ne vous tiens pas parole.

J'étais assez malade mercredi en dictant ma lettre, j'oubliai de vous dire que Jean-Jacques est ici, mais incognito.[3] Le Prince[4] a rendu des visites à beaucoup de Messieurs du Parlement pour les prier de ne point sévir contre ce malheureux proscrit; on dit qu'on lui cherche un asile en France hors du ressort du Parlement de Paris. Quand j'en saurai davantage je vous le manderai. La grand'maman, en m'envoyant votre lettre,[5] m'en a écrit une[6] qui est presque aussi longue qu'une feuille de Fréron;[7] j'aime mieux vous la faire lire que de vous en faire l'extrait, elle blâme votre bon cœur, elle prétend que c'est un excès d'amour-propre; vous n'arriverez point assez tôt pour voir cette grand'maman, et c'est ce qui me fâche . . . eh bien! remarquez-vous que mon intérêt n'y entre pour rien, mais il est décidé que jamais vous ne serez content de moi, vous êtes trop prévenu. Adieu, jusqu'à ce que j'aie reçu une lettre.

Ce samedi 20, à 5 heures du soir.

Le facteur vient de passer et il n'y a point de lettres, de vous s'en-

2. HW to D 17 April 1766 (missing).

3. Rousseau assumed the name of J. Renou at this time (see Jean-Jacques Rousseau, *Correspondance*, ed. Dufour, 1924–34, p. xvii).

4. De Conti.

5. HW to Mme de Choiseul 29 May 1767 (missing).

6. Mme de Choiseul to D 12 June 1767, S–A i. 110–20.

7. The *Année littéraire*, edited by Fréron.

tend; car j'en reçois une d'un M. Dickinson, dont je ne me soucie guère. Elle est du 16, il me mande que M. Craufurd part incessamment pour Spa et qu'il passera par Paris dans le mois d'août; il ne me parle point de vous, peut-être ne le connaissez-vous pas.[8]

On attendait ces jours passés les Bunbury; ils n'étaient pas arrivés hier; le petit Lauzun est depuis dimanche à Calais pour attendre sa Milady; l'Idole ne jouira pas longtemps du plaisir de la voir, elle part jeudi 25 avec le Prince pour les eaux de Pougues; ils n'en reviendront au plutôt qu'à la fin de juillet.

Je soupai hier chez vos ambassadeurs; nous étions dix-sept; les dames étaient Mirepoix, La Vallière, Forcalquier, Narbonne, Caraman, Cambis;[9] ils font très bonne chère; Mme de Forcalquier fait les honneurs, elle est le chef du conseil de l'ambassadrice, elle lui trouve prodigieusement d'esprit, ainsi qu'à son époux; ils ont pour moi l'un et l'autre beaucoup de politesse, mais peu d'empressement, ils souperont lundi chez le Président. On me dit hier que votre Parlement ne finirait qu'à la fin du mois,[10] ce sera le moment des changements de votre ministère s'il y a à en avoir. Il ne m'est pas démontré ce qui sera le plus avantageux ou le plus agréable pour vous; ce qui est de certain c'est que ce que je désire est que tout s'arrange suivant ce qui vous convient le mieux. Soyez bien persuadé, et trouvez bon que je vous dise une fois pour toutes, que je suis véritablement votre amie et telle que doit être une véritable amie, sans qu'il y ait aucun mélange de folie et surtout de prétention qui puisse altérer la paix entre nous; ce qui m'attache à vous est ce qui en pourrait détacher beaucoup d'autres: votre extrême vérité; elle vous fait me dire souvent des paroles malsonnantes, mais elles ne me fâchent point. Vous m'assurez de votre estime, et voilà tout ce que je demande, je n'ai jamais imaginé qu'on me dût d'autres sentiments, et je serai bien trompée si quand je vous verrai vous n'êtes pas content de moi et si je ne suis pas contente de vous; ne craignez ni discours ni conversa-

8. HW had apparently met him (see *ante* 20 Oct. 1766).

9. Gabrielle-Françoise-Charlotte d'Alsace-Hénin-Liétard (1729–1809), m. (1755) Jacques-François-Xavier-Régis-Ignace, Vicomte de Cambis, later Comte de Cambis-Orsan (Woelmont de Brumagne v. 216–7). See also Stéphanie-Félicité Ducrest, Comtesse de Genlis, *Mémoires,* Bruxelles, 1825, ii. 31; René-Louis de Voyer, Marquis d'Ar-

genson, *Journal et Mémoires,* 1867, ix. 161; S–A ii. 328; *post* 20 Dec. 1773. HW did not meet her till 1769 (*Paris Jour.*). During the Revolution she fled to England, where B obtained reminiscences of D from her ([Mary Berry], *Extracts of the Journals and Correspondence of Miss Berry,* ed. Lady Maria Theresa Lewis, 1866, ii. 350, 21 May 1808).

10. It ended 2 July.

tions sur l'amitié, je vous fais le serment le plus sacré de la bannir à tout jamais de nos entretiens et de mes lettres.

J'imagine que vous êtes actuellement occupé de votre noce, et que c'est peut-être la cause que je n'ai point de vos nouvelles aujourd'hui; je ne me flatte pas de vous revoir avant le 15 ou le 20 du mois prochain; vous ne me croirez pas quand je vous dirai que l'impatience que j'ai de votre arrivée n'est fondée que sur la crainte que j'ai de mourir avant de vous avoir vu. Ce n'est pas que je sois absolument malade, mais j'ai de si cruelles insomnies et je m'affaiblis tellement que le plus petit accident qui surviendrait m'emporterait bien vite. Et ce qui vous paraîtra bien extraordinaire c'est que je vous désire en qualité de médecin, de confesseur, et de notaire; je n'ai jamais trouvé dans Scudéry aucune de ces qualifications données aux amants par leurs maîtresses; vous êtes, je vous assure, le premier qui m'ait trouvée romanesque, j'ai attendu un peu tard à le devenir.

Adieu, mon tuteur, ne vous faites point de terreur de votre voyage en France; vous ne saurez que j'y suis qu'autant que vous voudrez le savoir; je vous ai donné toutes mes commissions; me manderez-vous le jour de votre départ?

J'oubliais de vous dire que j'ai fait traduire la lettre,[11] mais je n'en suis pas contente, il y a des obscurités qui viennent de la faute du traducteur: vous me les éclaircirez. Je sens bien qu'elle est excellente, et qu'il n'y a rien à ajouter à la modestie et au désintéressement.

J'ai fait réparer le dommage arrivé à vos livres, ils sont en très bon état; je vous ai mandé que Pont-de-Veyle avait les siens, et que je l'avais empêché de vous écrire. L'Abbé Barthélemy ne recevra son présent[12] qu'à son retour de Chanteloup les premiers jours du mois prochain.

To Madame du Deffand, Tuesday 23 June 1767, N° 70

Missing. Answered, 28 June.

11. See *ante* 6 June 1767.
12. He had already received HW's books: 'J'ai oublié de vous remercier pour l'Abbé des livres que lui envoie M. Wal-pole. Il me paraît bien content d'en recevoir cette galanterie, quoique la couverture des livres soit gâtée' (Mme de Choiseul to D 3 June 1767, S–A i. 107–8).

From Madame du Deffand, Tuesday 23 June 1767

Nº 80. Paris, ce 23 juin 1767.

IL serait plaisant que j'eusse des notions sur vos changements, et que vous n'en eussiez pas; j'imagine que votre ministre d'ici[1] a de grands projets et qu'il avait ces jours passés de grandes espérances; son secrétaire[2] est à Londres depuis plusieurs semaines, il attendait son retour avec impatience, il ne doutait pas hier au soir de le trouver arrivé en rentrant chez lui, ce qui devait décider son départ pour Londres jeudi 25; il était si occupé, si troublé, que je lui dis en riant que j'enverrais ce matin lui en demander des nouvelles. Je viens d'y envoyer, le secrétaire n'est point arrivé, et il m'a fait dire qu'il ne partait plus; c'est à vous de juger si cela veut dire quelque chose et ce qu'on en peut conclure. Pour moi, ce que je juge, s'il est question de lui, c'est que Diogène aurait autant besoin de sa lanterne à Londres qu'il en avait besoin à Athènes.

Votre tête est donc bien troublée, et vous en tirez la conséquence que nos caractères ne se ressemblent point; ils peuvent en effet ne se pas ressembler, mais ce n'est pas par cette raison-là. Je ne trouve pas de plaisir à penser qu'il y ait tant de différence dans nos caractères, et je ne penserais pas que cela fût, si vous ne preniez pas toujours beaucoup de soin à m'en assurer. Nous sommes vrais et sincères l'un et l'autre, nous sommes bien éloignés de vouloir nous tromper ni de nous en imposer; pourquoi donc me trouvé-je des rapports avec vous? et que vous ne vous en trouvez point avec moi? Si cela valait la peine que vous y fissiez réflexion je vous prierais de me le dire; il est très vrai que rien ne m'intéresse ni ne m'occupe, mais cela tient plus à ma situation et à mon âge qu'à mon caractère, qui n'est pas naturellement l'indolence ni l'indifférence, dont je suis très fâchée, et c'est positivement parce que je suis trop vive et trop active que je suis si sujette à l'ennui. Mais ce n'est pas le moment des dissertations, vous les détestez, je ne les aime guère, et votre tête est trop occupée. Combien vous en coûtera-t-il donc pour éviter ce grand chemin,[3] cela sera-t-il considérable, cette affaire sera-t-elle longue à traiter? Ce nou-

1. Lord Rochford, who became secretary of state (see n. 8 below).
2. Stanier Porten (d. 1789), Kt (1772), secretary of embassy at Paris 1766–8, Gibbon's uncle.

3. Qu'on voulait faire auprès de Strawberry Hill (HW). Probably to Hampton Court.

vel inconvénient me déplait fort; la retraite de votre cousin[4] ne me plaît pas davantage, mais je ne suis pas en état de raisonner sur ce sujet, je n'y vois pas assez clair.

On dit que votre petite cousine[5] ne se soucie guère de son mari, et qu'elle s'en moque; je la plains, car il est triste de vivre avec des gens qu'on trouve sots et ridicules, et surtout avec un mari.

Rien n'est moins pressé que le billet de loterie,[6] ce doit être le dernier de vos soins.

On attendait ici ces jours passés Milady Sarah; le petit Lauzun a été à Calais pour l'attendre, et il a reçu la nouvelle qu'elle irait droit à Spa sans passer par la France; ce qui a rendu le petit Duc très penaud.

On dit que Jean-Jacques n'est plus ici,[7] et l'on ne sait pas s'il obtiendra la permission de rester en France; il ne mérite pas le plus petit intérêt; vous l'avez démasqué, et vous avez bien fait, n'en ayez nul remords, c'est ainsi qu'il faut traiter tous les forfanteurs; il s'en faut bien qu'il soit le seul dans ce pays-ci.

J'ai bien de l'impatience du retour de la grand'maman; à force d'estime pour elle j'imagine l'aimer.

Le pauvre Président vit toujours, il se porte même assez bien, mais sa tête est dans un pitoyable état; il me fait faire bien des réflexions que je vous dirais, mais que je ne veux point vous écrire. Sa nièce Jonzac a la conduite la plus honnête, c'est une femme de mérite. Mme de Chabot lui a mandé beaucoup de choses de vous, elle vous aime beaucoup, et elle serait ravie de vous revoir. Le Président donna à souper hier à votre ambassadeur et ambassadrice, et à une grande partie du corps diplomatique. Connaissez-vous M. de Marmora, ambassadeur de Sardaigne? Il a été deux ans en Angleterre, il y conserve des relations. Mon Dieu! qu'il me paraîtrait plaisant que votre ambassadeur entrât dans votre ministère,[8] mais il devait partir, et il ne part pas, cela dérange mes idées.

N'ayez point d'inquiétude sur votre style, vous êtes toujours très

---

4. At this time, Conway was determined to retire, but, in July, Rockingham's inability to assume power left Conway free to remain.

5. Anne Conway, whose marriage to John Damer proved to be an unhappy one.

6. See *ante* 23 May 1767.

7. He was at Trye, near Gisors.

8. In the following year, Lord Rochford was made secretary of state for the southern department (21 Oct. 1768), but was soon transferred to the northern department (*Mem. of Geo. III* iii. 167). It was rumored that he was to succeed Conway: 'Lord Rochford is sent for from Paris, being destined, as is supposed, for some considerable post in the ensuing new ad-

Reproduced by permission of the Librairie
Plon from Henri Lion's Le Président Hénault

clair et ce serait bien ma faute si je ne vous entendais pas. Adieu, je vous souhaite plus de tranquillité.

Ce mercredi, à 10 heures du matin.

Je vis hier votre ambassadrice, j'arrêtai à sa porte pour m'y faire écrire, elle se promenait dans sa cour et me fit prier d'entrer; il était tard, j'avais deux hommes dans mon carrosse que je menais souper chez le Président, je lui fis dire que je ne pouvais pas descendre, et que je venais seulement savoir s'il était vrai que Milord ne partît pas; elle vint à mon carrosse, y monta, je la questionnai sur le change-ment de résolution de Milord; elle me baragouina qu'il avait changé d'avis. Je lui dis, 'Apparemment qu'il attend que le Parlement soit fini; doit-il durer encore longtemps?'—'Je n'en sais rien,' dit-elle, 'et ne m'en soucie nullement'; la veille elle avait dit à Mme de Jonzac que son mari n'accepterait point une place dans le ministère à moins qu'il ne prît plus de consistance; ils doivent souper chez moi di-manche avec leur bonne amie Mme de Forcalquier. Je crois que celle-ci n'est pas contente de ne pas entendre parler de vous, et que cela rejaillit sur moi; je ne m'en soucie guère.

Je reviens à la différence que vous trouvez qu'il y a entre vous et moi; il y en a une infinie entre nos âges[9] et nos situations, mais beau-coup moins que vous ne pensez entre nos caractères. Laissez-le-moi croire du moins, car je suis persuadée qu'il ne saurait y avoir une véritable amitié entre des personnes qui n'auraient entre elles nul rapport. Nous nous sommes trop laissés aller à nous dire par lettres tout ce qui nous passait par la tête, nous ne nous connaissons pas assez pour cela, nous nous sommes mal entendus, je vous ai fatigué, ennuyé, vous avez conçu des idées les plus étranges, vous ne vous êtes pas contraint dans vos expressions, et si nous n'avions pas un fond d'estime l'un pour l'autre, notre commerce ne se serait pas sou-tenu. Dieu merci! nous nous sommes tirés de tout ce chaos et de tous ces verbiages, et quand nous nous reverrons nous nous trouverons très bien ensemble. Ce qui m'inquiète beaucoup aujourd'hui c'est

---

ministration' (*London Chronicle* xxii. 50, 15 July 1767).

'It was this morning reported that the Earl of Rochford will be appointed to succeed the Right Hon. Mr Conway as one of his Majesty's secretaries of state' (ibid. xxii. 56, 16 July 1767).

The rumor was finally contradicted, and it was admitted that Rochford was merely coming to England on private business (ibid., xxii. 162).

9. Twenty-one years' difference.

votre grand chemin, j'ai peur qu'il ne vous détourne de prendre celui de Paris, et comme je vous l'ai déjà dit bien des fois, je voudrais avoir la certitude de vous voir encore une fois.

Votre Mme de Pologne n'est plus ici, elle retourna dans son pays quatre jours après votre départ. J'appris hier que le petit Lauzun, ne trouvant pas sa Milady à Calais, était passé en Angleterre, où il n'a pas osé rester; il a été question de le mettre en prison pour cette escapade.

J'attends avec impatience des nouvelles de votre grand chemin, des changements de votre ministère, et puis, etc. N'allez pas tomber malade, voilà ce que j'appréhende; vous trouverez toutes vos brocanteries, votre mémoire, votre quittance, mais quand les viendrez-vous chercher? Adieu.

From MADAME DU DEFFAND, Sunday 28 June 1767

Entirely in Colmant's hand.

Nº 81. Paris, ce 28 juin 1767.

VOTRE lettre[1] mériterait une bonne réponse, mais Wiart a un rhumatisme, et de plus il faut que je sorte, tout à l'heure, pour aller à un grand thé, où je suis invitée, chez la Maréchale ma voisine,[2] où sera l'autre Maréchale,[3] et une belle et nombreuse compagnie.

J'aurais fort bien passé cet ordinaire-ci sans vous écrire, et je n'aurais pas été fâchée d'avoir l'air, ainsi que vous, d'être tout à la Grecque, c'est-à-dire à bâtons rompus, mais Mlle Dumont[4] part pour l'Écosse; il faut qu'elle sache des nouvelles de son fils; j'en ai fait demander à M. de Durfort.[5] Il se porte bien, on en est content, et s'il continue à avoir une bonne conduite, Madame la Duchesse de Choiseul le protégera, le placera; mais entre vous et moi, par la connaissance que nous avons de son caractère, nous croyons que ce sera un mince sujet.

Je crains bien que vous n'ayez tout le temps de vous attacher à la petite chienne,[6] et mon idée est, que si elle ne me parvient que par vous, elle ne me parviendra jamais.

1. HW to D 23 June 1767 (missing).
2. Mme de Mirepoix (HW, note to *post* 1 July 1769).
3. De Luxembourg.

4. Mme Dumont (see *ante* 21 May 1766).
5. See *ante* 20 Oct. 1766.
6. Rosette, often mentioned by D in later letters. HW kept the dog.

Ah! si j'ai eu l'anglomanie, j'en suis bien revenue; un caractère anglais, c'est une gibecière d'un joueur de gobelets: tout ce qui en sort, attrape; quand on croit tenir une balle, on trouve un oiseau, etc., etc.

Cette démission du cousin, qu'est-elle devenue? Il est peut-être plus ferme que jamais; la nation dont je suis reine est bien étrange, je crois que ce royaume a la solidité de la lanterne magique. Dieu soit béni! car il faut le louer de tout. Je déteste votre Parlement.[7]

Je vous prie de ne me point envoyer le thé ni les éventails. Je suis choquée de cette idée. M. de Guerchy ou d'autres pourraient donc arriver avant vous?[8] Oh bien! si cela est, je suis votre servante, je vous dis adieu, et vous n'entendrez plus parler de moi.

La grand'maman arrive mercredi prochain. Tout ici a un commencement et une fin; mais chez vous autres, on ne voit le bout de rien.

On dit que Jean-Jacques n'est plus ici;[9] mais je vous conterai tout cela quand je vous verrai. C'est à peu près vous dire que vous ne le saurez jamais.

J'aurai ce soir à souper vos ambassadeurs, mâle et femelle.

J'ai reçu aujourd'hui une lettre de M. Selwyn; il s'annonce pour les premiers jours du mois prochain. Oh! pour lui, je crois qu'il viendra.

To Madame du Deffand, Monday 29 June 1767, N° 71

Two fragments, B i. 163 n., 165 n. *Post* 5 July 1767 gives the date as 29–30 June. HW was at Arlington Street.

ON veut imposer quand on cesse de plaire, et quand on est à l'âge de plaire, assurément on ne s'avise pas de plaire par la sagesse. La jeunesse qu'on prétend ne rien savoir, sait son intérêt sur cet article essentiel. Ah! ma Petite, passés vingt-cinq ans, que vaut tout le reste? La science, le pouvoir, l'ambition, l'avarice, la gloire, les

7. For continuing to sit, and thus fatiguing HW.

8. 'This day his Excellency the Count de Guerchy set out from his house in Soho Square on his return home' (*London Chronicle* xxii. 66, 20 July 1767; see also *post* 26 July 1767).

9. He was still at Trye.

talents ne troqueraient-ils pas leurs plus grandes possessions contre les folies, et la gaîté, contre les défauts même de la jeunesse?

Savez-vous, que de quasi tous les grands hommes, je ne pardonne volontiers qu'Alexandre. Il était jeune, fol, ivre, amoureux et avait conquis le monde avant que de savoir ce qu'il faisait. Mais je déteste les Charles-Quint, les Philippe II qui prennent médecine et concertent des plans pour faire massacrer cent mille hommes.

From Madame du Deffand, Sunday 5 July 1767

N° 82. Paris, ce dimanche 5 juillet 1767
à 10 heures du matin.

VOUS n'étiez pas dans la plus agréable disposition le 29 et le 30, qui sont les dates de votre dernière lettre. Ce n'est pas que je m'en plaigne, elle est froidement honnête, et vous ne m'y grondez pas, ainsi je n'ai rien à dire; mais je voudrais savoir si je suis enfin parvenue à vous contenter, et si je suis parfaitement corrigée de tout ce qui vous déplaisait. Ce qui me fait craindre que cela ne soit pas, c'est que je crois entrevoir que votre séjour ici vous inquiète, et que la complaisance qui vous y amène vous coûte beaucoup; mais, mon tuteur, songez au plaisir que vous me ferez, quelle sera ma reconnaissance. Je ne vous dirai point combien cette visite m'est nécessaire; vous jugerez par vous-même si je vous en ai imposé sur rien, et si vous pourrez jamais vous repentir des marques d'amitié que vous m'aurez données. Vous faites une récapitulation des personnes que vous pourrez voir: vous n'aurez d'embarras que le choix, et le choix sera extrêmement libre. Vous avez beau me dire que vous ne viendrez ici que pour moi, je ne m'en souviendrai que pour vous en être obligée, et non pas pour exiger de vous de me voir un quart d'heure de plus qu'il ne vous conviendra. Vous vivrez avec mes connaissances, si cela vous convient; avec les Rochefort,[1] Maurepas[2] et d'Egmont,[2a] si cela vous est plus agréable; enfin, enfin je resterai tranquille dans ma cellule; vous m'y viendrez trouver quand vous voudrez, et jamais

---

1. The Comtesse de Rochefort.
2. Jean-Frédéric Phélypeaux (1701–81), Comte de Maurepas, m. (1718) Marie-Jeanne Phélypeaux de la Vrillière (1704–93) (GM 1793, ii. 1153; Lévis, Souvenirs, p. 1). Maurepas was prime minister under Louis XV, was exiled, and was not restored to fa-

vour till the accession of Louis XVI. HW had met him and his wife often (Paris Jour.), but he saw them less frequently on his later visits to Paris.

2a. Casimir Pignatelli d'Egmont (1727–1801), Comte d'Egmont (see post 15 June 1779, n. 2).

vous n'entendrez ni plaintes, ni reproches, ni raisonnements, ni sentiments, ni romans. Nous dirons un jour le diable de la jeunesse, le lendemain nous trouverons qu'il n'y a qu'elle d'aimable; mais je persisterai toujours à vous dire que vous ne devez pas craindre la grand' maman, qu'elle a un goût infini pour vous, et que vous serez ingrat si vous ne lui marquez pas de l'empressement et de l'amitié. Elle est aujourd'hui la seule personne qui en soit digne; elle est revenue mercredi de Chanteloup, je l'ai vue tous les jours. Avant-hier, je soupai chez elle avec la petite Lauzun et l'Abbé Barthélemy; nous n'étions que nous quatre; vous fûtes regretté; elle a retenu la phrase de votre lettre sur la Czarine,[3] où vous me dites positivement les mêmes choses qu'elle m'en avait écrites, elle l'a retenue mot pour mot. Je m'étais malheureusement engagée hier à souper chez Mme de Forcalquier, laquelle, par parenthèse, s'est réchauffée pour moi; la grand'maman m'envoya prier de la part de son époux de venir souper chez elle, je ne pus l'accepter, mais j'y fus à minuit; le ministre[4] me demanda quand vous viendriez, et j'eus le chagrin de répondre que je n'en savais rien. La grand'maman partira jeudi ou vendredi pour Compiègne. L'Idole et son Temple sont aux eaux jusqu'à la fin du mois, la Maréchale de Luxembourg partira samedi pour une campagne où elle sera douze ou quinze jours, les Mirepoix, les Beauvau iront à Compiègne le 15, où ils resteront tout le voyage, qui sera jusqu'au 26 d'août; vos ambassadeurs iront dans le même temps, ainsi que tous les étrangers que je vois: il ne me restera que Mmes d'Aiguillon (qui est tantôt à Rueil, tantôt à Paris, et avec qui je suis fort bien), de la Vallière, de Forcalquier, de Crussol, etc., et puis la maison du Président, que Mme de Jonzac me rend très agréable. Voilà, mon tuteur, l'état des choses; je me flatte que vous ne vous ennuierez point. Je dois vous prévenir que vous me trouverez très près de la décrépitude; cela ne devra point vous surprendre ni vous fâcher, je n'en suis pas de plus mauvaise humeur, je me soumets paisiblement, et avec assez de courage, aux malheurs qu'on ne peut éviter, et j'aurais bien du plaisir à pouvoir vous dire un vers de Voltaire sur l'amitié:

Change en bien tous les maux où le ciel m'a soumis.[5]

À propos de Voltaire, je vous garde sa lettre et ma réponse,[6] dont la

3. *Ante* 30 May 1767.
4. M. de Choiseul.
5. From Voltaire's *Quatrième discours* (*De la modération en tout*).

6. Voltaire to D 18 May 1767, and D to Voltaire 26 May 1767 (Voltaire, *Œuvres* xlv. 266, 274).

grand'maman a été très contente; il n'y a point répliqué, et c'est ce qui m'étonne.

Mon Dieu, que nous aurons de sujets de conversation! Nous n'aurons pas besoin de recourir à la métaphysique; je vous accablerai de questions, et je compte bien me mettre au fait de tout ce qui vous regarde et vous intéresse: notre commerce en deviendra par la suite beaucoup plus agréable et plus intelligible. Tenez, mon tuteur, je ne puis pas m'empêcher de vous le dire, j'ai de l'amitié pour vous, et votre excessive franchise est ce qui m'attache le plus. Je ne vous suis bonne à rien, je dois passer le reste de ma vie loin de vous, mais ce m'est une consolation de savoir qu'il existe une personne qui mérite l'estime et qui en a pour moi. Vous me pardonnez bien cette petite douceur, elle n'excède point ce qui est d'usage pour tout le monde; il n'y a de différence que de la vérité au compliment.

Je finis, parce que je ne veux pas fatiguer plus longtemps mon secrétaire; il n'est rentré dans ses fonctions que d'aujourd'hui, il a été très malade, et m'a causé des inquiétudes mortelles.

Adieu, mon tuteur, que je n'aie rien à combattre avec vous, n'ayez nulle espèce de défiance de moi, exceptez-moi, s'il se peut, des règles que vous vous êtes prescrites; n'ajoutez point volontairement de la froideur à l'indifférence.

À 3 heures après midi.

J'ai laissé reposer Wiart, je reprends ma lettre. Le ministre me dit hier que rien n'était plus étonnant qu'on eût donné une pension à Jean-Jacques, qu'on n'avait point d'argent à jeter par les fenêtres; à la sollicitation de qui? en vertu de quoi? que cela n'avait pas de bon sens; effectivement je trouve ses réflexions justes;[7] nous ne donnerions point ici une pension à un banni de chez vous, mais on dit que cette pension ne sera pas payée, non par mauvaise volonté, mais par impossibilité: je vous conseille de ne vous en pas mettre en peine, vos réparations vont bien par delà vos torts.

Je m'aperçois que je n'ai point répondu à l'article principal de votre lettre, votre *plaidoyer pour la jeunesse*.[8] Il est vrai pour l'ordinaire que la jeunesse n'est pas corrompue, que ses fautes sont moins criminelles, parce qu'elles ne sont pas réfléchies, ni de propos délibéré; les agréments de la figure lui tiennent lieu de bon sens et d'esprit; mais toutes les liaisons qu'on peut former avec la jeunesse

7. See *post* 11 July 1767.   8. See *ante* 30 June 1767.

ne tiennent qu'aux sens, et c'est peut-être tout ce qu'il y a de réel pour bien des gens; et je crois avoir remarqué, sans me tromper, que ceux qui dans leur jeunesse n'ont eu que des affections de ce genre, perdent toute existence dans leur vieillesse; ils ne tiennent à rien, et leur âme est pour ainsi dire dans un désert, quoiqu'ils soient environnés de connaissances, de parents et d'amis. Je plains ces gens-là, ce n'est pas leur faute; nous sommes tels que la nature nous a faits; on peut, *peut-être* (et c'est un peut-être), régler sa conduite, mais non pas changer ses sentiments ni son caractère.

Je n'ai pas bien entendu ce que vous me dites sur la grand'maman; elle a toute la vérité et la naïveté de la première jeunesse, mais elle y joint les réflexions de l'expérience: elle est vieille, elle est jeune, elle est enfant, je serais bien étonnée si en la voyant un peu souvent, vous ne vous en accommodiez pas extrêmement.

J'aime cent mille fois mieux César qu'Alexandre; la folie ne me fera jamais excuser les crimes surtout quand ils sont produits par un orgueil infernal; enfin, quelque soumission que je me sente entraînée à avoir pour toutes vos pensées, je ne suis point de votre avis sur bien des points de votre lettre.[9]

J'en reçois une dans ce moment de Pont-de-Veyle, qui est avec le Prince. L'Idole lui a débité toutes les nouvelles de votre pays; que M. Pitt est devenu imbécile,[10] que M. de Bedford prend le dessus,[11] que les affaires sont plus embrouillées que jamais, ce qui retardera la fin du Parlement,[12] et que M. Conway sera bien traité. Ce pauvre Pont-de-Veyle! je suis fâchée qu'il ait fait un pacte avec ces gens-là; mais c'est la crainte de l'ennui qui l'y a déterminé; je l'aime beaucoup, ce Pont-de-Veyle, il m'a toujours été fidèle, et c'est peut-être la seule personne dont je n'aie jamais eu occasion de me plaindre; et nous nous connaissions il y a cinquante ans, avant que vous fussiez au monde. À propos de cinquante ans, il y a à peu près ce temps-là que j'ai été mariée; il était dans l'ordre des choses possibles que vous eussiez été mon fils;[13] j'ai bien du regret que cela ne soit pas.

9. Ibid.

10. Lord Chatham was living in seclusion at this time, because of a mental ailment from which he partly recovered in the following year (*Mem. of Geo. III* iii. 30, 184).

11. Bedford had tried to unite with the Rockingham faction, but the negotiations were broken off (ibid. iii. 58–60).

12. Parliament had already ended, 2 July 1767.

13. HW was born 5 Oct. 1717 N.S.; D was not married until 2 Aug. 1718 nevertheless, she was old enough to be his mother.

Adieu; Wiart n'est pas en état d'écrire plus longtemps des balivernes, j'ai d'autres lettres à écrire, je vais changer de secrétaire.
Wiart ne *saute que pour vous*. À propos, vous ne me dites rien du
petit chien.

To MADAME DU DEFFAND, Tuesday
7 July 1767, N° 72

Missing. Probably written at Strawberry Hill. Answered, 13 July.

To MADAME DU DEFFAND, Saturday
11 July 1767, N° 73

Fragment, B i. 163 n. This date is given by D, *post* 19 July 1767, but the date
in *Paris Journals* is 14 July. HW was probably at Strawberry Hill.

LE ministre ne doit pas s'étonner que nous ayons donné une pension à J. Jacques.[1] Il est suisse, il n'est pas français. Personne
n'a sollicité pour lui; lui-même il l'a demandée. Il est vrai que j'ai
appuyé sa demande. Mon cousin[2] l'a procurée à ma prière et à celle
de M. Hume. Mais tenez, que votre cour en donne l'équivalent à
Wilkes, le pauvre diable en a bien besoin.[3] À vous parler sérieusement, il me semble que Rousseau ne compte pas fort sur la pension,
car il n'a pas même envoyé son adresse à M. Conway.[4]

From MADAME DU DEFFAND, Monday 13 July 1767

N° 83. Ce lundi 13 juillet, à 7 heures du matin [1767][1]

QUAND je devrais vous déplaire, quand vous reprendriez vos
gronderies, rien ne peut m'empêcher de vous marquer mon
extrême inquiétude; vous voilà repris de votre maudite

---

1. See *ante* 5 July 1767.
2. Henry Seymour Conway, then secretary of state.
3. John Wilkes (1727–97), politician, was
then living in great poverty in Paris. See
Alessandro Verri to Pietro Verri 26 Nov.
1766, 1 March 1767, in *Lettere e scritti in-
editi di Pietro e di Alessandro Verri*, Mi-
lano, 1879, i. 328–9, ii. 184.

4. Rousseau wrote Davenport, 1 Aug.
1767, to have the pension paid through
M. Rougemont (J. J. Rousseau, *Correspondance*, ed. Dufour, 1924–34, xvii. 129).

---

1. Date of year added by HW.

goutte. Vous vous imaginiez en être quitte au moment où vous m'avez écrit, mais je ne saurais m'en flatter. Je n'aurai de vos nouvelles que dans huit jours. N'allez pas croire, je vous prie, que ce soit le retardement de votre départ qui me fâche. Il y a quinze mois que vous êtes parti d'ici, il y en a dix que de mois en mois j'ai l'espérance de votre retour; différez-le tant qu'il vous plaira, mais portez-vous bien, et je ne me plaindrai pas, je préférerais tous les cousins du monde au moindre accès de goutte. Le danger où vous avez été l'année passée ne me sort point de l'esprit; ce n'est pas ma faute si ma vivacité déplaît à votre indifférence, nous ne pouvons, comme vous dites, nous changer ni l'un ni l'autre.

On me rendit hier votre lettre[2] au milieu d'un thé qu'il y avait chez moi, je passai dans mon cabinet pour la lire, je rentrai toute troublée et dans l'impossibilité de prendre part à la conversation. Ma compagnie était Mme de Luxembourg, M. et Mme de Beauvau. Il fut question du mariage de Mlle de Beauvau[3] et du fils du Comte de Noailles,[4] qu'on appelle Prince de Poix, des tracasseries entre Mme de Mirepoix, son frère, et sa belle-sœur;[5] cela dura jusqu'à six heures que cette compagnie s'en alla, d'autres y succédèrent jusqu'à l'heure du souper, qui fut, comme à l'ordinaire, avec Mme d'Aiguillon, Mme de la Vallière, etc., des ambassadeurs et des compatriotes. L'ambassadeur d'Angleterre me vint dîre adieu, il part mercredi pour Compiègne, où il aura l'embarras du Comte du Chester:[6] vous devez savoir qui c'est. Il compte faire son petit voyage en Angleterre à la fin du mois, je souhaite, plus que je ne l'espère, qu'il ne vous y trouve pas.

À propos, je ne vous ai point parlé de l'ambassadeur[7] que nous vous envoyons, je le connais peu, mais je crois qu'il vous conviendra mieux qu'un autre dont il avait été question. Bon Dieu! que j'aurai

2. HW to D 7 July 1767 (missing).

3. Anne-Louise-Marie de Beauvau (1750–1833), dau. of the Prince de Beauvau by his first wife, m. (9 Sept. 1767) Philippe-Louis-Marc-Antoine de Noailles (1752–1819), Prince de Poix (Albert, Vicomte Révérend, *Titres . . . de la Restauration*, 1901–6, v. 250; Rosalie-Charlotte-Antoinette-Léontine de Mouchy, Vicomtesse de Noailles, *Vie de la Princesse de Poix*, 1855). HW was in Paris at the time of their wedding (*Paris Jour.*). Mme de Choiseul describes her to D, 9 July 1771, S–A ii. 6.

4. Philippe de Noailles (1715–94), Comte de Noailles, later Duc de Mouchy and Maréchal de France, guillotined in the Revolution (*La Grande encyclopédie*).

5. The Prince and Princesse de Beauvau.

6. Le Duc de York (HW). Edward Augustus (1739–67), D. of York, younger brother of George III, was traveling incognito under the title of Earl of Ulster. See *Paris Jour.* for HW's account of his illness and death at Monaco, at the end of this year.

7. The Comte du Châtelet.

de choses à vous dire, et que vous en aurez à m'apprendre. Oh! pour cette fois-ci (si elle a lieu) je ne veux rien ignorer de ce qui vous regarde, et avoir de quoi remplir mes lettres par la suite sans qu'il soit question de toutes les choses qui vous déplaisent tant.

Je me fais un plaisir extrême de l'étonnement où vous serez de me trouver la prudence du serpent, je l'ai acquise en perdant la simplicité de la colombe, je m'en trouve fort bien, mais c'est dommage que vous n'ayez pas été plutôt mon tuteur; vous vous entendez fort bien à gouverner vos pupilles et quand je réfléchis sur votre conduite avec moi, vous me paraissez un prodige en habileté et raison, ou bien j'en suis un en soumission et en prévention; mais il faut n'en pas dire davantage de peur de retomber dans la *mondanité;* ce mot est de vous.

J'ai lu une lettre de Mme de Chabot[8] à Mme de Jonzac, toute remplie de douceurs que vous lui aviez dites pour elle. J'en ai été fort aise, parce qu'elle est une des personnes à qui vous plaisez le plus, et qui désire le plus de vous revoir, et que d'ailleurs elle se conduit bien avec moi. Mais pour la grand'maman, j'en suis toujours de plus en plus contente, et cela est au point que je suis devenue une occasion à son mari de lui marquer son amitié et sa considération par les marques d'attention qu'il me donne; je vous conterai tout cela, ce sont de ces petites choses qui ont de la valeur, mais qui ne soutiendraient pas d'être écrites. La grand'maman s'afflige du temps qu'elle perdra de votre séjour à Paris; elle voudrait vous faire faire connaissance avec son mari; je l'en détourne en lui peignant votre sauvagerie. Vous serez libre de faire tout ce que vous voudrez, vous n'avez à craindre aucune gêne, aucune contrainte, aucun empressement, pas même de moi de qui vous redoutez la tyrannie; votre Majesté, votre Hautesse, signifiera ses volontés à la *Validé*[9] son esclave, et Elle sera strictement obéie.

M. de Beauvau m'a chargée de vous payer ses dettes. Avez-vous acquitté les miennes à M. Selwyn? Je n'ai pas répondu à sa dernière lettre, parce que je l'attends de jour en jour, dites-lui si vous le voyez. Je n'ai point répondu non plus à la dernière du petit Craufurd, je remets à lui écrire[10] quand vous serez ici. Mais bon! quelle folie! vous n'y serez jamais; mais si vous y venez, annoncerez-vous le jour de votre départ? Je suis du moins persuadée que je recevrai

8. Lady Mary Chabot was now in England (see *ante* 31 May 1767).

9. See *ante* 5 Dec. 1766.

10. She wrote to Craufurd, however, on this day (S–A i. 126).

encore votre réponse à cette lettre, ce qui fera quinze jours pour le moins. Il faut pour être en commerce avec un Anglais (tel que vous s'entend, car c'est en vous que je vois toute la nation) il faut, dis-je, pour un tel commerce avoir un sang de macreuse.

Et mon petit chien; il est donc joli? Vous dites qu'il ne maigrira pas avec vous, vous aurez donc le temps de l'empiffrer.

Je suis scandalisée de la fausse couche de Milady Hertford; faire de fausses couches à quarante ans quand on a treize enfants, ce n'est pas des manières à la française.

Votre ambassadrice présente n'a qu'une fille d'adoption,[11] une petite bâtarde de son mari.

Adieu, adieu, il y a bien loin d'ici à dimanche; si la petite chienne noire était à ma place, elle perdrait bien de son embonpoint. Wiart se porte bien.

From MADAME DU DEFFAND, Sunday 19 July 1767

N° 84. Paris, ce dimanche 19 juillet 1767.

POUVEZ-VOUS me reprocher d'être incrédule? Ne convenez-vous pas que tous vos projets s'évanouissent? Dans une lettre du 7 vous vous annoncez dans peu de jours; dans celle du 11 vous ne pouvez plus savoir ce que vous ferez; la maladie de monsieur votre frère,[1] celle de vos domestiques, la politique, etc., ne vous laissent pas la possibilité d'aucun arrangement; je n'examine point l'ordre chronologique de tous vos événements, mais monsieur votre frère était hors d'affaire le 7, vous aviez eu la goutte et vous en étiez guéri et moi je ne l'étais pas de mon inquiétude, j'attendais de vos nouvelles avec la plus grande impatience, et je me préparais à apprendre que vous étiez fort malade; quoique vous me mandiez que vous n'aviez eu qu'un accès de fièvre je ne suis point rassurée, je me souviens de l'histoire de l'année passée, le danger où vous fûtes et l'état où j'étais. Ce ne sera que dimanche que j'aurai de vos nouvelles. Il faut pren-

---

11. Rochford's natural daughter, Maria Harrison (commonly called Maria Nassau) was alive in 1763, when she was given a settlement, and in 1778, when his will was made. Another natural daughter, Ann Labbel (also called L'Abbee, Labbee, Johnson, and Nassau) was alive in 1778

(Lord Rochford's MS will, dated 24 June 1778, at Somerset House).

---

1. Sir Edward Walpole (1706–84), K.B. (Arthur Collins, *Peerage*, ed. Brydges, 1812, v. 662).

dre patience, c'est le seul remède que le destin ou la Providence ait donné aux hommes; il faut s'en contenter. Un autre article qui m'intéresse beaucoup c'est votre fortune. Je suis bien éloignée de blâmer votre dévouement total pour votre cousin, mais comment ne s'est-il pas occupé de ce qui vous regarde? Il n'est pas vraisemblable qu'il ignore quelle est la nature de votre bien. Était-il hors de son pouvoir de trouver des moyens de vous assurer le même revenu? N'aurait-il pas dû chercher à l'augmenter? Voilà ce qui se présente d'abord, mais puisque vous êtes content, puisque votre dévouement, votre abandon, est toujours le même, apparemment qu'il n'a aucun tort, ce qu'il n'a pas fait c'est qu'il n'a pu le faire, je ne puis raisonner ni juger de ce que je ne sais pas, ainsi je me tais.[2] Mais ce que je sais fort bien, c'est que vous ne devez sacrifier votre santé à personne, il ne faut pas être anglais à demi, il faut être indépendant également de tout, ce sont vos principes, je les respecte, et je les approuverai infiniment quand ils contribueront à votre repos, votre bonheur et surtout à votre santé.

Je pensais l'autre jour, je ne sais à quelle occasion, qu'il y avait deux espèces de fous, les uns de naissance, les autres d'accident; les premiers pour avoir la tête trop remplie, les autres pour l'avoir trop vide. Les premiers ont tant d'idées, tant de mouvements, qu'aucunes ne subsistent, elles dégénèrent, se régénèrent continuellement; les autres n'en ont qu'une, c'est un point fixe, ils y rapportent tout, et c'est là le genre de folie qui conduit aux Petites-Maisons.[3] Dans quelle classe sommes-nous? Je vous en fais juge. Croyez-vous qu'il y ait une fin à l'arrangement de vos ministres? Cela me paraît impossible. Il y a deux partis à ce que je comprends, qui voudraient prévaloir l'un sur l'autre, mais qui pourtant pourraient s'accorder en faisant quelque partage, mais il y en a un troisième qui me paraît le chien du jardinier,[4] et c'est celui dont vous avez l'honneur d'être, et

2. HW, after describing his efforts to keep Conway from resigning, goes on to say: 'I saw I might have written to the King, or asked an audience, or made any terms I pleased for myself. My brother had just been at the point of death, and presented me with the near prospect of losing half my income. What would remain, would depend on the will of every succeeding First Lord of the Treasury; and it was determined in my own breast that I would pay court to none. I resisted, however; and in this favourable shining hour, resolved to make no one advantage for myself' (*Mem. of Geo. III* iii. 58).

3. Hospital for the insane, in Paris.

4. 'Qui ne mange point de choux, et n'en laisse pas manger aux autres' (Émile Littré, *Dictionnaire de la langue française*).

qui fait l'unique occupation de votre vie. Cependant vous vous permettez quelque distraction, et je serais ingrate si je n'en convenais
pas; je suis très sensible à votre exactitude à m'écrire toutes les semaines, je comprends que cela doit souvent vous importuner, mais
cependant quand on sait qu'on fait beaucoup de plaisir et qu'on
parle de soi à quelqu'un qui nous aime et s'intéresse à nous, en vérité
cette complaisance ne doit pas beaucoup coûter. Je n'en exigerai aucune si vous venez ici; mais il sera assez temps de vous le dire quand
vous y serez. S'il n'y avait que la Bastille qui vous donnât de l'éloigne-
ment pour la France⁵ cela ne m'empêcherait pas de regretter de
n'être pas votre mère. Ce ne sont point les cachots de notre pays qui
vous le font craindre, mais ce sont ses habitants et habitantes. Vous
pouvez avoir raison, nous sommes fort plats, fort ennuyeux, fort
esclaves, mais je vois qu'on n'est pas plus heureux ailleurs.

Adieu, j'ai la tête pleine de catarrhe, et je suis fort hébétée.

To Madame du Deffand, Tuesday 21 July 1767, N° 74

Missing. Probably written at Strawberry Hill. Answered, 26 July.

From Madame du Deffand, Sunday 26 July 1767

N° 85. Paris, ce dimanche 26 juillet 1767.

DEPUIS plus de quinze mois que dure notre commerce, il n'y a
point de mouvement, d'impression, de situation que vous ne
m'ayez fait éprouver, par où vous ne m'ayez fait passer. Il me prend
souvent envie d'en faire l'histoire ou bien le roman, car c'est ainsi
qu'il vous plairait peut-être de l'appeler, mais je pense aujourd'hui
qu'il y aura plus de dignité pour moi, et beaucoup moins d'ennui
pour vous, de jeter tous nos mémoires au feu et nos bonnets par-
dessus les moulins, et d'avoir l'un pour l'autre, quand nous nous
reverrons, toute la fleur d'une nouvelle connaissance.

Votre lettre[1] me fait un grand plaisir, plus qu'aucune ne m'avait
jamais fait; n'allez pas croire, je vous prie, que c'est par l'espérance

---

5. See *ante* 20 May 1766.   1. HW to D 21 July 1767 (missing).

qu'elle me donne de vous revoir bientôt; non, en vérité ce n'est pas par cette raison, je ne puis jamais prendre d'espérance sur tout ce que vous me direz, mais vous m'assurez que vous vous portez bien, vous calmez toutes mes inquiétudes, et me voilà heureuse pour quelques jours. Savez-vous que je crois que vous ne connaissez point l'inquiétude, vous ne savez point de quelle longueur elle fait paraître une semaine, surtout pour ceux qui ne dorment presque point. Vous n'êtes pas de ces gens pour qui le mal d'autrui n'est que songe, vous avez l'air d'être compatissant, vous ne l'êtes peut-être pas, vous avez aussi assez souvent de la dureté; que voulez-vous que je vous dise? Je ne sais pas en vérité ce que vous êtes, et si jamais vous revenez dans ce pays-ci je me propose de vous bien observer; ce sera le contraire de M. de Réaumur,[2] ce sera l'insecte qui deviendra observateur.

D'où vient, s'il vous plaît, ne me pas nommer ce Marquis[3] faiseur de catalogues?[4] Est-ce méfiance de ma discrétion? Sous prétexte de mon ignorance vous couvrez tous vos récits de la plus épaisse obscurité;[5] tout ce que je conclus de ce que vous me dites c'est que l'ambition est chez vous au plus haut degré, parce que c'est celle de vos amis qui remplit votre tête; si l'ambition vous était personnelle elle serait moins violente. Parlez, parlez contre l'amitié, c'est comme Sénèque quand il vantait la pauvreté.

Si tout se tourne comme vous le désirez, il n'y aura que relâche au théâtre, et vous vous livrerez de plus belle à corps et esprit perdus tout au travers du dédale de la politique, de l'intrigue, des négotiations, etc., etc., sans en tirer d'autres fruits que de vous sacrifier à vos amis. Je ne nie pas que ce ne soit un grand plaisir, ainsi je conclus que vous faites bien en faisant tout ce que vous faites, et je fais bien à mon tour en vous approuvant et en étant dans la disposition d'être contente de tout ce que vous ferez.

Vous avez très bien deviné, j'aurais été très fâchée que vous eussiez chargé M. de Guerchy de mes emplettes, j'aime mieux courre le risque de ne les avoir jamais; l'incertitude est le plus grand bien que le ciel nous ait donné.

J'aime beaucoup quand vous me parlez de votre sourde, l'affection

2. René-Antoine Ferchault de Réaumur (1683–1757), author of *Mémoires pour servir à l'histoire des insectes* (12 vols).

3. My Lord Rockingham (HW). Charles Watson-Wentworth (1730–82), 2d M. of Rockingham, was former prime minister of England (1765–6).

4. D probably refers to a phrase in some missing letter from HW.

5. HW feared to speak too plainly, because of the likelihood that his letters were opened before they reached D.

que vous avez pour elle me fait plaisir; je laisse à votre pénétration à deviner pourquoi.[6]

Il y a deux éditions ici sur le frère[7] de votre neveu,[8] l'une lui fait dire des choses admirables,[8a] l'autre les plus grandes bêtises, et celle-ci est la plus vraisemblable.

Je ne verrai peut-être de mille ans[9] M. de Guerchy, vous ne l'avez sûrement point chargé de me rien dire, et les instructions qu'il aura reçues de vous cette année sont certainement bien différentes de celles que vous lui donnâtes l'année passée; les derniers tomes de notre histoire ne ressemblent point aux premiers, et il y a un aussi grand changement que s'il était arrivé une immensité d'événements, mais c'est que nos têtes ne se ressemblent point; la vôtre est pleine d'idées, de projets, de goûts, de fantaisies, etc, etc., qui se succèdent, qui se contrarient, qui se détruisent, qui se renouvellent, et dont il résulte un genre de folie avec lequel on peut garder la clef de sa chambre. Mon genre de folie à moi est de n'avoir qu'un point fixe dans la tête, de ne voir que par lui, d'y tout rapporter, et c'est celui qui conduit aux Petites-Maisons; mais on est comme on est, en vain voudrait-on se changer.

Rien n'est si plaisant que la façon dont vous peignez les mœurs de Mlle Rosette,[10] j'en ai ri de tout mon cœur, mais je ne veux point vous trouver aimable, et je trouve en vous de grands préservatifs contre vous, mais vous êtes amusant, cela est certain, et quand on vit avec des gens qui n'ont ni idée ni pensée à eux, on ne peut s'empêcher de vous trouver un être assez singulier pour avoir quelque désir de vous revoir.

Vraiment je savais bien que M. Craufurd est à Spa, en conséquence je lui ai écrit.[11] J'ai écrit aussi à M. Selwyn. S'il vous montre ma lettre[12] vous découvrirez d'abord quelle a été mon intention.

Savez-vous tous les bruits qui courent ici, c'est que Son Altesse Sérénissime[13] va se marier, et qu'il épousera la sœur cadette[14] de sa

---

6. D means, of course, that HW's feeling for Lady Suffolk is a good indication of his feeling for herself.

7. Le Duc de York (HW).

8. The Duke of Gloucester, supposed to be married (as he really was) to HW's niece, Lady Waldegrave.

8a. HW has jotted some of the Duke's *bons mots* on *post* 23 Aug. 1767.

9. D probably did not see him, for he soon fell ill, and died 17 September.

10. Petite chienne qu'il menait à Mme du Deffand (HW).

11. D to Craufurd 13 July 1767, S–A i. 126.

12. Missing.

13. Prince de Conti (HW).

14. Elisabetta Ernestina d'Este (1741–74), Princess of Modena (Pompeo Litta, *Famiglie celebri italiane*, 1832, iii. 17).

bru?[15] Il est actuellement à Bourbon,[16] où l'Idole ne l'a point suivi; elle est de retour à Paris depuis mardi, elle me vint voir hier, je souperai trois jours de suite avec elle, demain chez le Président, mardi à l'Hôtel de Luxembourg, et mercredi chez elle. Je ne crois point ces bruits de mariage, mais on prétend que Son Altesse n'est pas bien avec sa belle-fille, et l'on disait hier qu'à son retour des eaux, qui doit être samedi, il partira peu de jours après pour l'Isle-Adam avec sa mère,[17] tandis que la belle-fille sera à Villers-Cotterêts chez Monsieur le Duc d'Orléans. Il y a de l'embrouille dans tout cela; peu vous importe d'en savoir la vérité; cependant si elle vient à ma connaissance je vous en informerai. Je suis bien persuadée que j'en aurai tout le temps.

Si jamais vous entrez dans ma chambre, je vous ferai voir un chapelet dont vous vous moquerez bien, mais qui vous étonnera. Savez-vous que dans ce moment-ci où je vous écris tant de balivernes, j'ai je ne sais combien de sujets de chagrin: d'abord un catarrhe qui m'abrutit et qu'il y a deux mois qui me dure; ma pauvre Devreux qui est fort malade, et qui sera demain saignée du pied; un laquais que j'avais pris il y a environ un mois pour remplacer un dont je m'étais défait parce qu'il avait une mauvaise santé; ce nouveau venu, qui est un sujet excellent, est tombé malade d'une fluxion de poitrine à ce qu'on croyait, il avait un point de côté et crachait du sang; trois jours après il lui est venu un petit mal au pouce, qu'on croyait un mal d'aventure; ce mal aujourd'hui s'appelle panaris, et a fait de si grands progrès qu'il y a toute apparence qu'il en mourra, ou (ce qui me paraît encore pire) qu'on sera obligé de lui couper le bras. Je le fais porter demain à la Charité[18] par le conseil de mes amis et des médecins, parce que, quelque soin qu'on en ait chez moi, il ne pourrait pas être à portée d'avoir la nuit et le jour le genre de secours dont il pourrait avoir besoin.

Adieu, mon tuteur, j'aimerais mieux vous appeler mon fils. J'ai oublié dans la liste de mes chagrins ma pauvre sœur[19] qui est très sérieusement malade; ce n'est pas par mauvais cœur, car je l'aime et dois l'aimer.

15. Comtesse de la Marche (HW).

16. Popular watering-place, often visited by Mme de Sévigné.

17. Louise-Élisabeth de Bourbon-Condé (1693–1775), m. (1713) Louis-Armand de Bourbon, Prince de Conti.

18. 'L'Hôpital de la Charité des hommes,' situated on the Rue des Saints-Pères (*Dict. de Paris* iii. 226–7).

19. Anne de Vichy (1706–69), m. Jean-François de Suarez, Marquis d'Aulan.

To Madame du Deffand, Tuesday
28 July 1767, N° 75

Missing. Probably written at Strawberry Hill. Answered, 3 Aug.

From Madame du Deffand, Monday 3 August 1767

N° 86. Ce lundi 3 août 1767, à 7 heures du matin.

VOTRE pauvre sourde![1] Ah! mon Dieu, que j'en suis fâchée, c'est une véritable perte et je la partage. J'aimais qu'elle vécût, j'aimais son amitié pour vous, j'aimais votre attachement pour elle, tout cela, ce me semble, m'était bon. Il n'en est pas de même du cousinage;[2] je trouve qu'il m'est bien contraire, c'est lui qui vous met tout à travers les choux; sans lui, qu'auriez-vous été faire dans cette galère?[2a] Votre Strawberry Hill, suivant ce que vous dites vous-même, vous aurait suffi; mais vous êtes devenu politique, ambitieux pour vos cousins, sans y avoir aucun intérêt personnel, et ce qui est ineffable, sans une amitié fort tendre, si l'on vous en croit. Oh! vous aurez bien des choses à m'apprendre; mais la première, et dont je suis la plus curieuse, ce sera de me définir votre caractère, car je veux mourir si j'y comprends rien. Je ne saurais douter de votre sincérité, et j'y ai tout autant de foi qu'à la mienne; cependant, comment accorder vos contradictions? Votre expérience vous a amené à mépriser tous les hommes, vous fait détester l'amitié, vous a rendu insensible; et en même temps vous sacrifiez votre santé, votre tranquillité, votre vie aux intérêts de ceux dont vous ne vous souciez point! Ah! convenez que cela est incompréhensible. Votre conduite avec moi est bien plus intelligible, malgré toutes ses contradictions apparentes; aussi sais-je bien à quoi m'en tenir, et je ne vous demanderai jamais d'éclaircissements sur cet article. Je sais pourquoi je vous suis attachée: ni le temps, ni l'absence, ni vos variations ne me feront jamais changer pour vous. Vous êtes sincère et bon, vous êtes variable, mais constant, vous êtes dur, mais sensible, oui, sensible, et très sensi-

---

1. Lady Suffolk died at Marble Hill, near Twickenham, 26 July 1767.
2. Conway and Lord Hertford.
2a. 'Que diable allait-il faire à cette ga-lère?' (Molière, *Les Fourberies de Scapin*, II. vii; taken from Cyrano de Bergerac, *Le Pédant joué*, II. iv).

ble, quoi que vous puissiez dire; vous êtes noble, fier, généreux, humain; eh bien! n'est-ce pas assez pour que vous puissiez être impunément fantasque, bizarre et quelquefois un peu fol? ce portrait vous plaît-il plus que l'autre?

J'ai vu deux fois Mme de Guerchy depuis mardi qu'elle est arrivée à Paris, et comme son mari est à Compiègne, qu'il ira de là à son régiment qui est à Nancy, et que je ne le verrai de longtemps, je fus mercredi chez elle; elle vint hier chez moi, et j'ai tiré d'elle toutes les lumières qui pouvaient m'éclairer sur vos affaires. Elle conclut, de la lettre qu'elle reçut de vous[3] hier, et qui est toute semblable à celle que vous m'avez écrite, que la première qu'on recevra de vous annoncera votre arrivée. Moi je n'en crois rien; primo, parce que l'article des cousins est sujet à tant d'indécision et de changements qu'on ne peut tabler sur rien; 2°, c'est que je ne puis bannir la crainte de cette maudite goutte, qui depuis deux ans que je vous connais vous a repris à peu près dans cette saison; ainsi, je vous l'avoue, je ne puis croire qu'à votre présence; il y aura bientôt seize mois de votre départ, et vous deviez revenir au bout de cinq ou six. Mais ne me craignez point, vous pouvez vous applaudir d'avoir fait en moi la conversion la plus parfaite, et je puis vous en donner pour preuve l'impression que m'a faite votre dernière lettre. J'ai d'abord, je l'avoue, ressenti une joie sensible de l'amitié que vous m'y marquez, et comme je veux pousser avec vous la sincérité jusqu'à l'ingénuité, je vous confesse que je me suis d'abord mise à vous écrire, qu'après avoir lu ce que j'avais écrit je l'ai déchiré, que tout de suite j'ai commencé une autre lettre et qu'elle a eu le même sort que la première. Enfin me voilà, à la troisième, et je dirai pour celle-ci comme Pilate: *ce qui est écrit est écrit.*[4] Vos douceurs m'ont donc fait plaisir, mais elles ne m'ont pas tourné la tête, et je n'en prendrai pas droit de me plaindre ni de vous faire aucun reproche si les suivantes sont d'un autre ton. Ne craignez point quand vous me reverrez que j'entre dans des éclaircissements, que j'aie des effusions, que je vous marque trop d'empressement, trop de crainte de votre départ; enfin, j'éviterai les ridicules, et surtout de vous les faire partager.

Vous avez, dites-vous, relu mes lettres. Ah! c'est à quoi je ne me serais pas attendue; je n'aurais jamais imaginé que ce qui vous a été si ennuyeux en détail, eût pu vous plaire en total; mais il faut que ce

3. HW to Mme de Guerchy 28 July 1767 (missing).

4. 'Pilate leur répondit: Ce qui est écrit, est écrit' (*Évangile selon St Jean* xix. 22).

soit comme les aliments, ils ne sont ni bons ni mauvais par eux-mêmes, et ils ne font du bien ou du mal que suivant la disposition où l'on est.

J'aime vos lettres à la folie, mais je me garde bien de les relire; il y a des nuances si différentes, qu'elles forment des époques; mais laissons tout cela, je ne vous ai que trop parlé de vous et de moi: parlons de votre Duc d'York.

J'avais peur qu'on ne le critiquât, qu'on ne se moquât de lui; on n'en est point charmé, comme on l'a été du Prince Héréditaire, mais on n'en dit point de mal; il se conduit fort bien avec le Roi; on en rapporte seulement quelques ingénuités, celle-ci par exemple: on lui nomma Mmes de Choiseul, de Gramont, de Mirepoix, de Beauvau et de Châteaurenaud[5] (celle-ci a soixante-sept ou -huit ans); on lui dit que c'étaient les dames du Roi, il comprit que c'étaient ses maîtresses; il approuva Mme de Choiseul, ne désapprouva pas Mmes de Gramont et de Beauvau, toléra même Mme de Mirepoix; mais pour Mme de Châteaurenaud, il avoua qu'il ne pouvait le comprendre; cela a beaucoup fait rire.

Votre ambassadeur est parti[6] la nuit d'avant celle-ci; il doit être quinze jours à Londres. L'ambassadrice est restée à Compiègne sur sa bonne foi. Elle en reviendra le lendemain du départ du Roi pour Chantilly, qui sera le 10, et où il doit rester jusqu'au 13. Elle l'a mandé à Mme de Forcalquier, qui apparemment est en commerce de lettres avec elle. Mme de Forcalquier et la Vicomtesse de Narbonne sont ses grandes amies.

Le Prince de Ligne[7] n'est point le beau-fils de la Princesse de Ligne[8] du Luxembourg, c'est son cousin; il est de ma connaissance, je le vois quelquefois; il est doux, poli, bon enfant, un peu fol; il vou-

5. Anne-Julie de Montmorency (1704–78), m. (1724) Emmanuel Rousselet, Marquis de Châteaurenaud. HW later met her in Paris, and records a story about her scientific affectations (*Paris Jour.*).

6. He was at Dunkirk, 6 August (see *London Chronicle* xxii. 146).

7. Charles-Joseph (1735–1814), Prince de Ligne (see Louis-Philippe, Comte de Ségur, *Mémoires*, 1824–6, ii. 418–9). He was then in London: 'On Sunday last the Prince de Ligne, general of the imperial service, arrived at the hotel in King Street, St James's, and on Monday went to reside

at a house taken for him in St James's Street' (*London Chronicle* xxii. 74, 22 July 1767).

'Yesterday his Highness the Prince de Ligne took leave of his Majesty, and this day sets out for Paris' (ibid. xxii. 126, 6 Aug. 1767).

8. Henriette-Eugénie de Béthizy de Mézières (1710–87), m. (1729) Claude-Lamoral-Hyacinthe-Ferdinand, Prince de Ligne (C–D and *Rép. de la Gazette*). HW had met her often in Paris (see *Paris Jour.* and HW to Conway 12 Jan. 1766, to Anne Pitt 19 Jan. 1766, and to Selwyn 31 Jan. 1766).

drait, je crois, ressembler au Chevalier de Boufflers, mais il n'a pas, à
beaucoup près, autant d'esprit; il est son Gilles.[9]

Je vous avais promis de vous dire ce que j'apprendrais de l'Idole,
du Prince, de sa bru, enfin de tout ce noble et sublime taudis. Le
Prince et la bru sont un peu brouillés pour des misères; celle-ci est à
Villers-Cotterêts; celui-là arrivera ce soir ici; il reviendra de Bourbon
où il a été dix jours tête-à-tête avec Pont-de-Veyle. J'ai beaucoup vu
l'Idole depuis son retour de Pougues, elle est toujours sublime,
quand elle parle on croit qu'elle fait la lecture. Elle est assez caressante, assez aimable, et assez ridicule. La Maréchale de Luxembourg,
malgré sa dignité, joue le rôle de sa suivante. Cette petite cour s'établira jeudi à Montmorency pour huit jours, on m'a fort pressée de
m'y établir aussi, mais je l'ai refusé tout net.

Vous aurez à Londres, le 13 ou le 12 de ce mois, un homme de mes
amis, c'est M. Poissonnier;[10] il est médecin, il dessale l'eau de mer, il a
été en Russie; je l'ai chargé d'un livre pour vous; ce sont des lettres
du Président de Montesquieu,[11] celui à qui elles s'adressent[12] les a fait
imprimer par fatuité; mais quoique ces lettres ne fussent pas faites
pour soutenir l'impression, elles ne m'ont pas ennuyée, et la célébrité
de l'auteur leur donne quelque valeur.

Faites mes compliments à Rosette, je lui sais bon gré de vous
aimer; mais de bonne foi, croyez-vous que je la voie jamais? Adieu,
mon tuteur, adieu, mon ami, adieu, mon fils.

To MADAME DU DEFFAND, Tuesday
4 August 1767, N° 76

Missing. Probably written at Arlington Street. Answered, 9 Aug.

9. Rôle de niais aux comédies du dix-
huitième siècle (T).
10. Pierre Poissonnier (1720–98), physician and chemist. HW had met him once
in Paris (*Paris Jour.*). See S–A iii. 108.
11. Charles de Secondat (1689–1755)

Baron de Montesquieu, author of *L'Esprit
des lois*. See *post* 7 Aug. 1767.
12. Abbé Octavien de Guasco (1712–81),
Comte de Clavières (see ibid; Lalanne).
HW had met him once in Paris (*Paris
Jour.*).

To Madame du Deffand, Friday
7 August 1767, N° 77

Fragment, B i. 170. Probably written at Arlington Street. Answered, 12 Aug.

SAVEZ-VOUS qu'il y a plus de trois mois que j'ai eu les lettres de Montesquieu?[1] On me les avait envoyées de Florence, et il n'y a que depuis dix jours, qu'on les vend publiquement à Londres, que j'en ai proféré une parole. Il y a des notes, et un portrait de Mme Geoffrin qui, je savais, feraient de la peine à Milady Hervey,[2] on me les aurait empruntées, et je ne voulais pas qu'on dît que je les eusse distribuées. . . . les lettres sont écrites avec gentillesse et voilà tout.

From Madame du Deffand, Sunday 9 August 1767

N° 87. Paris, ce dimanche 9 août 1767.

AH! ne m'accusez pas de manquer de foi, j'en ai une entière en vous, et si vous n'êtes pas l'homme du monde le plus sincère, je suis la personne du monde la plus dénuée de discernement. C'est la seule qualité de votre caractère que je connaisse parfaitement; il s'en faut bien que je connaisse les autres avec la même évidence, je trouve en vous des contradictions dont je ne puis me rendre raison; beaucoup d'examen de ma part, beaucoup de confiance de la vôtre dissiperont toutes ces ténèbres; nous gagnerons beaucoup l'un et l'autre, et nos sentiments deviendront imperturbables quand nous nous verrons à découvert; vous n'aurez pas grand'chose à apprendre de moi

1. *Les lettres familières du Président de Montesquieu . . . à divers amis d'Italie,* Florence, 1767, published by the Abbé Guasco, to whom many of the letters were addressed. Mann sent HW a copy (see HW to Mann 30 May 1767), and D sent him another (see *ante* 3 Aug. 1767). One of these copies was sold SH iv. 93.

2. Lady Hervey was a friend of Mme Geoffrin's, and had introduced HW to her. The notes were by the Abbé Guasco, though HW, in a note to his letter to Mann, 30 May 1767, says that they were by the Abbé Galiani. HW had met Guasco

in Paris (*Paris Jour.,* 2 April 1766). The letters which were most offensive to Mme Geoffrin were those of Montesquieu to Guasco, 8 Dec. and 25 Dec. 1754, and Jan. 1755. Guasco is even suspected of tampering with the text of the letters, to satisfy his grudge against Mme Geoffrin (see Maurice Tourneux, 'Mme Geoffrin et les éditions expurgées des *Lettres familières* de Montesquieu,' in *La Revue d'histoire littéraire,* 1894, pp. 52–64; also the introduction to François Gebelin's edition of Montesquieu's *Correspondance,* 1914).

de nouveau, vous verrez seulement que ce que vous avez taxé de folie n'en était pas, que je suis plus éloignée que personne d'idées romanesques, et que mon amitié pour vous a toute la gravité et la solidité qui convient à mon âge et à nos situations; mais il faut remettre à traiter cette matière quand nous nous reverrons.

Vous comptez donc partir le 17;[1] je vous avoue que je ne m'en flatte pas, l'état de monsieur votre frère[2] me paraît bien chancelant, et c'est une raison pour déranger vos projets à laquelle je ne saurais avoir rien à dire; mais si en effet vous venez, croyez que je sentirai tout le prix de cette complaisance; il faut que votre cœur soit bien reconnaissant et bien sensible pour faire un aussi grand effort que celui de quitter tout ce qui vous occupe, tout ce qui vous plaît, tout ce qui vous intéresse, pour vous transplanter dans un pays qui est pour vous pire qu'un désert, et où vous ne trouverez que moi que vous jugiez digne de vous. Je sens si parfaitement cet excès de condescendance que je devrais avoir la générosité de vous rendre votre parole, de vous quitter de votre promesse, en un mot de renoncer au plaisir de vous revoir, mais, je vous l'avoue, cela ne m'est pas possible; je voudrais que mon âge, mon état, ma santé, la bienséance me pût permettre de vous aller trouver, il est bien certain que je vous épargnerais la peine de me venir chercher; mais comme cela est impossible, j'accepte avec la plus parfaite reconnaissance la preuve d'amitié que vous me donnez en venant passer quelques semaines avec moi. Vous voulez, dites-vous, être deux jours *incognito*. Ah! mon Dieu, deux jours, tant que vous voudrez, rien ne me peut faire plus de plaisir.

Vous recevrez cette lettre, je crois, jeudi au soir ou vendredi matin, en y répondant sur-le-champ je recevrais votre réponse le 18 ou le 19, et si vous partez le 17 comme vous le dites je serais avertie de votre arrivée le lendemain ou le surlendemain de votre départ. Cela me serait utile pour prendre mes arrangements en conséquence. Je n'ai plus qu'un mot à vous dire sur tout ceci; soyez sans crainte de mes importunités, je ne vous demanderai pas un jour de plus que vous ne me voudrez donner, vous me trouverez toute la condescendance que vous pouvez désirer. Ah! je sens trop combien j'en dois avoir!

1. HW left London, 20 Aug. (*Paris Jour.*).

2. Sir Edward Walpole had been dangerously ill (see *ante* 19 July 1767, n. 2; HW to Astle 3 Aug. 1767).

Je crois avoir démêlé dans votre lettre[3] que vous n'êtes pas tranquille, que vous avez du chagrin, et de plus d'un genre, que la perte de votre amie[4] vous afflige beaucoup; l'éloge que vous me faites d'elle me touche sensiblement. La philosophie n'est point en vous l'effet de l'insensibilité, mais bien de votre courage; votre exemple et vos leçons me seraient bien nécessaires, je ne trouve ici qui que ce soit qui ait aucune vertu ni sentiment. Je pense quelquefois que si j'étais en Angleterre je n'en trouverais pas davantage, et qu'il n'y a que vous qui puissiez me faire préférer un pays à un autre, *et que, vous à l'écart, tous les hommes sont égaux*. Ce que je souligne est une citation tirée des *Voyages de Chardin*.[5]

Je fus hier au soir chez Mme de Guerchy; elle a été fort aise d'apprendre que le Duc de Grafton et M. Conway ne quittaient point leurs places. Je suis ravie que M. et Mme de Guerchy soient ici, ce sera pour vous une ressource. La maison du Président vous sera peut-être supportable, vous y ferez votre grande patience, si ce goût vous dure encore, vous irez quelque-fois à Rueil chez Mme d'Aiguillon. Mme de Forcalquier cherchera à vous plaire, je le crois d'autant plus que ses attentions pour moi sont augmentées depuis qu'il est question de votre retour, elle sera charmée d'avoir l'air d'être votre amie; en attendant elle tire beaucoup de gloriole de son intimité avec vos ambassadeurs, elle assure qu'ils ont beaucoup d'esprit, et certainement elle s'y connaît bien! Je prévois que vous aurez quelque effort à vous faire pour souper chez la grand'maman; je vous promets de ne point exiger cette complaisance si cela ne vous convient pas, mais en vérité vous y serez à votre aise si vous le voulez, elle est simple, bonne, sincère, et sensible, elle a de la gaîté, et même de l'enfance, et puis elle m'aime, je suis très à mon aise avec elle. Il n'y a pour l'ordinaire dans nos petits soupers que l'Abbé Barthélemy qui l'adore, qui est un fort bon homme, assez aimable et fort franc; M. de Thiers, qu'elle appelle son petit oncle, qui est bon homme et point embarrassant; il y a quelquefois un certain M. de Castellane qui vous déplaira, et le médecin Gatti qui m'est indifférent, et à qui on trouve plus d'esprit qu'il n'en a, à ce qu'il me semble. Ces petits soupers n'arrivent tout au plus qu'une fois la semaine, aux retours des Choisy ou des Saint-Hubert;[6] il est fort rare que M. de Choiseul y soupe, de toute l'an-

3. Apparently HW to D 4 Aug. 1767 (missing).
4. Lady Suffolk.

5. See *ante* 21 April 1766.
6. I.e., on the King's return from hunting expeditions at those places.

née il n'y a soupé que deux fois; il doit faire dans le mois de septembre un voyage à Chanteloup avec sa sœur, et où la grand'maman ne sera pas; ce sera pendant ce temps-là que je souperai plus souvent avec elle, soit chez elle, soit chez moi, bien entendu, cependant, que je ne ferai que ce qui vous conviendra, et que pendant votre séjour ici vous disposerez de moi à votre gré, et que vous ne me pouvez pas marquer votre amitié d'une manière qui me soit plus agréable qu'en me disant naturellement tout ce qui vous conviendra que je fasse.

Vous aurez le temps avant votre départ de voir M. Poissonnier. C'est un bon homme, il m'aime assez, faites-lui voir votre château si cela est possible, dites-lui que je vous l'ai recommandé, et présentez-le à votre cousin s'il le désire.

L'Idole n'est point quittée, elle n'épousera ni prince ni paysan, elle restera une divinité; je me fais un plaisir de vous dire comme je l'ai célébrée, je n'ai point voulu vous l'écrire.

On est actuellement à Montmorency, on y restera jusqu'au 17, il est fort douteux que j'y aille souper. La Maréchale[7] à son retour ira à Chantilly, le Prince à l'Isle-Adam, où la Princesse sa mère se rendra le 26 et y restera huit jours. On disait hier que la cour ne partira de Compiègne que le 29. Si vous arriviez ici le 19 ou le 20, cela serait charmant.

Je crois que voilà tout ce que j'ai à vous dire. Adieu, mon bon ami, songez au plaisir que j'aurai de vous revoir.

On attend ici M. Selwyn. Je n'ai point de nouvelles du petit Craufurd, ce qui me fait croire qu'il passera par Paris en revenant de Spa.

J'ai lu ces jours-ci le règne de Richard III dans M. Hume[8] et dans Rapin Thoyras,[9] vous me le devriez bien faire lire dans Horace Walpole.[10]

Ma pauvre Devreux heureusement est guérie, mais elle est bien faible; ma sœur est toujours dans le même état; mon petit laquais se meurt; je n'ai plus de catarrhe, mais toujours des insomnies.

---

7. De Luxembourg.
8. In Hume's *History of England,* of which a French translation by Mme Durey de Meinières was published at Amsterdam, 1765.

9. In the *Histoire d'Angleterre* by Paul de Rapin (1661–1725), sieur de Thoyras.
10. In HW's forthcoming *Historic Doubts.*

From Madame du Deffand, Wednesday 12 August 1767

N° 88. Paris, ce mercredi 12 août 1767.

JE suis persuadée qu'en m'écrivant la lettre du 7, que je reçus hier, vous pensâtes que je ne douterais pas en l'ouvrant que j'apprendrais le dérangement de vos projets. Eh bien! je n'ai point eu cette pensée, tout au contraire, je jugeai que vous ne vous presseriez pas tant pour m'annoncer une mauvaise nouvelle.

Ce que je pense actuellement c'est que cette lettre-ci pourra bien vous trouver parti, et ce n'est sûrement pas de tous les inconvénients celui que je crains le plus; enfin si vous la recevez et si elle arrive au moment de votre départ, voici ce que j'ai à vous dire (peut-être prendrai-je des mesures superflues, et que je recevrai samedi ou dimanche une lettre qui préviendra tout ce que la mienne va vous dire). Je voudrais qu'au moment de votre arrivée vous m'envoyassiez me l'apprendre, en me faisant savoir où vous logez, ce que vous prétendez faire, ce que vous voulez que je fasse. Je n'aurai aucun engagement, j'irai chez vous, ou j'irai vous chercher pour vous amener chez moi, suivant votre bon plaisir; personne ne sait le jour de votre départ, mais tout le monde sait qu'il doit être incessamment; des Anglais, des Anglaises qui sont arrivés depuis peu en débitent la nouvelle; Mmes d'Aiguillon et de Forcalquier m'ont demandé ce que j'en savais; je leur ai dit que je croyais que ce serait bientôt, mais que je n'en savais pas le temps; je serai en état de passer deux jours et plus avec vous sans que personne en soit informé.

Savez-vous que je meurs de peur et que je sens dans ce moment-ci l'excès de votre complaisance? Vous n'en serez point dédommagé, vous maudirez peut-être l'honneur de ma connaissance, vous regretterez de vous être arraché à des devoirs, à des affaires qui vous intéressent, pour venir trouver quelqu'un qu'à peine vous connaissez, avec qui vous ne devez jamais vivre, et de qui l'amitié, toute sincère et parfaite qu'elle est, ne peut mettre aucun agrément dans votre vie. Je suis tourmentée de cette idée et je trouve que j'ai été très indiscrète, très inconsidérée d'abuser de votre condescendance. Cependant je l'avoue, malgré toutes ces réflexions je n'en aurai pas moins de plaisir à vous revoir.

Mais comment se peut-il que vous n'ayez point donné d'ordre pour vous arrêter un logement? Peut-être samedi ou dimanche en donne-rez-vous la commission à Wiart; nous savons que celui que vous avez occupé à l'Hôtel du Parc-Royal n'est point occupé, ainsi vous pour-rez le prendre.

La Jeunesse, qui vous a servi, espère que vous le reprendrez, il vient ici de temps en temps demander quand vous arriverez.

J'ai lié une grande connaissance avec Mlle Clairon, elle soupera chez moi tant que je voudrai. Voilà la seule connaissance que je veuille vous faire faire.

C'est aujourd'hui que vous donnez à dîner dans votre château,[1] vous le quitterez ce soir; j'en suis bien aise par plus d'une raison, d'abord par celles qui me sont personnelles, et puis parce que la perte de Milady Suffolk doit vous y affecter davantage que si vous étiez ailleurs.

J'aurai bien soin de votre santé, je ne vous induirai à aucune veille. Vous ne serez point importuné des efforts que je ferai pour vous retenir. N'allez pas vous scandaliser si tout le monde s'empresse de vous dire que je suis ravie de votre retour; on croira vous faire une politesse. Mme de Greville, de quoi s'est-elle avisée de vous par-ler de moi? Je ne lui ai jamais parlé de vous, mais nous parlerons d'elle ensemble; nous aurons bien des sujets de conversation.

Je crains bien d'apprendre samedi ou dimanche que monsieur votre frère soit plus mal.

Jamais votre séjour ici ne pouvait être placé dans un temps plus convenable; tout le monde est dispersé; Compiègne, Villers-Cotterêts, Chantilly, l'Isle-Adam,[2] ont nettoyé ma société de tout ce qui pour-rait vous y déplaire.

Rosette est à vous, vous n'en doutez pas.

Adieu, en voilà assez pour une lettre qui ne sera peut-être pas reçue, Dieu le veuille!

To Madame du Deffand, Friday
14 August 1767, N° 78

Missing. Probably written at Arlington Street.

1. No letters mentioning this dinner   2. See *ante* 9 Aug. 1767.
have been preserved.

To Madame du Deffand, Tuesday
18 August 1767, N° 79

Missing. Written at Arlington Street.

To Madame du Deffand, ?Tuesday
18 August 1767, N° 80

Paris Journals list two letters to D (N°ˢ 79 and 80), under 18 Aug. The second entry may be incorrect.

From Madame du Deffand, Sunday 23 August 1767

Address: À Monsieur Monsieur Walpole Hôtel du Parc-Royal.
Memoranda (written by HW on the back of the letter; not in Toynbee):
   M. de Guerchy[1]
   D[uke] of York Lady W[aldegrave][2] il y a de la malice. Comment les appe-
   lez-vous? Je n'en parle jamais.[3]
   Mlle Clairon *Phèdre* and *Brit[annicus]*.[4]
   Mme d'Egm[ont]. D[uke] of York Pope shoe[5]
   Mme de Boufflers English garden[6]

Mariette[7]	La Live	Coislin
d'Holbach	*Praslin	*Bentheim
Helvétius	*Wilkes	a man drunk with stupidity
La Borde	*Lauraguais	*Archbishop [of] Toulouse
*Brancas	*Porten	Pimpernel
*Boccage	*Beaumont	*Fronsac
*Ligne	Salon	*Grave
*Talmond	*Jabac	d'Usson

1. Perhaps Guerchy was the source of the following anecdotes, which HW incorporated in his *Account of the Duke of York's Journey and Death* in *Paris Jour.*

2. 'The King asked him several questions about Lady Waldegrave; he replied, "Sire je n'y répondrai plus, votre Majesté y entend malice!" ' (ibid.).

3. 'The latter asked him how he called the Pretender and his brother, when he was at Rome. He replied, he never called them at all, for he never named them' (ibid.).

4. See *Paris Jour.*, 23 Aug. 1767.

5. 'With the women he was very free, and one day took off Madame d'Egmont's shoe and kissed it. Another lady found fault with it; he said, "Madam, you Catholics kiss the Pope's shoe; she is my Pope" ' (ibid., *Account of the Duke of York's Journey and Death*).

6. Ibid. 25 Aug. 1767.

7. Perhaps HW intended to call on these people; there are people whom he met, and people he did not meet, both among the names which are crossed out and those which are not. The asterisks indicate names which are crossed out in the MS.

Drumgold	*de la Vallière	*Chabrillan
*Mme de Villeroy	*Forcalquier	*Beauvau
*Sir J. Gray	*Boufflers	*Luxembourg
Lady Rochford	Geoffrin	*Lauzun
M. de Guerchy	*d'Anville	*Châtelet
	*President	

Ce dimanche [23 août 1767],¹ à 7 heures du matin.

ENFIN, enfin, il n'y a plus de mer qui nous sépare; j'ai l'espérance de vous voir dès aujourd'hui;² j'aurais été certainement tête à tête sans vos variations; mais comptant que vous partiriez le lundi 17, et que vous arriveriez le jeudi 20, je n'avais point contremandé mon dimanche, et j'avais seulement eu soin de n'avoir que vos plus particulières connaissances, excepté Mme de Villeroy, qui était engagée quinze jours d'avance, et j'avais prié Mlle Clairon; je l'aurai donc aujourd'hui à sept heures; les spectateurs³ seront Mmes de Villeroy, d'Aiguillon, de Chabrillan, de la Vallière, de Forcalquier, de Montigny. Les hommes, de Saulx, et Pont-de-Veyle, le Président et Mme de Jonzac, qui ne resteront point à souper.

J'ai fait prier, hier, Mme Simonetti⁴ d'envoyer chez moi au moment de votre arrivée; si vous voulez venir chez moi, comme je l'espère, vous aurez sur-le-champ mon carrosse; mais si, comme je le crains, vous voulez rester chez vous, je vous enverrai à souper, du riz, un poulet, des œufs frais, en un mot ce qui vous conviendra.

Je me flatte que demain vous dînerez et souperez avec moi tête à tête;⁵ nous en aurons bien à dire. Je suis comblée de joie: mais j'ai en même temps une peur terrible; attendez-vous à me trouver bien bâtons rompus.

Sans cette maudite compagnie que j'ai si sottement rassemblée, et qui, comme je vous l'ai dit, doit arriver à sept heures, vous m'auriez trouvée chez vous à la descente de votre chaise; cela vous aurait fort déplu, mais je m'en serais moquée.

Allons, mon tuteur, si vous n'êtes pas las à mourir, venez souper chez moi, ou du moins venez me voir un moment. Mais, bon!

1. Date added by HW.
2. HW reached Paris, 23 Aug. 1767, at a quarter before seven in the evening; he presumably found this letter awaiting him, because he went to D at eight o'clock (*Paris Jour.*).
3. HW mentions these people, with the exception of Mme de Montigny, Président Hénault, and Mme de Jonzac; and with the addition of Mme du Plessis-Châtillon and M. de Grave (ibid.).
4. Du Parc-Royal (HW). HW had stayed at this *hôtel garni* in the Rue du Colombier on his previous visit.
5. HW 'stayed the whole evening and supped with her alone' (*Paris Jour.*).

qu'est-ce que je dis, vous n'arriverez point aujourd'hui; j'ai calculé les postes, si vous avez couché à Arras,[6] vous aurez quarante et une lieues à faire. Enfin, si vous arrivez, et que vous ne vouliez pas me voir aujourd'hui, que j'aie du moins de vos nouvelles avant de me coucher. Mandez-moi ce que vous voulez pour votre dîner de demain, et quelle est votre heure.

Vous trouverez chez vous tous vos charmants bijoux *Julienne*,[7] et un misérable petit déjeuner, une petite jatte, et un petit pot au lait pour votre usage journalier, et aussi pour moi, quand j'aurai la fantaisie d'aller prendre du thé avec vous.

Oh! je ne saurais me persuader qu'un homme de votre importance, qui tient dans sa main tous les ressorts d'un grand État, et, par concomitance, ceux de toute l'Europe, se soit déterminé à tout quitter pour venir trouver une vieille sibylle. Oh! cela est bien ridicule; c'est avoir 'toute honte bue' que d'avoir pu prendre un tel parti; toutefois, je l'avoue, j'en suis bien aise.

From Madame du Deffand, Monday 24 August 1767

Address: À Monsieur Monsieur Walpole à Paris.
Entirely in Colmant's hand.

À 7 heures du matin.

J'ESPÈRE que vous dormez encore; je crains qu'à votre réveil vous ne soyez effrayé de vous trouver en France. Ah! je suis bien étonnée de vous y savoir; si j'en ai de la joie, elle n'est pas sans inquiétude.

Je ne sortirai point de la journée, je n'aurai nul besoin de mon carrosse, dites à quelle heure vous voulez l'avoir.

Je voudrais, s'il vous est possible, que votre première visite[1] fût au Président et à Mme de Jonzac; vous ne sauriez trop marquer d'amitié à celle-ci, elle y sera extrêmement sensible, et elle mérite que vous la distinguiez de toutes vos connaissances.

J'ai dormi deux heures, je vais tâcher de reprendre le sommeil; mais je serai avant cinq heures toute établie dans mon tonneau.

6. HW stayed at Béthune the first night, and at Roye the second.

7. A picture and some other articles bought at the sale of M. Julienne, a collector at Paris (B). Among these was 'a set of Turkish beads, enamelled with blue and gold,' sold SH xiv. 6.

1. HW does not mention visiting Hénault until he dined with him, Tuesday,

D'où vient n'avez-vous pas gardé mon domestique? Faites-vous suivre et servir par lui; je n'en ai nul besoin. Je vais écrire par la petite poste[1a] au Bailli de Chabrillan[2] pour lui demander des nouvelles de son Prince, et m'informer vaguement s'il voit du monde; nous raisonnerons suivant sa réponse sur ce qu'il faudra que vous fassiez.

Je devrais peut-être écrire votre arrivée à la grand'maman,[3] mais je la boude. Si je lui écris, il faudra que vous mettiez une ou deux lignes de votre main.

Promettez au Président, si vous l'allez voir ce matin, de souper chez lui mercredi; laissez-vous espérer pour demain, mais ne vous y engagez pas positivement.

Voilà un ton despotique, que je ne garderai pas longtemps, je suis toute prête à rentrer dans l'ordre accoutumé.

Il est certain que je vous verrai aujourd'hui, ce n'est point un rêve, je crois être bien éveillée. Adieu.

To Madame du Deffand, Thursday 8 October 1767

Missing. Written from Chantilly, the night of HW's departure from Paris. Answered, 10 Oct.

To Madame du Deffand, Friday 9 October 1767, N° 2

Missing. Written from Abbeville. Answered, 11 Oct.

From Madame du Deffand, Friday 9 October 1767

N° 1. Paris, ce vendredi 9 octobre 1767,
à 10 heures du matin.

QUE de lâcheté, de faiblesse et de ridicule je vous ai laissé voir![1] je m'étais bien promis le contraire; mais, mais. . . . Oubliez tout cela, pardonnez-le-moi, mon tuteur, et ne pensez plus à

25 Aug. His visits, Monday and Tuesday, were to others. See *Paris Jour.*

1a. The postal service for Paris, as distinct from that for the provinces and abroad (see Arthur de Rothschild, *Histoire de la poste*, 1873, pp. 158–9).

2. Antoine-Apollinaire de Guigues de Moreton (1708–83), Bailli de Chabrillan,

premier écuyer and capitaine des gardes to the Prince de Conti (*Rép. de la Gazette*). HW met him in 1769 (*Paris Jour.*).

3. D's letter is missing.

———

1. HW had left Paris the day before, at four in the afternoon (*Paris Jour.*).

votre petite que pour vous dire qu'elle est raisonnable, obéissante, et par-dessus tout reconnaissante; que son respect, oui, je dis respect, que sa crainte, mais crainte filiale, son tendre, mais sérieux attachement, feront, jusqu'à son dernier moment, le bonheur de sa vie. Qu'importe d'être vieille, d'être aveugle? qu'importe le lieu qu'on habite? qu'importe que tout ce qui environne soit sot ou extravagant? Quand l'âme est fortement occupée, il ne lui manque rien que l'objet qui l'occupe; et quand cet objet répond à ce qu'on sent pour lui, on n'a plus rien à désirer.

Après votre départ je restai un peu interdite, je montai dans ma chambre. M. Craufurd m'avait mandé qu'il viendrait entre quatre et cinq, et il ne vint qu'entre six et sept. Je reçus la visite de Mme de Luxembourg, qui vint avec la Marquise de Boufflers; celle-ci a toujours l'air de venir d'être surprise en flagrant délit, elle est toujours troublée, mais son trouble ne ressemble pas à celui du tuteur. Elle fit, ainsi que tout le monde, des exclamations sur les mouchettes; je dis à la Maréchale que j'étais fâchée qu'elle ne fût pas venue seule (à l'oreille s'entend). Elle me proposa d'aller avec elle à l'Opéra-Comique. J'hésitai, je lui dis que je n'étais point habillée: elle me dit que je viendrais la trouver quand je voudrais; mais comme elle vit mon indécision, elle se fâcha, je lui promis que j'irais; j'avais peine à m'y résoudre, parce que j'attendais M. Craufurd; je ne voulais point perdre sa visite, j'attendais de lui des choses un peu plus intéressantes qu'un opéra-comique; cependant je trouvai beau et héroïque d'aller au spectacle avec les Maréchales, dans les circonstances où j'étais; je fis donc courir après la Maréchale, qui était déjà dans son carrosse, pour lui dire que j'irais sûrement, mais que je lui demandais la permission d'y mener M. Craufurd, à quoi elle consentit de très bonne grâce, et avec plaisir. J'eus ensuite la visite de Pont-de-Veyle, et puis de cette grande Mme du Rumain,[2] que j'ai priée à souper pour dimanche. Ensuite arriva M. Selwyn (c'est aujourd'hui qu'il va à l'Isle-Adam), il me demanda d'aller à l'Opéra-Comique avec moi; M. Craufurd arriva à six heures et demie, et nous allâmes tous les trois trouver les Maréchales.[3] Nous fûmes très bien reçus. Je sortis avec mes Anglais avant la fin pour n'arriver pas trop tard chez le Président, où nous

2. Probably Constance-Simonne-Flore-Gabrielle Rouault de Gamaches (1725–81), m. (1) (1746) Charles-Yves Le Vicomte, Comte du Rumain (d. 1770); m.

(2) (ca 1771) Jacques-Gilbert, Marquis de Fraignes (*Rép. de la Gazette; Journal de Paris*, 1781, i. 469).

3. De Luxembourg et Mirepoix (HW).

trouvâmes Mme de Montmorency, sa fille et son gendre.[4] Ils me dirent qu'ils m'avaient été chercher. Ensuite Mmes de Luxembourg et de Lauzun arrivèrent. M. Selwyn alla souper chez Mme de Montmorency, le petit Craufurd resta chez le Président, et je me fis répéter par lui vingt fois la même chose. Vous vous doutez bien [de] ce que ce peut être.[5] Il y avait chez le Président Mmes de la Vallière, de Broglie, de Belsunce.[6] Je dis à cette dernière combien vous l'aviez trouvée aimable. Tout le monde dit combien vous l'étiez vous-même, et j'eus le plaisir de vous entendre louer et regretter. Je me suis couchée à une heure, réveillée à quatre, rendormie à neuf, et me voilà attendant la lettre que vous m'avez promise, dont par avance je suis très contente, et je le serai certainement telle qu'elle puisse être.

Voilà un compte exact de tout ce que j'ai fait dans la journée, il n'y manque que de vous compter mes rêves, mais vous me l'avez défendu. Est-ce qu'il y en a donc dans les œuvres de Maman Scudéry?

Adieu, j'attends votre lettre.

Samedi 10, à une heure après-midi.

Voilà cette lettre de Chantilly[7] que j'attendais hier, et qui apparemment trouva le paquet fermé quand elle fut portée à la poste; je commence par vous en remercier, et par vous assurer que j'en suis très contente; je serais bien tentée de vous faire une citation de *mon frère* Quinault, mais vous me gronderiez, et je ne me permettrai plus rien qui puisse vous fâcher, et jamais, jamais je ne vous écrirai un mot qui puisse vous forcer à me causer du chagrin par vos réponses. J'aime mieux étouffer toutes mes pensées, que de vous en laisser voir aucune qui puisse vous fatiguer, ou vous ennuyer, ou vous déplaire. Ce que je pense pour vous est tellement devenu ma propre existence, que tant que je vivrai il est impossible que j'aie aucune idée différente; mais vous, mon tuteur, qui avez six ou sept choses dans la tête, et de qui tous les jours de la semaine sont différents les uns des autres, votre style doit être plus varié que le mien; tout ce que vous

---

4. Louise-Françoise-Pauline de Montmorency-Luxembourg (1734–1818), m. (1) (1752) Anne-François de Montmorency-Luxembourg, Duc de Montmorency; m. (2) (1764) Louis-François-Joseph, Prince de Montmorency-Logny (André Gain, *La Restauration et les biens des émigrés*, Nancy, 1928, i. 417). Her daughter, Charlotte-Anne-Françoise de Montmorency-Luxembourg (b. 1757), m. (1767) Anne-Léon II de Montmorency (1731–99), Duc

de Montmorency, formerly Marquis de Fosseux.

5. Probably regrets at HW's departure.

6. Charlotte-Alexandrine Sublet d'Heudicourt (b. 1722), m. (1737) Antonin-Armand de Belsunce, Marquis de Castelmoron (St-Allais iii. 95). HW called her 'l'aînée' to distinguish her from her daughter-in-law, whom apparently he had not met (*Paris Jour.*).

7. HW to D 8 Oct. 1767 (missing).

m'écrirez me sera également agréable. Laissez-vous aller à me dire tout ce qui vous passera dans l'esprit; ne songez point à moi en m'écrivant, ne me parlez que de vous, ne vous occupez point de mon bonheur; n'ayez point de conduite avec moi; laissez-vous aller tout naturellement, mais surtout, surtout n'ayez jamais le dessein de rien changer à ma façon de penser pour vous; ce serait inutilement que vous y travailleriez; vous détruiriez mon bonheur en voulant l'assurer.

Vous ne savez pas la folie qui me passe par la tête. Si vous pouviez donner à vos lettres le son de votre voix, votre prononciation, je serais aussi heureuse une fois la semaine que je le suis tous les jours quand vous êtes ici. Ah! voilà, direz-vous, la petite qui s'égare; *ha po-int du tout, au con-traire*,[8] et pour preuve parlons d'autre chose.

Le petit Craufurd vint me voir hier à deux heures; il passa une heure avec moi. Il a bien de l'esprit, mais sa tête est bien mauvaise. Il dit qu'il partira jeudi, il prétend être toujours aussi malade, mais cela n'est pas vrai. Il soupa chez le Président avec Mme de Mirepoix et la Marquise de Boufflers.[8a] Il nous présenta un Milord Clanbrassill;[9] ils jouèrent tous deux avec ces dames. Le Président me dit que de tous les Anglais vous étiez celui qu'il aimait le mieux. Je ne l'écoutai pas, je n'aime pas les comparaisons.

J'ai été de bonne humeur hier, mon tuteur, cependant un peu mécontente du temps qu'il faisait; il est moins mauvais aujourd'hui, mais c'est demain que je serai bien inquiète; j'ai grande impatience d'avoir une lettre datée de Douvres. Si vous vous portez bien je serai heureuse et contente. Adieu, je ne fermerai cette lettre que demain au soir.

Ce dimanche 11, à 10 heures du matin.

Il fait aujourd'hui le plus beau temps du monde
Pour aller à cheval sur la terre et sur l'onde.

Ce sont les deux seuls vers que le Père Malebranche[10] ait pu faire dans toute sa vie. J'espère que votre passage sera facile; vous devez être actuellement en pleine mer; je voudrais bien que vous couchassiez ce soir à Londres. Je n'aurai votre lettre de Douvres[11] que mer-

---

8. These words in italics are divided in the manner Mr Walpole used to pronounce them in speaking French (B).

8a. Marie-Françoise-Catherine de Beauvau-Craon (1711–86), m. (1752) Louis-François de Boufflers, Marquis de Remiencourt (Gaston Maugras, *La Marquise de Bouf-*

flers, 1907; Édouard Meaume, *La Mère du Chevalier de Boufflers*, 1885).

9. Corrected by HW to 'Clanbrazil' from Wiart's 'Clinbresel.' James Hamilton (1730–98), 2d E. of Clanbrassill.

10. Nicolas de Malebranche (1638–1715).

11. HW to D 11 Oct. 1767 (missing).

credi ou jeudi; je l'attends avec impatience, et c'est la seule fois que je me permettrai de vous en marquer. Vous pourrez l'éprouver si vous voulez, mais j'aime autant que vous n'en preniez pas la peine. Ah! mon tuteur, je crois que je vais devenir un prodige de raison, votre voyage ici n'aura pas été en pure perte, il était nécessaire à mon bonheur; je vous connais aujourd'hui parfaitement, et vous êtes, comme je vous l'ai dit, tel que je vous aurais formé pour être l'objet de mon attachement. En diriez-vous de même de moi? N'allez pas répondre, *po-int du tout.*

Je compte que je trouverai dans vos lettres tous les grands et petits détails, et surtout ceux de votre santé, que vous suivrez nos usages et non pas les vôtres, que vous me direz l'état de votre estomac et tout ce qui s'ensuit tout ainsi que si j'étais votre médecin; enfin, que votre confiance s'étendra sur tout, sera totale. Ah! si vous en usez ainsi, que nous serons bons amis! Je suis raisonnable, mon tuteur, et plus que vous ne pensez; c'est à vous de vous en applaudir. C'est peut-être la folie qui a engendré ma raison, mais pourvu qu'elle arrive qu'importe d'où elle vienne, qu'importe de son *genuit?* Le plus grand bonheur qui puisse arriver à une tête faible, c'est de s'unir à une tête forte. C'est le contraire de la fable du pot de terre et du pot de fer.[12]

Vous souvenez-vous de votre manière de donner la main, ce doigt que vous présentez, et cette secousse que vous faites? Vous m'aviez dit d'en faire une chanson; la voici, sur l'air, *Vous m'entendez bien:*

> Pour prendre une main poliment
> Il faut employer doucement
> Quatre doigts et le pouce, eh bien,
> Sans donner de secousse, vous m'entendez bien?
>
> Quand on met ainsi les cinq doigts
> Et que ce n'est point le minois
> Qui nous frappe la vue, eh bien,
> C'est le tact qui remue, vous m'entendez bien?

Si ces vers ne sont pas aussi pompeux que ceux du Père Malebranche, ils sont du moins plus suivant l'ordre naturel.

Ah! mon tuteur, que le petit Craufurd est fol, et quel dommage! je désespère qu'il devienne jamais raisonnable, il me confirme bien dans ce que je pense sur les Anglais; je crois qu'il n'y a chez eux que les imbéciles qui ne soient pas extrêmes: ceux qui ont de l'esprit sont ou excellents, ou détestables, ou insensés.

12. La Fontaine, *Fables,* V. ii.

Je ne vis hier le petit Craufurd qu'à 9 heures du soir. Il m'avait mandé qu'il se mourait, qu'il ne pouvait pas sortir. Je passai à sa porte, il monta dans mon carrosse, je le menai chez le Président, il y soupa et fut assez gai. Il ne se baigne plus parce que cela l'ennuyait. Il est tant soit peu amoureux de Mme Tomatesse,[13] cependant il part toujours jeudi, à ce qu'il dit, et je ne déchirerai point sa robe pour le retenir. Milord March[14] et M. Selwyn n'étaient point encore revenus de l'Isle-Adam hier au soir; je les ai priés à souper pour aujourd'hui. Je reçus hier une lettre de l'Abbé Barthélemy;[15] la grand'maman se porte bien, et m'a fait dire beaucoup de choses pour vous.

Je passai hier chez Mme de Guerchy; je fis descendre son valet de chambre, je lui dis que je voulais savoir de ses nouvelles pour pouvoir vous en mander aujourd'hui, que vous me l'aviez expressément recommandé. On parle beaucoup de M. d'Aiguillon pour le régiment;[16] ce serait, comme vous dites, un soufflet sur la joue du patron.[17] Adieu, mon tuteur, la fin de cette page m'avertit de la longueur de cette lettre.

To Madame du Deffand, Sunday
11 October 1767, N° 3

Missing. Written from Dover, and marked X in *Paris Journals*. Answered, 18 Oct.

To Madame du Deffand, Monday
12 October 1767, N° 4

Missing. Written from Canterbury, and marked O in *Paris Journals*.

13. Thomatti, Génoise (HW). Sir Charles Bunbury wrote to Selwyn from Spa, 10 Aug. 1767: 'I am in love with Mme de Tomatis . . . Mme de Tomatis is divinely handsome, and wonderfully virtuous. She refused the King of Poland and 6000 ducats a-year for life. She spends the winter at Paris' (John Heneage Jesse, *George Selwyn and his Contemporaries*, 1882, ii. 181). 'Tomatis' is mentioned in the *Mémoires* of Stanislas II of Poland, St Petersburg, 1914–24, ii. 310, 314.
14. William Douglas (1724–1810), 3d E. of March and Ruglen, later the notorious 7th D. of Queensberry ('Old Q'), friend of Selwyn and Craufurd.
15. Missing.
16. The *Régiment du Roi*, of which M. de Guerchy had been colonel at the time of his death, 17 Sept. (*Rép. de la Gazette*). M. du Châtelet received this appointment.
17. A quotation from Rousseau's letter to Hume 10 July 1766, quoted by HW to D 16 July 1766. In this case, the 'patron' was Choiseul, to whom the appointment of his enemy, d'Aiguillon, would be displeasing.

To MADAME DU DEFFAND, Tuesday
13 October 1767, N° 5

Missing. Written from Arlington Street, on HW's arrival. Answered, 18 Oct.

From MADAME DU DEFFAND, Wednesday
14 October 1767

N° 2. Paris, ce mercredi 14 octobre 1767, en réponse
à la lettre d'Abbeville N° 2.

CE n'est pas votre faute, mais votre lettre d'Abbeville[1] n'arrive
que dans ce moment qu'il est deux heures, et ce serait celle de
Calais[2] que j'aurais dû recevoir. J'espère l'avoir demain, mon impatience n'a pour objet que l'inquiétude, dont je ne puis me défendre,
de votre santé et de votre sûreté. Ces voleurs me reviennent dans
l'esprit; une chaise de louage qui peut se rompre, enfin toutes sortes
de genres d'accidents, car de votre souvenir, de votre amitié, jamais,
jamais je n'en douterai. Voilà le seul moyen que j'ai de la reconnaître, et je serais un monstre d'ingratitude si je me laissais aborder
par la plus petite méfiance. Comme vous n'ignorez aucune de mes
pensées, je vous épargnerai de vous les répéter, et je me bornerai à
vous rendre compte de tout ce que je verrai, saurai, et ferai.

Je vous dirai d'abord que M. Craufurd, qui dit n'être venu ici que
pour moi (et je le crois) ne me voit presque pas; il se porte mieux, il
s'ennuie partout, il ne sait ce qu'il fera, il ne sait ce qu'il veut, il devait partir jeudi, il ne partira que lundi; tout comme il lui plaira, je
ne m'en tourmente pas.

Lindor[3] soupa avant-hier chez le Président avec Milord March. La
Maréchale de Broglie[3a] fit un grand étalage d'esprit pour le Milord,
elle eut un grand succès. Je menai hier Lindor souper avec moi chez
des demoiselles de ma connaissance que vous n'avez peut-être point
vues, et dont je ne me souviens pas de vous avoir parlé, Mlles de

1. HW to D 9 Oct. 1767 (missing).
2. HW's next letter was from Dover, 11
Oct. 1767 (missing).
3. Name given by D to Selwyn. 'Personnage de la littérature espagnole, popula-
risé par la romance du *Barbier de Sé-
ville*, de Beaumarchais; type de l'amou-

reux qui, une guitare à la main, va soupi-
rer sous les fenêtres d'une beauté quelconque' (*Le Petit Larousse*).
3a. Louise-Augustine-Salbigothon Crozat
de Thiers (1733–1813), m. (1752) Victor-
François, Maréchal-Duc de Broglie (Woelmont de Brumagne i. 545).

Le Triomphe de L'amitie
ou
l'histoire de Jacqueline ou de Jeanneton

Chez toutes les nations civilisées, les loix
prononcent des peines contre le crime, sans
decerner des recompenses pour la vertu.
pourquoy les mœurs francoises ne Supléeroient elles
pas a ce Silence des loix, en celebrant, en immor
talisant S'il est possible des actions vertueuses que
la grece et l'ancienne rome déifioient jadis
La crainte des chatimens est sans doute un frein
pour Empecher de faire le mal, mais n'est pas un
encouragement a L'amour et a la pratique du bien
        Si les ames naturellement Sensibles et pures y
sont entrainées par leur propre pente, Si le plaisir
qu'elles goutent a la suivre les paye assés de
L'avoir suivie, il faut quelquefois un attrait
Etranger, des Exemples, des Eloges pour Exciter
les ames indolentes, froides ou dissippées aux
Sentimens et aux actions liuables
Un pareil motif nous autorise a Sauver de l'oubli
deux noms obscurs, deux noms qui ne paroissent

WIART'S COPY OF MADAME
DE MEINIÈRES'S NARRATIVE

Clérembault.[4] Nous passâmes une soirée fort douce, et je vous ai l'obligation que tout m'est égal.

Je devais aller cet après-dîner chez Mme de Meinières,[5] pour entendre l'histoire de nos filles[6] qu'elle m'a dit être faite et qu'elle a envoyée à Mme de Forcalquier à Fontainebleau, mais il m'est survenu de petits obstacles pour aller aujourd'hui chez elle, et j'ai remis ma visite et cette lecture à demain; je vous en rendrai compte lundi prochain.

L'Abbé Barthélemy me mande toujours que la grand'maman se porte bien, mais M. de Grave, qui l'a vue, en parle bien différemment; j'ai beaucoup d'impatience de son retour. Je lui ai mandé que vous deviez lui écrire et que je vous avais bien recommandé de lui manquer de respect.

Le Président vint hier après-dîner chez moi, nous fûmes longtemps tête à tête; il est malheureux, il me fait pitié. De tout ce qu'il a jamais été, il ne lui reste plus que la faiblesse et la vanité. Ah! mon Dieu, qu'on est sot et à plaindre quand on ne s'occupe que de soi; et qu'on est ridicule quand on le laisse voir aux autres.

Je ne sais nulle nouvelle à vous apprendre, toutes mes connaissances sont dispersées. J'en ai fait une nouvelle hier, qui est une Mme de Narbonne,[7] fille de Mme du Plessis-Châtillon, belle-sœur de la Vicomtesse,[8] qui me paraît avoir de l'esprit, mais que je soupçonne d'être un peu folle. Elle a pris un enfant qui a cinq ans, elle lui apprend à lire, et c'est dans le *De profundis*, qui commence, '*Du profond de l'abîme j'ai crié vers vous, Seigneur.*'[9]—'Je ne connais point le Seigneur,' dit-il, 'je ne crie point à lui, et je ne suis pas dans l'abîme.'

4. Not identified. The younger one died July 1775. A letter from them to Selwyn, 13 March 1768, is in the Society of Antiquaries.

5. Octavie Guichard (1719–1804), m. (1) (1738) M. Belot; m. (2) (1765) Jean-Baptiste-François Durey de Meinières. HW had met her on both of his previous visits to Paris (*Paris Jour.*). Two letters from her to D, and a MS copy of her *Triomphe de l'amitié* (all dealing with D's rescue of Jacqueline and Jeanneton, the two peasant girls) are among the papers bequeathed by D to HW. See illustration.

6. Jacqueline Pourblay and Jeanneton Milet, two poor girls, who had been rescued from poverty by D, Mme de Forcal-

quier, and their friends. HW had seen Jeanneton, 6 Sept. 1767, and attended the installation of the girls in the apartment furnished by their benefactors, 19 Sept. 1767 (see *Paris Jour.*). The whole incident is described by W. S. Lewis, *Le Triomphe de l'amitié*, Farmington, 1935.

7. Marie-Félicité du Plessis-Châtillon (1723–94), guillotined in the Revolution, m. (1) (1745) François-Antoine, Comte de Chabannes; m. (2) (1760) Charles-Bernard-Martial, Comte (later Duc) de Narbonne-Pelet (Woelmont de Brumagne i. 590).

8. The Vicomtesse de Narbonne (*ante* 26 April 1767, n. 3).

9. *Psaumes* cxxx. 1.

On lui a changé cette lecture contre les contes des fées. Ce récit est assez plat, mais il faut dire tout ce qu'on sait quand on s'interdit de dire tout ce qu'on pense. Adieu.

From MADAME DU DEFFAND, Saturday 17 October 1767

Nº 3. Paris, ce samedi 17 octobre, à 6 heures
du soir, 1767.

SUIVANT votre lettre d'Abbeville, datée du vendredi 9, vous deviez être le dimanche 11 à Calais; suivant vos promesses vous deviez m'écrire avant votre embarquement. Si vous m'avez tenu parole, par quelle raison n'ai-je pas reçu votre lettre?[1] Depuis jeudi je suis en inquiétude. Cette inquiétude n'a fait que croître et embellir, cependant je fais tout mon possible pour me calmer, et pour ne me pas laisser aller à vous croire mort ou malade; j'aime mille et mille fois mieux que vous ayez manqué d'exactitude à vos promesses, que vous m'ayez oubliée, enfin tout ce qu'il vous plaira, pourvu que ce ne soit point maladie ou indisposition ou quelque accident. C'est demain le jour qu'on reçoit les lettres, je serai délivrée de toutes mes inquiétudes, ou elles seront à leur comble. Je ne peux pas prendre sur moi de vous cacher ma situation, c'est un petit soulagement que je me donne de vous en parler, et vous n'êtes pas assez farouche pour le trouver mauvais; j'espère demain être de belle humeur, pour aujourd'hui je suis tant soit peu noire. Adieu.

Ce dimanche, à 4 heures du soir.

Wiart a été ce matin à la grande poste pour savoir une heure plus tôt s'il y avait un courrier d'Angleterre, si ce courrier m'apportait une lettre. Wiart revient à une heure avec une lettre de Londres, No. 5;[2] je dévore cette lettre, elle m'apprend que vous vous portez bien, que vous voilà établi chez vous, qu'il ne paraît plus au dérangement que j'ai causé, que votre complaisance pour moi ne vous aura nui en rien. Je me réjouis de la place de M. Montagu,[3] je m'imagine qu'elle m'est avantageuse, que vous parlerez de moi avec lui, que quelquefois vous désirerez m'avoir en tiers; dans quelque instant que

1. HW did not write to D from Calais.
2. HW to D 13 Oct. 1767 (missing).
3. He was made secretary to Lord

North, the Chancellor of the Exchequer
(see HW to Montagu 13 Oct. 1767).

ce désir vous prenne, soyez certain que je le partage, et qu'il n'y a que la crainte de n'arriver en Angleterre que justement pour m'y faire enterrer qui m'empêche de vous aller trouver; aucun attachement pour mon pays, général ni particulier, aucun respect humain ne me retiendrait ici, mais mon extrait baptistaire est un maître auquel il faut se soumettre, c'est un thermomètre sûr qui décide de la saison, du temps qu'il fait, et qui dément sans réplique ce qu'on pourrait sentir qui y serait contraire; ainsi donc je reste ici, et je n'entrerai jamais dans Strawberry Hill.

Votre lettre de Londres datée du 13 que Wiart m'a apportée à une heure m'en annonçait deux autres, une de Douvres, et l'autre de Canterbury;[4] le facteur vient de m'apporter celle de Douvres. Ah! mon Dieu, qu'elle m'aurait fait peur, si par un grand bonheur je n'avais pas lu celle de Londres auparavant; c'est moi qui suis cause de tout ce que vous avez souffert,[5] c'était un pressentiment de tout ce que vous souffriez qui me causait l'inquiétude et le tourment que j'ai endurés jeudi, vendredi, et samedi. M. Selwyn me soutenait que vous ne vous seriez peut-être embarqué que le mardi ou le mercredi. Je n'en croyais rien, et craignais de le croire, parce qu'en ce cas il aurait fallu que vous eussiez été bien malade pour ne m'avoir pas écrit de Calais. Toute mon espérance était, ce qui en effet est arrivé, que vous n'auriez pas eu le temps de m'écrire, et que vous vous seriez embarqué au moment de votre arrivée à Calais, alors je ne pouvais plus attendre de vos nouvelles que par le courrier d'Angleterre qui n'arrive pour l'ordinaire que le dimanche; mes conjectures se sont trouvées vraies. J'aurais eu de bien plus vives inquiétudes si j'avais pu savoir tout ce que vous avez souffert, j'ai grande peur, mon tuteur, que cela n'ait des suites. Je suis persuadée que vous me donnerez de vos nouvelles, vous êtes trop occupé de mon bonheur pour ne pas prévoir tout ce qui peut y contribuer. Enfin j'ai une confiance si entière en votre amitié, et elle me rend si heureuse, que je ne voudrais pas revenir à vingt-cinq ans s'il fallait y sacrifier notre union, notre amitié, même une simple connaissance. Je vous l'ai déjà dit (du moins je le crois), mon tonneau m'a mieux servi que la lanterne de Diogène.

Le récit de votre navigation est d'une gaîté et d'un pathétique qui n'appartient qu'à vous. Je vous prie, mon tuteur, de ne me laisser rien ignorer de tout ce qui peut m'intéresser, et souvenez-vous que

4. HW to D 11 Oct. and 12 Oct. 1767 (missing). The MS reads 'Cantorberri.'

5. Seasickness (see *Paris Jour.* and HW to Montagu 13 Oct. 1767).

mon intérêt porte surtout sur tout ce qui vous regarde, de l'alpha à l'oméga, du sceptre à la houlette, enfin que je sois avec vous autant qu'il sera possible; il n'y a entre nous que la distance, car je ne vois rien de ce qui m'environne, c'est une manière de transsubstantiation: votre présence est réelle, tout le reste n'est pour moi que les apparences.

Tout est ici comme vous l'avez laissé, j'ai soupé tous les jours chez le Président; hier au soir Mme de Broglie et Mme de Jonzac vous vantèrent extrêmement. J'aurai ce soir à souper Mme d'Aiguillon, le petit Craufurd, *Lindor*. Je donnerai encore demain à souper, ce sera à la Princesse Lubomirska,[6] et peut-être à Mme de Forcalquier à son retour de Fontainebleau. Le régiment du Roi n'est point encore donné. Ceux qui croient M. d'Aiguillon disent que le Roi aime mieux perdre un régiment qu'une province.[7] M. d'Ancezune[8] est mort, ainsi que Mme de l'Hôpital Boullongne,[9] et le Chevalier de Saint-Germain,[10] grand prieur d'Aquitaine.

La grand'maman revient samedi 24, les Beauvau après-demain mardi, la Maréchale de Luxembourg mercredi. Pont-de-Veyle arrive dans le moment de l'Isle-Adam, et vous, vous êtes à Strawberry Hill.

Adieu, mon tuteur, ayez bien soin de votre santé, c'est l'unique intérêt qui m'occupe.

Je n'ai point reçu votre lettre de Canterbury No. 4.

Mes compliments à Rosette. Faites-moi aimer de M. Montagu.

To MADAME DU DEFFAND, Monday 19 October 1767, N° 6

Missing. Probably written from Arlington Street. Answered, 27 Oct.

6. Frédérique-Constance (1721–87), Princess Lubomirska, m. (1) (1744) Roland Puchot, Comte des Alleurs; m. (2) (1760) Charles-Bertrand de la Bourdonnaye, Marquis de Liré (see *Rép. de la Gazette*). HW had met her twice on his recent visit to Paris (*Paris Jour.*). D calls her 'aimable' and says that she has 'de l'esprit'; later, there was a rift between them (see S–A i. 146, 150, 185).

7. Meaning that if he gave the *Régiment du Roi* to d'Aiguillon, the Bretons, whom d'Aiguillon had antagonized, would revolt.

8. André-Joseph d'Ancezune de Cade-rousse (1696–1767), Marquis d'Ancezune, d. 17 Oct. 1767 (*Rép. de la Gazette*).

9. Louise-Élisabeth de Boullongne (1721–67), m. (1736) Paul-François Gallucio, Marquis de l'Hôpital, d. 15 Oct. 1767 (ibid.). HW had met her once on his first visit to Paris (*Paris Jour.*).

10. Armand-Louis-Joseph Foucault de Saint-Germain-Beaupré (1680–1767), Chevalier de Saint-Germain, d. 13 Oct. 1767 (*Rép. de la Gazette*).

From Madame du Deffand, Wednesday
21 October 1767

N° 4. Ce mercredi 21 octobre 1767, à 4 heures
après-midi.

M. SELWYN sort d'ici, il m'a dit qu'il n'y avait point aujour-
d'hui de courrier, ainsi il est possible que demain j'aie une
lettre, et comme il ne serait plus temps d'y répondre après l'avoir
reçue, je la préviens; mais n'ayez pas peur, je ne prendrai point
d'habitudes qui puissent vous déplaire, je m'en tiendrai strictement à
une fois la semaine. Dans ce moment-ci nous ne sommes point encore
en règle, c'est comme dans un déménagement.

J'ai relu plusieurs fois la relation de votre navigation; c'est un récit
de comédie, on ne peut s'empêcher d'en pleurer et d'en rire, mais ce
qui est fâcheux c'est qu'elle laisse de l'inquiétude. J'attends votre
première lettre avec impatience. Je ne crains plus de chagrin de votre
part que ceux que peuvent me donner votre santé; si vous vous portez bien je n'aurai rien à désirer; cependant il y a encore un article à
ajouter: *que vos amis¹ soient contents,* et c'est ce que vous ne me
laisserez pas ignorer.

Je suis intimement avec M. Selwyn, c'est la meilleure créature du
monde, il s'attache comme un petit chien, il est fidèle à ses amis
comme les petits chiens à leur maître, il ne s'ennuie jamais; on ne
peut guère avoir de conversation avec lui, mais on n'est cependant
point embarrassée du tête-à-tête. Il rêve, il dort, il se réveille, il ne
sait où il est, cela ne lui fait rien, il est animé sans avoir ni passion ni
sentiment; on ne voudrait pas que tout le monde fût comme lui,
mais pour moi je n'en excepterais qu'une seule personne, et je m'ac-
commoderais bien que tout le reste du monde lui ressemblât.

M. Craufurd ne lui ressemble pas, j'ai bien peur qu'il ne soit un
homme perdu, il est totalement changé pour moi, il s'ennuie toujours, tout lui paraît détestable, il ne sait ce qu'il veut. Vous savez
que je l'aime, que je l'estime, mais en même temps je suis forcée à
cesser de lui marquer l'intérêt que je prends à lui, je ne ferais que le
fatiguer, et je ne lui serais bonne à rien. J'ignore combien il restera
ici, je ne lui en parle plus, il voudrait quitter tous les lieux où il est,
et il ne peut se déterminer à choisir ceux où il pourrait aller; il est

1. His political friends.

bien malheureux, il est bien à plaindre. Je veux me flatter que c'est l'effet de sa maladie,[2] il serait bien triste si c'était l'effet de son caractère. Vous aurez bien raison de ne lui pas prêter mon portefeuille, je ne puis pas ravoir celui que je lui ai confié; il n'en a pas lu une panse d'*a*, et il oublie tous les jours à me le rapporter.

Tout le monde revient de Fontainebleau, Mme de Luxembourg, le Prince de Beauvau arrivent aujourd'hui, la grand'maman arrivera samedi. Il y a plus de huit jours que je n'ai eu de ses nouvelles, je serai fort aise de la revoir.

Depuis votre départ j'ai soupé presque tous les jours chez le Président, avec qui je suis fort bien; j'aime Mme de Jonzac et Mme de Broglie, parce qu'elles aiment mon tuteur; ce n'est point par air, c'est parce qu'elles sont sensibles, et qu'elles ont démêlé que le tuteur l'était. J'aime aussi Pont-de-Veyle, non pas parce qu'il est sensible, mais parce qu'il est constant et loyal, et qu'il croit que le tuteur l'est. Tout le reste vous aime ou ne vous aime pas, cela m'est indifférent.

Mme de Forcalquier est revenue de Fontainebleau lundi au soir, je comptais qu'elle souperait chez moi; j'avais Mmes de la Vallière, de Broglie et de Lubomirska, MM. Selwyn, Craufurd, Grave, et Saulx; une partie de la compagnie se retira à minuit, je fus chez Mme de Forcalquier, qui m'y avait invitée; elle a été très contente de son voyage, et surtout de la grand'maman, que j'avais priée de la bien traiter. Je la mène ce soir souper chez le Président, et je ferai tout ce qui sera possible pour être bien avec elle, mais c'est à peu près vouloir se procurer un rêve agréable; tous ses sentiments, toutes ses réflexions, tout en elle n'est que fantôme. Ah! mon Dieu, mon tuteur, quand on se rend spectateur et observateur on

Voit comme un néant tout l'univers ensemble.[3]

Vous n'en êtes pas encore là et j'en suis bien aise; il faut pour soutenir ce rôle-là avoir un point d'appui tel qu'en a la pupille, et je suis persuadée qu'il n'y a qu'elle dans le monde qui ait cet avantage.

Je reçus hier une lettre de la Princesse de Beauvau, toute remplie d'amitié ou de flatterie, elle me mande que le régiment du Roi n'est point encore donné, mais qu'heureusement on est certain que M.

---

2. It does not appear what this was, but Craufurd was valetudinarian (see HW to Lady Ossory 25 Dec. 1773).

3. 'Il voit comme un néant tout l'univers ensemble.' (Racine, *Esther*, I. iii.)

d'Aiguillon ne l'aura pas. J'ai eu la prudence d'un serpent dans cette occasion, et je n'ai laissé voir aucune de mes pensées. Ah! mon tuteur, si j'avais toujours été votre pupille aucun malheur ne me serait arrivé; j'aurais peut-être l'embonpoint de Mme de Mazarin,[4] je ne serais pas aveugle, je n'aurais pas vieilli; mais vous êtes arrivé trop tard, vous ne pouvez pas empêcher le mal qui m'est arrivé, et le bien que vous m'avez fait produit un contraste en moi qui pourrait bien me rendre ridicule, mais j'espère que je ne le paraîtrai qu'à vos yeux, vous ne vous moquerez jamais de moi, vous me l'avez promis.

Mme de Turenne vient de perdre le Chevalier de Bouillon,[5] son second fils; il était fait comme Polichinelle, en avait la taille, le son de voix, mais elle l'aimait passionnément. Mme de Jonzac partage sa douleur, et j'y prends quelque part. Quand vous verrez M. Montagu, parlez-lui de moi. Je ne parle de vous qu'à Pont-de-Veyle, mais je me donne le plaisir, rarement à la vérité, de lui dire que je vous aime.

To Madame du Deffand, Saturday 24 October 1767, N° 7

Missing. *Post* 1 Nov. 1767 gives 24 and 26 Oct. as the dates of this letter; *Paris Journals* give 27 Oct. HW was at Arlington Street on 24 Oct.

From Madame du Deffand, Tuesday 27 October 1767

N° 5. Paris, ce mardi 27 octobre 1767, réponse au N° 6, 19 octobre.

VOUS êtes content de ma première lettre,[1] vous le serez de toutes les autres, au moins à certains égards; mais je ne vous réponds pas de suivre exactement votre exemple: je n'ai pas tant de dignité que vous; je ne suis ni aussi raisonnable ni aussi calme, parce que je ne suis pas aussi froide; mais, mon tuteur, pourvu que l'on fasse de son mieux, on n'est pas tenu à davantage.

4. Louise-Jeanne de Durfort-Duras (1735–81), m. (1747) Louis-Marie-Guy d'Aumont, Duc de Mazarin. See Henriette-Louise, Baronne d'Oberkirch, *Mémoires,* 1869, i. 46 (T).

5. Charles-Godefroy-Louis de la Tour d'Auvergne (1749–67), Chevalier de Bouillon, d. 22 Oct. 1767 (*Rép. de la Gazette*).

1. *Ante* 9 Oct. 1767.

Je soupai hier avec la grand'maman; je lui remis votre lettre[2] qu'elle m'avait envoyée sur-le-champ; elle en est charmée; elle la fit lire tout haut par l'Abbé Barthélemy, en présence du Selwyn et du Président, à qui elle était venue rendre une petite visite avant souper. Vous ferez très bien de continuer à lui écrire du même style.[3] Il n'y a point de bien qu'elle ne pense de vous, et l'Abbé prétend que ce serait un grand bonheur pour elle si vous habitiez ce pays-ci, que vous seriez son véritable ami, et un ami très utile. Il me disait hier, 'Pourquoi ne louerait-il pas une maison comme M. Stanley?' (Ce pauvre Abbé ne sait pas à quel point vous êtes anglais, et que cette proposition vous ferait venir la peau de poule). 'Oh! non, l'Abbé,' lui dis-je, 'il ne bâtira jamais de tentes ici, mais il y viendra quelquefois rendre ses devoirs à la grand'maman, et voir la petite-fille.' La grand'maman est triste, et s'efforce de ne le point paraître. Sa b . . . s . . .[4] me paraît la Catherine de Voltaire;[5] elle ne donne pas la colique, mais elle donne le spleen. Je fus hier avec Mme de la Vallière rendre ma première visite à Mme de la Borde,[6] j'y trouvai cette Catherine, elle s'empressa de me donner un bon fauteuil. Son son de voix est celui d'un vieil homme. Je savais qu'elle était dans la chambre, je voulais lui parler, je pensai lui dire, 'Monsieur, menez-moi à Madame de . . .' Je fus au désespoir de ne l'avoir pas fait. Je le dis à la grand'maman, qui en rit beaucoup.

Je soupe ce soir avec l'époux.[7] J'ai toujours une sorte de crainte; je suis si peu maîtresse de moi, je sais si peu me composer, que c'est toujours par hasard si je suis bien ou mal. Par exemple, mon tuteur, il est impossible d'être moins en train d'écrire que je le suis dans ce moment-ci, j'ai la tête vide, votre lettre, que je me suis fait relire, m'a toute attiédie; si c'est la disposition où vous désirez que je sois, soyez content pour le moment présent; si cette disposition se soutient, mes lettres ne vous choqueront pas, mais elles pourront bien vous ennuyer beaucoup.

J'écrivis hier au soir au Comte de Broglie; je lui fis le récit d'une petite aventure; et pour n'avoir pas l'embarras de la dicter deux fois, j'en ai fait faire une copie que je vous envoie.

2. HW to Mme de Choiseul 16 Oct. 1767.

3. That is, informally.

4. Belle-sœur (Mme de Gramont, sister-in-law of Mme de Choiseul).

5. See *ante* 30 May 1767.

6. Rosalie-Claire de Nettine, m. (1760) Jean-Joseph, Marquis de la Borde, banker to the King.

7. M. de Choiseul.

M. du Châtelet a le régiment du Roi; on ne sait pourquoi on a tant tardé à le nommer.

Adieu, mon tuteur, je suis trop engourdie aujourd'hui, demain je serai peut-être plus animée.

Ce mercredi, à 10 heures du matin.

Vous voyez comme j'étais bête hier matin. L'après-dîner fut de même, à l'approche du souper j'aurais préféré les charmantes dames Verdelin et Le Droit[8] à la grand'maman, à cause de ce que je devais trouver chez elle. En arrivant je lui en fis l'aveu; elle s'affligea de ce que je serais maussade. L'époux arriva, sa gaîté, qui est surprenante, et qui est imperturbable, dissipa toutes mes vapeurs, je devins de bonne humeur, la grand'maman fut contente, et c'est ce que je voulais. 'M. Walpole est-il encore ici?' me dit l'époux. 'Oh! mon Dieu, non, il y a mille ans qu'il n'y est plus.'—'Ne doit-il pas revenir bientôt?'—'Oh! mon Dieu, non.'—'Savez-vous que je le trouve charmant, que je n'ai point vu d'Anglais aussi aimable, beaucoup d'esprit, de la grâce, de la finesse, de la gaîté? Rien n'est plus aimable. Je serai ravi de le revoir . . .' La grand'maman dit: 'C'est mon petit-fils, c'est le mari de ma petite-fille; il m'a écrit une lettre charmante, il m'appelle sa grand'maman.' Enfin, il fut question de vous extrêmement longtemps, et il me semble que l'on se donne des airs quand on vous loue et quand on vous vante; ce n'est qu'à moi qu'il appartient de penser tout ce qu'ils dirent. J'en excepte la grand'maman, qui a du discernement et du tact. Elle part aujourd'hui pour quinze jours, accompagnée de son grand Abbé, qui est à peu près pour elle, comme quelqu'un de ma connaissance est pour quelqu'une de la vôtre; cet Abbé me parla encore de vos voyages ici; je ne puis lui faire entendre qu'il est bien naturel que vous préfériez de vivre dans votre pays. Il croit que la patrie de tout le monde doit être l'atmosphère de la grand'maman. Oh! il l'aime bien, mais elle ne l'aime point assez, elle aimait beaucoup mieux son ambassadeur de Sardaigne.[8a] Je ne l'ai point assez connu pour savoir si elle avait raison. Je suis persuadée que si vous viviez ici vous seriez bientôt ce qu'elle aimerait le mieux, et je pense comme l'Abbé, vous lui seriez fort utile. L'époux me

8. Perhaps Madeleine Genest Delaunay (d. 1777) (widow of —— Le Droit), who lived at the Rue du Bac and at Soisy (*Journal de Paris*, 4 June 1777). HW met Mme Le Droit, 29 Aug. 1767 (*Paris Jour.*). See also Jacob-Nicolas Moreau, *Mes Souvenirs*, 1898–1901, i. 301.

8a. Roberto Ignazio Solaro di Breglio (ca 1715–65) (*Rép. de la Gazette;* Charles-Jean-François Hénault, *Mémoires*, ed. Rousseau, 1911, p. 357, n. 8).

traite à merveille, et il a du goût pour moi, j'en ai pour lui quand je le vois, mais en absence sa Catherine gâte tout. J'ai un grand regret de n'avoir pas appelé cette Catherine 'mon cher monsieur.' La grand' maman en est bien aise, elle prétend qu'elle aurait dit la rage de moi.

Il faut, mon tuteur, que vous me fassiez un présent, et que vous ne me le fassiez pas attendre; c'est six de vos estampes.⁹ La grand'maman veut en avoir une, le grand Abbé aussi; il en faudra bien donner une à Mme de Jonzac, une pour moi, et deux autres dont je disposerai à ma volonté, ou bien à la vôtre, c'est tout un.

Le Selwyn est le meilleur homme qu'il y ait sous le ciel. Il ne me quitte point, nous passons les après-dîners ensemble, nous soupons, nous faisons nos visites, il dort, il est distrait, il est à son aise; sans son Milord March je suis persuadée qu'il resterait ici sans s'apercevoir qu'il n'est pas à Londres. Pour le petit Craufurd, il ne m'aime plus du tout, apparemment que je n'avais de mérite pour lui que la préférence que je lui accordais, depuis qu'elle ne subsiste plus il n'en a plus pour moi. Il se trouve bien de M. Pomme.¹⁰

Je vous ai annoncé hier une histoire; je croyais qu'on n'aurait qu'à la copier; on a fait partir ma lettre, il faut la dicter de nouveau, ce qui m'est très pénible; cependant je la fis raconter hier par M. de Choiseul; je pourrai vous l'écrire cet après-dîner, mais j'attendrai que le facteur soit passé. Si par hasard il m'apportait une lettre, cela me mettrait de bonne humeur, et vous auriez l'histoire; si je n'ai point de lettre, vous vous en passerez; adieu; à tantôt.

À 4 heures.

Point de courrier. Voici l'histoire: elle est d'environ huit jours. Le Roi, après souper, va chez Madame Victoire; il appelle un garçon de la chambre, lui donne une lettre, en lui disant: 'Jacquet, portez cette lettre au Duc de Choiseul, et qu'il la remette tout à l'heure à l'Évêque d'Orléans.'¹¹ Jacquet va chez M. de Choiseul, on lui dit qu'il est chez M. de Penthièvre,¹² il y va; M. de Choiseul est averti, reçoit la lettre, trouve sous sa main Cadet, premier laquais de Mme de Choiseul. Il lui ordonne d'aller chercher partout l'Évêque, de lui venir promptement dire où il est. Cadet, au bout d'une heure et

9. MacArdell's engraving from Reynolds' portrait.

10. Pierre Pomme (1735–1812), physician.

11. Louis-Sextius de Gérente de la Bru-

yère (d. 1788), Bishop of Orléans 1755–88 (*Rép. de la Gazette*).

12. Louis-Jean-Marie de Bourbon (1725–93), Duc de Penthièvre, grandson of Louis XIV.

demie, revient, dit qu'il a d'abord été chez Monseigneur, qu'il a frappé de toutes ses forces à la porte, que personne n'a répondu; qu'il a été par toute la ville sans trouver ni rien apprendre de Monseigneur. Le Duc prend le parti d'aller à l'appartement dudit Évêque, il monte cent vingt-huit marches, et donne de si furieux coups à la porte, qu'un ou deux domestiques s'éveillent et viennent ouvrir en chemise. 'Où est l'Évêque?'—'Il est dans son lit depuis 10 heures du soir.'—'Ouvrez-moi sa porte.'—L'Évêque s'éveille.—'Qu'est-ce qui est là?'—'C'est moi, c'est une lettre du Roi.'—'Une lettre du Roi! eh! mon Dieu, quelle heure est-il?'—'Deux heures'—et prend la lettre.— 'Je ne puis lire sans lunettes.'—'Où sont-elles?'—'Dans mes culottes.'— Le ministre va les chercher, et, pendant ce temps-là, ils se disaient: 'Qu'est-ce que peut contenir cette lettre? L'Archevêque de Paris[12a] est-il mort subitement? quelque Évêque s'est-il pendu?' Ils n'étaient ni l'un ni l'autre sans inquiétudes. L'Évêque prend la lettre; le ministre offre de la lire; l'Évêque croit plus prudent de la lire d'abord; il n'en peut venir à bout, et la rend au ministre, qui lut ces mots: *'Monseigneur l'Évêque d'Orléans, mes filles ont envie d'avoir du cotignac,[13] elles veulent de très petites boîtes, envoyez-en [chercher] si vous n'en avez pas, je vous prie'*—dans cet endroit de la lettre, il y avait une chaise à porteurs dessinée; au-dessous de la chaise, *'d'envoyer sur-le-champ dans votre ville épiscopale en chercher, et que ce soit de très petites boîtes. Sur ce, Monsieur l'Évêque d'Orléans, Dieu vous ait en sa sainte garde.*

Signé, Louis.'

Et puis plus bas, en post-scriptum: *'La chaise à porteurs ne signifie rien; elle était dessinée par mes filles sur cette feuille que j'ai trouvée sous ma main.'*

Vous jugez de l'étonnement des deux ministres; on fit partir sur-le-champ un courrier; le cotignac arriva le lendemain: on ne s'en souciait plus. Le Roi lui-même a conté l'histoire, dont les ministres n'avaient point voulu parler les premiers. Si nos historiens étaient aussi fidèles que l'est ce récit, on leur devrait toute croyance. M. de Choiseul nous dit que le Roi avait fort bien traité M. du Châtelet, quand il lui a fait son remercîment; qu'il avait toujours eu l'intention de lui donner son régiment; mais qu'il avait voulu faire toutes

12a. Christophe de Beaumont du Repaire (1703–81), Archbishop of Paris, 1746.

13. Marmalade of quinces, for which the town of Orléans is famous (B).

les informations, que toutes lui avaient été très favorables, et qu'il comptait sur ses soins pour maintenir son régiment, etc., etc.

J'ai passé hier chez Mme de Guerchy; elle ne voit encore personne.[14] J'ai parlé à un valet de chambre, à qui j'ai dit que je venais savoir de ses nouvelles pour vous en mander, et que je la priais de me faire savoir quand on la pourrait voir. Adieu, il n'y a en vérité qu'à vous que j'aurais pu écrire hier et aujourd'hui.

Dans ce moment je reçois le manuscrit de Mme de Meinières sur Jacqueline et Jeanneton.[15] Je vais le lire avant de fermer ma lettre.

J'ai lu le manuscrit; le style en est oratoire et prolixe, mais les faits sont racontés avec netteté et chaleur. Mme de Forcalquier a fait supprimer tout ce qui était à son éloge, il ne reste donc que le mien. Vous croyez bien que je ne souffrirai pas qu'on le laisse à moins qu'il n'y ait celui de Mme de Forcalquier. Vous seriez assez content de la manière dont elle me loue. L'éloge de M. de Penthièvre est ce qu'il y a de plus mauvais: il est emphatique, boursoufflé, obscur, enfin un vrai galimatias. Je vais faire copier ce manuscrit, je vous l'enverrai par la première occasion, et vous vous hâterez de m'en dire votre avis. Je laisserai une grande marge pour que vous y écriviez vos critiques, et quand cela sera fait vous me le renverrez. Il y a douze pages d'un papier plus grand que celui de nos lettres.

From MADAME DU DEFFAND, Sunday 1 November 1767

N° 6. Paris, ce dimanche 1ᵉʳ novembre 1767, en réponse
au N° 7, datée 24 et 26 d'octobre.

VOUS vous trompez dans presque toutes vos conjectures; la première *que vos lettres à ces dames*[1] *ne m'auront pas paru bien.* Je ne sais si elles vous ont coûté, mais il n'y paraît pas. J'étais tentée d'en prendre copie, mais je me suis dit, *'C'est une affectation, c'est un*

---

14. Her husband died 17 Sept. 1767.
15. Mme de Meinières' *Triomphe de l'amitié, ou l'histoire de Jacqueline et Jeanneton* (see *ante* 14 Oct. 1767). Wiart's MS copy of this narrative among the papers bequeathed by D to HW, is apparently not the one which D sent to HW at that time;

it does not cover 'douze pages,' and has no annotations. Penthièvre is not named in it.

1. D probably means HW's letters to Mme de Choiseul 16 Oct. 1767, to Mme de Forcalquier 22 Oct. 1767 and to Mme de Jonzac 22 Oct. 1767 (the last two are missing).

hors-d'œuvre, ce serait un effet que je tiendrais de Scudéry et de Quinault,[2] et j'ai un tuteur qui m'a fait renoncer à leur succession; il ne faut pas recourir après un bien que l'on a abandonné; il y aurait de la mauvaise foi, et l'on serait très justement déboutée de ses prétentions, l'on perdrait son procès et je n'en veux plus perdre. J'ai calculé le bien qui me reste, je m'en contente, et une fois pour toutes je réglerai ma dépense sur ma recette.'

Je ne sais comment m'y prendre pour exécuter votre commission; je n'ai point entendu parler de Monsieur le Comte d'Eu,[3] il n'a pas été question de l'aumône[4] qu'il devait envoyer; cependant quand on désire vivement de réussir, on y parvient. J'imagine un moyen, nous verrons quel en sera le succès.

Pour revenir à vos conjectures, je vous apprends que M. Craufurd n'est point parti, que depuis quatre jours il est violemment attaqué de la goutte, ce qui paraît un très bon effet du régime de M. Pomme. J'ai fait venir ce M. Pomme chez moi, je l'ai entretenu de l'état du malade; il est sûr, dit-il, de le guérir, et la goutte qui lui est survenue lui en donne la certitude. Je ne sais quand il partira, je ne sais quels sont ses projets, et quand je les saurais ce serait ne rien savoir, car ils changent à tout moment. Depuis qu'il a la goutte, je lui vais rendre des visites; j'y ai trouvé Mme de Roncherolles;[5] elle me paraît assez aimable; Milord March et M. Selwyn lui tiennent compagnie; il a beaucoup moins de vapeurs, mais comme si les vapeurs ne voulaient que changer de gîte, je crains qu'elles ne veuillent s'établir chez moi; je suis depuis hier infiniment triste, j'ai mal dormi cette nuit, je me sentais indifférente à toutes choses, je croyais que je pourrais ne pas recevoir de vos lettres sans m'en affliger; votre lettre est venue, j'en ai été bien aise; j'en suis contente, elle me servira de modèle, et nos lettres deviendront un journal.

Mme de Broglie a reçu ses graines, elle m'a chargée de vous en remercier et de vous dire mille choses. J'aurais bien des rivales si vous veniez souvent dans ce pays-ci. Je passai hier une soirée indigne; j'avais compté qu'il n'y aurait chez le Président que Mmes de Bro-

---

2. That is, she would be aping the affectations of Mlle de Scudéry and Quinault, authors to whom she had been accused of being too devoted.

3. Louis-Charles de Bourbon (1701–75), son of the Duc du Maine and grandson of Louis XIV.

4. To get the drawing, which HW wanted, of the ceiling of the cabinet at Sceaux (see *post* 8 Nov. 1767).

5. Marie-Louise Amelot, m. (1752) Claude-Thomas-Sibille-Gaspard-Nicolas-Dorothée de Pont St-Pierre, Marquis de Roncherolles (*Rép. de la Gazette*).

glie et de Jonzac, il survint la Maréchale de Biron[6] et M. de Bentheim[7] au moment où on commençait la lecture de l'histoire de Jacqueline et de Jeanneton. Il n'y eut jamais de plus sot auditoire, et les jugements qui furent portés me causèrent un ennui et un dégoût extrêmes. J'ai fait copier ce manuscrit, je vous l'enverrai par M. Selwyn. Je trouve que le préambule est fort bien, les faits très bien racontés; Mme de Forcalquier n'y fait pas un assez grand personnage, elle a fait retrancher tout ce qui était à sa louange; les louanges qu'on m'y donne sont excessives; ce que vous trouverez souligné est ce que je veux absolument qu'on supprime. L'éloge de M. de la Borde[8] me paraît très bien; celui de M. de Choiseul[9] trop long, entortillé, et obscur; celui de Mme de Choiseul ni bien ni mal; mais celui de M. de Penthièvre[10] un vrai galimatias. Voilà le jugement que j'en fais. Voici mon avis; c'est qu'on n'imprime point cet ouvrage, c'est s'exposer à la critique, à la satire, aux vaudevilles, c'est quêter des louanges et des approbations, et cette quête ne rapporterait que des ridicules. Je voudrais donc, si votre avis est conforme au mien, qu'après l'avoir lu et avoir donné toutes sortes de louanges à l'auteur, votre conclusion fût de ne point donner cet ouvrage au public, que vous en donnassiez de solides raisons, et que je pusse montrer votre lettre à Mme de Forcalquier et à Mme de Meinières.[11]

J'approuve infiniment vos occupations; votre tête est un magasin de ressources contre l'ennui, *chacune de ces ressources a sa cellule,*

6. Pauline-Françoise de la Rochefoucauld de Roye (1723–94), guillotined in the Revolution, m. (1740) Louis-Antoine de Gontaut, Duc de Biron, Maréchal de France (Henri-Alexandre Wallon, *Histoire du tribunal révolutionnaire,* 1880–2, iv. 335).

7. Friedrich Karl Philipp (1725–1803), Graf von Bentheim (A. M. H. J. Stokvis, *Manuel,* Leide, 1888–93, iii. 341; C–D).

8. 'M. de la Borde, jaloux du plaisir d'user de ses richesses en toute occasion de la seule manière qui impose silence à l'envie, n'a pas manqué de remplir l'opinion que, sur les bruits généraux, Mme du Deffand avait de son caractère. Aussitôt qu'il eut reçu la lettre honnête et pressante qu'elle lui écrivait à ce sujet, trente louis ont accompagné sa réponse,—sans que Mme de la Borde se soit cru dispensée d'y en joindre douze de sa poche' (MS now WSL).

9. '. . . on y verrait sans étonnement le nom de M. le Duc de Choiseul. Il est assez simple qu'un ministre, occupé du bien public, ne laisse pas périr des malheureux qu'on lui montre, mais après avoir rendu justice à l'homme d'État et au grand seigneur, on serait surpris d'apercevoir encore l'homme vraiment sensible, qui, du haut d'un rang où il est presque permis de ne l'être pas, sait deviner les besoins du pauvre, sait descendre dans leurs moindres détails, sait s'en occuper avec une chaleur dont le cœur seul est le foyer, et qu'un coup d'œil sur les nouveaux meubles de Jeanneton et de Jacqueline, fournis par M. le Duc de Choiseul, sait aisément reconnaître' (ibid.).

10. Missing.

11. HW did not print it.

vous passez de l'une à l'autre, et vous vous trouvez également bien dans toutes, la nature vous a donné ses plus grandes richesses, je préférerais ce don-là au legs universel de M. Pulteney.[12] Je n'ai pas été si bien partagée de la nature, le peu qu'elle m'avait donné elle me l'a ôté, et s'il m'en reste encore quelque chose ce n'est que le sentiment, qui ne peut produire que le malheur; mais il y a la triste consolation d'y voir une fin prochaine.

Je voudrais pouvoir aimer la Tulipe et Bedreddin comme vous aimez Fanny et Rosette,[13] mais cela ne se peut pas.

J'ai relu, par vos conseils, quelques ouvrages de Crébillon;[13a] il y a de l'esprit, c'est un assez bon peintre, mais il ne choisit pas des objets agréables; ce n'est point la belle nature, c'est sa corruption, et telle que l'usage du monde parvient à la gâter.

Je suis fort curieuse de vos nouvelles. Quels sont les profits de la place de M. Conway, et dont il ne veut pas?[14] Est-ce un avantage pour le parti que le rétablissement de Milord Chatham?

Je dirai à M. Selwyn la mort du Général Pulteney et ses dispositions.

Je reçus l'autre jour une lettre de M. Schuwalof; la grand'maman, à qui je l'ai fait voir, a été étonnée ainsi que moi de quelques-uns de ses raisonnements. Il était à Gênes quand six vaisseaux remplis de Jésuites espagnols y arrivèrent,[15] et ne furent point reçus; il s'afflige de ce nouveau genre de punition d'interdire aux hommes de toucher la terre.

Je vous ai rendu compte dans ma dernière lettre de ma soirée chez la grand'maman; l'histoire que je vous ai racontée vous aura paru bien plate.

Pont-de-Veyle arrive ce soir, avec le Prince[16] et la Maréchale.[17]

12. General Harry Pulteney, brother and heir of William Pulteney, E. of Bath, died 26 Oct. 1767 (GM 1767, xxxvii. 525). HW to Mann 29 Oct. 1767, estimates Pulteney's property as worth a million pounds; he also enumerates the legacies. The bulk of the property went to a cousin, Mrs Johnstone.

13. The dogs of D and HW.

13a. Claude-Prosper Jolyot de Crébillon (1707–77), novelist.

14. Conway relinquished his salary of over £5,000 a year though he retained his post as secretary of state (Mem. of Geo. III iii. 78; HW to Montagu 1 Nov. 1767).

15. The Jesuits were expelled from Spain, and a large number of them embarked for Italy. The Papacy, to show its disapproval of the expulsion, refused to admit the Jesuits, and the half-starved refugees were compelled to sail up and down the coast until they finally were permitted to land in Corsica.

16. The Prince de Conti, whom Pont-de-Veyle had visited at Isle-Adam.

17. Probably the Maréchale de Luxembourg.

J'aurai ce soir grande compagnie, dont je bâille déjà d'avance. Demain je donnerai à souper à Mme de Beauvau et à Pont-de-Veyle. Cette soirée fournira peut-être à mon journal, mais je crains que tout ce que je vous manderai ne vous intéresse guère.

Jacqueline est hors de danger mais elle ne se porte pas bien. Mme de Turenne est toujours dans la plus grande douleur. On dit que la Reine dépérit tous les jours, elle mange beaucoup, dort continuellement, et s'affaiblit et maigrit infiniment. Le Bailli d'Aulan[18] arriva hier de son gouvernement de l'Île de Ré, c'est un petit événement pour moi, on admire aussi bien de loin que de près, et c'est le seul sentiment que j'ai pour lui. Je perdrai M. de Grave dans quinze jours au plus tard. Son départ me fâche plus que ne me fâchera son absence. Je ferai vos compliments à Pont-de-Veyle et à Mlle Sanadon;[19] en attendant je vous remercie de vous souvenir d'eux. Adieu.

J'oubliais de vous remercier du souvenir que vous avez de mes commissions.

To Madame du Deffand, Tuesday
3 November 1767, N° 8

Missing. *Post* 8 Nov. 1767, says that this letter was started 1 Nov. HW was then at Strawberry Hill.

To Madame du Deffand, Saturday
7 November 1767, N° 9

Missing. *Post* 22 Nov. 1767, gives this date; *Paris Journals* give 10 Nov. Probably written at Arlington Street.

18. Henri de Suarez (b. 1704), Bailli d'Aulan, brother-in-law of D's sister, the Marquise d'Aulan.

19. D's companion, niece of Père Noël Sanadon, the Latin scholar. It was probably her brother whom Voltaire recommended to the Prince de Conti in verses purporting to be written by Sanadon's ghost (see Voltaire, *Œuvres* viii. 508). She is mentioned by Mlle de Lespinasse in letters to D, 1761 (W. H. Smith, *Letters to and from Mme du Deffand and Julie de Lespinasse*, New Haven, 1938, pp. 66, 68, 72).

From Madame du Deffand, Sunday 8 November 1767

Nº 7. De Paris, ce dimanche 8 novembre 1767, en
réponse au Nº 8, 1ᵉʳ et 3.

VOS lettres sont très plaisantes, et je ne conçois pas trop bien que
vous ayez tant de répugnance à écrire; on dirait que c'est un
divertissement pour vous; c'en est un du moins pour ceux qui les
reçoivent. Votre exhortation sur *mon cher monsieur*[1] est superflue;
je suis d'une prudence consommée, je m'accoutume si fort à ne plus
dire ce que je pense, que bientôt je ne penserai plus. Je ne regarde-
rais pas cela comme un bonheur, parce que je n'ai pas de jardins à
faire, ni de . . . à conduire, et que je n'aime pas avoir la tête vide.
J'avais pris une résolution, mais je ne saurai la tenir, c'était de ne
vous point parler de mon portefeuille. N'est-il pas singulier que vous
ne m'ayez pas au moins dit que vous n'avez pas encore eu le temps de
l'ouvrir? Je vois que tout s'efface rapidement, et vous me faites faire
une nouvelle étude de morale. Peut-être quand vous recevrez le dessin du plafond ou coupole de ce petit cabinet de Sceaux,[2] ne vous
souviendrez-vous plus de l'avoir désiré. Qu'importe! vous l'aurez toujours, du moins je l'espère. M. de Grave me rapportera ce soir la réponse de Monsieur le Comte d'Eu. Je ne serais pas bien étonnée
qu'il refusât la permission que je lui demande, je me suis cependant
munie de l'adresse de M. Mariette pour lui demander un dessinateur, et si cette permission arrive, peut-être M. Selwyn[3] pourrait-il
vous porter le dessin.

Ce monsieur qu'on croyait qui aurait le régiment du Roi, c'est M.
de Maillé.[4] Il y a une chose désagréable dans notre correspondance:
c'est qu'il y a quinze jours d'intervalle entre la lettre et la réponse, et
que nous ne nous ressouvenons ni l'un ni l'autre de ce que nous
avons écrit, tant il est vrai que ce que nous nous mandons nous tient
à cœur; mais vous êtes mon M. Pomme, je me laisse gouverner par

1. That is, HW's exhortation to D to
avoid florid utterance when addressing
him.

2. The château of the Duc du Maine,
father of the Comte d'Eu. D had spent a
large part of her earlier life there, as the
guest of the Duchesse du Maine. HW had
visited Sceaux with her, 25 Sept. 1767
(*Paris Jour.*), and admired the 'fine inlaid
floors,' and the 'beautiful ceiling of a

closet en dome, with gold stripes like a
silk, and garlands'—probably the 'coupole'
of which D speaks here.

3. Selwyn had accompanied D and HW
to Sceaux, and therefore was an appro-
priate person to take the designs to HW.

4. Charles-René de Maillé de la Tour-
Landry (1732–91), Baron, then Comte, cr.
(1784) Duc de Maillé (Emmanuel, Duc de
Croÿ, *Journal*, 1906–7, iv. 322).

vous; des bains froids ou tièdes, de l'eau de poulet,[4a] tout cela est bon, à ce que l'on dit; il faut voir. En effet le petit Craufurd se porte mieux; il n'en convient pas, mais tous ceux qui le voient trouvent beaucoup de changement en bien. Il sort pour se promener, mais il ne peut encore faire des visites; il a sans cesse avec lui Milord March. Ce Milord n'est pas charmant; il est du second ordre de nos agréables, et comme nous sommes sur le ton de nous dire naturellement ce que nous pensons, je corrigerais aujourd'hui bien des choses sur le parallèle que j'aurais fait, il y a deux ans, des Anglais et des Français. J'aimerais mieux pour mon ami intime un Anglais, mais pour le commerce, la société ordinaire, j'aimerais mieux les Français. On aime à voir son ami tel qu'il est, mais pour les autres il vaut mieux les voir tels qu'ils veulent paraître. Enfin, pour dire la vérité, je ne sais pas trop bien ce que j'aime le mieux, mais peu importe, n'est-ce pas?

Je voudrais avoir à vous mander des nouvelles de la cour de Louis XIV, je serais sûre de ne vous point ennuyer; mais à la place de cela, je ne puis vous parler que de ce que je fais, et rendre mes lettres des journaux très plats. Vous me direz, avec votre vérité ordinaire, si ce genre vous ennuie; je vais vous en faire faire l'essai, et je commence, pour vous rendre compte de ma semaine, par dimanche, premier de ce mois. J'eus ce jour-là à souper quatorze personnes, dont M. [et] Mme de Beauvau et Mme de Poix étaient du nombre. Mme de Beauvau me demanda de vos nouvelles, me chargea de vous faire ses compliments, et me dit qu'elle vous trouvait très aimable. 'Eh! mon Dieu! Madame, vous ne le connaissez pas, vous l'avez très peu vu, il n'était point à son aise.'—'Ah! je l'ai assez vu,' dit-elle, 'pour l'avoir trouvé tel que je vous le dis.' Je ne vous répéterai point votre éloge.

Le lendemain lundi je lui donnai à souper avec son mari, sa belle-fille,[5] l'Évêque de Lavaur et Pont-de-Veyle. Nous fûmes d'assez bonne humeur, nous causâmes assez bien, il y eut quelques ergotages entre la Princesse[6] et moi, et je pensai que vous auriez grande peur si vous en étiez témoin.

Le mardi, j'étais engagée chez Mme de Valentinois, je préférai de

<hr>

4a. 'Toute la science de la médecine consistait, suivant son système, à rendre l'humidité à ce tissu: et il croyait y parvenir, en ordonnant des délayants, des humectants, de l'eau de veau, de l'eau de poulet, du petit lait, et surtout des bains tièdes, des

bains de cinq, six, huit heures même' (Edmond and Jules de Goncourt, *La Femme au 18ᵉ siècle*, 1862, p. 366).

5. Mme de Poix.
6. De Beauvau.

rester chez le Président, et je ne fus chez elle qu'à minuit. J'y trouvai les Caraman qui étaient revenus de leur campagne;[7] je reçois d'eux beaucoup de politesses parce que Mme de la Vallière a fait une tracasserie en bien, en leur rapportant que j'avais pris leur défense auprès de M. de Choiseul, qui croyait qu'ils avaient dit du mal de lui.

Le mercredi, je passai la soirée, moi sixième, chez votre ambassadeur; il y avait Milady Holland,[8] les Milords Clanbrassill et Carlisle; le Selwyn était chez Mme de Praslin;[9] il vint nous trouver à minuit. Mme de Forcalquier vint à la même heure; elle avait été priée, mais elle resta avec sa bonne amie Mme Dupin, pour la consoler; elle venait d'apprendre que son fils[10] était mort le 3 de mai à l'Île de France, où il était relégué au lieu d'avoir été pendu;[10a] mais les entrailles de mère dans les âmes vertueuses, sensibles, honnêtes! et puis quand on a de grands principes, on a de grandes douleurs, on fait de profondes réflexions;—enfin on retient Mme de Forcalquier, qui rend tout cela d'une manière fort pathétique.

Le jeudi, les Beauvau et leur fille, la Comtesse de Noailles et sa fille[11] soupèrent chez le Président; j'y fus admise pour diminuer l'ennui de Mme de Beauvau.

Le vendredi, encore chez le Président avec Mmes de Luxembourg, de Lauzun, l'Idole: je ne me souviens pas du reste. Hier samedi, encore chez le Président avec Mmes de Maillebois,[12] de Biron et de Broglie; je voudrais que celle-ci fût aimable, parce qu'il me paraît qu'elle me le trouve. Avant tous ces soupers que je vous raconte, j'ai fait une visite tous les jours chez le petit Craufurd, et j'y ai trouvé éternellement Milord March; il n'est pas sans prétention à l'esprit, mais il s'y perd; je l'aime mieux que M. de Saulx, mais pas tant que M. de Saint-Laurent.[13] J'y rencontrai M. de Lauraguais, M. Craufurd dit qu'il a de l'esprit, il n'eut pas ce qui s'appelle le sens commun;

7. Roissy.

8. Georgiana Caroline Lennox (1723–74), m. (1744) Henry Fox, 1st Bn Holland.

9. Anne-Marie de Champagne-la-Suze (1713–84), m. (1732) César-Gabriel de Choiseul, Duc de Praslin (*Rép. de la Gazette*).

10. Jacques-Armand Dupin de Chenonceaux (1730–67) d. of yellow fever, 3 May 1767 (Comte Gaston de Villeneuve-Guibert, *Le Portefeuille de Madame Dupin*, 1884, pp. 14, 21–3).

10a. This clause was omitted in Toynbee. Dupin was a gamester, and, after imprisonment, was exiled in 1765 (ibid.).

11. The Marquise de Duras.

12. Marie-Madeleine-Catherine de Voyer (b. 1724), m. (1745) Yves-Marie Desmarets, Comte de Maillebois.

13. HW had met the Chevalier de Saint-Laurent (*Paris Jour.*), probably Jean-Baptiste (d. 1782) (*Journal de Paris*, 1782, ii. 244). D'Argenson speaks of a seigneur de Saint-Laurent, 'qui est venu à Paris avec rien et qui est aujourd'hui fort riche' (René-Louis de Voyer, Marquis d'Argenson, *Journal et Mémoires*, 1859–67, vi. 389, April 1751).

pédanterie, extravagance, dissertations, galimatias, étalage de science, il n'omit rien pour se montrer le plus sot homme de France. Écoutez ce que Mme de Belsunce m'en a raconté et dont elle a été témoin: M. de Maurepas lui disait: 'Monsieur le Comte, vous savez tout ce qu'on peut savoir en fait d'art et de science; vous savez sans doute plusieurs langues? savez-vous le grec?'—'Non,' dit-il en hésitant, 'je ne m'y suis point appliqué; ce que j'en sais, *c'est par sentiment.*'

Comment trouvez-vous tout ce que je viens d'écrire? Il est bien plaisant de remplir tant de pages de tant de riens; mais en vous écrivant actuellement je crois danser sur la corde, avoir entre mes mains un équilibre, de peur de tomber à droite ou à gauche. Tant que cet exercice ne vous déplaira pas, je m'y tiendrai; naturellement j'aimerais mieux dire mes pensées que mes actions, mais il faut conserves ses amis à quelque prix que ce soit. À propos d'amis: la grand' maman sera de retour jeudi; j'ai reçu une lettre de l'Abbé Barthélemy la plus jolie du monde, je lui ai fait la réponse la plus folle.[14] La grand'maman a de l'amitié pour moi, elle l'a même sensible, il n'y a peut-être qu'elle au monde qui puisse avoir de la sensibilité pour ce qui choque les sens.

Adieu jusqu'à dimanche. Puisqu'il y a encore place, vous saurez que M. d'Aiguillon n'ira pas en Bretagne cette année, ce ne seront que des États intermédiaires[15] qui se tiendront au lieu de Rennes à Saint-Brieuc. Le Président Ogier,[16] conseiller d'État, les tiendra par commission. Mme d'Aiguillon est à Pontchartrain; elle en revient demain.

Je sais à peu près ce que je ferai dans ma semaine, mais je remets à dimanche à vous rendre compte de ce que j'aurai fait. Rien n'est si stérile pour une lettre que de se borner à mander des faits. Je ne sais quel avantage il y a à cette conduite, mais il ne faut pas juger des autres par soi-même; l'on peut même se rappeler qu'il y a des choses

14. The letter and the reply are both missing.

15. The *États de Bretagne* were a convention of the three orders (nobles, clergy, and people) held at intervals to make regulations for the internal affairs of the province, to vote subsidies, etc. The Duc d'Aiguillon, who was governor of Brittany, was not on good terms with the provincial assemblies.

'Les États, dit-on, se rassembleront, le 8 février, par ordre du Roi, dans la ville de Saint-Brieuc, pour traiter définitivement les objets qui avaient été mis en délibération l'année dernière . . . on ajoute que M. Ogier, Conseiller d'État et ancien ami de M. de la Chalotais, est désigné pour aller faire les fonctions de Premier Commissaire du Roi à cette assemblée, à la place de M. le Duc d'Aiguillon, qui, en qualité de Commandant, a jusqu'ici rempli cette mission' (*Mercure historique* clxiii. 525, Nov. 1767).

16. Jean-François Ogier (1704–75), president of the parliament of Paris (*Rép. de la Gazette*).

ennuyeuses à entendre quoique ceux qui les disent y prennent grand plaisir; enfin, enfin, malgré qu'on en ait, il faut croire à la fatalité, il est inutile d'y vouloir résister.

Je ne sais si je dirai au Selwyn le refus de M. Conway,[17] il vaut mieux, je crois, qu'il l'apprenne par d'autres.

Je relis votre lettre, je me rétracte, je lui lirai tout ce qui est pour lui; vouloir faire autrement ce serait gros Jean qui remontrerait à son curé.[18]

From Madame du Deffand, Monday 9 November 1767

N° 8. Paris, ce lundi 9 novembre 1767.

CELLE-CI est par-dessus le marché, elle vous sera rendue par M. Selwyn, j'y ajouterai tous les jours jusqu'à celui de son départ. D'abord je vous dirai que je viens d'apprendre que le Président a eu la fièvre toute la nuit et que Vernage ce matin lui a fait tirer deux palettes de sang. Cela m'inquiète beaucoup, je vais me lever pour aller chez lui, et je vous dirai demain dans quel état il sera.

Je n'ai point répondu hier à votre lettre du 1er et du 3, c'est-à-dire que je ne vous ai pas dit un mot sur ce qu'elle contenait. C'est assez mon usage; en voici, je crois, la raison. J'attends vos lettres avec impatience, je les lis avec précipitation, j'ai le désir d'y trouver telles ou telles choses. Je ne les y trouve jamais, mais souvent ce qui peut y être contraire; cela me fâche, m'embrouille la tête, je ne veux point m'écarter de la résolution que j'ai prise de vous taire tout ce qui pourrait vous déplaire; ainsi je bats la campagne, je vous dis des riens, et j'emplis comme il plaît à Dieu quatre ou cinq pages. Revenons donc à la lettre que je reçus hier—si je l'avais vue entre les mains d'un autre je n'aurais pas manqué de vous dire combien je la trouvais agréable; il n'y a rien de si joli que la comparaison du soleil que vous avez eu les derniers jours d'octobre, à la galanterie des vieux petits-maîtres. Vos leçons sur la Catherine[1] sont excellentes, et je suis bien dans la disposition qu'il faut pour en profiter. J'aime bien *nos parents,*[2] mais pas assez follement pour que l'excès de ma

17. Conway's refusal of his salary as Secretary of State (see *ante* 1 Nov. 1767).
18. Proverbial expression for one who tries to tell something to some one who knows it better than he.

1. Mme de Gramont.
2. The Duc and Duchesse de Choiseul.

passion leur puisse nuire ainsi qu'à moi. Oh! non, ce que j'ai de sentiment ne tient plus malheureusement qu'à un seul fil; je souhaite
qu'il ne se rompe jamais, c'est le seul bien qui me reste, qui me fasse
supporter la vieillesse, qui me console de toutes mes privations, et
qui me préserve de l'ennui, et de ce malheureux état que, Dieu
merci, vous ne connaissez pas, et qu'on nomme vapeurs. Il serait donc
cruel de rompre ce fil quoiqu'avec bonne intention.

Je ne comprends pas votre cousin. Pourquoi renoncer aux bénéfices en gardant les charges? vous ne m'en donnez aucune raison, et
peut-il y en avoir une bonne? Quand il voudrait quitter incessamment, n'y aurait-il pas toujours de l'affectation à cette sorte de générosité? Quelle obligation le Roi lui en aura-t-il, et quand il lui en
saurait gré à quoi cela le mènera-t-il? Le public l'estimera? Oh! que
non, tout au contraire, on le regardera comme dupe de sa vanité. J'ai
vu l'effet que cette nouvelle a fait sur le Selwyn, il en a été surpris
comme de quelque chose qui n'a pas le sens commun. Dites-moi donc
les raisons de *Rosette*[3] pour tant approuver cette action. Adieu jusqu'à demain.

Ce mardi 10.

Le Président n'a presque plus de fièvre et ne crache plus de sang;
j'ignorais hier quand je vous écrivis qu'il avait eu une sorte d'hémor-
ragie, mais il n'avait ni point de côté ni oppression, il fut cependant
saigné une seconde fois. Il soutint ces deux saignées comme il aurait
fait à trente ans. J'allai en tremblant chez lui, mais je fus tout d'un
coup rassurée; voilà j'espère une affaire finie et du répit pour quelque temps.

Le Selwyn me mande qu'il partira jeudi, vous recevrez plus tôt par
lui ma lettre que par la poste de lundi, et ce subrécot ne vous scan-
dalisera pas et ne tirera à aucune conséquence. Croyez-vous que
quand je vous ai parlé d'un petit logement à Paris ainsi qu'en a M.
Stanley, et de l'utilité dont vous seriez à la grand'maman, j'ai dit tout
cela de mon cru? Ah! mon Dieu, non, je ne rêve pas toute éveillée,
je vous répétais ce que m'avait dit le grand Abbé, qui aime tant la
grand'maman qu'il s'imagine qu'il n'y a rien de difficile quand il

3. That is, HW himself. He approved
of Conway's conduct, though Lord Holland wrote to Selwyn, 27 Jan. 1768, 'I am
afraid Mr Walpole cannot be in good hum-
our; especially as he must see that what
he dislikes is entirely owing to the im-
becility (to call it by no worse name) of
his friend Conway' (John Heneage Jesse,
George Selwyn and his Contemporaries,
1882, ii. 247).

s'agit d'elle. Il pense qu'étant fort agréable à M. de Choiseul vous seriez l'ami de l'un et de l'autre, vous donneriez des conseils, vous rendriez de bons offices, et que vous remplaceriez le feu ambassadeur de Sardaigne,[4] dont c'étaient les fonctions.

Je n'ai point eu de réponse de Monsieur le Comte d'Eu pour le dessin de ce plafond, mais je ne désespère pas d'en avoir.

Ce M. de Maillé dont M. Selwyn vous a parlé est au service de Monsieur le Prince de Condé,[4a] il est je ne sais quoi dans sa maison. Sa femme,[5] qui est, à ce qu'on dit, infiniment laide et dégoûtante, ne laisse pas depuis environ six ou sept ans d'avoir des audiences particulières de notre Roi, qui lui trouve des talents singuliers.

Ne me dites plus combien il vous en coûte pour écrire tous les huit jours, vous augmentez ma reconnaissance, mais vous diminuez mon plaisir, je n'aime point à rien devoir à votre complaisance.

Adieu jusqu'à demain que je fermerai mon paquet.

Ce mercredi 11.

Je ne fermerai peut-être pas encore mon paquet aujourd'hui, il n'est pas sûr que le Selwyn parte demain. Le Président se porte bien, nous n'en parlerons plus.

J'ai le consentement de Monsieur le Comte d'Eu; j'ai écrit hier à M. Mariette, il n'était point chez lui, et il ne m'a point encore fait réponse. Si je n'en entends point parler aujourd'hui je m'adresserai à mon ami Carpentier[6] pour avoir un dessinateur. J'aurais voulu que le Selwyn pût vous porter ce dessin, cela ne se pourra pas. Il vous remettra l'histoire de Jacqueline et de Jeanneton. J'ai obtenu de Mme de Forcalquier que nous ne la ferions point imprimer, je ne doute pas que ce ne soit votre avis. Il est dangereux de s'exposer au public. Avez-vous lu la *Gazette d'Utrecht* du 3 de ce mois? Mme Geoffrin y est traitée de la bonne manière![7] Qui sait ce que nous aura attiré cette histoire? Et puis la peine que cela vous aurait donnée! Je suis soulagée, Dieu merci, de toutes ces craintes.

4. See *ante* 27 Oct. 1767, n. 8a.

4a. Louis-Joseph de Bourbon (1736–1818).

5. Marie-Renée-Bonne-Félicité de Savary-Brèves de Jarzé (ca 1743–68), m. (1755) Charles-René de Maillé de la Tour-Landry, Comte de Maillé (*Rép. de la Gazette*).

6. Perhaps Antoine-Michel Carpentier (1709–72), architect (Lalanne).

7. 'Il se répand ici des exemplaires d'un recueil de lettres du fameux Président de Montesquieu dans lesquelles se trouvent des traits injurieux à Mme Geoffrin, que des circonstances extraordinaires et inattendues ont rendue si célèbre en si peu de temps. Il est très désagréable pour une personne aussi sensible qu'elle l'est à l'opinion publique de se voir appeler *la Geoffrin, une femmelette, acariâtre, méchante* etc. et cela par un aussi grand

Si cette forme de lettre-ci ne vous déplaît pas je m'en servirai quelquefois. Ce me sera un plaisir de causer tous les jours un moment avec vous, et cela n'enfreindra pas la règle des sept jours.

Je viens d'avoir des nouvelles de la grand'maman, elle me mande qu'elle arrivera demain jeudi après souper, et qu'elle vient d'écrire à son mari pour lui proposer un souper pour vendredi entre elle, l'Abbé, et moi.

J'aurai ce soir la plus belle compagnie: Luxembourg, Lauzun, Boufflers, Idole, Beauvau et Poix, Pont-de-Veyle, Lavaur, Chabot, et j'espère point d'et cætera.

J'oublie toujours à vous demander si vous avez envoyé l'écuelle à Mlle Lloyd;[8] vous ne m'en avez rien dit. Je mettrai dans le paquet que vous portera le Selwyn un petit thermomètre de verre, on le tient dans la main, et il apprend le degré de la température du sang. Je me flatte, ou plutôt j'exige, que vous me donnerez toutes vos commissions, vous ne sauriez me donner trop d'occupations; ne faire que penser attriste, il faut quelquefois agir.

Ce jeudi, à onze heures.

M. Selwyn part ce soir; c'est le premier Anglais qui soit fâché de quitter Paris. Ce n'est pas le premier Anglais que je sois fâchée d'en voir partir, mais c'est un de ceux que je regrette le plus; il est d'habitude, si on ne l'amuse pas on est au moins sûr de ne le pas ennuyer, jamais un aussi parfaitement bon cœur ne s'est trouvé qu'en lui, joint à tant d'indifférence; il m'a bien promis de vous beaucoup parler de moi, et de la cour de François 1er.[9] Il prétend que je peux fonder sur elle de grandes espérances. Il faut être aussi distrait que lui pour avoir pris un si grand attachement pour le Milord.[10] M. Craufurd dit que vous lui trouvez de l'esprit. Je lui ai soutenu que cela ne pouvait pas être; mais je m'amuse à vous dire des riens tandis que j'ai de bonnes nouvelles à vous apprendre. J'eus hier à neuf heures du soir une permission signée du secrétaire des commande-

homme qu'elle avait mis au nombre de ses amis; ces traits malins sont répétés avec complaisance par beaucoup de gens à qui Mme Geoffrin ne déplaît peut-être que par sa trop grande célébrité: elle est appellée communément *la harangère du beau monde, la dame de charité de la littérature:* mais elle est bien vengée de ces sobriquets injurieux par l'éclat que

fait dans l'Europe sa correspondance avec des têtes couronnées' (*Gazette d'Utrecht*, No. lxxxviii, Supplément du 3 novembre 1767).

8. 'Floid' in the MS.

9. Perhaps Hénault's household (see *ante* 23 April 1766).

10. March.

ments[11] de Monsieur le Comte d'Eu (dont la femme a l'honneur d'être maîtresse)[12] pour que le concierge de Sceaux reçoive le dessinateur qui viendra de ma part. Pour qu'il n'y eût point de temps perdu j'avais écrit à M. Mariette, je le vis hier, nous sommes convenus de tous nos faits, et selon toute apparence vous aurez votre dessin, à moins toutefois que le Cerbère de Sceaux ne nous fasse pas de difficultés. Ne comptez pas recevoir ce dessin avant un mois; je suis bien aise de contribuer à votre amusement, il n'est pas trop adroit à moi de contribuer à vous donner de nouvelles occupations, mais je suis l'esclave la plus soumise de la fatalité ou de la Providence, et puis sait-on ce qu'on désire, ou du moins ce qu'on doit désirer?

Vous recevrez cette lettre mardi; le même jour la poste vous en apportera une autre, vous serez bien excédé, je vous en demande pardon, mais une fois n'est pas coutume.

J'eus hier la belle compagnie dont je vous avais parlé. Je suis enfin parvenue à ne plus m'embarrasser des choses dont je ne me soucie pas. Je ne sais plus qu'est ce qui a dit: *Aimez, et vous serez aimé?*[13] Ah! po-int du tout, c'est tout au con-traire:[14] n'aimez personne, et vous serez aimé de tout le monde. *Aimer,* non, mais tolérer, oui; enfin, quoiqu'il en soit, je suis fort bien avec les Maréchales, les Idoles, les Princesses, etc. Je leur donnai un très bon souper; je pensais qu'en Angleterre il n'y avait point tant de société qu'il n'y en a ici, et qu'à deux ou trois personnes près de votre pays les gens de notre nation valent bien ceux de la vôtre. M. Mariette vous aime beaucoup, mais il aime beaucoup aussi M. Houd,[15] il le trouve bien savant. Milord et Milady Holland partent aujourd'hui, ils m'avaient un peu enlevé le Selwyn, qui prétend avoir de grandes obligations au Milord, et qu'il croit aimer beaucoup. Le Selwyn vous dira des nouvelles du petit Craufurd; il y a de belles dames qui lui viennent tenir compagnie. Je ne peux plus me distinguer; sa considération et son amour pour moi sont extrêmement affaiblis.

---

11. M. de Montglas or Monglat (see *post* 26 Feb. 1774).

12. Mme de Montglas (see ibid.; Voltaire to Florian 7 March 1774, Voltaire, *Œuvres* xlviii. 578; and Louis Petit de Bachaumont, *Mémoires secrets,* Londres, 1784–9, vii. 136, 25 Feb. 1774).

13. Perhaps D means the proverb '*ut ameris, ama*' (Ausonius, *Epigrams* xxii. 6; Martial, *Epigrams* vi. 11), or '*si vis amari,*

ama' (Hecato, *Fragments,* 27; Seneca, *Epistulae ad Luciliam* ix. 6).

14. D is imitating HW's French pronunciation (see *ante* 9 Oct. 1767).

15. Wiart's mistake for 'Wood.' Robert Wood (ca 1717–71), archaeologist, had a house at Fleury, a hamlet near Meudon. HW dined with him there, 18 Sept. 1767 (*Paris Jour.;* HW to Lady Mary Coke 20 Sept. 1767).

Mais à propos, je ne vous dis rien de la Reine. Mme de Luxembourg, qui arrivait de Versailles, la trouve extrêmement changée; on la croit très malade. M. Dubois,[16] premier commis de la guerre, homme très important, estimé et aimé, vient d'avoir une seconde attaque d'apoplexie; il sera difficile de le bien remplacer. Je souperai demain chez la grand'maman, et vraisemblablement avec M. de Choiseul; faites comme vous l'entendrez, mais il me faut de vos estampes;[17] pour de votre impression, je n'en veux point; il n'est plus question de notre manuscrit;[18] et pour la *Cornélie*[19] du Président il faut toujours l'en amuser, et s'en tenir là, ce serait trop de soin et trop de dépense, je me reprocherais d'en être l'occasion.

Je crois certain que ma sœur retournera à Avignon le printemps prochain; si le Selwyn revient au mois de mai,[20] comme il le projette, il pourrait loger dans son appartement; tout lui convient.

Adieu, mon tuteur, je vous promets que ma première lettre, quoique sur le même papier, sera infiniment plus courte; d'abord il n'y aura qu'une feuille, et les quatre pages ne seront pas pleines, à moins que la lettre à laquelle je répondrai ne me donne matière.

On revient de chez le Président, il se porte fort bien.

From Madame du Deffand, Friday 13 November 1767

N° 9. Paris, ce vendredi 13 novembre 1767.

LE pauvre Selwyn partit hier à cinq heures. Il ne voulut point me voir, il m'écrivit un petit billet tout embrouillé; il ne visait pas à l'Académie dans cet instant, mais il était tout troublé, tout affligé;

16. Georges-Julien-François Thibault Dubois (d. 1768) (see *Almanach royal,* 1768, p. 121; *Rép. de la Gazette;* Emmanuel, Duc de Croÿ, *Journal,* 1906–7; *Journal de Paris,* 1788, ii. 1522). He retired from service because of ill-health, 14 Dec. 1767, and died 24 Jan. 1768 (*Rép. de la Gazette*).

17. See *ante* 27 Oct. 1767.

18. Mme de Meinières' *Triomphe de l'amitié* (see *ante* 1 Nov. 1767).

19. *Cornélie, vestale,* tragedy by Charles-Jean-François Hénault, printed at Strawberry Hill, 11 June 1768, in an edition of 200 copies, 150 of which HW sent to Hénault (HW's *Journal of the Printing Office*

at *Strawberry Hill,* 1923, pp. 13, 50). It was Hénault's earliest work, produced, 1713, under the name of Louis Fuzelier (1672–1752), playwright. It was played only five times. Hénault himself calls it 'une déclaration en quinze cent vers, où quatre vers auraient suffi' (Charles-Jean-F. Hénault, *Mémoires,* 1911, p. 23). According to BM Cat., *Cornélie* was printed at the time of its representation; although Hénault in his Dedicatory Epistle to HW states that the Strawberry Hill edition was the first. It was reprinted, Paris, 1769, in Hénault's *Pièces de théâtre.*

20. He did not return then.

réellement il nous regrette, il me manquera beaucoup. C'est un journalier excellent; j'éprouve en toute occasion la vérité de tout ce que vous me dites. Il prétend qu'il sera ici au mois de mai; il a été question entre lui et moi d'une plaisanterie, que je ne veux pas absolument qui ait aucune suite; il devait m'envoyer sept poupées,[1] représentant le Roi, le Chancelier, un Pair, etc. Je ne souffrirais pas certainement qu'il m'en fît présent, il serait impossible que chaque poupée ne coûtât pour le moins un louis; cette plaisanterie deviendrait fort chère et fort ridicule, je ne jouirais pas du plaisir de les voir, et ce serait payer bien cher le plaisir de les montrer, et certainement, très certainement, je voudrais les payer, et je suis très résolue de ne les point recevoir en présent; je me confie à vous, mon tuteur, pour lui faire perdre cette idée, et qu'il n'en soit plus question.

La grand'maman arriva hier à 9 heures, elle envoya sur-le-champ chez le Président où j'étais, elle n'avait pas prévu d'arriver de si bonne heure. Elle a envoyé ce matin me dire qu'elle m'attendait ce soir; je prévois que le mari n'y sera pas. Mme de Beauvau part après-demain, il voudra souper avec elle. Il y a une femme qui me fait à merveille: elle me marque de l'estime, du goût, de l'empressement; vous lui trouvez de l'esprit, et moi aussi; elle a du trait, de l'éloquence; mais elle a une véhémence, une force, une autorité, qui épouvante, qui atterre; ce sont des ouragans, des tempêtes; elle animerait douze corps comme le mien: enfin, je suis avec elle si frêle, si débile, si imbécile, que je me fais pitié. Je suis dans l'incertitude du parti que je prendrai; je serais bien aise d'avoir quelque liaison suivie. Serait-elle mon fait? je n'en sais rien; ce qui est de fâcheux, c'est que je n'ai pas à choisir; dites-m'en votre avis: ne comprenez-vous pas que c'est Mme de Broglie?

Ce dimanche 15, à 3 heures.

Je ne pus pas continuer hier mon journal, je me proposais de le reprendre aujourd'hui après avoir reçu votre lettre, mais il n'en est point arrivé, il n'y a point de courrier d'Angleterre. Admirez le changement qu'il y a en moi, je n'en suis nullement fâchée. J'espère

1. D writes to Selwyn, 18 Nov. 1767, speaking of HW: 'Je l'ai prié de vous dire que je ne voulais absolument point de poupées, c'est une fantaisie qui m'a passée et que je regarde aujourd'hui comme la plus grande extravagance, elles m'attireraient des brocards, des épigrammes, et je ne serais pas en droit de m'en plaindre, ce serait peut-être un article pour la *Gazette d'Utrecht*, ne pensez donc plus à ces poupées je vous conjure, mais au lieu de cela, donnez-moi souvent de vos nouvelles' (MS letter in Society of Antiquaries).

en recevoir demain. Comme notre poste part le lundi matin, je ne pourrai pas y répondre, ainsi cette lettre-ci ne partira que jeudi 19; moyennant cela vous ne serez point accablé de mes écritures; non seulement il ne faut point que j'exige trop de soin de votre part, mais il ne faut pas que vous en receviez trop de la mienne. Je me prescris une modération qui tienne le milieu entre l'amitié et . . . dirai-je l'indifférence? Est-ce là ce que vous voudriez? Reprenons mon journal.

Je soupai vendredi chez la grand'maman, nous étions huit ou neuf. L'époux n'y était pas, ainsi que je l'avais prévu, mais il avait dit à la grand'maman qu'il viendrait après souper, et de retenir le grand Abbé et moi; il arriva à une heure et demie, il était de très bonne humeur, nous parlâmes de la Reine, de ma pension,[2] et je fus fort contente. Je soupai hier chez la Duchesse de Boufflers, je fus très intempérante, j'en ai fait pénitence cette nuit, je n'ai point dormi, et je prendrai ce soir ma casse; j'aurai assez de monde, mon projet est de ne me point mettre à table. Le petit Craufurd viendra peut-être, il commence à sortir, certainement il se porte mieux. Pour le Président, il est tout à fait bien. Je ne le verrai point aujourd'hui, je compte ne point sortir.

J'ai toutes les permissions nécessaires pour votre plafond; je prie M. Mariette d'envoyer un dessinateur le plus tôt qu'il sera possible, et j'espère que vous aurez ce que vous désirez dans quinze jours, ou trois semaines.

Ce lundi, à 7 heures du soir.

Point de lettres, je n'hésite point à conclure, *point de courrier.* Je ne m'en informe seulement pas; vous voyez que je compte sur votre exactitude et combien ma foi s'augmente. Ne serait-ce point aux dépens de la charité? Vous ne vous en inquiéterez guère.

J'eus hier douze personnes, et j'admirais la différence des genres et des nuances de la sottise: nous étions tous parfaitement sots, mais chacun à sa manière; tous semblables, à la vérité, par le peu d'intelligence, tous fort ennuyeux; tous me quittèrent à une heure, et tous me laissèrent sans regret. Il y a trois jours que je n'ai soupé chez le Président; je voulais y aller ce soir et m'envoyer excuser chez M. de Creutz, où il y aura vingt personnes; le Président m'a rejetée en me mandant que Mme de Jonzac, ne comptant point sur moi, avait prié

2. D's pension was to cease at the Queen's death, and the Queen was ill.

Mme du Roure,[3] et apparemment cette Mme du Roure qui a eu un procès avec feu Mme de Luynes,[4] pour lui avoir enlevé une succession, et qui craint de rencontrer une personne au fait de ses friponneries. Quoi qu'il en soit, je n'irai pas, et je suis encore indécise de ce que je ferai: je pourrais souper tête à tête avec M. Craufurd; mais il me quitterait à onze heures. Aller chez M. de Creutz me paraît terrible; mais passer ma soirée seule est encore pis: dites-moi ce que je ferai, mon tuteur; mais quoique je me pique de vous deviner, dans cette occasion-ci je n'entends point votre réponse. Ah! mon Dieu, pourquoi sommes-nous de différentes nations? pourquoi n'avoir pas la même patrie? il ne m'importerait que vous fussiez Gascon, Normand, Picard, je trouverais des accommodements à tout cela; mais avec un Anglais, il faut jeter son bonnet par-dessus les moulins. C'est un mauvais dicton, qui veut dire: n'y plus penser, ne s'en plus soucier, etc.

Ce mardi, à 3 heures après-midi.

Le facteur vient de passer, il y a un courrier, il a porté des lettres à l'ambassadeur et à d'autres, et il n'y en a point de vous. Je me vantais de ma foi, mais elle s'affaiblit et s'étonne. Oh non! je n'en ai point assez pour transporter cette montagne, elle m'accable et m'ôte la parole. Cette lettre-ci ne partira peut-être jamais, étant bien résolue de ne la faire partir qu'après y avoir ajouté une réponse à la vôtre. Dieu sait s'il en arrivera, Dieu sait quand j'en recevrai! je ne vois plus qu'un étang. Pourquoi un étang? Une mer qui nous sépare, et rien de votre part qui nous rapproche.

Ce mercredi, à 9 heures du matin.

J'ai soupé hier chez la grand'maman; ma disposition était fort triste, et la compagnie que je trouvai ne l'égaya pas; c'est la première fois que je me suis ennuyée chez elle. Je rentrai chez moi à une heure, pénétrée, persuadée qu'on ne peut être content de personne. Je crois que je ne recevrai plus jamais de vos nouvelles, et si je veux me rassurer contre la crainte de votre oubli, je tombe dans la crainte

---

3. Probably Marie-Antoinette-Victoire de Gontaut de Biron (d. 1770), m. (1721) Louis-Claude-Scipion de Beauvoir de Grimoard, Comte du Roure.

4. Marie Brulart (ca 1685–1763), m. (1) (1704) Louis-Joseph de Béthune, Marquis de Charost; m. (2) (1732) Charles-Philippe d'Albert, Duc de Luynes. Her sister was D's mother (*Rép. de la Gazette*, and C–D). Two MS letters from her to D were bequeathed by D to HW. See Appendix 5r.

que vous ne soyez malade. Peut-être serai-je rassurée, et que c'est par quelque inconvénient étranger à tout cela que je n'ai point eu de lettres; mais jusqu'à ce que j'en reçoive, je serai bien malheureuse. Épargnez-moi, je vous prie, toute espèce de réprimandes et de corrections, il ne dépend pas de moi d'être affectée comme vous voudriez que je le fusse; contentez-vous que je ne vous laisse voir ce que je pense que quand je ne peux pas faire autrement.

Ce jeudi, à 3 heures après-midi.

Si j'étais moins persuadée de votre amitié, si je comptais moins sur votre exactitude, je ne serais pas si troublée, si malheureuse que je le suis; je ne puis m'ôter de la tête que vous ne soyez malade et peut-être pis, je ne puis demander de vos nouvelles à personne, personne n'en sait, et personne ne voudrait m'en dire si elles étaient mauvaises; il faut attendre jusqu'à dimanche, et si dimanche il arrive un courrier et qu'il ne m'apporte rien, que deviendrai-je? Vous m'avez écrit étant à l'agonie, je connais toute la bonté de votre cœur, combien il est sensible et reconnaissant, vous savez ce que je pense pour vous, vous savez à quel point je suis faible, vous savez que je ne tiens qu'à un fil, vous savez quel est ce fil! Ah! je me tais, il n'y a point d'idée noire qui ne me passe par la tête! Pourquoi M. Selwyn n'est-il pas arrivé dimanche ou lundi à Londres? Je pourrais compter certainement avoir de vos nouvelles dimanche 22. Si je n'en reçois de nulle part cette lettre ne partira point. La poste d'aujourd'hui porte une de mes lettres à M. Selwyn.[5] Je n'en puis avoir de lui que mercredi 25 ou dimanche 29. Ah! mon tuteur, si vous vous portez bien je vous pardonne tout, et cependant vous me faites beaucoup plus de mal que de me tuer.

Ce dimanche 22, en réponse au N° 9
et 10 du 7 et du 16.

Vous venez de voir dans quel état j'ai été; vos deux lettres que j'ai reçues hier ont bien fait de ne pas tarder davantage; je serai plus tranquille à l'avenir. Je vois l'inconvénient des postes, mais cependant je n'aime point cette fièvre, et s'il m'arrive de passer encore une quinzaine sans avoir de vos nouvelles il ne me sera pas possible d'être tranquille. Je sais que je vous déplais à la mort par cet aveu, mais qu'y faire? nous sommes comme nature nous a faits. Je suis faite pour

5. D to Selwyn 18 Nov. 1767 (see note 1 above).

déplaire, et je ne reviens point d'étonnement que la reconnaissance ait autant d'empire sur vous; c'est à moi à n'en pas abuser. Vous avez tant de répugnance à écrire; vous n'avez, me dites-vous, rien à me dire quand vous ne me parlez pas de la pluie et du beau temps. Eh bien! ne m'écrivez que trois lignes, qui m'apprennent l'état de votre santé, je vous tiendrai quitte du reste. Il n'est pas étonnant que notre conduite soit différente, moins mes lettres sont remplies de nouvelles plus elles seraient longues si je me laissais aller, mais je m'en garderai bien. Quand on est aussi vieille que je le suis, aussi désœuvrée, aussi ennuyée, enfin aussi malheureuse, on devient aisément rabâcheuse, importune, etc., et ce serait un ridicule pour quiconque aurait la patience de se rendre la victime de toutes ces choses-là.

Vous avez bien mal compris mes dernières lettres. Loin de condamner les réflexions de M. Schuwalof sur les Jésuites,[6] la grand' maman et moi en avons augmenté d'estime pour lui, mais nous ne le croyions pas ni l'un ni l'autre capable de si bons raisonnements. Votre autre méprise est de vous être imaginé que je n'aimais pas les lettres en journaux. Ah! *po-int du tout, tout au con-traire,* cette manière me plaît beaucoup, et je le prouve en vous imitant; et plus j'y pense plus je trouve qu'elle nous convient, vous en aurez moins de répugnance à m'écrire, et moi je m'assurerai un quart d'heure de plaisir dans la journée; tenons-nous-y donc.

Je reçus hier une lettre du Selwyn, en vérité c'est un bon homme. Il n'écrit pas tout à fait aussi bien que vous, c'est que la bonté n'a pas autant de grâce et d'agrément que l'esprit et le sentiment. Le *sentiment,* quel vilain mot! je me flatte que vous me le pardonnerez. J'eus hier la visite de M. Mariette. Il croit pouvoir me rendre dans cette semaine le dessin de ce plafond. Je pourrai vous l'envoyer par le petit Craufurd, qui partira incessamment.

To Madame du Deffand, Monday 16 November 1767, N° 10

Missing. *Post* 22 Nov. 1767 gives this date, but *Paris Journals* give 17 Nov. Probably written at Arlington Street.

6. Not found. See *ante* 1 Nov. 1767.

To Madame du Deffand, Thursday
19 November 1767, Nᵒ 11

Missing. *Post* 25 Nov. 1767 gives this date, but *Paris Journals* give 20 Nov. Probably written at Arlington Street.

From Madame du Deffand, Monday
23 November 1767

Address: À Monsieur Monsieur Horace Walpole London.

Nᵒ 10. Paris, ce lundi 23 novembre 1767.

MA compagnie d'hier au soir était toute différente qu'à l'ordinaire, et je pensai que vous vous en accommoderiez mieux que de l'autre; il n'y avait que Mme d'Aiguillon qui fût de l'ancienne; elle a cela de bon, elle n'est point dédaigneuse, elle s'assortit à tout le monde; mais à propos, lui avez-vous écrit depuis votre départ?[1] Elle ne m'en a rien dit, et je n'ai pas osé lui en faire la question. Mme de Chabrillan, sa petite-fille, accoucha il y a huit jours d'un garçon,[2] et s'en porte fort bien. Ma sœur vient de partir pour aller voir la Reine qu'on dit être un peu mieux. Je devrais bien y aller aussi, mais je ne puis m'y résoudre.

Quand vous recevrez cette lettre vous serez dans l'étourdissement, l'agitation et le trouble de vos affaires; je ne comprends qu'à demi les pensées, les volontés de votre cousin. Quels sont ses motifs pour refuser ses appointements? Si cette générosité n'a point d'autre objet que de s'attirer des éloges, c'est une folie; s'il a d'autres vues et qu'elles soient solides, et que vous les approuviez, tant mieux; mais que je sache, je vous prie, si vous y trouverez votre avantage; c'est sur cela que je vous demande votre entière confiance, parce que j'y prends un véritable intérêt.

J'imagine que cette lettre-ci pourra bien vous être rendue par M. Craufurd; sa santé est à peu près la même, il est plus triste que jamais, il est fort changé pour moi, et m'a avoué assez clairement qu'il

1. HW did not write to Mme d'Aiguillon until 12 Jan. 1768 (*Paris Jour.*).
2. Hippolyte-César de Guigues de Moreton de Chabrillan (1767–1835), later Marquis de Chabrillan, was b. 16 Nov. (Albert, Vicomte Révérend, *Titres . . . de la Restauration,* 1901–6, v. 194).

craignait le ridicule d'être attaché à une vieille. Il n'aime à me voir qu'en particulier, il ne rougit point alors de faire cas de moi et de me marquer de l'amitié quand personne n'en est témoin. Ah! mon Dieu, qu'on dise après cela qu'il n'y a que les Français qui aient des airs! La crainte du ridicule quand elle est aussi mal fondée, en est elle-même un bien grand; enfin, quoiqu'il en soit, on a assez bonne opinion de moi pour ne pas craindre de me blesser en me disant la vérité, et l'on ne se trompe pas; on ne peut renchérir sur celles que je me dis moi-même.

Je ne comprends pas quelles raisons vous pouvez avoir pour ne me pas dire un mot de mon portefeuille,[3] je m'étais imaginé qu'il vous ferait penser à moi; que vous me critiqueriez, que vous m'approuveriez, enfin que ce serait matière à m'écrire; mais point du tout, ce n'est pas pour vous seulement un almanach. Oh! ce n'est pas aujourd'hui le moment d'y faire attention, vous ne visiterez de longtemps la cellule que j'ai dans votre tête, mais je suis contente, pourvu que vous ne m'en délogiez pas et que je puisse espérer que vous y reviendrez tôt ou tard.

J'étais assez malade ces jours passés, mais depuis avant-hier je me porte mieux; la poste, le facteur, sont mes médecins et apothicaires. S'ils ne me rendent pas tout à fait la santé, du moins il me sauvent des grandes maladies. Vos lettres, dont je ne suis jamais parfaitement contente, sont pourtant le seul plaisir de ma vie, mais vous m'y traitez comme un enfant qu'on craint toujours de gâter, et puis une chose qui m'est insupportable, c'est de me faire sentir sans cesse l'effort que vous vous faites pour m'écrire, et vous voulez que j'en sois bien reconnaissante. Ah! mon tuteur, vous raisonnez plus conséquemment que cela, je vous assure. Vous ne voulez pas écrire comme Voiture,[4] je vous défierais bien d'attraper son style, vous ne pouvez jamais avoir que le vôtre, et le ciel en soit loué! Adieu pour aujourd'hui.

Ce mardi.

Nouvelle inquiétude: le Président a la fièvre depuis hier, ce qui joint à la plaie de son bras me fait tout craindre. Ma sœur a trouvé la Reine dans un état d'anéantissement et de dépérissement affreux.

3. Probably the *Triomphe de l'amitié*, which D sent to HW by Selwyn. See *ante* 21 Oct., 8 Nov. 1767.

4. Vincent Voiture (1598–1648) 'a laissé des lettres pleines d'esprit et d'originalité, mais aussi d'afféterie et de recherche' (Lalanne).

Je ne puis vous dire rien de plus, je vous vois si occupé que vous ne pouvez pas m'écouter, je ne vous parlerai donc que pour le pur nécessaire, je remets à la vacance de Noël de vous dire plusieurs choses qui m'intéressent. Je viens d'écrire à Mariette pour avoir votre dessin. M. Craufurd partira sûrement samedi, ainsi ce sera lui qui vous rendra cette lettre, cela ne m'empêchera pas de vous écrire par la poste de lundi 30 si dimanche j'en reçois une de vous. Je suis ravie que M. Selwyn soit à Londres, cela double ma correspondance avec vous. Vantez-lui bien l'estime, l'amitié que j'ai pour lui, le cas que je fais de son esprit, de son cœur, etc. Enfin, mettez-le dans la disposition nécessaire pour qu'il vous soulage de la fatigue de m'écrire de longues lettres, débarrassez-vous sur lui de tout ce qui vous paraîtra ennuyeux à écrire.

Ce mercredi.

Contre mon attente je reçois une lettre du 19. Ah! elle n'est pas de paille; vous m'y faites des corrections, des menaces; enfin, si je ne m'étais pas fait un calus je serais blessée depuis les pieds jusqu'à la tête, mais Dieu merci! vous ne me faites pas la plus légère égratignure, je me moque de vos gronderies, je ne crains point vos menaces. Je n'ai nulle envie de vous parler sentiments, vous n'en trouverez jamais un mot dans mes lettres, à moins que l'inquiétude que peut me donner votre santé ne soit traitée par vous comme une folie romanesque. Sur cet article dites-moi des injures tant que vous voudrez, mais ne me laissez jamais sans m'en dire des nouvelles. Quant à cette attention (que je me crois en droit d'exiger) vous voudrez bien y joindre de m'instruire de ce qui vous intéresse, je serai contente. Je vous renouvelle le serment de ne vous jamais proférer un seul mot d'amitié. Accordez-moi une grâce à votre tour, cessez de me croire une folle, je n'aime ni ne prétends être aimée de personne.

Ce jeudi.

Je vous demande pardon de vous avoir tourmenté sur le portefeuille, vous y avez fait plus d'attention qu'il ne mérite.

Je vis il y a deux jours la grand'maman, elle me demanda si vous m'aviez parlé de la réponse[5] qu'elle vous avait faite; je lui dis que non, je fis un méchant calcul pour lui prouver que vous ne pouviez

5. Mme de Choiseul's reply to HW is missing; HW wrote to her again, 8 Dec. 1767.

pas encore l'avoir reçue; vous êtes fort bien avec elle, et je n'y suis pas mal. Elle ne me paraît point fatiguée de mes tendresses, ne me trouve point ridicule, et ne se moque point de moi. M. Craufurd fut témoin que je la laissai chez moi avec l'Abbé Barthélemy pour aller chez le Président; il lui dit qu'il vous raconterait cette action héroïque, et que sûrement vous ne voudriez pas la croire. Cette grand' maman dîne demain chez moi, vous en saurez quelque jour la raison.[6] Je lui sacrifierai la comédie de Mme de Villeroy,[7] et je sacrifierai à M. Craufurd un souper avec elle chez la petite Choiseul-Betz. Je lui donnerai à souper avec Pont-de-Veyle, Mlle Sanadon, et peut-être un M. Mallet,[8] genevois, dont il m'a fait faire la connaissance. Il en dit des biens infinis, et effectivement il me paraît avoir beaucoup d'esprit et d'un bon genre. Ce pourra m'être une ressource, j'en aurai besoin; le pauvre Président s'affaiblit tous les jours, je ne saurais croire qu'il passe cet hiver. Il me comble d'amitié, et j'ai beau me souvenir combien il m'a manqué—je ne saurais cependant me défendre d'y être sensible: une habitude de près de cinquante ans est regrettable, quelque désagrément qu'on y ait éprouvé. Je tâcherai d'arranger ma vie le mieux que je pourrai, je souperai tous les soirs chez moi, Mlle Sanadon sera mon pain quotidien, la reconnaissance l'y engagera, Mlles de Clérembault y tiendront leur coin; peut-être ce M. Mallet, la grande Mme du Rumain—enfin que sais-je? Le ciel y pourvoira.

M. le Prince de Conti ne se porte pas trop bien; il revient le 4. On va à Montmorency le 12; je suis du dernier bien avec la Maréchale. Je ne sais quelle étrenne je lui donnerai, je n'imagine rien. Celles de la grand'maman sont très jolies, c'est trois outils de jardinage dont les manches sont charmants.

Je soupai hier chez Mme de la Ferrière,[9] il n'y avait que vingt ou vingt-cinq personnes; Mme de Luxembourg me dit qu'elle vous trouvait de la grâce; vous avez le bonheur de lui plaire. Le Président me parle tous les jours de sa *Cornélie,* il veut vous la dédier, il travaille à l'épître. Hélas! je le laisse faire; en traînant l'affaire en lon-

---

6. Probably to have their portraits painted (see *post* 26 Jan. 1768).

7. D means a comedy played by Mme de Villeroy's private troupe.

8. Paul-Henri Mallet (1730–1807), Swiss historian, was in Paris at this time (NBG). B identifies this M. Mallet as Jacques Mallet Du Pan, the journalist, but he was only eighteen years old at this time, and was apparently still in Switzerland. D probably would have alluded to his youth, had Mallet du Pan been the M. Mallet to whom she refers here.

9. Marie-Madeleine Mazade (1716–73), m. (1) Gaspard Grimod de la Reynière; m. (2) (1756) Charles de Masso, Marquis de la Ferrière (*Rép. de la Gazette*).

gueur, vous n'aurez pas la peine (du moins je le crains) de tenir la promesse que vous lui avez faite de l'imprimer.

J'attends vos estampes, j'en ferai la disposition que vous me marquez.

Je prends le parti d'envoyer cette lettre par M. Craufurd. Je ne vous écrirai point lundi, et pourvu que vous teniez la parole que vous m'avez donnée de ne me laisser jamais dans l'inquiétude sur votre santé, je serai contente. Vous êtes trop occupé pour vous soucier d'avoir les nouveautés qui paraissent; il y a un petit ouvrage de Voltaire sur les Dissidents[10] qui me paraît bon, je ne l'ai point à moi, mais je pourrai bien l'avoir; s'il vous fait plaisir, je vous l'enverrai.

Je n'entends point parler de Mariette, je crains que M. Craufurd ne puisse vous porter votre dessin.

Je vous envoie mon portrait,[11] M. Craufurd vous montrera comme il faut le regarder; je pourrai bien fermer cette lettre aujourd'hui ou demain au soir, je n'aurai peut-être rien à y ajouter et je n'en aurai pas le temps.

Vous ne m'avez point parlé dans votre dernière lettre[12] de votre santé; c'est un article qui doit être le principal de vos lettres, et qui me serait plus agréable que les gronderies et les menaces. Oh! pour les menaces je vous avoue qu'elles me sont insupportables.

Ce samedi 28.

C'est demain que partira M. Craufurd, il vous portera la tragédie du Président avec l'épître dédicatoire; j'y joins une petite brochure de Voltaire que vous aurez peut-être déjà lue.

Mariette m'écrivit hier que vous ne pourriez avoir votre dessin de quelques jours; ce sera vraisemblablement M. du Châtelet qui vous le portera.

Que je puisse montrer au Président ce que vous m'écrirez sur *Cornélie*. Souvenez-vous que c'est vous qui [la] lui avez demandée, je n'ai point eu de part du tout à cet engagement. Il faut pour l'exécution *vous hâter lentement*.[13]

Je me levai hier à midi, et je n'avais pas dormi de la nuit. La

---

10. *Essai historique et critique sur les dissensions des églises de Pologne*, 'par Joseph Bourdillon' (Voltaire), Basle, 1767 (Bibl. Nat. Cat.).

11. See Appendix 3g. Evidently Craufurd was to give HW an explanation of this puzzling character-sketch, which certainly does not resemble D.

12. HW to D 19 Nov. 1767 (missing).

13. *Festina lente* (Suetonius, *Augustus*, 25).

grand'maman dîna chez moi, y resta jusqu'à cinq heures et demie. Je fus à six heures chez le Président jusqu'à huit que je rentrai chez moi, ou j'attendis MM. Craufurd et Pont-de-Veyle, qui arrivèrent à neuf heures et demie; nous soupâmes tous les trois, le Craufurd s'alla coucher à onze heures et demie, et Pont-de-Veyle et moi nous allâmes passer le reste de notre soirée chez la petite Choiseul-Betz, où soupait la grand'maman; je fermerai demain ma lettre après le passage du facteur, elle partira lundi parce qu'elle tarderait trop si vous ne la receviez que par M. Craufurd.

Ce dimanche, à 3 heures.

Le facteur vient de passer, point de lettres; je n'en attendais point de vous, mais j'en attendais de M. Selwyn. M. Craufurd part dans ce moment, vous trouverez dans le paquet qu'il vous porte un portrait assez platement écrit, mais qui est assez ressemblant pour que vous n'hésitiez pas à le connaître. Adieu, j'abuse de la forme que je donne à mes lettres, cela les rend trop longues, n'est-ce pas? Dites-le-moi naturellement.

To Madame du Deffand, Friday
27 November 1767, N° 12

Missing. Probably written at Arlington Street. Answered, 2 Dec.

From Madame du Deffand, Wednesday
2 December 1767

N° 11. Paris, ce mercredi 2 décembre 1767.

IL y a longtemps que je n'ai lu les lettres de Mme de Sévigné à M. de Pomponne;[1] mais, autant qu'il m'en peut souvenir, elles sont beaucoup plus tendres que les miennes. Il y a des gens dont l'amitié a ce caractère: l'agrément du style peut sauver l'ennui de ce langage, et le faire paraître simple et naturel; il ne choque que bien peu de personnes dans Mme de Sévigné. Il est vrai que dans les lettres de Mme de Scudéry à Bussy,[2] les tendresses dont elles sont pleines sont

1. See *ante* 26 Nov. 1766.
2. Marie-Madeleine du Montcel de Mar-tinvast (ca 1627–1711), m. (1654) Georges de Scudéry; her correspondent was Roger de Rabutin (1618–93), Comte de Bussy, Mme de Sévigné's cousin.

un jargon insupportable. Je ne sais pas si vous les avez lues, je les trouve odieuses; apparemment que les miennes y ressemblent: cela me surprend, mais il faut qu'on ne puisse pas se juger soi-même. Vous n'avez nul intérêt à me trouver des ridicules que je n'ai pas; et puisque vous trouvez mes lettres ridicules, il faut en effet qu'elles le soient. Ah! je puis dire, avec la dernière vérité, que jamais je ne les ai crues ni bonnes ni amusantes, et que je vous ai toujours su un gré infini de votre complaisance à vouloir bien en recevoir, et à vous donner la peine d'y répondre; je tâcherai d'en retrancher tout ce qui vous y choque, de les rendre une simple gazette; nos lettres, moyennant cela, deviendront des nouvelles à la main; nous y parlerons de nous-mêmes avec la même indifférence que l'on parle de tout ce qui se passe. Sera-t-il permis de faire des questions sur ce qui intéresse? Oui-da, je le crois; et pour en faire l'essai, je vous prie de me mander comment se porte monsieur votre frère,[3] si sa santé ne vous donne plus d'inquiétude, et si vous profiterez de la situation présente des affaires pour arranger les vôtres. Je ne suis point en peine des miennes; la grand'maman y veille pour moi. Je lui donnai hier à souper avec Mmes de Mirepoix et de la Vallière, et quelques hommes de ses familiers. J'aurais bien des choses à vous dire, si la confiance m'était permise; mais c'est la plus forte marque de tendresse, par conséquent il faut se l'interdire.

Le Président ne va pas bien; il a de la fièvre, un gros rhume; je ne crois pas qu'il passe l'hiver; sa perte me causera du chagrin, et fera un changement dans ma vie. La Reine est très mal, sa fin est très prochaine.

Vous aurez M. Craufurd quand vous recevrez cette lettre; vous vous direz quelques mots de mes ridicules. Je ne sais pas s'il s'en sera trouvé fort importuné. Vous ne le trouverez guère en meilleure santé. Demandez-lui, je vous prie, si je ne lui ai point donné les deux dernières lettres que j'ai reçues de Voltaire,[4] dont la première est du 18 mai; s'il les a, comme je le crois, Wiart n'ayant pu les retrouver, et ne perdant jamais un papier, priez-le de ma part de vous les donner pour me les renvoyer. Je craindrais qu'il ne les montrât à M. Hume, que celui-ci n'en parlât à d'Alembert, d'Alembert à Voltaire, et que

3. Sir Edward Walpole had been seriously ill in July 1767. As some of HW's income was to cease at Sir Edward's death, D was anxious about his financial security. Sir Edward lived till 1784.

4. There are no letters from Voltaire to D between 18 May 1767 and 8 Feb. 1768 in Voltaire, Œuvres xlv.

cela ne me fît une tracasserie, et c'est tout ce que je crains le plus, même plus que l'ennui, c'est tout dire.

Je pris hier au soir de la casse, je me couchai à deux heures et demie, et depuis le moment où je suis entrée dans mon lit jusqu'à plus d'une heure après midi je n'ai pas exactement fermé l'œil. Il m'a passé bien des choses par la tête, et ce que j'ai conclu de toutes mes réflexions c'est que j'étais fort aise d'avoir soixante et onze ans.

M. Mariette ne m'a point encore rendu votre dessin, mais il ne peut pas beaucoup tarder. Je prévois que ce sera par M. du Châtelet que vous le recevrez.[5]

Monsieur le Prince de Conti revient demain de l'Isle-Adam. On ira le 12 à Montmorency jusqu'au 24. Voilà tout ce que je sais. Je chargerai Wiart ou une de mes femmes d'écrire un mot à Mlle Dumont; elle est très bien avec moi. Mais moi, comment suis-je avec M. Selwyn? Je suis surprise de ne point entendre parler de lui: est-ce que je l'ai excédé aussi de mes tendresses? Je suis en vérité une vieille bien ridicule. Adieu.

To Madame du Deffand, Friday 4 December 1767, N° 13

Missing. Probably written at Arlington Street. Answered, 9 Dec.

From Wiart, Sunday 6 December 1767

Addresses: To Monsieur Monsieur Walpole. To Monsieur Monsieur Horace Walpole in Arlington Street, near St James's London Angleterre.
Postmark: DE 11.

Paris, ce dimanche 6 décembre.

MADAME m'ordonne, Monsieur, de vous mander qu'elle a vu M. Mariette hier, et qu'il lui a dit que votre dessin avait été remis par lui à un nommé M. Strange,[1] qui est parti pour Londres avant-hier 4 de ce mois. Si vous avez d'autres commissions, Madame et tous ceux qui lui appartiennent vous offrent leurs services.

5. See *post* 6 Dec. 1767.

———

1. Probably Robert Strange (1721–92),

Kt, 1787, the engraver. HW had met him in Paris, 20 Sept. 1765 and 16 April 1766 (*Paris Jour.*).

To MADAME DU DEFFAND, Monday
7 December 1767, N° 14

Missing. *Post* 16 Dec. 1767 gives this date, but *Paris Journals* give 11 Dec. Probably written at Arlington Street.

From MADAME DU DEFFAND, Wednesday
9 December 1767

N° 12. Paris, ce mercredi 9 décembre 1767,
à 8 heures du matin.

J'AI souvent ouï dire que de tous les ordres des différents monas-tères, ceux qui étaient les plus sévères étaient ceux où la règle était le plus exactement observée; si cela est, mon tuteur, nous pouvons le disputer à la Trappe. Il ne nous arrive pas d'enfreindre la règle d'une lettre tous les huit jours; j'ai même observé cette semaine pour éviter toute tentation de me distraire de vous, vous avez dû voir par le billet que vous a écrit Wiart[1] lundi combien j'étais régulière. Ce matin je me suis éveillée avec une forte envie de vous écrire, vous voyez que j'y succombe; je pouvais attendre le facteur qui j'espère à trois heures m'apportera une de vos lettres, mais j'ai pensé que si le courrier n'était point arrivé, ou que s'il était arrivé et qu'il n'eût rien pour moi, je ferais toujours partir cette lettre demain matin: je ne veux point que les caprices de la mer ni les vôtres dérangent rien à ma conduite.

Je ne m'étais pas permise de relire votre dernière lettre[2] jusqu'à tout à l'heure. Je juge différemment de vos lettres en les lisant sur-le-champ ou quelques jours après. Par exemple, celle que je viens de re-lire m'avait fâchée en la recevant, et s'il m'en souvient j'y ai répondu avec humeur; aujourd'hui les trois quarts de cette lettre m'ont ex-trêmement plu. Mais la fin en est abominable; toujours ce roman, ce romanesque, vous me le reprocherez donc éternellement; ce n'est qu'en Angleterre que je puisse être taxée de ce ridicule; mes concitoyens, qui n'ont pas certainement l'intention de m'épargner, ne m'en ont donné aucun de ce genre; ils se sont moqués de moi, me direz-vous, de l'oc-

1. *Ante* 6 Dec. 1767.   2. HW to D 4 Dec. 1767 (missing).

cupation, des préférences que je donnais et accordais à vous, à M. Craufurd, et même à M. Selwyn, mais c'était jalousie de la considération que vous me marquez tous les trois, et qu'ils trouvent infiniment injuste; heureusement cela ne vous a pas fait changer de pensée et de conduite; pour Lindor, il ne s'en est seulement pas aperçu. Il n'en est pas de même du petit Craufurd; s'il revient ici comme il le dit, ce ne sera pas, je vous assure, uniquement pour moi, il sera de meilleur air que cela, et il serait bien fâché qu'on le soupçonnât d'un si grand attachement pour une vieille. Allez, allez, mon tuteur, vous à l'écart, je ne sais à laquelle des deux nations je donnerais la préférence. La mienne est bien sotte, j'en conviens, et si sotte que non seulement tout ce qui m'environne m'ennuie, mais souvent cela va à l'indignation; en vérité, en vérité, je ne puis excepter personne, il faut pour ne pas périr d'ennui, et pour sentir que je suis en vie, que malgré moi je pense à vous. Oh! il est vrai que si je vous perdais de façon quelconque je tomberais dans le néant. Est-il donc bien étonnant que dans cette disposition je vous écrive quelquefois avec un peu trop de chaleur? Devez-vous m'en gronder, devez-vous me le reprocher? qu'est-ce que j'exige de vous? ne vous êtes-vous pas peint à moi très fidèlement? croyez-vous que je puisse l'oublier? croyez-vous sérieusement que je puisse attendre, que je puisse désirer d'autres sentiments que ceux que vous avez? Oh! mon Dieu, non, j'en suis parfaitement contente, je vous dois le bonheur de ma vie, et si j'étais maîtresse de vous donner les sentiments que je voudrais, je ne ferais pas le plus petit changement à ce que je me persuade que vous pensez pour moi. Cela est-il raisonnable, cela est-il extravagant? Dites-le de bonne foi.

Si vous voyiez la conduite que j'ai avec tout le monde vous en seriez dans l'admiration; je pourrais vous faire des détails infinis, mais un Parlement, un cousin, un Richard III vous permettent-ils d'écouter de pareilles balivernes? Cependant il faut que je vous dise que dimanche dernier Mme d'Aiguillon dit qu'il fallait qu'elle cherchât quelque vieille patraque à vous envoyer. Je lui demandai dans quel genre, parce que j'avais ouï dire à des gens de ce pays-ci que vous étiez connaisseur. 'Je ne sais pas,' dit-elle, 'mais on lui a vu acheter au poids des saints de cuivre!'—'Avez-vous eu de ses nouvelles?' lui dis-je. —'Non,' me dit-elle. Mme de Forcalquier me demanda s'il y avait longtemps que je n'en avais eu. 'Extrêmement longtemps,' lui dis-je, et tout fut dit.

Pourquoi n'avez vous pas écrit à cette Mme D.?[3] Cela me surprend; il faut que vous ayez eu des raisons, et j'ai la fatuité de croire qu'elles ne vous sont pas totalement personnelles. Adieu, il faut que je tâche de dormir, je reprendrai tantôt cette lettre.

Mercredi, à 3 heures.

Je suis bien aise de vous avoir écrit ce matin, je n'ai pas repris le sommeil. J'ai un peu de colique, je suis toute hébétée, et votre lettre qui arrive ne me ranime pas; j'en suis pourtant bien contente, je meurs d'envie de faire connaissance avec M. Montagu; bon, ce serait une belle manière de connaissance que celle dont vous me parlez; vous pensez encore à Carmontelle,[4] je croyais que vous l'aviez oublié. Oh! il faut s'en tenir à la découpure que M. Craufurd vous a portée; c'en est bien assez.

Je soupe ce soir avec la grand'maman chez M. de Souza,[5] c'est son favori dans la diplomatique; mais mon tuteur, mon tuteur, hâtez-vous de me dire pourquoi on a donné deux mille pièces de pension à votre ambassadeur? Il dit qu'il ne la doit qu'aux menaces qu'il a faites de quitter; je le vois fort peu, ainsi que sa femme. Je lui ferai vos compliments la première fois que je la verrai; je ne comprends rien à sa façon d'être, je ne sais si elle a de l'esprit, si elle est folle, si elle est persifleuse. Je suis persuadée que Mme de Forcalquier et elle ne s'entendent pas.

J'ai bien entendu dire, et il est vrai, que nous faisons bâtir une pe-

3. Probably Mme d'Aiguillon (see *ante* 23 Nov. 1767). HW finally wrote to her 12 Jan. 1768 (missing).

4. Louis Carrogis (1717–1806), called Carmontelle, did a water-colour of Mme de Choiseul presenting a doll to D, in the autumn of 1767. HW seems to have wanted D's portrait to show to Montagu, who had never met her. Carmontelle's sketches, 'dessinés au crayon et lavés en couleurs de détrempe,' required only two hours; they were considered good likenesses (Grimm v. 282, 1 May 1763). The picture was evidently completed by this month, because D writes to Craufurd, 29 Dec. 1767:
'J'adresserai votre caisse à M. Walpole, à qui j'enverrai par la même occasion ce que vous savez. Vous serez surpris de la ressemblance; elle a étonné tout le monde.

Je ne peux pas exécuter le projet que j'avais fait de vous l'adresser, parce qu'on n'a pas voulu l'encadrer, dans la crainte que la glace ne cassât et ne gâtât la peinture. Vous me manderez, je vous prie, comment vous, M. Walpole et M. Selwyn auront trouvé ce beau portrait. M. Walpole vous dira tout ce que j'ai fait pour mettre au bas. Ce qui est très fâcheux, c'est que la grand'maman n'est point ressemblante, et qu'il y en a qui trouvent qu'elle pourrait être prise pour la demoiselle Lespinasse' (S–A i. 146–7). Carmontelle's portrait was sold SH xi. 111. See illustrations here and opposite ii. 13.

5. Dom Vicente de Souza Coutinho (ca 1726–92), Portuguese ambassador to France (*Journal de Paris* 22 May 1792 facing p. 579; Louise-Marie-Victorine, Comtesse de Chastenay, *Mémoires*, 1896, i. 143).

MADAME DU DEFFAND
BY CARMONTELLE

tite ville[6] auprès de Genève pour tenir celle-ci en respect, et lui donner la crainte de lui enlever tout son commerce, mais je n'ai point ouï dire que Voltaire y entrât pour rien, et c'est un conte qu'on vous a fait.

Je suis de votre avis, il ne faut point que vous fassiez un présent à la grand'maman, mais je voudrais qu'elle eût quelque chose qui vînt de vous, une pure bagatelle. Vous imaginerez bien mieux que moi, cependant je serai à l'affût pour découvrir ce qui lui pourrait être agréable de votre pays. Les outils de jardinage que je lui donnerai pour ses étrennes sont, à ce qu'on dit, les plus jolis du monde. N'y aurait-il point quelque chose dont elle pût faire usage à sa campagne, qui ne soit pas chez nous, et qui se trouvât chez vous? Il me vient dans l'esprit une lunette d'approche; si celle que vous m'envoyez lui pouvait être agréable, je la lui donnerais de votre part. Je ne me soucie guère de la commission de Monsieur de Toulouse,[7] et puis ce serait pour une autre fois. À propos, mon tuteur, que je vous apprenne une chose qui vous fera plaisir, c'est que l'affaire de Mlle Sanadon[8] est faite; il n'y manque plus qu'une petite formalité qui ne tardera pas. Elle aura mille écus assurés pendant dix-huit ans; il faudra que vous m'en écriviez un mot que je puisse lui faire lire. Venez-vous-en dîner avec elle, le grand Abbé, l'ami Tourville[9] et M. Mariette lundi prochain, nous vous attendrons jusqu'à quatre heures, c'est l'heure où on se met à table; c'est un nouvel établissement, ce sera le quatrième dîner; c'est une épreuve, et peut-être m'accoutumerai-je à ce nouvel arrangement, devinez ce qui pourrait le plus m'y déterminer. Vous souvenez-vous quand je vous disais que M. Selwyn m'avait proposé de lui envoyer Wiart, et que je lui avais répondu que je pourrais bien l'accepter, et que je vous disais 'Pourquoi l'ai-je accepté?' vous l'entendîtes fort bien. Je suis persuadée, mon tuteur,

6. Versoix, a village on Lake Leman, chosen by Choiseul as a rival to Geneva. This project was soon abandoned.

7. A 'lunette' (see post 26 Dec. 1767).

8. An income arranged for Mlle de Sanadon in consideration of her services as D's companion. D writes to Craufurd, 29 Dec. 1767: 'L'affaire de Mademoiselle Sanadon est terminée; elle a mille écus de rente, dont elle commencera à être payée au 1er avril. Son revenu est plus que doublé; elle logera à Pâques dans le dehors du couvent: c'est une fille raisonnable et

reconnaissante, et j'espère qu'elle me sera de ressource' (S–A i. 146).

9. Perhaps Jean-Baptiste-Nicolas-Louis de Villicy (b. 1709), Chevalier de Tourville (St-Allais xv. 229). HW met him on all his visits to Paris (Paris Jour.). 'M. de Tourville was an officer in the Gardes françaises, remarkable for the honour and integrity of his conduct upon all occasions. He married Mademoiselle de Sommery, who, after his death, emigrated to England during the French Revolution, and is now resident in London' (B).

que M. Montagu me rendra beaucoup de bons offices, je l'en remercie d'avance.

Le portrait que vous aurez trouvé dans le paquet que vous a porté le petit Craufurd est une enseigne à bière, mais il est ressemblant.

Oh! j'ai fait de petits vers depuis peu que vous verrez en temps et lieu, et dont vous ne serez pas mécontent, j'en suis sûre. Nous sommes bien ensemble, mon tuteur, n'est-ce pas? et votre réponse à cette lettre-ci sera douce comme du lait. À propos, ne vouliez-vous pas avoir la recette des petits fromages de Mme d'Aiguillon? La femme d'un de mes gens, qui est laitière, les fait à ravir.

Le Selwyn doit être à la campagne pour du temps.

Je vous trouve bien du courage de faire imprimer votre *Richard,* je trouve une grande témérité à se livrer au public; mais, est-ce que vous n'auriez personne pour vous traduire, et faut-il qu'il n'y ait que moi qui ne puisse vous lire?

Que ferez-vous de la tragédie du Président, et que dites-vous de son épître dédicatoire? Il me comble d'amitiés et de caresses, et en même temps il donne à dîner à Mlle de Lespinasse; vanité, fausseté, jalousie, voilà la monnaie courante. Adieu.

From MADAME DU DEFFAND, Friday 11 December 1767

N° 13. Paris, ce vendredi 11 décembre 1767,
à 2 heures.

JE reprends pour cette fois le journal; j'ai trouvé un lecteur pour votre *Richard III;* ainsi ne tardez pas un seul moment à me l'envoyer. Ce lecteur est un nommé M. Mallet, Genevois; c'est une connaissance que M. Craufurd m'a fait faire, et dont je crois que je me trouverai fort bien.[1] Mon étoile est singulière, ce n'est que dans les autres nations que je trouve ce qui me convient; il y a une Princesse Lubomirska, qui me plaît beaucoup, et à qui je ne déplais pas, qui serait pour moi une très bonne société, et elle s'en retournera en Pologne dans le courant de l'année prochaine. Tous mes compatriotes ne me sont ni ne me peuvent être d'aucune ressource; mais je me

1. D writes to Craufurd 29 Dec. 1767: 'Je n'ai presque point vu M. Mallet, mais cela ne fait rien, je le retrouverai; il a eu des occupations, j'ai eu des dissipations, mais je ne le perds pas de vue, et je compte par la suite en faire beaucoup d'usage' (S–A i. 146).

dis, pour me consoler, qu'il serait bien tard pour former des liaisons, et qu'il me suffit aujourd'hui de m'assurer du lendemain; cependant, mon tuteur, je ne saurais m'empêcher de porter mes vues un peu plus loin, et d'espérer au printemps ou à l'été prochain. Je me fais un plaisir d'entendre votre *Richard III*. Je maudis bien mon éducation; on fait quelquefois la question si l'on voudrait revenir à tel âge: oh! je ne voudrais pas redevenir jeune, à la condition d'être élevée comme je l'ai été, de ne vivre qu'avec les gens avec lesquels j'ai vécu, et d'avoir le genre d'esprit et de caractère que j'ai; j'aurais tous les mêmes malheurs que j'ai eus; mais j'accepterais avec grand plaisir de revenir à quatre ans, d'avoir pour gouverneur un Horace qui me ferait tout apprendre, langues, sciences, etc., et qui m'empêcherait bien de devenir pédante ou précieuse. Il me formerait le goût, le jugement, le discernement; il m'apprendrait à connaître le monde, à m'en méfier, à le mépriser, et à m'en amuser; il ne briderait point mon imagination, il n'éteindrait point mes passions, il ne refroidirait point mon âme; mais il serait comme les bons maîtres à danser, qui conservent le maintien naturel et y ajoutent la bonne grâce. Ces pensées causent des regrets, font faire de tristes réflexions, et con-firment l'idée que j'ai toujours eue, que personne n'a tout l'esprit et tout le mérite qu'il aurait pu avoir.

Il va paraître une estampe coloriée de Louis XV;[2] on dit qu'elle est fort belle; en êtes-vous curieux? Vous ne pourrez l'avoir que le mois prochain.

Une Présidente d'Aligre,[3] grande amie et protectrice de la demoi-selle Lespinasse, vient de mourir; je croyais qu'elle lui laisserait quel-que rente; jusqu'à présent on n'en a pas connaissance.

Ce dimanche.

Je reçus hier une lettre du Selwyn. Je viens d'y répondre, et ma lettre lui parviendra avant que je mette celle-ci à la poste, car je ne m'écarterai point de la régle prescrite; notre commerce doit conserver une régularité religieuse.

Cette Présidente d'Aligre n'a rien laissé à la demoiselle; on prétend qu'elle s'enivrait les derniers jours de sa vie pour éviter les horreurs de la mort. Monsieur le Prince de Conti affiche de grands regrets de

2. Not identified. It is not listed in the Strawberry Hill Sale Catalogue.

3. Françoise-Madeleine Talon (1730–67),

m. (1746) Président Étienne-François d'Ali-gre; she d. 9 Dec. 1767.

sa perte; il avait eu, dit-on, ses bonnes grâces. Je ne sais pas ce qu'a l'Idole; elle soupa avant-hier chez moi, c'était le vendredi de la Maréchale de Luxembourg. Elle ne mangea point, elle était triste, mais assez populaire, conservant cependant de la dignité. Elle venait du Palais-Royal; Monsieur le Duc d'Orléans lui avait dit ceci, cela, elle avait reçu la veille la visite de Milord et Milady Pembroke.[4] Ils n'étaient arrivés que mercredi au soir. Je n'ai point encore entendu parler de Mlle Lloyd;[5] cela m'impatiente. J'ai grande envie d'avoir vos estampes. La grand'maman vient à Paris mardi; elle m'a dit que l'époux lui avait demandé à souper avec moi mercredi; vous ne saurez des nouvelles de ce souper que dans trois semaines; cela [ne] fait pas une correspondance fort vive, mais le proverbe italien dit: *Chi va piano, va sano, et chi va sano, va lontano.*[6]

Ce mardi 15, à 8 heures du matin.

Enfin j'ai vu Mlle Lloyd; j'ai les trois Horace;[7] ils sont entre les mains de M. Mariette pour les faire encadrer. Vous êtes extrêmement ressemblant. Qu'est-ce que cela me fait? J'en suis cependant fort aise. J'eus hier la visite de Milady Pembroke, et de son frère;[8] ils souperont tous chez moi dimanche. Je vous dirai, dans quelques jours, quel succès a sa beauté: peu de gens l'ont encore vue.

La grand'maman m'envoya hier votre lettre,[9] et comme je ne suis pas en train d'écrire je vous envoie la sienne.[10] Vous jugerez si elle est contente de vous et si vous devez l'être d'elle. Si je suis aussi bête demain au soir que je le suis dans ce moment-ci le *monsieur*[11] me trouvera fort ennuyeuse. Bon jour, mon tuteur, à demain.

Ce mercredi, à 7 heures du matin.

En réponse à votre lettre du 7, la plus hétéroclite qu'on ait jamais écrite.

Oui, la plus hétéroclite, la plus choquante, la plus injuste, la plus insensée, en un mot, la plus faite pour dégoûter d'une telle cor-

4. Henry Herbert (1734–94), 10th E. of Pembroke, m. (1756) Lady Elizabeth Spencer (1737–1831).

5. Miss Lloyd accompanied Lady Pembroke.

6. In the MS, *piane, sane, lontane.*

7. Three engravings of Mr Walpole's portrait which he had sent to Mme du Deffand by Miss Lloyd (B). D calls them 'Horaces' in allusion to the three Horatii in Corneille's *Horace.*

8. Lord Robert Spencer (1747–1831), younger son of the 3d D. of Marlborough.

9. HW to Mme de Choiseul 8 Dec. 1767 (missing).

10. See Appendix 16.

11. M. de Choiseul.

respondance. C'est tout de bon que je vous offre de la finir. Je souffre tout, excepté l'injustice. Je ne trouve point mauvais que les tendresses, que les reproches, que les empressements vous déplaisent. Il n'y a personne qui ne sache qu'elles sont ennuyeuses quand on n'a pas pour ceux de qui on les reçoit d'autres sentiments que ceux qu'on a pour de simples connaissances, mais je prétends qu'il n'y a dans mes lettres que des marques d'estime et d'inquiétude de votre santé,[12] et je le plaiderais papiers sur table. Je me souviens très bien de vous avoir prié de ne m'écrire que deux lignes pour m'apprendre seulement comment vous vous portiez. Si je me suis servie de cette expression, *cela me tue*,[13] ce n'est point une exagération, l'inquiétude est le plus grand des maux; il est singulier de ne pouvoir dire ce qu'on pense.

Ah! oui, oui, je me passerai de vos lettres; et bien plus aisément de toutes celles de vos compatriotes. Où prenez-vous que je vous aie prié de m'en procurer, et de rechercher par rapport à moi M. Selwyn et M. Craufurd? Il n'y a personne qui ne jugeât en voyant vos lettres que je suis la femme la plus ridicule. Oh! je peux être haïe, mais je ne suis pas méprisée. Je ne vais pas avec un thermomètre à la main examiner le degré d'amitié qu'on a pour moi, je ne me soucie de personne au monde. Vous étiez le seul que je me permettais d'aimer parce que je vous estimais et que je croyais être estimée de vous. Vous ne me regardez que comme une folle importune, faite pour couvrir de ridicule ceux qui passeraient pour être de ses amis, fatigante, ennuyeuse, tyrannique. Ah! délivrez-vous d'une pareille connaissance!

Je vous suis très obligée de la lettre que vous avez écrite à Madame la Duchesse de Choiseul, mais ne prenez plus la peine de lui parler de moi, il faut avoir une conduite plus conséquente. Que vous importe du bien ou du mal qui m'arrivera? Puisque vous trouvez mauvais que je m'intéresse à votre santé, pourquoi vous intéresseriez-vous à ma fortune?[14] Ce qui est de bien singulier, c'est que cette lettre à Madame de Choiseul est du 8, et que celle que vous m'écrivez est

---

12. See *ante* 23 Nov. 1767. D writes to Craufurd 6 Dec. 1767: 'Je reçois une lettre de M. Walpole; sa goutte n'est point finie. J'en suis excessivement inquiète' (S–A i. 145).

13. D had written to HW 13 Nov. 1767: 'Ah! mon tuteur, si vous vous portez bien je vous pardonne tout, et cependant vous me faites beaucoup plus de mal que de me tuer.'

14. In his letter to Mme de Choiseul, HW had evidently expressed anxiety about D's pension, endangered by the Queen's approaching death.

du 7. Je vous rends malheureux, je vous attriste; ah! il faut me laisser
là. J'ai dit au Président ce que vous me dites de sa *Cornélie;* il en est
extrêmement flatté. Qu'est-ce que vous voulez dire avec Carmontelle?
Vous croyez bien que je prends cela comme je le dois.

Je ne suis nullement honteuse de ce que j'ai pu penser pour vous,
de ce que j'ai pu vous dire, vous écrire; l'honnêteté, la vérité de mes
sentiments ne me permettent pas d'en rougir, mais pour le moment
présent que je suis au fait de l'opinion qu'ils vous donnent, et de
l'impression qu'ils vous font, je serais la plus indigne personne du
monde si je continuais à vous écrire. Adieu.

To MADAME DU DEFFAND, Tuesday
15 December 1767, N° 15

Missing. Probably written at Arlington Street. Answered, 20 Dec.

To MADAME DU DEFFAND, Friday
18 December 1767, N° 16

Missing. Probably written at Strawberry Hill. Answered, 26 Dec.

From MADAME DU DEFFAND, Sunday 20 December 1767

N° 14. Ce dimanche 20 décembre 1767.

OH! non, non, je ne renonce point à notre correspondance, et je
la continuerai dans la forme que vous prescrirez, dût-elle être
celle d'un almanach. Le chagrin que je vous avais marqué de ne
point recevoir de vos lettres au terme ordinaire n'était que parce que
j'avais appris que le courrier d'Angleterre était arrivé sans lettres
pour moi; ce qui me fit craindre que vous ne fussiez malade. L'ordinaire d'après je reçus deux lettres, ce qui fut une preuve que nous
n'avions tort ni l'un ni l'autre, vous n'aviez pas manqué d'exactitude,
et moi j'avais quelque raison d'être inquiète. Mais ne parlons plus de
tout cela, supprimez le nom de *Madame,* qui m'est insoutenable,
préservons-nous des tracasseries, et que rien au monde ne puisse
troubler la paix qui doit régner entre nous, ni diminuer l'estime que

nous nous devons mutuellement. Je devrais naturellement rougir de la forme ridicule que vous et vos amis me trouvez, mais elle est si chimérique et si éloignée de la vérité que je n'en suis pas piquée, et que c'est avec tout le sang-froid possible que je vous écris.

Il est impossible que je me sois trompée à votre caractère, et que vous soyez un homme frivole et léger; il est impossible que vous ayez découvert en moi d'assez grands défauts pour me faire perdre votre estime; si mes lettres vous ont déplu, je prendrais pour juge la grand' maman—mais laissons cet article, je veux bien perdre ce procès-là; brûlez mes lettres et oubliez tout ce qui vous y a déplu. Je vous envoie celle que j'ai reçue de la grand'maman,[1] il me semble que cela devrait nous réconcilier. Si, malgré cela, je suis mal avec vous, il faudra m'en prendre à mon étoile, car assurément ce ne sera pas à ma conduite. Vous croyez bien que j'aurai quelque impatience de recevoir la réponse à cette lettre-ci. Je vous prie de me faire savoir si vous avez toujours la pensée de Carmontelle, et si de m'en occuper ne serait pas se faire poissonnier la veille de Pâques.

Oh! non, je ne suis point piquée, mais je mentirais bien fort si je disais que je ne suis pas affligée. Je finis par vous dire que je serai toujours la même et que je serai pour vous tout ce que vous voudrez que je sois. Ce n'était que pour ne pas enfreindre la règle des huit jours que je ne voulus pas vous écrire en vous annonçant l'envoi de votre dessin. J'ai envoyé aujourd'hui votre estampe encadrée à Mme de Jonzac. La grand'maman aura la sienne après demain mardi qu'elle soupera chez moi avec Madame la Duchesse d'Anville.[2] Le lendemain mercredi, Monsieur le Duc de Choiseul viendra dîner chez moi avec la grand'maman, le grand Abbé, le Marquis de Castellane, etc. Vous voyez que si je passe pour une folle dans votre pays, j'ai un peu plus de considération dans le mien.

Ah! mon Dieu, qu'est-ce que tout cela veut dire? Serait-il possible que vous fussiez ennuyé de notre correspondance, et que pour la finir vous me cherchassiez querelle? C'est ce que vos premières lettres m'apprendront. J'étais fort irritée quand je vous ai écrit celle du 16; je ne sais l'impression qu'elle vous aura faite, je ne saurais rien prévoir, rien imaginer, je m'abandonne à la Providence. Vous m'auriez

1. Missing.
2. Marie-Louise-Nicole-Élisabeth de la Rochefoucauld (1716–94), m. (1732) Jean-Baptiste-Louis-Frédéric de la Rochefoucauld de Roye, Duc d'Anville (Emmanuel, Duc de Croÿ, *Journal*, 1906–7, iii. 154; Ferdinand Dreyfus, *La Rochefoucauld-Liancourt*, 1903, p. 10 n).

fait plaisir de me dire quel est le changement arrivé dans votre ministère.[3]

J'ignore quels bons ou mauvais offices MM. Craufurd et Selwyn m'auront rendus, mais je sais que personne ne pourrait vous nuire auprès de moi. Vous pouvez être sûr qu'à l'avenir il n'y aura rien dans mes lettres qui puisse vous déplaire ou embarrasser de façon quelconque; je voudrais ne plus trouver dans les vôtres le mot *Madame,* celui de *ma petite* dore bien des pillules, et je voudrais que celui de *rupture* fut ignoré de vous à tout jamais; rendez-moi la paix, je vous en conjure.

P.S.—Je reprends ma lettre pour vous dire avec la plus extrême vérité que si vous pouviez juger par vous-même, c'est-à-dire lire dans mon âme, vous seriez au désespoir de vos injustices, et que vous n'y verriez rien que la plus sévère raison pût blâmer ni proscrire.

From Madame du Deffand, Monday 21 December 1767

2me N° 14. Du lundi 21 décembre, à 6 heures du matin.

D'ABORD il faut vous dire que depuis deux jours j'ai un catarrhe ou la grippe, qu'actuellement j'ai de la fièvre, que je n'ai pas pu fermer l'œil et que tout cela ne me fait rien, et qu'en dépit de Wiart, qui enrage, il faut que je vous écrive.

Je ne me souviens pas d'un mot de ma lettre d'hier; Mme de Mirepoix contre son ordinaire resta chez moi trois heures, je savais que le facteur m'avait apporté une lettre,[1] j'aspirais à l'instant de son départ; à peine fut-elle partie que voilà un neveu[2] qui m'arrive de province; je le fis attendre pour lire votre lettre, et après lui avoir dit bonjour, je le renvoyai pour y répondre. Que vous ai-je répondu? je n'en sais rien. Que dois-je penser de tout ce que vous m'avez écrit? je le sais encore moins; depuis un mois vos lettres sont si singulières, que peut-être j'y devrais voir clairement que vous voulez vous débar-

3. The Duke of Grafton was made Prime Minister, and the members of the Chatham ministry retired, except Shelburne, who continued to be Secretary of State for the southern department, and North, who remained as Chancellor of the Exchequer. Conway was to retire in February.

1. HW to D 15 Dec. 1767 (missing).
2. Perhaps Denis-François-Marie-Jean de Suarez (1729–90), Marquis d'Aulan, son of D's sister.

rasser de moi, mais je ne saurais le croire. Ce n'est point mon amour-propre qui me rassure, il s'en faut bien; j'ai toujours vu avec une sorte d'étonnement que je ne vous étais pas indifférente, mais c'est l'estime que j'ai de votre caractère qui me persuade que vous n'êtes point changé. À votre premier et second voyage vous n'avez point trouvé en moi une jeune femme belle et charmante, vous avez vu une femme de soixante-dix ans, aveugle, et ayant tous les traits et attraits de la caducité. Vous me jugeâtes sensible et sincère, et ces deux qualités m'acquirent votre estime et votre amitié. Ces qualités sont celles dont vous vous plaignez aujourd'hui, ce sont elles qui me rendent ridicule à vos yeux; vous n'accordez plus à la vieillesse le privilège d'avoir et de vouloir de l'amitié. Eh bien! renonçons-y et changeons à tout jamais de style; cependant souffrez que je vous dise que je croyais celui de mes lettres depuis votre départ à l'abri de toute critique; je me suis plainte une seule fois du retardement d'une de vos lettres parce que le courrier d'Angleterre qui en avait apporté à tout le monde n'en avait point pour moi, je la reçus l'ordinaire d'après, et je vis par sa date qu'on avait oublié de la mettre à la poste; ce retardement ne me fâcha point contre vous, je vous savais incommodé, je vous crus malade. Ah! si quand on est raisonnable on doit être à l'abri de ces inquiétudes, j'avoue que je ne le suis pas. Je confiai au petit Craufurd toutes mes alarmes, je puis vous protester avec vérité qu'il a été mon seul confident. Il ne m'en parut nullement scandalisé, et si le récit qu'il vous en a pu faire vous en a fait juger autrement, je me suis donc bien trompée dans le jugement que je portais de lui. Vous me conseillez de m'observer en lui écrivant, ainsi qu'à M. Selwyn, parce que vous voulez, dites-vous, que tout le monde me respecte; s'il ne faut pour y parvenir qu'une politesse d'usage j'y parviendrai; mais ce n'est pas là de quoi il s'agit, il est question de la façon dont il faut me conduire avec vous; je ne puis rien réformer à mes sentiments, ils sont bien éloignés d'être du genre que vous supposez; la plus grande preuve que je vous en puisse donner, c'est que je ne suis nullement blessée de l'horreur que vous avez pour ceux de ce genre; j'ajouterai encore une seconde preuve, c'est la demande que je vais vous faire, qui est de ne m'écrire que quand cela vous fera plaisir, et de ne vous assujettir à aucune règle qui vous gêne et vous contraigne; je vous demanderai seulement pour toute grâce de ne pas exiger que je ne m'intéresse point à votre santé et à tout ce qui vous regarde, de ne me point retirer votre confiance, de rester toujours mon meilleur ami et d'être intimement persuadé que, si par un malheur qui ne m'arrivera jamais à ce que j'espère, vous veniez à ne me plus souffrir, et à me donner de grands mécontentements, jamais vous n'aurez rien à craindre de *l'impétuosité de mon caractère;* ce sont vos termes. J'ajoute encore une demande à celles que je viens de vous faire, c'est de vous défendre des impressions qu'on pourrait vouloir vous donner contre moi. Votre Milady Hervey m'est suspecte, M. Hume aussi, il pourrait bien avoir parlé de mon impétuosité à vous et à M. Craufurd; d'ailleurs, vous le savez, je ne manque pas d'ennemis, et je ne comprends pas comment je puis être un objet de jalousie. Vos estampes ont réveillé la jalousie de la grosse Duchesse, qui m'a dit qu'elle se promettait bien d'en écrire à son amie. La divine F . . .³ en fera quelque plaisanterie à la glace chez votre ambassadeur. Cependant j'ai raconté très finement que la grand'maman, Mme de Jonzac, et moi vous ayant entendu dire que vous étiez gravé, nous vous avions demandé votre estampe, que cela s'était passé chez le Président, à qui vous n'en aviez pas envoyé parce que vous n'en aviez que trois; voilà de quoi répondre à votre Milady. Je suis honteuse de ces plats détails, surtout faits à quelqu'un qui a tant de choses dans la tête.

Il faut que je vous dise encore quelque chose avant que de finir. Vous êtes furieux de ce que je me suis plainte plusieurs fois de ce que je ne trouvais point dans vos lettres ce que j'y cherchais toujours. Eh bien! apprenez ce que c'était; une de ces amitiés vagues que l'on dit à presque tous ceux à qui on écrit, à la vérité sans les penser, et je me serais figuré que vous les pensiez. Mandez-moi je vous prie si la lettre de Mme de Sévigné⁴ vous aura fait plaisir; il y a deux mois que la grand'maman et moi, nous nous sommes occupées de cette grande affaire. Adieu, j'étouffe de rhume; il faudra que j'aille ce soir chez le Président, à qui il est survenu un mal à la jambe, que je donne demain à souper à la grand'maman, mercredi à dîner à elle et à son mari, et pardessus tout cela, je suis mal avec vous. Ah! en vérité c'est trop pour moi.

---

3. Mme de Forcalquier.

4. Mme de Sévigné's letter to Mme de Grignan 13 Sept. 1679. This letter was sent to D by Mme de Choiseul, accompanied by two letters, one from Mme de Choiseul to D, and one from Mme de Choiseul to HW, both dated 'À Versailles, ce 19,' probably 19 Dec. 1767. All three letters are printed in Mme de Sévigné, *Lettres* xi. pp. ix–xv. The originals of all three are in the possession of H. R. Creswick, Esq., of Fen Stanton, St Ives, Hants, 1935. Mme de Choiseul got the Sévigné letter from Castellane.

To Madame du Deffand, Friday
25 December 1767, N° 17

Missing. Written at Arlington Street.

From Madame du Deffand, Saturday
26 December 1767

N° 15. Paris, ce 26 décembre 1767.

VOTRE lettre du 18 que j'ai reçue le 24 m'a fait plaisir.
'Rien n'est beau que le vrai, le vrai seul est aimable,'[1] et c'est
bien assurément ce qui me plaît le plus en vous. Vous me faites une
peinture si exacte de vos pensées, de vos dispositions, qu'il faudrait
être bien obstiné pour vouloir et pour prétendre y faire aucun
changement. Je suis fâchée que votre tête soit aussi troublée, mais
quand tout sera arrangé que deviendrez-vous? L'ennui ne succédera-
t-il point à l'agitation et à l'occupation? c'est ce que je crains. Je sais
par expérience que cet état est le pire de tous. M. Montagu peut-il
être une ressource pour vous? Son esprit, son caractère, vous con-
viennent-ils parfaitement? Avez-vous des rapports dans vos façons de
penser? Il est très difficile de se bien assortir, et comme on est rarement content de soi-même, on est encore plus rarement content des
autres; mais vous vous connaissez bien vous-même, vous êtes comme
spectateur de toutes vos variations, vous vous égarez, mais vous vous
ramenez dans le bon chemin, vous ne voulez ni vous tromper vous-
même ni tromper les autres, votre esprit est vraiment philosophique,
vous avez du courage et de la fermeté, mais vous êtes infiniment sensible, et il est bien nécessaire pour votre bonheur que l'objet de votre
sensibilité soit raisonnable; j'ignore si vous avez bien rencontré, mais
ce que je sais c'est que vous ne pouvez recevoir de meilleurs conseils
que ceux que vous vous donnerez vous-même.

J'attends avec impatience la solution de toutes vos affaires. Je
ne hasarderai aucun raisonnement, mais suivant mes faibles lumières
je crains que tout ne s'arrange pas suivant vos désirs et vos véritables
intérêts. Je voudrais que ceux à qui vous êtes attaché vous ressem-
blassent, et je doute fort que cela soit. Ne craignez point de trouver

1. Boileau, *Épîtres* ix. 43.

dans mes lettres des choses qui pourraient vous embarrasser, et de celles qui pourraient vous déplaire. Ouvrons nos lettres à l'avenir sans dégoût et sans frayeur; je pourrais aisément remplir les miennes de tout ce que je vois, de tout ce que je fais, mais comment hasarder de tels détails dans le temps que vous avez la tête troublée, pleine d'intérêts importants, dans le temps que c'est par un excès de complaisance que vous me sacrifiez quelques moments. Enfin, n'importe, je hasarderai de vous conter des balivernes. Nos nouvelles politiques ne vous intéresseraient pas davantage, surtout celles que je pourrais vous mander, qui ne seraient guère plus particulières que celles qui sont dans les gazettes.

Je vous dirai donc d'abord que je n'ai point reçu la lunette ni les crayons,[2] et que vous me mandâtes à la fin d'octobre que vous les aviez donnés à M. Durand pour me les apporter; faites l'en souvenir. Vous auriez bien mieux fait de donner le paquet s'il n'était pas trop gros à Mlle Lloyd, je l'aurais reçu il y a plus de quinze jours, au lieu que par M. Durand je ne l'aurai tout au plus tôt qu'à la fin de janvier. La lunette est une commission dont vous avez bien voulu vous charger. Je vous prie de m'en mander le prix, et de m'en laisser disposer à ma fantaisie; vous ne prétendez pas apparemment faire un présent à Monsieur de Toulouse.

La grand'maman m'a chargée de vous remercier de votre estampe, elle est charmée de l'avoir, je [la] lui donnai mardi dernier, parce qu'il avait fallu le temps de la faire encadrer. Elle soupait ce soir-là chez moi avec Mme d'Anville. Le lendemain elle dîna chez moi avec son époux, le grand Abbé, le Marquis de Castellane, le Chevalier de Listenois,[3] et M. de Tourville. L'époux fut de la plus grande gaîté, je lui montrai votre estampe, il la trouva infiniment ressemblante, ainsi que tous les autres; il me dit, 'Quand reviendra-t-il?'—'Ce sera quand vous voudrez.'—'Eh bien! qu'il parte donc tout à l'heure, je serai ravi de le revoir, il me plaît, il est aimable.' La grand'maman de renchérir, tous les autres de faire chorus, et moi qui suis toujours en présence du seigneur, je me tus, craignant même de faire une faute en prenant quelque plaisir à ce qu'on disait. Mais laissons cela, et

---

2. The 'lunette' was a spy-glass for the Archbishop of Toulouse (see this letter, and *post* 10 Jan. 1768). The crayons were for Mme de Grave, except for two small steel ones for D herself (ibid.).

3. 'Listenay' in the MS. Charles-Roger

de Bauffremont (1713–95), Chevalier de Listenois; Prince de Bauffremont, 1769 (*post* 16 May 1769; Albert, Vicomte Révérend, *Titres, anoblissements et pairies de la restauration*, 1901–6, i. 141).

dites-moi qu'est-ce que c'est qu'un oiseau⁴ qui est dans votre estampe; c'est sans doute un emblème, que signifie-t-il? N'oubliez pas je vous prie de répondre à cette question.

J'ai reçu de très belles étrennes de la grand'maman en porcelaine. L'époux m'a donné aussi une très belle tasse que je vous destine, elle est pour le chocolat. Ce que j'ai donné à la grand'maman est fort joli, ce sont des outils de jardinage montés et garnis d'une manière très élégante; j'y ai joint un couplet de la façon de Pont-de-Veyle, il est assez joli. Vous aurez les vers de ma façon dont je vous ai parlé, je vous les enverrai dans une lettre que M. du Châtelet vous portera. Je vous avertirai du jour de son départ pour que vous puissiez juger de celui de son arrivée, et envoyer chez lui la lui demander.

Ce dimanche, à 2 heures après midi.

Le Président me persécute pour son épître dédicatoire,⁵ il vient de m'écrire une grande lettre pour que je vous persuade de l'imprimer; je ne vous l'envoie point, pour vous en épargner l'ennui.

J'ai bien envie d'apprendre si vous êtes bien aise d'avoir une lettre de Mme de Sévigné; j'avais dit à Lindor que je lui préparais un grand sujet de jalousie;⁶ c'était cette lettre; montrez-[la] lui à son retour et dites-lui que voilà l'explication de l'énigme qui lui causait tant de curiosité. Je tâcherai d'envoyer à M. Craufurd par M. du Châtelet cette grande glacière dont vous n'avez pas voulu, et qui est très utile pour y mettre des pêches et des abricots pelés, qu'on emplit de sucre à la place de noyau qu'on ôte; on met le tout à la glace, et

4. The marble eagle discovered at Rome (in the Boccapadugli gardens) in 1742, which HW bought in 1747, and which became one of the chief ornaments of the gallery at Strawberry Hill (see HW to Mann 26 June 1747; and 'Description of SH,' Works ii. 463). An engraving of this 'glorious fowl' rests on the table beside HW's figure in Reynolds' portrait. The eagle was sold SH xxiii. 86 to the Earl of Leicester for £210. It is now (1936) the property of the Earl of Weymiss at Gosford House, Longniddry, East Lothian. The eagle appears on the frontispiece to the guide book and again on page 8.

5. To the Strawberry Hill edition of his tragedy, *Cornélie*. It is dated 27 Nov. 1767.

6. Selwyn was likewise an admirer of Mme de Sévigné, and a collector of her letters. At this time, Charles James Fox was trying to get letters for Selwyn's collection. He writes to Selwyn from Nice, 6 Jan. 1768: 'There is a great-granddaughter of Mme de Grignan's here, but I do not think even you could find out anything to admire in her. I am told, that either she, or her mother, Madame de Vence, who lives at Aix, has some letters in Madame de Sévigné's own handwriting. If any precious relic is to be come at, you may depend upon it I will spare no pains to get it for you, and if I succeed, you will have the pleasure of making Mr Walpole jealous in his turn' (John Heneage Jesse, *George Selwyn and his Contemporaries*, 1882, ii. 235). This letter is now WSL.

on les y laisse plusieurs heures avant que de les servir. Je ne le préviens point par un présent, j'en ai reçu un de lui. S'il m'a rendu les lettres de Voltaire, elles sont sans doute perdues.

Je suis curieuse de la réponse[7] que vous ferez à la grand'maman. Elle m'a dit à peu près le contenu de sa lettre, entre autres que je lui reprochais de n'avoir point de sentiment. Voilà un beau service qu'elle m'a rendu auprès de vous; je ne puis [pas] vous dire à quel point je suis contente d'elle. Son amitié, ses attentions, sont au-delà de toute expression.

Je suis fort contente aussi de son mari. Je vous ai dit hier qu'il m'avait envoyé une tasse, je lui ai écrit pour l'en remercier, je n'ai point encore sa réponse. Il se trouve qu'aujourd'hui je ne sais plus si c'est lui qui me l'a donnée.

Je crois avoir trouvé l'homme qu'il me faut pour votre *Richard III*.[8] Il a beaucoup d'esprit, il sera fort capable de la traduire, si nous jugeons qu'il ait du succès dans ce pays-ci, où les points critiques de votre histoire pourraient bien n'être pas aussi intéressants que chez vous.

Vous ai-je mandé que Milady Pembroke, Mlle Lloyd et Milord Spencer soupèrent chez moi il y a aujourd'hui huit jours? Je n'ai point encore vu Milord Pembroke, il m'a cherchée deux fois et ne m'a point trouvée. La Milady n'est pas trouvée belle, Milady Sarah[9] plaît davantage. Voilà tout ce que vous aurez de moi aujourd'hui, à moins que le facteur ne m'apporte une lettre, ce que je ne crois pas, en ayant reçu une jeudi, qui est celle où je réponds.

L'affaire de Mlle Sanadon est consommée; M. de Montigny a des raisons pour ne pas paraître l'avoir faite, et la grand'maman consent qu'elle passe sur son compte. Ce M. de Montigny est un homme admirable, à qui j'ai les plus grandes obligations.

À 4 heures.

Le facteur vient d'arriver, je reçois une lettre de M. Craufurd;[10] il est fort mécontent de sa santé, et fort content de la place[11] que Mon-

7. HW to Mme de Choiseul 15 Jan. 1768 (missing). Apparently, Mme de Choiseul had written to HW again after his letter to her of 8 Dec. 1767.
8. M. Mallet (*post* 24 Jan. 1768).
9. Lady Sarah Bunbury.
10. Missing.
11. 'Newcastle, December 24. We find

that J. Crauford, Esq. is to be appointed Chamberlain of Fife, in the room of the Earl of Rothes' (*London Chronicle* xxii. 630, 31 Dec. 1767).
D writes to Craufurd, 29 Dec. 1767, that his letter 'me marque que M. le Duc de Grafton fut dîner avec vous; qu'il vous offrit cet emploi avec toutes les marques

sieur le Duc de Grafton lui a fait avoir. Une de M. Selwyn, dont voici un extrait que vous m'expliquerez plus clairement: 'Notre ministère n'est pas changé; il est plus établi présentement qu'il n'a pas été depuis longtemps. Les amis de M. Bedford ont des places, ainsi moins d'opposition et plus de patriotisme.' Dites quelles sont ces places.[12]

Je viens de recevoir une troisième lettre du Président, qui désire que je vous envoie la seconde. La voici.[13]

To Madame du Deffand, Tuesday 29 December 1767, N° 18

Missing. Probably written at Arlington Street. Answered, 3 Jan.

d'amitié et de considération qui peuvent ajouter au bienfait et en augmenter la reconnaissance. J'en suis ravie, et vous n'en doutez pas' (S–A i. 145).

12. Lord Weymouth was to succeed Conway as Secretary of State; Lord Gower was to be President of the Council; Rigby was to be Vice-Treasurer of Ireland, with the prospect of becoming Paymaster (*Mem. of Geo. III* iii. 100).

13. It is not with the MS.